悦读季国学榜

史 记

SHI JI

［汉］司马迁 ◎ 著

黄建华 ◎ 译注

新疆青少年出版社

图书在版编目（CIP）数据

史记 /(汉) 司马迁著 ; 黄建华译注. -- 乌鲁木齐:
新疆青少年出版社, 2024.3
（悦读季国学榜）
ISBN 978-7-5515-2440-7

Ⅰ.①史… Ⅱ.①司… ②黄… Ⅲ.①《史记》
Ⅳ.①K204.2

中国国家版本馆CIP数据核字（2024）第047955号

史记
SHI JI

[汉] 司马迁 ◎著　黄建华 ◎译注

出版发行	新疆青少年出版社有限公司	
社　　址	乌鲁木齐市北京北路29号	
电　　话	0991—6239231（编辑部）	
经　　销	各地新华书店	
印　　刷	三河市金泰源印务有限公司	
法律顾问	王冠华　18699089007	
开　　本	787mm×1092mm　1/16	
印　　张	39.5	
版　　次	2024年3月第1版	
印　　次	2024年5月第1次印刷	
书　　号	ISBN 978-7-5515-2440-7	
定　　价	128.00元	

新疆青少年出版社有限公司官网　http://www.qingshao.net
新疆青少年出版社有限公司天猫旗舰店　http://xjqss.tmall.com

CHISO 新疆青少年出版社

（版权所有，侵权必究）

目录 contents

五帝本纪 001
秦始皇本纪 016
项羽本纪 042
高祖本纪 076
晋世家 116
孔子世家 165
陈涉世家 197
萧相国世家 208
留侯世家 215
陈丞相世家 231
绛侯周勃世家 244
管晏列传 252
老子韩非列传 255
司马穰苴列传 258
孙子吴起列传 263
伍子胥列传 266
商君列传 279
苏秦列传 288
张仪列传 309
白起王翦列传 337

孟尝君列传 345

范雎蔡泽列传 363

乐毅列传 387

廉颇蔺相如列传 398

田单列传 407

鲁仲连邹阳列传 412

吕不韦列传 423

李斯列传 432

蒙恬列传 458

张耳陈馀列传 467

魏豹彭越列传 487

黥布列传 490

淮阴侯列传 503

郦生陆贾列传 526

袁盎晁错列传 534

扁鹊仓公列传 539

魏其武安侯列传 549

李将军列传 553

卫将军骠骑列传 562

太史公自序 584

五帝本纪

【原文】

黄帝者，少典之子，姓公孙，名曰轩辕。生而神灵，弱而能言，幼而徇齐①，长而敦敏，成而聪明。

轩辕之时，神农氏世衰。诸侯相侵伐，暴虐百姓，而神农氏弗能征。于是轩辕乃习用干戈，以征不享②，诸侯咸来宾从。而蚩尤最为暴，莫能伐。

炎帝欲侵陵诸侯，诸侯咸归轩辕。轩辕乃修德振兵，治五气③，蓺④五种，抚万民，度四方⑤，教熊罴貔貅䝙虎⑥，以与炎帝战于阪泉之野。三战⑦，然后得其志。

蚩尤作乱，不用帝命。于是黄帝乃征师诸侯，与蚩尤战于涿鹿之野，遂禽杀蚩尤。而诸侯咸尊轩辕为天子，代神农氏，是为黄帝。天下有不顺者，黄帝从而征之，平者⑧去之，披山通道，未尝宁居⑨。

东至于海，登丸山，及岱宗；西至于空桐，登鸡头；南至于江，登熊、湘；北逐荤粥⑩，合符⑪釜山，而邑于涿鹿之阿。迁徙往来无常处，以师兵为营卫。官名皆以云命，为云师。置左右大监，监于万国。万国和，而鬼神山川封禅与为多焉。获宝鼎，迎日推筴⑫。举风后、力牧、常先、大鸿以治民。顺天地之纪，幽明之占，死生之说，存亡之难。时播百谷草木，淳化鸟兽虫蛾，旁罗日月星辰水波土石金玉，劳勤心力耳目，节用水火材物。有土德之瑞，故号黄帝。

黄帝二十五子，其得姓⑬者十四人。

黄帝居轩辕之丘，而娶于西陵之女，是为嫘祖。嫘祖为黄帝正妃，生二子，其后皆有天下：其一曰玄嚣，是为青阳，青阳降居江水；其二曰昌意，降居⑭若水。昌意娶蜀山氏女，曰昌仆，生高阳，高阳有圣德焉。黄帝崩，葬桥山。其孙昌意之子高阳立，是为帝颛顼也。

【注释】

①徇齐：此处指思维敏捷。

②不享：此处指不来朝拜的诸侯。上古时代，诸侯向天子进贡朝拜称为"享"。

③五气：五行之气。古代把五行和四时相配：春为木，夏为火，季夏（阴历六月）为土，秋为金，冬为水。治五气指研究四时节气的变化。

④蓺：即"艺"，此处为种植的意思。五种：此处指黍、稷、稻、麦、菽五种谷物。

⑤度四方：指丈量四方土地，加以规划。度，量长短。

⑥熊罴貔貅䝙虎：指六种凶猛的兽。罴，读pí，棕熊；貔貅，读pí xiū，古书记载和民间神话传说的一种凶猛的瑞兽；䝙，读chū，云豹。

⑦三战：此处指多次鏖战。

⑧平者：指平服的地方。

⑨未尝宁居：没有安居下来。

⑩荤粥：即后来的匈奴。

⑪合符：验证符契。符，古代朝廷传达命令或调兵遣将所用的凭证，用竹木或金玉制成，剖而为二，双方各执一半，用时相合以验真假，叫作合符。此处指釜山的瑞云与黄帝的黄云之瑞相符。

⑫笑：即"策"，读cè。

⑬姓：在远古时代，姓为氏族（部落）的标记，它标明一个人所出生的氏族，与后世的姓内涵不同。

⑭降居：指被封为诸侯。

【译文】

黄帝是少典的后代，叫公孙轩辕。他很神异，生下来几个月就能说话，年幼时就思维敏捷，稍大一些则纯朴勤勉，成年以后能够明辨是非。

那时，炎帝神农氏已经不能约束诸侯——诸侯相互攻打，残害百姓，而神农氏没有能力征讨。公孙轩辕训练军队，以武力征服了那些不听话的部落，迫使四方诸侯归顺。但是，蚩尤部落最为暴戾，没有谁敢去征讨他。

炎帝讨伐诸侯时，诸侯便都归附公孙轩辕。公孙轩辕推行德政，顺应四时播种五谷，安抚百姓，测量土地，训练军队，与炎帝在阪泉郊外展开大战，经过多次战斗，轩辕氏最终取得了胜利。

蚩尤发动叛乱后，不听黄帝的命令，公孙轩辕向诸侯征调军队，与蚩尤在涿鹿郊外决战。他擒获并杀死了蚩尤。于是，四方诸侯公推公孙轩辕为天子。公孙轩辕取代了神农氏，史称"黄帝"。天下有诸侯不归顺，黄帝就率军去征讨。平定后，黄帝便离开那里，继续带人披荆斩棘，开山凿道，去开疆拓土，从来没有安稳休息的时候。

黄帝到过东边的丸山和泰山、西边的鸡头山、南边的熊耳山和湘山，还到北边赶走了荤粥（匈奴）人，在釜山会盟了四方诸侯。此后，他在涿鹿山下修建了城邑，但仍然迁移往来，没有固定的住处。因他在营地四周部署军队作为屏障，军队的统领名为"某某云"，故而他的军队被称之为"云师"。他设置左右大监负责监察各地诸侯。因四方诸侯和睦相处，黄帝对鬼神、山川的祭祀封禅比以往多。他获得了宝鼎，用蓍草来预测节气日辰。他推举风后、力牧、常先和大鸿来治理民众。他顺应天地四时的规律，预测阴阳五行的变化，制定养生送死的仪制规范，推究国家存亡的道理；还按照时令节气播种百谷草木，驯化鸟兽昆虫，以及掌握日月星辰的运行规律，了解山川河流地势分布以及所蕴金玉等特产矿藏等，事无巨细，尽心尽力地奉献自己的体力和脑力，有节制地使用山川林泽的物产资源。轩辕有土德的祥瑞，因此号为黄帝。

黄帝有二十五个儿子，他给其中的十四个分封了部族，另赐以姓为区别。黄帝住在轩辕山，他的正妃是西陵部落的嫘祖。嫘祖生了两个儿子，他们的后代都统治过天下：第一个叫玄嚣，也就是青阳，他在江水玄国；第二个叫昌意，他在若水玄国。昌意娶了蜀山部落的昌仆为妻，生子高阳氏。

高阳以其高尚的品性为世人所知。黄帝死后葬于桥山。他孙子高阳即天子位，即颛顼。

【原文】

帝尧者，放勋①。其仁如天，其知如神；就之如日，望之如云；富而不骄，贵而不舒。黄收②纯衣，彤车乘白马。能明驯德，以亲九族。九族既睦，便章百姓。百姓昭明，合和万国。

乃命羲、和，敬顺昊天；数法日月星辰，敬授民时③。分命羲仲，居郁夷，曰旸谷。敬道日出，便程东作。日中，星鸟，以殷④中春。其民析，鸟兽字微。申命羲叔，居南交。便程南为，敬致。日永，星火，以正中夏。其民因，鸟兽希革。申命和仲，居西土，曰昧谷。敬道日入，便程西成。夜中，星虚，以正中秋，其民夷易，鸟兽毛毨⑤。申命和叔，居北方，曰幽都，便在伏物。日短，星昴，以正中冬。其民燠⑥，鸟兽氄毛⑦。岁三百六十六日，以闰月正四时。信饬百官，众功皆兴。

尧曰："谁可顺此事？"放齐曰："嗣子丹朱开明。"尧曰："吁！顽凶，不用。"尧又曰："谁可者？"讙兜曰："共工旁聚布功，可用。"尧曰："共工善言，其用僻，似恭漫天，不可。"尧又曰："嗟，四岳⑧，汤汤洪水滔天，浩浩怀山襄陵，下民其忧，有能使治者？"皆曰鲧可。尧曰："鲧负命毁族，不可。"岳曰："异哉，试不可用而已。"尧于是听岳用鲧。九岁，功用不成。

尧曰："嗟！四岳：朕在位七十载，汝能庸命，践朕位？"岳应曰："鄙德忝帝位。"尧曰："悉举贵戚及疏远隐匿者。"众皆言于尧曰："有矜在民间，曰虞舜。"尧曰："然，朕闻之。其何如？"岳曰："盲者子。父顽，母嚚，弟傲，能和以孝，烝烝治，不至奸。"尧曰："吾其试哉。"于是，尧妻之二女，观其德于二女。舜饬下二女于妫汭⑨，如妇礼。尧善之，乃使舜慎和五典，五典能从。乃遍入百官，百官时序。宾于四门，四门穆穆，诸侯远方宾客皆敬。尧使舜入山林川泽，暴风雷雨，舜行不迷。尧以为圣，召舜曰："女谋事至而言可绩，三年矣。女登帝位。"舜让于德，不怿。正月上日，舜受终于文祖。文祖者，尧大祖也。

于是帝尧老，命舜摄行天子之政，以观天命。舜乃在璇玑玉衡，以齐七政⑩。遂类于上帝，禋于六宗，望于山川，辩于群神。揖五瑞，择吉月日，见四岳诸牧，班瑞。岁二月，东巡狩，至于岱宗，祡⑪，望秩于山川。遂见东方君长，合时月正日，同律度量衡⑫，修五礼，五玉三帛二生一死为挚⑬，如五器，卒乃复。五月，南巡狩；八月，西巡狩；十一月，北巡狩：皆如初。归，至于祖祢庙⑭，用特牛礼。五岁一巡狩，群后四朝。徧⑮告以言，明试以功，车服以庸。肇十有二州⑯，决川。象以典刑，流宥五刑⑰，鞭作官刑，扑作教刑，金作赎刑。眚⑱灾过，赦；怙终贼，刑。钦哉，钦哉，惟刑之静哉！

讙兜进言共工，尧曰："不可。"而试之工师，共工果淫辟。四岳举鲧治鸿水，尧以为不可，岳强请试之，试之而无功，故百姓不便。三苗在江淮、荆州数为乱。于是舜归而言于帝，请流共工于幽陵，以变北狄；放讙兜于崇山，以变南蛮；迁三苗于三危，以变西戎；殛鲧于羽山，以变东夷：四罪而天下咸服。

尧立七十年得舜，二十年而老，令舜摄行天子之政，荐之于天。尧辟位凡二十八年而崩。百姓悲哀，如丧父母。三年，四方莫举乐，以思尧。尧知子丹朱之不肖，不足授天下，于是乃权授舜。授舜，则天下得其利而丹朱病；授丹朱，则天下病而丹朱得利。尧曰："终不以天下之病而利一人。"而卒授舜以天下。尧崩，三年之丧毕，舜让辟丹朱于南河之南。诸侯朝觐者不之丹朱而之舜；狱讼者不之丹朱而之舜；讴歌者不讴歌丹朱而讴歌舜。舜曰"天也"，夫而后之中国践天子位⑲焉，是为帝舜。

【注释】

①勳："勋"的繁体字。

②黄收：指黄色的帽子。夏朝称"冕（帽子）"为收。纯衣：指黑色的衣服。

③敬授民时：此处指慎重地教导民众顺应季节从事农业生产的意思。

④殷：正，推定。中春：即仲春，指农历二月。

⑤毨：读xiǎn，指鸟兽新长出来的毛。

⑥燠：读yù，热的意思。

⑦氄：读róng，氄毛，此处指细毛。

⑧四岳：分掌四方的诸侯首领。

⑨下二女：让二女降尊。下，卑下，谦下。妫汭：读guī ruì，意思为妫水边上。汭，河岸。

⑩齐七政：意思是测定太阳、月亮、金星、木星、水星、火星和土星的运行是否正常，并根据这些判断政事的得失。齐，排列，校正。七政，指太阳、月亮及金星、木星、水星、火星和土星。

⑪柴：读chái，指烧柴祭天。

⑫同：统一。律：音律。古代音乐用12根长度不同的竹管（律管），确定12个高度不同的标准音，称为"十二律"。度：长度。量：容量。衡：重量。

⑬五礼：指吉、凶、宾、军、嘉五种礼仪。五玉：即五瑞。三帛：指三种不同颜色的缯帛，诸侯用于朝见的礼品。二生：指羔羊、雁，卿大夫用于朝见的礼品。一死：指雉，即野鸡，士用于朝见的礼品。挚：通"贽"，古代初次拜见尊长时所送的礼物。

⑭祢庙：读nǐ miào，指父庙。

⑮徧：即"遍"的古体字。

⑯肇：开始，创立。十二州：即冀州、兖州、青州、徐州、荆州、扬州、豫州、梁州、雍州、并州、幽州和营州。

⑰流宥五刑：用流放的方式宽大处理触犯五刑的人。流，流放。宥，宽赦。五刑指墨刑、劓刑、剕刑、宫刑、大辟等五种刑罚。

⑱眚：读shěng，此处为减少的意思。

⑲中国：此处指国都，京师。践：登临。

【译文】

　　尧叫放勋。他的仁德像天空一样浩大，他的智慧像神灵一样高深。人们像追逐太阳一样跟随着他，像遥望云彩一样仰慕着他。他富有而不骄奢，尊贵而不放纵。他喜欢戴黄色礼帽，穿黑色礼服，乘坐白马拉的红色车子。他发扬恭顺的美德，使其他的部族和睦团结，百官各尽其责，四方诸侯融洽和睦。他让羲氏、和氏观测日月星辰的运行规律，制定时令节气，引导百姓从事农业生产；他分别命人测定春分、夏至、秋分和冬至的时间点，指导百姓在相应的季候进行耕作。不仅如此，尧当政时还将一年定为366天，并设置闰月来调整四季的偏差。由于他切实地整饬和训诫百官，在他的治理下百业俱兴。

尧征求下属的意见，想推选一人接替他的帝位。放齐推荐了尧的儿子丹朱。尧说丹朱顽劣，又好争斗，不可任用。讙兜推荐共工。尧说共工巧言善辩，心地邪僻，貌似恭顺，背地里却连上天都敢欺瞒，不可委以重任。大家一起推荐鲧。尧说鲧违背教令，危害同类，不可担此重任。四岳提出先让鲧试一试。尧听从了，任命鲧去治水。九年过去了，鲧治水毫无成绩。

尧说："唉！四岳，我在位已七十年了，你们当中有谁能够顺应天命，来接替我帝位的？"四岳回答说："我们的德行肤浅，会玷污帝位的。"尧说："那你们把贵族亲戚以及关系疏远的隐居者中的人才都推荐出来吧！"大家都对尧说："民间有个单身汉，名叫虞舜。"尧说："是的，我听说过，这个人怎么样？"四岳说："他是一个盲人的儿子。他父亲冥顽不化，母亲心地阴暗，兄弟狂傲无礼，他都能以孝道亲和他们，使他们能够力求上进，不至于奸恶。"

尧说："那我就试试他吧！"于是，他就把两个女儿嫁给了他，想以此观察和考核他。舜让她们居住在妫水河边，并要求她们要侍奉公婆，谨守妇道。尧对此十分赞赏，于是放手让舜推行五种教典，民众都能遵从这五种教典；又让他参与百官事务，各种职事都处理得井井有条；让他在四门接待宾客，四门的接待工作庄严肃穆，诸侯以及远方的宾客也都态度恭敬。尧又派舜进入山川林泽，遇到暴风雷雨，舜从不迷失方向。尧认为舜有圣智，召来他，对他说："你谋划事务都能成功，说过的话都有实绩可以考察，已经三年了，你来登帝位。"舜认为自己德行不够，因而一直谦让。最终在正月初一那天，舜在文祖庙接受了尧的禅让。文祖，就是尧的太祖。

随后，尧退休在家休息，舜代替他处理政事。舜命人观测天象，确定太阳、月亮、金星、木星、水星、火星和土星的位置和运行情况。他以"类礼"

祭祀上天，用"禋礼"祭天地四时，用"望礼"祭祀名山大川，又遍祭各路神灵。他接受五种瑞玉，选择吉利的日子接受四岳和各方诸侯朝觐，向他们颁赐瑞玉。那年二月，舜巡视东方时，到达泰山，烧柴祭天，又按等级祭祀其他的名山大川。于是，他召见东方的诸侯，校定四时节气和月份大小，校正一天的时辰，统一音律和度量衡，修订吉、凶、宾、军、嘉五种礼仪，规定用五种玉、三种帛、两种活物和一种死物作为初见面时的赠礼。

五月，舜巡视南方；八月，他巡视西方；十一月，他巡视北方。他所做的事都跟巡视东方时的一样。回来后，舜到尧的祖庙和父庙祭祀。舜每五年巡视一次。其间四年，各方诸侯君长轮流朝见天子时，舜一一告诫他们治国要注意方法，明确要考察他们的业绩。对政绩突出者，舜赐车服给他们享用。舜将天下分为十二个州，并疏通各地的河道。他把常用的刑律刻在器物上，用流放的方式来宽赦触犯五刑的罪犯，用鞭刑作为官府的刑罚，用戒尺作为学校的刑罚，规定犯罪的人出钱可以减赎刑罚，无心之过或因灾害造成的犯罪可以赦免。但是，他对屡教不改的罪犯就严施刑罚。小心啊，小心啊，在使用刑罚时可要十分慎重啊。

因谨兜推荐的共工放纵邪僻，鲧治理洪水无功，三苗在江淮、荆州一带屡次作乱，舜巡视回来后，向尧汇报，请求把共工流放到幽陵，去改变北狄的习俗；把谨兜流放到崇山，去改变南蛮的习俗；把三苗迁移到三危，去改变西戎的习俗；把鲧远贬到羽山，去改变东夷的习俗。四个罪人都被流放了，天下人都心悦诚服。

尧在位七十年时得到舜，又过了二十年，命令舜代行天子权力，退位二十八年后才去世。尧死后，百姓悲痛哀伤，好像死了亲生父母一样。三年内，天下无人奏乐，以示悼念。这是因为尧知道丹朱不成器，不具备做天子的能力，让位于舜，让天下人都得到好处而只有丹朱一人受到损害的缘故。

尧死后，三年丧期结束，舜让位给丹朱，并避居到南河南岸。来朝见天子的诸侯不去丹朱那里，而去舜那里；打官司的人不去找丹朱，而去找舜；歌功颂德的人不歌颂丹朱，而歌颂舜。舜认为这是天意，就回到都城，正式即天子之位，这就是帝舜。

【原文】

　　虞舜者，名曰重华。重华父曰瞽叟，瞽叟父曰桥牛，桥牛父曰句望，句望父曰敬康，敬康父曰穷蝉，穷蝉父曰帝颛顼，颛顼父曰昌意：以至舜七世矣。自从穷蝉以至帝舜，皆微为庶人。

　　舜父瞽叟盲，而舜母死，瞽叟更娶妻而生象，象傲。瞽叟爱后妻子，常欲杀舜，舜避逃；及有小过，则受罪。顺事父及后母与弟，日以笃谨，匪有解①。

　　舜，冀州之人也。舜耕历山，渔雷泽，陶河滨，作什器于寿丘，就时②于负夏。舜父瞽叟顽，母嚚③，弟象傲，皆欲杀舜。舜顺适不失子道，兄弟孝慈。欲杀，不可得；即求，尝在侧。

　　舜年二十以孝闻，三十而帝尧问可用者，四岳咸荐虞舜，曰："可。"于是尧乃以二女妻舜，以观其内；使九男与处，以观其外。舜居妫汭，内行弥谨。尧二女不敢以贵骄事舜亲戚，甚有妇道。尧九男皆益笃。舜耕历山。历山之人皆让畔；渔雷泽，雷泽上人皆让居④；陶河滨，河滨器皆不苦窳。一年而所居成聚，二年成邑，三年成都。尧乃赐舜絺衣⑤，与琴，为筑仓廪，予牛羊。瞽叟尚复欲杀之，使舜上涂廪，瞽叟从下纵火焚廪。舜乃以两笠自扞⑥而下，去，得不死。后瞽叟又使舜穿井。舜穿井为匿空旁出⑦。舜既入深，瞽叟与象共下土实井，舜从匿空出，去。瞽叟、象喜，以舜为已死。象曰："本谋者象。"象与其父母分，于是曰："舜妻尧二女，与琴，象取之；牛羊仓廪予父母。"象乃止舜宫居，鼓其琴。舜往见之，象鄂不怿，曰："我思舜正郁陶！"舜曰："然，尔其庶矣！"舜复事瞽叟，爱弟弥谨。于是尧乃试舜五典百官，皆治。

　　昔高阳氏有才子八人，世得其利，谓之"八恺"；高辛氏有才子八人，世谓之"八元"。此十六族⑧者，世济其美，不陨其名。至于尧，尧未能举。舜举八恺，使主后土，以揆百事，莫不时序；举八元，使布五教于四方，父义，母慈，兄友，弟恭，子孝，内平外成。

昔帝鸿氏有不才子，掩义隐贼，好行凶慝，天下谓之浑沌；少皞氏有不才子，毁信恶忠，崇饰恶言，天下谓之穷奇；颛顼氏有不才子，不可教训，不知话言，天下谓之梼杌⑨。此三族世忧之。至于尧，尧未能去。缙云氏有不才子，贪于饮食，冒于货贿，天下谓之饕餮，天下恶之，比之三凶。舜宾于四门，乃流四凶族，迁于四裔，以御螭魅⑩。于是四门辟，言毋凶人也。

　　舜入于大麓，烈风雷雨不迷，尧乃知舜之足授天下。尧老，使舜摄行天子政，巡狩。舜得举用事二十年，而尧使摄政。摄政八年而尧崩。三年丧毕，让丹朱，天下归舜。而禹、皋陶、契、后稷、伯夷、夔、龙、倕、益、彭祖自尧时而皆举用，未有分职。于是舜乃至于文祖，谋于四岳，辟四门，明通四方耳目，命十二牧论帝德，行厚德，远佞人，则蛮夷率服。舜谓四岳曰："有能奋庸美尧之事者⑪，使居官相事？"皆曰："伯禹为司空，可美帝功。"舜曰："嗟，然！禹，汝平水土，维是勉哉。"禹拜稽首，让于稷、契与皋陶。舜曰："然，往矣。"舜曰："弃，黎民始饥，汝后稷播时百谷。"舜曰："契，百姓不亲，五品不训，汝为司徒，而敬敷五教，在宽。"舜曰："皋陶，蛮夷猾夏，寇贼奸轨，汝作士，五刑有服，五服三就⑫；五流有度，五度三居：维明能信。"舜曰："谁能驯予工？"皆曰垂可。于是以垂为共工。舜曰："谁能驯予上下草木鸟兽？"皆曰益可。于是以益为朕虞。益拜稽首，让于诸臣朱虎、熊罴。舜曰："往矣，汝谐。"遂以朱虎、熊罴为佐。舜曰："嗟！四岳，有能典朕三礼⑬？"皆曰伯夷可。舜曰："嗟！伯夷，以汝为秩宗，夙夜维敬，直哉维静絜⑭。"伯夷让夔、龙。舜曰："然。以夔为典乐，教稚子，直而温，宽而栗，刚而毋虐，简而毋傲。诗言意，歌长言，声依永，律和声，八音能谐，毋相夺伦，神人以和。"夔曰："於！予击石拊石。百兽率舞。"舜曰："龙，朕畏忌谗说殄伪，振惊朕众，命汝为纳言。夙夜出入朕命，惟信。"舜曰："嗟！女二十有二人，敬哉，惟时相天事。"三岁一考功，三考绌陟⑮，远近众功咸兴。分北三苗。

　　此二十二人咸成厥功：皋陶为大理，平，民各伏得其实；伯夷主礼，上下咸让；垂主工师，百工致功；益主虞，山泽辟；弃主稷，百谷时茂；契主司徒，百姓亲和；龙主宾客，远人至；十二牧行而九州莫敢辟违；唯禹之功为大，披九山，通九泽，决九河，定九州，各以其职来贡，不失厥宜。方五千里，至于荒服。南抚交阯、北发，西戎、析枝、渠廋、氐、羌，北山戎、发、息慎，东长、鸟夷。四海之内，咸戴帝舜之功。于是禹乃兴《九招》⑯之乐，致异物⑰，凤皇来翔。天下明德皆自虞帝始。

舜年二十以孝闻，年三十尧举之，年五十摄行天子事，年五十八尧崩，年六十一代尧践帝位。践帝位三十九年，南巡狩，崩于苍梧之野。葬于江南九疑，是为零陵。舜之践帝位，载天子旗，往朝父瞽叟，夔夔唯谨，如子道。封弟象为诸侯。舜子商均亦不肖，舜乃豫荐禹于天。十七年而崩。三年丧毕，禹亦乃让舜子，如舜让尧子。诸侯归之。然后禹践天子位。尧子丹朱，舜子商均，皆有疆土，以奉先祀。服其服，礼乐如之。以客见天子，天子弗臣，示不敢专也。

自黄帝至舜、禹，皆同姓而异其国号，以章明德。故黄帝为有熊，帝颛顼为高阳，帝喾为高辛，帝尧为陶唐，帝舜为有虞。帝禹为夏后而别氏，姓姒氏。契为商，姓子氏。弃为周，姓姬氏。

【注释】

①解：通"懈"。

②就时：逐时，乘时，指乘时逐利，即经商做买卖。

③嚚：读yín，此处为愚蠢而顽固的意思。

④居：住处，此处指捕鱼时站脚的地方

⑤絺衣：絺，读chī，细葛布做的衣服。

⑥扞：读hàn，捍的古体字。

⑦匿空：暗孔，暗道。旁出：从一侧通向外面。

⑧十六族：指"八元""八恺"后代形成的十六个家族。

⑨梼杌：读táo wù，古代神话中的四凶之一。

⑩螭魅：读chī mèi，传说中山林中的怪物。

⑪奋庸：奋发建功。庸，此处指功业、功劳。美：使……美，发扬光大的意思。

⑫三就：即分就三处施刑：大罪在原野，次罪在市朝，同族人犯罪送交甸师氏（掌田事职贡的官员）施刑。

⑬三礼：指祭天、祭地、祭鬼三种礼仪。

⑭絮：明。

⑮绌陟：读chù zhì，指官员的升降。

⑯《九招》：即《九韶》，舜时乐曲名。

⑰致异物：招来了祥瑞的珍奇宝物。

【译文】

舜又叫重华。重华父亲叫瞽叟，瞽叟父亲叫桥牛，桥牛父亲叫句望，句望父亲叫敬康，敬康父亲叫穷蝉，穷蝉父亲叫颛顼，颛顼父亲叫昌意。舜是昌意的七世孙。从穷蝉一直到舜，历代都是普通百姓。

瞽叟是个盲人。舜的母亲死后，瞽叟又娶了妻子，并生了小儿子象。象狂傲骄纵。瞽叟偏爱象，常常想杀死舜。舜只得躲闪逃避。有小的过失时，舜就接受处罚。他恭顺地对待父亲、后母和弟弟，每天都小心谨慎、非常恭顺，不敢有任何懈怠。

舜是冀州人。舜很能干，种过地、捕过鱼、做过陶器，会各种手艺活，还会做买卖。瞽叟冥顽不化，后妈爱搬弄是非，弟弟象狂傲骄纵，他们都想杀掉舜。舜孝顺父母，从不违背做儿子的道义，以致他们想杀他却总没有机会，想指责他却总找不到借口。

舜二十岁时就是闻名天下的孝子。三十岁时，舜被推荐给了尧，并奉命娶了尧的两个女儿。不仅如此，尧还派了九个儿子考察舜。舜居住在妫水边，管理家庭一丝不苟，引导两个妻子遵守妇道，引导尧的九个儿子相互忠诚友爱。舜的魅力非凡：种地时，大家互让田界；打鱼时，大家相让站脚的地方；制作陶器时，大家都模仿他精细的做工。一个地方，舜待上一年，那里就会形成村落；待上两年，那里就会形成城镇；待上三年，那里就会形成城市。见此，尧赐给舜细葛布衣和琴，为他建造仓库，还给他牛和羊。

瞽叟想杀舜，让舜爬上仓库顶去修补房顶，却趁机抽掉梯子，在下面放火焚烧仓库。舜用两个斗笠护住自己，从仓库顶上跳下来逃走，才幸免一死。后来，瞽叟又让舜挖井。这一次，舜先挖了一个可以从旁边出来的暗道。结果，舜在挖井时，瞽叟和象一起往井里填土，想将他活埋。舜从暗道逃出才脱离了险境。瞽叟和象以为舜死了，就瓜分了舜的财产。舜回来后，继续孝敬瞽叟，爱护弟弟，态度却更加恭谨。于是，尧让舜推行五种教典。舜都干得很好。

高阳氏有八个很有才能的子弟，高辛氏也有八个才干出众的子弟。这十六个人的子孙世世代代都能发扬光大先辈的美德，从没做过有损祖先声誉的事。尧没任用他们。舜让他们主管土地事务和在四方布施教典。于是，父义、母慈、兄友、弟恭、子孝，国内太平，外族归附。

帝鸿氏有个不成器的子弟，掩蔽道义，阴狠残暴，喜欢做坏事，大家称之为"浑沌"。少皞氏有个不成器的子弟，败坏信义，憎恶忠直，满口邪恶的言论，大家称之为"穷奇"。颛顼氏有个不成器的子弟，不接受教育训导，不知言语的好坏，大家称之为"梼杌"。这三个家族世代为人们所忧虑，尧没驱除他们。缙云氏有个不成器的子弟，贪恋酒食，贪图钱财，大家称之为"饕餮"。天下人都讨厌他，把他跟"三凶"相提并论。舜放逐了这四个恶人及其家族，把他们迁到四方偏远的地方，从此天下太平，没有坏人了。

舜进入深山野林遇到暴风雷雨从不迷路，尧据此认为舜足以托付天下。尧年事已高，让舜代行天子政事，巡视各地。舜被举用二十年后，尧才让他摄政。舜摄政八年后，尧去世。三年丧期结束后，舜让位给丹朱，但天下臣民都归服于舜。禹、皋陶、契、后稷、伯夷、夔、龙、倕、益、彭祖等人自尧时都已被任用，但还没有明确的分工。于是，舜到文祖庙，征求四岳的意见，开放四门，以畅通四方各地的见闻和意见，命令十二州的长官讨论天子的德行。大家认为，只要推行德政，远离奸佞小人，就能使蛮夷归服。于是，舜让禹做司空，负责管理治水事务；让弃任农官，负责指导百姓种好各种谷物；让契担任司徒，负责推行五常教典事务；让皋陶做刑官，负责掌管五种刑罚；让垂做共工，负责工程建造事务；让益担任虞官，负责掌管山川林泽中的草木鸟兽；让伯夷担任秩宗，负责掌管三礼；让夔为典乐官，负责教导贵族子弟和掌管音律;让龙出任纳言,负责传达天子的政令。此后,舜对他们每三年考察一次政绩,经过三次考核才决定升降。于是,远近各项事业都兴盛起来。

这二十二人都取得了成就:皋陶主管刑狱,执法公平,老百姓心服口服;伯夷主持礼仪,上下都知谦让;垂担任工官,每项工务都完成得很好;益做虞官,山川林泽都得到了开发利用;弃担任农官,百谷庄稼都长得很茂盛;契担任司徒,百姓亲近和睦;龙负责接待宾客,远方的人都来朝贡。十二个地方长官推行政令,全国各地没人敢逃避违抗。只有禹的功劳最大,开通了九座大山,疏浚了九大湖泽,疏通决导了九条大河,划定了九州地界,各州都按照相应的位份来进贡特产,没有不合时宜的。方圆五千里的国土,一直到达荒僻遥远的地方。南边顺服的有交阯、北发,西边顺服的有戎、析枝、渠廋、氐、羌,北边顺服的有山戎、发、息慎,东边顺服的有长夷、鸟夷,四海之内,都推戴帝舜的功绩。于是,禹创制《九招》之乐,招来各方奇珍异物,凤凰也飞来翔舞。天下的清明德政都是从舜那时开始的。

舜二十岁时以孝闻名,三十岁时尧举用他,五十岁时代行天子政事,五十八岁那年尧去世,六十一岁时接替尧登上帝位。登上帝位三十九年时,舜到南方巡视,死在苍梧境内,葬在江南的九嶷山,即零陵。舜登上帝位后,用车载着天子的旌旗,去拜见父亲瞽叟,态度和悦恭敬,完全符合做儿子的孝道。他又封弟弟象为诸侯。舜的儿子商均也不成器。于是,舜选择了禹做继承人。十七年后,舜死。三年丧期结束,禹也把帝位让给舜的儿子商均。诸侯都归附禹,禹才登上帝位。尧的儿子丹朱,舜的儿子商均,都有封地,以奉祀他们的祖先。他们仍然穿自己的服饰,用自己的礼乐,以宾客之礼朝见天子。天子不把他们当臣下看待,以表示不敢独占天下。

黄帝到舜、禹都同姓,只是国号不同,以此显示各自的德行。黄帝号有熊,颛顼号高阳,喾号高辛,尧号陶唐,舜号有虞,禹号夏后,又另取姓氏,姓姒。契是商朝人的祖先,姓子。弃为周朝人的始祖,姓姬。

【编后语】

《五帝本纪》是《史记》"十二本纪"中的第一本纪,是《史记》的开篇，主要是有关三皇五帝的一些历史记载。本书精选了《五帝本纪》中最精彩的部分，即黄帝、尧、舜三个天子最精彩的部分。除此之外，由于篇幅所限，其他几个天子的历史以及司马迁的评述部分省略，但不影响《史记》的精彩和魅力。

秦始皇本纪

【原文】

秦始皇帝者，秦庄襄王子也。庄襄王为秦质子①于赵，见吕不韦姬，悦而取之，生始皇。以秦昭王四十八年正月生于邯郸。及生，名为政，姓赵氏。年十三岁，庄襄王死，政代立为秦王。当是之时，秦地已并巴、蜀、汉中，越宛有郢，置南郡矣；北收上郡以东，有河东、太原、上党郡；东至荥阳，灭二周②，置三川郡。吕不韦为相，封十万户，号曰文信侯。招致宾客游士③，欲以并天下。李斯为舍人。蒙骜、王龁、麃公等为将军。王年少，初即位，委国事大臣。晋阳反。

元年，将军蒙骜击定之。

二年，麃公将卒攻卷，斩首三万。

三年，蒙骜攻韩，取十三城。王龁死。十月，将军蒙骜攻魏氏畼④、有诡。岁大饥。

四年，拔畼、有诡。三月，军罢。秦质子归自赵，赵太子出归国。七月庚寅，蝗虫从东方来，蔽天。天下疫。百姓内⑤粟千石，拜爵一级。

五年，将军骜攻魏，定酸枣、燕、虚、长平、雍丘、山阳城，皆拔之，取二十城。初置东郡。冬雷。

六年，韩、魏、赵、卫、楚共击秦，取寿陵。秦出兵，五国兵罢。拔卫，迫东郡，其君角率其支属徙居野王，阻其山以保魏之河内。

七年，彗星先出东方，见北方，五月见西方。将军骜死。以攻龙、孤、庆都，还兵攻汲。彗星复见西方十六日。夏太后死。

八年，王弟长安君成蟜⑥将军击赵，反，死屯留，军吏皆斩死，迁其民于临洮。将军壁死，卒屯留、蒲鹖⑦反，戮其尸。河鱼大上，轻车重马东就食。

嫪毐⑧封为长信侯。予之山阳地，令毐居之。宫室车马衣服苑囿驰猎恣毐⑨。事无小大皆决于毐。又以河西太原郡更为毐国。

九年，彗星见，或竟天。攻魏垣、蒲阳。四月，上宿雍。己酉，王冠⑩，带剑。长信侯毐作乱而觉，矫⑪王御玺及太后玺以发县卒及卫卒、官骑、戎翟君公、舍人，将欲攻蕲年宫为乱。王知之，令相国、昌平君、昌文君发卒攻毐。战咸阳，斩首数百。皆拜爵，及宦者皆在战中，亦拜爵一级。毐等败走。即令国中：有生得毐，赐钱百万；杀之，五十万。尽得毐等。卫尉竭、内史肆、佐弋竭、中大夫令齐等二十人皆枭首⑫，车裂以徇⑬，灭其宗。及其舍人，轻者为鬼薪⑭。及夺爵迁蜀四千馀家，家房陵。四月寒冻，有死者。杨端和攻衍氏。彗星见西方，又见北方，从斗以南八十日。

十年，相国吕不韦坐嫪毐免⑮。桓齮为将军。齐、赵来置酒。齐人茅焦说秦王曰："秦方以天下为事，而大王有迁母太后之名，恐诸侯闻之，由此倍⑯秦也。"秦王乃迎太后于雍而入咸阳，复居甘泉宫。

【注释】

①质子：被派到订约国做人质的王子或要人。质，抵押。

②二周：东周和西周，此处指周朝末的两个小国。

③游士：即游士，游走天下的读书人。

④畅：读chàng，此处为地名。

⑤内：通"纳"，交纳。

⑥挢：读jiǎo。

⑦鹖：读hú，此处指地名。

⑧毐：读ǎi，此处指人名。

⑨苑囿：畜养禽兽的地方。恣：听凭，任凭。

⑩冠：古代贵族子弟到二十岁时举行加冠仪式，表示成年。实际上，秦始皇当时已经二十二岁。

⑪矫：假托、诈称的意思。

⑫枭首：古代酷刑之一，即割下犯人的头，悬挂在木竿上。

⑬车裂：也叫车磔，古代酷刑之一，即把犯人绑在几辆车上，拖裂肢体。徇：示众。

⑭鬼薪：拾柴以供王家宗庙之用，即为王家宗庙服劳役，是秦朝的徒刑之一，刑期三年。

⑮坐：定罪，由……而获罪。免：免官。

⑯倍：通"背"，违背、背叛的意思。

【译文】

秦始皇嬴政是秦庄襄王嬴子楚的儿子。嬴子楚到赵国当质子期间，看中了吕不韦的一个姬妾，娶了她，生下了嬴政——在秦昭王四十八年正月生于邯郸。当时，他姓赵，叫赵政，回秦国后才改叫嬴政。

嬴政十三岁时，秦庄襄王嬴子楚去世，他即位为秦王。当时，秦国已经兼并了巴、蜀、汉中，越过宛而占有了郢都，设置了南郡；在北方收取了上郡以东地区，拥有河东、太原、上党三郡；东到荥阳，灭了东周国、西周国，设置了三川郡。吕不韦做丞相后，秦王嬴政封给他十万户食邑，号称文信侯。吕不韦招揽宾客游士，想要吞并天下。当时，李斯为舍人，蒙骜、王齮、麃公等人为将军。秦王嬴政年少，又刚刚即位，将国家大事委托给大臣们处理。那一年，晋阳反叛。

元年，蒙骜率军进攻叛军，平定了叛乱。

二年，麃公率军攻打卷邑，杀了三万人。

三年，蒙骜率军攻打韩国，占领了十三个城邑。王齮去世。七月，蒙骜率军攻打魏国的畼地和有诡。这一年，秦国发生了大饥荒。

四年，秦军攻克了畼地和有诡。三月，秦军撤军。秦国的质子从赵国回来，赵国的太子也离开秦国回国。十月，秦国发生蝗灾，瘟疫流行。秦王嬴政下令，任何人只要捐纳一千石粟就可以封爵一级。

五年，蒙骜率军进攻魏国，平定了酸枣、燕、虚、长平、雍丘、山阳等地，将它们全部占领，并攻取了二十个城邑。秦国设置东郡。冬天，秦国出现打雷的异常天象。

六年，韩国、魏国、赵国、卫国和楚国联合攻打秦国，夺取了寿陵。秦国派兵，五国联军才撤军。秦军攻占了卫国，作为东郡。卫君角带领他的宗族迁居到野王，凭借山势险阻来保卫河内地区。

七年，彗星先在东方出现，后出现在北方，五月份又出现在西方。蒙骜去世。他死于秦国出兵攻打龙、孤、庆都等地，回师又攻打汲地时。彗星又在西方出现，历时达十六天。夏太后去世。

八年，长安君成蟜在率兵攻打赵国途中谋反，死在屯留。他的手下都被处死。屯留的百姓被迁往临洮。前来讨伐成蟜的将军壁死后，屯留的士兵蒲鹖趁机造反，鞭戮了壁的尸体。那时，黄河里的鱼大量涌上河岸，许多人都向东逃荒，寻找食物。嫪毐被封为长信侯。秦王嬴政把山阳赐给嫪毐，让他居住在那里。宫室、车马、衣服、苑囿、猎场都听任嫪毐享用。凡事无论大小，都由嫪毐决定。秦王嬴政又把河西太原郡改名为毐国。

九年，彗星出现，横越天空。秦军攻打魏国垣城和蒲阳。四月，秦王嬴政在雍城举行成年加冠典礼，佩带宝剑。长信侯嫪毐作乱，被发觉，就假造秦王和太后的印玺，调动京城的军队以及侍卫、官骑、戎狄君公、家臣，准备进攻蕲年宫。秦王嬴政知道后，命令相国、昌平君和昌文君发兵攻打嫪毐。咸阳之战，数百名叛军被斩杀。参与平叛的功臣和宦官都升了爵位。嫪毐等人战败逃走，但很快被捉拿归案。于是，嫪毐、卫尉竭、内史肆、佐弋竭、中大夫令齐等二十人被斩首示众，诛灭宗族。他们的门客，罪轻的，被判罚三年劳役；罪重的，全家被流放。那些被剥夺爵位、流放到蜀地的有四千多家，都被安置在房陵。杨端和攻打衍氏。彗星出现在西方和北方，从北斗星附近向南移动，持续了八十天。

十年，相国吕不韦因嫪毐事件牵连而被免职。桓齮被任命为将军。齐赵两国来朝，秦王备酒款待。齐国人茅焦对秦王嬴政说："秦国正以统一天下为事业，您却流放母后，恐怕诸侯听到后会因此而背叛秦国啊！"秦王嬴政于是到雍城迎接太后回咸阳，让她重新居住在甘泉宫。

【原文】

大索，逐客①。李斯上书说，乃止逐客令。李斯因说秦王，请先取韩以恐他国，于是使斯下韩。韩王患之，与韩非谋弱秦。

大梁人尉缭来，说秦王曰："以秦之强，诸侯譬如郡县之君，臣但恐诸侯合从②，翕而出不意，此乃智伯、夫差、湣王之所以亡也。愿大王毋爱财物，赂其豪臣，以乱其谋，不过亡三十万金，则诸侯可尽。"秦王从其计，见尉缭亢礼③，衣服食饮与缭同。缭曰："秦王为人，蜂准，长目，挚鸟膺，豺声，少恩而虎狼心，居约易出人下④，得志亦轻食人。我布衣，然见我常身自下我。诚使秦王得志于天下，天下皆为虏矣。不可与久游。"乃亡去。秦王觉，固止，以为秦国尉，卒用其计策。而李斯用事。

十一年，王翦、桓齮、杨端和攻邺，取九城。王翦攻阏与、橑杨，皆并为一军。翦将十八日，军归斗食以下，什推二人从军。取邺、安阳，桓齮将。

十二年，文信侯不韦死，窃葬⑤。其舍人临者，晋人也逐出之；秦人六百石以上夺爵，迁；五百石以下迁，勿夺爵。自今以来，操国事不道如嫪毐、不韦者籍其门，视此。秋，复嫪毐舍人迁蜀者。当是之时，天下大旱六月，至八月乃雨。

十三年，桓齮攻赵平阳，杀赵将扈辄，斩首十万。王之河南。正月，彗星见东方。十月，桓齮攻赵。

十四年，攻赵军于平阳，取宜安，破之，杀其将军。桓齮定平阳、武城。韩非使秦，秦用李斯谋，留⑥非，非死云阳。韩王请为臣。

十五年，大兴兵，一军至邺，一军至太原，取狼孟。地动。十六年九月，发卒受地韩南阳假守腾。初令男子书年⑦。魏献地于秦。秦置丽邑。十七年，内史腾攻韩，得韩王安，尽纳其地，以其地为郡，命曰颍川。地动。华阳太后卒。民大饥。

十八年，大兴兵攻赵，王翦将上地，下井陉，端和将河内，羌瘣伐赵，端和围邯郸城。

十九年，王翦、羌瘣尽定取赵地东阳，得赵王。引兵欲攻燕，屯中山。秦王之邯郸，诸尝与王生赵时母家有仇怨，皆坑⑧之。秦王还，从太原、上郡归。始皇帝母太后崩。赵公子嘉率其宗数百人之代，自立为代王，东与燕合兵，军上谷。大饥。

二十年，燕太子丹患秦兵至国，恐，使荆轲刺秦王。秦王觉之，体解⑨轲以徇，而使王翦、辛胜攻燕。燕、代发兵击秦军，秦军破燕易水之西。

二十一年，王贲攻荆。乃益发卒诣王翦军，遂破燕太子军，取燕蓟城，得太子丹之首。燕王东收辽东而王之。王翦谢病老归⑩。新郑反。昌平君徙于郢。大雨雪，深二尺五寸。

二十二年，王贲攻魏，引河沟灌大梁，大梁城坏，其王请降，尽取其地。

二十三年，秦王复召王翦，强起之，使将击荆。取陈以南至平舆，虏荆王。秦王游至郢陈。荆将项燕立昌平君为荆王，反秦于淮南。

二十四年，王翦、蒙武攻荆，破荆军，昌平君死，项燕遂自杀。

二十五年，大兴兵，使王贲将，攻燕辽东，得燕王喜。还攻代，虏代王嘉。王翦遂定荆江南地，降越君，置会稽郡。五月，天下大酺⑪。

二十六年，齐王建与其相后胜发兵守其西界，不通秦。秦使将军王贲从燕南攻齐，得齐王建。

【注释】

①逐客：驱逐在秦国的客卿。

②合从：从，通"纵"。南北叫纵。合纵，指山东六国联合抗秦。

③亢礼：行平等之礼。

④约：穷困。出人下：即屈居人下。

⑤窃葬：私葬，偷葬。

⑥留：羁留、扣留。

⑦书年：报写年龄。此举是为了便于征兵和徭役。

⑧坑：坑埋，活埋。

⑨体解：即肢解，古代分解肢体的一种酷刑。

⑩谢病：推说有病。老归：告老还乡。

⑪酺：读pú，此处指命令特许的大聚饮。

【译文】

秦王嬴政下令驱逐从各诸侯国来的客卿。李斯上书劝说后，秦王嬴政醒悟，下令废止了逐客令。李斯进而游说秦王嬴政，请求先攻取韩国，以恐吓其他诸侯国。于是，秦王嬴政派李斯去攻打韩国。韩王很担忧，与韩非谋划削弱秦国。

大梁人尉缭来到秦国，游说秦王拿出大量财物去贿赂各国有权势的大臣，以扰乱各诸侯国联合起来对付秦国。秦王嬴政听从了他的建议，用平起平坐的礼节会见他，衣服饮食都跟他一样。尉缭担心将来与秦王嬴政不好相处，准备逃走。秦王嬴政发觉了，执意挽留他，任命他为国尉，并最终采用了他的计策。那时，李斯当权。

十一年，王翦、桓齮、杨端和率军攻打邺，夺取了九座城池。王翦率军进攻阏与、橑杨，把各路秦军合在一起。王翦统一指挥秦军十八天后，让军中俸禄在斗食以下的人撤回去，每十人推选二人从军。秦军攻下邺县、安阳后，由桓齮担任主将。

十二年，吕不韦死去，为其家臣安葬。对那些参加丧葬的门客：如果是三晋人，就驱逐出境；如果是秦国人，俸禄在六百石以上的就夺去官爵迁居房陵，五百石以下的也要迁居，但不削夺官爵。从今以后，如嫪毐、吕不韦等掌握大权却不行正道之人，都要将其满门充作奴隶。秋天，秦王嬴政赦免了被迁移到蜀地的嫪毐的门客。当时，天下大旱六月，直到八月才下雨。

十三年，桓齮率军进攻赵国平阳，杀死赵将扈辄，斩首十万。秦王嬴政到达河南。正月，东方出现彗星。十月，桓齮率军攻打赵国。

十四年，秦军在平阳进攻赵军，夺取宜安，大败赵军，杀死赵将。桓齮平定了平阳、武城。韩非出使秦国，秦王嬴政采纳李斯的计谋，扣留了韩非。韩非死在云阳。韩王请求做秦国的藩臣。

十五年，秦国大举出兵，一支打到邺地，一支直抵太原，攻下狼孟。这时，发生地震。

十六年九月，秦国发兵占领韩国南阳。内史腾代理南阳郡守。腾命令南阳男子要呈报年龄。秦国设置丽邑。

十七年，内史腾攻打韩国，俘获韩王安，占领了韩国全部土地。他在该地设郡，命名为颍川郡。这时，发生地震。华阳太后去世。老百姓遭受了严重的饥荒。

十八年，秦国大举出兵进攻赵国。王翦率领上郡的军队攻下井陉。杨端和率领河内郡的军队包围了邯郸，羌瘣攻打赵国。

十九年，王翦、羌瘣彻底平定赵国东阳，俘获赵王。他们又想率军进攻燕国，驻军在中山。秦王嬴政来到邯郸，下令将与他母家有仇怨的人全被活埋。秦王嬴政回返，从太原、上郡回到咸阳。秦王嬴政的母亲去世。赵国公子嘉带着宗族数百人到代地，自立为代王，向东和燕国会合兵力，驻扎在上谷。这一年又发生了大饥荒。

二十年，燕国太子丹担心秦军侵犯燕国，十分害怕，派荆轲去刺杀秦王嬴政。秦王嬴政觉察，将荆轲肢解示众，同时派王翦、辛胜率军攻打燕国。燕国和代国发兵抗击秦军。秦军在易水以西打败燕军。

二十一年，王贲率军攻打楚国。秦王嬴政增调更多士卒到王翦军中。王翦击破燕太子丹率领的军队，夺取了燕国首都蓟城，获得了燕国太子丹的首级。燕王向东撤退，在辽东地区称王。王翦因老病辞官回家。新郑反叛。昌平君迁居郢地。天降大雪，深达两尺五寸。

二十二年，王贲率军攻打魏国，挖沟引黄河水灌淹大梁城。大梁城墙被水冲坏，魏王请求投降。于是，秦军占领了整个魏国。

二十三年，秦王嬴政再次征召王翦，令他出任官职，派他率兵攻打楚国。王翦夺取陈县以南一直到平舆的土地，并俘虏了楚王。秦王嬴政巡游来到郢都和陈县。楚将项燕拥立昌平君为楚王，在淮南反叛秦国。

二十四年，王翦和蒙武率军攻打楚国，大败楚军。昌平君战死，项燕自杀。

二十五年，秦国大举兴兵。秦王嬴政派王贲为将，率军攻打燕国辽东。王贲俘获了燕王喜。他回师时攻打代国，又俘虏了代王嘉。王翦最终平定楚国及江南地区，降服越族首领，设置会稽郡。五月，秦王嬴政下令允许天下宴饮庆贺。

二十六年，齐王建与相国后胜发兵守卫西部边界，不跟秦国往来。秦王嬴政派将军王贲率军从燕国南下攻齐国。王贲俘获了齐王建。

【原文】

秦初并天下，令丞相、御史曰："异日韩王纳地效玺，请为藩臣①，已而倍约，与赵、魏合从畔秦，故兴兵诛之，虏其王。寡人以为善，庶几息兵革。赵王使其相李牧来约盟，故归其质子。已而倍盟，反我太原，故兴兵诛之，得其王。赵公子嘉乃自立为代王，故举兵击灭之。魏王始约服入秦，已而与韩、赵谋袭秦，秦兵吏诛，遂破之。荆王献青阳以西，已而畔约，击我南郡，故发兵诛，得其王，遂定其荆地。燕王昏乱，其太子丹乃阴令荆轲为贼，兵吏诛，灭其国。齐王用后胜计，绝秦使，欲为乱，兵吏诛，虏其王，平齐地。寡人以眇眇②之身，兴兵诛暴乱，赖宗庙之灵，六王咸伏其辜，天下大定，今名号不更，无以称成功，传后世。其议帝号。"

丞相绾、御史大夫劫、廷尉斯等皆曰："昔者五帝地方千里，其外侯服夷服③，诸侯或朝或否，天子不能制。今陛下兴义兵，诛残贼，平定天下，海内为郡县，法令由一统，自上古以来未尝有，五帝所不及。臣等谨与博士议曰：'古有天皇，有地皇，有泰皇，泰皇最贵。'臣等昧死上尊号，王为'泰皇'，命为'制'，令为'诏'。天子自称曰'朕'。"王曰："去'泰'，著'皇'，采上古'帝'位号，号曰'皇帝'。他如议。"制曰："可。"追尊庄襄王为太上皇。制曰："朕闻太古有号毋谥，中古有号，死而以行为谥。如此，则子议父，臣议君也，甚无谓，朕弗取焉。自今已来，除谥法。朕为始皇帝。后世以计数，二世三世至于万世，传之无穷。"

始皇推终始五德之传，以为周得火德，秦代周德，从所不胜。方今水德之始，改年始，朝贺皆自十月朔。衣服旄旌节旗皆上黑④。数以六为纪，符、法冠皆六寸，而舆六尺，六尺为步⑤，乘六马。更名河曰德水，以为水德之始。刚毅戾深，事皆决于法，刻削毋仁恩和义，然后合五德之数。于是急法，久者不赦。

丞相绾等言："诸侯初破，燕、齐、荆地远，不为置王，毋以填之。请立诸子，唯上幸许。"始皇下其议于群臣，群臣皆以为便。廷尉李斯议曰："周文、武所封子弟同姓甚众，然后属疏远，相攻击如仇雠，诸侯更相诛伐，周天子弗能禁止。今海内赖陛下神灵一统，皆为郡县，诸子功臣以公赋税重赏赐之，甚足易制。天下无异意，则安宁之术也。置诸侯不便。"始皇曰："天下共苦战斗不休，以有侯王。赖宗庙，天下初定，又复立国，是树兵⑥也，而求其宁息，岂不难哉！廷尉议是。"

分天下以为三十六郡，郡置守、尉、监。更名民曰"黔首"。大酺。收天下兵，聚之咸阳，销以为钟鐻⑦金人十二，重各千石⑧，置廷宫中。一法度衡石丈尺。车同轨。书同文字。地东至海暨朝鲜，西至临洮、羌中，南至北向户，北据河为塞，并阴山至辽东。徙天下豪富于咸阳十二万户。诸庙及章台、上林皆在渭南。秦每破诸侯，写放其宫室，作之咸阳北阪上，南临渭，自雍门以东至泾、渭，殿屋复道周阁⑨相属。所得诸侯美人钟鼓，以充入之。

【注释】

①藩臣：此处指为朝廷守边的属臣。

②眇眇：渺小，微小，表自谦。眇，通"渺"。

③侯服、夷服：按周制，天子所居京城以外直径一千里的地方为王畿，再往外分为九服，由近及远依次为侯服、甸服、男服、采服、卫服、蛮服、夷服、镇服和藩服。"侯服、夷服"指京城以外的远近地区。

④旄旌：用旄牛尾或五色羽毛装饰的旗。节：符节，使者所持的凭证。上黑：崇尚黑色。上，通"尚"，崇尚的意思。在五行中，黑色象征水德。

⑤步：古代以步作为长度单位，秦朝以六尺为一步。

⑥树兵：此处指挑起战争。

⑦钟鐻：读zhōng jù。

⑧石：古代的重量单位。一百二十斤为一石。

⑨复道：阁道，天桥。周阁：环行的长廊之类。

【译文】

统一天下后，秦王嬴政命令丞相、御史要彰显他统一天下的功绩，考虑给他改名号，议定一个让他流传千古的称号。

于是，丞相王绾、御史大夫冯劫、廷尉李斯等人说："从前，五帝的疆土纵横千里，在这以外侯服、夷服的诸侯，有的称臣进贡，有的不臣服，天子不能加以控制。如今，陛下大兴正义之师，诛杀暴乱的贼子，平定了天下，国内设置郡县，法令政令由此统一，这是从上古以来从未有过的功业，连五帝也比不上您。我等谨慎地与博士们商讨说：'古代有天皇、地皇、泰皇，泰皇最为尊贵。'我等冒死呈上尊号，大王应称为'泰皇'，天子之命称为'制'，天子之令称为'诏'，天子自称为'朕'。"

秦王嬴政说："去掉'泰'字，保留'皇'字，采用上古'帝'的名号，称为皇帝。其他就依从你们的建议。"秦王嬴政下令追尊秦庄襄王为太上皇，又颁布命令："我听说远古时帝王只有号，没有谥，中古时有号，死后又按照他生前的行为定一个谥。这样的话，就是儿子评论父亲、臣子议论君王，这不对，我不赞成这么做。从今往后，废除谥法。我是始皇帝。后代子孙用数字标识，从二世、三世直至万世，无穷无尽地传承下去。"

秦始皇又根据金、木、水、火、土五德终始循环、相生相克，认为周朝得天下是因为火德，秦朝代替周朝兴起，就应当是水德。于是，他下令更改岁首，以十月初一为元旦，衣服、旌旗、符节都崇尚代表水的黑色；数目以六为基数，符信、法冠都六寸，车舆的宽度为六尺，以六尺为一步，每一乘车用六匹马拉；将黄河改名为德水，以表示水德的开始；以刚毅、狠戾、苛刻作为施政手段，凡事都依法办理，刻薄而没有仁慈、恩惠、平和、道义——这样才能符合五德的运行规则。正因为如此，秦朝实行严刑峻法，导致犯罪的人很长时间内得不到赦免。

丞相王绾等人说："诸侯刚刚消灭，燕国、齐国、楚国地处偏远，如果不封王，就无法镇守。请求封各位皇子为王，望皇上恩准。"秦始皇将这一建议下发给群臣讨论。大臣们都认为这样做合适。廷尉李斯却认为，周武王分封的子弟及同姓诸侯很多，然而后来宗属关系疏远，像仇敌一样相互攻击，诸侯不断地互相征伐，周天子不能制止。如今天下统一，各地都设置郡县容易治理，可使天下没有二心，设置诸侯不合适。秦始皇采用了李斯的建议。

秦始皇下令，将天下分成三十六个郡，每个郡设置郡守、郡尉和监御史等职。改称老百姓为"黔首"。全国宴饮狂欢。没收天下的兵器，集中到咸阳，销毁后铸成十二个铜人来悬挂大钟，各重一千石，放置在宫廷中。统一法律和度量衡。车辆同轨。统一书写的文字。秦朝疆土东到大海和朝鲜，西至临洮、羌中，南边到达北向户，北边依黄河为关塞，并连及阴山直至辽东。把国内十二万户豪富迁移到咸阳。各代先祖的陵庙以及章台宫、上林苑都在渭水南岸。秦国每灭亡一个诸侯国，就描绘该国的宫室图形，在咸阳北面的山坡上加以仿建，南临渭水，从雍门向东直达泾水、渭水的交会处，殿宇之间的天桥、回廊相互连接。秦始皇把从诸侯国获得的美女和钟鼓都安置在这些宫殿中。

【原文】

二十七年，始皇巡陇西、北地，出鸡头山，过回中。焉作信宫渭南。已更命信宫为极庙，象天极①。自极庙道通郦山，作甘泉前殿。筑甬道，自咸阳属之。是岁，赐爵一级。治驰道②。

二十八年，始皇东行郡县，上邹峄山。立石，与鲁诸儒生议，刻石颂秦德，议封禅望祭③山川之事。乃遂上泰山，立石，封，祠祀。下，风雨暴至，休于树下，因封其树为五大夫。禅梁父。刻所立石，其辞曰。（碑文省略。——编者注）

于是乃并勃海以东，过黄、腄，穷成山，登之罘④，立石颂秦德焉而去。

南登琅邪⑤，大乐之，留三月。乃徙黔首三万户琅邪台下，复十二岁。作琅邪台，立石刻，颂秦德，明得意。（石刻文略。——编者注）

既已，齐人徐巿⑥等上书，言海中有三神山，名曰蓬莱、方丈、瀛洲，仙人居之。请得斋戒，与童男女求之。于是遣徐巿发童男女数千人，入海求仙人。

始皇还，过彭城，斋戒⑦祷祠，欲出周鼎⑧泗水。使千人没水求之，弗得。乃西南渡淮水，之衡山、南郡。浮江，至湘山祠。逢大风，几不得渡。上问博士曰："湘君何神？"博士对曰："闻之，尧女，舜之妻，而葬此。"于是始皇大怒，使刑徒⑨三千人皆伐湘山树，赭其山。上自南郡由武关归。

【注释】

①天极：北极星。

②驰道：驰马所行的路，供皇帝巡行用的路。秦朝的驰道通达全国各重要地区，道路宽五十步，种树为界。

③封禅：登泰山筑坛祭天叫封，在山南梁父山上辟基祭地叫禅。望祭：遥望而祭，古代帝王祭祀名山大川的一种仪式。

④罘：读fú。此处指地名。

⑤琅邪：即琅琊。

⑥徐巿：即徐福。

⑦斋戒：古人祭祀祷告前要沐浴更衣、忌酒、吃素，不与妻妾同寝，整洁心身，以示虔诚，叫斋戒。

⑧周鼎：相传，大禹收天下之金铸成九鼎，象征九州，后来成为象征国家政权的传国之宝。

⑨刑徒：被判刑而服劳役的人。

【译文】

二十七年，秦始皇巡视陇西、北地，越过鸡头山，经过回中。秦始皇下令在渭水南岸修建信宫。修建完后，他又把信宫改名为极庙，象征北极星。他又下令从极庙修建道路直通郦山，建造甘泉宫前殿，并修筑甬道连接咸阳。这一年，天下有爵位的人都提升一级。秦始皇又下令修治皇帝巡行天下的大道。

二十八年，秦始皇巡视东方各郡县，登上邹地的峄山时，竖起石碑，和鲁地的儒生商议，刻石歌颂秦朝的功德，并讨论了封禅和祭祀名山大川的事情。不久，秦始皇登上泰山，立起石碑，筑坛立祠，祭祀天神。他下山时突然风雨大至，在一棵松树下休息，因此封这棵树为五大夫。他还在梁父山祭祀地神，刻写碑文（碑文略）。

随后，秦始皇沿渤海向东行进，经过黄县、腄县，越过成山，登临之罘山，在这里刻石颂扬秦朝的功德后离去。

他往南登上琅琊山。因十分喜欢这个地方，他逗留了三个月。秦始皇下令迁徙三万户百姓居住在琅琊台下，免除他们十二年的赋税徭役。他下令建造琅琊台，树立石碑，歌颂秦朝的功德（碑文略）。

齐地人徐福等呈上奏书，说海中有叫蓬莱、方丈、瀛洲的三座神山，是仙人居住的地方，并请求准许他斋戒沐浴，带领童男童女去寻觅仙人。

秦始皇从东方返回，经过彭城，斋戒祈祷，举行祭祀，想把当年掉进泗水中的周鼎打捞上来。他派了千人下水搜寻，没能找到。随后，他向西南渡过淮水，到达衡山、南郡；渡过长江，来到湘山祠。遇到大风，他差点不能渡过。秦始皇问博士："湘君是什么神？"博士回答说："听说是尧的女儿、舜的妻子葬在这里。"于是，秦始皇大怒，派三千个刑徒砍光湘山上的树木，使山露出红褐色土地。秦始皇从南郡经武关回到都城。

【原文】

二十九年，始皇东游。至阳武博狼沙中，为盗所惊。求弗得，乃令天下大索十日。

登之罘，刻石。（石刻文略。——编者注）旋，遂之琅邪，道上党入。

三十年，无事。

三十一年十二月，更名腊曰"嘉平"①。赐黔首里②六石米、二羊。始皇为微行③咸阳，与武士四人俱，夜出，逢盗兰池，见窘，武士击杀盗，关中大索二十日。米石千六百。

三十二年，始皇之碣石，使燕人卢生求羡门、高誓。刻碣石门，坏城

郭，决通堤防。其辞曰。（石刻文略。——编者注）

因使韩终、侯公、石生求仙人不死之药。

始皇巡北边，从上郡入。燕人卢生使入海还，以鬼神事，因奏录图书④，曰："亡秦者胡也。"始皇乃使将军蒙恬发兵三十万人北击胡，略取河南地。

三十三年，发诸尝逋亡人、赘婿、贾人⑤略取陆梁地，为桂林、象郡、南海，以適⑥遣戍。西北斥逐匈奴。自榆中并河以东，属之阴山，以为三十四县，城河上为塞。又使蒙恬渡河取高阙、阳山、北假中，筑亭障⑦以逐戎人。徙谪，实之初县。禁，不得祠。明星出西方。

三十四年，適治狱吏不直者，筑长城及南越地。

【注释】

①嘉平：腊月的别称。

②里：秦汉时，以一百户为里，相当于现在的村。此处指每个里。

③微行：帝王或高官为不使人知其身份而便装出行，称之为"微行"。

④录图书：此处指秦汉时期宣扬符命占验的书。

⑤逋亡人：逃亡的人。赘婿：穷人之子典押给富人做奴隶，称为"赘子"；过期不赎，主家给赘子娶妻，仍做奴隶，称"赘婿"。贾人：商贩、商人、做生意的人。

⑥適：读shì，指受贬谪的人。

⑦亭障：在边疆险要处修建的堡垒。

【译文】

二十九年，秦始皇到东方巡游。到达阳武县的博浪沙中时，他被刺客惊吓。因到处搜捕没有结果，秦始皇下令在天下大规模地搜查十天。

秦始皇登上之罘山，立石刻碑（刻文略）。

不久，他就前往琅琊，取道上党回到咸阳。

三十年，没有重大的事发生。

三十一年十二月，秦始皇把腊月改称嘉平，赐给每个百姓六石米、两头羊。秦始皇在咸阳便服出行,和四名武士一起,在夜里出来,于兰池碰上强盗,受到逼困。四名武士击杀了强盗。秦始皇下令在关中大举搜捕了二十天。米价每石一千六百钱。

三十二年,秦始皇来到碣石,派燕人卢生寻求仙人羡门、高誓。他在碣石山门立碑刻石(刻文略),并派遣韩终、侯公、石生去寻访仙人找长生不死之药。

秦始皇巡视北部边地,从上郡回到都城。燕人卢生到海中出使回来,将鬼神之事上报,并向秦始皇呈奏谶纬图书,书上说"灭亡秦朝的是胡"。秦始皇于是派将军蒙恬率领三十万大军北上攻击匈奴人,夺取了黄河以南地区。

三十三年,秦始皇征发各种逃亡的犯人、卖身的奴隶和商贩去夺取陆梁,设置桂林、象郡、南海三郡,把受贬谪的人派去防守。秦军在西北地区驱逐匈奴。从榆中沿黄河向东一直到阴山,秦始皇设置了三十四个县,并沿黄河边修筑城墙作为关塞。他又派蒙恬渡过黄河以取高阙、阳山、北假中一带,修筑亭台屏障以驱赶匈奴。迁徙受贬谪的人被充实到新设置的县。他还下达禁令,不得祭祀。彗星出现在西方。

三十四年,秦始皇贬谪办理狱讼不当的官吏,让他们去修筑长城以及戍守南越地区。

【原文】

始皇置酒咸阳宫,博士七十人前为寿①。仆射周青臣进颂曰:"他时秦地不过千里,赖陛下神灵明圣,平定海内,放逐蛮夷,日月所照,莫不宾服。以诸侯为郡县,人人自安乐,无战争之患,传之万世,自上古不及陛下威德。"始皇悦。博士齐人淳于越进曰:"臣闻殷周之王千馀岁,封子弟功臣,自为枝辅。今陛下有海内,而子弟为匹夫,卒有田常、六卿之臣,无辅拂,何以相救哉?事不师古而能长久者,非所闻也。今青臣又面谀以重陛下之过,非忠臣。"

始皇下其议。丞相李斯曰:"五帝不相复,三代不相袭,各以治,非其相反,时变异也。今陛下创大业,建万世之功,固非愚儒所知。且越言乃三代之事,何足法也?异时诸侯并争,厚招游学。今天下已定,法令出一,百姓当家则力农工，士则学习法令辟禁。今诸生不师今而学古，以非当世，惑乱黔首。丞相臣斯昧死言：古者天下散乱，莫之能一，是以诸侯并作，语皆道古以害今，饰虚言以乱实，人善其所私学，以非上之所建立。今皇帝并有天下，别黑白而定一尊。私学而相与非法教，人闻令下，则各以其学议之；入则心非，出则巷议，夸主②以为名，异取以为高，率群下以造谤。如此弗禁，则主势降乎上，党与成乎下。禁之便。臣请史官非秦记皆烧之。非博士官所职，天下敢有藏《诗》《书》、百家语者，悉诣守、尉杂烧之。有敢偶语《诗》《书》者弃市③，以古非今者族。吏见知不举者与同罪。令下三十日不烧，黥为城旦。所不去者，医药卜筮种树之书。若欲有学法令，以吏为师。"制曰："可。"

【注释】

①为寿：饮酒时献祝寿辞。

②夸主：在君主面前夸耀自己。

③偶语：相对私语。弃市：古代在闹市执行死刑，表示与众共弃，叫"弃市"。

【译文】

秦始皇在咸阳宫设置酒宴时，七十个博士上前为他敬酒。仆射周青臣颂扬秦始皇的功业万古流芳，自古以来无人能比。秦始皇十分高兴。但博士齐人淳于越说："商朝和周朝统治天下一千多年，是因为分封亲族子弟和功臣。如今，皇帝拥有天下，却没分封他们。做事不取法古制而能长久的，从未听说过。周青臣当面阿谀奉承皇帝是加深您的过失，不是忠臣的行为。"

秦始皇将这些意见交给群臣商讨。李斯说："五帝的制度也没有重复的，三代的举措也没有因袭的，各自用自己的方法来治理国家，这并不是故意要跟前代相反，而是因为时代变化了。如今，皇帝开创大业，建立了万世不灭的功勋，不是愚儒们所能理解的。从前，诸侯纷争，所以才用优厚的待遇招徕游说之士；如今天下已经安定，政令出于一统，老百姓在家就应努力从事农工生产，士人就应该学习法令刑禁。现在，这些儒生不效法现实而要学习古代，用来非议当今，搞乱百姓的思想。古时候天下纷乱，无法统一，所以诸侯并起，说起话来都是称引古代而非难当世，矫饰虚言，搅乱事实，人人都认为自己私下所学是正确的，以此来非议皇上所建立的制度。如今皇帝一统天下，分辨是非，一切取决于至尊至上的皇帝。而那么私家之学相互勾结，非议法令教化，他们一听到朝廷的举措，就用各自所学的主张来妄加议论。入朝时在内心不以为然，出朝后就在街巷上议论纷纷，用大言欺骗君王来盗取名誉，用奇谈怪论来标榜自己的高明，率领手下的追随者对政府造谣诽谤。像这样再不禁止，就会使君主威势下降，朋党之风在下边形成，应当加以禁止才对。我请求下令史官把秦史典籍以外的史书全都烧掉，不是博士官的职务而敢私下收藏《诗经》《尚书》和诸子百家典籍，应全部搜送到官府烧掉。有敢聚徒论说《诗经》《尚书》的当众处死，以古非今的诛灭全家，官吏知情不举的以同罪论处。命令下达后三十天内不烧书的，处以黥刑，发配边塞充军。只有医药、卜筮、种树等方面的书籍不烧。如果有人想学习法令，就以吏为师。"

秦始皇同意了李斯的看法和建议。

【原文】

三十五年，除道，道九原抵云阳，堑山堙谷，直通之。于是始皇以为咸阳人多，先王之宫廷小，吾闻周文王都丰、武王都镐，丰镐之间，帝王之都也。乃营作朝宫渭南上林苑中。先作前殿阿房，东西五百步，南北五十丈，上可以坐万人，下可以建五丈旗。周驰为阁道①，自殿下直抵南山。表南山之颠以为阙。为复道，自阿房渡渭，属之咸阳，以象天极阁道绝汉抵营室也。阿房宫未成；成，欲更择令名②名之。作宫阿房，故天下谓之阿房宫。隐宫③徒刑者七十馀万人，乃分作阿房宫，或作丽山。发北山石，乃写蜀、荆地材皆至。关中计宫三百，关外四百馀。于是立石东海上朐界④中，以为秦东门。因徙三万家丽邑⑤，五万家云阳，皆复不事十岁。

卢生说始皇曰："臣等求芝奇药仙者常弗遇，类物有害之者。方中，人主时为微行以辟恶鬼，恶鬼辟，真人至。人主所居而人臣知之，则害于神。真人者，入水不濡⑥，入火不爇，陵⑦云气，与天地久长。今上治天下，未能恬佚⑧。愿上所居宫毋令人知，然后不死之药殆可得也。"

于是，始皇曰："吾慕真人，自谓'真人'，不称'朕'。"乃令咸阳之旁二百里内宫观二百七十复道、甬道相连，帷帐、钟鼓、美人充之，各案署不移徙。行所幸⑨，有言其处者，罪死。

始皇帝幸梁山宫，从山上见丞相车骑众，弗善也。中人⑩或告丞相，丞相后损车骑。始皇怒曰："此中人泄吾语。"案问莫服。当是时，诏捕诸时在旁者，皆杀之。自是后莫知行之所在。听事⑪，群臣受决事，悉于咸阳宫。

【注释】

①阁道：复道。

②令名：美名。令，美好。

③隐宫：应作"隐官"，乃是一个收容受过刑罚而立功被赦之罪人的机关。

④朐界：朐，读qú，此处指地名。

⑤家丽邑：在丽山下建立城邑。

⑥濡：沾湿。

⑦陵：驾。

⑧恬佚：佚，读dàn，通"淡"，指清静无为。"恬""佚"都是安静的意思。

⑨行：巡行，巡视。幸：封建时代称皇帝亲临为幸。

⑩中人：指皇宫中的宦官、近臣等。

⑪听事：处理政事。

【译文】

三十五年，开辟大道，经过九原直抵云阳，开山填谷使两地径直相通。此时，秦始皇认为咸阳人口太多，而先王所修的宫殿又太小，听说周文王定都于丰，周武王定都于镐，丰镐之间是帝王建都的地方。于是，他下令在渭水南岸上林苑中建造朝宫，先建前殿阿房宫，东西宽五百步，南北长五十丈，宫殿上可以坐一万人，下面可以竖起五丈高的大旗，周围环绕着回廊阁道，从殿下一直通到南山。在南山顶上建造宫阙；修建天桥，从阿房宫跨过渭水，连接咸阳，来象征从北极星经过阁道星横跨天河抵达营室星。阿房宫并非正式名字，秦始皇想在建成后另取一个好听的名字，因为宫址在阿房，临时称它为阿房宫。当时，隐官以及被判处徒刑的有七十多万人，被分别派去建造阿房宫或者修筑郦山墓。他们开凿北山的石料，运输蜀地和荆楚的木材。关中共建三百座宫殿，关外建有四百多座。于是，秦始皇下令在东海边上的朐县树立石碑，作为秦朝的东门；进而又把三万户民众迁移到丽邑，把五万户迁到云阳。这些人都被免去十年赋税徭役。

卢生对秦始皇说："我们去寻求灵芝奇药和仙人，老是找不到，好像有什么东西在妨碍我们。方术合乎君王时，君王必须隐藏行迹来远避恶鬼，远避了恶鬼，真人才会降临。君王居住的地方要是让臣子们知道了，就会妨碍神灵。所谓真人，入水不会被水沾湿，入火不会被火烧伤，腾云驾雾，和天地一样长久。如今，陛下治理天下，还不能做到清静恬淡。希望您居住的宫殿不要让别人知道，然后不死的仙药才能找到。"秦始皇相信了，并自号"真人"，不再称"朕"。他还下令把咸阳附近二百里内的二百七十座宫观用天桥、甬道相互连接起来，用帷帐遮蔽起来，把钟鼓、美女安置在里面，并分别登记在案不准移动。如果有谁敢说出皇帝巡幸所至或居住的地方，就处以死刑。

秦始皇临幸梁山宫时，从山上看到丞相李斯的车马侍从很多，很不高兴。宫中有人把这件事告诉了李斯，李斯此后就减少了车马。秦始皇大怒说："一定是宫里有人泄露了我的话。"立案审问，却没有人肯供认。秦始皇就下令逮捕所有当时在场的人，并把他们全都杀了。从此以后，再也没人知道秦始皇的行踪。群臣奏事和接受命令都在咸阳宫中进行。

【原文】

侯生、卢生相与谋曰："始皇为人，天性刚戾自用，起诸侯，并天下，意得欲从，以为自古莫及己。专任狱吏，狱吏得亲幸。博士虽七十人，特备员弗用。丞相诸大臣皆受成事，倚辨于上。上乐以刑杀为威，天下畏罪持禄，莫敢尽忠。上不闻过而日骄，下慑伏谩欺以取容。秦法，不得兼方，不验，辄死。然候星气者至三百人，皆良士，畏忌讳谀，不敢端言其过。天下之事无小大皆决于上，上至以衡石量书，日夜有呈，不中呈不得休息。贪于权势至如此，未可为求仙药。"于是乃亡去。

始皇闻亡，乃大怒曰："吾前收天下书不中用者尽去之。悉召文学、方术士甚众，欲以兴太平，方士欲练以求奇药。今闻韩众去不报，徐市等费以巨万计，终不得药，徒奸利相告日闻。卢生等吾尊赐之甚厚，今乃诽谤我，以重吾不德也。诸生在咸阳者，吾使人廉问，或为妖言以乱黔首。"于是使御史悉案问诸生，诸生传相告引，乃自除犯禁者四百六十馀人，皆坑之咸阳，使天下知之，以惩后。益发谪徙边。始皇长子扶苏谏曰："天下初定，远方黔首未集，诸生皆诵法孔子，今上皆重法绳之，臣恐天下不安。唯上察之。"

始皇怒，使扶苏北监蒙恬于上郡。

三十六年，荧惑守心①。有坠星下东郡，至地为石，黔首或刻其石曰"始皇帝死而地分"。始皇闻之，遣御史逐问，莫服，尽取石旁居人诛之。因燔销其石。始皇不乐，使博士为《仙真人诗》，及行所游天下，传令乐人歌弦之。

秋，使者从关东夜过华阴平舒道，有人持璧遮使者曰："为吾遗滈池君。"②因言曰："今年祖龙死。"使者问其故，因忽不见，置其璧去。使者奉璧具以闻。始皇默然良久，曰："山鬼固不过知一岁事也。"退言曰："祖龙者，人之先也。"使御府视璧，乃二十八年行渡江所沈③璧也。于是始皇卜之，卦得游徙吉。迁北河、榆中三万家。拜爵一级。

【注释】

①荧惑守心：指火星居于心宿。古人认为这预兆着天下将有大变乱。

②遗：送给。滈池君：水神名。因秦始皇自称以水德统一天下，所以此处用水神借指秦始皇。

③沈：通"沉"。

【译文】

　　侯生和卢生商议，说秦始皇为人天性刚烈暴戾，自以为是，专门任用狱吏，从不重用博士（儒生和方士等），独断专行，喜欢用刑罚杀戮来显示威严，听不到自己的过失而日益骄狂，臣下心惊胆战，整天说些谎言来取悦他。按照秦朝法律，一种方术不能试验两次，如果没有应验，就要被处死。他们不愿意再替秦始皇寻求仙药。于是，他们逃走了。

　　秦始皇听说他们逃跑，大怒说："我前些日子没收天下书籍，没有用的全都烧掉，征召许多文学、方术之士，想以此来谋求太平，方士想要炼丹来求得奇药，如今听说韩众一去不回，徐福等人花费了无数钱财，最终还是没有得到仙药，每天只是徒然说些营求奸利的无用话。我很尊重卢生等人，且给了他们许多赏赐。现在，他们却诽谤我，想借此加重我的不德。居住在咸阳的这些人，我派人去查问了，其中竟然有人制造谣言、蛊惑百姓。"

　　于是，他命令御史审问这些方士儒生。这些人互相告发，秦始皇亲自判决触犯法令的有四百六十多人。秦始皇下令把他们全部活埋，使天下人知道此事，以警戒后人。秦始皇又增派更多的流放人员迁往边境戍守。他的长子扶苏劝谏说："天下刚刚平定，远方的黎民百姓还没有归附，那些儒生都诵读《诗经》《尚书》，效法孔子，如今皇上一律用严刑峻法制裁他们，我担心天下会不安宁。希望皇上明察。"秦始皇很生气，命令扶苏到上郡去给蒙恬做监军。

　　三十六年，火星运行到心宿的位置。有一颗流星坠落在东郡，到地面变成了石头。有人在陨石上刻字："始皇帝死后国土就要分裂。"秦始皇听说后，派御史逐一查问。结果，没有人认罪。秦始皇便下令把住在陨石附近的人全部杀了。接着，又将这块陨石焚烧销毁。秦始皇闷闷不乐，让博士写作《仙真人诗》，等他巡游天下时，传令乐工演奏歌唱。

　　秋天，使者从关东来时，夜里经过华阴平舒邑。有人手里拿着一块玉璧拦住使者，说："替我把这块玉璧送给滈池君。"随后，他又说："今年祖龙死。"使者问他为什么。那人忽然不见了，丢下玉璧离去。使者呈奉这块玉璧，并将此事详细报告给秦始皇。秦始皇听后，沉默了很久，说："山鬼知道的事，本来就不超过一年。"退朝后，他又说："所谓祖龙是指人类的祖先。"

秦始皇命令御府察验这块璧，竟是二十八年出外巡游渡过长江时丢入水中的那块玉璧。于是，秦始皇为此进行占卜，卦象显示巡游、百姓迁徙才吉祥。他下令迁移三万户到北河、榆中地区，赐给每户一级爵位。

【原文】

三十七年十月癸丑，始皇出游。左丞相斯从，右丞相去疾守。少子胡亥爱慕请从，上许之。十一月，行至云梦，望祀虞舜于九疑山。浮江下，观籍柯，渡江渚，过丹阳，至钱唐。临浙江，水波恶，乃西百二十里从狭中渡。上会稽，祭大禹，望于南海，而立石刻颂秦德。（石刻文略）

还过吴，从江乘渡。并海上，北至琅邪。

方士徐市等入海求神药，数岁不得，费多，恐谴，乃诈曰："蓬莱药可得，然常为大鲛鱼所苦，故不得至，愿请善射与俱，见则以连弩射之。"始皇梦与海神战，如人状。问占梦，博士曰："水神不可见，以大鱼蛟龙为候。今上祷祠备谨，而有此恶神，当除去，而善神可至。"乃令入海者赍捕巨鱼具，而自以连弩候大鱼出，射之。自琅邪北至荣成山，弗见。至之罘，见巨鱼，射杀一鱼，遂并海西。

至平原津而病。始皇恶言死，群臣莫敢言死事。上病益甚，乃为玺书①赐公子扶苏曰："与丧会咸阳而葬。"书已封，在中车府令赵高行符玺事所，未授使者。

七月丙寅，始皇崩于沙丘平台。丞相斯为上崩在外，恐诸公子及天下有变，乃秘之，不发丧。棺载辒凉车②中，故幸宦者参乘③，所至上食。百官奏事如故，宦者辄从辒凉车中可其奏事。独子胡亥、赵高及所幸宦者五六人知上死。赵高故尝教胡亥书及狱律令法事，胡亥私幸之。高乃与公子胡亥、丞相斯阴谋破去始皇所封书赐公子扶苏者，而更诈为丞相斯受始皇遗诏沙丘，立子胡亥为太子。更为书赐公子扶苏、蒙恬，数以罪，其赐死。语具在《李斯传》

中。行，遂从井陉抵九原。会暑，上辒车臭，乃诏从官令车载一石鲍鱼，以乱其臭。行从直道至咸阳，发丧。

太子胡亥袭位，为二世皇帝。九月，葬始皇郦山。

始皇初即位，穿治郦山。及并天下，天下徒送诣七十馀万人，穿三泉④，下铜⑤而致椁，宫观百官奇器珍怪徙臧满之。令匠作机弩矢，有所穿近者，辄射之。以水银为百川江河大海，机相灌输，上具天文，下具地理。以人鱼膏为烛，度不灭者久之。二世曰："先帝后宫非有子者，出焉不宜。"皆令从死，死者甚众。葬既已下，或言工匠为机，臧皆知之，臧重即泄，大事毕。已臧，闭中羡，下外羡门，尽闭工匠臧者，无复出者。树草木以象山。

【注释】

①玺书：此处指盖有皇帝印玺的信。

②辒凉车：古代一种既密闭又通风可以躺卧的车，后来专指丧车。

③参乘：陪乘的人。古代乘车，尊者居左，驭者居中，另有一人居右陪坐，叫"参乘"，或"车右"。

④三泉：三重泉，形容很深。

⑤下铜：此处指用铜的溶液填塞空隙。

【译文】

三十七年十月初四，秦始皇出游。左丞相李斯随行，右丞相冯去疾负责留守都城。小儿子胡亥请求跟随，秦始皇答应了他。十一月，他们巡行到云梦泽时，在九嶷山遥祭虞舜。随后，他们坐船顺江而下，观览瀑布，渡过江渚，经过丹阳，到达钱塘，来到浙江边。因为水势汹涌，他们西行了一百二十里，找了个江面狭窄的地方渡江。他们登上会稽山，祭祀大禹，眺望南海，立石刻碑歌颂秦朝的功德（刻文略）。

他们回程经过吴县，从江乘县渡过长江，沿海北上，抵达琅琊。

方士徐福等人入海寻求仙药，好几年也没找到，花费浩大，担心遭到谴责，就在秦始皇面前撒谎："蓬莱仙药可以得到，但因为经常被大鲛鱼围扰袭击,所以不能到达。希望皇上派些善射的人和我们一起去,见到大鲛鱼就用连弩射杀它。"秦始皇梦见自己与海神搏斗,且海神的形状像人。他询问占梦的博士时,博士说:"水神的本来面目是无法看到的,因为有大鱼蛟龙在它的周围守候。如今,皇上祈祷祭祀都很恭谨,却出现这种凶神,应当把它除掉。这样,善神才会来临。"于是,秦始皇命令下海的渔人携带捕捉大鱼的工具,亲自拿着连弩等待大鱼出现时射杀它。从琅琊北上一直到荣成山,他们没有见到一条大鱼。到达之罘时,大鱼出现。秦始皇射杀了一条,然后沿海西行。

到平原津时,秦始皇生病。秦始皇讨厌说死,群臣没有人敢说死。秦始皇病重了,写了一封盖有御玺的诏书,派人交给公子扶苏:"回来参加丧事,到咸阳把我安葬。"诏书已经封好,放在中车府令赵高处加盖符玺,还没有交给送信的使者。

七月丙寅,秦始皇在沙丘平台去世。丞相李斯因为皇帝死在外地,担心各位皇子和各地势力发生变乱,便秘不发丧,将棺木放在辒凉车里,由秦始皇宠幸的宦官陪乘驾车,所到之处,照常进献饮食。百官也像以前一样奏事。宦官在辒凉车中批准他们的奏章。只有秦始皇的儿子胡亥、赵高以及平时宠信的宦官五六个人知道皇帝死了。赵高以前曾教胡亥读书以及学习刑法律令等事。胡亥私下很宠信他。赵高跟胡亥、李斯密谋,打开了秦始皇赐给扶苏的诏书,另外伪称李斯在沙丘接受了秦始皇的遗诏,立胡亥为太子。他们又另外写了一封赐给扶苏和蒙恬的书信,列举了他们的罪状,命令他们自杀。这些事都详细记载在《李斯列传》中。他们继续行进,就从井陉抵达九原。正好遇上暑热,秦始皇的辒凉车中散发出臭味。于是,李斯命令随从在各自乘坐的车中装载一石鲍鱼,使人分辨不出是什么东西发臭。他们一路从直道返回咸阳,然后才发布治丧公告。

胡亥继承皇位,成为二世皇帝。九月,他们将秦始皇安葬在郦山。

秦始皇刚即位就开始建造郦山陵墓。等到统一天下,他又从全国各地召来七十多万徒隶,挖到能见三重泉水的深处,灌下铜汁后再把外棺放进去,又在里面修建宫殿和百官次位,藏满稀奇珍贵的宝物。命令工匠制造带有机关的弩箭,如果有人盗墓靠近就会被射杀。用水银制成百川、江河、大海,通过机关使它们灌注流动，坑冢的顶壁画上天文图案，下面依据地理图形加以布置。让人以鱼的脂肪做蜡烛，预计能燃烧很长时间而不熄灭。秦二世命令后宫中那些没有生子的妃嫔陪从秦始皇殉葬。死去的人很多。安葬完毕后，有人说工匠们暗造机关，对所藏宝物都知道得很清楚，这样宝藏就会被泄露出去。在安葬的大事结束后，珍宝已经埋藏，就封闭墓道的中门，又把墓道的外门放下来，把工匠和负责埋藏宝物的人全部封闭在里面，再也没有一个人能够出来。坟墓上种满了草木，做成山的形状。

【编后语】

《史记·秦始皇本纪》是《史记》"十二本纪"中的第六本纪。该本纪记述秦始皇的一生和其继任者秦二世胡亥的历史，以及秦始皇在位期间的一些重要公文和刻石文、司马迁的一些评论等。继《史记·五帝本纪》后，《史记·夏本纪》《史记·殷本纪》《史记·周本纪》《史记·秦本纪》被省略，本文精选《史记·秦始皇本纪》中秦始皇一生辉煌的历史，省略掉了相关公文、秦二世的相关记载和司马迁的评论，乃精华中的精华。

项羽本纪

【原文】

秦二世元年七月，陈涉等起大泽中。其九月，会稽守通谓梁曰："江西皆反，此亦天亡秦之时也。吾闻先即制人，后则为人所制。吾欲发兵，使公及桓楚将。"是时桓楚亡在泽中。梁曰："桓楚亡，人莫知其处，独籍知之耳。"梁乃出，诫籍持剑居外待。梁复入，与守坐。曰："请召籍，使受命召桓楚。"守曰："诺。"梁召籍入。须臾，梁眴①籍曰："可行矣！"于是籍遂拔剑斩守头。项梁持守头，佩其印绶。门下大惊，扰乱，籍所击杀数十百人。一府中皆慑伏，莫敢起。梁乃召故所知豪吏，谕②以所为起大事，遂举吴中兵。使人收下县，得精兵八千人。

梁部署吴中豪杰为校尉、候、司马。有一人不得用，自言于梁。梁曰："前时某丧使公主某事，不能办，以此不任用公。"众乃皆伏。于是梁为会稽守，籍为裨将，徇下县③。

广陵人召平于是为陈王徇广陵，未能下。闻陈王败走，秦兵又且至，乃渡江矫陈王命，拜梁为楚王上柱国。曰："江东已定，急引兵西击秦。"项梁乃以八千人渡江而西。闻陈婴已下东阳，使使欲与连和俱西。陈婴者，故东阳令史，居县中，素④信谨，称为长者。东阳少年杀其令，相聚数千人，欲置长⑤，无适用，乃请陈婴。婴谢不能，遂强立婴为长，县中从者得二万人。少年欲立婴便为王，异军苍头特起。陈婴母谓婴曰："自我为汝家妇，未尝闻汝先古之有贵者。今暴得大名，不祥。不如有所属，事成犹得封侯，事败易以亡，非世所指名也。"婴乃不敢为王。谓其军吏曰："项氏世世将家，有名于楚。今欲举大事，将非其人不可。我倚名族，亡秦必矣。"于是众从其言，以兵属项梁。项梁渡淮，黥布、蒲将军亦以兵属焉。凡六七万人，军下邳。

当是时，秦嘉已立景驹为楚王，军彭城东，欲距项梁。项梁谓军吏曰："陈王先首事⑥，战不利，未闻所在。今秦嘉倍陈王而立景驹，逆无道。"乃进兵击秦嘉。秦嘉军败走，追之至胡陵。嘉还战一日，嘉死，军降。景驹走死梁地。项梁已并秦嘉军，军胡陵，将引军而西。章邯军至栗，项梁使别将朱鸡石、馀樊君与战。馀樊君死。朱鸡石军败，亡走胡陵。项梁乃引兵入薛，诛鸡石。

项梁前使项羽别攻襄城，襄城坚守不下。已拔，皆坑之。还报项梁。项梁闻陈王定死，召诸别将会薛计事。此时沛公亦起沛，往焉。

【注释】

①眴：目动，眨巴眼，使眼色。

②谕：晓喻、告诉。

③徇下县：到辖下各县宣谕并安抚百姓。

④素：平素，一向。

⑤置长：推举首领。置，设立。

⑥先首事：最先领头起事。

【译文】

秦二世元年七月，陈胜等人在大泽乡起义。九月，会稽郡守殷通对项梁说："长江以西地区都造反了，这是上天要灭亡秦朝的时机啊！我听说先发制人，后发就被人所制。我想起兵反秦，派您和桓楚为将军。"这时，桓楚逃亡在大泽中。项梁说："桓楚逃亡，没人知道他在哪里，只有项羽知道。"项梁于是出来，嘱咐项羽持剑在外面等待。项梁重新进屋，跟殷通坐在一起，说："请您召见项籍，让他受命去找桓楚。"殷通说："好。"项梁召项羽进来。不一会儿，项梁向项羽使眼色："可以动手了！"于是，项羽拔剑斩下了郡守殷通的头颅。项梁手提郡守殷通的脑袋，身佩郡守的印绶。郡守殷通的部下大惊，一时大乱。项羽击杀了几十个人。随后，府中所有人都震恐拜伏，不敢起身。项梁于是召集以前相识的豪吏，告诉他们这样做是为了起义成就大事。项梁掌管了吴中的军队，分别派人接收所属各县，得到了八千精兵。

项梁分别任命吴中的豪杰担任校尉、候、司马。有一个人没被任用，跑去跟项梁申述。项梁说："前些时候，某家丧事时，让你去办理某事，你没办成，所以没有任用你。"众人都心悦诚服。于是，项梁自任会稽郡守，命令项羽为裨将，下令安抚所属的各县。

广陵人召平此时正奉陈胜的命令率军攻打广陵，但没能攻下。听说陈胜兵败逃走，秦兵又将到来，就渡过长江假托陈胜的命令，任命项梁为楚王的上柱国，并说："江东已经平定，您赶快率军向西攻打秦国。"项梁于是率领八千人渡江西进。听说陈婴已攻下东阳，项梁就派使者跟他联合，一起向西进攻。陈婴原任东阳令史，在县里一贯诚信严谨，被人们尊为长者。东阳的年轻人杀死县令，聚起数千人，想推举一位首领，没有合适人选，便请陈婴领头。陈婴推辞说自己没能力，但仍然被强行拥立为首领。县中跟随起义的人有两万人。那些年轻人干脆立陈婴为王，自为精锐，异军突起。陈婴的母亲对他说："自从我成为你们老陈家的媳妇以来，从来没有听说过你的先辈中出过贵人。如今，你突然间得此大名，并不是吉利的事情。你不如有所归属，事成之后还能封侯，事情失败也容易逃亡，因为你不是被世人瞩目的人。"陈婴于是不敢称王，对他的军官们说："项氏家族世世代代做将军，在楚国很有名望。如今要干一番大事业，将领非由项氏担任不可。我们依靠名门望族，一定能够灭亡秦朝。"于是，众人听从了他的意见，把军队交给项梁指挥。项梁率军渡过淮河后，英布、蒲将军也率兵前来归附。他们一共有六七万人，驻扎在下邳。

当时，秦嘉已经拥立景驹为楚王，在彭城以东驻军，准备抵御项梁率领的军队。项梁对军官们说："陈王首先起事，作战失利，下落不明。如今，秦嘉背叛陈王而立景驹，这是大逆不道。"于是，项梁率军攻打秦嘉。秦嘉战败逃走，项梁率军一直追到胡陵。秦嘉回师与项梁交战了一天。秦嘉战死，他的军队投降。景驹逃走，死在梁地。项梁合并了秦嘉的军队后，驻扎在胡陵，即将率军西进。

秦将章邯率领的军队到了栗县。项梁派遣别将朱鸡石、馀樊君率军和秦军交战。馀樊君战死，朱鸡石兵败逃往胡陵。项梁于是率兵进入薛县，杀了朱鸡石。

项梁先前派项羽另率一支军队攻打襄城。襄城秦军坚守，项羽一时打不下来。攻克之后，项羽将秦军俘虏全部活埋，才回师向项梁报捷。项梁听说陈王确已死去，就召集各位将领在薛县会合，商议大事。此时，沛公刘邦也在沛县起兵，前往薛县。

【原文】

居鄛人范增，年七十，素居家，好奇计，往说项梁曰："陈胜败固当。夫秦灭六国，楚最无罪。自怀王入秦不反①，楚人怜之至今，故楚南公曰'楚虽三户②，亡秦必楚'也。今陈胜首事，不立楚后而自立，其势不长。今君起江东，楚蜂午之将皆争附君者，以君世世楚将，为能复立楚之后也。"于是项梁然其言③，乃求楚怀王孙心民间，为人牧羊，立以为楚怀王，从民所望也。陈婴为楚上柱国，封五县，与怀王都盱台。项梁自号为武信君。

居数月，引兵攻亢父，与齐田荣、司马龙且军救东阿，大破秦军于东阿。田荣即引兵归，逐其王假。假亡走楚。假相田角亡走赵。角弟田间故齐将，居赵不敢归。田荣立田儋子市为齐王。项梁已破东阿下军，遂追秦军。数使使趣齐兵，欲与俱西。田荣曰："楚杀田假，赵杀田角、田间，乃发兵。"项梁曰："田假为与国④之王，穷来从我，不忍杀之。"赵亦不杀田角、田间以市于齐⑤。齐遂不肯发兵助楚。

项梁使沛公及项羽别攻城阳，屠之。西破秦军濮阳东，秦兵收入濮阳。沛公、项羽乃攻定陶。定陶未下，去，西略地至雍丘，大破秦军，斩李由。还攻外黄，外黄未下。

项梁起东阿西，至定陶，再破秦军，项羽等又斩李由，益轻秦，有骄色。宋义乃谏项梁曰："战胜而将骄卒惰者败。今卒少惰矣，秦兵日益，臣为君畏之。"项梁弗听。乃使宋义使于齐。道遇齐使者高陵君显，曰："公将见武信君乎？"曰："然。"曰："臣论⑥武信君军必败。公徐行即免死，疾行则及祸。"秦果悉起兵益章邯,击楚军,大破之定陶,项梁死。沛公、项羽去外黄攻陈留,陈留坚守不能下。沛公、项羽相与⑦谋曰:"今项梁军破,士卒恐。"乃与吕臣军俱引兵而东。吕臣军彭城东,项羽军彭城西,沛公军砀。

【注释】

①怀王入秦不反:楚怀王熊槐被秦昭王骗至武关会盟,结果被扣留,死在那里。"反",同"返"。

②虽三户:意思是即使只剩三户人家。三户此处是极言其少的意思。

③然其言:以其言为然,认为他的话对。

④与国:互相联合的国家,即盟国的意思。

⑤市于齐:跟齐国做交易。市,买卖。

⑥论:推断,预料。

⑦相与:在一起。

【译文】

居郧人范增已经七十多岁,平素居家时喜好奇谋巧计。他前去游说项梁:"陈胜失败是理所当然的。秦国灭亡六国,楚国是最无辜的。自从楚怀王进入秦国不得回返,楚国人至今仍很怀念他,所以楚南公说'即使楚国只剩下三户人家,灭亡秦国的必定还是楚国'。如今,陈胜率先起事,不立楚王的后代为王而自立为王,所以他的势力不会长久。现在,您起兵江东,楚国各地的将领之所以争相归附您,是因为您家世世代代做楚国大将,是因为您能够重新扶立楚王后代。"项梁认为范增说得很对,就在民间访求楚怀王的孙子熊心。当时,熊心正落魄地为人放羊。项梁立他为楚怀王,以顺应民众的愿望。陈婴任楚国上柱国,赐封五县,与楚怀王在盱眙建都。项梁自号武信君。

几个月后,项梁率兵攻打亢父,与齐国田荣、司马龙且率领的军队救援东阿,并在东阿大败秦军。田荣随即引兵回去,驱逐了齐王田假。田假逃往楚国。田假的丞相田角逃往赵国。田角的弟弟田间从前是齐国的将军,住在赵国不敢回去。田荣立田儋的儿子田市为齐王。项梁打败东阿城下的秦军后,接着又追击秦军。他多次派使者去催促齐国出兵,想跟齐军一起西进。田荣说:"楚国杀掉田假,赵国杀掉田角、田间,齐国才能发兵。"项梁说:"田假是我们盟国的国王,蒙难前来投奔我,我不忍心杀他。"赵国也不愿杀田角、田间去跟齐国做交易。齐国于是不肯出兵帮助楚国。

项梁派刘邦和项羽另率一支军队去攻打城阳。刘邦和项羽将城中守军全部杀死,向西,又在濮阳以东打败秦军。秦军收兵退回濮阳。刘邦和项羽于是攻打定陶。定陶还没有攻下,他们就引兵离去,向西攻城略地,到达雍丘,大败秦军,斩杀李由。他们回师攻打外黄,没能攻下。

项梁从东阿西北地区率军来到定陶,再次打败秦军。项羽等人杀了李由,因而更加轻视秦朝,开始有骄傲情绪。宋义于是劝谏项梁说:"胜利后,如果将领骄傲,士兵懈怠,一定会遭到失败。如今士卒渐渐有点懈怠了,而秦兵却日益增多,我替您感到害怕。"项梁不听他的劝告。于是,项梁派宋义出使齐国。路上遇到齐国的使者高陵君显时,宋义说:"您是要去见武信君吗?"高陵君说:"是的。"宋义说:"我认定武信君的军队必定失败。您走慢点就可免于一死,如果去快了就会赶上灾祸。"秦朝果然发动全部兵员增援章邯,进攻楚军,在定陶大败楚军。项梁战死。刘邦和项羽率军离开外黄去攻打陈留。陈留坚守,没能攻下。刘邦和项羽商议说:"如今,武信君的军队被打败,士卒们非常惊恐。"于是,他们跟吕臣的军队一起向东退兵。吕臣驻扎在彭城以东,项羽驻扎在彭城以西,刘邦驻扎在砀地。

【原文】

章邯已破项梁军,则以为楚地兵不足忧,乃渡河击赵,大破之。当此时,赵歇为王,张耳为相,皆走入钜鹿①城。章邯令王离、涉间围钜鹿,章邯军其南,筑甬道而输之粟②。陈馀为将,将卒数万人而军钜鹿之北,此所谓河北之军也。

楚兵已破于定陶,怀王恐,从盱台之彭城,并项羽、吕臣军自将之。以吕臣为司徒,以其父吕青为令尹,以沛公为砀郡长,封为武安侯,将砀郡兵。

初，宋义所遇齐使者高陵君显在楚军，见楚王曰："宋义论武信君之军必败，居数日，军果败。兵未战而先见败征，此可谓知兵矣。"王召宋义与计事而大说之。因置以为上将军；项羽为鲁公，为次将；范增为末将，救赵。诸别将皆属宋义，号为卿子③冠军。行至安阳，留四十六日不进。项羽曰："吾闻秦军围赵王钜鹿，疾引兵渡河，楚击其外，赵应其内，破秦军必矣。"宋义曰："不然。夫搏牛之虻不可以破虮虱。今秦攻赵，战胜则兵罢，我承其敝；不胜，则我引兵鼓行而西④，必举秦矣。故不如先斗秦、赵⑤。夫被坚执锐⑥，义不如公；坐而运策，公不如义。"因下令军中曰："猛如虎，很⑦如羊，贪如狼，强不可使者，皆斩之。"乃遣其子宋襄相齐，身送之至无盐，饮酒高会。天寒大雨，士卒冻饥。项羽曰："将戮力而攻秦，久留不行。今岁饥⑧民贫，士卒食芋菽，军无见⑨粮，乃饮酒高会，不引兵渡河因赵食，与赵并力攻秦，乃曰'承其敝'。夫以秦之强，攻新造⑩之赵，其势必举赵。赵举而秦强，何敝之承！且国兵新破，王坐不安席，扫境内而专属于将军，国家安危，在此一举。今不恤士卒而徇其私，非社稷之臣。"项羽晨朝上将军宋义，即其帐中斩宋义头，出令军中曰："宋义与齐谋反楚，楚王阴令羽诛之。"当是时，诸将皆慴服，莫敢枝梧⑪。皆曰："首立楚者，将军家也。今将军诛乱。"乃相与共立羽为假上将军。使人追宋义子，及之齐，杀之。使桓楚报命于怀王。怀王因使项羽为上将军。当阳君、蒲将军皆属项羽。

【注释】

①钜鹿：即巨鹿，地名。

②甬道：两旁筑墙的通道。输之粟：此处指给王离和涉间输送粮食。

③卿子：当时对人的一种尊称。

④鼓行而西：敲着鼓行进，向西进攻秦国腹地。

⑤斗秦、赵：使秦国和赵国互相争斗。

⑥被：通"披"。坚：指坚甲。锐：指锐利的兵器。

⑦很：通"狠"，不听从，执拗。

⑧岁饥：年荒，年成不好。

⑨见：通"现"，现成的，原有的。

⑩新造：指刚刚建立的。

⑪枝梧：本指架屋的小柱与斜柱，枝梧相抵，引申为抵抗、抗拒的意思。

【译文】

章邯打败项梁的军队后，认为楚军已不足为虑，于是率军渡过黄河攻打赵军，并大败赵军。当时，赵歇为赵王，张耳为相国。他们都逃进了巨鹿城内。章邯命令王离和涉间率军围攻巨鹿，章邯率军驻扎在城南，建筑甬道，给他们运输军粮。陈馀为将军，率领几万赵军驻扎在巨鹿北面，即所谓的河北军。

楚军已经在定陶被打败，楚怀王很害怕，就从盱眙迁都到彭城，并把项羽、吕臣的军队合并在一起，亲自指挥。他任命吕臣为司徒，任命吕臣父亲吕青为令尹。任命刘邦担任砀郡长，封为武安侯，统率砀郡的军队。

当初，宋义所遇到的齐国使者高陵君显正在楚军中，见到楚怀王，说："宋义认定武信君的军队必定失败。过了几天，武信君的军队果然就失败了。军队还没有开战，宋义就预先看到了失败的征兆。这可以说是他善于用兵。"于是，楚怀王召见宋义，与他共商大事，对他非常喜欢，因而任命他为上将军，同时封项羽为鲁公，担任次将，任命范增为末将，三人一起率兵救援赵国。其他各路将领也都归宋义指挥。宋义号称卿子冠军。行军来到安阳时，楚军停留了四十六天不向前进。项羽说："我听说秦军在巨鹿围攻赵王，我们赶紧率军渡过黄河。这样，楚军在外面攻打，赵军在里面配合，一定能打败秦军。"宋义说："不是这样。牛虻是要螫牛而不是为了对付那些小虮虱。如今，秦军攻打赵国，如果打胜了，军队就会疲惫不堪，我们可以趁机攻打它；如果秦军失败了，那么我们就可以率领军队大张旗鼓地向西进攻，一定能消灭秦国。所以，不如先让秦、赵互相厮杀。身披坚硬的盔甲、手执锋利的兵器上阵杀敌，我宋义不如；运筹帷幄、图谋策划，你不如我宋义。"宋义因而向军中下命令："那些凶猛如虎、狠戾如羊、贪婪如狼、倔强而违背命令的人，一律把他们杀了。"于是，宋义派他儿子宋襄到齐国去做国相，并亲自把他送到无盐，饮酒大会宾客。当时，天气寒冷，下起大雨，士卒又冻又饿。项羽说："我们将要奋力向西进攻秦国，现在却久留不进。今年饥荒，百姓贫困，士卒只能吃豆子、啃芋头，军中没有存粮，宋义却饮酒宴会宾客，不率军渡过黄河吃赵国提供的军粮、与赵国一起合力攻秦国，却说'等秦军疲惫后再攻打'。以秦国的强大攻打新建的赵国，势必会消灭赵国。消灭赵国后，秦军会更加强大，有什么疲敝的机会可乘！况且，楚军新近战败，楚王坐立不安，倾尽全国的兵力专门交给宋义指挥，国家安危，在此一举。如今，他不体恤士卒却徇私情，不是安定国家社稷的良臣。"项羽在清晨拜见上将军宋义时，在他的军帐中斩下了他的头颅，并出来向军中号令说："宋义勾结齐国阴谋叛楚，楚王暗中命令我杀他。"此时，诸将都畏服项羽，无人敢有异议，都说："首先拥立楚王的，是将军您。现今将军是诛杀叛逆。"于是，大家公推项羽代理上将军职务。项羽派人追赶宋义的儿子。所派人在齐国追上了他，把他杀了。同时，项羽派桓楚向楚怀王报告这件事。楚怀王就任命项羽为上将军。当阳君、蒲将军都归附项羽。

【原文】

项羽已杀卿子冠军，威震楚国，名闻诸侯。乃遣当阳君、蒲将军将卒二万渡河，救钜鹿。战少利，陈馀复请兵。项羽乃悉引兵渡河，皆沉船，破釜甑，烧庐舍，持三日粮，以示士卒必死，无一还心。于是至则围王离，与秦军遇，九战，绝其甬道，大破之，杀苏角，虏王离。涉间不降楚，自烧杀。

当是时，楚兵冠诸侯①。诸侯军救钜鹿下者十馀壁，莫敢纵兵。及楚击秦，诸将皆从壁上观。楚战士无不一以当十，楚兵呼声动天，诸侯军无不人人惴恐。于是已破秦军，项羽召见诸侯将，入辕门②，无不膝行而前，莫敢仰视。项羽由是始为诸侯上将军，诸侯皆属焉。

章邯军棘原，项羽军漳南，相持未战。秦军数却，二世使人让③章邯。章邯恐，使长史欣请事。至咸阳，留司马门三日，赵高不见，有不信之心。长史欣恐，还走其军，不敢出故道。赵高果使人追之，不及。欣至军，报曰："赵高用事于中④，下无可为者。今战能胜，高必疾妒吾功；战不能胜，不免于死。愿将军孰计之。"陈馀亦遗章邯书曰："白起为秦将，南征鄢、郢，北阬马服，攻城略地，不可胜计，而竟赐死。蒙恬为秦将，北坑戎人⑤，开榆中地数千里，竟斩阳周。何者？功多，秦不能尽封，因以法诛之。今将军为秦将三岁矣，所亡失以十万数，而诸侯并起滋益多。彼赵高素谀日久，今事急，亦恐二世诛之，故欲以法诛将军以塞责，使人更代将军以脱其祸。夫将军居外久，多内郤⑥，有功亦诛，无功亦诛。且天之亡秦，无愚智皆知之。今将军内不能直谏，外为亡国将，孤特独立而欲常存，岂不哀哉！将军何不还兵与诸侯为从⑦，约共攻秦，分王其地，南面称孤⑧？此孰与⑨身伏锧⑩质，妻子为僇⑪乎？"章邯狐疑，阴使候始成使项羽，欲约。约未成，项羽使蒲将军日夜引兵度三户，军漳南，与秦战，再破之。项羽悉引兵击秦军汙水上，大破之。

　　章邯使人见项羽，欲约。项羽召军吏谋曰："粮少，欲听其约。"军吏皆曰："善。"项羽乃与期洹水南殷虚上。已盟，章邯见项羽而流涕，为言赵高。项羽乃立章邯为雍王，置楚军中。使长史欣为上将军，将秦军为前行。

　　到新安。诸侯吏卒异时故繇使屯戍过秦中，秦中吏卒遇之多无状，及秦军降诸侯，诸侯吏卒乘胜多奴虏使之⑫，轻折辱⑬秦吏卒。秦吏卒多窃言曰："章将军等诈吾属降诸侯，今能入关破秦，大善；即不能，诸侯虏吾属而东，秦必尽诛吾父母妻子。"诸将微⑭闻其计，以告项羽。项羽乃召黥布、蒲将军计曰："秦吏卒尚众，其心不服，至关中不听，事必危，不如击杀之，而独与章邯、长史欣、都尉翳入秦。"于是楚军夜击坑秦卒二十馀万人新安城南。

【注释】

①冠诸侯：在诸侯军当中居第一。

②辕门：将帅军营的大门。古时军营用两辆兵车竖起车辕相对为门，所以叫辕门。

③让：责备，责问。

④用事：掌权，擅权。中：此处指朝廷。

⑤戎人：指当时的匈奴。

⑥内郄：郄通"隙"，内郄指内部的仇怨。

⑦从：通"纵"，合纵，指联合攻秦。

⑧南面称孤：就是称王。南面，面朝南的意思。古代天子、诸侯都南面听政，所以用南面表示称王。孤，古代帝王的自称。

⑨孰与：……跟……相比怎么样。

⑩铁：读fū，斧头的意思。

⑪僇：杀。

⑫奴虏使之：像对待奴隶一样使役他们。虏，也是奴隶。

⑬轻：轻易，随便。折辱：屈辱，侮辱。

⑭微闻：隐约听说。

【译文】

项羽杀宋义后，威震楚国，名闻诸侯。于是，项羽派遣当阳君和蒲将军率领两万人渡过黄河，救援巨鹿。他们与秦军交战，小获胜利。陈馀再次请求出兵。项羽率全军渡过黄河，并把所有渡船沉入河底，把做饭的锅全部砸烂，把居住的房屋全部烧毁，只带了够三天吃的干粮，以此表示要决一死战、决不后退的决心。于是，项羽率军到达巨鹿后，包围了王离率领的军队。楚军和秦军经过九次恶战，截断了秦军的粮道，大破秦军，杀死苏角，俘获王离。涉间不向楚军投降，自焚而死。

当时，楚军在诸侯中最为强大。在巨鹿城下救援赵国的诸侯军队有十几路，但没有人敢出战。等到楚军进攻秦军时，诸路将领都在各自的壁垒上观望。楚国士兵无不以一当十。楚军呼声震动天地。诸侯的军队人人心惊胆战。打败秦军后，项羽召见诸侯的将领们。进入辕门后，他们无不跪在地上，用膝盖前行，都不敢抬头仰视。项羽从此成为统率诸侯军队的上将军。诸侯们都归服于他。

章邯率领的秦军驻扎在棘原，项羽率领诸侯的军队驻扎在漳南，两军相持，没有交战。秦军多次败退，秦二世派人责问章邯。章邯恐慌，派长史司马欣赴咸阳请示。到了咸阳，司马欣滞留了三天，赵高拒不见他，有明显不信任的意思。长史司马欣恐惧，返回棘原军中时，不敢走原来的道路。赵高果然派人追赶，但没追上。司马欣回到军中，向章邯报告说："赵高独揽朝政，下面的人都无所作为。如今要是打胜了，赵高必定要嫉妒我们的功劳；如果打不胜，就不能免于死罪。希望将军您好好考虑一下。"陈馀也写信给章邯，说："白起做秦国的将军时，南征鄢郢，在北方活埋了赵括的军队，为秦国攻城略地多得不可统计，竟然落得个赐死的下场。蒙恬做秦国的将军，向北驱逐戎人，开拓了榆中地区的几千里疆土，最终在阳周被斩杀。这是为什么呢？因为功劳太多，秦朝无法全部给予封赏，就假借法律的名义把他们杀了。如今，将军您担任秦将已经三年，损失的军队有几十万人，诸侯并起，越来越多。赵高平时阿谀逢迎，把军情隐瞒了很长时间，现在事态紧急，他也害怕秦二世杀他，所以想用法律的名义诛杀将军来搪塞他自己的罪责，派人取代您来逃脱灾祸。您在外面的时间很长，跟朝廷内的人多有矛盾和嫌隙，有功也是被杀，无功更要被杀。而且，上天要灭亡秦朝，无论是蠢人还是聪明人都看得很清楚。现在，您在朝内不能直言进谏，在外又成为亡国之将，孤立无援而企图维持长久，这难道不是太悲哀吗？您何不退兵与诸侯联合，相约一起攻打秦朝，分割它的土地自己称王呢？这比起自身被斩、妻儿被杀来，哪个更好呢？"章邯犹疑不决，暗中派军侯始成出使项羽军中，想订立和约。和约没有达成，项羽派蒲将军日夜不停地率兵渡过三户津，驻扎在漳河南岸，与秦军交战，再次打败了秦军。项羽率领全军在汙水上进攻秦军，把秦军打得大败。

　　章邯派人进见项羽，希望订立和约。项羽召集军吏商议，说："我军粮食短缺，我准备答应章邯求和。"军吏们都说："很好。"项羽于是和章邯约定时间在洹水南边的殷墟会面。订下盟约后，章邯见到项羽就流下了眼泪，向他诉说赵高专权作恶的事。项羽立章邯为雍王，安置在楚军中，任命长史司马欣为上将军，率领秦军充当先锋军。

　　他们西进到新安。诸侯军中的一些军官和士卒过去曾因服徭役或屯戍边地而经过秦中地区，秦中的官兵对他们非常苛刻。等到秦军投降诸侯，诸侯的官吏和士卒大多乘胜奴役使唤他们，轻视和侮辱秦军官兵。于是秦军的官兵多私下议论："章邯等人欺骗我们向诸侯投降，如今能够入关攻破秦，当然很好；如果不能，诸侯必然会把我们俘虏到东方去。这样，秦一定会把我们的父母妻儿全都杀光。"诸将对秦军官兵的议论略有耳闻，便报告了项羽。项羽召见英布、蒲将军商议，说："秦军官兵人数还很多，内心并不顺服，如果到关中后不听指挥，事情必定会很危险，不如把他们都杀了，只带章邯、长史司马欣、都尉董翳入关中。"于是，楚军在夜间袭击秦军，把二十多万秦兵全部活埋在新安城南。

【原文】

行略定秦地。函谷关有兵守关，不得入。又闻沛公已破咸阳，项羽大怒，使当阳君等击关。项羽遂入，至于戏西。沛公军霸上，未得与项羽相见。沛公左司马曹无伤使人言于项羽曰："沛公欲王关中，使子婴为相，珍宝尽有之。"项羽大怒，曰："旦日飨士卒①，为击破沛公军！"

当是时，项羽兵四十万，在新丰鸿门，沛公兵十万，在霸上。范增说项羽曰："沛公居山东时，贪于财货，好美姬。今入关，财物无所取，妇女无所幸，此其志不在小。吾令人望其气，皆为龙虎，成五采，此天子气也。急击勿失。"

楚左尹项伯者，项羽季父也，素善留侯张良。张良是时从沛公，项伯乃夜驰之沛公军，私见张良，具告以事，欲呼张良与俱去。曰："毋从俱死②也。"张良曰："臣为韩王送沛公，沛公今事有急，亡去不义，不可不语。"良乃入，具告沛公。沛公大惊，曰："为之奈何？"张良曰："谁为大王为此计者？"曰："鲰生③说我曰'距关，毋内诸侯，秦地可尽王也'。故听之。"良曰："料大王士卒足以当项王乎？"沛公默然，曰："固不如也，且为之奈何？"张良曰："请往谓项伯，言沛公不敢背项王也。"沛公曰："君安与项伯有故？"张良曰："秦时与臣游，项伯杀人，臣活之。今事有急，故幸来告良。"沛公曰："孰与君少长？"良曰："长于臣。"沛公曰："君为我呼入，吾得兄事之。"张良出，要项伯。项伯即入见沛公。沛公奉卮酒为寿④，约为婚姻，曰："吾入关，秋毫不敢有所近，籍吏民，封府库，而待将军。所以遣将守关者，备他盗之出入与非常⑤也。日夜望将军至，岂敢反乎！愿伯具言臣之不敢倍德也。"项伯许诺，谓沛公曰："旦日不可不蚤⑥自来谢项王。"沛公曰："诺。"于是项伯复夜去，至军中，具以沛公言报项王。因言曰："沛公不先破关中，公岂敢入乎？今人有大功而击之，不义也。不如因善遇之。"项王许诺。

沛公旦日从百余骑⑦来见项王。至鸿门，谢曰："臣与将军戮力而攻秦，将军战河北，臣战河南，然不自意能先入关破秦，得复见将军于此。今者有小人之言，令将军与臣有郤。"项王曰："此沛公左司马曹无伤言之；不然，籍何以至此？"项王即日因留沛公与饮。项王、项伯东向坐，亚父南向坐。亚父者，范增也。沛公北向坐，张良西向侍。范增数目项王，举所佩玉玦以示之者三⑧，项王默然不应。范增起，出召项庄，谓曰："君王为人不忍，若入前为寿，寿毕，请以剑舞，因击沛公于坐，杀之。不者，若属皆且为所虏。"庄则入为寿。寿毕，曰："君王与沛公饮，军中无以为乐，请以剑舞。"项王曰："诺。"项庄拔剑起舞，项伯亦拔剑起舞，常以身翼蔽沛公，庄不得击。于是张良至军门，见樊哙。樊哙曰："今日之事何如？"良曰："甚急。今者项庄拔剑舞，其意常在沛公也。"

哙曰："此迫矣，臣请入，与之同命⑨。"哙即带剑拥盾入军门。交戟之卫士欲止不内，樊哙侧其盾以撞，卫士仆地，哙遂入，披帷西向立，瞋目视项王，头发上指，目眦尽裂。项王按剑而跽曰："客何为者？"张良曰："沛公之参乘樊哙者也。"项王曰："壮士，赐之卮酒。"则与斗卮酒。哙拜谢，起，立而饮之。项王曰："赐之彘肩。"则与一生彘肩。樊哙覆其盾于地，加彘肩上，拔剑切而啖之。项王曰："壮士，能复饮乎？"樊哙曰："臣死且不避，卮酒安足辞！夫秦王有虎狼之心，杀人如不能举，刑人如恐不胜，天下皆叛之。怀王与诸将约曰'先破秦入咸阳者王之'。今沛公先破秦入咸阳，豪毛不敢有所近，封闭宫室，还军霸上，以待大王来。故遣将守关者，备他盗出入与非常也。劳苦而功高如此，未有封侯之赏，而听细说，欲诛有功之人。此亡秦之续耳，窃为大王不取也。"项王未有以应，曰："坐。"樊哙从良坐。

坐须臾，沛公起如厕，因招樊哙出。

沛公已出，项王使都尉陈平召沛公。沛公曰："今者出，未辞也，为之奈何？"樊哙曰："大行不顾细谨⑩，大礼不辞小让。如今人方为刀俎⑪，我为鱼肉，何辞为？"于是遂去。乃令张良留谢。良问曰："大王来何操？"曰："我持白璧一双，欲献项王；玉斗一双，欲与亚父。会其怒，不敢献。公为我献之。"张良曰："谨诺。"

当是时，项王军在鸿门下，沛公军在霸上，相去四十里。沛公则置车骑，脱身独骑，与樊哙、夏侯婴、靳彊、纪信等四人持剑盾步走，从郦山下，道芷阳间行。沛公谓张良曰："从此道至吾军，不过二十里耳。度我至军中，公乃入。"

沛公已去，间至军中。张良入谢，曰："沛公不胜杯杓，不能辞，谨使臣良奉白璧一双，再拜献大王足下；玉斗一双，再拜奉大将军足下。"项王曰："沛公安在？"良曰："闻大王有意督过之，脱身独去，已至军矣。"项王则受璧，置之坐上。亚父受玉斗，置之地，拔剑撞而破之，曰："唉！竖子不足与谋。夺项王天下者，必沛公也，吾属今为之虏矣。"

沛公至军，立诛杀曹无伤。

【注释】

①旦日：明天。飨：用酒食款待，此处指犒劳。

②毋从俱死：不要跟着他一起死。

③鲰生：鲰，读zōu。鲰生，指浅薄愚陋的小人。

④卮：酒器。为寿：古时献酒致祝颂词叫为寿。

⑤非常：此处指意外的变故。

⑥蚤：通"早"。

⑦从百余骑：带领随从一百多人。骑：骑兵。

⑧玦：读jué，环形而有缺口的佩玉。三：此处表示好几次、多次。

⑨与之同命：跟他共生死。

⑩大行：此处指干大事。细谨：小的礼节。谨，此处指仪节、礼节。

⑪俎：切肉的砧板。

【译文】

项羽率军向西行进攻取秦国的土地。函谷关有军队把守，他们不能进入。又听说刘邦已经攻破咸阳，项羽大怒，派当阳君等人率军进攻函谷关。项羽于是进入关中，到达戏水西岸。刘邦驻扎在霸上，未能与项羽见面。刘邦的左司马曹无伤派人对项羽说："沛公想在关中称王，让子婴担任国相，将秦朝的珍宝全都占为己有。"项羽大怒，说："明天一早让士兵们吃饱喝足，给我打败他！"

在这个时候，项羽有四十万军队，屯驻在新丰鸿门，刘邦有十万军队，驻扎在霸上。范增劝项羽说："沛公在山东时，贪好财货，喜欢美女，如今进入函谷关，没有索取财物，也没有接近女人，这表明他的志向不小。我让人观望他那里的云气，都是呈龙虎之象而且五彩斑斓，这是天子的气象啊！您赶快向他进攻，切勿错过时机。"

楚国左尹项伯是项羽叔父。他一向跟张良关系好。张良当时跟随刘邦，项伯于是趁夜急驰来到刘邦军中，私下与张良见了面，把情况详细告诉了张良，想叫张良跟他一道离开，说："不要跟着沛公一起送死。"张良说："我是代表韩王跟随沛公的，现在沛公情况紧急，我如果逃走了就是不义之举，不能不跟他说一声。"张良于是进入军帐，把情况都告诉了刘邦。刘邦大为惊恐，说："这该如何是好啊？"张良说："当初是谁替您出的主意？"刘邦说："有个无知小子劝我'守住函谷关，别让诸侯进来，您就可以拥有整个秦地而称王'，所以我才听了他的话。"张良说："估计一下，您的军队能够抵挡住项王的吗？"刘邦沉默了一会儿，说："确实挡不住。现在该怎么办呢？"张良说："请您去跟项伯说，说您不敢背叛项王。"

刘邦说："你怎么会跟项伯有交情呢？"张良说："秦时，项伯与我一起闯江湖，项伯杀了人，是我救了他一命。如今，事情紧急，幸好他前来告诉我。"刘邦说："他和你相比，谁年龄大？"张良说："他比我大。"刘邦说："你替我把项伯叫进来。我要像对待大哥一样接待他。"张良出去，邀请项伯。项伯随即进去见了刘邦。刘邦捧着酒杯亲自为项伯敬酒,并表示要跟他相约结成儿女亲家。随后,刘邦说:"我进函谷关后,对秦国的金银财宝一丝一毫也不敢动。我清查吏民,登记上册,封存好府库,目的都是等待项王到来。我派遣将士把守关口的目的,是为了防备其他盗贼进关和意外事变发生。我日夜盼望着项将军到来,怎么敢反叛他呢!希望您对项王仔细说明我不敢背德反叛。"项伯答应了他,对刘邦说:"这样吧,明天一早,您就早早前来向项王谢罪。"刘邦说:"好。"于是,项伯连夜回去。到了军中,项伯把刘邦的话详细报告给项羽。项伯还说:"如果沛公不先攻破关中,您今天怎么能这么容易进来呢?现在,别人立了大功却要进攻他,这是不义之举,不如趁此机会好好对待他。"项羽答应了他。

刘邦第二天一早就带着一百多名随从前来拜见项羽。到鸿门后,刘邦向项羽赔罪,说:"我和您一起努力攻打秦国,您在黄河北面率军作战,我在黄河南面率军作战,但是,我万万没想到能先入关破秦,得以在此地再与您相见。现在有小人说我的坏话,使您和我之间产生了一些隔阂。"项羽说:"这是你的左司马曹无伤说的。要不然,我怎么会生此疑心呢!"项羽当天挽留刘邦一起喝酒。项羽和项伯面东而坐,亚父面南而坐。亚父就是范增。刘邦面北而坐,张良面向西侧陪侍。范增好几次向项羽使眼色,多次举起所佩戴的玉玦向项羽示意该动手了,但项羽默然没有回应。

于是,范增起身,出去把项庄招来,对他说:"项王为人心软,不忍下手,你进去上前敬酒,敬酒完毕,就请求用舞剑来助兴,趁机在沛公坐着时攻击他,把他杀掉。否则,你们这些人都将成为他的俘虏。"项庄于是进去敬酒。敬酒完毕,项庄说:"项王与沛公一起饮酒,军营中没什么可娱乐的,请允许我舞剑为大家助兴。"项羽说:"好。"项庄拔剑起舞,项伯也拔剑起舞,常常用身体掩护刘邦,项庄无法击刺刘邦。于是,张良来到军门,找到樊哙。樊哙问:"现在情况怎样?"张良说:"非常紧急。现在,项庄拔剑起舞,他的用意一直放在沛公身上。"樊哙说:"这已经很紧迫了,我请求进去,和沛公同生死。"樊哙随即带着宝剑拿着盾牌闯入军门。守卫的士卒想拦住他,不让他进去。樊哙举起他手中的盾牌去撞击卫士。卫士被撞倒在地。樊哙于是进去了。他分开帷帐向西站立,瞪大眼睛看着项羽,头发向上直立,眼眶都快瞪裂了。项羽按着宝剑,直起身子,说:"什么人?"张良说:"这是沛公的参乘樊哙。"项羽说:"壮士啊!赐给他一杯酒。"侍者给了樊哙一大杯酒。樊哙跪地拜谢,起身后站着把酒喝干了。项羽说:"赐给他一只猪肘。"于是,侍者给了樊哙一只生猪肘。樊哙把盾牌平放在地上,把生猪肘搁在盾牌上,拔出剑边切边吃下去。项羽说:"壮士,还能再喝吗?"樊哙说:"我死都不怕,一杯酒何足推辞!秦王有虎狼之心,杀人唯恐不尽,刑罚唯恐不重,天下人都背叛了他。楚怀王跟各位将领相约说:'先攻破秦军进入咸阳的人称王。'如今,沛公先攻破秦国,进入咸阳,秋毫无犯,封藏宫室,然后退兵驻扎在霸上,等待大王您的到来。之所以派遣将领把守函谷关,是为了防备其他盗贼进来和意外事变的发生。如此劳苦功高,不但得不到封侯的奖赏,反而听信谗言,想要诛杀有功之人。这样做简直是亡秦第二。我私下认为,您是不会这么做的。"项王无话可答,只说了声:"请坐。"樊哙于是随张良就座。

坐了一会儿,刘邦起身说要去厕所,顺便把樊哙叫了出来。

刘邦出来以后,项羽派都尉陈平去召他。刘邦说:"现在,我出来了,还没有告辞,怎么办?"樊哙说:"做大事就不应拘泥小节,讲求大礼就不必在意小责难。如今,人家是刀和砧板,我们是人家砧板上的鱼肉,还告辞干什么?"于是,刘邦就走了。同时,他让张良留下来向项羽致谢。张良问:"您来时带了些什么?"刘邦说:"我带来白璧一双,想献给项王;玉斗一对,想送给亚父。正逢他们生气,我不敢献,你替我献上。"张良说:"遵命。"

这时,项羽的军队驻扎在鸿门一带,刘邦的军队驻扎在霸上,相距四十里。刘邦放弃了车马从人,脱身逃离。他一人骑马,樊哙、夏侯婴、靳疆、纪信四个人手持剑盾,跟着徒步行走,从郦山而下,经过芷阳抄小路走回军营。刘邦对张良说:"从这条路到我军营中,不过二十里。估计我已回到军中时,你再进去。"

刘邦离去后,从小路回到军中。张良进去辞谢,说:"沛公酒喝多了,不能亲自告辞,委派我奉上一双白璧,再拜献给大王;一双玉斗,再拜献给大将军。"项羽说:"他在哪里?"张良说:"听说大王有意责怪他的过错,他脱身独自离去,已经回到军中了。"项羽接受了白璧,放在座位上面。范增接过玉斗,扔在地上,拔剑击碎玉斗,说:"唉!无知小子,不值得跟他同谋大事。夺取项王天下的人,一定是沛公,我们这些人将要成为他的俘虏了!"

刘邦回到军中,立即杀掉曹无伤。

【原文】

居数日,项羽引兵西屠咸阳,杀秦降王子婴,烧秦宫室,火三月不灭;收其货宝妇女而东。人或说项王曰:"关中阻山河四塞,地肥饶,可都以霸。"项王见秦宫室皆以烧残破,又心怀思欲东归,曰:"富贵不归故乡,如衣绣①夜行,谁知之者!"说者曰:"人言楚人沐猴而冠耳②,果然。"项王闻之,烹③说者。

项王使人致命怀王。怀王曰:"如约④。"乃尊怀王为义帝。项王欲自王,先王诸将相。谓曰:"天下初发难时,假立诸侯后以伐秦。然身被坚执锐首事,暴露于野三年,灭秦定天下者,皆将相诸君与籍之力也。义帝虽无功,故当分其地而王之。"诸将皆曰:"善。"乃分天下,立诸将为侯王。

项王、范增疑沛公之有天下,业已讲解,又恶负约⑤,恐诸侯叛之,乃阴谋曰:"巴、蜀道险,秦之迁人⑥皆居蜀。"乃曰:"巴、蜀亦关中地也。"故立沛公为汉王,王巴、蜀、汉中,都南郑。而三分关中,王秦降将以距塞汉王。项王乃立章邯为雍王,王咸阳以西,都废丘。长史欣者,故为栎阳狱掾⑦,尝有德于项梁;都尉董翳者,本劝章邯降楚。故立司马欣为塞王,王咸阳以东至河,都栎阳;立董翳为翟王,王上郡,都高奴。徙魏王豹为西魏王,王河东,都平阳。瑕丘申阳者,张耳嬖臣⑧也,先下河南,迎楚河上,故立申阳为河南王,都雒阳。韩王成因故都,都阳翟。赵将司马卬定河内,数有功,故立卬为殷王,王河内,都朝歌。徙赵王歇为代王。赵相张耳素贤,又从入关,故立耳为常山王,王赵地,都襄国。当阳君黥布为楚将,常冠军,故立布为九江王,都六。鄱君吴芮率百越⑨佐诸侯,又从入关,故立芮为衡山王,都郏。义帝柱国共敖将兵击南郡，功多，因立敖为临江王，都江陵。徙燕王韩广为辽东王。燕将臧荼从楚救赵，因从入关，故立荼为燕王，都蓟。徙齐王田市为胶东王。齐将田都从共救赵，因从入关，故立都为齐王，都临菑⑩。故秦所灭齐王建孙田安，项羽方渡河救赵，田安下济北数城，引其兵降项羽，故立安为济北王，都博阳。田荣者，数负项梁，又不肯将兵从楚击秦，以故不封。成安君陈馀弃将印去，不从入关，然素闻其贤，有功于赵，闻其在南皮，故因环封三县。番君将梅锏⑪功多，故封十万户侯。项王自立为西楚霸王，王九郡，都彭城。

【注释】

①衣绣：穿锦绣的衣服。

②沐猴而冠：沐猴戴上人的帽子。此处讥讽项羽徒具人形，不悟人事。

③烹：放在锅里煮死，这是古代的一种酷刑。

④如约：指按先前所说"先破秦入咸阳者王之"的约定办。如，按照、遵循。

⑤恶：讨厌，不乐意。负约：背约。

⑥迁人：被流放的人。

⑦狱掾：读yù yuàn，狱曹的属吏。

⑧嬖臣：读bì chén，指受宠幸的近臣。

⑨百越：为春秋越国的遗族。楚灭越，越民徙居五岭一带，又徙至福建、广东各地，随地立君，故称百越。

⑩临菑：读lín zī，古邑名，亦作临淄、临菑，以城临菑水得名。

⑪锏：读juān，此处指人名。

【译文】

过了几天，项羽率兵进咸阳，大肆屠杀，杀死了投降的秦王子婴，焚烧了秦朝的宫室，大火烧了三个月都没熄灭。他收罗所有的财产宝物和女人向东归去。有人游说项王："关中地区有山川阻塞四方，土地肥沃，在这里可以建都称霸。"项王见秦朝的宫室都被烧得残破不堪，加上心中思念故土，想要东归，就说："人富贵了不回故乡的话，就像是穿着锦绣衣裳在夜间行走一样，有谁知道呢！"游说的人说："人们说楚国人像是猕猴戴了人的帽子，成不了大事果然如此啊。"项羽听说后，把这人烹杀了。

项羽派人向楚怀王复命。楚怀王说："按照盟约行事。"于是，项羽尊奉楚怀王为义帝。

项羽想自立为王，就先封手下的将相们为王，对他们说："天下刚开始发难时，假借拥立诸侯的后代来讨伐秦朝。然而，亲自披着坚固的盔甲、手持锋利的兵器，率先起义反秦，在野外辛苦达三年之久，灭亡秦朝而平定天下的，这都是各位将相和我的功劳。义帝虽然没什么功劳，但也应当分给他一片土地，让他称王。"诸将们都说："好。"于是，项羽分封天下，立各位将相为侯王。

项羽和范增担心沛公刘邦会据有天下，但既然已经和解，又怕担上违背盟约的恶名，唯恐诸侯反叛他们，于是暗中商议，说："巴蜀地区道路险峻，秦朝被贬迁移的人都住在蜀地。"于是说："巴蜀地属于关中地区。"立沛公为汉王，统治巴蜀、汉中地区，定都南郑。然后，把关中分成三部分，封秦朝投降的三个将领为王，用他们来阻隔汉王。

项羽于是立章邯为雍王，统治咸阳以西地区，定都废丘。长史司马欣，以前当过栎阳狱掾，曾对项梁有恩；都尉董翳是劝章邯投降楚军的人。因此，项羽立司马欣为塞王，统治咸阳以东直到黄河的地区，建都栎阳；立董翳为翟王，统治上郡地区，定都高奴。迁魏王豹为西魏王，统治河东地区，定都平阳。瑕丘人申阳是张耳的亲信家臣，率先攻下河南郡，在黄河边上迎接楚军。项羽立申阳为河南王，建都洛阳。韩王成仍以从前韩国的都城为都城，定都阳翟。赵国将军司马卬平定河内地区，多次建有功劳。项羽立司马卬为殷王，统治河内地区，定都朝歌。项羽迁赵王歇为代王。赵国丞相张耳素来贤明，又跟随楚军入关。项羽立张耳为常山王，统治原先赵国的地区，建都襄国。当阳君英布担任楚将，经常担任楚军先锋。项羽立英布为九江王，定都六城。鄱君吴芮率领百越的军队帮助诸侯，又跟随楚军入关。项羽立吴芮为衡山王，定都邾城。义帝的柱国共敖率兵攻打南郡，多次立功。项羽立共敖为临江王，定都江陵。项羽迁燕王韩广为辽东王。燕国将领臧荼跟随楚军救援赵国，进而又跟随入关。项羽立臧荼为燕王，定都蓟城。他迁齐王田市为胶东王。齐国将军田都随从楚军共同援赵国，继而又跟随入关。项羽立田都为齐王，定都临菑。以前秦国所灭亡的齐王建的孙子田安，正当项羽渡过黄河援救赵国时，田安攻下济北几座城池，率领他的军队投降项羽。项羽立田安为济北王，建都博阳。田荣多次有负于项梁，又不肯率兵跟随楚军攻打秦国，因此不封。成安君陈馀丢弃将印离去，又不跟随入关，但一向听说他很贤明，对赵国有功。项羽听说他在南皮，就把南皮周围的三个县封给了他。番君的将领梅鋗多次立功。项羽封他为十万户侯。项王自立为西楚霸王，统治九个郡，在彭城建都。

【原文】

汉之三年，项王数侵夺汉甬道，汉王食乏，恐，请和，割荥阳以西为汉。

项王欲听之。历阳侯范增曰："汉易与耳，今释弗取，后必悔之。"项王乃与范增急围荥阳。汉王患之，乃用陈平计间项王。项王使者来，为太牢具①，举欲进之。见使者，详惊愕曰："吾以为亚父使者，乃反项王使者。"更持去，以恶食食项王使者。使者归报项王，项王乃疑范增与汉有私，稍夺之权。范增大怒，曰："天下事大定矣，君王自为之。愿赐骸骨归卒伍②。"项王许之。行未至彭城，疽发背而死。

汉将纪信说汉王曰："事已急矣，请为王诳楚③，王可以间出。"于是汉王夜出女子荥阳东门被甲二千人，楚兵四面击之。纪信乘黄屋车，傅左纛④，曰："城中食尽，汉王降。"楚军皆呼万岁。汉王亦与数十骑从城西门出，走成皋。项王见纪信，问："汉王安在？"信曰："汉王已出矣。"项王烧杀纪信。

汉王使御史大夫周苛、枞公、魏豹守荥阳。周苛、枞公谋曰："反国之王，难与守城。"乃共杀魏豹。楚下荥阳城，生得⑤周苛。项王谓周苛曰：

"为我将，我以公为上将军，封三万户。"周苛骂曰："若不趣降汉，汉今虏若，若非汉敌也。"项王怒，烹周苛，并杀枞公。

汉王之出荥阳，南走宛、叶，得九江王布，行收兵，复入保成皋。

汉之四年，项王进兵围成皋。汉王逃，独与滕公出成皋北门，渡河走脩武，从张耳、韩信军。诸将稍稍得出成皋，从汉王。楚遂拔成皋，欲西。汉使兵距之巩，令其不得西。

是时，彭越渡河击楚东阿，杀楚将军薛公。项王乃自东击彭越。汉王得淮阴侯兵，欲渡河南。郑忠说汉王，乃止壁河内。使刘贾将兵佐彭越，烧楚积聚。项王东击破之，走彭越。汉王则引兵渡河，复取成皋，军广武，就敖仓食。项王已定东海来西，与汉俱临广武而军，相守数月。

当此时，彭越数反梁地，绝楚粮食，项王患之。为高俎，置太公其上，告汉王曰："今不急下，吾烹太公。"汉王曰："吾与项羽俱北面⑥受命怀王，曰'约为兄弟'，吾翁即若翁。必欲烹而翁，则幸分我一杯羹。"项王怒，欲杀之。项伯曰："天下事未可知，且为天下者不顾家，虽杀之无益，只益祸耳。"项王从之。

【注释】

①太牢具：此处指极为丰盛的筵席。古代祭祀或宴会，牛、羊、豕三者齐备叫太牢。具：通"俱"，指都有、齐全的意思。

②赐骸骨：乞身告老，请求退休，告老还乡的意思。古人把做官看作委身于君，年老要求退休叫作乞骸骨。归卒伍：意思是回乡为民。古时户籍以五户为伍，三百家为卒。卒伍，指乡里。

③为王：替您，装扮成您。诳楚：诓骗楚军。"诳"通"诓"。

④纛：读dào，指古时军队或仪仗队的大旗。

⑤生得：活捉。

⑥北面：古时君主见臣下，南面而坐，臣下北面朝见君主，因而北面指称臣的意思。

【译文】

汉王三年,项羽多次率军侵夺汉军甬道,导致汉军军粮短缺。刘邦十分恐慌,请求跟项羽讲和,划定荥阳以西地区作为汉国领土。项羽打算答应和解。但是,范增却说:"汉军很容易打败,现在放过他们,不予以消灭,以后肯定要后悔。"项羽于是和范增率军加紧围攻荥阳。刘邦对此十分忧虑,采用陈平的计策来离间项羽和范增之间的关系。项羽的使者来后,刘邦置办了猪肉、牛肉、羊肉都齐全的宴席。侍者端过来时,看到使者便假装惊愕,说:"我以为是亚父的使者呢,怎么是项王的使者呢?"随后,侍者马上撤走宴席,改用粗茶淡饭招待他们。使者回去报告了项羽。项羽怀疑范增和刘邦暗中勾搭,就逐渐削夺了他的权力。范增大怒,说:"天下事大局已定,您自己去治理吧!希望您批准我退休回乡。"项羽答应了范增的请求。还没到达彭城时,范增的背疮发作,死了。

纪信给刘邦献计说:"形势已经很危急,请让我假扮您去蒙骗楚军,您趁机出城。"于是,刘邦在夜里从荥阳东门放出两千名披甲的女子。楚军从四面围攻她们时,纪信乘坐着刘邦的黄屋车,在左侧马的头上插上大旗,军士大声喊着说:"城中粮食已尽,汉王请求投降。"楚军听了都高呼万岁。而这时,刘邦带着几十名骑兵从荥阳城西门出城,逃到了成皋。项羽见到纪信后,问:"汉王在哪里?"纪信说:"已经出城了。"项羽一怒之下烧死了纪信。

刘邦派御史大夫周苛、枞公和魏豹守荥阳。周苛跟枞公商议,说:"魏豹反复无常,我们很难跟他一起守城。"于是,他们合伙杀了魏豹。楚军攻下荥阳城,生擒了周苛。项羽对周苛说:"如果你做我的将领,我任命你为上将军,封你为三万户侯。"周苛骂道:"你还不赶快向汉王投降,汉王会捉住你的,你不是汉王的对手。"项王大怒,烹杀了周苛,又杀死了枞公。

刘邦逃出荥阳后,向南逃到宛县和叶县,得到了九江王英布的帮助。他们一路上收聚散亡的汉兵,汇聚到成皋防守。

汉王四年,项羽率军包围了成皋。刘邦逃走,只与滕公从成皋北门出城,渡过黄河逃到了修武,来到张耳、韩信的军中。诸将也陆续逃出成皋,追随刘邦。楚军很快攻克成皋。楚军想向西进攻，刘邦派兵到巩县阻击，迫使他们无法西进。这时，彭越率军渡过了黄河，在东阿攻击楚军，杀死了楚国将军薛公。项羽于是亲自率军东进攻击彭越的军队。

刘邦夺取了韩信的军队，准备渡过黄河，向南发起进攻。郑忠劝阻刘邦，刘邦才作罢，率军坚守河内。他派刘贾率兵帮助彭越，焚烧了楚国积聚的物资。项羽东归后赶走了彭越。刘邦率军渡过黄河，重新收复成皋，在广武驻军，取敖仓的粮食供应军队。

项羽平定东海后又向西进兵，和汉军都驻扎在广武。两军相持了好几个月。

在这时，彭越多次在梁地袭击骚扰，截断了楚军的粮食供应。项羽对此十分忧虑，就制造了一个很高的砧板，把刘太公放在上面，对刘邦说："如今，你要是不赶快投降，我就把他煮了。"刘邦说："我和你一起北面受命于楚怀王，说'相约结为兄弟'，我父亲就是你父亲。如果你一定要烹杀你父亲，就请你也分给我一杯肉汤。"项羽大怒，要杀死刘太公。项伯劝阻说："天下事还不可预料，再说争夺天下的人不会顾及家人，即使杀了他也没什么用，只会增加灾祸。"项羽听从了他的劝告。

【原文】

楚汉久相持未决，丁壮苦军旅，老弱罢转漕①。项王谓汉王曰："天下匈匈②数岁者，徒以吾两人耳，愿与汉王挑战决雌雄，毋徒苦天下之民父子为也。"汉王笑谢曰："吾宁斗智，不能斗力。"项王令壮士出挑战。汉有善骑射者楼烦③，楚挑战三合，楼烦辄射杀之。项王大怒，乃自被甲持戟挑战。楼烦欲射之，项王瞋目叱之，楼烦目不敢视，手不敢发，遂走还入壁，不敢复出。汉王使人间问之，乃项王也。汉王大惊。于是项王乃即汉王相与临广武间而语。汉王数之，项王怒，欲一战。汉王不听，项王伏弩④射中汉王。汉王伤，走入成皋。

项王闻淮阴侯已举河北，破齐、赵，且欲击楚，乃使龙且往击之。淮阴侯与战，骑将灌婴击之，大破楚军，杀龙且。韩信因自立为齐王。项王闻龙且军破，则恐，使盱台人武涉往说淮阴侯。淮阴侯弗听。是时，彭越复反，下梁地，绝楚粮。项王乃谓海春侯大司马曹咎等曰："谨守成皋，则汉欲挑战，慎勿与战，毋令得东⑤而已。我十五日必诛彭越，定梁地，复从将军。"乃东，行击陈留、外黄。

外黄不下。数日，已降，项王怒，悉令男子年十五已上诣城东，欲坑之。外黄令舍人儿年十三，往说项王曰："彭越强劫外黄，外黄恐，故且降，待大王。大王至，又皆坑之，百姓岂有归心？从此以东，梁地十馀城皆恐，莫肯下矣。"项王然其言，乃赦外黄当坑者。东至睢阳，闻之皆争下⑥项王。

汉果数挑楚军战，楚军不出。使人辱之，五六日，大司马怒，渡兵汜水。士卒半渡，汉击之，大破楚军，尽得楚国货赂。大司马咎、长史欣皆自刭汜水上。大司马咎者，故蕲狱掾，长史欣亦故栎阳狱吏，两人尝有德于项梁，是以项王信任之。当是时，项王在睢阳，闻海春侯军败，则引兵还。汉军方围钟离眛于荥阳东，项王至，汉军畏楚，尽走险阻。

是时，汉兵盛食多，项王兵罢食绝。汉遣陆贾说项王，请太公，项王弗听。汉王复使侯公往说项王，项王乃与汉约，中分天下，割鸿沟以西者为汉，鸿沟而东者为楚。项王许之。即归汉王父母妻子。军皆呼万岁。汉王乃封侯公为平国君。匿弗肯复见⑦。曰："此天下辩士，所居倾国⑧，故号为平国君。"项王已约，乃引兵解而东归。

【注释】

①罢转漕：由于水陆运输而疲惫。"转"，车运。"漕"，船运。

②匈匈：动乱，纷扰。

③楼烦：此处借指善于骑射的士卒。

④伏弩：指埋伏的弓箭手。

⑤毋令得东：不要让汉军得以东进。

⑥争下：争着降服。

⑦匿弗肯复见：意思是让侯公隐藏起来，汉王不肯再见到他。一说是侯

公藏起来不愿再见汉王,表示不图封赏。

⑧所居倾国:意思是因侯公口才好,他住在哪儿就会使人家的国家倾覆。

【译文】

楚汉两军相持了很长时间都没决出胜负,导致壮年男子苦于常年征战,老弱之人疲于水陆运输。项羽对刘邦说:"天下好几年不得安宁,是因我们两人争夺天下,我想与你单独挑战,决一雌雄,以便不要让天下百姓跟着受苦。"刘邦笑着推辞,说:"我只斗智,不斗力。"项羽命人出阵挑战。汉军中有位擅长骑射的楼烦人,楚军挑战了好几个回合,他都把他们射死了。项羽大怒,亲自披上盔甲手持大戟挑战。楼烦人想射项羽时,项羽瞪着眼睛,大声呵斥,结果那个楼烦人不敢正视项羽,不敢放箭,转身逃回了营垒里,再也不敢出来。刘邦派人去打听,才知道是项羽亲自出战。刘邦大吃一惊。于是,项羽就约刘邦隔着广武涧对话。刘邦数落项羽的十大罪状,项羽大怒,想跟他决一死战。刘邦不答应,项羽暗伏弓箭手射中了他。刘邦受伤,逃进了成皋。

项羽听说韩信已经攻下河北,打败了齐国,且准备进攻楚国,就派遣龙且率军前去迎击。韩信与龙且作战时,骑将灌婴趁机率军进攻,大破楚军,杀死了龙且。韩信自立为齐王。项羽听说龙且兵败,很惊恐,就派盱台人武涉前去游说韩信。韩信不听。此时,彭越再次反叛,攻下梁地,断绝了楚军的军粮。项羽于是对海春侯大司马曹咎等人说:"你们谨慎地守住成皋,即使汉军挑战,你们也千万不跟他们作战,只要不让汉军东进就行了。我十五天之内一定要诛杀彭越,平定梁地。到时,我再回来跟你们会合。"于是,项羽率军向东进军攻打外黄和陈留。

外黄攻不下来。几天后,外黄投降。项羽愤怒,命令城中十五岁以上的男子全部到城东去,准备将他们活埋了。外黄县令一个门客的儿子才十三岁,他前去劝说项羽说:"彭越强行劫持外黄人,外黄人很害怕,才暂时向他投降。他们期待着大王到来。大王来了,却要把他们全部活埋。这样,老百姓怎么会归附您呢?从这里向东,梁地十多座城池都会害怕,再也没人肯投降您。"项羽认为他说得对,就赦免了那些即将被活埋的外黄人。项羽率军向东直到睢阳。听说此事的人全都争着归附他。

汉军多次向成皋的楚军挑战,楚军坚守不出。刘邦派人连续五六天侮辱楚军,大司马曹咎被激怒,率军渡过汜水。楚军刚渡到一半时,汉军发起进攻,大败楚军,尽数争夺了楚军的财物。

大司马曹咎、长史司马欣都在汜水岸边自杀。大司马曹咎原来是蕲县的狱掾,长史司马欣是以前的栎阳狱吏,两人都曾有恩于项梁,所以项羽很信任他们。此时,项羽正在睢阳,听说曹咎兵败,立即率兵赶回来。汉军正在荥阳东面围攻锺离眛。项羽赶到后,汉军畏惧楚军,全部逃进了险峻的山中躲藏去了。

这时,刘邦的兵势很盛,粮食充足,而项羽率领的军队却疲惫不堪,粮食也快吃光。刘邦派遣陆贾去劝说项羽,请他放了刘太公。项羽不答应。刘邦又派侯公去劝说项羽。项羽想了想,与刘邦订约,把天下从中间分成两半,划定鸿沟以西土地归汉,鸿沟以东地区归楚。项羽同意了这个方案,随即送回了刘邦的父亲和妻子。军中都高呼万岁。刘邦于是封侯公为平国君。

侯公却躲起来不肯见刘邦。刘邦说:"这是天下有名的辩士,所到之处可以倾国,所以才封给他平国君的称号。"项羽接受盟约以后,就率军向东撤走了。

【原文】

汉欲西归,张良、陈平说曰:"汉有天下太半,而诸侯皆附之。楚兵罢食尽,此天亡楚之时也,不如因其机而遂取之。今释弗击,此所谓'养虎自遗患'也。"汉王听之。

汉五年,汉王乃追项王至阳夏南,止军,与淮阴侯韩信、建成侯彭越期会而击楚军。至固陵,而信、越之兵不会。楚击汉军,大破之。汉王复入壁,深堑①而自守。谓张子房曰:"诸侯不从约,为之奈何?"对曰:"楚兵且破,信、越未有分地,其不至固宜。君王能与共分天下,今可立致也。即不能，事未可知也。君王能自陈以东傅海，尽与韩信；睢阳以北至穀城，以与彭越。使各自为战，则楚易败也。"汉王曰："善。"于是乃发使者告韩信、彭越曰："并力击楚，楚破，自陈以东傅海与齐王，睢阳以北至穀城与彭相国。"使者至，韩信、彭越皆报曰："请今进兵。"韩信乃从齐往。刘贾军从寿春并行，屠城父，至垓下。大司马周殷叛楚，以舒屠六，举九江兵，随刘贾、彭越皆会垓下，诣②项王。

项王军壁垓下，兵少食尽，汉军及诸侯兵围之数重。夜闻汉军四面皆楚歌，项王乃大惊曰："汉皆已得楚乎？是何楚人之多也！"项王则夜起，饮帐中。有美人名虞，常幸从；骏马名骓，常骑之。于是项王乃悲歌慷慨，自为诗曰："力拔山兮气盖世，时不利兮骓不逝。骓不逝兮可奈何，虞兮虞兮奈若何③！"歌数阕，美人和之。项王泣数行下，左右皆泣，莫能仰视。

于是项王乃上马骑，麾下壮士骑从者八百馀人，直夜溃围南出，驰走。平明，汉军乃觉之，令骑将灌婴以五千骑追之。项王渡淮，骑能属者百馀人耳。项王至阴陵，迷失道，问一田父④，田父绐⑤曰"左"。左，乃陷大泽中。以故汉追及之。项王乃复引兵而东，至东城，乃有二十八骑。汉骑追者数千人。项王自度不得脱。谓其骑曰："吾起兵至今八岁矣，身七十馀战，所当者破，所击者服，未尝败北，遂霸有天下，然今卒困于此，此天之亡我，非战之罪也。今日固决死，愿为诸君快战⑥，必三胜之，为诸君溃围，斩将，刈旗，令诸君知天亡我，非战之罪也。"乃分其骑以为四队，四向⑦。汉军围之数重。项王谓其骑曰："吾为公取彼一将。"令四面骑驰下，期山东为三处。于是项王大呼驰下，汉军皆披靡⑧，遂斩汉一将。是时，赤泉侯为骑将，追项王，项王瞋目而叱之，赤泉侯人马俱惊，辟易⑨数里，与其骑会为三处。汉军不知项王所在，乃分军为三，复围之。项王乃驰，复斩汉一都尉，杀数十百人，复聚其骑，亡其两骑耳。乃谓其骑曰："何如？"骑皆伏曰："如大王言。"

【注释】

①深堑：挖深壕沟。

②诣：往，到……去，此处为逼近的意思。

③奈若何：把你怎么办。

④田父：老农。

⑤绐：读dài，同"诒"，欺骗、欺诈的意思。

⑥快战：痛快地打一仗。

⑦四向：面向四方。

⑧披靡：原指草木随风倒伏，此处比喻军队溃败。

⑨辟易：倒退的样子。

【译文】

刘邦也打算率军西归。张良、陈平劝他说："大王已拥有大半个天下，诸侯也都归附于您。楚军疲敝，粮食已经断绝，这正是上天灭亡楚国的时机啊！我们不如趁此机会消灭它。现在，您放过楚军不去攻打，这是'养虎给自己留下祸患'啊！"刘邦听取了他们的意见。

汉王五年，刘邦率军追击项羽到阳夏南面后，就停止进军，与韩信、彭越约好时间，一起进攻楚军。刘邦到达固陵时，韩信和彭越率领的军队都没如约前来会合。楚军攻打汉军，大败汉军。刘邦只好逃回营垒，深挖壕沟，独自坚守。刘邦对张良说："诸侯不遵守盟约，怎么办呢？"张良说："楚军将要被消灭了，可韩信、彭越等人还没有得到封地，他们自然不会来的。大王如果能跟他们共分天下，他们马上就可以到达；如果不能，那么天下事就难以预料了。您如果能把从陈县以东直到海滨的地区全部封给韩信；把睢阳以北直到谷地的土地划给彭越，让他们各自率军对楚军作战，那么楚军就很容易被打败。"刘邦说："很好。"于是，刘邦就派使者去对韩信和彭越说："你们合力攻打楚军，楚军被消灭后，自陈县以东到海滨的土地划给齐王韩信，从睢阳以北至穀城的地盘给相国彭越。"使者达到后，韩信和彭越都回报说："请下令让我现在就率军攻打楚军。"韩信从齐国起兵。刘贾率领的军队从寿春一同进兵。他们屠戮了城父，到达垓下。大司马周殷背叛楚军，率领舒城的军队屠戮了六地，兼并了九江王英布的军队，并跟随刘贾、彭越到垓下会合，进逼项羽率领的军队。

项羽在垓下筑壁垒驻扎军队，兵员短缺，粮食已尽。汉军和诸侯率领的军队把垓下围了好几重。夜里听到汉军四面都唱起了楚地的民歌，项羽大惊，说："汉军难道把楚国都占领了？为何有这么多楚国人呢！"项羽在夜间起来，到帐中饮酒。有个叫虞姬的美人因经常得到项羽的宠幸而跟随在他身边；还有一匹名叫骓的骏马，项羽经常骑着它四处征战。于是，项羽慷慨悲歌，自己作诗："力拔山兮气盖世，时不利兮骓不逝。骓不逝兮可奈何，虞兮虞兮奈若何！"唱了好几遍，美人作诗应和。项羽哭着，流下了几行热泪，左右的人都跟着哭泣，悲伤得抬不起头来。

于是，项羽跨上战马，带领麾下八百多骑兵，准备趁夜突出重围，向南急驰而逃。天快亮时，汉军才发觉楚军突围了。刘邦命令骑将灌婴带领五千骑兵追击他们。项羽渡过淮河时，能跟上的骑兵只有一百多人。项羽来到阴陵，打听道路，问一位耕田的老汉。老汉骗他，说："向左。"项羽率军向左走，结果陷进了大沼泽地里。因此，汉军追上了项羽。项羽于是又率军向东突围。来到东城时，他身边只剩下二十八个骑兵。汉军骑兵在后面追赶的却有几千人。项羽估计这次难以逃脱，就对他的骑兵说："我起兵至今已有八年，身经七十多次战斗，阻挡我的都被我攻破消灭，跟我交战的都被我征服，从未失败过，于是称霸而拥有天下。可如今，我竟被困在这里。这是上天要灭亡我，并不是我作战的过失造成的。今天，我必定要决一死战。我希望为各位痛快决战，一定要再打漂亮的一战，让各位突出重围，斩杀敌将，砍断敌军军旗，好让各位知道是上天要灭亡我而不是我作战的过失造成的。"于是，项羽将二十八个骑兵分成四队，分别向四个方向突围。汉军将他们包围了好几层。项羽对手下骑兵说："我要为你们杀掉一名汉军将领。"他命令骑兵向四方奔驰而下，约定到山的东边分三处会合。于是，项羽大声呼喊着奔驰而下。汉军纷纷后退。于是，他轻易斩杀了一名汉将。当时，杨喜为骑兵将领，率军追击项羽，项羽瞪着眼睛向他大吼，杨喜连人带马都受了惊吓，后退逃跑了好几里地。项羽与他的骑兵会合成三处。汉军不知道项羽在哪里，也兵分三路，重新包围了楚军。项羽奔驰到汉军中，又斩杀了汉军的一名都尉，杀死了上百个汉军士兵，重新聚集起他的骑兵时，发现只损失了两名骑兵。于是，项羽对他的骑兵们说："怎么样？"骑兵们都佩服地说："确实像大王说的那样。"

【原文】

于是项王乃欲东渡乌江。乌江亭长𣗋船待，谓项王曰："江东虽小，地方千里，众数十万人，亦足王也。愿大王急渡。今独臣有船，汉军至，无以渡。"项王笑曰："天下亡我，我何渡为！且籍与江东子弟八千人渡江而西，今无一人还，纵江东父兄怜而王我，我何面目见之？纵彼不言，籍独不愧于心乎？"乃谓亭长曰："吾知公长者。吾骑此马五岁，所当无敌，尝一日行千里，不忍杀之，以赐公。"乃令骑皆下马步行，持短兵接战。独籍所杀汉军数百人。项王身亦被十余创，顾见汉骑司马吕马童，曰："若非吾故人乎？"马童面之，指王翳曰："此项王也。"项王乃曰："吾闻汉购①我头千金，邑万户，吾为若德②。"乃自刎而死。

王翳取其头，余骑相蹂践争项王，相杀者数十人。最其后，郎中骑杨喜，骑司马吕马童，郎中吕胜、杨武各得其一体。五人共会其体，皆是。故分其地为五：封吕马童为中水侯，封王翳为杜衍侯，封杨喜为赤泉侯，封杨武为吴防侯，封吕胜为涅阳侯。

项王已死，楚地皆降汉，独鲁不下。汉乃引天下兵欲屠之，为其守礼义，为主死节③，乃持项王头视④鲁，鲁父兄乃降。始，楚怀王初封项籍为鲁公，及其死，鲁最后下，故以鲁公礼葬项王穀城。汉王为发哀，泣之而去。

诸项氏枝属⑤，汉王皆不诛。乃封项伯为射阳侯。桃侯、平皋侯、玄武侯皆项氏，赐姓刘氏。

【注释】

①购：悬赏征求。

②为若德：送给你点儿好处。德，恩德的意思。

③死节：此处指为节操而死。

④视：通"示"，给……看。

⑤枝属：宗族。

【译文】

于是，项羽想向东渡过乌江。乌江亭长划着船前来送他，劝他说："江东地方虽小，但也有方圆千里，民众有几十万人，也足以称王。希望您赶快渡江。现在，只有我有船，即使汉军来了，也无法渡江。"项羽笑着道："上天要灭亡我，我还渡什么江呢！况且，我带着八千名江东子弟渡江西进，如今却没有一个人能够回去，即使江东父老兄弟可怜我而拥立我为王，我又有什么脸面去见他们呢？即使他们不说什么，我难道不内心惭愧吗？"于是，项羽对亭长说："我知道，您是一位长者。我骑这匹马已经五年了，所向无敌。它曾经日行千里，我不忍心杀掉它，就把它赏赐给您吧！"于是，项羽命令骑兵们都下马步行，手持短兵器与汉军接战。项羽独自一人就杀死了几百名汉军士兵。项羽身上也有十几处伤。回头看见汉军骑兵中的骑司马吕马童时，他大声说："你不是我的老朋友吗？"吕马童面对项羽，指给王翳说："他就是项羽。"项羽又说："我听说刘邦为得到我的人头出价一千金，封赏一万户，我把这个好处送给你吧！"于是，项羽自刎而死。

王翳割取了项羽的头颅。其余的汉军骑兵相互厮杀，争抢项羽的尸体。结果，自相残杀而死的有几十人。最终，郎中骑杨喜，骑司马吕马童，郎中吕胜、杨武各得到项羽的一部分尸身，五个人把所得尸身合在一起，正好是项羽的全身。于是，刘邦把悬赏的封地分成五份：封吕马童为中水侯，封王翳为杜衍侯，封杨喜为赤泉侯，封杨武为吴防侯，封吕胜为涅阳侯。

项羽死后，楚国各地投降了刘邦，只有鲁地不投降。刘邦于是率领军队准备血洗鲁地。因为鲁地人恪守礼义，为君主誓死守节，于是刘邦派人拿着项羽的头给鲁地人看。鲁地的百姓这才归降。当初，楚怀王初封项羽为鲁公，等到他死后，鲁地又是最后投降。于是，刘邦以鲁公的礼节把项羽安葬在穀城。刘邦为他发丧致哀，哭祭一番，然后离去。

项氏宗族的各个支属，刘邦都没有诛杀，刘邦还封项伯为射阳侯。此外，桃侯、平皋侯、玄武侯都属项氏宗族，刘邦赐他们姓刘，以示亲近。

【编后语】

项羽不是帝王，但在秦朝灭亡到汉朝建立这几年间，他是天下诸侯的盟主，是事实上的帝王。司马迁充分肯定他的反秦功绩，因而在写本纪时破例为项羽作本纪，位列秦始皇本纪后，并对其成败给予了相当中肯的评价。本篇选取了项羽一生中最为精彩、最能体现其英雄气概的部分，省略了项羽的身世、汉元年、汉二年发生的事，以及司马迁的评价。因此，我们在阅读此篇时不仅可以领略到其英雄事迹，还能感悟到司马迁破例为项羽作本纪的初衷。

高祖本纪

【原文】

高祖,沛丰邑中阳里人,姓刘氏,字季。父曰太公,母曰刘媪。其先刘媪尝息大泽之陂,梦与神遇。是时雷电晦冥,太公往视,则见蛟龙于其上。已而有身①,遂产高祖。

高祖为人,隆准而龙颜②,美须髯,左股有七十二黑子。仁而爱人,喜施,意豁如③也。常有大度,不事家人生产作业。及壮,试为吏,为泗水亭长,廷中吏无所不狎侮。好酒及色。常从王媪、武负贳酒④。醉卧,武负、王媪见其上常有龙,怪之。高祖每酤留饮,酒雠⑤数倍。及见怪,岁竟,此两家常折券弃责⑥。

高祖常繇咸阳,纵观⑦,观秦皇帝,喟然太息曰:"嗟乎,大丈夫当如此也!"

单父人吕公善沛令,避仇从之客,因家沛焉。沛中豪杰吏闻令有重客,皆往贺。萧何为主吏,主进⑧,令诸大夫曰:"进不满千钱,坐之堂下。"高祖为亭长,素易⑨诸吏,乃绐为谒曰:"贺钱万。"实不持一钱。谒入,吕公大惊,起,迎之门。吕公者,好相人⑩,见高祖状貌,因重敬之,引入坐。萧何曰:"刘季固多大言,少成事。"高祖因狎侮诸客,遂坐上坐,无所诎。酒阑,吕公因目固留高祖。高祖竟酒,后。吕公曰:"臣少好相人,相人多矣,无如季相,愿季自爱。臣有息女⑪,愿为季箕帚妾⑫。"酒罢,吕媪怒吕公曰:"公始常欲奇此女,与贵人。沛令善公,求之不与,何自妄许与刘季?"吕公曰:"此非儿女子⑬所知也。"卒与刘季。吕公女乃吕后也,生孝惠帝、鲁元公主。

【注释】

①已而：不久。有身：怀孕。

②隆准：高鼻梁。准，鼻梁。龙颜：像龙一样的面貌，后代称皇帝的面貌为"龙颜"。

③豁如：豁达豪放的样子。

④贳酒：贳，读shì，贳酒，就是赊酒的意思。

⑤雠：读chóu。

⑥折卷弃责：折断债据，不再讨债。《索引》："然则古人用简札书，故可折。"责，同"债"。

⑦繇咸阳：到咸阳服徭役。纵观：意思是任人随意观看。

⑧主：主管，主持。进：指收入的钱财。

⑨素：平素，向来。易：轻视，瞧不起。

⑩好：喜好。相人：给人看相。相，看相，相面。

⑪息女：亲生女儿。息，生。

⑫箕帚妾：谦辞。表面意思是干洒扫等事的婢妾，实际就是做妻子。

⑬儿女子：等于说妇孺之辈，有蔑视之意。

【译文】

汉高祖刘邦是沛县丰邑中阳里人，字季。他父亲叫刘太公，母亲叫刘媪。先前，刘媪曾在大泽堤岸上休息小睡，梦见自己和神交合。当时，雷鸣电闪，天色昏暗，刘太公前去探视时，就看见一条蛟龙卧在刘媪身上。不久，刘媪有了身孕，生下刘邦。

刘邦相貌非凡，鼻梁很高，面相像龙，胡须特别漂亮，左腿上有七十二颗黑痣。他性情仁厚爱人，喜欢布施，心胸豁达，常常表现出宏大的气度，不愿意干农活，也不愿意经商。成年以后，他当了泗水亭长，喜欢轻侮调侃官府中的官吏。他贪好酒和女色，经常向王媪、武负赊酒。醉倒以后，武负、王媪看到他身上经常有龙出现，感到很奇怪。刘邦每次买酒在酒店里畅饮时，当天售出的酒都比平常多出数倍。等到看见他身上的奇特现象后,到年底结账时,这两家酒店常常免了刘邦所欠的酒钱。

刘邦曾经到咸阳服徭役,纵情观赏游览,看到过秦始皇出游。当时,他慨叹说:"大丈夫就该这样活啊!"

单父人吕公和沛县县令关系亲密。为了躲避仇人,吕公带着全家到沛县客居。沛县的豪杰和官吏们听说县令有贵客来临,都前去祝贺。萧何负责迎接宾客和收受贺礼。他对各位宾客说:"送礼不满千钱的人,在堂下就座。"刘邦一向看不起县中官吏,就写了张礼单,谎称"贺钱一万",实际上一个钱也没带。礼单送了进去,吕公大惊,起身到门口迎接。吕公喜欢为人看相,看到刘邦后,非常尊敬他,引他入上座。萧何说:"刘季常说大话,做成的事很少。"刘邦又轻侮调侃各位客人,坐在上座一点也不谦让。酒宴快结束时,吕公便以目示意,硬要刘邦留下来。

刘邦便留到最后。吕公说:"我从小喜欢为人看相,相过的人已经很多,没有一个比得上你的相貌,希望你好自珍重。我有一个女儿,愿意把她嫁给你。"事后,吕媪生气地对吕公说:"你起先经常认为女儿很不寻常,要把她许配给贵人。沛县令跟你关系好,他来求婚,你都没有答应,为什么你这样随随便便地将女儿许给刘季呢?"吕公说:"这不是妇道人家能理解的事。"最终,吕公把女儿嫁给了刘邦。吕公女儿就是吕后吕雉,生了汉孝惠帝刘惠和鲁元公主。

【原文】

高祖为亭长时,常告归之田。吕后与两子居田中耨①,有一老父过请饮,吕后因餔②之。老父相吕后曰:"夫人天下贵人。"令相两子,见孝惠,曰:"夫人所以贵者,乃此男也。"相鲁元,亦皆贵。老父已去,高祖适从旁舍来,吕后具言客有过,相我子母皆大贵。高祖问,曰:"未远。"乃追及,问老父。老父曰:"乡者夫人婴儿皆似君,君相贵不可言。"高祖乃谢曰:"诚③如父言,不敢忘德。"及高祖贵,遂不知老父处。

高祖为亭长，乃以竹皮为冠，令求盗④之薛治之，时时冠之，及贵常冠⑤，所谓"刘氏冠"乃是也。

高祖以亭长为县送徒郦山，徒多道亡⑥。自度比至皆亡之，到丰西泽中，止饮，夜乃解纵所送徒。曰："公等⑦皆去，吾亦从此逝矣！"徒中壮士愿从者十馀人。高祖被酒⑧夜径泽中，令一人行前。行前者还报曰："前有大蛇当径，愿还。"高祖醉，曰："壮士行，何畏！"乃前，拔剑击斩蛇。蛇遂分为两，径开。行数里，醉，因卧。后人来至蛇所，有一老妪夜哭。人问何哭，妪曰："人杀吾子，故哭之。"人曰："妪子何为见杀？"妪曰："吾子，白帝子也，化为蛇，当道，今为赤帝子斩之，故哭。"人乃以妪为不诚，欲笞之⑨，妪因忽不见。后人至，高祖觉。后人告高祖，高祖乃心独喜，自负。诸从者日益畏之。

秦始皇帝常曰"东南有天子气⑩"，于是因东游以厌之。高祖即自疑，亡匿⑪，隐于芒、砀山泽岩石之间。吕后与人俱求，常得之。高祖怪问之。吕后曰："季所居上常有云气，故从往⑫，常得季。"高祖心喜。沛中子弟或闻之，多欲附者矣。

【注释】

①子：孩子，古代儿子和女儿都称子。居：在。耨：读nòu，锄草的意思。

②铺：读bù，给食的意思。

③诚：果真，如果。

④求盗：亭长手下专管追捕盗贼的差役。

⑤常冠：经常戴帽子。

⑥道亡：半路逃跑。亡，逃。

⑦公等：你们这班人。公，对对方的尊称。

⑧被酒：带有几分酒意。被，加。

⑨欲笞之：想要打她。

⑩气：预示吉凶之气。古代方士称可以通过观云气预知吉凶祸福。所谓

"天子气"就是预示将有天子出现之气,这是迷信的说法。

⑪亡匿:逃跑藏起来。

⑫从往:顺着云气的方向前往。

【译文】

刘邦做亭长时,有一次请假回去耕田。吕雉和两个孩子在田间除草时,有一个老人路过讨水喝,吕雉还给他一些东西吃。老人为吕雉看相,说:"您是天下的贵人。"吕雉让他给两个孩子看相。老头看到刘惠时,说:"夫人之所以尊贵,就是因为他啊!"为他姐姐看相时,老头也说是贵人之相。老头走后,刘邦恰好从旁边的田舍过来。吕雉对他细说有个客人经过,为他们母子看相,说都是大贵之相。刘邦问老头去哪里了,吕雉说:"还没有走远。"刘邦追上了老头,向他问相。老头说:"刚才夫人和孩子都跟您的相貌相似,您的相貌贵不可言。"刘邦感谢说:"如果真的像您所说的,我不会忘记您的恩德。"等到刘邦显贵以后,却不知道老人在什么地方。

刘邦担任亭长时,用竹皮做帽子,让捕盗吏到薛地定做。他经常戴这种竹皮帽,等到显贵后仍经常戴着。这就是人们所说的刘氏冠。

刘邦以亭长的身份遣送沛县的徒隶去修郦山墓。一路上,很多徒隶逃亡了。刘邦自己估计等到达郦山时徒隶们也都逃光了。走到丰西大泽时,他停下来饮酒,并在夜间把押送的徒隶全部放了,说:"你们都跑吧!我也从此逃命去了!"徒隶中有十几位壮士愿意跟随他。

刘邦酒喝多了,夜间在草泽中的小路上行走,让一个人在前面探路。探路者回来报告说:"前面有一条大蛇拦住了去路,我们退回去吧!"刘邦醉了,说:"往前走,有什么可害怕的!"于是,他们继续前行。刘邦拔剑斩杀大蛇。蛇身被砍成两截。小路就此开通。走了几里地,刘邦卧倒在地睡着了。后面的人经过有蛇的地方时,发现有个老婆婆在哭泣。有人问她为什么哭时,老婆婆说:"有人杀了我的儿子。我在哭他。"有人说:"你儿子为什么被杀?"老婆婆说:"我儿子是白帝的儿子,变成一条蛇,挡住了道路,如今被赤帝的儿子杀了,所以我痛哭。"那个人认为老婆婆在说谎,准备打她,但老婆婆突然不见了。等后来的人到达,刘邦酒醒了。后来的人报告刘邦这件事,刘邦却心中暗喜,自命不凡。于是,各位跟随他的人对他日益敬畏起来。

秦始皇帝经常说"东南方有天子之气",就向东巡游,企图镇住它。刘邦怀疑这是冲自己来的,便逃亡隐藏起来——躲在芒山、砀山一带的山泽岩石之间。吕雉和别人一起去寻找他时,经常能顺利地找到他。刘邦觉得很奇怪,问他们怎么找到的。吕雉说:"你居住的地方上空经常有云气环绕,我们跟着云气走,就常常能找到你。"刘邦心中很高兴。沛县子弟听说了这件事,许多人都来归附他。

【原文】

秦二世元年秋,陈胜等起蕲,至陈而王,号为"张楚"。诸郡县皆多杀其长吏①以应陈涉。沛令恐,欲以沛应涉。掾、主吏萧何、曹参乃曰:"君为秦吏,今欲背之,率沛子弟,恐不听。愿君召诸亡在外者,可得数百人,因劫众,众不敢不听。"乃令樊哙召刘季。刘季之众已数十百人矣。

于是樊哙从刘季来。沛令后悔,恐其有变,乃闭城城守②。欲诛萧、曹。萧、曹恐,逾城保刘季。刘季乃书帛射城上,谓沛父老曰:"天下苦秦久矣。今父老虽为沛令守,诸侯并起,今屠沛。沛今共诛令,择子弟可立者立之,以应诸侯,则家室完。不然,父子俱屠,无为也。"父老乃率子弟共杀沛令,开城门迎刘季,欲以为沛令。刘季曰:"天下方扰,诸侯并起,今置将不善,壹败涂地。吾非敢自爱③,恐能薄,不能完父兄子弟。此大事,愿更相推择可者。"萧、曹等皆文吏,自爱,恐事不就,后秦种族其家④,尽让刘季。诸父老皆曰:"平生所闻刘季诸珍怪,当贵,且卜筮⑤之,莫如刘季最吉。"于是刘季数让。众莫敢为,乃立季为沛公。祠黄帝,祭蚩尤于沛庭,而衅鼓旗⑥,帜皆赤。由所杀蛇白帝子,杀者赤帝子,故上赤。于是少年豪吏如萧、曹、樊哙等皆为收沛子弟二三千人,攻胡陵、方与,还守丰。

秦二世二年,陈涉之将周章军西至戏而还。燕、赵、齐、魏皆自立为王。项氏起吴。秦泗川监平将兵围丰,二日,出与战,破之。命雍齿守丰,引兵之薛。泗川守壮败于薛，走至戚，沛公左司马得泗川守壮，杀之。沛公还军亢父，至方与。周市来攻方与，未战。陈王使魏人周市略地⑦。周市使人谓雍齿曰："丰，故梁徙也。今魏地已定者数十城。齿今下魏，魏以齿为侯守丰。不下。且屠丰。"雍齿雅不欲属沛公，及魏招之，即反为魏守丰。沛公引兵攻丰，不能取。沛公病，还之沛。沛公怨雍齿与丰子弟叛之，闻东阳甯君⑧、秦嘉立景驹为假王，在留，乃往从之，欲请兵以攻丰。是时秦将章邯从陈⑨，别将司马尼将兵北定楚地，屠相，至砀。东阳甯君、沛公引兵西，与战萧西，不利。还收兵聚留，引兵攻砀，三日乃取砀。因收砀兵，得五六千人。攻下邑，拔之。还军丰。闻项梁在薛，从骑⑩百馀往见之。项梁益沛公卒五千人，五大夫将⑪十人。沛公还，引兵攻丰。

【注释】

①长吏：大官，高级官吏。

②城守：凭借城墙防守。

③非敢自爱：不敢吝惜自己的性命。爱，吝惜，舍不得。

④种族其家：灭家族，绝后代，满门抄斩。

⑤卜筮：占卜。卜，用龟壳进行占卜，根据龟壳被烧后的裂痕预测吉凶。筮，用蓍草进行占卜。

⑥衅鼓旗：把牲畜的血涂在鼓和旗上。衅是古代一种祭祀仪式，用牲畜的血涂在新制器物上。

⑦略地：夺取土地。

⑧东阳甯君：甯，读níng，"宁"的古体字。

⑨从陈：此处指追赶陈胜军。

⑩从骑：带着随从骑兵。从，使跟随。骑，骑兵。

⑪五大夫将：五大夫级的将领。

【译文】

秦二世元年秋天，陈胜等人在蕲县大泽乡起义。起义军到了陈，陈胜自立为王，号称张楚。有许多郡县的人都杀了当地长官，响应陈胜起义。沛县县令十分害怕，想在沛县反秦，以响应陈胜起义。萧何和曹参对县令说："您是秦朝的官吏，现在却要背叛秦，率领沛县的子弟起义，恐怕他们不会听从您的命令。我们建议您召集那些逃亡在外的人，可以召集到几百人，然后利用他们来强迫大家参加起义，大家就不敢不服从。"于是，县令命令樊哙去召回刘邦。这时，刘邦的部下已经有近百人。

于是，樊哙跟着刘邦等人回到沛县。沛县县令后悔起来，担心会发生变故，就关闭城门，据守县城，不让刘邦他们进城，并准备诛杀萧何和曹参。萧何和曹参很害怕，越过城墙，去投奔了刘邦。刘邦于是写了一封帛书，用箭射到城上，对沛县的父老们说："天下人忍受暴秦的痛苦已经很久了。现在，你们虽然替沛公守城，但诸侯已经纷纷起事，马上就要杀到沛县。如果沛县的父老们现在共同杀了县令，从子弟当中挑选出可以扶立的人而拥立他，以便响应各路诸侯，那就可以保全家室了。要不然，你们父子都得被杀，实在是不值得啊！"沛县父老于是率领子弟共同杀死沛县县令，打开城门迎接刘邦等人，想推举他为县令。刘邦说："天下正处在混乱之中，诸侯们纷纷兴起，如果现在选择的首领不合适，将会一败涂地。我不敢爱惜自身，只担心能力有限，不能保全沛县的父老兄弟。这是件大事，希望大家另选合适的人。"萧何、曹参等人都是文官，且顾惜自身，害怕事情不成功，以后秦朝会族灭他们全家，就都推让给刘邦。各位父老都说："我们平时听说过有关刘邦的奇异事情，刘邦必当显贵，我们为此占卜过，没人能比刘邦更吉利的了。"于是，刘邦多次推让。但是，众人没有谁敢担此重任，于是拥立刘邦做沛公。刘邦祠祀黄帝，又在县庭祭祀了蚩尤，又用血祭旗鼓，旗帜都是红色。这是因为他所杀的那条蛇是白帝的儿子，而杀蛇的人是赤帝的儿子，故崇尚红色。于是，沛县的年轻人和有权势的官吏如萧何、曹参、樊哙等人一起为刘邦收聚了沛县的两千多名子弟，一起进攻胡陵、方与，然后回师，据守在丰邑。

秦二世二年，陈胜的部将周章率军向西攻到戏亭后败退。这时燕地、赵地、齐地、魏地的诸侯后裔都自立为王。项羽叔侄在吴地起兵。秦朝的泗川郡监平率兵围攻丰邑。两天后，刘邦率军出城与秦军交战，打败了秦军。刘邦命令雍齿率军守卫丰邑，自己率军去攻打薛地。泗川郡守壮在薛地战败，逃到了戚县。刘邦的左司马俘获了泗川郡守，杀掉了他。刘邦回师亢父，到达方与。

周市率军前来攻打方与，尚未交战。陈胜派遣周市率军攻取土地。周市派人对雍齿说："丰邑是从前魏王迁居之地。现在，魏地已经平定的有几十座城池。如今，你如果投降魏国，魏国就封你为侯，继续驻守丰邑；如不投降，我就要屠戮丰邑。"雍齿本来就不愿意附属刘邦，等到魏王向他招降时，就反叛刘邦而替魏王据守丰邑。刘邦随后率军攻打丰邑，但没能攻下。刘邦生病，回到沛县养病。

刘邦怨恨雍齿和丰邑子弟背叛自己，听说东阳宁君、秦嘉立景驹临时为王，驻军在留城，就率军前去归从他们，想请他们出兵攻打丰邑。这时，秦朝将领章邯正在追击陈胜，别将司马尼率兵向北平定楚地，血洗相城，到达砀县。东阳宁君、刘邦率军西进，与司马尼率领的军队在萧县以西交战，但作战不利。刘邦退回来收聚士卒驻在留城，率兵攻打砀县，打了三天才攻下砀县。刘邦收编砀地的兵卒，得到五六千人。他们进攻下邑，占领了它，并回师驻扎在丰邑城外。听说项梁在薛地，刘邦带了一百多名骑兵去见他。项梁答应增援沛公五千名士兵以及十名五大夫级的将官。刘邦回来后，立即率军攻打丰邑。

【原文】

从项梁月馀，项羽已拔①襄城还。项梁尽召别将居薛。闻陈王定死，因立楚后怀王孙心为楚王，治盱台②。项梁号武信君。居数月，北攻亢父，救东阿，破秦军。齐军归，楚独追北③，使沛公、项羽别攻城阳，屠之。军濮阳之东，与秦军战，破之。

秦军复振，守濮阳，环水④。楚军去而攻定陶，定陶未下。沛公与项羽西略地至雍丘之下，与秦军战，大破之，斩李由。还攻外黄，外黄未下。

项梁再破秦军，有骄色。宋义谏，不听。秦益章邯兵，夜衔枚⑤击项梁，大破之定陶，项梁死。沛公与项羽方攻陈留，闻项梁死，引兵与吕将军俱东。

吕臣军彭城东，项羽军彭城西，沛公军砀。

　　章邯已破项梁军，则以为楚地兵不足忧，乃渡河，北击赵，大破之。当是之时，赵歇为王，秦将王离围之钜鹿城，此所谓河北之军也。

　　秦二世三年，楚怀王见项梁军破，恐，徙盱台，都彭城，并吕臣、项羽军自将之。以沛公为砀郡长，封为武安侯，将砀郡兵。封项羽为长安侯，号为鲁公。吕臣为司徒，其父吕青为令尹。

【注释】

①拔：攻克，打下。

②治盱台：在盱台定都。治，设置治所，这里指定都。

③追北：追击败逃的军队。北，败逃。

④环水：一说指在城周围挖壕引水以自守。

⑤枚：像筷子一样的东西，两头有绳子。古人作战，为防止喧哗，就命士兵把枚衔在嘴里，绳子结在脑后颈项上，叫作"衔枚"，一般用在疾行军偷袭敌人的时候。

【译文】

　　刘邦归从项梁一个多月后，项羽攻占襄城后回来。项梁把所有统兵将领召到薛城。听说陈胜已死，就扶立楚怀王的孙子熊心为楚王，也称楚怀王，建都盱眙。项梁自称武信君。过了几个月，项梁率军向北攻打亢父，救援东阿，打败了秦军。齐军回到齐地，楚军独自向北追击秦军，项梁派刘邦、项羽另率一支军队攻打城阳。他们血洗了城阳后，军队驻扎在濮阳东面，与秦军交战，又大败秦军。

　　秦军重整旗鼓，据守濮阳，引水环绕城池以资守卫。楚军离开濮阳去攻打定陶，但定陶没有攻下。刘邦和项羽向西进军攻取土地，来到雍丘城下，与秦军作战，大败秦军，斩杀了秦将李由。他们回师攻打外黄，但外黄没能攻下。

　　项梁一再打败秦军后，产生了骄傲情绪。宋义向他劝谏，但项梁不听。

秦朝为章邯增派军队后，章邯率军夜间衔枚袭击项梁的军队，在定陶大败楚军，项梁战死。刘邦和项羽正在攻打陈留，听说项梁战死，就率军与吕臣一起向东撤军。吕臣的军队驻扎在彭城东面，项羽的军队驻扎在彭城西面，刘邦的军队驻扎在砀县。

章邯打败项梁率领的军队后，就认为楚军已不足为虑，便渡过黄河向北攻打赵国，把赵军打得大败。此时，赵歇为赵王，秦将王离把他包围在巨鹿城中，这就是所说的"河北军"。

秦二世三年，楚怀王见项梁率领的军队被打败，十分害怕，把都城从盱眙迁到了彭城，并把吕臣和项羽率领的军队合并起来，由他亲自指挥。他任命刘邦为砀郡长，封为武安侯，统率砀郡的军队；封项羽为长安侯，封号为鲁公；任命吕臣担任司徒，他的父亲吕青为令尹。

【原文】

赵数请救，怀王乃以宋义为上将军，项羽为次将，范增为末将，北救赵。令沛公西略地入关。与诸将约，先入定关中者王之①。

当是时，秦兵强，常乘胜逐北，诸将莫利先入关。独项羽怨秦破项梁军，奋，愿与沛公西入关。怀王诸老将皆曰："项羽为人僄悍猾贼②。项羽尝攻襄城，襄城无遗类，皆坑③之，诸所过无不残灭④。且楚数进取，前陈王、项梁皆败。不如更遣长者扶义而西，告谕秦父兄。秦父兄苦其主久矣，今诚得长者往，毋侵暴，宜可下。今项羽僄悍，今不可遣。独沛公素宽大长者，可遣。"卒不许项羽，而遣沛公西略地，收陈王、项梁散卒。乃道砀至成阳，与杠里秦军夹壁。破秦二军。楚军出兵击王离，大破之。

沛公引兵西，遇彭越昌邑，因与俱攻秦军，战不利。还至栗，遇刚武侯，夺其军，可四千馀人，并之。与魏将皇欣、魏申徒武蒲之军并攻昌邑，昌邑未拔。

西过高阳。郦食其为监门，曰："诸将过此者多，吾视沛公大人⑤长者。"乃求见说沛公。沛公方踞床⑥，使两女子洗足。郦生不拜，长揖，曰：

"足下必欲诛无道秦，不宜踞见长者。"于是沛公起，摄衣谢之，延上坐。食其说沛公袭陈留，得秦积粟。乃以郦食其为广野君，郦商为将，将陈留兵，与偕攻开封，开封未拔。西与秦将杨熊战白马，又战曲遇东，大破之。杨熊走之荥阳，二世使使者斩以徇。南攻颍阳，屠之。因张良遂略韩地轘辕。

当是时，赵别将司马卬方欲渡河入关，沛公乃北攻平阴，绝河津。南，战雒阳⑦东，军不利，还至阳城，收军中马骑，与南阳守齮战犨东⑧，破之。略南阳郡，南阳守齮走，保城守宛。沛公引兵过而西。张良谏曰："沛公虽欲急入关，秦兵尚众，距险。今不下宛，宛从后击，强秦在前，此危道也。"于是沛公乃夜引兵从他道还，更旗帜，黎明，围宛城三匝。

南阳守欲自刭。其舍人陈恢曰："死未晚也。"乃逾城见沛公，曰："臣闻足下⑨约，先入咸阳者王之。今足下留守宛。宛，大郡之都也，连城数十，人民众，积蓄多，吏人自以为降必死，故皆坚守乘城。今足下尽日止攻⑩，士死伤者必多；引兵去宛，宛必随足下后。足下前则失咸阳之约，后又有强宛之患。为足下计，莫若⑪约降，封其守，因使止守，引其甲卒与之西。诸城未下者，闻声争开门而待，足下通行无所累。"沛公曰："善。"乃以宛守为殷侯，封陈恢千户。引兵西，无不下者。至丹水，高武侯鳃、襄侯王陵降西陵。还攻胡阳，遇番君别将梅鋗，与皆⑫，降析、郦。遣魏人甯昌使秦，使者未来。是时章邯已以军降项羽于赵矣。

【注释】

①王之：让他为王，即让他统治关中。

②慓悍：轻捷勇猛。猾贼：奸狡伤人。贼，伤害。

③坑：坑埋，活埋。

④诸所过：指项羽带兵经过的地方。残灭：杀光。

⑤大人：德行高尚的人。

⑥踞床：伸开腿坐在床上。是非常不礼貌的姿势。踞，伸开腿坐。

⑦雒阳：即洛阳。

⑧犨东：犨，读chōu，犨东，此处指地名。

⑨足下：对对方的敬称。

⑩尽日：整日。止攻：停止前进，留下来攻城。

⑪莫若：没有什么办法比得上，什么都比不上。

⑫与偕：和……一块，并军作战。"偕"同"偕"。

【译文】

赵王多次请求救援，楚怀王任命宋义为上将军，项羽为次将，范增为末将，率军向北救援赵国，同时命令刘邦率军向西攻取土地，进入关中。楚怀王与各位将领订下盟约：先占领关中的人做关中王。

当时，秦军强大，经常乘胜追击败退的诸侯军队，诸将都不认为率先攻打关中是件有利的事，唯独项羽痛恨秦军打败了项梁，自告奋勇，要与刘邦一起，率军向西攻打关中。楚怀王的各位部下都说："项羽为人剽悍凶暴，奸猾狠毒。项羽曾经攻打襄城，襄城人没有一个活下来的，全被活埋，所到之处无不残杀毁灭。况且，楚军已经多次进兵要夺取关中，在此以前，陈王和项梁都失败了。不如改派一位忠厚长者，以仁义为号召，率军向西进攻，晓谕秦国的父老兄弟。秦国的父老兄弟苦于他们君主的残暴已经很久，现在如果真能派长者前往，不使用侵伐残暴的手段，就应该能够攻下关中。如今，项羽暴躁凶悍，不可派遣。只有刘邦一向是宽厚长者，可以派遣。"楚怀王最终没有答应项羽率军西进，而是派遣刘邦率军向西攻取土地，收聚陈胜和项梁旧部逃散的士兵。刘邦取道砀城，到达成阳，和杠里的秦军对垒，打败了秦军。楚军出兵攻打王离所部，大败秦军。

刘邦率兵西进，在昌邑遇到彭越所部，就跟他一起攻打秦军。作战不利后，刘邦回师到达栗县，又遇到刚武侯，夺取了他的军队，得到大约四千人，合并到一起。刘邦又与魏军将领皇欣、魏国申徒武蒲率领的军队一起攻打昌邑，但是，昌邑没被攻下。

刘邦率军向西经过高阳时，郦食其是把守城门的官员，说："各路将领经过这里的有很多，我看只有沛公是位心胸宽大的长者。"于是，他请求面见并劝说刘邦。当时，刘邦正伸着腿坐在床边，让两个女子给他洗脚。郦食其不跪拜，只是作了个揖，说："您如果一定要诛灭无道的秦朝，就不应该伸着两腿坐着接见长者。"于是，刘邦起身，穿上衣服，向他道歉，请他坐到上座。郦食其劝说刘邦率军袭击陈留，以便获得秦军在那里的存粮。于是，刘邦封郦食其为广野君，任命郦商为将军，统率陈留的军队，跟他一起攻打开封，开封没能攻下。刘邦率军向西与秦将杨熊在白马交战，又在曲遇东面交战，大败秦军。杨熊逃到荥阳后，秦二世派使者将他斩首示众。刘邦率军向南进攻颍阳，血洗了该城，并借助张良的力量夺取了韩地轘辕。

在这个时候，赵王别将司马卬正想率军渡过黄河入关。于是刘邦率军向北攻打平阴，断绝了黄河渡口。他率军南下，在洛阳东面与秦军交战。作战不利，他率军回到阳城，收聚军中的战马和车骑，与南阳郡守吕齮在犨东交战，并打败了秦军。刘邦攻取南阳郡。南阳郡守吕齮逃走，退守在宛城。刘邦率军路过宛城，向西进军。张良谏阻刘邦说："沛公虽然想急于入关，但秦军仍然很多，而且凭借险要的地势据守。现在如果不攻下宛城，宛城的秦军从后面攻击，而前面又有强大的秦军，这可就危险了啊！"于是，刘邦就趁夜率军从另一条道路返回，并变换了旗帜，在黎明时分把宛城包围了三层。南阳郡守准备自杀时，他的门客陈恢说："现在死还为时过早。"于是，他翻越城墙，去见刘邦，说："我听说，您跟各位将领订下盟约，先进入咸阳的人在关中称王。如今，您停下来围守宛城。宛城是大郡的首府，连接着其他几十座城池，人口众多，积蓄也很多，官吏们认为投降一定会被杀死，因此都据城坚守。如今，您停留在这里攻城，士兵伤亡一定很多；率军离开宛城，宛城守军必定跟在您后面追击。您在前面已失去了先入咸阳的盟约，后面又有宛城强大的军队威胁。我为您着想，不如约城中守军投降，封赏宛城郡守，让他留守，率领他的军队一起向西进攻。那些还没有攻下的城池，听到这个消息后，一定会争相打开城门等待您到来。这样，您向关中进军就可以通行无阻。"刘邦说："好。"于是，刘邦封宛城中的南阳郡守为殷侯，封陈恢为千户侯，亲自率军向西进攻。果然，大军所到之处没有不归附的。到达丹水时，高武侯戚鳃、襄侯王陵在西陵投降。刘邦率军回师进攻胡阳，遇见番军的别将梅鋗，和他联合作战，降服了析城和郦城，并派遣魏人甯昌出使秦地与赵高勾结。使者还没有归来时，秦将章邯已经率军在赵地向项羽投降了。

【原文】

初，项羽与宋义北救赵。及项羽杀宋义，代为上将军，诸将黥布皆属，破秦将王离军，降章邯，诸侯皆附。及赵高已杀二世，使人来，欲约分王关中。沛公以为诈，乃用张良计，使郦生、陆贾往说秦将，啖以利①，因袭攻武关，破之。又与秦军战于蓝田南，益张疑兵旗帜，诸所过毋得掠卤。秦人憙②，秦军解，因大破之。又战其北，大破之。乘胜，遂破之。

汉元年十月，沛公兵遂先诸侯至霸上。秦王子婴素车白马，系颈以组，封皇帝玺、符、节③，降轵道旁。

诸将或言诛秦王。沛公曰："始怀王遣我，固以能宽容；且人已服降，又杀之，不祥。"乃以秦王属吏，遂西入咸阳。欲止宫休舍，樊哙、张良谏，乃封秦重宝财物府库④，还军霸上。召诸县父老豪桀曰："父老苦秦苛法久矣，诽谤者族，偶语者弃市。吾与诸侯约，先入关者王之，吾当王关中。与父老约，法三章耳⑤：杀人者死，伤人及盗抵罪。余悉除去秦法⑥。诸吏人皆案堵如故⑦。凡吾所以来，为父老除害，非有所侵暴，无恐！且吾所以还军霸上，待诸侯至而定约束⑧耳。"乃使人与秦吏行县乡邑，告谕之。秦人大喜，争持牛羊酒食献飨军士。沛公又让不受，曰："仓粟多，非乏，不欲费人。"人又益喜，唯恐沛公不为秦王。

或说沛公曰："秦富十倍天下，地形强。今闻章邯降项羽，项羽乃号为雍王，王关中。今则来，沛公恐不得有此。可急使兵守函谷关，无内诸侯军⑨，稍征关中兵以自益，距之。"沛公然其计⑩，从之。

【注释】

①啖以利：此处指用利益、金钱去收买。

②憙：读xǐ，通"喜"，喜悦、高兴的意思。

③封：封闭，封起来。玺：即玉玺，天子之印。符、节：古代朝廷用作

信物的凭证，用以传达命令或征调兵将。符：用竹木或金属制成，上书文字，剖分为二，双方各持一半，使用时两半相合以验真假。一般做成虎形，也称虎符，用以征调兵将。节，以竹制成，用以证明身份，使臣持之。

④府库：仓库，藏财物的地方。

⑤法三章耳：法律只有三个条目。章，条目。

⑥悉除去秦法：全部废除秦朝的法律。悉，全部、都。

⑦案堵如故：一切照常，和原先一样。"案堵"通"安堵"，安居、安定。堵，墙。

⑧定约束：制定规矩、制度。约束，规约。

⑨无内诸侯军：不要让诸侯军进来。"内"通"纳"，进入的意思。

⑩然其计：以其计为然，认为他的计策对。然，对、正确。

【译文】

当初，项羽和宋义一起率军向北救援赵。等到项羽杀了宋义，取代他做上将军后，英布等各位将领都归属项羽指挥。等打败秦将王离的军队，招降了章邯后，诸侯都归附项羽。等到赵高杀了秦二世，派人前来，想跟刘邦订立盟约，分割关中的地区，各自称王。刘邦认为其中有诈，就采取张良的计策，派郦食其、陆贾前去游说秦军将领，以利引诱他们，进而袭击攻打武关，打败了守关的秦军。刘邦又与秦军在蓝田以南交战，并设置了许多旗帜作为疑兵，所到之处禁止掳掠。秦人非常高兴，秦军松懈，于是大败秦军。刘邦又率军在蓝田北面作战，再次大败秦军，并乘胜追击，彻底打垮了秦军。

汉王元年十月，刘邦率领的军队比诸侯们的军队先到达霸上。秦王子婴乘着素车白马，用绳子系在脖子上，封好皇帝的玺印符节，在轵道旁向刘邦投降。有的将领说应当诛杀子婴。刘邦说："起初，楚怀王派遣我西进，就是因为我能够宽容待人；况且人家已经投降，再要杀他，这样做不吉利。"于是，刘邦把子婴交给官吏们，接着率军向西进入咸阳。刘邦想要住在秦朝的宫殿里休息，樊哙和张良都劝阻他。于是，刘邦封藏了秦朝的奇珍异宝、财物府库，回师霸上。刘邦召集各县的父老豪杰们，说："百姓们忍受秦朝严刑峻法之苦已经很久，诽谤朝政的人要被诛灭九族，相互私语的要被杀头示众。我与诸侯们订立过盟约，先进入关中的人在关中称王，因此我应当做关中王。我与秦地的父老们约定，法律只有如下三条：杀人者处以死刑，伤人和偷抢别人财物者都要按各自所犯的罪行判罪。其余的秦朝法律条文一律废除掉。各位官吏都要像以前一样各守其职。我之所以前来伐秦，是为了给父老乡亲们除掉祸害，大家不要害怕！而且，我之所以回师驻扎霸上，是为了等待诸侯们到来共同制订盟约。"于是，刘邦派人与秦朝的官吏巡行各县乡邑，把他的话告谕各地百姓。秦朝百姓十分喜悦，争相拿着牛羊酒食进献和犒劳刘邦的军队。刘邦又谦让，不肯接受，说："仓库里粮食很多，军中并不匮乏，不想让大家破费。"老百姓更加高兴，唯恐刘邦不当秦王。

有人游说刘邦，说："秦国的富裕十倍于天下，而且地理形势优越。如今，我听说章邯投降了项羽，项羽封他为雍王，统治关中。现在，他要是来了，您恐怕无法占有关中之地。您应该赶快派兵去把守函谷关，不要让诸侯的军队进来，逐渐征发关中兵员来增强自身的实力，以抵挡他们。"刘邦同意了，照此行事。

【原文】

十一月中，项羽果率诸侯兵西，欲入关，关门闭。闻沛公已定关中，大怒，使黥布等攻破函谷关。

十二月中，遂至戏。沛公左司马曹无伤闻项王怒，欲攻沛公，使人言项羽曰："沛公欲王关中，令子婴为相，珍宝尽有之。"欲以求封①。亚父劝项羽击沛公。方飨士，且日合战。是时项羽兵四十万，号百万。沛公兵十万，号二十万，力不敌。会项伯欲活张良，夜往见良，因以文谕项羽②，项羽乃止。沛公从百馀骑，驱之鸿门，见谢项羽。项羽曰："此沛公左司马曹无伤言之。不然，籍何以生此？"沛公以樊哙、张良故，得解归。归，立诛曹无伤。

项羽遂西，屠烧咸阳秦宫室，所过无不残破。秦人大失望，然恐，不敢不服耳。

项羽使人还报怀王。怀王曰:"如约③。"项羽怨怀王不肯令与沛公俱西入关,而北救赵,后天下约④。乃曰:"怀王者,吾家项梁所立耳,非有功伐,何以得主约!本定天下,诸将及籍也。"乃详尊怀王为义帝,实不用其命。

正月,项羽自立为西楚霸王,王梁、楚地九郡⑤,都彭城。负约⑥,更立沛公为汉王,王巴、蜀、汉中,都南郑。三分关中,立秦三将:章邯为雍王,都废丘;司马欣为塞王,都栎阳;董翳为翟王,都高奴。楚将瑕丘申阳为河南王,都洛阳。赵将司马卬为殷王,都朝歌。赵王歇徙⑦王代。赵相张耳为常山王,都襄国。当阳君黥布为九江王,都六。怀王柱国共敖为临江王,都江陵。番君吴芮为衡山王,都邾。燕将臧荼为燕王,都蓟。故燕王韩广徙王辽东。广不听,臧荼攻杀之无终。封成安君陈馀河间三县,居南皮。封梅鋗十万户。

【注释】

①求封:指求项羽的封赏。

②以文谕项羽:意思是用言辞向项羽解释。文,言辞。谕,使明白,晓喻。

③如约:遵照以前的约定,即"先入定关中者王之"。如:按照,遵照。

④后天下约:意思是按照天下诸侯的约定自己落后面了,就是没能率先进入关中。

⑤王梁、楚地九郡:在梁地、楚地九个小郡称王,就是统治九个郡的意思。

⑥负约:失约、背约。

⑦徙:调职、改任。

【译文】

十一月中旬,项羽率领诸侯的军队西进,准备入关,可关门却紧闭着。

听说刘邦已经平定关中，项羽大为愤怒，派英布等人率军攻破函谷关。

十二月中旬，项羽到达戏地。刘邦的左司马曹无伤听说项羽发怒，打算攻击刘邦，就派人对项羽说："沛公想在关中称王，任命子婴为相国，把秦国的珍宝全部占为己有。"他想以此求得项羽的封赏。亚父范增劝项羽攻打刘邦。项羽准备犒劳士卒，第二天与刘邦展开会战。此时，项羽拥有四十万军队，号称一百万。刘邦手下的军队有十万人，号称二十万，实力根本无法跟项羽相比。恰逢项伯想救张良，趁夜去见张良，进而向项羽讲明道理，项羽才作罢。刘邦带着一百多个骑兵，急驰到鸿门，面见项羽，向他谢罪。项羽说："这是你左司马曹无伤跟我讲的。要不然，我怎么会生此疑心呢？"刘邦在樊哙和张良的帮助下，得以解脱逃回。回来后，刘邦立刻诛杀曹无伤。

于是，项羽率军西进，屠戮和焚烧了咸阳城的秦朝宫室，所到之处无不残灭毁坏。秦朝百姓大为失望，只是因为害怕项羽，不敢不服从罢了。

项羽派人回去向楚怀王汇报。楚怀王说："按照以前的盟约行事。"项羽怨恨楚怀王不肯让他和刘邦一起率军西进入关，而是派他率军向北救援赵国，以至在盟约中处于下风，就说："楚怀王是我项家扶立的，并没有什么功劳，有什么资格主持盟约呢！事实上平定天下的是各位将领和我。"于是，他假意尊奉楚怀王为义帝，实际上不听他的命令。

正月，项羽自立为西楚霸王，统治梁、楚地区的九个郡，定都彭城。项羽违背盟约，立刘邦为汉王，统治巴、蜀、汉中，以南郑为都。把关中地区分成三部分，封给秦朝的三位将领：章邯为雍王，定都废丘；司马欣为塞王，定都栎阳；董翳为翟王，定都高奴。他封楚将瑕丘申阳为河南王，建都洛阳；封赵将司马卬为殷王，定都朝歌；将赵王歇迁到代地为王；封赵王的丞相张耳为常山王，定都襄国；封当阳君黥布为九江王，定都六地；封楚怀王的柱国共敖为临江王，定都江陵；封番君吴芮为衡山王，定都邾城；封燕将臧荼为燕王，以蓟为都城；将以前的燕王韩广迁往辽东为王。韩广不服从，臧荼在无终攻打并杀死了他。项羽还把河间三个县封给陈馀，都南皮。封梅鋗为十万户侯。

【原文】

四月，兵罢戏下①，诸侯各就国②。汉王之国，项王使卒三万人从。楚与诸侯之慕从者数万人。从杜南入蚀中。去辄烧绝栈道③，以备诸侯盗兵袭之，亦示项羽无东意。至南郑，诸将及士卒多道亡归，士卒皆歌思东归。韩信说汉王曰："项羽王诸将之有功者，而王独居南郑，是迁也。军吏士卒皆山东之人也，日夜跂而望归④，及其锋而用之，可以有大功。天下已定，人皆自宁，不可复用。不如决策东乡⑤，争权天下。"

项羽出关，使人徙义帝⑥。曰："古之帝者地方千里，必居上游⑦。"乃使使徙义帝长沙郴县，趣义帝行。群臣稍倍叛之。乃阴令衡山王、临江王击之，杀义帝江南。项羽怨田荣，立齐将田都为齐王。田荣怒，因自立为齐王，杀田都而反楚，予彭越将军印，令反梁地。楚令萧公角击彭越，彭越大破之。陈馀怨项羽之弗王己也，令夏说说田荣，请兵击张耳。齐予陈馀兵，击破常山王张耳，张耳亡归汉。迎赵王歇于代，复立为赵王。赵王因立陈馀为代王。项羽大怒，北击齐。

八月，汉王用韩信之计，从故道还，袭雍王章邯。邯迎击汉陈仓，雍兵败，还走；止战好畤，又复败，走废丘。汉王遂定雍地，东至咸阳。引兵围雍王废丘，而遣诸将略定陇西、北地、上郡。令将军薛欧、王吸出武关，因王陵兵南阳，以迎太公、吕后于沛。楚闻之，发兵距之阳夏，不得前。令故吴令郑昌为韩王。距汉兵。

二年，汉王东略地。塞王欣、翟王翳、河南王申阳皆降。韩王昌不听，使韩信击破之。于是置陇西、北地、上郡、渭南、河上、中地郡；关外置河南郡。更立韩太尉信为韩王。诸将以万人若以一郡降者，封万户。缮治河上塞。诸故秦苑囿园池⑧，皆令人得田之。正月，虏雍王弟章平。大赦罪人。

汉王之出关至陕，抚关外父老。还，张耳来见，汉王厚遇⑨之。

二月，令除秦社稷，更立汉社稷。

三月，汉王从临晋渡，魏王豹将兵从。下河内，虏殷王，置河内郡。南渡平阴津，至雒阳。新城三老董公遮说汉王以义帝死故。汉王闻之，袒而大哭。遂为义帝发丧，临三日。发使者告诸侯曰："天下共立义帝，北面事之。今项羽放杀义帝于江南，大逆无道。寡人亲为发丧，诸侯皆缟素⑩。悉发关内兵，收三河士，南浮江汉以下，愿从诸侯王击楚之杀义帝者。"

【注释】

①戏下：戏水之滨。

②就国：到自己的封国去。

③辄：便，就。栈道：又名阁道、复道、栈阁，指在峭岩陡壁上凿孔，架木铺板而成的架空的通道。

④跂：踮起后脚跟。跂而望归，形容思归心切。

⑤决策：决定策略或办法。东乡：向东进发。"乡"通"向"。

⑥徙义帝：指让楚怀王心迁离彭城。

⑦上游：河川的上流，这里是指内地偏僻地区。

⑧苑囿园池：畜养禽兽、种植花草的地方，为帝王游玩和打猎的风景园林。

⑨厚遇：厚待，重礼款待。

⑩缟素：指穿白色丧服。我国礼俗，为死者发丧时皆穿白戴孝。缟，白色的丝织物。素，没有染色的丝绸，也指白色。

【译文】

四月，诸侯从戏下撤兵各自前往自己的封国。刘邦前往封国时，项羽派遣三万名士兵跟从。楚王和诸侯的军队中因仰慕而跟随刘邦的有几万人。他们从杜南进入蚀中，离开后立即烧断栈道，以防备诸侯军队袭击，也以此向项羽表示他们没有向东进攻的意图。到达南郑后，有许多将官和士兵在途中逃亡回家，士卒们都唱歌表达想要东归的情绪。韩信劝刘邦说："项王将各位有功的将领都封为王，唯独让您居住在南郑，这是对你的贬黜啊！军官士兵都是崤山以东的人，日夜踮着脚盼望回乡，利用他们的这种情绪，可以建立大功业。等到天下都安定了，人人都安于太平，这就无法利用了。您不如决策挥师东向，争夺天下的统治权。"

项羽出了函谷关，就派人为义帝迁都，说："古代称帝的人有方圆千里的国土，而且必定居住在水域的上游地区。"于是，他派遣使者把义帝迁往长沙郴县，催促义帝上路。群臣们渐渐有了背叛项羽的意图。于是，项羽暗中令衡山王和临江王袭击义帝，在长江以南杀死义帝。

项羽痛恨田荣，立齐将田都为齐王。田荣大怒，自立为齐王，杀死了田都，背叛西楚，并授予彭越印玺，命令他在梁地造反。项羽命令萧公角率军攻打彭越，结果被彭越打得大败。陈馀怨恨项羽不封自己为王，让夏说去向田荣游说，请他出兵攻打张耳。田荣给陈馀一支军队。陈馀打败常山王张耳。张耳逃走投奔刘邦。陈馀到代地迎接赵王歇，重新拥立他为赵王。赵王又立陈馀为代王。项羽大怒，率军向北讨伐齐国。

八月，刘邦采用韩信的计策，率军从陈仓故道回师关中，袭击了雍王章邯。章邯率军在陈仓迎击汉军，被打败，退兵逃走。他在好畤县停下来，率军转身与汉军作战，又一次失败了，再逃往废丘。刘邦于是平定雍地，率军向东来到咸阳。刘邦另外派遣军队在废丘围攻章邯，并派遣将领率军攻取了陇西、北地和上郡。此外，他还命令将军薛欧、王吸兵出武关，借助王陵在南阳的军队，去沛县迎接刘太公和吕雉母子。项羽得知这一消息，就发兵在阳夏阻击汉军。汉军无法前进。此外，项羽又封原来的吴令郑昌为韩王，负责率军阻挡汉军。

二年，刘邦率军向东攻略土地。塞王司马欣、翟王董翳、河南王申阳都投降了刘邦。韩王郑昌不肯归附，刘邦派韩信打败了他，并设置陇西、北地、上郡、渭南、河上、中地等郡，以及在关外设置河南郡。他改立韩国的太尉韩信（与淮阴侯韩信同名同姓的人，以下称为韩王信，以示区别）为韩王。刘邦还下令，诸侯的将领如果是率领一万人或是以一个郡的土地来投降的，都封为万户侯。为了修治河上郡的要塞，凡是以前秦朝的苑囿园池，都允许人们自由耕种。正月，俘获雍王的弟弟章平。刘邦下令大赦犯人。

刘邦出函谷关来到陕县，安抚关外的百姓。回来后，张耳前来投奔，刘邦给予他优厚的待遇。

二月，命令除去秦朝的社稷，改立汉国的社稷。

三月，刘邦从临晋渡过黄河，魏王豹率军跟随。攻下河内地区，俘虏了殷王，设置河内郡。向南渡过平阴津，到达洛阳。新城的三老董公拦住刘邦，诉说义帝被杀的事情。刘邦听说后，袒露出左臂大哭。于是，刘邦为义帝发丧，祭奠了三天。他派使者对各诸侯说："天下共同拥立义帝。以臣子的礼节事奉他。如今，项羽将义帝流放江南并杀害，大逆不道。我已经亲自为义帝发丧，诸侯也应身穿白色孝衣。我要发动关中所有的军队，会集河南、河东、河内三郡的士兵，向南坐船顺长江、汉水而下，希望和诸侯一起征讨杀害义帝的人。"

【原文】

是时项王北击齐，田荣与战城阳。田荣败，走平原，平原民杀之。齐皆降楚。楚因焚烧其城郭，系虏①其子女。齐人叛之。田荣弟横立荣子广为齐王，齐王反楚城阳。项羽虽闻汉东，既已连齐兵，欲遂破之而击汉。汉王以故得劫五诸侯兵，遂入彭城。项羽闻之，乃引兵去齐，从鲁出胡陵至萧，与汉大战彭城灵璧东睢水上，大破汉军，多杀士卒，睢水为之不流。乃取汉王父母妻子于沛，置之军中以为质②。当是时，诸侯见楚强汉败还，皆去汉复为楚。塞王欣亡入楚。

吕后兄周吕侯为汉将兵，居下邑。汉王从之，稍收士卒，军砀。汉王乃西过梁地，至虞。使谒者③随何之九江王布所，曰："公能令布举兵叛楚，项羽必留击之。得留数月，吾取天下必矣。"随何往说九江王布，布果背楚。楚使龙且往击之。

是时九江王布与龙且战，不胜，与随何间行归汉。汉王稍收士卒，与诸将及关中卒益出，是以兵大振荥阳，破楚京、索间。

汉王之败彭城而西，行使人求家室，家室亦亡，不相得④。败后乃独得孝惠，六月，立为太子，大赦罪人。令太子守栎阳，诸侯子在关中者皆集栎阳为卫。引水灌废丘,废丘降,章邯自杀。更名废丘为槐里。于是令祠官祀天地、四方、上帝、山川,以时祀之。兴关内卒乘塞。

三年,魏王豹谒归视亲疾,至即绝河津,反为楚。汉王使郦生说豹,豹不听。汉王遣将军韩信击,大破之,虏豹。遂定魏地,置三郡,曰河东、太原、上党。汉王乃令张耳与韩信遂东下井陉击赵,斩陈馀、赵王歇。其明年,立张耳为赵王。

【注释】

①系虏:俘虏。系,用绳索捆绑。

②质:此处指人质。

③谒者:官名,掌管宫中传达通报。这里或指使者。

④不相得:没有找到他们。

【译文】

当时,项羽率军向北攻打齐国,田荣与他在城阳交战。田荣兵败后,逃往平原。平原人将他杀死。随后,齐地都投降了楚军。楚军焚烧齐国城郭,掳掠齐国的子女。于是,齐人背叛项羽。田荣弟弟田横立田荣的儿子田广为齐王。齐王在城阳反叛楚国。项羽虽然听说刘邦率军向东进攻,但已经与齐军交战,打算消灭齐军后再率军进攻刘邦。刘邦因此得以指挥五路诸侯的军队攻进彭城。项羽听说后,率军离开齐国,从鲁地兵出胡陵,来到萧县,在彭城灵璧东面的睢水岸边与汉军展开大战,大败汉军,杀死很多士兵,睢水因被尸体堵塞而不能流通。于是,项羽在沛县抓住了刘邦的父母妻儿,带在楚军中做人质。在这个时候,诸侯们看到楚军强大、汉军失败,又都背叛了刘邦,重新归附项羽。塞王司马欣也逃到楚国。

吕雉的哥哥周吕侯为刘邦统率军队,驻扎在下邑。刘邦逃到他那里,逐渐聚拢离散的士兵,在砀地驻守。刘邦率军向西经过梁地,到达虞县。他派遣使者随何前往九江王英布的住地。刘邦对他说:"你如果能让英布起兵反叛项羽,项羽一定会留下来进攻他。只要能把项羽滞留在那里几个月,我就一定能够夺得天下。"随何前去游说九江王英布。英布果然背叛项羽。项羽派龙且率军前去攻打他。

这时,九江王英布与龙且作战,没能取胜,与随何一起抄小路来投奔刘邦。刘邦逐渐收拢士兵和各位将领,等关中增援的士兵出关前来。因此,汉军在荥阳的势力大振,在京、索之间大败楚军。

刘邦在彭城兵败后向西逃跑,途中派人去寻找他的家人,但家人们也都逃亡了,没能找到。退败途中,刘邦只找到了儿子刘盈。六月,他立刘盈为太子,并下令大赦犯人。他命令太子刘盈驻守栎阳,各诸侯的儿子在关中的都集结在栎阳,负责保卫太子。汉军引黄河水灌淹废丘城。废丘守军投降,章邯自杀。刘邦把废丘改名为槐里。于是,刘邦下令负责祭祀的官员祭祀天地、四方、上帝、山川,按照时令举行祭祀,并发动关中地区的士兵据守要塞。

汉王三年,魏王豹请求回家探视生病的父母。到达魏地后,他就断绝了河津要道,反叛刘邦归附项羽。刘邦派郦食其去劝说魏王豹。魏王豹不听。刘邦派韩信率军攻打他。韩信彻底打败魏王豹的军队,俘虏了他。刘邦进而平定了魏地,设置了河东、太原、上党三个郡。刘邦命令张耳与韩信率军接着东下井陉攻打赵国。他们斩杀了陈馀和赵王歇。第二年,刘邦立张耳为赵王。

【原文】

韩信已破齐,使人言曰:"齐边楚,权轻,不为假王,恐不能安齐。"汉王欲攻之。留侯曰:"不如因而立之,使自为守①。"乃遣张良操印绶立韩信为齐王。

项羽闻龙且军破,则恐,使盱台人武涉往说韩信。韩信不听。

楚汉久相持未决,丁壮苦军旅,老弱罢转饷②。汉王、项羽相与临广武涧而语。项羽欲与汉王独身挑战。汉王数项羽曰:"始与项羽俱受命怀王,曰先入定关中者王之,项羽负约,王我于蜀汉,罪一。项羽矫杀卿子冠军而自尊③,罪二。项羽已救赵,当还报,而擅劫诸侯兵入关,罪三。怀王约入秦无暴掠,项羽烧秦宫室,掘始皇帝冢,私收其财物,罪四。又强杀秦降王子婴,罪五。诈坑秦子弟新安二十万，王其将，罪六。项羽皆王诸将善地，而徙逐故主，令臣下争叛逆，罪七。项羽出逐义帝彭城，自都之，夺韩王地，并王梁、楚，多自予，罪八。项羽使人阴弑义帝江南，罪九。夫为人臣而弑其主，杀已降，为政不平，主约不信，天下所不容，大逆无道，罪十也。吾以义兵从诸侯诛残贼，使刑余罪人击杀项羽，何苦乃与公挑战！"项羽大怒，伏弩射中汉王。汉王伤匈，乃扪足曰："虏中吾指④！"汉王病创卧⑤，张良强请汉王起行劳军，以安士卒，毋令楚乘胜于汉。汉王出行军，病甚，因驰入成皋。

病愈，西入关，至栎阳，存问父老，置酒，枭⑥故塞王欣头栎阳市。留四日，复如军，军广武。关中兵益出。

当此时，彭越将兵居梁地，往来苦楚兵，绝其粮食。田横往从之。项羽数击彭越等，齐王信又进击楚。项羽恐，乃与汉王约，中分天下，割鸿沟而西者为汉，鸿沟而东者为楚。项王归汉王父母妻子，军中皆呼万岁，乃归而别去。

项羽解而东归。汉王欲引而西归，用留侯、陈平计，乃进兵追项羽，至阳夏南止军，与齐王信、建成侯彭越期会⑦而击楚军。至固陵，不会。楚击汉军，大破之。汉王复入壁，深堑而守之。用张良计，于是韩信、彭越皆往。及刘贾入楚地，围寿春，汉王乃使使者召大司马周殷举九江兵而迎武王，行屠城父，随刘贾，齐梁诸侯皆大会垓下。立武王布为淮南王。

【注释】

①自为守：自己为自己防守。

②罢转饷：此处指由于运输军粮而疲惫。"罢"通"疲"。转，车运。此处指运输。

③矫：假托王命。自尊：使自己尊贵，即抬高自己。

④虏：对敌人的蔑称。指：指足趾。

⑤病创卧：因箭伤而卧病。

⑥枭：悬头示众。

⑦期会：约定日期会合。

【译文】

韩信攻破齐国以后,派人对刘邦说:"齐国临近楚国,如果守将权力太轻,不任命他为临时齐王,恐怕不能安定齐国。"刘邦听了想派人攻伐他时,张良劝阻说:"不如趁势立他为齐王,让他为自己守卫齐国。"于是,刘邦派遣张良带着印绶去封韩信为齐王。

项羽听说龙且率领的军队被打败,恐慌起来,派盱眙人武涉去劝说韩信。韩信不听。

楚汉两军相持了很长时间,不能决出胜负,壮年男子苦于兵役和军旅生涯,老弱的兵士疲于水陆转运粮食物资。刘邦和项羽在广武涧隔涧对话。项羽想跟刘邦单独挑战。刘邦数落项羽说:"起初,我和你一起受命于楚怀王,说是先入关平定关中的人做关中王,你违背盟约,让我去做蜀汉地区的王,这是罪行之一;你假托楚怀王的命令杀死卿子冠军宋义,妄自尊大,这是罪行之二;你完成救援赵国的任务后,应当回去向楚怀王报告,可你却劫持诸侯的军队进函谷关,这是罪行之三;楚怀王订约进入秦地后不得残暴掳掠,你却放火焚烧秦的宫室,挖掘始皇帝的陵墓,把秦国的财富据为己有,这是罪行之四;你悍然杀死已经投降的秦王子婴,这是罪行之五;你用欺骗的手段在新安活埋了二十万秦国子弟,却封秦朝的将领为王,这是罪行之六,你把自己的部将都封在好地方做王,却迁移驱逐那些地区原来的诸侯王,使得做臣子的人争相叛逆,这是罪行之七;你把义帝赶出彭城,自己在那里建都,侵夺了韩王地盘,把梁、楚之地合并在一起据为己有,多分给自己封土,这是罪行之八;你派人在江南暗杀义帝,这是罪行之九;你做人臣的却杀害自己的诸侯王,滥杀已经投降的人,处理政事无公平可言,主持盟约却不讲信义,为天下人所不容,实属大逆不道,这是罪行之十。我举义兵联合诸侯诛杀残暴的贼子,只让犯罪服刑的人就可以击杀你,何苦要跟你单独挑战!"项羽大怒,让埋伏下的弓弩手射中了刘邦。刘邦胸部受伤,却捂着脚,说:"贼虏射中了我的脚趾!"刘邦的伤势很重,卧床养病。张良强行请他起来慰劳军队,以便安定士兵的情绪,免得让楚军趁机进攻而战胜汉军。刘邦出去巡视军营后,伤情更加严重了,因而急驰进入成皋城中。

刘邦养好伤后,向西进入函谷关。到达栎阳后,他抚恤和慰问当地父老,设酒宴款待他们。在栎阳,刘邦下令砍下原塞王司马欣的头颅示众。停留了四天后,刘邦重新回到军中,命令军队驻扎在广武。关中增派了更多的军队。在这个时候,彭越率兵占据了梁地,来回骚扰楚军,断绝了楚军的粮食供应。田横前去跟彭越并肩作战。项羽多次进攻彭越等人。齐王韩信又趁机进兵攻打楚国。项羽害怕,于是跟刘邦订立盟约,把天下从中分成两部分,划分鸿沟以西地区为汉,鸿沟以东地区为楚。项羽归还了刘邦的父母妻儿。军中都高呼万岁,便回师分别离去。

项羽退兵回归东方后,刘邦本来也想率军回归西方,但后来采用了张良、陈平的计策,率军追击项羽。到阳夏南部后,他停止进军,与齐王韩信、建成侯彭越约定日期会合军队,共同进攻楚军。到了固陵时,韩信和彭越都没有来。楚军反击汉军,汉军大败。刘邦不得不逃入营垒中,挖深壕沟进行据守。他采用了张良的计策,最终韩信和彭越都来会合。等到刘贾进入楚地,围攻寿春,刘邦在固陵战败后,便派遣使者去招降楚的大司马周殷,发动九江的军队与英布会合。英布在行军途中血洗了城父,跟随刘贾,以及齐、梁诸侯,大会于垓下。刘邦封英布为淮南王。

【原文】

五年,高祖与诸侯兵共击楚军,与项羽决胜垓下。淮阴侯将三十万自当之①,孔将军居左,费将军居右,皇帝在后,绛侯、柴将军在皇帝后。项羽之卒可十万。淮阴先合,不利,却。孔将军、费将军纵②,楚兵不利,淮阴侯复乘之,大败垓下。项羽夜闻汉军之楚歌,以为汉尽得楚地,项羽乃败而走,是以兵大败。使骑将灌婴追杀项羽东城,斩首八万,遂略定楚地。鲁为楚坚守不下。汉王引诸侯兵北,示鲁父老项羽头,鲁乃降。遂以鲁公号葬项羽榖城。还至定陶,驰入齐王壁,夺其军。

正月,诸侯及将相相与共请尊汉王为皇帝。汉王曰:"吾闻帝贤者有也,空言虚语,非所守也,吾不敢当帝位。"群臣皆曰:"大王起微细③,诛暴逆,平定四海,有功者辄裂地而封为王侯。大王不尊号,皆疑不信④。臣等以死守之。"汉王三让,不得已,曰:"诸君必以为便,便国家。"月甲午,乃即皇帝位汜水之阳。

皇帝曰义帝无后,齐王韩信习楚风俗,徙为楚王,都下邳。立建成侯彭越为梁王,都定陶。故韩王信为韩王,都阳翟。徙衡山王吴芮为长沙王,都临湘。番君之将梅鋗有功,从入武关,故德⑤番君。淮南王布、燕王臧荼、赵王敖皆如故。

天下大定。高祖都雒阳,诸侯皆臣属⑥。

故临江王骧为项羽叛汉,令卢绾、刘贾围之,不下。数月而降,杀之雒阳。

五月,兵皆罢归家。诸侯子在关中者复之十二岁,其归者复之六岁⑦,食⑧之一岁。

【注释】

①当之:面对楚军,与楚军正面对阵。当,面对。

②纵:指纵兵攻击楚军。

③微细:微贱、卑微,此处指平民。

④疑不信:此处指对裂地封侯疑而不信。

⑤德:感恩、感激。

⑥臣属:称臣归从。

⑦复:免除赋税徭役。岁:年。

⑧食:供养。

【译文】

汉王五年,刘邦率军与诸侯率领的军队共同进攻楚军,与项羽在垓下决战。韩信率领三十万军队独当一面,孔将军在左边,费将军在右边,刘邦在后面,周勃和柴将军在刘邦后面。项羽大约有十万人。韩信先与楚军交战,假装不敌，退了回来。孔将军、费将军纵兵攻击楚军，楚军失利。韩信再次趁势进攻楚军。楚军在垓下被打得大败。项羽的士卒听到汉军中唱着楚地民歌，以为汉军已经完全夺取了楚国的土地。项羽于是败退而逃走。楚军大败。刘邦派骑兵将领灌婴率军追到东城，杀死了项羽，杀敌八万人。刘邦终于占领和平定了楚地。鲁地为了楚王而坚守，不肯投降。刘邦率领军队向此进军，把项羽的人头给鲁地百姓们看，鲁地这才投降。于是，刘邦以鲁公的名号把项羽葬在穀城。回师到达定陶时，刘邦急驰进入韩信的军营，夺取了他的军队指挥权。

五月，诸侯和将相们一起请求尊奉刘邦为皇帝。刘邦说："我听说，皇帝的称号只有贤明的人才能据有，空谈妄语的人是不能据有的。我不敢担当帝位。"群臣说："大王从低微的地位崛起，诛杀暴逆，平定四海，有功的人分割土地而封为王侯。您如果不接受皇帝的尊号，人心就会疑虑不安。我们冒死坚持要您接受皇帝的封号。"刘邦再三推让，迫不得已，说："各位假如一定认为我当皇帝合适，为了国家的利益，我就接受这个尊号吧！"二月甲午，刘邦在氾水北边登上了皇帝大位。

刘邦说，义帝没有后代，韩信熟悉楚地风俗，于是改封他为楚王，建都下邳；封建成侯彭越为梁王，以定陶为都城；封以前的韩王信为韩王，定都阳翟；迁衡山王吴芮为长沙王，定都临湘。番君部将梅铟立有功劳，跟随刘邦进了武关，所以刘邦感激番君。淮南王英布、燕王臧荼、赵王张敖封地和以前一样。

天下基本安定。刘邦建都洛阳，诸侯都称臣归属于他。

以前的临江王骓忠于项羽而背叛汉朝。刘邦命令卢绾和刘贾围攻他，没有攻下。临江王骓几个月以后投降，刘邦将他在洛阳处死。

五月，士兵们都解甲归田。诸侯的儿子凡在关中一直护卫太子的，免除十二年赋税徭役，中途回到封国的免除六年赋税徭役，由国家供养他们一年。

【原文】

高祖置酒雒阳南宫。高祖曰："列侯诸将无敢隐朕①，皆言其情②。吾所以有天下者何？项氏之所以失天下者何？"高起、王陵对曰："陛下慢③而侮人，项羽仁而爱人。然陛下使人攻城略地，所降下者因以予之，与天下同利也。项羽妒贤嫉能，有功者害之，贤者疑之，战胜而不予人功，得地而不予人利，此所以失天下也。"高祖曰："公知其一，未知其二。夫运筹策帷帐④之中，决胜于千里之外，吾不如子房。镇国家，抚百姓，给馈饷⑤，不绝粮道，吾不如萧何。连百万之军，战必胜，攻必取，吾不如韩信。此三者，皆人杰也，吾能用之，此吾所以取天下也。项羽有一范增而不能用，此其所以为我擒也。"

高祖欲长都雒阳，齐人刘敬说，及留侯劝上入都关中，高祖是日驾⑥，入都关中。六月，大赦天下。

七月，燕王臧荼反，攻下代地。高祖自将击之，得燕王臧荼。即立太尉卢绾为燕王。使丞相哙将兵攻代。

其秋，利幾⑦反，高祖自将兵击之，利幾走。利幾者，项氏之将。项氏败，利幾为陈公，不随项羽，亡降高祖，高祖侯之⑧颍川，高祖至雒阳，举通侯籍召之，而利幾恐，故反。

【注释】

①无敢：不能。隐朕：瞒我。

②情：真情，此处指心里话。

③慢：简慢无礼的意思。

④筹策：谋求，计谋。帷帐：军帐，幕府。

⑤馈饷：读kuì xiǎng，吃饭和领工薪。

⑥驾：驾车，此处指起驾。

⑦利幾：此处为人名。

⑧侯之：封给他以侯位的意思。

【译文】

刘邦在洛阳南宫摆设酒宴时，说："列侯和各位将军不要隐瞒我，都要说出心里话。我之所以拥有天下，原因究竟在哪里？项羽之所以失去天下，原因又究竟在哪里？"高起和王陵回答说："您傲慢而喜欢轻侮别人，项羽仁厚而爱护别人，但您派人攻城略地，能把所攻克降服的地区封给他，这是与天下人共享利益。项羽嫉贤妒能，对有功劳的人就要加以迫害，有贤能的人就怀疑他，作战胜利却不给胜利者授功，攻取土地却不给予别人利益，这是他失去天下的原因。"刘邦说："你们只知其一，不知其二。要说运筹帷幄之中，决胜千里之外，我不如张良；镇守国家，安抚百姓，供应粮饷，保证粮道不断，我不如萧何；统领百万大军，战必胜，攻必取，我不如韩信。这三个人都是人中豪杰，我能任用他们，这就是我能够取得天下的原因。项羽只有一个范增，却还不能任用。这就是他被我擒获的原因。"

刘邦想长期定都洛阳。齐人刘敬劝说他。等到张良劝说他定都关中时，刘邦当天起驾，立即进入函谷关而在关中定都。六月，刘邦下令大赦天下。

七月，燕王臧荼造反，攻下了代地。刘邦亲自率军讨伐，俘获了燕王臧荼。他随即封太尉卢绾为燕王，派樊哙率兵攻取代地。

这年秋天，利幾谋反，刘邦亲自率军攻打他。利幾逃走。利幾是项羽的部将。项羽失败后，利幾担任陈县县令，没有追随项羽，而是投降了刘邦。刘邦封他为颍川侯。刘邦到洛阳后，按照诸侯的名册召见他。利幾害怕会有不测，就造反了。

【原文】

六年，高祖五日一朝太公，如家人父子礼。太公家令说太公曰："天无二日，土无二王。今高祖虽子，人主也；太公虽父，人臣也。奈何令人主拜人臣！如此，则威重不行。"后高祖朝，太公拥篲，迎门却行①。高祖大惊，下扶太公。太公曰："帝，人主也，奈何以我乱天下法！"于是高祖乃尊太公为太上皇。心善家令言，赐金五百斤。

十二月，人有上变事②告楚王信谋反，上问左右，左右争欲击之。用陈平计，乃伪游云梦，会诸侯于陈，楚王信迎，即因执之。是日，大赦天下。田肯贺，因说高祖曰："陛下得韩信，又治秦中。秦，形胜③之国，带河山④之险，县隔千里⑤，持戟百万，秦得百二焉。地势便利，其以下兵于诸侯，譬犹居高屋之上建瓴水也⑥。夫齐，东有琅邪、即墨之饶，南有泰山之固，西有浊河之限，北有勃海之利，地方二千里，持戟百万，县隔千里之外，齐得十二焉。故此东、西秦也。非亲子弟，莫可使王齐矣。"高祖曰："善。"赐黄金五百斤。

后十馀日，封韩信为淮阴侯，分其地为二国。高祖曰将军刘贾数有功，以为荆王，王淮东。弟交为楚王，王淮西。子肥为齐王，王七十馀城，民能齐言者皆属齐。乃论功，与诸列侯剖符行封⑦。徙韩王信太原。

七年，匈奴攻韩王信马邑，信因与谋反太原。白土曼丘臣、王黄立故赵将赵利为王以反，高祖自往击之。会天寒，士卒堕指者什二三，遂至平城。匈奴围我平城，七日而后罢去。令樊哙止定代地。立兄刘仲为代王。

二月，高祖自平城过赵、雒阳，至长安。长乐宫成，丞相已下徙治长安。

八年，高祖东击韩王信馀反寇于东垣。

萧丞相营作未央宫，立东阙、北阙、前殿、武库、太仓。高祖还，见宫阙壮甚，怒，谓萧何曰："天下匈匈苦战数岁，成败未可知，是何治宫室过度⑧也？"萧何曰："天下方未定，故可因遂就宫室。且夫天子以四海为家，非壮丽无以重威，且无令后世有以加也。"高祖乃说⑨。

高祖之东垣，过柏人，赵相贯高等谋弑高祖，高祖心动，因不留。代王刘仲弃国亡，自归雒阳，废以为合阳侯。

九年，赵相贯高等事发觉，夷三族。废赵王敖为宣平侯。是岁，徙贵族楚昭、屈、景、怀、齐田氏关中。

未央宫成。高祖大朝诸侯群臣，置酒未央前殿。高祖奉玉卮，起为太上皇寿,曰:"始大人常以臣无赖,不能治产业,不如仲力。今某之业所就孰与仲多?"殿上群臣皆呼万岁,大笑为乐。

十年十月,淮南王黥布、梁王彭越、燕王卢绾、荆王刘贾、楚王刘交、齐王刘肥、长沙王吴芮皆来朝长乐宫。春夏无事。

七月,太上皇崩⑩栎阳宫。楚王、梁王皆来送葬。赦栎阳囚。更命郦邑曰新丰。

【注释】

①拥:抱、持。篲:扫帚。迎门:朝着门口。却行:倒退着走。"拥篲"和"却行",意思是表示十分恭敬。

②上变事:呈上作乱谋反的汇报。

③形胜:指形势险要。

④带山河:以山河为带,即周围有山河环绕的意思。

⑤县隔千里:大意是有千里长的疆界,有山河与关东相隔。县,通"悬"。县隔,隔开、阻隔。

⑥居高屋之上建瓴水也:意思是在高屋脊上把瓶水向下倾倒。喻指居高临下,不可阻遏的形势。建,倾覆、倾倒;瓴,一种盛水的瓶子。

⑦剖符行封:把刻有封侯的字样的符节剖为两半,朝廷留一半,把另一半交给受封者,以做凭证。

⑧过度:超过限度,此处指过分豪华壮美。

⑨说:通"悦",高兴的意思。

⑩崩:古代帝王或王后死叫"崩"。

【译文】

汉高祖六年,刘邦每五天朝见一次刘太公,像普通人家一样行父子相见的礼节。刘太公的仆人劝刘太公说:"天上没有两个太阳,地上没有两个君王。当今皇帝虽然是您的儿子,但却是君主,您虽然是父亲,但却是臣子。怎么能让君主拜见臣子呢!如果这样的话,君主的威令和尊严就无法体现。"此后，刘邦再来拜见时，刘太公都抱着扫帚到大门口迎接，倒退着行走。刘邦大惊，下车搀扶刘太公。刘太公说："您是皇帝，是君主，怎么能因为我而乱了天下的法度！"于是，刘邦就尊刘太公为太上皇。他认为刘太公仆人的话说得很好，就赐给那个仆人五百斤黄金。

十二月，有人上书举报韩信谋反，刘邦询问左右对策，左右大臣争着要率兵去讨伐韩信。刘邦采用了陈平的计策，假装巡游云梦泽。他在陈地会见诸侯，韩信前来迎接时，突然下令拘捕了韩信。当天，刘邦大赦天下。田肯前来祝贺，趁机劝刘邦说："陛下捕获了韩信，又统治着关中秦地。秦是一个地理形势优越的国家，具有山川形成的天然险阻，和其他地区相隔千里，诸侯拥有持戟的武士一百万，秦地只需两万兵力就足可抵挡。这是因为它的地势便利，如果发兵攻打诸侯，就像是站在高屋之上往下倒水一样势不可当。再说齐地，东面有琅邪、即墨的富饶，南面有泰山的险固，西边有黄河天堑，北方有渤海鱼盐之利，土地方圆两千里，若有一百万持戟的军队从一千里以外的地方前来进攻，齐国只需要二十万人就足可抵挡。因此齐、秦两地实际上就是东、西二秦，如果不是您的亲属子弟，就不能让他当齐王。"刘邦说："很好。"赐给他五百斤黄金。

十几天后，刘邦封韩信为淮阴侯，把他原来的封地分成两部分。刘邦说刘贾多次立功，封他为荆王，统治淮东地区；封皇弟刘交为楚王，统治淮西地区；封皇子刘肥为齐王，统治齐地七十多个城池，凡是讲齐方言的百姓都归属齐国。于是，刘邦论功行赏，分封功臣为列侯，并赐给分封的信符凭证。他把韩王信迁往太原。

汉高祖七年，匈奴人进攻韩王信属下的马邑。韩王信和匈奴人勾结在太原谋反。白土县人曼丘臣、王黄立原赵国将领赵利为王，发动叛乱。刘邦亲自率军去攻伐他们。恰逢天气严寒，士卒中有十分之二三的人手指被冻掉。大军到了平城后，匈奴人围攻平城，刘邦被困七天以后才撤军离去。刘邦命令樊哙率军留在那里，平定代地。刘邦立皇兄刘仲为代王。

二月，刘邦从平城经过赵地、洛阳，到达长安。长乐宫建成，刘邦下令丞相以及以下的官吏都迁居长安治理政务。

汉高祖八年，刘邦向东在东垣攻打跟随韩王信叛乱的余党。

萧何负责营建未央宫，修筑了东阙、北阙、前殿、武库和太仓。刘邦回到长安，看到宫殿十分壮丽，很生气，对萧何说："天下纷乱苦战了好多年，成败还不可确知，你为什么要修建这样过分豪华的宫室呢？"萧何说："正是因为天下还没有安定，所以才可以趁此机会建成宫室。况且，天子以四海为家，宫殿不壮丽不足以显示天子的尊贵和威严，而且这样可以不让后世再超过本朝的规模。"刘邦听了这话才高兴起来。

刘邦去东垣时，经过柏人城。赵相贯高等人阴谋刺杀刘邦。刘邦有所预感，因而没有在那里留宿。代王刘仲弃国逃亡，私自回到洛阳，刘邦把他废为合阳侯。

汉高祖九年，赵相贯高等人阴谋刺杀刘邦的事情败露，被诛灭三族。刘邦把赵王张敖废为宣平侯。这一年，把楚国的昭氏、屈氏、景氏、怀氏和齐国的田氏等贵族迁移到关中。

未央宫建成。刘邦召集诸侯群臣举行盛大朝会，在未央宫前殿设置酒宴。刘邦捧着玉杯，起身为太上皇祝寿，说："当初您经常认为我没有出息，不能经营产业，不如二哥刘仲勤勉努力。如今，我所成就的产业和二哥相比，谁多？"殿上群臣都欢呼万岁，大笑取乐。

汉高祖十年十月，淮南王英布、梁王彭越、燕王卢绾、荆王刘贾、楚王刘交、齐王刘肥、长沙王吴芮都来长乐宫朝觐皇帝。春、夏两季都太平无事。

七月，太上皇在栎阳宫去世。楚王、梁王都来送葬。刘邦赦免栎阳的囚徒，把郦邑改名为新丰。

【原文】

八月，代相国陈豨①反代地。上曰："豨尝为吾使，甚有信。代地吾所急②也，故封豨为列侯，以相国守代，今乃与王黄等劫掠代地！代地吏民非有罪也，其赦代吏民。"九月，上自东往击之。至邯郸，上喜曰："豨不南据邯郸而阻漳水，吾知其无能为也。"闻豨将皆故贾人也，上曰："吾知所以与之。"乃多以金啖豨将，豨将多降者。

十一年，高祖在邯郸诛豨等未毕，豨将侯敞将万余人游行③，王黄军曲逆，张春渡河击聊城。汉使将军郭蒙与齐将击，大破之。太尉周勃道太原入，定代地。至马邑，马邑不下，即攻残之。

豨将赵利守东垣，高祖攻之，不下。月馀，卒骂高祖，高祖怒。城降，令出骂者斩之，不骂者原之。于是乃分赵山北，立子恒以为代王，都晋阳。

春，淮阴侯韩信谋反关中，夷三族。

夏，梁王彭越谋反，废迁蜀；复欲反，遂夷三族。立子恢为梁王，子友为淮阳王。

秋七月，淮南王黥布反，东并荆王刘贾地，北渡淮，楚王交走入薛。高祖自往击之。立子长为淮南王。

十二年，十月，高祖已击布军会甀④，布走，令别将追之。

高祖还归，过沛，留。置酒沛宫，悉召故人父老子弟纵酒，发沛中儿得百二十人，教之歌。酒酣，高祖击筑⑤，自为歌诗曰："大风起兮云飞扬，威加海内兮归故乡，安得猛士兮守四方！"令儿皆和习之。高祖乃起舞，慷慨伤怀，泣数行下。谓沛父兄曰："游子悲故乡。吾虽都关中，万岁后吾魂魄犹乐思沛⑥。且朕自沛公以诛暴逆，遂有天下，其以沛为朕汤沐邑⑦，复其民，世世无有所与。"沛父兄诸母⑧故人日乐饮极欢，道旧故为笑乐。

十馀日，高祖欲去，沛父兄固请留高祖。高祖曰："吾人众多，父兄不能给。"乃去。沛中空县皆之邑西献。高祖复留止，张饮三日。沛父兄皆顿首曰："沛幸得复，丰未复，唯陛下哀怜之。"高祖曰："丰吾所生长，极不忘耳，吾特为其以雍齿故反我为魏。"沛父兄固请，乃并复丰，比⑨沛。于是拜沛侯刘濞为吴王。

汉将别击布军洮水南北，皆大破之，追得斩布鄱阳。樊哙别将兵定代，斩陈豨当城。

十一月，高祖自布军至长安。十二月，高祖曰："秦始皇帝、楚隐王陈涉、魏安釐王、齐湣王、赵悼襄王皆绝无后⑩，予守冢⑪各十家，秦皇帝二十家，魏公子无忌五家。"赦代地吏民为陈豨、赵利所劫掠者皆赦之。

陈豨降将言豨反时，燕王卢绾使人之豨所，与阴谋。上使辟阳侯迎绾，绾称病。辟阳侯归，具言绾反有端矣。二月，使樊哙、周勃将兵击燕王绾。赦燕吏民与反者。立皇子建为燕王。

【注释】

①豨：读xī，本意指巨大的野猪，此处指人名。
②急：以为急迫，即认为重要的意思。
③游行：指流动不定地作战，略等于游击。
④甄：读zhuì，此处指地名。
⑤筑：古代乐器名，形状像琴。
⑥万岁后：是死后的避讳的说法。乐思沛：喜欢和思念沛。
⑦汤沐邑：周制，诸侯朝见天子，天子赐以王畿以内的供住宿和斋戒沐浴的封邑。后来皇帝、皇后、公主等收取赋税的私邑也称汤沐邑。
⑧诸母：对同宗族叔母的通称。
⑨比：并列，跟……一样。
⑩绝无后：断绝子孙，没有后代继承人。
⑪守冢：守护坟墓的人。

【译文】

八月，代国的相国陈豨在代地造反。刘邦说："陈豨曾经在我手下做事，很讲信用。代地是我重视担心的地区，所以才封陈豨为列侯，以相国的身份守卫代地。如今，他却跟王黄等人一起劫掠代地！代地的官员和老百姓并没有罪，应该赦免代地的官员和百姓。"

九月，刘邦亲自率兵向东去讨攻陈豨。到达邯郸后，刘邦高兴地说："陈豨不在南面借漳水据守邯郸，我知道他不能有什么作为了。"又听说陈豨的部将以前都是商人，刘邦说："我知道用什么办法对付他们了。"于是，他用大量的黄金去收买陈豨的部将。陈豨的部将有许多人投降。

十一年，刘邦在邯郸诛灭陈豨等人的事情还没有完成。陈豨的部将侯敞率领一万多人流窜各地，王黄驻军曲逆，张春率军渡过黄河攻打聊城。刘邦派将军郭蒙和齐国的将领攻打他们,将他们打得大败。太尉周勃取道太原进入并且平定了代地。到了马邑,马邑坚守不降。周勃随即率军攻破城邑将他们消灭。

陈豨的部将赵利据守东垣。刘邦指挥军队攻打,没有打下,相持了一个多月。城里的士兵骂刘邦,刘邦大怒。东垣城投降后,刘邦下令把那些骂他的人找出来统统杀掉,没有骂的人赦免。于是,刘邦就把赵国的山北地区分割出来,封皇子刘恒为代王,定都晋阳。

春天,韩信在关中谋反,被诛灭三族。

夏天,梁王彭越谋反,被剥夺王爵迁徙到蜀地;彭越还想造反,被诛灭三族。刘邦封皇子刘恢为梁王,皇子刘友为淮阳王。

七月,淮南王英布造反,向东吞并了荆王刘贾的地盘,率军向北渡过淮河。楚王刘交逃进薛城。刘邦亲自率军前去讨伐。立皇子刘长为淮南王。

十二年十月,刘邦在会甀攻打英布的军队,英布逃跑,就命令别将追击英布。

刘邦回归,经过沛县,停留下来,在沛宫中设置酒宴,召来所有的父老子弟纵情畅饮,挑选了沛县一百二十个小孩,教他们唱歌。唱到尽兴时,刘邦击筑伴奏,自己作诗,唱道:"大风起兮云飞扬,威加海内兮归故乡,安得猛士兮守四方!"他让小孩们都跟着学唱。刘邦于是起舞,慷慨伤怀,流下几行热泪。他对沛县的父兄们说:"游子一想到故乡就感到悲伤。我虽然在关中定都,死后我的魂魄还是乐意思念沛地。而且,我是以沛公的身份来诛除暴逆,才拥有了天下,因此要把沛县作为我的汤沐邑,免除沛县百姓的赋税徭役,世世代代不必交税服役。"沛县的父老乡亲们每天痛饮尽欢,讲述从前的旧事取笑作乐。

过了十几天,刘邦准备离去,沛县的父老兄弟坚持请求挽留刘邦。刘邦说:"我带的人很多,百姓无法承受对他们的供养。"于是,他离去。沛县人把县里所有东西都拿出来到城西进献。刘邦又停留下来,在城外张开帷帐饮酒三天。沛县的父老兄弟都叩头,说:"沛县有幸能免除赋税徭役,但丰邑还没能免除,恳请您哀怜。"刘邦说:"丰邑是我出生的地方,是我最不能忘怀的,只是因为他们跟随雍齿反叛我而归附魏国的缘故才不予免除的。"沛县的父老们一再恳请,刘邦于是一并免除了丰邑的赋税徭役,与沛县相同。于是封沛侯刘濞为吴王。

汉将另外又在洮水南北攻打英布的军队,都把英布的军队打得大败,乘胜追击,在鄱阳追上并杀死了英布。樊哙另外率军平定代地,在当城斩杀了陈豨。

十一月,刘邦从征伐英布的军中回到长安。

十二月,刘邦说:"秦始皇、楚隐王、魏安釐王、齐湣王、赵悼襄王都断嗣没有后代,赐给他们各十家守墓的人户,秦皇帝增为二十家,魏公子无忌减为五家。"他赦免代地那些被陈豨和赵利劫持而被迫跟随的官员和百姓。

陈豨所部投降的将领说陈豨谋反时,燕王卢绾派人来到陈豨的住所,跟他一起暗中策划。刘邦派遣辟阳侯去迎请卢绾。卢绾托病不肯前来。辟阳侯回到长安,详细说明卢绾造反的事确有端倪。

二月,刘邦派遣樊哙、周勃率军讨伐燕王卢绾,并下令赦免燕国那些参与谋反的官员和百姓。刘邦立皇子刘建为燕王。

【编后语】

《高祖本纪》是十二本纪中第八本纪,是最为重要最为精彩的本纪之一。我们精选了《高祖本纪》中最为精彩的部分,省略了《项羽本纪》中记载的在荥阳对峙的部分、最后去世的部分,以及司马迁的评论部分,突出了汉高祖刘邦的英雄形象。这篇也是本书选取的最后一篇本纪,此后的《吕太后本纪》《孝文帝本纪》《孝景帝本纪》《孝武帝本纪》由于篇幅的原因,都在此省略。不过,他们的英雄事迹,在同时代的其他人物传记中都得到了彰显。

晋世家

【原文】

献公元年，周惠王弟穨①攻惠王，惠王出奔，居郑之栎邑。

五年，伐骊戎②，得骊姬、骊姬弟③，俱爱幸之。

八年，士蒍④说公曰："故晋之群公子多，不诛，乱且起。"乃使尽杀诸公子，而城聚都之，命曰绛，始都绛。九年，晋群公子既亡奔虢，虢以其故再伐晋，弗克。十年，晋欲伐虢，士蒍曰："且待其乱。"

十二年，骊姬生奚齐。献公有意废太子，乃曰："曲沃吾先祖宗庙所在，而蒲边秦，屈边翟，不使诸子居之，我惧焉。"于是使太子申生居曲沃，公子重耳居蒲，公子夷吾居屈。献公与骊姬子奚齐居绛。晋国以此知太子不立也。太子申生，其母齐桓公女也，曰齐姜，早死。申生同母女弟为秦穆公夫人。重耳母，翟之狐氏女也。夷吾母，重耳母女弟也。献公子八人，而太子申生、重耳、夷吾皆有贤行。及得骊姬，乃远此三子。

十六年，晋献公作二军。公将上军，太子申生将下军，赵夙御戎，毕万为右，伐灭霍，灭魏，灭耿。还，为太子城曲沃，赐赵夙耿，赐毕万魏，以为大夫。士蒍曰："太子不得立矣。分之都⑤城，而位以卿，先为之极⑥，又安得立！不如逃之，无使罪至。为吴太伯，不亦可乎，犹有令名⑦。"太子不从。卜偃曰："毕万之后必大。万，盈数也；魏，大名也。以是始赏，天开之矣。天子曰兆民，诸侯曰万民，今命之大，以从盈数，其必有众。"初，毕万卜仕于晋国，遇《屯》之《比》。辛廖占之曰："吉。《屯》固《比》入，吉孰大焉。其后必蕃⑧昌。"

十七年，晋侯使太子申生伐东山。里克谏献公曰："太子奉冢祀⑨社稷之粢⑩盛,以朝夕视君膳者也,故曰冢子。君行则守,有守则从,从曰抚军,守曰监国⑪,古之制也。夫率师,专行谋也;誓军旅,君与国政之所图也,非太子之事也。师在制命而已,禀命则不威,专命⑫则不孝,故君之嗣適⑬不可以帅师。君失其官,率师不威,将安用之?"公曰:"寡人有子,未知其太子谁立。"里克不对而退,见太子。太子曰:"吾其废乎?"里克曰:"太子勉之!教以军旅,不共是惧,何故废乎?且子惧不孝,毋惧不得立。修己而不责人,则免于难。"太子帅师,公衣之偏衣⑭,佩之金玦⑮。里克谢病,不从太子。太子遂伐东山。

十九年,献公曰:"始吾先君庄伯、武公之诛晋乱,而虢常助晋伐我,又匿晋亡公子,果为乱。弗诛,后遗子孙忧。"乃使荀息以屈产之乘假道于虞。虞假道,遂伐虢,取其下阳以归。

献公私谓骊姬曰:"吾欲废太子,以奚齐代之。"骊姬泣曰:"太子之立,诸侯皆已知之,而数将兵,百姓附之,奈何以贱妾之故废適立庶?君必行之,妾自杀也。"骊姬详誉太子,而阴令人谮恶太子,而欲立其子。

二十一年,骊姬谓太子曰:"君梦见齐姜,太子速祭曲沃,归釐于君。"太子于是祭其母齐姜于曲沃,上其荐胙于献公⑯。献公时出猎,置胙于宫中。骊姬使人置毒药胙中。居二日,献公从猎来还,宰人上胙献公,献公欲飨之。骊姬从旁止之,曰:"胙所从来远,宜试之。"祭地,地坟;与犬,犬死;与小臣,小臣死。骊姬泣曰:"太子何忍也!其父而欲弑代之,况他人乎?且君老矣,旦暮之人,曾不能待而欲弑之!"谓献公曰:"太子所以然者,不过以妾及奚齐之故。妾愿子母辟之他国,若早自杀,毋徒使母子为太子所鱼肉也。始君欲废之,妾犹恨之;至于今,妾殊自失于此。"太子闻之,奔新城。献公怒,乃诛其傅杜原款。或谓太子曰:"为此药者乃骊姬也,太子何不自辞明之?"太子曰:"吾君老矣,非骊姬,寝不安,食不甘。即辞之,君且怒之。不可。"或谓太子曰:"可奔他国。"太子曰:"被此恶名以出,人谁内我?我自杀耳。"十二月戊申,申生自杀于新城。

此时重耳、夷吾来朝。人或告骊姬曰:"二公子怨骊姬谮杀太子。"骊姬恐,因谮二公子:"申生之药胙,二公子知之。"二子闻之,恐,重耳走蒲，夷吾走屈，保其城，自备守。初，献公使士蒍为二公子筑蒲、屈，城弗就。夷吾以告公，公怒士蒍。士蒍谢曰："边城少寇，安用之？"退而歌曰："狐裘蒙茸⑰，一国三公，吾谁适从！"卒就城。及申生死，二子亦归保其城。

二十二年，献公怒二子不辞而去，果有谋矣，乃使兵伐蒲。蒲人之宦者勃鞮命重耳促自杀。重耳逾垣，宦者追斩其衣袪。重耳遂奔翟。使人伐屈，屈城守，不可下。

是岁也，晋复假道于虞以伐虢。虞之大夫宫之奇谏虞君曰："晋不可假道也，是且灭虞。"虞君曰："晋我同姓，不宜伐我。"宫之奇曰："太伯、虞仲，太王之子也，太伯亡去，是以不嗣。虢仲、虢叔，王季之子也，为文王卿士，其记勋在王室，藏于盟府。将虢是灭，何爱于虞？且虞之亲能亲于桓、庄之族乎？桓、庄之族何罪，尽灭之。虞之与虢，唇之与齿，唇亡则齿寒。"虞公不听，遂许晋。宫之奇以其族去虞。其冬，晋灭虢，虢公丑奔周。还，袭灭虞，虏虞公及其大夫井伯百里奚以媵秦穆姬，而修虞祀。荀息牵曩⑱所遗虞屈产之乘马奉之献公，献公笑曰："马则吾马，齿亦老矣！"

二十三年，献公遂发贾华等伐屈，屈溃。夷吾将奔翟。冀芮曰："不可，重耳已在矣，今往，晋必移兵伐翟，翟畏晋，祸且及。不如走梁，梁近于秦，秦强，吾君百岁后可以求入焉。"遂奔梁。

二十五年，晋伐翟，翟以重耳故，亦击晋于啮桑⑲，晋兵解而去。

当此时，晋强，西有河西，与秦接境，北边翟，东至河内。

骊姬弟生悼子。

二十六年夏，齐桓公大会诸侯于葵丘。晋献公病，行后，未至，逢周之宰孔。宰孔曰："齐桓公益骄，不务德而务远略，诸侯弗平。君弟毋会，毋如晋何？"献公亦病，复还归。病甚，乃谓荀息曰："吾以奚齐为后，年少，诸大臣不服，恐乱起，子能立之乎？"荀息曰："能。"献公曰："何以为验？"对曰："使死者复生，生者不惭，为之验。"于是遂属奚齐于荀息。荀息为相，主国政。

秋九月，献公卒。里克、邳郑欲内重耳，以三公子⑳之徒作乱，谓荀息曰："三怨将起，秦、晋辅之，子将何如？"荀息曰："吾不可负先君言。"十月，里克杀奚齐于丧次，献公未葬也。荀息将死之，或曰不如立奚齐弟悼子而傅之，荀息立悼子而葬献公。

十一月，里克弑悼子于朝，荀息死之。君子曰："《诗》所谓'白珪之玷，犹可磨也，斯言之玷，不可为也'，其荀息之谓乎！不负其言。"初，献公将伐骊戎，卜曰"齿牙为祸"。及破骊戎，获骊姬，爱之，竟以乱晋。

里克等已杀奚齐、悼子，使人迎公子重耳于翟，欲立之。重耳谢曰："负父之命出奔，父死不得修人子之礼侍丧，重耳何敢入！大夫其更立他子。"还报里克，里克使迎夷吾于梁。夷吾欲往，吕省、郤芮曰："内犹有公子可立者而外求，难信。计非之秦，辅强国之威以入，恐危。"乃使郤芮厚赂秦，约曰："即得入，请以晋河西之地与秦。"及遗里克书曰："诚得立，请遂封子于汾阳之邑。"秦缪公乃发兵送夷吾于晋。齐桓公闻晋内乱，亦率诸侯如晋㉑。秦兵与夷吾亦至晋，齐乃使隰朋会秦俱入夷吾，立为晋君，是为惠公。齐桓公至晋之高梁而还归。

惠公夷吾元年，使邳郑谢秦曰："始夷吾以河西地许君，今幸得入立。大臣曰：'地者先君之地，君亡在外，何以得擅许秦者？'寡人争之弗能得，故谢秦。"亦不与里克汾阳邑，而夺之权。四月，周襄王使周公忌父会齐、秦大夫共礼晋惠公。惠公以重耳在外，畏里克为变，赐里克死。谓曰："微里子寡人不得立。虽然，子亦杀二君一大夫，为子君者不亦难乎？"里克对曰："不有所废，君何以兴？欲诛之，其无辞乎？乃言为此！臣闻命矣。"遂伏剑而死。于是邳郑使谢秦未还，故不及难。

晋君改葬恭太子申生。秋，狐突之下国㉒，遇申生，申生与载而告之曰："夷吾无礼，余得请于帝，将以晋与秦，秦将祀余。"狐突对曰："臣闻神不食非其宗，君其祀毋乃绝乎？君其图之。"申生曰："诺，吾将复请帝。后十日，新城西偏将有巫者见我焉。"许之，遂不见。及期而往，复见，申生告之曰："帝许罚有罪矣，弊于韩。"儿乃谣曰："恭太子更葬矣，后十四年，晋亦不昌，昌乃在兄。"

【注释】

①穨：读tuí，是"颓"的异体字。

②骊戎：部族名，西戎的一支。

③弟：此处指妹妹。

④芮：读wěi，此处指人名。

⑤都：邑有宗庙先君之主曰都。

⑥极：此处指其地位和俸禄到了极点。

⑦令名：好名声。

⑧蕃：此处指茂盛。

⑨冢祀：古代帝王、诸侯在宗庙举行的大祭祀。

⑩粢：读zī，泛指谷物。

⑪监国：代替国君兼管国政。

⑫专命：此处指无所承命而独断独行。

⑬嗣適：此处指继承君位的嫡子。

⑭偏衣：左右不同颜色的衣服。

⑮金玦：此处指军队统帅的标志。

⑯上：进献。荐：献，进。胙肉：祭过神的福食。

⑰蒙茸：散乱的样子。

⑱曩：读nǎng，以往，从前，过去的。

⑲聶桑：聶读niè，此处聶桑为地名。

⑳三公子：指申生、重耳、夷吾。

㉑如晋：到晋国去。如，到⋯⋯去。

㉒下国：即新城，指曲沃。

【译文】

献公元年，周惠王的弟弟姬颓率军攻击周惠王。周惠王逃跑，住在郑国的栎邑。

五年，晋献公讨伐骊戎，得到骊姬及骊姬妹妹，对她们十分宠爱。

八年，晋国大夫士蒍劝说晋献公："晋国原有很多公子，不杀死他们就要发生动乱。"于是，晋献公派人要把所有公子杀死，同时修筑聚城，当作都城，改名叫绛。晋国开始定都绛。九年，晋国许多公子已经逃奔到虢国。虢国因此再一次讨伐晋国，未能取胜。十年，晋国想讨伐虢国，士蒍说："姑且等它自己发生内乱吧！"

十二年，骊姬生下奚齐。晋献公打算废掉太子，便说："曲沃是我们先祖宗庙所在之地，而蒲靠近秦，屈靠近翟，如果不让公子们在那些地方镇守，我将忧心忡忡。"于是，晋献公让太子申生去驻守曲沃，公子重耳去驻守蒲，公子夷吾去驻守屈，晋献公与骊姬生的儿子奚齐就驻守在绛。晋国人因此知道太子申生将不能即位了。

太子申生的母亲是齐桓公的女儿，叫齐姜，早就去世了。申生同母的妹妹是秦穆公夫人。重耳的母亲是翟人狐氏。夷吾母亲是重耳母亲的妹妹。晋献公共有八个儿子，太子申生、重耳、夷吾都很贤能，品德高尚。等有了骊姬，晋献公就疏远了这三个儿子。

十六年，晋献公建立上下两军。晋献公统率上军，太子申生统率下军，赵夙为献公驾战车，毕万担任护右，相继讨伐灭亡了霍国、魏国、耿国。等全军回到晋国后，晋献公给太子申生在沃筑城，把故耿国赐予赵夙，把故魏国赐予毕万，让他们成为大夫。士蒍说："太子已经不能立为国君了。分给都城，爵位是卿，预先让他接受人臣最高的禄位，又怎么能即位成为国君呢！太子不如逃走，免得大祸临头。太子仿效吴太伯，不也可以吗？这样，还能落得个好名声。"太子申生没有听从。掌卜的大夫郭偃说："毕万的后代一定有大发展。万是个满数；魏又是大的意思。把故魏国赏赐给毕万，是上天保佑毕万呢！天子有兆民，诸侯有万民，今天给它大名，又随从满数，他必定会有众多的人。"当初，毕万在晋国占卜自己的官运，遇到《屯》卦演成《比》卦。辛廖占卜，说："这是吉利，《屯》卦预示坚固，《比》卦预示深入，没有比这更吉利的了。他的后代一定繁荣昌盛。"

十七年，晋献公让太子申生率军讨伐东山。里克进谏晋献公，说："太子是供奉祭祀宗庙、社稷祭品，早晚检查国君膳食的人，所以叫'冢子'。国君要出行，太子就应留守，有人代为留守，太子就跟从，跟随在外叫抚军，留守在内叫监国，这是古代的制度。统率军队要对各种策略做出决断；号令军队是国君与正卿的专职，这不是太子的事情。军队的统帅在于制定命令，太子请命于国君，则没有威严；如独断专行，又会不孝。所以，国君的继位嫡子不可以统率军队。国君以太子为军队统帅是错命官职，统帅没有威严，又怎样用他呢？"晋献公说："我有几个儿子，不知道立谁为太子。"里克没有回答就退了出来，去见太子申生。太子申生问："我将要被废掉吧？"里克说："太子努力吧！让您统率下军，怕的应该是不能完成任务吧。为什么废掉您呢？况且，您怕的是不孝，不应怕不能即位。您自己注意修身养性，不去责难别人，就可以免除灾难。"太子申生统率军队时，晋献公让他穿上左右异色的偏衣，佩戴上金玦。里克推说有病，没有跟从太子申生一起出征。太子申生率军去讨伐东山。

十九年，晋献公说："当初，我们的先君庄伯、武公平息晋国动乱时，虢国常常帮助晋国讨伐我们，又藏匿了晋国逃跑的公子，如今果真作乱，不去讨伐，将给子孙留下后患。"于是，晋献公就让荀息驾着屈产的名马向虞国借路。虞国同意借路，晋军就去讨伐虢国。攻下下阳后，晋军回国了。

晋献公私下对骊姬说："我想废掉太子，让奚齐代替他。"骊姬听后，哭着说："太子已经立好，诸侯们都已经知道了，而且太子多次统率军队，百姓都归附他，为什么因为我就废掉嫡长子而立庶子。你一定这样做，我就自杀了。"骊姬假装赞扬太子申生，但暗中却让人中伤太子申生，想立自己的儿子为太子。

二十一年，骊姬对太子申生说："君王曾梦见齐姜，太子应立即去曲沃祭祀母亲，回来后，把祭肉献给君王。"于是，太子申生赶到曲沃去祭祀母亲。回晋都后，申生把祭肉奉送给晋献公。晋献公当时出去打猎了，太子便把祭肉放在宫中。骊姬派人在祭肉上放了毒药。过了两天，晋献公打猎回宫。厨师把祭肉献给晋献公，晋献公正准备享用，骊姬从旁阻止，说："祭肉来自远方，应检验一下。"厨师把祭肉倒在地上，地面突起；厨师把祭肉扔给狗，狗吃后立即死了；厨师把祭肉给宦臣吃，宦臣也死了。骊姬哭着说："太子怎么这么残忍呢！连自己的父亲都想杀死以接替其位，何况其他人呢？况且，您已经年老了，还能在世几天呢！太子竟迫不及待地想杀死您！"接着，骊姬又对晋献公说："太子之所以这样做，不过是因为我和奚齐的缘故。我们母子宁愿躲到别国，或早早自杀，不要白白让我们母子被太子残害。当初，您想废掉他，我还反对您；到了今天，我才知道我大错特错了。"

太子申生听到这事后，逃到了新城。晋献公非常生气，就下令杀死了太子的老师杜原款。有人对太子申生说："把毒药放到祭肉里的就是骊姬，太子为什么不去说清楚呢？"申生说："我父亲年老了，没有骊姬将睡不稳、食无味。假使我说明白，父亲将对骊姬很生气。这不行。"有人又对申生说："那您赶快逃到别的国家去吧！"申生说："带着这个罪名逃跑，谁能接纳我呢？我自杀算了。"不久，申生在新城自杀身亡。

这时，重耳和夷吾来朝见国君。有人告诉骊姬，说："这两位公子恨你诬陷杀死了太子。"骊姬十分害怕，因此又向晋献公造谣，说："申生把毒药放到祭肉中，两位公子事先都知道。"重耳和夷吾听到骊姬的谣言，也很害怕。于是，重耳跑到蒲，夷吾跑到屈，戒备森严地自我防备。

当初，晋献公让士劳给两位公子修筑蒲和屈的城墙，到现在还未修筑成功。夷吾把这事报告了晋献公。晋献公对士劳很生气。士劳谢罪说："边城寇贼少，何必非要修城墙呢？"士劳退下后，作歌道："狐皮袄的毛散乱了，一个国家有三个主，我将服从谁呢！"士劳最终修好城墙。等到申生死后，两位公子也各自回去防守自己的城池。

二十二年，晋献公对两位公子不辞而别十分不满，认为他们果真有阴谋，就派军队讨伐蒲城。蒲城有个叫勃鞮的宦者让重耳赶快自杀。重耳爬墙逃走，勃鞮率人追赶，割下了重耳的衣袖。重耳得以逃跑，到了翟。晋献公又派人讨伐屈。屈城人全力防守，未被攻下。

这年，晋国又向虞国借路讨伐虢国。虞国大夫宫之奇劝谏虞国公，说："不能把路借给晋国，否则晋国会灭亡虞国。"虞国公说："晋国与我同姓，它不应该攻打我国。"宫之奇说："太伯和虞仲都是周太王的儿子，太伯逃走，因而未能继承王位。虢仲和虢叔都是王季的儿子，是周文王的卿士，他们的功勋都在王室中有记载，收藏在掌管盟约的官员手中。晋国定要将虢国灭掉，又怎么会爱惜虞国？况且，晋亲近虞国能胜过亲近桓叔、庄伯家族吗？桓叔、庄伯家族有何罪过，晋君竟然全部杀死了他们。虞国与虢国关系，就如同唇与齿的关系，唇亡齿寒。"虞国公不听宫之奇的劝告，便答应了晋国。宫之奇带着整个家族离开了虞国。

这年冬天，晋国灭亡了虢国。虢国公丑逃到周京。晋军返回时，袭击灭亡了虞国，俘虏了虞国公及他的大夫井伯、百里奚，并将他们作为献公女儿秦穆姬的陪嫁人，然后派人办理虞国的祭祀。荀息把晋献公过去送给虞国公的屈产的名马又献给了晋献公，晋献公笑着说："马还是我的马，可惜也老了！"

二十三年，晋献公派贾华等人率军攻打屈城。屈城的百姓都逃跑了。夷吾打算逃奔到翟。冀芮说："不行，重耳已经在那里了。今天您如果也去，晋国肯定会调军攻打翟。翟害怕晋，灾祸就要危及您了。您不如逃到梁国，梁国靠近秦国，秦国强大，我们国君去世后，您就可以请求秦国送您回国。"于是，夷吾跑到了梁国。

二十五年，晋国攻打翟国。翟国为重耳的缘故，也在齧桑反击晋国。结果，晋国退了兵。

就在这个时期，晋国强大了起来，西占有河西，与秦国接壤，北到翟国，东到河内。骊姬的妹妹生下悼子。

二十六年夏天，齐桓公在葵丘与诸侯举行盛大盟会。晋献公因病去得晚，还没到达葵丘，就遇见了周王室的宰孔。宰孔说："齐桓公越发骄横了，不尽力修行德政而想方设法向远方侵略，诸侯们不满意。您还是不去的好，齐桓公不能对晋国怎么样。"加之晋献公有病，他便返回晋国了。

不久，晋献公病重，对荀息说："我让奚齐继承王位，可是，他还年幼，大臣们都不服，恐怕要起乱子。你能立他吗？"荀息说："能。"晋献公说："拿什么做凭证？"荀息回答说："假使您死后再生还，也绝不会为把奚齐托付给我而感到后悔，活着的我仍然不会因为没有履行诺言而感到惭愧，这就是凭证。"于是，晋献公把奚齐托付给荀息。荀息做相国，主持国家政务。

秋季九月时，晋献公去世。里克、邳郑想接回重耳，利用三位公子的追随者作乱,便对荀息说:"三股怨恨的势力将要兴起,外有秦国,内有晋国百姓帮助他们,你打算怎么办?"荀息说:"我不能违背对先君的承诺。"

十月,里克在守丧的地方杀死奚齐。当时,晋献公还未被安葬。荀息打算一死了之。有人建议他不如立奚齐的弟弟悼子并辅佐他。荀息便立了悼子,安葬了晋献公。

十一月,里克在朝堂上杀死了悼子。荀息为此也自杀了。君子说:"《诗》中所说的'白珪有了斑点,还可以磨亮,话要是说错,就不能挽救了',说的便是荀息这样的人呀!荀息没有违背自己的诺言。"当初,晋献公将要讨伐骊戎时,龟卜说过"谗言为害"。等到打败了骊戎,得到了骊姬,晋献公十分宠爱她,竟然因此祸乱了晋国。

里克等人已杀死了奚齐和悼子,派人到翟国迎接公子重耳,打算拥立他。重耳辞谢说:"违背父亲的命令逃出晋国,父亲去世后又不能按儿子的礼仪侍候丧事,我怎么敢回国即位呢?请大夫还是改立别人吧!"派去的人回来报告里克,里克又派人到梁国去迎接夷吾。夷吾想回晋国,吕省和郤芮说:"国内还有公子可以即位却到国外来找,难以让人相信。估计如果不去秦国,借强国的威力回晋国,恐怕很危险。"于是,夷吾让郤芮用厚礼去贿赂秦国,并约定:"假使我能回到晋国,愿把晋国河西奉献给秦国。"夷吾还给里克一封信,说:"假使我真能即位,愿把汾阳城封给您。"秦穆公派军队护送夷吾回晋国。齐桓公听说晋国内乱,也率领诸侯到达晋国。秦军和夷吾这时也到达晋国。齐桓公就派隰朋会同秦国一起把夷吾送回晋国,立他为晋君,即晋惠公。齐桓公本人到了晋国高梁,就返回齐国了。

惠公元年,晋惠公夷吾派邳郑向秦穆公道歉说:"当初,我把河西地许给您,如今有幸回国立为国君。大臣说:'土地是先君留下来的,您逃亡在外,凭什么擅自许给秦国呢?'我力争也无用,所以向秦道歉。"同时,夷吾也不把汾阳城封给里克,反而夺了他的大权。

四月,周襄王派周公忌父与齐国的大夫、秦国的大夫相会共同拜访晋惠公,为其即位举行典礼。晋惠公因重耳逃亡在外,怕里克发动政变,便赐里克死,并对他说:"没有你里克我不能即位。即便如此,你也杀死了两位国君和一位大夫,做你的国君不也太难了吗?"里克回答说:"不废掉前边的,您怎么能兴起呢?想杀死我,难道还找不到借口吗?你竟说这种话!我遵命就是了。"说完,里克伏剑自杀。邳郑却由于去秦国道歉没回来,才免于此难。

晋惠公重新按礼仪改葬了前太子申生。秋季,狐突到了曲沃,遇到申生的鬼魂。申生让他一起乘车,并告诉他:"夷吾无礼,我要向天帝请求,将把整个晋国送给秦国,秦国将祭祀我。"狐突回答说:"我听说神灵是不享用不是自己宗族的祭祀的。如此,您的祭祀不是断绝了吗?您仔细考虑考虑吧!"申生说:"好吧,我要再一次向天帝请求。十天后,在新城西边将有巫者显现我。"狐突答应了后,申生就不见了。等到狐突按期前往新城西,果然见到了申生。申生告诉他说:"天帝已答应惩罚罪人了,他将在韩原大败。"于是,儿童唱起了歌谣:"恭太子改葬了,以后十四年,晋国不会繁荣昌盛,昌盛是他兄长在位之时。"

【原文】

邳郑使秦,闻里克诛,乃说秦缪公曰:"吕省、郤称、冀芮实为不从。若重赂与谋,出晋君,入重耳,事必就。"秦缪公许之,使人与归报晋,厚赂三子。三子曰:"币厚言甘,此必邳郑卖我于秦。"遂杀邳郑及里克、邳郑之党七舆大夫[①]。邳郑子豹奔秦,言伐晋,缪公弗听。

惠公之立,倍秦地及里克,诛七舆大夫,国人不附。二年,周使召公过礼晋惠公,惠公礼倨,召公讥之。

四年,晋饥,乞籴[②]于秦。缪公问百里奚,百里奚曰:"天灾流行,国家代有,救灾恤邻,国之道也。与之。"邳郑子豹曰:"伐之。"缪公曰:"其君是恶,其民何罪!"卒与粟,自雍属绛。

五年,秦饥,请籴于晋。晋君谋之,庆郑曰:"以秦得立,已而倍其地约。晋饥而秦贷我,今秦饥请籴,与之何疑?而谋之!"虢射曰:"往年天以晋赐秦,秦弗知取而贷我。今天以秦赐晋,晋其可以逆天乎?遂伐之。"惠公用虢射谋,不与秦粟,而发兵且伐秦。秦大怒,亦发兵伐晋。

六年春，秦缪公将兵伐晋。晋惠公谓庆郑曰："秦师深矣，奈何？"郑曰："秦内君，君倍其赂；晋饥秦输粟，秦饥而晋倍之，乃欲因其饥伐之：其深，不亦宜乎！"晋卜御右，庆郑皆吉。公曰："郑不孙。"乃更令步阳御戎，家仆徒为右，进兵。

九月壬戌，秦缪公、晋惠公合战韩原。惠公马骜不行，秦兵至，公窘，召庆郑为御。郑曰："不用卜，败，不亦当乎！"遂去。更令梁繇靡御，虢射为右，辂秦缪公。缪公壮士冒败晋军，晋军败，遂失秦缪公，反获晋公以归。秦将以祀上帝。晋君姊为缪公夫人，衰绖涕泣。公曰："得晋侯将以为乐，今乃如此。且吾闻箕子见唐叔之初封，曰'其后必当大矣'，晋庸③可灭乎！"乃与晋侯盟王城而许之归。晋侯亦使吕省等报国人曰："孤虽得归，毋面目见社稷，卜日立子圉。"晋人闻之，皆哭。秦缪公问吕省："晋国和乎？"对曰："不和。小人惧失君亡亲，不惮立子圉，曰'必报仇，宁事戎狄'。其君子则爱君而知罪，以待秦命，曰'必报德'。有此二故，不和。"于是秦缪公更舍晋惠公，馈之七牢。

十一月，归晋侯。晋侯至国，诛庆郑，修政教。谋曰："重耳在外，诸侯多利内之。"欲使人杀重耳于狄。重耳闻之，如齐。

八年，使太子圉质秦。初，惠公亡在梁，梁伯以其女妻之，生一男一女。梁伯卜之，男为人臣，女为人妾，故名男为圉，女为妾。

十年，秦灭梁。梁伯好土功，治城沟，民力罢，怨，其众数相惊，曰"秦寇至"，民恐惑，秦竟灭之。

十三年，晋惠公病，内有数子。太子圉曰："吾母家在梁，梁今秦灭之，我外轻于秦而内无援于国。君即不起病，大夫轻更立他公子。"乃谋与其妻俱亡归。秦女曰："子一国太子，辱在此。秦使婢子侍，以固子之心。子亡矣，我不从子，亦不敢言。"子圉遂亡归晋。十四年九月，惠公卒，太子圉立，是为怀公。

子圉之亡，秦怨之，乃求公子重耳，欲内之④。子圉之立，畏秦之伐也。乃令国中诸从重耳亡者与期，期尽不到者尽灭其家。狐突之子毛及偃从重耳在秦，弗肯召。怀公怒，囚狐突。突曰："臣子事重耳有年数矣，今召之，是教之反君也。何以教之？"怀公卒杀狐突。秦缪公乃发兵送内重耳，使人告栾、郤之党为内应，杀怀公于高梁，入重耳。重耳立，是为文公。

晋文公重耳，晋献公之子也。自少好士，年十七，有贤士五人：曰赵衰；狐偃咎犯，文公舅也；贾佗；先轸；魏武子。自献公为太子时，重耳固已成人矣。献公即位，重耳年二十一。献公十三年，以骊姬故，重耳备蒲城守秦。献公二十一年，献公杀太子申生，骊姬谗之，恐，不辞献公而守蒲城。献公二十二年，献公使宦者履鞮趣杀重耳。重耳逾垣，宦者逐斩其衣袪⑤。重耳遂奔狄。狄，其母国也。是时重耳年四十三。从此五士，其馀不名者数十人，至狄。

狄伐咎如，得二女：以长女妻重耳，生伯鯈、叔刘；以少女妻赵衰，生盾。居狄五岁而晋献公卒，里克已杀奚齐、悼子，乃使人迎，欲立重耳。重耳畏杀，因固谢，不敢入。已而晋更迎其弟夷吾立之，是为惠公。

惠公七年，畏重耳，乃使宦者履鞮与壮士欲杀重耳。重耳闻之，乃谋赵衰等曰："始吾奔狄，非以为可用与，以近易通，故且休足。休足久矣，固愿徙之大国。夫齐桓公好善，志在霸王，收恤诸侯。今闻管仲、隰朋死，此亦欲得贤佐，盍往乎？"于是遂行。重耳谓其妻曰："待我二十五年，不来乃嫁。"其妻笑曰："犁二十五年，吾冢上柏大矣。虽然，妾待子。"重耳居狄凡十二年而去。

过卫，卫文公不礼。去，过五鹿，饥而从野人乞食，野人盛土器中进之。重耳怒。赵衰曰："土者，有土也，君其拜受之。"

至齐，齐桓公厚礼，而以宗女妻之，有马二十乘，重耳安之。重耳至齐二岁而桓公卒，会竖刀等为内乱，齐孝公之立，诸侯兵数至。留齐凡五岁。重耳爱齐女，毋去心。赵衰、咎犯乃于桑下谋行。齐女侍者在桑上闻之，以告其主。其主乃杀侍者，劝重耳趣行。重耳曰："人生安乐，孰知其他！必死于此，不能去。"齐女曰："子一国公子，穷而来此，数士者以子为命。子不疾反国，报劳臣，而怀女德，窃为子羞之。且不求，何时得功？"乃与赵衰等谋，醉重耳，载以行。行远而觉，重耳大怒，引戈欲杀咎犯。咎犯曰："杀臣成子，偃之愿也。"重耳曰："事不成，我食舅氏之肉。"咎犯曰："事不成，犯肉腥臊，何足食！"乃止，遂行。

过曹，曹共公不礼，欲观重耳骈胁⑥。曹大夫釐负羁曰："晋公子贤，又同姓，穷来过我，奈何不礼！"共公不从其谋。负羁乃私遗重耳食，置璧其下。重耳受其食，还其璧。

去，过宋。宋襄公新困兵于楚，伤于泓，闻重耳贤，乃以国礼礼于重耳。宋司马公孙固善于咎犯，曰："宋小国新困，不足以求入，更之大国。"乃去。

过郑，郑文公弗礼。郑叔瞻谏其君曰："晋公子贤，而其从者皆国相，且又同姓。郑之出自厉王，而晋之出自武王。"郑君曰："诸侯亡公子过此者众，安可尽礼！"叔瞻曰："君不礼，不如杀之，且后为国患。"郑君不听。

【注释】

①七舆大夫：指申生所统率的下军的大夫们。当时，申生有副车七乘，每车有一大夫主管，故称七舆大夫。

②籴：买进粮食。

③庸：岂，难道的意思。

④内：同"纳"，接纳、接受的意思。

⑤衣袪：袪，读qū，衣袖的意思。

⑥骈胁：肋骨紧密相连，一种生理畸形。

【译文】

邳郑出使秦国，听说里克被杀后，便对秦穆公说："吕省、郤称、冀芮确实不愿意以河西贿赂秦国。如果能贿赂他们一些财物，与他们商量，赶走晋君，送重耳回晋，事情就一定成功。"秦穆公答应了，派人和邳郑一起回晋国，用厚财贿赂了吕省、郤称和冀芮。吕省、郤称和冀芮说："财多话甜，一定是邳郑向秦国出卖了我们。"于是，他们杀死了邳郑及里克、邳郑的同伙七舆大夫。邳郑的儿子豹逃到秦国，要求秦国攻打晋国。秦穆公没有听从。

晋惠公即位后，违背了给秦国土地及封里克的约定，又杀死了七舆大夫，晋国人都不顺服。

惠公二年，周王室派召公过依照礼制拜访晋惠公。晋惠公礼节傲慢，召公讥笑了他。

四年，晋国发生饥荒，向秦国乞求购买粮食。秦穆公问百里奚时，百里奚说："天灾流行，各国都可能发生，救灾助邻是国家的道义，应该帮助晋国。"邳郑的儿子豹却说："攻打晋国。"秦穆公说："晋君确实有罪，晋国百姓有什么罪？"秦国最终卖给晋粮食，自雍源源不断运到绛。

五年，秦国发生饥荒，请求买晋国粮食。晋惠公与大臣们商量这件事时，庆郑说："大王凭借秦国力量才即位，后来我们又违背给秦国土地的约定。晋国发生饥荒，秦国卖给了我们粮食，今天，秦国饥荒，请求买晋国的粮食，我们给他们，这有什么疑问的呢？何必还商量呢？"虢射说："去年，上天把晋国赐给了秦国，秦国竟不知道夺取晋国，反而卖给了我们粮食。今天，上天把秦国赐给了晋国，晋国难道应该违背天意吗？应该攻打秦国。"晋惠公便采纳了虢射的计谋，未给秦国粮食，反而派军攻打秦国。秦国非常生气，也派军攻打晋国。

惠公六年的春天，秦穆公率领军队讨伐晋国。晋惠公对庆郑说："秦军深入到我国境内，该怎么办呢？"庆郑说："秦国护送您回国，您却违背约定不给秦国土地；晋国闹饥荒时，秦国立即运来粮食援助我们，秦国闹饥荒，晋国不仅不给予援助，反而想借机攻打人家，今天，秦军深入国境不也应该吗？"晋国对驾车和担任护卫的人进行了占卜，二者都是庆郑吉。晋惠公说："庆郑不驯服。"他就改让步阳驾车，家仆徒做护卫进攻秦军。

九月十三，秦穆公和晋惠公在韩原交战。晋惠公的重马深陷在泥里跑不动了。秦军赶来，晋惠公十分窘迫，叫庆郑驾车。庆郑说："不照占卜去行事，失败了，不也是应该的吗？"说完，庆郑走了。晋惠公改让梁繇靡驾车，虢射担任护卫，迎击秦穆公。秦穆公的勇武士兵打败了晋军。晋军败退，失去了打败秦穆公的机会。秦军反而俘获了晋惠公带回秦国。秦国将要杀死他，祭祀上天。晋惠公姐姐是秦穆公的夫人。她身穿丧服，哭泣不止。秦穆公说："我俘获了晋侯，你应该庆贺高兴啊。现在，你竟悲痛起来。况且，我听说箕子看到唐叔刚刚被分封时说过'他的后代一定繁荣昌盛',晋国怎么能灭亡呢?"于是,秦穆公就和晋惠公在王城结盟,并答应准备让他返回晋国。

晋惠公也派吕省等人回报国人,说:"我虽然能回晋,但也没有脸面见社稷,选个吉日让太子圉即位吧!"晋国人听到这话,都伤心地哭了。秦穆公问吕省:"晋国人和睦吗?"吕省回答说:"不和睦。老百姓怕失去国君,出现内乱,牺牲父母,不怕子圉即位,都说'一定报此仇,宁可事奉戎、狄'。可是,那些贵族们却很爱护自己的国君,知道他的罪过。他们正等待秦送回国君的命令。他们说'一定报答秦国对晋国的恩惠'。因为这两种情况,所以晋国人不和睦。"于是,秦穆公改换晋惠公的住处,给晋惠公七牢级别的待遇。

十一月,秦国送回晋惠公。晋惠公返回晋国后,杀了庆郑,重新修整政务。与大臣们商议,说:"重耳在外,诸侯大多想通过送他回国而获利。"晋惠公想派人到狄杀死重耳。重耳听到风声后,跑到齐国去了。

八年,晋惠公让太子圉到秦国当人质。当初,晋惠公逃到梁国时,梁伯把自己的女儿嫁给了晋惠公,生下一男一女。梁伯为他们占卜,结果是男孩是做臣仆的,女孩是做妾婢的,因此男孩取名为圉,女孩取名为妾。

十年,秦国灭亡了梁国。梁伯喜好大兴土木、修筑城池沟堑,百姓疲惫不堪,怨声载道,多次互相惊吓道"秦军来了",百姓过分恐惧。秦国最终灭亡了梁国。

十三年,晋惠公生病了。他有几个儿子。太子圉说:"我母亲娘家在梁国,今天梁国被秦国灭亡,我在国外被秦国轻视,在国内又无援助。我父亲病重卧床不起,我担心晋国大夫看不起我,请改立其他公子为太子。"于是,太子圉与妻子商量一起逃回去。妻子秦女说:"您是一国的太子,在此受辱。秦国让我服侍您,为的是稳住您的心。您逃跑吧,我不拖累你,也不敢声张出去。"太子圉于是跑回晋国。

十四年九月,晋惠公去世,太子圉即位,即晋怀公。

太子圉逃走,秦国十分生气,就找公子重耳,想送他回去。太子圉即位后,担忧秦国来攻打,于是下令晋国跟从重耳逃亡在外的人必须按期归晋,逾期未归者杀死整个家族。狐突的儿子毛和偃都跟从重耳在秦国。狐突不肯叫他们回来。晋怀公很不高兴，囚禁了狐突。狐突说："我儿子事奉重耳也已经很多年了，今天您下令叫回他，这是让他们反叛自己的君主，我用什么教育他们呢？"晋怀公最终杀死狐突。秦穆公就派军队护送重耳回晋国，派人先通知栾枝、郤縠的同伙做内应，在高梁杀死晋怀公，送回了重耳。重耳即位，即晋文公。

  晋文公重耳是晋献公的儿子。他从小就喜好结交士人，十七岁时就有五个品德高尚、才能出众的贤士在身边辅佐他：赵衰；狐偃咎犯，也就是晋文公的舅父；贾佗；先轸；魏武子。从晋献公做太子时，重耳就已是成人。晋献公即位时，重耳二十一岁。晋献公十三年，因为骊姬的缘故，重耳就住在了蒲城，防守秦国。晋献公于二十一年时，杀死了太子申生。骊姬进谗言，重耳害怕，与晋献公不辞而别，跑回蒲城据守。献公二十二年，晋献公让宦者履鞮赶快杀死重耳。重耳爬墙逃跑，宦者追赶，砍掉重耳的袖子。重耳就逃到狄。狄是重耳母亲的祖国。当时，重耳四十三岁。从那以后，他的五位贤士，还有不知名的几十位贤士，跟他一起到了狄。

  狄讨伐咎如，俘获两位女子，把年长的女子嫁给重耳，生下伯鯈、叔刘；把年少的女子嫁给赵衰，生下了盾。重耳在狄住了五年，晋献公就去世了。里克已杀死奚齐、悼子，让人迎接重耳，想拥立重耳。重耳怕被杀，因此坚决辞谢，不敢回晋国。后来，晋国又迎接重耳弟弟夷吾并拥立了他，即晋惠公。惠公七年时，因害怕重耳，晋惠公就让宦者履鞮带着勇士去谋杀重耳。重耳知道情况后，就与赵衰等人商量，说："我当初逃到狄，不是因为它可以给我帮助，而是因为路途近容易达到，所以暂且在此歇脚。歇脚久了，我就希望迁到大国去。齐桓公喜好善行，有志称霸，体恤诸侯。现在听说管仲、隰朋去世，齐国也想寻找贤能的人辅佐，为何不前往呢？"于是，重耳又踏上了去齐国的路途。离开狄时，重耳对妻子说："等我二十五年，我如果不回来，你就改嫁。"妻子笑着回答说："等到二十五年，我坟上的柏树都长大了。即便如此，我还是等着你的。"重耳在狄共居住十二年才离开。

  重耳经过卫国时，卫文公不以礼相待。离开卫国，经过五鹿时，因肚子饿了，重耳派人向村民讨饭吃时，村民把土放在容器中献给他。重耳很不高兴，赵衰说："土象征着拥有土地，你应该行礼接受它。"

　　重耳到了齐国后，齐桓公厚礼招待他，并把同家族的一个少女嫁给重耳，陪送二十辆驷马车。重耳在此感到很满足。重耳在齐国住了两年，齐桓公去世，正赶上竖刀等人发起内乱，齐孝公即位，诸侯的军队多次来侵犯。重耳在齐国总共住了五年。重耳爱恋在齐国娶的妻子，没有离开齐国的意思。赵衰、咎犯有一天就在一棵桑树下商量离开齐国的事。重耳妻子的侍女在桑树上听到了他们的密谈，回屋后偷偷告诉了重耳妻子。重耳妻子竟把侍女杀死，劝告重耳赶快走。重耳说："人生来就是寻求安逸享乐的，何必管其他事，我一定死在齐国，不能走。"妻子说："您是一国的公子，走投无路才来到这里，数位贤士是以您的成败来决定他们的命运。您不赶快回国，报答劳苦的臣子，却贪恋女色，我为你感到羞耻。况且，现在你不去追求，什么时候才能成功呢？"她就和赵衰等人用计灌醉了重耳，用车载着他离开了齐国。走了一段很长的路，重耳才醒来。一弄清事情的真相，他就大怒，拿起戈来要杀咎犯。咎犯说："杀死我成就您，是我的心愿。"重耳说："事情要是不成功，我就吃舅父的肉。"咎犯说："事情不能成功，我的肉又腥又臊，怎么值得吃！"于是，重耳平息了怒气，继续前行。

　　重耳路过曹国时，曹共公无礼，想偷看重耳的骈胁。曹国大夫釐负羁说："晋国公子贤明能干，与我们又是同姓，穷困中路过我国，为什么无礼？"曹共公不听劝告。釐负羁就私下给重耳食物，并把一块璧玉放在食物下面。重耳接受了食物，把璧玉还给釐负羁。

　　重耳离开曹国后，来到宋国。宋襄公刚刚被楚军打败，在泓水负伤，得知重耳贤明，就按国礼接待了重耳。宋国司马公孙固与咎犯友好，说："宋国是小国，又刚吃败仗，不足以帮助你们回国，还是到大国去吧！"重耳一行人于是又离开宋国。

　　重耳路过郑国时，郑文公无礼。郑大夫叔瞻劝告郑文公说："晋国公子贤明，他的随从都是国家的栋梁之材，又与我们同姓。郑国从周厉王分出，晋国从周武王分出。"郑文公说："从诸侯国中逃出的公子经过我国的太多了，怎么可以全都按礼仪去接待呢！"叔瞻说："您如果不以礼相待，就杀掉他，免得成为咱们的后患。"郑文公没有听从。

【原文】

　　重耳去，之楚，楚成王以适①诸侯礼待之，重耳谢不敢当。赵衰曰："子亡在外十余年，小国轻子，况大国乎？今楚大国而固遇②子，子其毋让，此天开子也。"遂以客礼见之。成王厚遇重耳，重耳甚卑。成王曰："子即反国，何以报寡人？"重耳曰："羽毛齿角玉帛，君王所馀，未知所以报。"王曰："虽然，何以报不榖？"重耳曰："即不得已，与君王以兵车会平原广泽，请辟王三舍③。"楚将子玉怒曰："王遇晋公子至厚，今重耳言不孙，请杀之。"成王曰："晋公子贤而困于外久，从者皆国器④，此天所置，庸可杀乎？且言何以易之！"居楚数月，而晋太子圉亡秦，秦怨之；闻重耳在楚，乃召之。成王曰："楚远，更数国乃至晋。秦晋接境，秦君贤，子其勉行！"厚送重耳。

　　重耳至秦，缪公以宗女五人妻重耳，故子圉妻与往。重耳不欲受，司空季子曰："其国且伐，况其故妻乎！且受以结秦亲而求入，子乃拘小礼，忘大丑乎！"遂受。缪公大欢，与重耳饮。赵衰歌《黍苗》诗。缪公曰："知子欲急反国矣。"赵衰与重耳下，再拜曰："孤臣之仰君，如百谷之望时雨。"

　　是时晋惠公十四年秋。惠公以九月卒，子圉立。

　　十一月，葬惠公。十二月，晋国大夫栾、郤等闻重耳在秦，皆阴来劝重耳、赵衰等反国，为内应甚众。于是秦缪公乃发兵与重耳归晋。晋闻秦兵来，亦发兵拒之。然皆阴知公子重耳入也。唯惠公之故贵臣吕、郤之属不欲立重耳。重耳出亡凡十九岁而得入，时年六十二矣，晋人多附焉。

　　文公元年春，秦送重耳至河。咎犯曰："臣从君周旋天下，过亦多矣。臣犹知之，况于君乎？请从此去矣。"重耳曰："若反国，所不与子犯共者，河伯视之！"乃投璧河中，以与子犯盟。是时介子推从，在船中，乃笑曰："天实开公子，而子犯以为己功而要市于君，固足羞也。吾不忍与同位。"乃自隐，渡河。秦兵围令狐，晋军于庐柳。

二月辛丑，咎犯与秦晋大夫盟于郇⑤。壬寅，重耳入于晋师。丙午，入于曲沃。丁未，朝于武宫，即位为晋君，是为文公。群臣皆往。怀公圉奔高梁。戊申，使人杀怀公。

怀公故大臣吕省、郤芮本不附文公，文公立，恐诛，乃欲与其徒谋烧公宫，杀文公。文公不知。始尝欲杀文公宦者履鞮知其谋，欲以告文公，解前罪，求见文公。文公不见，使人让曰："蒲城之事，女斩予祛。其后我从狄君猎，女为惠公来求杀我。惠公与女期三日至，而女一日至，何速也？女其念之。"宦者曰："臣刀锯之馀⑥，不敢以二心事君倍主，故得罪于君。君已反国，其毋蒲、翟乎？且管仲射钩，桓公以霸。今刑馀之人以事告而君不见，祸又且及矣。"于是见之，遂以吕、郤等告文公。文公欲召吕、郤，吕、郤等党多，文公恐初入国，国人卖己，乃为微行⑦，会秦缪公于王城，国人莫知。

三月己丑，吕、郤等果反，焚公宫，不得文公。文公之卫徒与战，吕、郤等引兵欲奔，秦缪公诱吕、郤等，杀之河上，晋国复而文公得归。夏，迎夫人于秦，秦所与文公妻者卒为夫人。秦送三千人为卫，以备晋乱。

文公修政，施惠百姓。赏从亡者及功臣，大者封邑，小者尊爵。未尽行赏，周襄王以弟带难出居郑地，来告急晋。晋初定，欲发兵，恐他乱起，是以赏从亡，未至隐者介子推。推亦不言禄，禄亦不及。推曰："献公子九人，唯君在矣。惠、怀无亲，外内弃之；天未绝晋，必将有主，主晋祀者，非君而谁？天实开之，二三子以为己力，不亦诬乎？窃人之财，犹曰是盗，况贪天之功以为己力乎？下冒其罪，上赏其奸，上下相蒙，难与处矣！"其母曰："盍亦求之，以死，谁怼？"推曰："尤而效之，罪有甚焉。且出怨言，不食其禄。"母曰："亦使知之，若何？"对曰："言，身之文也；身欲隐，安用文之？文之，是求显也。"其母曰："能如此乎？与女偕隐。"至死不复见。

介子推从者怜之，乃悬书宫门曰："龙欲上天，五蛇为辅。龙已升云，四蛇各入其宇，一蛇独怨，终不见处所。"文公出，见其书，曰："此介子推也。吾方忧王室，未图其功。"使人召之，则亡。遂求所在，闻其入绵上山中，于是文公环绵上山中而封之，以为介推田，号曰介山，"以记吾过，且旌善人"。

从亡贱臣壶叔曰:"君三行赏,赏不及臣,敢请罪。"文公报曰:"夫导我以仁义,防我以德惠,此受上赏。辅我以行,卒以成立,此受次赏。矢石之难,汗马之劳,此复受次赏。若以力事我而无补吾缺者,此复受次赏。三赏之后,故且及子。"晋人闻之,皆说。

【注释】

①適:相当于,对等。

②遇:接待。

③三舍:古代行军以三十里为一舍,三舍就是九十里。

④国器:旧时指代可使主持国政的人才。

⑤郇:读xún,此处为地名。

⑥刀锯之馀:古代的刑具,受过宫刑的人称刀锯之馀。

⑦微行:旧时的帝王或高官隐藏自己身份改装出行。

【译文】

重耳离开郑国,到了楚国。楚成王用对待诸侯的礼节招待他,重耳辞谢不敢接受。赵衰说:"您在外逃亡已达十年之久,小国都轻视您,何况大国呢?今天,楚国是大国,坚持厚待您,您不要辞让,这是上天在让您兴起。"重耳于是按诸侯的礼节会见了楚成王。楚成王以厚礼接待了重耳。重耳十分谦恭。楚成王说:"您将来回国后,用什么来报答我?"重耳说:"珍禽异兽、珠玉绸绢,大王都富富有余,不知道用什么礼物报答。"楚成王说:"虽然如此,您到底应该用些什么来报答我呢?"重耳说:"假使不得已,万一在平原、湖沼地带与您兵戎相见,请允许我为大王退避三舍。"楚国大将子玉生气地说:"大王以最优厚的礼节接待晋国公子,现在重耳出言不逊,请杀了他。"楚成王说:"晋国公子品行高尚,在外遇难很久了,随从都是国家的贤才,这是上天安排的,怎么可以杀了呢?况且,他的话又该怎样去说呢?"重耳在楚国住了几个月后,晋国太子圉从秦国逃跑了,秦国怨恨他;听说重耳住在楚国,就要把重耳邀请到秦国。楚成王说:"楚国太远了,要经过好几个国家才能到达晋国。秦国和晋国交界，秦国国君很贤明，您好好去吧！"楚成王赠送了很多礼物给重耳。

重耳到了秦国，秦穆公把同宗的五个女子嫁给重耳，原公子圉的妻子也在其中。重耳不打算接受公子圉的妻子。司空季子说："他的国家都将去攻打了，何况他的妻子呢！而且，您接受此女为的是与秦国结成姻亲，以便返回晋国。您竟拘泥于小礼节，忘了大的耻辱！"重耳于是接受了公子圉的妻子。秦穆公十分高兴，亲自与重耳宴饮。赵衰吟了《黍苗》。秦穆公说："我知道你想尽快返回晋国。"赵衰与重耳离开了座位，再次拜谢，说："我们这些孤立无援的臣子仰仗您，就如同百谷盼望知时节的好雨。"当时是晋惠公十四年秋季。

晋惠公于当年九月去世，太子圉即位。十一月，晋国安葬了晋惠公。十二月，晋国大夫栾枝、郤縠等人听说重耳在秦国，都暗中来劝重耳、赵衰等人回晋国，做内应的人很多。于是，秦穆公就派军队护送重耳回晋国。晋君听说秦军来了，也派出军队抵御。可是，民众都暗中得知公子重耳要回来。只有晋惠公的旧大臣吕省、郤芮之流不愿让重耳即位。重耳在外逃亡19年最终返回晋国，这时已62岁了。晋国人大多都归向他。

文公元年春天，秦国护送重耳到达黄河岸边。咎犯说："我跟随您周游天下，过错也太多了。我自己都知道，何况您呢？我请求从这里离去吧！"重耳说："如果我回到晋国后，有不与您同心的，请河伯作证！"于是，重耳就把璧玉扔到黄河中，与子犯盟誓。那时，介子推也是随从，正在船中，就笑着说："确实，上天在支持公子兴起，可子犯却认为是自己的功劳，并以此向君王索取，十分可耻。我不愿和他同列。"说完，他就躲起来。重耳一行渡过黄河。秦军包围了令狐，晋军驻扎在庐柳。

二月辛丑日，咎犯与秦晋大夫在郇结盟。随后，重耳进入晋军中，到达曲沃。几天后，重耳到武宫朝拜，即位做了晋国国君，即晋文公。大臣们都前往沃朝拜。晋怀公圉逃到高梁。几天后，重耳派人杀死了晋怀公。

晋怀公原来的大臣吕省、郤芮本来就不归附晋文公，文公即位，恐怕被杀，就和自己的党徒阴谋放火烧掉晋文公居住的宫殿，杀死晋文公。晋文公对此毫无察觉。早先曾经想杀死晋文公的宦者履鞮却知道这个阴谋，想把这个阴谋告诉晋文公，以便解脱早先的罪过，便要求谒见晋文公。晋文公拒绝见他，派人谴责履鞮，说："蒲城的事，你砍掉了我的衣袖。后来，我跟着狄君去狩猎，你替晋惠公追踪杀我。晋惠公与你约定三天到达，而你竟一天就赶到，为何这么快？你仔细想想吧！"履鞮说："我是受过宫刑的人，不敢用二心事奉国君，背叛主人，所以得罪了您。您已经回国，难道就没有蒲、翟这种事了吗？况且，管仲射中齐桓公的带钩，齐桓公仍靠着管仲得以称霸。今天，我这个罪人想告诉您一件要事，您却不见，灾祸又将降临到您头上了。"于是，晋文公接见了他。履鞮便把吕省、郤芮等人的阴谋一五一十地告诉了晋文公。晋文公想召见吕省、郤芮等人，但吕省、郤芮等人党徒众多，晋文公担心刚刚回国，晋国人可能出卖自己，就隐藏起自己的身份易服出行，到了王城会见了秦穆公。晋国人全然不知道他的行动。

三月己丑日，吕省、郤芮等人果真造反，烧毁了晋文公居住的宫殿，却未找到晋文公。晋文公的卫兵与他们交战。吕省、郤芮等人想率军逃跑。秦穆公引诱吕省、郤芮等人，在黄河畔杀死他们。晋国恢复平静，晋文公得以返回晋国。

夏季，晋文公从秦国接回夫人。秦国嫁给晋文公的妻子最终成为正式夫人。秦国还送了三千人做卫士，以防备晋国内乱。

晋文公修明政务，对百姓布施恩惠，赏赐随从逃亡的人员和各位有功之臣，功大的封给城邑，功小的赐给爵位。晋文公还未来得及赏赐完毕，周襄王因弟弟王子带发难逃到郑国居住，来向晋国告急。晋国刚刚安定，想派军队去，又担心国内发生动乱。因此，晋文公赏赐随从的逃亡者，还未轮到隐居起来的介子推。介子推也不要求俸禄，俸禄也没轮到他。介子推说："晋献公有九个儿子，只有国君还健在。晋惠公、晋怀公没有亲信，国内外都唾弃他们；上天还没让晋国灭亡，必定要有君主，主持晋国祭祀的，除了国君还有谁呢？上天确实在助您兴起，可是有两三个人以为是自己的功劳，不也很荒谬吗？偷了别人的财物，还说可以是盗贼，何况贪天之功以为己功的人呢？臣下掩饰罪过，主上赏赐奸佞，上下互相欺骗，我难以与他们相处了！"介子推的母亲说:"你为什么不也去请求赏赐呢?如果你这样死去,又能怨谁呢?"介子推说:"我怨恨那些人,再去仿效他们的行为,罪过就更大了。况且,我已经说出了怨言,绝不吃他的俸禄。"介子推的母亲说:"也让国君知道一下你的情况,怎么样?"介子推回答说:"言辞是每人身上的文饰,身体都想隐藏起来了,何必再使用文饰呢?文饰自己是为了追求显达。"介子推的母亲说:"能像你说的这样做吗?那我和你一起隐藏起来吧!"他们母子至死没有再露面。

介子推的随从们很怜悯他,就在宫门口挂上一张牌子,上面写道:"龙想上天,需五条蛇辅佐。龙已深入云霄,四条蛇各自进了自己的殿堂,只有一条蛇独自悲怨,最终没有找到自己的去处。"晋文公出宫时,看见了这几句话,说:"这是介子推。我正为王室之事担忧,还没能考虑他的功劳。"于是,晋文公派人去召请介子推,但介子推已逃走。晋文公就打听介子推的住所,听说他进了绵上山。于是,晋文公把整座绵上山封给介子推,作为他的封地,称之为介推田,又起名叫介山,并说:"以此来记载我的罪过,而且表彰能人"。

随从晋文公逃亡的仆人壶叔说:"您三次赏赐功臣都没有轮到我,请问我有什么罪过。"晋文公回答说:"用仁义教导我,用道德、恩惠规劝我,这应受到上等赏赐。用行动辅佐我,最终使我获得成功,应受到次等赏赐。冒着弓箭的危险,给我立下汗马功劳,应受到再次等赏赐。假如只是用劳力事奉我,而没有弥补我的错误的,这也应受到再次等赏赐。这三次赏赐完了,就会轮到你。"晋国人听到晋文公的话,都心悦诚服。

【原文】

二年春,秦军河上,将入王。赵衰曰:"求霸莫如入王尊周。周、晋同姓,晋不先入王,后秦人之,毋以令于天下。方今尊王,晋之资也。"三月甲辰,晋乃发兵至阳樊,围温,入襄王于周。四月,杀王弟带。周襄王赐晋河内阳樊之地。

四年,楚成王及诸侯围宋,宋公孙固如晋告急。先轸曰:"报施定霸,于今在矣。"狐偃曰："楚新得曹而初婚于卫，若伐曹、卫，楚必救之，则宋免矣。"于是晋作三军。赵衰举郤縠将中军，郤臻佐之；使狐偃将上军，狐毛佐之，命赵衰为卿；栾枝将下军，先轸佐之；荀林父御戎，魏犨①为右：往伐。冬十二月，晋兵先下山东，而以原封赵衰。

五年春，晋文公欲伐曹，假道于卫，卫人弗许。还自河南度，侵曹，伐卫。正月，取五鹿。二月，晋侯、齐侯盟于敛盂。卫侯请盟晋，晋人不许。卫侯欲与楚，国人不欲，故出其君以说晋。卫侯居襄牛，公子买守卫。楚救卫，不卒。晋侯围曹。三月丙午，晋师入曹，数之②以其不用釐负羁言，而用美女乘轩者三百人也。令军毋入僖负羁宗家以报德。楚围宋，宋复告急晋。文公欲救，则攻楚，为楚尝有德，不欲伐也；欲释宋，宋又尝有德于晋：患之。先轸曰："执曹伯，分曹、卫地以与宋，楚急曹、卫，其势宜释宋。"于是文公从之，而楚成王乃引兵归。

楚将子玉曰："王遇晋至厚，今知楚急曹、卫而故伐之，是轻王。"王曰："晋侯亡在外十九年，困日久矣，果得反国，险厄尽知之，能用其民，天之所开，不可当。"子玉请曰："非敢必有功，愿以间执谗慝③之口也。"楚王怒，少与之兵。于是子玉使宛春告晋："请复卫侯而封曹，臣亦释宋。"咎犯曰："子玉无礼矣，君取一，臣取二，勿许。"先轸曰："定人之谓礼。楚一言定三国，子一言而亡之，我则毋礼。不许楚，是弃宋也。不如私许曹、卫以诱之，执宛春以怒楚，既战而后图之。"晋侯乃囚宛春于卫，且私许复曹、卫。曹、卫告绝于楚。楚得臣怒，击晋师，晋师退。军吏曰："为何退？"文公曰："昔在楚，约退三舍，可倍乎！"楚师欲去，得臣不肯。

四月戊辰，宋公、齐将、秦将与晋侯次城濮。己巳，与楚军合战，楚兵败，得臣收馀兵去。甲午，晋师还至衡雍，作王宫于践土。

初，郑助楚，楚败，惧，使人请盟晋侯。晋侯与郑伯盟。

五月丁未，献楚俘于周，驷介百乘，徒兵千。天子使王子虎命晋侯为伯，赐大辂④，彤弓矢百，玈弓矢千，秬鬯一卣⑤，珪瓒⑥，虎贲三百人。晋侯三辞，然后稽首受之。周作《晋文侯命》："王若曰：父义和，丕显文、武，能慎明德，昭登于上，布闻在下，维时上帝集厥命于文、武。恤朕身、继予一人永其在位。"于是晋文公称伯。癸亥,王子虎盟诸侯于王庭。

晋焚楚军,火数日不息,文公叹。左右曰:"胜楚而君犹忧,何?"文公曰:"吾闻能战胜安者唯圣人,是以惧。且子玉犹在,庸可喜乎!"子玉之败而归,楚成王怒其不用其言,贪与晋战,让责子玉,子玉自杀。晋文公曰:"我击其外,楚诛其内,内外相应。"于是乃喜。

六月,晋人复入卫侯。壬午,晋侯度河北归国。行赏,狐偃为首。或曰:"城濮之事,先轸之谋。"文公曰:"城濮之事,偃说我毋失信。先轸曰'军事胜为右',吾用之以胜。然此一时之说,偃言万世之功,奈何以一时之利而加万世功乎?是以先之。"

冬,晋侯会诸侯于温,欲率之朝周。力未能,恐其有畔者,乃使人言周襄王狩于河阳。壬申,遂率诸侯朝王于践土。孔子读史记⑦至文公,曰"诸侯无召王。'王狩河阳'者,《春秋》讳之也。"

丁丑,诸侯围许。曹伯臣或说晋侯曰:"齐桓公合诸侯而国异姓,今君为会而灭同姓。曹,叔振铎之后;晋,唐叔之后。合诸侯而灭兄弟,非礼。"晋侯说,复曹伯。

于是晋始作三行。荀林父将中行,先縠将右行,先蔑将左行。

七年,晋文公、秦缪公共围郑,以其无礼于文公亡过时,及城濮时郑助楚也。围郑,欲得叔瞻。叔瞻闻之,自杀。郑持叔瞻告晋。晋曰:"必得郑君而甘心焉。"郑恐,乃间令使谓秦缪公曰:"亡郑厚晋,于晋得矣,而秦未为利。君何不解郑,得为东道交⑧?"秦伯说,罢兵。晋亦罢兵。

九年冬,晋文公卒,子襄公欢立。是岁郑伯亦卒。

郑人或卖其国于秦,秦缪公发兵往袭郑。十二月,秦兵过我郊。襄公元年春,秦师过周,无礼,王孙满讥之。兵至滑,郑贾人弦高将市于周,遇之,以十二牛劳秦师。秦师惊而还,灭滑而去。

晋先轸曰:"秦伯不用蹇叔,反其众心,此可击。"栾枝曰:"未报先君施⑨于秦,击之,不可。"先轸曰:"秦侮吾孤,伐吾同姓,何德之报?"遂击之。襄公墨衰绖。四月,败秦师于殽,虏秦三将孟明视、西乞秫、白乙丙以归。遂墨以葬文公。文公夫人秦女,谓襄公曰:"秦欲得其三将戮之。"公许,遣之。先轸闻之,谓襄公曰:"患生矣。"轸乃追秦将。秦将渡河,已在船中,顿首谢,卒不反。

后三年,秦果使孟明伐晋,报殽之败,取晋汪以归。四年,秦缪公大兴兵伐我,度河,取王官,封殽尸而去。晋恐,不敢出,遂城守。五年,晋伐秦,取新城,报王官役也。

六年,赵衰成子、栾贞子、咎季子犯、霍伯皆卒。赵盾代赵衰执政。

七年八月,襄公卒。太子夷皋少。晋人以难故,欲立长君。赵盾曰:"立襄公弟雍。好善而长,先君爱之;且近于秦,秦故好也。立善则固,事长则顺,奉爱则孝,结旧好则安。"贾季曰:"不如其弟乐。辰嬴嬖于二君,立其子,民必安之。"赵盾曰:"辰嬴贱,班在九人下,其子何震之有!且为二君嬖,淫也。为先君子,不能求大而出在小国,僻也。母淫子僻,无威;陈小而远,无援:将何可乎!"使士会如秦迎公子雍。贾季亦使人召公子乐于陈。赵盾废贾季,以其杀阳处父。十月,葬襄公。十一月,贾季奔翟。是岁,秦缪公亦卒。

灵公元年四月,秦康公曰:"昔文公之入也无卫,故有吕、郤之患。"乃多与公子雍卫。太子母缪嬴日夜抱太子以号泣于朝,曰:"先君何罪?其嗣亦何罪?舍適而外求君,将安置此?"出朝,则抱以適赵盾所,顿首曰:"先君奉此子而属之子,曰'此子材,吾受其赐;不材,吾怨子'。今君卒,言犹在耳,而弃之,若何?"赵盾与诸大夫皆患缪嬴,且畏诛,乃背所迎而立太子夷皋,是为灵公。发兵以距秦送公子雍者。赵盾为将,往击秦,败之令狐。先蔑、随会亡奔秦。秋,齐、宋、卫、郑、曹、许君皆会赵盾,盟于扈,以灵公初立故也。

四年,伐秦,取少梁。秦亦取晋之郩。六年,秦康公伐晋,取羁马。晋侯怒,使赵盾、赵穿、郤缺击秦,大战河曲,赵穿最有功。七年,晋六卿患随会之在秦,常为晋乱,乃详令魏寿余反晋降秦。秦使随会之魏,因执会以归晋。

八年,周顷王崩,公卿争权,故不赴。晋使赵盾以车八百乘平周乱而立匡王。是年,楚庄王初即位。十二年,齐人弑其君懿公。

十四年，灵公壮，侈，厚敛以雕墙。从台上弹人，观其避丸也。宰夫胹熊蹯不熟，灵公怒，杀宰夫，使妇人持其尸出弃之，过朝。赵盾、随会前数谏，不听；已又见死人手，二人前谏。随会先谏，不听。灵公患之，使鉏麑⑩刺赵盾。盾闱门开，居处节，鉏麑退，叹曰："杀忠臣，弃君命，罪一也。"遂触树而死。

初，盾常田首山，见桑下有饿人。饿人，示眯明也。盾与之食，食其半。问其故，曰："宦三年，未知母之存不，愿遗母。"盾义之，益与之饭肉。已而为晋宰夫，赵盾弗复知也。九月，晋灵公饮赵盾酒，伏甲将攻盾。公宰示眯明知之，恐盾醉不能起，而进曰："君赐臣，觞三行可以罢。"欲以去赵盾，令先，毋及难。盾既去，灵公伏士未会，先纵啮狗名敖⑪。明为盾搏杀狗。盾曰："弃人用狗，虽猛何为！"然不知明之为阴德也。已而灵公纵伏士出逐赵盾，示眯明反击灵公之伏士，伏士不能进，而竟脱盾。盾问其故，曰："我桑下饿人。"问其名，弗告。明亦因亡去。

盾遂奔，未出晋境。乙丑，盾昆弟将军赵穿袭杀灵公于桃园而迎赵盾。赵盾素贵，得民和；灵公少，侈，民不附，故为弑易。盾复位。晋太史董狐书曰"赵盾弑其君"，以视于朝。盾曰："弑者赵穿，我无罪。"太史曰："子为正卿，而亡不出境，反不诛国乱，非子而谁？"孔子闻之，曰："董狐，古之良史也，书法不隐。宣子，良大夫也，为法受恶。惜也！出疆乃免。"

赵盾使赵穿迎襄公弟黑臀于周而立之，是为成公。

【注释】

①魏犨：犨，读chōu，魏犨，是人名。

②数之：历数罪状。

③间执：堵塞。谗慝，邪恶的人。

④大辂：金辂，用黄金装饰的大车。

⑤秬鬯：祭祀时降神所用的以郁金草和黑黍酿造的酒。卣，酒器。

⑥珪瓒：以珪为柄的瓒，祭祀时盛灌酒的勺子。

⑦史记：泛指史书，此处指《春秋》。

⑧东道交：东方路上的朋友。

⑨施：给予。此指给予恩惠。

⑩鉏麑：读chú ní，人名，晋国大力士。

⑪獒：大狗。

【译文】

文公二年春天，秦军驻扎在黄河边，将要护送周天子回镐京。赵衰说："要想成为霸主，不如护送周天子回镐京、尊崇周王室。周晋同一个姓，晋国不抢先护送周天子回京，而落在秦国后边，就无法对天下发号施令。如今尊崇周王室，是晋国称霸的资本。"

三月初，晋国派兵到阳樊，包围了温，并护送周襄王到了镐京。四月，晋文公杀死了周襄王的弟弟王子带。周襄王把河内阳樊的土地赐给了晋国。

四年，楚成王和诸侯一起率军包围了宋国。宋国公孙固赶到晋国请求援助。先轸说："报答恩人，成就霸主地位，就看今天的了。"狐偃说："楚国刚刚占领曹国，且不久前与卫国通婚，假如我国攻打曹国和卫国，那么楚国一定会救援，那么宋国就得到解脱了。"于是，晋国编制了三军。赵衰推荐郤縠统率中军，郤臻辅佐他；派狐偃统率上军，狐毛协助他，赵衰被命为卿；栾枝统率下军，先轸协助他；荀林父驾车，魏犨做护卫：三军去讨伐曹国和卫国。十二月时，晋军首先攻下了太行山以东。晋文公把原邑封给了赵衰。

五年春季，晋文公想讨伐曹国，向卫国借路，卫国人不答应。晋军只好迂回从南渡过黄河攻打曹国，讨伐卫国。正月，晋军攻下了五鹿。二月，晋文公和齐孝公在敛盂结盟。卫成公请求与晋国结盟，晋国人不答应。卫成公想与楚国结盟，卫人反对，所以驱逐卫成公讨好晋国。卫成公住在襄牛，公子买在卫国防守。楚国救援卫国，未能取胜。晋文公率军包围了曹国。

三月，晋军侵入曹都，列举了曹共公的罪状，因为曹共公不听釐负羁的话，却用华丽车子载着三百个美女。晋文公下令军队不许进入釐负羁同宗族的家内，以报答他的恩德。楚军包围宋国，宋国又向晋国求援。晋文公想救援宋国，就应攻打楚国，因为楚国曾对晋文公有恩，晋文公便不想攻打楚国；想放弃对宋国的救援，可宋国又曾经对晋国有恩。晋文公为此举棋不定。先轸劝晋文公说："抓住曹共公，把曹国、卫国的土地分给宋国，楚国为此肯定着急，那楚国势必要放弃宋国了。"于是，晋文公听取了先轸的意见。结果，楚成王真的率军离开了宋国。

　　楚国大将子玉说："大王对晋国非常优厚，如今晋文公知道楚国与曹国、卫国关系密切却故意攻打它们，这是轻视君王。"楚成王说："晋文公在外逃亡十九年，受困的时间太久了，终于返回了晋国。他因尝尽了艰难险阻，能正确对待百姓，上天为他开路，他不可阻挡。"子玉仍请兵，说："不敢一定建功立业，只求堵塞中伤诽谤的言论。"楚成王很生气，只给他很少的兵力。于是，子玉让宛春告诉晋国："请求恢复卫成公的地位，保存曹国，我也放弃围攻宋国。"咎犯说："子玉无礼了，您是国君却只得解除对宋国的包围一项，他作为楚臣要取得的却是两项，不能答应。"先轸说："安定人心叫作礼。楚国一句话安定了三个国家，你一句话灭亡了它们，我们才是无礼了。不答应楚国，就是放弃宋国。我们不如私下里答应恢复曹国、卫国以便引诱楚国，扣留宛春来激怒楚国，视战争胜负的情况再来计谋。"晋文公就把宛春囚禁在卫国，并私下答应恢复曹国和卫国。曹卫两国派使者宣布与楚国断交。楚将子玉很生气，率军攻打晋军。晋文公下令晋军后退。将领问晋文公："为什么退兵？"晋文公说："过去，我在楚国时已立约，说两军交战时退避三舍，怎么能违约呢？"楚军也想撤退，但是，子玉不同意。

　　四月，宋成公、齐将、秦将与晋文公各自率军驻扎在城濮。他们联合起来向楚军发起进攻，楚军战败。子玉带着残兵败将逃走。随后，晋军返回衡雍，在践土为周襄王修筑王宫。

　　当初，郑国曾援助楚国，现在楚国失败，郑国很害怕，就派人请求与晋国结盟。于是，晋文公与郑文公结盟。

　　五月，晋文公把楚国俘虏奉献给周天子，共有一百辆披甲的驷马车、一千多名步兵。周天子让王子虎宣布晋文公为霸主，赏赐给晋文公黄金装饰的大车，一副红色弓，一百支红色箭，十副黑色弓，一千支黑色箭，一卣香酒，还有玉勺和三百名勇士。晋文公多次辞谢，最后才行礼接受。周天子写了《晋文侯命》：'王说：叔父您用道义使诸侯和睦，大显文王、武王的功业。文王、武王能够谨慎地修养美好的德行，感动了上天，在人民中间传播，因此，上天把帝王的事业赐给文王、武王，恩泽流传到子孙后代。长辈关怀我，让我继承祖先的事业，永远保存王位。'于是，晋文公称霸。几天后，王子虎在王宫与诸侯结盟。

晋国焚烧了楚军阵地，熊熊大火几天不熄灭。晋文公叹息。左右大臣们说："战胜了楚国，您还发愁，为什么？"晋文公说："我听说打了胜仗而能心情安定的，只有圣人，我因此恐惧。况且，子玉还在，怎么可以高兴呢？"子玉大败而回。楚成王怨他不听自己的话，只顾与晋军交战，便责备子玉。子玉自杀身亡。晋文公说："我在外部打击楚军，楚成王在内部诛杀大将，内外呼应。"这时才面露喜色。

六月，晋国人又护送卫成公回国。几天后，晋文公渡过黄河，向北边回国。晋文公论功行赏时，狐偃属头功。有人说："城濮之战是先轸的计谋。"晋文公说："城濮之战，狐偃劝我不要失去信用。先轸说'打仗以战胜为重'。我听了先轸的话取胜了。然而，这只是有利于一时的说法。狐偃说的是千秋万代的功业。我怎么能使一时的利益超过万代的功业呢？因此，狐偃应得首功。"

冬季，晋文公在温会见诸侯，想率领诸侯朝拜周天子。晋文公担心力量达不到，恐怕诸侯中有背叛的人，就派人去请周襄王到河阳打猎。过了一段时间，晋文公便率领诸侯到践土朝拜周襄王。孔子读到史书中记载晋文公处，说："诸侯无权召唤周天子。'周天子在河阳打猎'这记载，《春秋》隐瞒了。"

会盟后，诸侯包围了许。曹共公的大臣中有人劝告晋文公："齐桓公会合诸侯国而扶持异姓国家，今天您会合诸侯却灭亡同姓国家。曹国是叔振铎的后代，晋国是唐叔的后代。会合诸侯国却消灭兄弟国，这不合礼仪。"晋文公听了很高兴，恢复了曹共公的地位。于是，晋国开始建立三行军制：荀林父统率中行军，先縠统率右行军，先蔑统率左行军。

七年，晋文公、秦穆公一起率军包围了郑国，原因是在晋文公逃亡路过郑国时郑国对晋文公不礼貌，以及在城濮之战中郑国援助了楚国。晋、秦包围郑国后，想得到叔瞻。叔瞻听说后自杀了。郑国人带着叔瞻尸体告诉晋文公。晋文公却说："一定得到郑君才甘心。"郑君害怕了，就暗中派使者对秦穆公说："灭亡了郑国，就增强了晋国，晋国有所收获，秦国却得不到什么好处。您为什么不放弃围攻郑国，与郑国结为友好盟邦呢？"秦穆公同意了，撤走了军队。晋国也随后撤了军。

九年冬季，晋文公去世，儿子晋襄公欢即位。当年，郑文公也去世。

郑国有人向秦国出卖自己的国家的情报，秦穆公率军去偷袭郑国。十二月，秦军路过晋都郊野。

襄公元年春季，秦军路过周都镐京，无礼。王孙满讥讽秦国。秦军开到滑国时，郑国大商人弦高将要去镐京做买卖，路遇秦军，便用十二头牛犒劳秦军。秦军大吃一惊赶快回国，消灭了滑国，撤军了。

晋国谋臣先轸说："秦穆公不听蹇叔的计谋，违背了民意，可以攻打它。"栾枝说："还没有报答秦穆公对先君的恩惠就攻打它，不行。"先轸说："秦国欺侮刚刚失去父亲的我君，讨伐我同姓国，还有什么恩惠需要报答？"于是，晋国就攻打了秦国。晋襄公穿着黑色的丧服随军出征。

四月，晋军在崤打败了秦军，俘虏了秦国三员大将孟明视、西乞秋、白乙丙后，回到晋国。于是，晋襄公穿着黑色丧服埋葬了晋文公。晋文公的夫人是秦国的女子，对晋襄公说："秦国想得到这三员大将杀死他们。"晋襄公同意了，便送回了秦国三员大将。先轸听说后，对晋襄公说："祸患将要产生了。"先轸就去追赶秦国三员大将。三员大将为渡黄河已经到了船上，看到先轸，便磕头辞谢，最终一去不返。

三年以后，秦国果然派孟明率军讨伐晋国，为在崤山的失败复仇，并攻下晋国汪地后撤兵。

四年，秦穆公派大军攻打晋国。秦军渡过黄河，拿下王官，在崤山修筑了阵亡将士的坟墓才离去。晋国十分惶恐，不敢再出来，只好坚守城池。五年，晋国攻打秦国，拿下了新城，为王官之败报了仇。

六年，赵衰成子、栾贞子、咎季、子犯、霍伯都去世了。赵盾代替赵衰主持政务。

七年八月，晋襄公去世。太子夷皋还年幼。晋国人因为多次经历祸难，想立年纪长些的君王。赵盾说："立襄公弟弟雍。雍温和善良，年纪大，先君又喜爱他，而且他亲近秦国，秦国本来是友好邻国。立善良的人国家就稳固，侍奉年长的人国家就和顺，侍奉先君喜欢的人就孝顺，与旧日的朋友结交就安定。"贾季说："雍不如他弟弟乐。辰嬴被两位国君宠爱，立她的儿子为君，百姓一定安心。"赵盾说："辰嬴卑贱，地位在九个妃妾之下，她儿子能有什么威望呢？况且，她被两位国君宠爱，这是淫乱。乐作为先君的儿子，不能投靠大国而出居小国，这是孤立。母亲淫乱，儿子孤立，没有威严；陈国既小又远离晋国，得不到援助，怎么可以为君呢？"于是，晋国派士公到秦国迎接公子雍。贾季也派人到陈国召回公子乐。赵盾废掉贾季，因为贾季杀死了阳处父。十月，晋国埋葬了晋襄公。十一月，贾季逃到了翟国。当年，秦穆公也去世了。

晋灵公元年四月，秦康公说："先前晋文公回到晋国没有卫士，所以发生了吕郤的祸患。"于是，秦康公送给公子雍很多卫士。太子夷皋的母亲缪嬴日夜怀抱太子到朝廷号叫哭泣，说："先君有什么罪？他的继承人有什么罪？你们丢弃嫡子却到外边找君主，打算把太子放在什么位置上？"缪嬴出了朝廷，就抱着太子跑到赵盾的住所，磕头说："先君把这个孩子托付给您，曾说过'这孩子成了材，我就是受了您的赐予，不成材，我就怨恨你'。现在先君去世了，话还响在耳边，您却废掉他，怎么行？"赵盾和各位大臣都害怕缪嬴，又怕被逼迫，就背弃了迎接的雍，而立太子夷皋，即晋灵公。同时，他们派军队抵御秦国护送公子雍的军队。赵盾为将军，率军攻打秦军，在令狐打败秦军。先蔑、随会逃到秦国。

秋季，齐国、宋国、卫国、郑国、曹国、许国的国君都拜会了赵盾，并在扈结盟，这是因为晋灵公刚刚即位的缘故。

四年，晋国攻打秦国，夺取了少梁，秦国也夺走了晋国的崤邑。六年，秦康公讨伐晋国，夺取了羁马。晋灵公很生气，派赵盾、赵穿、郤缺率军攻打秦国。双方在河曲展开大战，赵穿立了大功。

七年，晋国六卿担心在秦国的随会造成晋国内乱，于是让魏寿馀假装背叛晋国投降秦国。秦国让随会到魏国，晋国人因而捉住随会，带回了晋国。

八年，周顷王去世。由于公卿争权夺利，所以周王室没有发讣告。晋国派赵盾率八百辆战车平息了周王室的动乱，拥立了周匡王。这一年，楚庄王刚即位。

十年，齐国人杀死自己的国君齐懿公。

十四年，晋灵公长成人，放纵不知节制，搜刮民脂民膏，用来装饰宫墙。他从高台上用弹丸弹人，以观赏人们躲避弹丸而取乐。厨师没把熊掌煮烂，晋灵公就发怒，竟杀了厨师，让宫女们抬着厨师的尸体扔出去，路过朝堂。赵盾、随会前去多次劝谏，晋灵公根本不听。后来，他们又看见死人的手，又前去劝告。随会先去劝说，晋灵公不听。晋灵公也害怕他们，竟让鉏麑刺杀赵盾。赵盾内室的门敞开着。鉏麑看见赵盾的住处极其简朴，便退出来，叹息道："杀死忠臣，违背君王的命令，这罪都是一样的。"说完，鉏麑头撞树而死。

当初，赵盾常在首山打猎。他曾看到桑树下有个饿极了的人。这个人叫示眯明。赵盾给了他一些食物。他只吃了一半。赵盾问他为什么不吃完。示眯明说："我已经为人臣隶三年了，不知母亲是否还在人间，愿把剩下的一半留给母亲。"赵盾认为他很孝敬，又给他一些饭和肉。不久，示眯明做了晋灵公的厨师。但是，赵盾不知道示眯明做晋灵公厨师一事。

九月，晋灵公宴请赵盾时，埋伏好士兵，准备杀死他。示眯明知道后，恐怕赵盾酒醉起不来身，就上前劝赵盾："君王赏赐您酒，您只喝三杯就可以了。"他想让赵盾赶快离开，免得遭杀身之祸。赵盾已经离去了。卫灵公埋伏的士兵还未集合好，就先放出了一条叫敖的恶狗去追咬赵盾。示眯明替赵盾徒手杀死了狗。赵盾说："抛弃人，使用狗，虽然凶猛，有什么用呢！"可是，赵盾并不知道示眯明是在暗中保护他。一会儿，卫灵公指挥埋伏的士兵追赶赵盾。示眯明反击卫灵公派出的士兵，士兵不能前进，赵盾最终逃脱。赵盾问示眯明为什么救他。示眯明说："我就是桑树下的那个饿汉。"赵盾询问他的姓名。他没有告诉。示眯明因此隐遁而去。

赵盾于是得以逃脱，但还没有逃出晋国国境。几天后，赵盾弟弟赵穿率军在桃园杀死了晋灵公，迎回了赵盾。赵盾一向尊贵，很得民心。晋灵公年纪不大，又放纵不知节制，百姓不归向他，所以赵穿杀死他比较容易。赵盾又恢复了先前的地位。晋国的太史董狐写道："赵盾杀死了自己的国君。"他在朝廷上传给大家看。赵盾说："杀国君的是赵穿，我没罪。"董狐说："你是正卿，你逃跑了，但没有逃出晋国国境，你回来也没有杀死作乱的人，不是你是谁呢？"孔子后来听到这件事，说："董狐是古代的优秀史官，据法直书而毫不隐瞒。宣子是优秀的大夫，为遵守法制甘愿承受坏名声。可惜啊，如果赵盾逃出国境，也就免除罪名了。"赵盾让赵穿从镐京迎来晋襄公的弟弟黑臀，让他即位，即晋成公。

【原文】

成公者，文公少子，其母周女也。壬申，朝于武宫。

成公元年，赐赵氏为公族①。伐郑，郑倍晋故也。三年，郑伯初立，附晋而弃楚。楚怒，伐郑，晋往救之。

六年，伐秦，虏秦将赤。

七年，成公与楚庄王争强，会诸侯于扈。陈畏楚，不会。晋使中行桓子伐陈，因救郑，与楚战，败楚师。是年，成公卒，子景公据立。

景公元年春，陈大夫夏徵舒弑其君灵公。二年，楚庄王伐陈，诛徵舒。

三年，楚庄王围郑，郑告急晋。晋使荀林父将中军，随会将上军，赵朔将下军，郤克、栾书、先縠、韩厥、巩朔佐之。六月，至河。闻楚已服郑，郑伯肉袒与盟而去，荀林父欲还。先縠曰："凡来救郑，不至不可，将率离心。"

卒度河。楚已服郑，欲饮马于河为名而去。楚与晋军大战。郑新附楚，畏之，反助楚攻晋。晋军败，走河，争度，船中人指甚众。楚虏我将智䓨②。

归而林父曰："臣为督将，军败当诛，请死。"景公欲许之。随会曰："昔文公之与楚战城濮，成王归杀子玉，而文公乃喜。今楚已败我师，又诛其将，是助楚杀仇也。"乃止。

四年，先縠以首计而败晋军河上，恐诛，乃奔翟，与翟谋伐晋。晋觉，乃族縠。縠，先轸子也。

五年，伐郑，为助楚故也。是时楚庄王强，以挫晋兵河上也。

六年，楚伐宋，宋来告急晋，晋欲救之，伯宗谋曰："楚，天方开之，不可当。"乃使解扬绐③为救宋。郑人执与楚，楚厚赐，使反其言，令宋急下。解扬绐许之，卒致晋君言。楚欲杀之，或谏，乃归解扬。

七年，晋使随会灭赤狄。

八年，使郤克于齐。齐顷公母从楼上观而笑之。所以然者，郤克偻，而鲁使蹇，卫使眇④，故齐亦令人如之以导客。郤克怒，归至河上，曰："不报齐者，河伯视之！"至国，请君，欲伐齐。景公问知其故，曰："子之怨，安足以烦国！"弗听。魏文子请老休，辟郤克，克执政。

九年，楚庄王卒。晋伐齐，齐使太子彊为质于晋，晋兵罢。

十一年春，齐伐鲁，取隆。鲁告急卫，卫与鲁皆因郤克告急于晋。晋乃使郤克、栾书、韩厥以兵车八百乘与鲁、卫共伐齐。夏，与顷公战于鞌，伤困顷公。顷公乃与其右易位，下取饮，以得脱去。齐师败走，晋追北至齐。顷公献宝器以求平⑤，不听。郤克曰："必得萧桐姪子为质。"齐使曰："萧桐姪子，顷公母；顷公母犹晋君母，奈何必得之？不义，请复战。"晋乃许与平而去。

楚申公巫臣盗夏姬以奔晋，晋以巫臣为邢大夫。

十二年冬，齐顷公如晋，欲上尊晋景公为王，景公让不敢。晋始作六军，韩厥、巩朔、赵穿、荀骓、赵括、赵旃皆为卿。智罃自楚归。

十三年，鲁成公朝晋，晋弗敬，鲁怒去，倍晋。晋伐郑，取氾。

十四年，梁山崩。问伯宗，伯宗以为不足怪也。

十六年，楚将子反怨巫臣，灭其族。巫臣怒，遗子反书曰："必令子罢于奔命！"乃请使吴，令其子为吴行人，教吴乘车用兵。吴晋始通，约伐楚。

十七年，诛赵同、赵括，族灭之。韩厥曰："赵衰、赵盾之功岂可忘乎？奈何绝祀！"乃复令赵庶子武为赵后，复与之邑。

十九年夏，景公病，立其太子寿曼为君，是为厉公。后月馀，景公卒。

【注释】

①赐赵氏为公族：公族，公族大夫，即国君同族的大夫。晋成公即位，赐赵氏为公族。

②智䓨：䓨，读yīng，智䓨，为人名。

③绐：欺骗，谎言。

④眇：一只眼失明。

⑤平：讲和。

【译文】

晋成公是晋文公的小儿子，他母亲是周王室的女子。继位后，晋成公去武宫祭拜祖宗。

成公元年，晋成公赐赵氏为公族大夫。晋国讨伐郑国，因为郑国背叛了晋国。

三年，郑襄公刚刚即位，郑国归附晋国而背弃了楚国。楚庄王生气了，率军讨伐郑国。晋国前往援救。

六年，晋国攻打秦国，俘虏了秦国将军赤。

七年，晋成公与楚庄王争夺霸权，在扈邑会见诸侯。陈国畏惧楚国，未去赴会。晋国派中行桓率军讨伐陈国，趁机救援郑国，与楚国交战，打败了楚军。这一年，晋成公去世，儿子晋景公据即位。

景公元年春季，陈国大夫夏徵舒杀死了自己的国君陈灵公。二年，楚庄王讨伐陈国，杀死了夏徵舒。

三年，楚庄王包围了郑国。郑国向晋国求救。晋国派荀林父统率中军，随会统率上军，赵朔统率下军，郤克、栾书、先縠、韩厥、巩朔辅佐他们。六月，晋军赶到黄河。听说楚国已降服郑国，郑襄公脱去上衣，露出胳膊，愿意接受惩罚，与楚国结盟，楚军撤退回去了，荀林父想班师回晋。先縠说："我们是来救郑国的，不到达不可以，否则将帅将要离心离德。"

晋军最终渡过黄河。楚国已经降服郑国，想在黄河饮马扬名后离开郑国。楚晋两军大战。郑国刚刚归附楚国，惧怕楚国，反而帮助楚军进攻晋军。晋军大败，退到黄河边，士兵争船渡河。船只不足，先上船的士兵砍下很多想攀附船舷的士兵的手，导致船上有很多砍掉的手指。楚国俘虏了晋军将领智䓨。

晋军返回晋国后，荀林父说："我是大将，晋军失败我应该被惩办，请求死罪。"晋景公想答应他。随会说："过去，晋文公与楚国在城濮作战，楚成王回到楚国后，杀死了大将子玉，晋文公才高兴。今天，楚国已经打败了我军。我们又杀死自己的将军。这是帮楚国人杀死他们的仇人。"晋景公听了这番话才罢手。

四年，先縠因为先提出此计而使晋军在黄河边吃了败仗，害怕被杀，就逃亡到了翟国，与翟国商量讨伐晋国。晋国发觉后，杀了先縠的整个家族。先縠是先轸的儿子。

五年，晋国讨伐郑国，因为它援助楚国。当时，楚庄王很强大。楚军在黄河边挫败了晋军。

六年，楚国讨伐宋国。宋国向晋国求援，晋国想去援救。伯宗献计说："楚国，上天正兴发它，不能阻挡。"于是，晋国派解扬谎称救援宋国。郑国人抓住解扬，把他交给了楚国。楚国赏赐了他很多财物，让他说反话，以使宋国赶快败下阵来。解扬假装许诺，最终将晋景公的话告诉了宋国。楚国想杀死他。有人劝谏，楚国便放回了解扬。

七年，晋国派随会率军灭亡了赤狄。

八年，晋国派郤克出使齐国。齐顷公的母亲从楼上观看而发笑。之所以如此，是因为郤克驼背，而鲁国使者跛足，卫国使者一只眼盲，而齐顷公也派同样的残疾人去引导宾客。郤克很生气，回到黄河边后，发誓说："一定报复齐国，河伯来见证！"郤克返回晋国，向晋景公请求派兵攻打齐国。晋景公询问进攻的原因后，说："你有怨气，怎么能烦扰国家呢？"晋景公没有听。魏文子因年迈请求辞职，以避开郤克。郤克执掌国家政权。

九年，楚庄王去世。晋国讨伐齐国，晋景公派太子彊到晋国做人质，晋军才停止进攻。

十一年春季，齐国讨伐鲁国，夺取了隆。鲁国向卫国告急。卫国和鲁国都通过郤克向晋国求救。晋国派郤克、栾书、韩厥率领八百辆战车和鲁国、卫国一起，共同讨伐齐国。夏天，三国军队与齐顷公在鞌交战，齐顷公受伤被困，便与他的护右交换了座位。他下车去找水喝，从而逃脱而去。齐军大败而逃。三国军队追赶败兵，一直达到齐都。齐顷公献上宝器求和，晋国不同意。郤克说："一定要得到萧桐姪子做人质。"齐国使者说："萧桐姪子是齐顷公的母亲，齐顷公的母亲如同晋君的母亲，怎么一定要得到她呢？你们太不讲信义了！请求再一次交战。"结果，晋国才答应与齐国讲和而离去。

楚申公巫臣偷娶了夏姬，逃到晋国。晋景公任命巫臣做邢邑大夫。

十二年的冬季，齐顷公到了晋国，想尊奉晋景公为王。晋景公辞谢不敢当。晋国开始设置六军，韩厥、巩朔、赵穿、荀骓、赵括、赵旃都任大臣。智䓨也从楚国返回晋国。

十三年，鲁成公朝拜晋景公，晋景公很不礼貌，鲁成公生气地走了，背叛了晋国。晋国讨伐了郑国，攻下了氾。

十四年年，梁山发生山崩。晋景公询问伯宗。伯宗认为不值得大惊小怪。

十六年，楚国大将子反怨恨巫臣，杀死了巫臣的整个家族。巫臣十分气恼，给子反一封信，说："一定让你疲于奔命！"于是，巫臣请求出使吴国，让自己的儿子做吴国的外交使者，教吴国士兵乘车打仗。吴晋两国开始有交往，约定讨伐楚国。

十七年，晋国杀死了赵同、赵括，并灭亡了他们的家族。韩厥说："怎么能忘记赵衰、赵盾的功劳呢？怎么能断绝他们的香火呢？"于是，晋景公又让赵氏的庶子赵武作为赵氏后代，又封给他食邑。

十九年夏季，晋景公病重，立太子寿曼做国君，即晋厉公。一个月后，晋景公去世。

【原文】

　　厉公元年，初立，欲和诸侯，与秦桓公夹河而盟。归而秦倍盟，与翟谋伐晋。三年，使吕相让秦，因与诸侯伐秦。至泾，败秦于麻隧，虏其将成差。

　　五年，三郤谗伯宗，杀之。伯宗以好直谏得此祸，国人以是不附厉公。

　　六年春，郑倍晋与楚盟，晋怒。栾书曰："不可以当吾世而失诸侯。"乃发兵。厉公自将，五月，度河。闻楚兵来救，范文子请公欲还。郤至曰："发兵诛逆，见强辟之，无以令诸侯。"遂与战。癸巳，射中楚共王目，楚军败于鄢陵。子反收馀兵，拊循①欲复战，晋患之。共王召子反，其侍者竖阳穀进酒，子反醉，不能见。王怒，让②子反，子反死。王遂引兵归。晋由此威诸侯，欲以令天下求霸。

　　厉公多外嬖姬，归，欲尽去群大夫而立诸姬兄弟。宠姬兄曰胥童，尝与郤至有怨，及栾书又怨郤至不用其计而遂败楚，乃使人间谢楚。楚来诈厉公曰："鄢陵之战，实至召楚，欲作乱，内子周立之。会与国不具，是以事不成。"厉公告栾书。栾书曰："其殆有矣！原公试使人之周微考③之。"果使郤至于周。栾书又使公子周见郤至，郤至不知见卖也。厉公验之，信然，遂怨郤至，欲杀之。

　　八年，厉公猎，与姬饮，郤至杀豕奉进，宦者夺之。郤至射杀宦者。公怒，曰："季子欺予！"将诛三郤，未发也。郤錡欲攻公，曰："我虽死，公亦病矣。"郤至曰："信不反君，智不害民，勇不作乱。失此三者，谁与我？我死耳！"

　　十二月壬午，公令胥童以兵八百人袭攻杀三郤。胥童因以劫栾书、中行偃于朝，曰："不杀二子，患必及公。"公曰："一旦杀三卿，寡人不忍益也。"对曰："人将忍君。"公弗听，谢栾书等以诛郤氏罪："大夫复位。"二子顿首曰："幸甚幸甚！"公使胥童为卿。

　　闰月乙卯，厉公游匠骊氏，栾书、中行偃以其党④袭捕厉公，囚之，杀胥童，而使人迎公子周于周而立之，是为悼公。

悼公元年正月庚申,栾书、中行偃弑厉公,葬之以一乘车。厉公囚六日死,死十日庚午,智䓨迎公子周来,至绛,刑鸡与大夫盟而立之,是为悼公。辛巳,朝武宫。二月乙酉,即位。

悼公周者,其大父捷,晋襄公少子也,不得立,号为桓叔,桓叔最爱。桓叔生惠伯谈,谈生悼公周。周之立,年十四矣。悼公曰:"大父、父皆不得立而辟难于周,客死焉。寡人自以疏远,毋几为君。今大夫不忘文、襄之意而惠立桓叔之后,赖宗庙大夫之灵,得奉晋祀,岂敢不战战乎?大夫其亦佐寡人!"于是逐不臣者七人,修旧功,施德惠,收文公入时功臣后。秋,伐郑。郑师败,遂至陈。

三年,晋会诸侯。悼公问群臣可用者,祁傒举解狐。解狐,傒之仇。复问,举其子祁午。君子曰:"祁傒可谓不党矣!外举不隐仇,内举不隐子。"方会诸侯,悼公弟杨干乱行,魏绛戮其仆。悼公怒,或谏公,公卒贤绛,任之政,使和戎,戎大亲附。十一年,悼公曰:"自吾用魏绛,九合诸侯,和戎翟,魏子之力也。"赐之乐,三让乃受之。冬,秦取我栎。

十四年,晋使六卿率诸侯伐秦,度泾,大败秦军,至棫林而去。

十五年,悼公问治国于师旷。师旷曰:"惟仁义为本。"冬,悼公卒,子平公彪立。

平公元年,伐齐,齐灵公与战靡下,齐师败走。晏婴曰:"君亦毋勇,何不止战?"遂去。晋追,遂围临菑,尽烧屠其郭中。东至胶,南至沂,齐皆城守,晋乃引兵归。

六年,鲁襄公朝晋。晋栾逞有罪,奔齐。

八年,齐庄公微遣栾逞于曲沃,以兵随之。齐兵上太行,栾逞从曲沃中反,袭入绛。绛不戒,平公欲自杀,范献子止公,以其徒击逞,逞败走曲沃。曲沃攻逞,逞死,遂灭栾氏宗。逞者,栾书孙也。其入绛,与魏氏谋。齐庄公闻逞败,乃还,取晋之朝歌去,以报临菑之役也。

十年,齐崔杼弑其君庄公。晋因齐乱,伐败齐于高唐去,报太行之役也。

十四年,吴延陵季子来使,与赵文子、韩宣子、魏献子语,曰:"晋国之政，卒归此三家矣。"

十九年，齐使晏婴如晋，与叔向语。叔向曰："晋，季世⑤也。公厚赋为台池而不恤政，政在私门，其可久乎！"晏子然之。

二十二年，伐燕。二十六年，平公卒，子昭公夷立。

【注释】

①拊循：安抚，抚慰。

②让：责备。

③微考：暗地观察。

④党：党羽。

⑤季世：末世，衰微的时代。

【译文】

晋厉公元年，因为刚刚即位，晋厉公想向诸侯求和，便与秦桓公隔着黄河订立盟约。回国后，秦国就违背盟约，和翟国商量攻打晋国。

三年，晋国派吕相谴责秦国，借机和诸侯讨伐秦国。兵至泾水，他们在麻隧打败秦军，俘虏了秦国大将成差。

五年，郤锜、郤犨、郤至中伤伯宗，晋厉公杀死了伯宗。伯宗是因为喜好直言劝谏才招来这个灾祸。百姓因此不再信任晋厉公。

六年春季，郑国背叛了晋国，与楚国结盟。晋厉公十分生气。栾书说："不可以在我们执政时失去诸侯霸主地位。"于是，晋国派军队攻打郑国。晋厉公亲自统率军队，于五月渡过黄河。听说楚军来援救，范文子请求晋厉公撤兵。郤至说："派军讨伐逆贼，遇到了强敌就躲避，就无法对诸侯发号施令了。"于是，晋国与楚国交战。

在交战中，晋军射中楚共王的眼睛。楚军在鄢陵失败。子反聚集残兵，安抚好楚军，想再一次与晋军交战，晋国很担心。楚共王召唤子反时，子反的侍者竖阳穀向他敬酒，子反喝醉了，不能去拜见楚共王。楚共王很生气，责备子反。子反自杀。楚共王于是带兵返回楚国。晋国因此威震诸侯，想号令天下，求得霸权。

晋厉公有很多宠姬。回国后，他想免除所有大臣的职务，任用宠姬的兄弟。有个宠姬的哥哥叫胥童，曾与郤至有矛盾，再加上栾书又怨恨郤至不使用自己的计谋竟然打败了楚军，就派人暗中向楚国人合谋陷害郤至。楚国派人欺骗晋厉公说："鄢陵一战，实际是郤至招来楚国参与的。郤至想作乱，迎接子周到晋国即位。恰好盟国没有准备好，所以事情未成功。"晋厉公把原话告诉给栾书。栾书说："大概有这种情况，希望您试着派人到镐京暗地调查一下。"晋厉公果然派郤至到镐京。栾书又让公子周会见郤至。郤至却不知道自己已被出卖。晋厉公验证这件事后，认为确实如此，于是很痛恨郤至，想杀死他。

八年，晋厉公去打猎，与宠姬饮酒。郤至杀猪奉献给晋厉公，被宦者夺去。郤至射死了宦者。晋厉公很生气地说："季子欺侮我！"他打算杀掉"三郤"。还未动手时，郤锜想先下手为强，攻杀晋厉公，说："我也许会死，国君也会遭难。"郤至说："忠诚，不能反对君主；智慧，不能伤害百姓；勇猛，不能挑起乱子。失去这三种美德，谁肯亲附我？我死了算了。"

十二月，晋厉公让胥童带领八百名士兵袭击攻杀"三郤"。胥童借机在朝廷上劫持了栾书、中行偃，说："不杀死这两个人，灾祸一定落到国君您头上。"晋厉公说："一个早上就杀死了三位卿士，我不忍心再多杀人了。"胥童回答说："别人可忍心杀死您。"晋厉公不听，向栾书道歉，说只是惩治郤氏的罪过，又说："大夫都恢复职位。"两人磕头，说："很幸运，很幸运！"晋厉公让胥童担任大臣。

闰十二月的一天，晋厉公到匠骊氏家去游玩。栾书、中行偃派他们的党羽袭击并逮捕了晋厉公，将他囚禁起来，随后杀死了胥童，派人从镐京迎来了公子周，立他为君王，即晋悼公。

悼公元年正月，栾书、中行偃杀死了晋厉公，只用一辆车陪葬了他。晋厉公是在被囚禁了六天后死去的，死去十天后，智䓨迎接公子周来晋国。到了绛，他杀鸡和大夫结盟，拥立公子周，即晋悼公。几天后，公子周到武宫拜祖先。二月，公子周即位。

晋悼公祖父捷是晋襄公儿子，没能即位为君，号称桓叔。桓叔最受宠爱。桓叔生下惠伯谈，谈生下晋悼公。晋悼公即位时已十四岁。晋悼公说："祖父、父亲都未能即位成君而到周避难，客死在周。我认为自己与王族已经疏远了，从未盼望当晋国国君。今天，大夫们不忘晋文公、晋襄公的意愿而施惠，拥立桓叔的后代，全仰仗祖宗和大夫们的威灵，得以继承晋国的祭祀。我难道敢不兢兢业业吗？大夫们也应该辅佐我啊！"于是，晋悼公驱逐了不忠于国君的七个大臣，修整旧的功业，向百姓布施恩惠，抚恤晋文公回晋国时做出过贡献的各位功臣的后代。秋天，晋军讨伐郑国。郑军大败。于是，晋军又攻打陈国。

三年，晋国会见诸侯。晋悼公向大臣们询问可以任用的人。祁傒推荐解狐。解狐是祁傒的仇人。晋悼公又问还有谁。祁傒又推荐自己的儿子祁午。君子说："祁傒可以算作不偏私了。他在外举荐不避仇人，在内举荐不避儿子。"正在会见诸侯时，晋悼公弟弟杨干扰乱了军阵。魏绛杀死了他的驾车人。晋悼公很生气。有人劝谏晋悼公。晋悼公终于认识到魏绛很有贤德，就任用他主持政务，派他与戎讲和。戎最终非常亲近晋国。

十一年，晋悼公说："从任用魏绛以来，我九次会合诸侯，与戎翟和解了，这全是魏绛的功劳。"晋悼公赐给魏绛女乐。魏绛三次辞让才接受下来。冬天，秦国攻取了晋国的栎。

十四年，晋国派六卿率领诸侯的军队讨伐秦国。盟军渡过泾河，把秦军打得大败，直到棫林才离去。

十五年，晋悼公向师旷询问治国的道理。师旷说："只有仁义是根本。"冬季，晋悼公去世，儿子晋平公彪即位。

晋平公元年，晋国讨伐齐国。齐灵公与晋国在靡下交战。齐军战败，逃跑了。晏婴说："国君本来就没有勇气，为何不停止打仗？"齐军于是撤退了。晋国穷追不舍，包围了临菑，烧光了外城内的房屋，杀光了外城内的军民。晋军东到胶水，南到沂水。齐军坚守着城市。晋国就退兵返回了。

六年，鲁襄公朝拜晋平公。晋栾逞犯了罪，逃到齐国。八年，齐庄公暗中派栾逞到曲沃，又派军跟随他。齐军上了太行山，栾逞从曲沃内造反，袭击了绛。绛毫无警戒。晋平公想自杀，范献子阻止了晋平公，派自己的家兵袭击栾逞。栾逞被打败，逃到了曲沃。曲沃人攻打栾逞。栾逞被杀死。曲沃人还消灭了栾逞的族党。栾逞是栾书的孙子。他进入绛时，与魏氏商量过。齐庄公听说栾逞失败，就返回了，攻取了晋国的朝歌后离去，为的是报复临菑一战之仇。

十年，齐国的崔杼杀死自己的国君齐庄公。晋国趁齐国动乱，在高唐打败齐军而离去，为的是报复太行一战之仇。

十四年，吴国延陵季子出使来到晋国，曾与赵文子、韩宣子、魏献子谈话。事后，季子说：“晋国的政权，最终要落在这三家手中。”

十九年，齐国派晏婴到晋国。晏婴与叔向谈话。叔向说：“晋国处于末世了。晋平公向百姓征收重税修建池台楼阁却不务政事，政务落在卿大夫手里，难道可以持久统治吗？”晏子表示同意。

二十二年，晋国讨伐燕国。二十六年，晋平公去世，儿子晋昭公即位。

【原文】

昭公六年卒。六卿强①，公室卑。子顷公去疾立。

顷公六年，周景王崩，王子争立。晋六卿平王室乱，立敬王。

九年，鲁季氏逐其君昭公，昭公居乾侯。

十一年，卫、宋使使请晋纳鲁君。季平子私赂范献子，献子受之，乃谓晋君曰："季氏无罪。"不果②入鲁君。

十二年，晋之宗家祁傒孙、叔向子相恶于君。六卿欲弱公室，乃遂以法尽灭其族，而分其邑为十县，各令其子为大夫。晋益弱，六卿皆大。

十四年，顷公卒，子定公午立。

定公十一年，鲁阳虎奔晋，赵鞅简子舍之。

十二年，孔子相鲁。

十五年，赵鞅使邯郸大夫午，不信，欲杀午。午与中行寅、范吉射亲，攻赵鞅，鞅走保晋阳。定公围晋阳。荀栎、韩不信、魏侈与范、中行为仇，乃移兵伐范、中行。范、中行反，晋君击之，败范、中行。范、中行走朝歌，保之。韩、魏为赵鞅谢晋君，乃赦赵鞅，复位。二十二年，晋败范、中行氏，二子奔齐。

三十年，定公与吴王夫差会黄池，争长，赵鞅时从，卒长吴。

三十一年，齐田常弑其君简公，而立简公弟骜为平公。

三十三年，孔子卒。

三十七年，定公卒，子出公凿立。

出公十七年，知伯与赵、韩、魏共分范、中行地以为邑。出公怒，告齐、鲁，欲以伐四卿。四卿恐，遂反攻出公。出公奔齐，道死。故知伯乃立昭公曾孙骄为晋君，是为哀公。

哀公大父雍，晋昭公少子也，号为戴子。戴子生忌。忌善知伯，蚤死，故知伯欲尽并晋，未敢，乃立忌子骄为君。当是时，晋国政皆决知伯，晋哀公不得有所制。知伯遂有范、中行地，最强。

哀公四年，赵襄子、韩康子、魏桓子共杀知伯，尽并其地。

十八年，哀公卒，子幽公柳立。

幽公之时，晋畏，反朝韩、赵、魏之君。独有绛、曲沃，馀皆入三晋。

十五年，魏文侯初立。十八年，幽公淫妇人，夜窃出邑中，盗杀幽公。魏文侯以兵诛晋乱，立幽公子止，是为烈公。

烈公十九年，周威烈王赐赵、韩、魏皆命为诸侯。

二十七年，烈公卒，子孝公顷立。孝公九年，魏武侯初立，袭邯郸，不胜而去。十七年，孝公卒，子静公俱酒立。是岁，齐威王元年也。

静公二年，魏武侯、韩哀侯、赵敬侯灭晋后而三分其地。静公迁为家人③，晋绝不祀。

【注释】

①六卿强：晋国六家大夫势力强大，即韩、赵、魏、范、中行及智氏势力强大。

②果：成为事实。

③家人：平民。

【译文】

昭公六年，晋昭公去世。晋国六卿强大，公室却弱小了。晋昭公儿子晋顷公去疾即位。

顷公六年，周景王去世，各公子们争夺王位。晋国的六卿平息了周王室的乱子，拥立周敬王。

九年，鲁季氏驱逐了自己的国君鲁昭公。鲁昭公住在乾侯。十一年，卫国、宋国派使者请求晋国送鲁昭公回国。季平子私下贿赂了范献子。范献子接受贿赂后，就对晋顷公说："季氏没有罪。"最终没有送鲁昭公回国。

十二年，晋国宗室祁傒的孙子和叔向的儿子在晋顷公面前互相诋毁。六卿想削弱晋顷公的力量，便依照刑法杀死了他们两个的全部家族，并把他们的封邑划分为十个县，各自让自己儿子去做大夫。晋顷公的力量更加弱小，六卿都强大起来。

十四年，晋顷公去世，儿子晋定公午即位。

晋定公十一年，鲁国的阳虎逃到晋国。赵鞅简子留宿了他。十二年，孔子做了鲁国傧相。

十五年，赵鞅让邯郸大夫赵午将卫国进贡的五百户归还后，让他迁居晋阳，邯郸午答应后，又不讲信用。赵鞅便认为午不诚实，想杀死午。午和中行寅、范吉射一起攻打赵鞅。赵鞅逃到晋阳防守。晋定公率军包围了晋阳。荀栎、韩不信、魏侈与范氏、中行氏有仇，就调军队攻打范氏、中行氏。范氏、中行寅反叛，晋军攻打他们，打败了他们。范氏、中行氏逃到朝歌，据城自保。韩不信、魏侈替赵鞅向晋定公道歉。于是，晋定公赦免了赵鞅，恢复了他的爵位。

二十二年，晋国打败了范吉射、中行氏，这两个人逃到齐国。

三十年，晋定公与吴王夫差在黄池相会，争当诸侯首领。赵鞅当时从行，最终让吴王做了盟主。

三十一年，齐国田常杀死了自己的国君齐简公，立齐简公的弟弟骜做国君，即齐平公。三十三年孔子去世。

三十七年，晋定公去世，儿子晋出公凿即位。

晋出公十七年，知伯与赵鞅、韩不信、魏侈共同瓜分了范氏、中行氏的领地，归入自己的采邑。晋出公很生气，求告齐国、鲁国，想借机讨伐四卿。四卿很恐慌，于是联合起来反击攻打晋出公。晋出公逃亡齐国，在半路上死去。所以，知伯就立晋昭公的曾孙骄做晋国国君，即晋哀公。

晋哀公的祖父雍是晋昭公的小儿子，号戴子。戴子生下了忌。忌与知伯关系密切，但早死。所以，知伯想吞并晋国，没敢动，就立忌的儿子骄做晋国国君。当时，晋国政务全部由知伯决定，晋哀公不能控制朝政。于是，知伯占有了范氏和中行氏的领地，成为六卿中最强大的一个。

哀公四年，赵襄子、韩康子、魏桓子共同杀死了知伯，吞并了他的全部土地。十八年，晋哀公去世，儿子晋幽公柳即位。

晋幽公当政时，晋国国君由于衰弱而畏惧卿大夫，反而朝拜赵襄子、韩康子、魏桓子三家君主。晋幽公只占有绛、曲沃，余下的都并入赵襄子、韩康子、魏桓子的领地范围内。

十五年，魏文侯初即位。十八年，晋幽公奸淫妇女，夜间私自出城，强盗杀死了他。魏文侯派兵诛灭晋国的内乱，立晋幽公儿子止为国君，即晋烈公。

烈公十九年，周威烈王赐封赵国、韩国、魏国，命他们为诸侯。

二十七年，晋烈公去世，儿子晋孝公颀即位。

孝公九年，魏武侯刚刚即位，袭击了邯郸，未能取胜就撤兵离去了。十七年，晋孝公去世，儿子晋静公俱酒即位。这一年是齐威王元年。

静公二年，魏武侯、韩哀侯、赵敬侯灭亡晋国后，把晋国领地分割为三份。晋静公成为平民，晋国断绝祭祀。

【编后语】

在《史记》这部名著中，除了十二本纪外，还有十表、八书、三十世家和七十列传。十表和八书的精彩程度远不及本纪和列传，因而本书未选编十表八书。而在三十世家中，有十六篇是记载春秋战国时各诸侯国通史的，分别为《吴太伯世家》（吴国）、《齐太公世家》（姜氏齐国）、《鲁周公世家》（鲁国）、《燕召公世家》（燕国）、《管蔡世家》（蔡国和曹国）、《陈杞世家》（陈国和杞国）、《卫康叔世家》（卫国）、《宋微子世家》（宋国）、《晋世家》（晋国）、《楚世家》（楚国）、《越王句践世家》（越国）、《郑世家》（郑国）、《赵世家》（赵国）、《魏世家》（魏国）、《韩世家》（韩国）和《田敬仲完世家》（田氏齐国）。除了秦国历史记载在《秦本纪》外，春秋战国时期著名的诸侯国都有相应的世家记载，而一些次重要的诸侯国，也在其他国家世家中能找到相关记载。春秋战国时期，诸侯强大，最终称霸天下；大夫强大，最终取代了诸侯。《晋世家》是这十六篇世家中最具有代表性的，最能突出春秋战国特点的，也是最为精彩的。因此，我们精选了《晋世家》中的精彩部分，省略了周成王桐叶封弟，唐叔虞建立晋国到沃武公（晋武公）通过武力从旁系发展夺取晋国到去世、晋献公继位这一段时间，晋国历代国君世系继承的历史，以及其内部斗争的历史，省略了司马迁对晋国衰亡的总结和评价。仔细阅读本篇，将会轻松领悟到三十世家中前十六篇的特色所在。

孔子世家

【原文】

孔子生鲁昌平乡陬邑①。其先宋人也,曰孔防叔。防叔生伯夏,伯夏生叔梁纥。纥与颜氏女野合而生孔子,祷于尼丘得孔子。鲁襄公二十二年而孔子生。生而首上圩顶②,故因名曰丘云。字仲尼,姓孔氏。

丘生而叔梁纥死,葬于防山。防山在鲁东,由是孔子疑其父墓处,母讳之③也。孔子为儿嬉戏,常陈俎豆④,设礼容。孔子母死,乃殡五父之衢,盖其慎也。陬人挽父⑤之母诲孔子父墓,然后往合葬于防焉。

孔子要绖⑥,季氏飨士,孔子与往。阳虎绌曰:"季氏飨士,非敢飨子也。"孔子由是退。

孔子年十七,鲁大夫孟釐子病且死,诫其嗣懿子曰:"孔丘,圣人之后,灭于宋。其祖弗父何始有宋而嗣让厉公。及正考父佐戴、武、宣公,三命兹益⑦恭,故鼎铭⑧云:'一命而偻,再命而伛,三命而俯,循墙而走,亦莫敢余侮。饘⑨于是,粥于是,以糊余口。'其恭如是。吾闻圣人之后,虽不当世⑩,必有达者。今孔丘年少好礼,其达者欤?吾即没⑪,若⑫必师之。"及釐子卒,懿子与鲁人南宫敬叔往学礼焉。是岁,季武子卒,平子代立。

【注释】

①陬邑:陬,读zōu,陬邑,此处指地名。

②圩顶:形容人头顶四周高,中间低,呈"凹"字形。圩,洼田四周的埂。

③母讳之:叔梁纥去世时,颜征在少寡,在当时社会,她不便送葬,故

不知叔梁纥坟地所在。

④陈：陈列、摆设。俎豆：俎，读zǔ，古代祭祀时盛祭品的器皿。俎，是方形的；豆，是圆形的。

⑤挽父：挽，读wǎn。

⑥要绖：绖，读dié，古代丧服中的麻腰带。"要"通"腰"。

⑦三命：此处指多次加官晋爵。兹益：更加。

⑧鼎铭：鼎上所铸的文字。

⑨饘：读zhān，此处指稠粥。

⑩当世：指做国君。

⑪即没：如果死了。

⑫若：你，指孟懿子。师之：以他为师。

【译文】

孔子出生在鲁国昌平乡陬邑。他的祖先是宋国人，叫孔防叔。孔防叔生了伯夏，伯夏生了叔梁纥。叔梁纥与颜徵私通而生下了孔子，据说是在尼丘山祷告后生的孔子。孔子出生时，头顶中间下凹，因而起名叫孔丘，字仲尼。

孔子刚出生不久，叔梁纥就去世了，葬在防山。防山在鲁国东部，孔子无法确知他父亲的墓在哪里，因为他母亲也不知道在哪里。孔子小时候做游戏，常常摆设俎豆等祭器，模仿祭祀时的礼仪动作。孔子母亲去世后，他出于慎重而没有马上将其埋葬，而把其灵柩暂时停放在五父衢这条路旁。陬邑人挽父的母亲告诉了孔子他父亲的墓地后，孔子就把母亲的灵柩运往防山和父亲合葬在一起。

孔子的腰间还系着孝带时，季氏设宴款待名士，孔子前往赴宴。阳虎拒斥他，说："季氏款待的是名士，不能让你参加。"孔子就退出去了。

孔子十七岁时，鲁国大夫孟釐子病危。孟釐子告诫他的嗣子懿子，说："孔丘是圣人的后代，先祖在宋国败落。他的九世祖弗父何当初本来是宋国的继承人，让位给弟弟宋厉公。等到正考父时，辅佐宋戴公、武公、宣公，三次受命，一次比一次恭敬。因此，他庙中鼎上的铭文说：'第一次受命时曲身而受，第二次受命时弯腰而受，第三次受命时俯身而受，走路时靠着墙根走，也没有人敢侮辱我。每天一碗面糊，一碗稀粥，以此糊口度日。'他的恭谨节俭到了这种程度。我听说圣人的后代，即便不一定当国执政，但必定会有显达的人出现。孔丘年少而喜好礼仪，大概就是要显达的人吧？我马上就要死了，你一定要拜他为师。"等到孟釐子去世之后，懿子和鲁人南宫敬叔去向孔子学礼。这一年，季武子去世，季平子继位。

【原文】

孔子贫且贱。及长，尝为季氏史①，料量平；尝为司职吏而畜蕃息②。由是为司空。已而去鲁，斥乎齐，逐乎宋、卫，困于陈蔡之间，于是反鲁。孔子长九尺有六寸，人皆谓之"长人"而异之。鲁复善待，由是反鲁。

鲁南宫敬叔言鲁君曰："请与孔子适周。"鲁君与之一乘车，两马，一竖子俱，适周问礼，盖见老子云。辞去，而老子送之曰："吾闻富贵者送人以财，仁人者送人以言。吾不能富贵，窃③仁人之号，送子以言，曰：'聪明深察而近于死者，好议人者也。博辩广大危其身者，发人之恶者也。为人子者毋以有己，为人臣者毋以有己。'"孔子自周反于鲁，弟子稍益进焉。

是时也，晋平公淫，六卿擅权，东伐诸侯；楚灵王兵强，陵轹中国；齐大而近于鲁。鲁小弱，附于楚则晋怒；附于晋则楚来伐；不备于齐，齐师侵鲁。

鲁昭公之二十年，而孔子盖年三十矣。齐景公与晏婴来适鲁，景公问孔子曰："昔秦穆公国小处辟，其霸何也？"对曰："秦，国虽小，其志大；处虽辟，行中正。身举五羖④，爵之大夫，起累绁⑤之中，与语三日，授之以政。以此取之，虽王⑥可也，其霸小矣。"景公说⑦。

【注释】

①史：此处指管理仓库的小官。
②司职使：此处指管理牧场的小官吏。畜蕃息：牲畜繁殖兴旺。

③窃：假借。

④五羖：指百里奚。

⑤累绁：通"缧绁"，绑人用的绳索，此处引申为"拘禁"的意思。

⑥王：统治天下。

⑦说：通"悦"，此处是高兴的意思。

【译文】

孔子家境贫寒，地位低贱。等到成年后，孔子做过季氏的门下小吏，负责管理仓库，出纳钱粮计算得非常清楚准确；又当过管理牧场的小吏，结果牲畜繁殖得很好。孔子身高九尺六寸，人们都叫他"长人"，觉得他与常人不同。

鲁国人南宫敬叔对鲁君说："请让我和孔子一起到周那里去。"于是，鲁君给了他一辆车、两匹马、一个僮仆，随孔子到周去学礼。据说，孔子见到了老子。告别离去时，老子送孔子，说："我听说富贵的人送别时赠送财物，仁德的人送别时赠送言辞。我不能富贵，就假借仁德之人的名号，用言辞为你送行。这些言辞是：'聪明深察的人常常靠近死亡，这是因为他喜欢非议别人。博学善辩、见识广大的人常常危及自身，是因为他喜欢揭发别人的罪恶。做子女的不应只想到自己，应想着父母，做臣子的不能只顾及自己，应一心想着君主。'"孔子从周返回鲁国后，门下的弟子渐渐多了起来。

这时，晋平公荒淫无道不理政事，六卿专权，攻打东方的诸侯国；楚灵王军力强大，侵犯中原各诸侯国；齐国是个大国而靠近鲁国。鲁国弱小，依附楚国就会惹恼晋国；依附晋国那么楚国就会前来讨伐；事奉齐国如果不周到，齐军就会侵犯鲁国。

鲁昭公二十年，孔子大约三十岁。齐景公和晏婴来到鲁国。齐景公问孔子，说："从前秦穆公管理的国家弱小而且地处偏僻，为什么能够称霸呢？"孔子回答说："秦国，国家虽小，但秦穆公志向远大；地方虽然偏僻，但秦穆公施政却很公正。他亲自推举用五张羊皮赎回来的百里奚，封给他大夫爵位，把他从拘禁中解救出来，跟他交谈了三天，就让他主持国政。凭借这些而奋发进取，即使他称王也是可以的，称霸还委屈了他呢。"齐景公听了很高兴。

【原文】

　　孔子年三十五，而季平子与郈昭伯以斗鸡故得罪鲁昭公，昭公率师击平子，平子与孟氏、叔孙氏三家共攻昭公，昭公师败，奔于齐，齐处昭公乾侯。其后顷之，鲁乱。孔子适齐，为高昭子家臣①，欲以通乎景公。与齐太师语乐，闻《韶》音，学之，三月不知肉味，齐人称之。

　　景公问政孔子，孔子曰："君君，臣臣，父父，子子②。"景公曰："善哉！信如君不君，臣不臣，父不父，子不子，虽有粟，吾岂得而食诸！"他日又复问政于孔子，孔子曰："政在节财。"景公说，将欲以尼谿③田封孔子。晏婴进曰："夫儒者滑稽而不可轨法④；倨傲自顺⑤，不可以为下；崇丧遂哀⑥，破产厚葬，不可以为俗；游说乞贷，不可以为国。自大贤之息，周室既衰，礼乐缺有间。今孔子盛容饰，繁登降之礼，趋⑦详之节，累世不能殚其学，当年不能究其礼。君欲用之以移齐俗，非所以先细民也。"后，景公敬见孔子，不问其礼。异日，景公止孔子曰："奉子以季氏，吾不能。以季孟之间⑧待之。"齐大夫欲害孔子，孔子闻之，景公曰："吾老矣，弗能用也。"孔子遂行，反乎鲁。

【注释】

①家臣：卿大夫的幕僚、私臣。

②君君，臣臣，父父，子子：做国君的要有做国君的样子，做大臣的要有做大臣的样子，做父亲的要有做父亲的样子，做儿子的要有做儿子的样子，上下各守秩序，政治就可以走上轨道了。

③尼谿：谿，读xī，尼谿，此处是地名。

④滑稽：此处指能言善辩，巧嘴滑舌。不可轨法：不能将之视为法则而遵照执行。

⑤倨傲自顺：傲慢不恭，自以为是。

⑥崇丧遂哀：重礼丧葬，长期不止。

⑦趋：小步快走，表示恭敬。

⑧季孟之间：此处指上卿和下卿之间，因为季孙氏当时为上卿，孟孙氏为下卿。

【译文】

孔子三十五岁时，季平子因为和郈昭伯斗鸡的缘故得罪了鲁昭公。鲁昭公率军攻打季平子。季平子和孟叔氏、叔孙氏三家共同攻打鲁昭公。鲁昭公战败，被迫逃到齐国。齐国把鲁昭公安置在乾侯。此后不久，鲁国发生内乱。孔子来到齐国，做了高昭子的家臣，想通过高昭子接近齐景公。他和齐国的乐官谈论音乐，听到《韶》这首曲子，就专心学习起来，入迷到三个月都吃不出肉味。齐国人都称赞他。

齐景公向孔子询问为政之道。孔子说："做国君的要有做国君的样子，做大臣的要有做大臣的样子，做父亲的要有做父亲的样子，做儿子的要有做儿子的样子。"齐景公说："好啊！真要是做国君的没有做国君的样子，做大臣的没有做大臣的样子，做父亲的没有做父亲的样子，做儿子的没有做儿子的样子，即使有很多粮食，我怎么能吃得着呢？"

另一天，齐景公又向孔子询问为政之道。孔子说："为政的要点在于节省财力。"齐景公听了很高兴，打算把尼谿的田地封给孔子。晏婴劝阻说："儒者圆滑善辩，他们的说法不能作为法度让人遵循；高傲而且自以为是，很难把他们作为臣下来驾驭；推重丧事，竭尽哀伤之能事，不惜破产来追求厚葬，不能使这种做法成为风气；到处游说求取官禄，不能让他们治理国家。自从大圣大贤去世以后，周室已经衰微，礼乐制度残缺毁坏有很长时间了。如今，孔子过分讲究仪容服饰，制定烦琐的上朝下朝礼仪，刻意追求举止行走合乎规矩，这些繁文缛节几代人都学不完，一辈子也弄不清楚。您想用这些东西来改变齐国的风俗，这不是引导百姓的好办法。"此后，齐景公只是很有礼貌地接见孔子，不再向他询问礼仪的事。有一天，齐景公劝留孔子说："要我给你季孙氏那样高的待遇，我做不到，给您上下卿之间的待遇吧。"齐国的大夫妒恨孔子，孔子听说了。齐景公说："我老了，不能任用你了。"于是，孔子离开齐国，回到鲁国。

【原文】

孔子年四十二，鲁昭公卒于乾侯，定公立。定公立五年，夏，季平子卒，桓子嗣立。季桓子穿井得土缶①，中若羊，问仲尼，云"得狗"。仲尼曰："以丘所闻，羊也。丘闻之，木石之怪夔②、罔阆，水之怪龙、罔象，土之怪坟羊。"

吴伐越，堕③会稽，得骨节专车。吴使使问仲尼："骨何者最大？"仲尼曰："禹致群神于会稽山，防风氏后至，禹杀而戮之，其节专车，此为大矣。"吴客曰："谁为神？"仲尼曰："山川之神，足以纲纪天下，其守为神④，社稷为公侯，皆属于王者。"客曰："防风何守？"仲尼曰："汪罔氏之君守封、禺之山，为釐姓。在虞、夏、商为汪罔，于周为长翟，今谓之大人。"客曰："人长几何？"仲尼曰："僬侥氏⑤三尺，短之至也。长者不过十之，数之极也。"于是吴客曰："善哉圣人！"

桓子嬖臣⑥曰仲梁怀，与阳虎有隙。阳虎欲逐怀，公山不狃止之。其秋，怀益骄，阳虎执怀。桓子怒，阳虎因囚桓子，与盟而醳⑦之。阳虎由此益轻季氏。季氏亦僭⑧于公室，陪臣执国政，是以鲁自大夫以下皆僭离于正道。故孔子不仕，退而修诗书礼乐，弟子弥众，至自远方，莫不受业焉。

定公八年，公山不狃不得意于季氏，因阳虎为乱，欲废三桓之適，更立其庶孽阳虎素所善者，遂执季桓子。桓子诈之，得脱。定公九年，阳虎不胜，奔于齐。是时孔子年五十。

公山不狃以费畔季氏，使人召孔子。孔子循道弥久，温温⑨无所试，莫能己用，曰："盖周文、武起丰、镐而王，今费虽小，傥庶几乎⑩！"欲往。子路不说，止孔子。孔子曰："夫召我者岂徒哉？如用我，其为东周乎！"然亦卒不行。

其后定公以孔子为中都宰，一年，四方皆则之。由中都宰为司空，由司空为大司寇⑪。

【注释】

①缶：一种肚大口小的瓦器。

②夔：古代传说中的一种龙形动物，只有一足。

③堕：同"隳"，毁坏。

④守：指监守山川按时祭祀的人。神：指神化了的部落首领。

⑤僬侥氏：古代传说中的矮人。

⑥嬖臣：宠幸之臣。

⑦释：读shì，通"释"，释放。

⑧僭：读jiàn，超越本分。指下级冒用上级的名义、礼仪、器物。

⑨温温：柔和的样子。一说同"蕴蕴"，郁郁不得志的样子。

⑩傥：义同"倘"，或许。庶几：差不多。

⑪大司寇：主管刑狱之官。

【译文】

孔子四十二岁时，鲁昭公在乾侯去世，鲁定公即位。鲁定公即位后第五年夏，季平子去世，季桓子继承了他的职位。季桓子挖井时得到一个陶罐，里面有个像羊的东西，去问孔子，并说"得到一只狗"。孔子说："据我所知，那是羊。我听说，山林中的怪物是夔和罔阆，水中的怪物是龙和罔象，土中的怪物是不雌不雄的坟羊。"

吴国讨伐越国时，摧毁了越国都城会稽，得到一节骨头，有一车那么长。吴国派使者问孔子："什么骨头最大？"孔子回答说："大禹把各路诸侯召集到会稽山，防风氏来晚了，大禹杀了他，将其示众。他的骨头一节就有一车长。这就是最大的骨头。"吴国使者问："谁是神呢？"孔子回答说："山川的神灵能兴云致雨造福天下，负责监守山川并按时祭祀的就是神，守卫社稷的是公侯，都归属于天子。"吴国使者问："防风氏的主管祭祀什么呢？"孔子说："汪罔氏的首领主管祭祀的是封山、禺山，是釐姓。在虞、夏、商时期叫汪罔,在周朝叫长翟,如今叫作大人。"吴国使者问:"他们身高是多少?"孔子说:"僬侥氏身高三尺,是最矮的。最高的不超过三丈。"于是,吴国使者感叹说:"真是了不起的圣人啊!"

季桓子有个叫仲梁怀的宠臣,和阳虎有嫌隙。阳虎想驱逐仲梁怀,公山不狃阻止了他。这年秋,仲梁怀更加骄横放肆,阳虎把他抓了起来。季桓子发怒了。阳虎就把季桓子也囚禁起来,跟他订立盟约后才释放了他。阳虎从此更加轻视季氏。季氏也超越本分凌驾于鲁国公室之上。他身为陪臣掌管国家大权,导致鲁国从大夫以下都不守本分,背离了常道。正因为这个原因,孔子不愿意做官,集中精力研究整理《诗经》《尚书》《礼记》《乐经》。他的弟子越来越多,甚至很远地方的人都前来向他求教。

鲁定公八年,公山不狃失宠于季桓子。他利用阳虎作乱,想废掉三桓的嫡嗣,改立他们的庶子当中那个平时被阳虎喜欢的人,就抓住了季桓子。季桓子用计骗他,才得以逃脱。鲁定公九年,阳虎作乱失败,逃到齐国。这时,孔子五十岁。

公山不狃凭借费邑反叛季桓子,派人来召孔子。孔子探索因循守礼的治国之道已经很久,却抑郁无处施展,没有人能任用他,不由得说:"当初周文王、周武王在丰、镐兴起而统治天下,如今。费邑虽小,或许与丰、镐也差不多吧!"他想应召前往。子路不高兴,劝阻孔子。孔子说:"他们召我去,难道能让我白跑一趟吗?如果任用我,我就可以在东方推行周朝的礼乐制度啦!"然而,孔子却最终也没有去成。

这件事以后,鲁定公任命孔子为中都的长官。到任一年,四方官吏都效法他。后来,孔子由中都的长官升为司空,又由司空升为大司寇。

【原文】

定公十年春,及齐平。夏,齐大夫黎鉏言于景公曰:"鲁用孔丘,其势危齐。"乃使使告鲁为好会①,会于夹谷。鲁定公且以乘车好往②。孔子摄相事,曰:"臣闻有文事者必有武备,有武事者必有文备。古者诸侯出疆,必具官以从。请具左右司马。"定公曰："诺。"具左右司马。

会齐侯夹谷，为坛位③，土阶三等，以会遇之礼相见，揖让而登。

献酬之礼毕，齐有司趋而进曰："请奏四方之乐④。"景公曰："诺。"于是旍旄羽袚⑤矛戟剑楯鼓噪而至。孔子趋而进，历阶而登⑥，不尽一等⑦，举袂而言曰："吾两君为好会，夷狄之乐何为于此！请命有司！"有司却之，不去，则左右视晏子与景公。景公心怍，麾而去之。有顷，齐有司趋而进曰："请奏宫中之乐。"景公曰："诺。"优倡侏儒⑧为戏而前。孔子趋而进，历阶而登，不尽一等，曰："匹夫而营惑诸侯者罪当诛！请命有司！"有司加法焉，手足异处⑨。景公惧而动，知义不若，归而大恐，告其群臣曰："鲁以君子之道辅其君，而子独以夷狄之道教寡人，使得罪于鲁君，为之奈何？"有司进对曰："君子有过则谢以质，小人有过则谢以文。君若悼之，则谢以质。"于是齐侯乃归所侵鲁之郓、汶阳、龟阴之田以谢过。

定公十三年夏，孔子言于定公曰："臣无藏甲，大夫毋百雉之城。"使仲由为季氏宰，将堕三都⑩。于是叔孙氏先堕郈⑪。季氏将堕费，公山不狃、叔孙辄率费人袭鲁。公与三子入于季氏之宫，登武子之台。费人攻之，弗克，入及公侧。孔子命申句须、乐颀下伐之，费人北⑫。国人追之，败诸姑蔑。二子奔齐，遂堕费。将堕成，公敛处父谓孟孙曰："堕成，齐人必至于北门。且成，孟氏之保障，无成，是无孟氏也。我将弗堕。"十二月，公围成，弗克。

【注释】

①好会：友好会见。

②好往：毫无戒备地前往赴会。

③坛：以土所筑的高台，用于祭祀、朝会及盟誓等。位：指坛上的席位。

④四方之乐：指边地各族的舞乐。

⑤旍：通"旌"，古代一种用五色羽毛装饰的旗子，用以指挥或开道。袚：五色帛制成的舞具。

⑥历阶而登：一步一阶向台上走。

⑦不尽一等：还有一级台阶没有上。
⑧优倡：此处指表演乐舞的艺人。侏儒：身材矮小的人。
⑨手足异处：指腰斩。
⑩三都：此处指季孙氏、孟孙氏、叔孙氏三人封地的城邑。
⑪郈：读hòu，此处指地名。
⑫北：指军队打了败仗往回跑。

【译文】

鲁定公十年春，鲁国与齐国讲和。夏，齐国大夫黎鉏对齐景公说："鲁国重用孔丘，势必危及齐国。"于是，齐景公派使者告诉鲁定公要在夹谷行友好会盟。鲁定公打算不做任何戒备就乘车前往。孔子为代理国相，劝他说："我听说，办理文事一定要有武备，办理武事一定要有文备，古代诸侯出国一定要配齐文武官员随从。请您带上左右司马一起前往。"鲁定公说："好。"于是，他就带左右司马随行。

在夹谷相会时，夹谷修建了会盟坛台，设有三级台阶。鲁定公和齐景公先以简略的礼节相见，然后拱手揖让，登上台阶。

双方馈赠应酬的仪式结束后，齐国的主管官员快步上前请示说："请演奏四方各族的舞乐。"齐景公说："好。"于是，齐国的乐队以旌旗为先导，头插羽毛，身披皮衣，手持矛、戟、剑、盾等兵器，鼓噪喧闹而至。孔子快步行进，一步一阶向台上走，还没登上最后一级台阶，就举起袖子一挥，说："我们两国国君举行友好相会，为什么在这里演奏夷狄的舞乐？请下命令让他们下去！"有关官员让他们下去时，他们不走，于是孔子就左右扫视晏婴和齐景公。齐景公心中惭愧，挥手让他们下去了。

过了一会儿，齐国的主管官员快步上前，请示说："请演奏宫中的乐曲。"齐景公说："好。"于是，齐国的歌舞艺人和侏儒边舞边唱走上台来。孔子快步前行，一步一个台阶往上走，还没有跨上最后一级台阶，就说："匹夫小人胆敢迷惑戏弄诸侯，论罪当斩！请下命令！"于是，有关官员依法将他们处以腰斩之刑。齐景公畏惧震动，意识到在道义上不如鲁国，回国后大为恐慌，对大臣们说："鲁国大臣用君子之道辅佐国君，而你们却用夷狄之道教我，使我得罪了鲁国国君。这该怎么办呢？"有关官员上前回答说："君子有过就用实际行动道歉认错，小人有过就用花言巧语道歉认错。您如果痛悔，那么就用实际行动道歉认错。"于是，齐景公就把侵占的郓、汶阳、龟阴还给鲁国，以示道歉。

鲁定公十三年夏，孔子对鲁定公说："大臣不得私藏兵器，大夫的封邑不得营建长三百丈的城墙。"鲁定公就派仲由去当季氏的家宰，准备毁掉季孙、孟孙、叔孙三家封邑的城墙。于是，叔孙氏先把郈邑的城墙拆毁了。季孙氏将要拆毁费邑的城墙时，公山不狃、叔孙辄率领费邑的人袭击鲁国。鲁定公和季孙、孟孙、叔孙三人进入季氏的住宅，登上高台。费邑人进攻他们，没能打进去，但已经逼近鲁定公的台侧。孔子命令申句须、乐颀下去反击费邑人。费邑人败退。都城里的人乘胜追击，在姑蔑打败了他们。公山不狃和叔孙辄逃往齐国。于是，鲁定公下令拆了费邑的城墙。将要拆毁成城时，公敛处父对孟孙氏说："拆毁了成城，齐国人必定会进逼到我们的北门。况且，成城是孟孙氏的屏障，没有成城也就没有孟孙氏了。我将不会拆毁它。"

十二月，鲁定公率军围攻成城，没能攻下。

【原文】

定公十四年，孔子年五十六，由大司寇行摄相事①，有喜色。门人曰："闻君子祸至不惧，福至不喜。"孔子曰："有是言也。不曰'乐其以贵下人'乎？"于是诛鲁大夫乱政者少正卯。

与闻国政三月，粥羔豚者弗饰贾，男女行者别于途，途不拾遗；四方之客至乎邑者不求有司，皆予之以归。

齐人闻而惧，曰："孔子为政必霸，霸则吾地近焉，我之为先并矣。盍致地焉？"黎鉏曰："请先尝沮之；沮之而不可则致地，庸②迟乎！"于是选齐国中女子好者八十人，皆衣文衣而舞《康乐》，文马三十驷，遗鲁君。陈女乐、文马于鲁城南高门外。季桓子微服往观再三，将受，乃语鲁君为周道游③,往观终日,怠于政事。子路曰:"夫子可以行矣。"孔子曰:"鲁今且郊,如致膰乎大夫,则吾犹可以止。"桓子卒受齐女乐,三日不听政;郊,又不致膰④俎于大夫。孔子遂行,宿乎屯。而师己送,曰:"夫子则非罪。"孔子曰:"吾歌可夫?"

歌曰:"彼妇之口,可以出走;彼妇之谒,可以死败。盖优哉游哉,维以卒岁!"师己反,桓子曰:"孔子亦何言?"师己以实告。桓子喟然叹曰:"夫子罪我以群婢⑤故也夫!"

孔子遂适卫,主于子路妻兄颜浊邹家。卫灵公问孔子:"居鲁得禄几何?"对曰:"奉粟六万。"卫人亦致粟六万。居顷之,或谮孔子于卫灵公。灵公使公孙余假一出一入⑥。孔子恐获罪焉,居十月,去卫。

将适陈,过匡,颜刻为仆,以其策指之曰:"昔吾入此,由彼缺也。"匡人闻之,以为鲁之阳虎。阳虎尝暴匡人,匡人于是遂止孔子。孔子状类阳虎,拘焉五日。颜渊后,子曰:"吾以汝为死矣。"颜渊曰:"子在,回何敢死!"匡人拘孔子益急,弟子惧。孔子曰:"文王既没,文不在兹乎⑦?天之将丧斯文也,后死者不得与于斯文也。天之未丧斯文也,匡人其如予何⑧!"孔子使从者为甯武子臣于卫,然后得去。

去即过蒲。月馀,反乎卫,主蘧伯玉家。灵公夫人有南子者,使人谓孔子曰:"四方之君子不辱欲与寡君为兄弟者,必见寡小君⑨。寡小君愿见。"孔子辞谢,不得已而见之。夫人在绤帷中。孔子入门,北面稽首⑩。夫人自帷中再拜,环佩玉声璆然。孔子曰:"吾乡为弗见,见之礼答焉。"子路不说。孔子矢之曰:"予所不者,天厌之!天厌之!"居卫月馀,灵公与夫人同车,宦者雍渠参乘⑪,出,使孔子为次乘,招摇市过之。孔子曰:"吾未见好德如好色者也。"于是丑之,去卫,过曹。是岁,鲁定公卒。

【注释】

①行摄相事:担任理相。相,指处理政务的最高行政官。

②庸:岂,何。

③周道游:指环游各地。

④膰：祭祀用的烤肉。祭祀束之后，君王将所用烤肉分送大臣是符合当时礼节的，这样表示对大臣的尊重。

⑤群婢：指女乐。

⑥一出一入：指用兵仗跟踪夫子出入，进行威胁。

⑦文：指周代的礼乐制度。兹：这里，指孔子自己。

⑧如予何：他们能把我怎么样。

⑨寡小君：国君夫人向异邦的自我谦称。

⑩稽首：古代的一种恭敬的礼节，叩头触地。

⑪参乘：古代乘车，御者居中，尊者居左，参乘居右，是陪乘。

【译文】

鲁定公十四年，孔子五十六岁，由大司寇代理丞相职务，面有喜色。弟子说："听说君子在祸难来临时不畏惧，大福到来时不喜形于色。"孔子说："有这样的话。但不是还说'乐在身居高位而能礼贤下士'吗？"于是，孔子诛杀了扰乱国政的鲁国大夫少正卯。

孔子参与国政三个月后，贩卖猪羊的人不敢哄抬物价，男女行人在路上都分道行走，掉在路上的东西没有人去捡；四方旅客来到鲁国城邑，不用向官员求情行贿，都能得到很好的照顾，最终都满意而去。

齐国人听说后很害怕，说："孔子主持政事一定能使鲁国称霸。鲁国如果称霸，我国离鲁国最近，我们就会率先被吞并。何不送给鲁国一些土地呢？"黎钽说："请先试着败坏它；败坏不成，再送给它土地，也不算晚。"于是，从齐国国内挑选了八十名美女，都穿上华丽的衣服，都会跳《康乐》舞，再加上毛色斑纹漂亮的马三十驷，送给鲁定公。鲁定公把女乐和马都安置在鲁国都城南边的高门外。季桓子穿着便服再三前去观看，打算接受这些礼物，就怂恿鲁定公外出巡游，可他们实际上是整天去观赏齐国赠送的美女和纹马，导致政事懈怠下来了。子路说："夫子应该离开鲁国了。"孔子说："鲁国现在就要举行郊祭，如果还能按礼法把祭肉分给大夫，那么我们还是可以留下来。"季桓子最终接受了齐国送来的美女，连续三天不过问政务；郊祭后，他也没有把祭肉分给大夫们。孔子于是离开鲁国。在屯地留宿过夜时，师己前来送行，说："夫子并没有罪啊。"孔子说："我可以唱歌吗？"于是，孔子唱道："那些女人的口，可以把大臣赶走；如果亲近那些女人，就可以使国破身亡。悠闲啊，悠闲啊，我只有这样度过岁月！"师己返回后，季桓子问："孔子说了些什么？"师己据实报告。季桓子长叹一声，说："孔丘怪罪我，是因为我接受了齐国女东的缘故啊！"

孔子于是来到卫国，住在子路的妻兄颜浊邹家里。卫灵公问孔子："你在鲁国拿的俸禄是多少？"孔子回答说："俸禄是六万小斗粟米。"卫国人也给孔子六万小斗粟米。过了不久，有人在卫灵公面前诋毁孔子。卫灵公派公孙余暇监视孔子的出入。孔子担心在卫国获罪，住了十个月，就离开了。

他们将要去陈国时，经过匡城，弟子颜刻赶车，用马鞭指着一处城墙，说："从前，我进这个城，就是从那个缺口进去的。"匡地人听到这话后，以为是鲁国的阳虎来了。因为阳虎曾经残害过匡地人。匡地人于是就围困了长相跟阳虎相似的孔子整整五天。颜渊后来才赶到，孔子说："我以为你死了。"颜渊说："夫子健在，我颜回怎么敢死呢！"匡地人围攻孔子越来越急迫，弟子们都很害怕。孔子说："周文王死后，周朝的礼乐制度不是就在这里吗？上天如果要毁掉这种制度，就不会让我们这些后死的人认识这种制度并且承担维护它的责任；上天既然不想毁掉这种制度，那么匡地人又能把我怎么样呢？"孔子派随从到卫国宁武子那里做家臣，然后才得以脱身离去。

他们离开匡地就到了蒲地。过了一个多月，他们返回卫国，住在蘧伯玉家里。卫灵公有个叫南子的夫人，派人对孔子说："四方各国的君子不受侮辱而想跟我们国君结为兄弟关系的，必定要来见我们夫人。我们夫人愿意见你。"孔子先婉言推辞，后来不得已才去见她。南子在细葛布帷帐中等待。孔子进门，向北跪拜行礼。南子在帷帐中回拜答礼，身上的环佩玉饰撞击出清脆的响声。孔子说："我本来不愿见她，既然见了，就要按礼仪行事。"子路仍不高兴。孔子起誓说："假如我做得不对，上天一定厌弃我！上天一定厌弃我！"

在卫国住了一个多月，卫灵公和夫人南子同坐一辆车，宦官雍渠陪侍在右侧,出了宫门,让孔子乘坐第二辆车跟随,大摇大摆地从街市经过。孔子说:"我没见过喜好德行如同喜好美色一样的人。"于是,孔子感到羞耻,离开卫国,到曹国去。这一年,鲁定公去世。

【原文】

孔子去曹适宋,与弟子习礼大树下。宋司马桓魋欲杀孔子,拔其树。孔子去。弟子曰:"可以速矣。"孔子曰:"天生德于予,桓魋其如予何!"

孔子适郑,与弟子相失,孔子独立郭①东门。郑人或谓子贡曰:"东门有人,其颡似尧②,其项类皋陶,其肩类子产,然自要以下不及禹三寸,累累③若丧家之狗。"子贡以实告孔子。孔子欣然笑曰:"形状,末也。而谓似丧家之狗,然哉!然哉!"

孔子遂至陈,主于司城贞子家。岁馀,吴王夫差伐陈,取三邑而去。赵鞅伐朝歌,楚围蔡,蔡迁于吴。吴败越王句践会稽。

有隼集于陈廷而死,楛矢贯之,石砮④,矢长尺有咫。陈湣公使使问仲尼。仲尼曰:"隼来远矣,此肃慎之矢也。昔武王克商,通道九夷百蛮⑤,使各以其方贿来贡,使无忘职业。于是肃慎贡楛矢、石砮,长尺有咫。先王欲昭其令德,以肃慎矢分大姬⑥,配虞胡公而封诸陈。分同姓以珍玉,展亲;分异姓以远方职,使无忘服。故分陈以肃慎矢。"试求之故府⑦,果得之。

孔子居陈三岁,会晋、楚争强,更伐陈,及吴侵陈,陈常被寇。孔子曰:"归与,归与!吾党之小子狂简⑧,进取不忘其初。"于是孔子去陈。

过蒲,会公叔氏以蒲畔,蒲人止孔子。弟子有公良孺者,以私车五乘从孔子。其为人长贤,有勇力,谓曰:"吾昔从夫子遇难于匡,今又遇难于此,命也已。吾与夫子再罹难,宁斗而死。"斗甚疾。蒲人惧,谓孔子曰:"苟毋适卫,吾出子。"与之盟,出孔子东门。孔子遂适卫。子贡曰:"盟可负邪?"孔子曰:"要盟也⑨,神不听。"

【注释】

①郭：外城。在城的外围所加筑的城墙。

②颡：读sǎng，额头、头部的意思。

③累累：颓丧、憔悴的样子。

④石砮：用石头制作的箭镞。

⑤九夷百蛮：泛指中原以外的各族部落。

⑥大姬：周武王长女。

⑦故府：旧府，指过去收藏各方货物的仓库。

⑧狂简：志大而疏略于事。

⑨要盟：要挟对方而订立盟约。要，要挟，胁迫。

【译文】

孔子离开曹国到宋国，和弟子们在大树下演习礼仪。宋国司马桓魋想杀孔子，赶到后，孔子已经离开了，就把大树砍了。弟子们说："我们快点走吧。"孔子说："上天赋予我传播德行的使命，桓魋能把我怎么样？"

孔子到郑国后，和弟子们走散了，就独自站在外城的东门。郑国有人对子贡说："东门那里有个人，他的额头像尧，脖子像皋陶，肩膀像子产，腰部以下比大禹短三寸，狼狈得像一只丧家之犬。"子贡据实告诉孔子。孔子高兴地笑着说："那人形容我的相貌，这无关紧要，但他说我像一只丧家之犬，真是这样啊！真是这样啊！"

孔子来到陈国后，住在司城贞子家里。过了一年多，吴王夫差率军讨伐陈国，夺取三个城邑后离去。赵鞅率军攻打朝歌。楚国围攻蔡国。蔡国把都城迁到靠近吴国的地方。吴王在会稽打败越王句践。

有一只隼落在陈国宫廷的一棵树上死了——鸟身被楛木做的箭贯穿，箭头是用石头做的，箭长一尺八寸。陈湣公派使者询问孔子。孔子说："隼是从很远的地方飞来的，中的是肃慎人的箭。从前，周武王攻灭商纣后，加强了跟九夷百蛮的联系，让他们各自进贡地方特产，让他们不要忘记自身的职责和义务。于是，肃慎人进贡用楛木做箭杆、用石头做箭头的箭，长一尺八寸。先王为了显示他慑服远方的盛德，就把肃慎进贡的箭分给长女太姬，把她嫁给虞胡公，并把虞胡公封在陈国。天子把珍宝玉器分赐给同姓诸侯，是为了表示亲上加亲；把远方的贡品分赐给异姓诸侯，是为了让他们不忘记服从王命。所以，天子把肃慎进贡的箭分赐给陈国。"陈湣公派人到旧府库中去查找，果然找到了这种箭。

孔子在陈国住了三年，正逢晋楚争霸，轮番讨伐陈国，加上吴国侵犯陈国，陈国经常遭到侵略。孔子说："回去吧！回去吧！我们这批人中有人志向远大，只是行事有些疏阔，他们有进取心，没有忘记自己的初衷。"于是，孔子离开陈国。

经过蒲地时，他们正遇上公孙氏凭借蒲地发动叛乱。蒲地人扣留了孔子等人。孔子弟子中有个叫公良孺的，带了自己的五辆车跟随孔子。他身材高大，为人贤能，勇敢有力，对孔子说："我以前跟随夫子在匡地遇险，如今又在这里遇到危难，这是命中注定的。我和夫子一再遭遇危难，宁愿搏斗而死。"于是，他跟蒲地人拼命搏斗。蒲地人害怕了，对孔子说："如果你们不去卫国，我就放你们出去。"孔子和蒲地人订立了盟约后，蒲地人放孔子一行人从东门出去。孔子还是前去卫国。子贡说："怎么可以违背盟约呢？"孔子说："盟约是在被胁迫的情况下订立的，神灵不会认可的。"

【原文】

卫灵公闻孔子来，喜，郊迎。问曰："蒲可伐乎？"对曰："可。"灵公曰："吾大夫以为不可。今蒲，卫之所以待晋、楚也，以卫伐之，无乃不可乎？"孔子曰："其男子有死之志，妇人有保西河之志。吾所伐者不过四五人。"灵公曰："善。"然不伐蒲。

灵公老，怠于政，不用孔子。孔子喟然叹曰："苟有用我者，期月而已，三年有成。"孔子行。

佛肸①为中牟宰。赵简子攻范、中行，伐中牟。佛肸畔，使人召孔子。孔子欲往。子路曰："由闻诸夫子，'其身亲为不善者，君子不入也'。今佛肸亲以中牟畔，子欲往，如之何？"孔子曰："有是言也。不曰坚乎，磨而不磷；不曰白乎，涅而不淄②。我岂匏瓜也哉，焉能系而不食？"

孔子击磬③。有荷蒉而过门者，曰："有心哉，击磬乎！硁硁乎，莫己知④也夫而已矣！"

孔子学鼓琴师襄子，十日不进。师襄子曰："可以益矣。"孔子曰："丘已习其曲矣，未得其数⑤也。"有间，曰："已习其数，可以益矣。"孔子曰："丘未得其志也。"有间，曰："已习其志，可以益矣。"孔子曰："丘未得其为人也。"有间，曰有所穆然⑥深思焉，有所怡然高望而远志焉。曰："丘得其为人：黯然而黑，几然而长，眼如望羊，如王四国，非文王其谁能为此也！"师襄子辟席再拜，曰："师盖云《文王操》也。"

孔子既不得用于卫，将西见赵简子。至于河而闻窦鸣犊、舜华之死也，临河而叹曰："美哉水，洋洋⑦乎！丘之不济此，命也夫！"子贡趋而进曰："敢问何谓也？"孔子曰："窦鸣犊、舜华，晋国之贤大夫也。赵简子未得志之时，须此两人而后从政；及其已得志，杀之乃从政。丘闻之也，刳胎杀夭则麒麟不至郊，竭泽涸渔则蛟龙⑧不合阴阳，覆巢毁卵则凤皇不翔。何则？君子讳伤其类也。夫鸟兽之于不义也尚知辟之，而况乎丘哉！"乃还息乎陬乡，作为《陬操》以哀之。而反乎卫，入主蘧伯玉家。

他日，灵公问兵陈⑨。孔子曰："俎豆之事则尝闻之，军旅之事未之学也。"明日，与孔子语，见蜚雁，仰视之，色不在孔子。孔子遂行，复如⑩陈。

【注释】

①肸：读xī，此处为人名。

②涅：一种古代用作黑色染料的矿物。此处为印染的意思。淄：黑色。

③磬：此处指用石或玉制成的一种打击乐器。

④己知：此处为没有人知道自己的意思。

⑤数：指演奏乐曲的技术、方法。

⑥穆然：沉默静思的样子。穆，通"默"，沉默的意思。
⑦洋洋：此处指水盛大的样子。
⑧蛟龙：古代传说中能兴云致雨、调和阴阳之气的一种动物。
⑨兵陈：指军队列陈作战的方法。"陈"通"阵"。
⑩如：往，到。

【译文】

　　卫灵公听说孔子来了，十分高兴，亲自到郊外迎接。他问孔子："我现在可以讨伐蒲地吗？"孔子回答说："可以。"卫灵公说："可是，卫国的大夫们认为不可以。如今，蒲地是卫国抵御晋、楚的屏障，现在卫国发兵来讨伐它，恐怕不可以吧？"孔子说："蒲地的男人有誓死效忠卫国的信念，妇女也都发誓保卫西河这块土地。您所要讨伐的，只不过是四五个叛乱的头目而已。"卫灵公说："说得对。"但是，他并没有率军去讨伐蒲地的叛乱。

　　卫灵公年迈，懒得处理政务，又不任用孔子。孔子慨叹说："如果有人任用我，一年就可以扭转局面，三年就能大见成效。"孔子于是离开了卫国。

　　晋国的佛肸担任中牟的长官。赵简子率军打败了范氏和中行氏，又去讨伐中牟。佛肸带领邑人反叛赵简子，派人去召孔子。孔子想去。子路说："我从夫子那里听说过'亲自做坏事的人，君子不到他那里去'。如今，佛肸亲自占据中牟发动叛乱，您却想到他那里去，这是为什么？"孔子说："我确实有过这样的话。但是，我不也说过坚硬的东西是磨不薄的，不也说过洁白的东西是染不黑的吗？我难道是葫芦，只能挂着而不给人吃吗？"

　　孔子敲磬时，有个人背着草筐从门前经过。那个人说："他有心事才敲磬啊！叮叮当当地敲着，没有人能赏识你，那就算了吧！"

　　孔子向乐师襄子学习弹琴，一连十天都没有学习新内容。师襄子说："你可以学习新曲了。"孔子说："我已经熟习曲子了，但还没有掌握弹奏要领。"过了一阵子，师襄子说："你已经掌握弹奏技法要领，可以学习新曲了。"孔子说："我还没有领会乐曲的意蕴。"又过了一阵子，师襄子说："你已经领悟乐曲的意蕴，可以学习新曲了。"孔子说："我还没有体会出乐曲所表现的人物形象。"又过了一段时间，孔子肃穆深思，心旷神怡，显现出视野宽广、志向高远的神情，说："我体会出乐曲所歌颂的那个人了。这个人肤色黝黑，身材高大，目光明亮而远大，好像统治四方诸侯的王者，不是周文王谁能够这样呢！"师襄子离开座位向孔子拜了拜，说："我老师好像说过，这首曲子叫《文王操》。"

孔子得不到卫灵公的重用，就打算向西去晋国见赵简子。到达黄河边上时，孔子得到窦鸣犊、舜华被杀的消息，对着黄河叹息说："壮美啊，黄河水，浩荡而盛大！我不能渡过黄河，是命中注定的吧！"子贡快步上前问："敢问这话是什么意思？"孔子说："窦鸣犊和舜华是晋国贤能的大夫。赵简子没有得志时，依靠这两个人才得以掌握政权；等到他得志以后，竟然杀了他们。我听说，剖腹取胎，杀害幼兽，麒麟就不会到来；把池塘水排干了捉鱼，蛟龙就不肯调和阴阳；倾覆鸟巢毁坏了鸟卵，凤凰就不愿飞翔起舞。为什么呢？君子厌恶看到自己的同类受害。鸟兽对于不义的行为还知道躲避，更何况我孔丘呢！"于是，孔子回到家乡陬邑休养，创作《陬操》来哀悼窦鸣犊和舜华。后来，孔子又返回卫国，住在蘧伯玉家里。

有一天，卫灵公向孔子询问用兵打仗的事。孔子回答说："祭祀方面的事情我倒是听说过，打仗的事情没有学过。"第二天，卫灵公和孔子交谈，看到飞行的雁阵，抬头仰望，注意力没放在孔子身上。孔子于是离开卫国，又到了陈国。

【原文】

夏，卫灵公卒，立孙辄，是为卫出公。六月，赵鞅内太子蒯聩于戚。阳虎使太子绖，八人衰绖①，伪自卫迎者，哭而入，遂居焉。冬，蔡迁于州来。是岁鲁哀公三年，而孔子年六十矣。

齐助卫围戚，以卫太子蒯聩在故也。

夏，鲁桓、釐庙燔，南宫敬叔救火。孔子在陈，闻之，曰："灾必于桓、釐庙乎？"已而果然。

秋，季桓子病，辇而见鲁城，喟然叹曰："昔此国几兴矣，以吾获罪于孔子，故不兴也。"

顾谓其嗣康子曰："我即死，若必相鲁；相鲁，必召仲尼。"后数日，桓子卒，康子代立。已葬，欲召仲尼。公之鱼曰："昔吾先君用之不终，终为诸侯笑。今又用之，不能终，是再为诸侯笑。"康子曰："则谁召而可？"曰："必召冉求。"于是使使召冉求。冉求将行。孔子曰："鲁人召求，非小用之，将大用之也。"是日，孔子曰："归乎归乎！吾党之小子狂简，斐然成章②，吾不知所以裁之。"子贡知孔子思归，送冉求，因诫曰"即用，以孔子为招"云。

冉求既去，明年，孔子自陈迁于蔡。蔡昭公将如吴，吴召之也。前昭公欺其臣迁州来，后将往，大夫惧复迁，公孙翩射杀昭公。楚侵蔡。秋，齐景公卒。

明年，孔子自蔡如叶。叶公问政，孔子曰："政在来远附迩。"他日，叶公问孔子于子路，子路不对。孔子闻之，曰："由，尔何不对曰'其为人也，学道不倦，诲人不厌，发愤忘食，乐以忘忧，不知老之将至'云尔？"

去叶，反于蔡。长沮、桀溺耦而耕③，孔子以为隐者，使子路问津焉。长沮曰："彼执舆者为谁？"子路曰："为孔丘。"曰："是鲁孔丘与？"曰："然。"曰："是知津矣。"桀溺谓子路曰："子为谁？"曰："为仲由。"曰："子，孔丘之徒与？"曰："然。"桀溺曰："悠悠者天下皆是也，而谁以易之？且与其从辟人之士，岂若从辟世之士④哉！"耰而不辍。子路以告孔子，孔子怃然⑤曰："鸟兽不可与同群。天下有道，丘不与易也。"

他日，子路行，遇荷蓧丈人⑥，曰："子见夫子乎？"丈人曰："四体不勤⑦，五谷不分⑧，孰为夫子！"植其杖而芸。子路以告，孔子曰："隐者也。"复往，则亡。

【注释】

①绖：读wèn，古代的一种孝服。衰：古代一种用粗麻布制成的孝服。绖：读dié，古代丧服上的麻布带子。

②斐然成章：指文章富有文采。

③耦而耕：用耦耕的方法耕田。耦，古代耕作，两个人各执一耜（一种农具），配合耕作，这种耕作方法叫耦。

④辟世之士：此处指隐士。

⑤怃然：失望的样子。

⑥荷蓧丈人：蓧，读diào，古代的一种除草农具。荷蓧丈人，指挑着除草农具的老头。

⑦四体：四肢。勤：劳。

⑧五谷：指稻子、黄米、谷子、麦子、豆子，泛指各种农作物。分：分别、分辨。

【译文】

夏天，卫灵公去世，他孙子辄继位，这就是卫出公。六月，赵鞅把卫灵公的太子蒯聩送到戚邑。阳虎让太子身穿孝服，让另外八个人披麻戴孝，假装从卫国前来迎接太子，哭着进了戚邑，住下来。冬天，蔡国把都城迁到州来。这一年是鲁哀公三年，孔子已经六十岁。齐国帮助卫国围攻戚邑，因为卫国太子蒯聩在那里。

夏天，鲁桓公、鲁釐公的庙发生火灾，南宫敬叔前去救火。孔子在陈国，听到失火的消息后，说："被焚毁的一定是桓公、釐公的柱吧？"随后，证实果然如此。

秋天，季桓子生病了，坐着辇车看到鲁城，长叹一声，说："从前，这个国家几乎兴盛起来，因为我得罪了孔子，导致最终没能兴盛起来。"他转过头来对他的继承人季康子说："我如果死了，你一定会当鲁国国相；你当了鲁相后，一定要把孔子召回来。"几天后，季桓子去世，季康子继承了他的职位。

葬完季桓子后，季康子想召回孔子。公之鱼说："从前，您的前任没能善始善终地任用他，最后被天下诸侯耻笑；您现在又任用他，如果还是半途而废的话，就会再次被诸侯耻笑。"季康子说："那么，召谁合适呢？"公之鱼说:"一定要召冉求。"于是,季康子派人去召冉求。冉求将要前往。孔子说:"鲁国召唤冉求,是要重用他。"这天,孔子说:"回去吧!回去吧!我们这批人中的一些人志向很大,只是行事疏阔了些。他们很有文采,我不知道该怎样指导他们。"子贡知道孔子想回鲁国,送冉求时,便叮嘱他说:"如果你被重用,一定要设法将孔子请回去。"

冉求离去以后,第二年,孔子从陈国移居到蔡国。蔡昭公将要去吴国,因为吴王要召见他。在此以前,蔡昭公欺骗他的臣子把都城迁到州来。他这次又要应召前往吴国,大夫们害怕再次迁都。于是公孙翩就在路上射死了蔡昭公。楚国侵犯蔡国。秋天,齐景公去世。

第二年,孔子从蔡国前往楚国叶地。叶公询问治政的道理。孔子说:"治政在于招来远方的贤人,使近处的人归服。"另一天,叶公向子路询问孔子的为人。子路没有回答。孔子听说后,说:"仲由,你为什么不回答说'孔子这个人学习道德不知疲倦,教导别人不会厌烦,发愤读书时忘记吃饭,快乐时忘记忧愁,不知道衰老将要到来,如此而已'。"

离开叶地,孔子回到蔡国。遇见长沮、桀溺两人一起在田里耕作,孔子认为他们是隐士,就派子路去打听渡口在哪里。长沮说:"那个在车上拉着缰绳的人是谁?"子路说:"是孔子。"长沮说:"是鲁国的孔丘吗?"子路说:"是的。"长沮说:"那他应该知道渡口在哪里了。"桀溺问子路说:"你是谁?"子路说:"我是仲由。"桀溺说:"你就是孔丘的门徒吗?"子路说:"是的。"桀溺说:"天下到处动荡不安,谁又能改变这种局面呢?再说,与其跟着躲避暴君乱臣的人四处奔波,还不如跟从躲避乱世而隐居的人呢!"他们一边说一边照样不停地干活。子路把他们的话告诉孔子。孔子怅然,说:"我们不能跟山林里的鸟兽为伍。要是天下太平的话,我也用不着为改变世道而到处奔波了。"

有一天,子路正在行走时,遇到一个扛着除草工具的老农,说:"你看见我的老师了吗?"老农回答说:"有些人四体不勤,五谷不分,那算什么老师?"说完,他把拐杖立在一旁除起草来。子路把这事告诉了孔子。孔子说:"这是位隐士啊!"他们再去找时,老农已经走了。

【原文】

孔子迁于蔡三岁，吴伐陈。楚救陈，军于城父。闻孔子在陈、蔡之间，楚使人聘孔子。孔子将往拜礼，陈、蔡大夫谋曰："孔子贤者，所刺讥皆中诸侯之疾。今者久留陈、蔡之间，诸大夫所设行①皆非仲尼之意。今楚，大国也，来聘孔子。孔子用于楚，则陈、蔡用事大夫危矣。"于是乃相与发徒役围孔子于野。不得行，绝粮，从者病，莫能兴，孔子讲诵弦歌不衰。子路愠，见曰："君子亦有穷②乎？"孔子曰："君子固穷，小人穷斯滥矣。"

子贡色作，孔子曰："赐，尔以予为多学而识③之者与？"曰："然。非与？"孔子曰："非也。予一以贯之。"

孔子知弟子有愠心，乃召子路而问曰："《诗》云'匪兕匪虎，率彼旷野'。吾道非邪？吾何为于此？"子路曰："意者吾未仁邪？人之不我信也。意者吾未知邪？人之不我行也。"

孔子曰："有是乎！由，譬使仁者而必信，安有伯夷、叔齐？使知者而必行，安有王子比干？"

子路出，子贡入见。孔子曰："赐，《诗》云'匪兕匪虎，率彼旷野'。吾道非邪？吾何为于此？"子贡曰："夫子之道至大也，故天下莫能容夫子。夫子盖少贬④焉？"孔子曰："赐，良农能稼而不能为穑，良工能巧而不能为顺。君子能修其道，纲而纪之，统而理之，而不能为容。今尔不修尔道而求为容。赐，而志不远矣！"

子贡出，颜回入见。孔子曰："回，《诗》云'匪兕匪虎，率彼旷野'。吾道非邪？吾何为于此？"颜回曰："夫子之道至大，故天下莫能容。虽然，夫子推而行之⑤，不容何病，不容然后见君子！夫道之不修也，是吾丑也。夫道既已大修而不用，是有国者之丑也。不容何病，不容然后见君子！"孔子欣然而笑曰："有是哉颜氏之子！使尔多财，吾为尔宰。"

于是使子贡至楚。楚昭王兴师迎孔子，然后得免。

昭王将以书社地七百里封孔子。楚令尹子西曰："王之使使诸侯有如子

189

贡者乎？"曰："无有。""王之辅相有如颜回者乎？"曰："无有。""王之将率⑥有如子路者乎？"曰："无有。""王之官尹有如宰予者乎？"曰："无有。""且楚之祖封于周，号为子、男五十里。今孔丘述三五之法⑦，明周、召之业，王若用之，由楚安得世世堂堂方数千里乎？夫文王在丰，武王在镐，百里之君，卒王天下。今孔丘得据土壤⑧，贤弟子为佐，非楚之福也。"昭王乃止。其秋，楚昭王卒于城父。

楚狂接舆歌而过孔子，曰："凤兮凤兮，何德之衰⑨！往者不可谏兮，来者犹可追也！已而已而，今之从政者殆而！"孔子下，欲与之言，趋而去，弗得与之言。

于是孔子自楚反乎卫。是岁也，孔子年六十三，而鲁哀公六年也。

【注释】

①设行：此处指施政。

②穷：走投无路、困厄。

③识：强记。

④少贬：稍微降低一下。

⑤推而行之：此处指推广实行孔子的学说和主张。

⑥将率：即将帅。"率"通"帅"。

⑦三五之法：此处指三皇五帝的治国方法。

⑧土壤：土地。此处指封地。

⑨何德之衰：即"德何衰"，指孔子不得意，周游列国，不被任用。

【译文】

孔子居蔡国后第三年，吴国讨伐陈国。楚国救援陈国，军队驻扎在城父。听说孔子住在陈、蔡之间，楚王就派人去聘请孔子。孔子准备前去答谢，陈、蔡两国的大夫谋划说："孔子是个贤人。他所讥讽的都能切中诸侯的弊端。如今，孔子久居陈、蔡之间，大夫们的所作所为都不合孔子的意思。现在的楚国是个大国，前来聘请孔子。如果孔子受到楚国的重用，那么陈、蔡两国掌权的大夫就危险了。"于是，他们就共同发兵把孔子围困在陈、蔡间的一片野地里。孔子无法前往，粮食又断绝，随从的弟子都饿得躺倒在地，个个无精打采。孔子却仍然不停地给他们讲学诵诗、弹琴唱歌。子路面带怒色来见孔子，说："君子也有窘困的时候吗？"孔子说："君子面对窘困仍能坚守节操，小人遇到窘困就会什么事都干得出来。"

子贡气得脸色都变了。孔子说："你认为我是博学多识的人吗？"子贡说："是的。难道不是吗？"孔子说："不是的。我只是用一种基本原则来贯穿所有的知识。"

孔子知道弟子们心中恼怒，就召来子路，问："《诗经》中讲'不是犀牛也不是老虎，却在旷野上徘徊'。难道我的学说不对吗？我们为什么会落到这种境地呢？"子路说："想必是我们的仁德不够吧？所以，别人不相信我们。想必是我们的智谋还不够吧？所以，人家不放我们走。"

孔子说："有这样的道理吗！假如有仁德的人必定受人信任，哪会有伯夷、叔齐饿死在首阳山呢？如果有智谋的人必定能畅行无阻，怎么会有比干被剖心呢？"

子路出来后，子贡进去见孔子。孔子说："《诗经》中说'不是犀牛也不是老虎，却在旷野中徘徊'。难道我的学说不对吗？我们为什么会落到这种境地？"子贡说："因为夫子的学说太博大了，所以天下诸侯没有哪个能容纳夫子的。夫子何不稍微降低迁就一点呢？"孔子说："好的农夫虽然善于播种庄稼，但却不能保证一定有收获，能工巧匠制造的器具也未必能使所有人都称心。君子能够研究并提出自己的学说，能用一定的方法规范社会，按照一定的秩序管理国家，但不一定能被社会容纳。如今你不勤修自己的学说，却想降低标准、迁就别人以希求别人容纳。你的志向不远大啊！"

子贡出来，颜回进去见孔子。孔子说："回啊，《诗经》中说'不是犀牛也不是老虎，却在旷野中徘徊'。难道我的学说不对吗？我们为什么会落到这种境地？"颜回说："夫子的学说极其博大，所以天下诸侯都不能容纳。尽管如此，夫子还是坚持不懈地推行自己的学说，不被容纳又有什么关系呢？正因为不被流俗所容纳，夫子才显示出不苟且、不迁就的君子风范。不能研修和完善自己的学说,才是我们的耻辱。博大精深的学说已经非常完备却不被采用,是国家统治者的耻辱。不被容纳又有什么关系呢?不被容纳,更能显示出不随流俗的君子风范!"孔子高兴地笑着说:"是这样呵,颜家的孩子!要是你有很多财产,我愿意做你的管家。"

于是,孔子派子贡前往楚国。楚昭王派军队迎接孔子,然后才得以脱身。

楚昭王打算把有户籍登记的七百里土地封给孔子。楚国令尹子西说:"您派往诸侯国的使者有像子贡这样的吗?"楚昭王说:"没有。"子西问:"您的辅相有像颜回这样的吗?"楚昭王说:"没有。"子西又问:"您的将领有像子路这样的吗?"楚昭王说:"没有。"子西又问:"您的主管官员有像宰予这样的吗?"楚昭王说:"没有。"子西说:"况且,楚国的祖先受封于周朝,爵位只是子、男,封地只有五十里。如今,孔丘论述三皇五帝的治国之法,阐明周公、召公辅助周天子的功业,大王如果采用这些主张,那么楚国又怎能保证世世代代统治方圆几千里的土地呢?想当年,周文王在丰,周武王在镐,从统治百里土地的君长最终称王天下。如今,孔丘要是拥有七百里封地,再加上贤能弟子的辅佐,这对楚国来讲不是好事。"楚昭王于是作罢。这年秋天,楚昭王在城父去世。

楚国装疯的贤士接舆唱着歌从孔子旁边经过,说:"凤凰啊,凤凰啊,你的德行为什么如此不受重视!过去的已经无法挽回,未来的还可以补救!算了,算了,如今从政的人都无可救药了!"孔子下车,想跟他交谈,但他快步而去,孔子没能跟他交谈。

于是,孔子从楚国返回卫国。这一年,孔子六十三岁。

【原文】

其明年,吴与鲁会缯,征百牢①。太宰嚭召季康子。康子使子贡往,然后得已。

孔子曰:"鲁卫之政,兄弟也。"是时,卫君辄父不得立,在外,诸侯数以为让。而孔子弟子多仕于卫，卫君欲得孔子为政。子路曰："卫君待子而为政，子将奚先？"孔子曰："必也正名乎！"子路曰："有是哉，子之迂也！何其正也？"孔子曰："野②哉由也！夫名不正则言不顺，言不顺则事不成，事不成则礼乐不兴，礼乐不兴则刑罚不中，刑罚不中则民无所错手足矣。夫君子为之必可名，言之必可行。君子于其言，无所苟而已矣。"

其明年，冉有为季氏将师，与齐战于郎，克之。季康子曰："子之于军旅③，学之乎？性之乎？"冉有曰："学之于孔子。"季康子曰："孔子何如人哉？"对曰："用之有名；播之百姓、质诸鬼神而无憾。求之至于此道，虽累千社，夫子不利也。"康子曰："我欲召之，可乎？"对曰："欲召之，则毋以小人固之，则可矣。"而卫孔文子将攻太叔，问策于仲尼。

仲尼辞不知，退而命载而行，曰："鸟能择木，木岂能择鸟乎！"文子固止。会季康子逐公华、公宾、公林，以币迎孔子，孔子归鲁。

孔子之去鲁凡十四岁而反乎鲁。

鲁哀公问政，对曰："政在选臣。"季康子问政，曰："举直错诸枉④，则枉者直⑤。"康子患盗，孔子曰："苟子之不欲，虽赏之不窃⑥。"然鲁终不能用孔子，孔子亦不求仕。

孔子之时，周室微而礼乐废，《诗》《书》缺。追迹三代之礼，序《书传》，上纪唐、虞之际，下至秦缪，编次其事，曰："夏礼吾能言之，杞不足征也。殷礼吾能言之，宋不足征也。足，则吾能征之矣。"观殷夏所损益，曰："后虽百世可知也，以一文一质。周监二代，郁郁乎文哉。吾从周。"故《书传》《礼记》自孔氏。

孔子语鲁大师："乐其可知也。始作翕如。纵之纯如，皦如，绎如⑦也，以成。""吾自卫反鲁，然后乐正，《雅》《颂》各得其所。"

古者《诗》三千馀篇，及至孔子，去其重，取可施于礼义，上采契、后稷，中述殷、周之盛，至幽、厉之缺，始于衽席⑧，故曰"《关雎》之乱以为《风》始，《鹿鸣》为《小雅》始，《文王》为《大雅》始，《清庙》为《颂》始"。三百五篇孔子皆弦歌之，以求合《韶》《武》《雅》《颂》之音。礼乐自此可得而述，以备王道，成六艺⑨。

【注释】

①百牢：牢指祭祀用的牲畜，牛羊猪。按照周朝的制度，上公九牢，侯伯七牢，子、男五牢。吴征百牢是不懂礼的缘故。

②野：此处指鲁莽的意思。

③军旅：此处指指挥作战。

④举直错诸枉：举用正直的人，废置邪曲的人。"错"通"措"，置。枉，邪曲。

⑤枉者直：邪曲的人变为正直的人。

⑥赏之不窃：给奖赏也不去偷。

⑦绎如：连续不断。

⑧衽席：此处指男女情爱。

⑨六艺：为《诗经》《尚书》《周易》《礼记》《乐经》和《春秋》六种经籍的总称。

【译文】

第二年，吴国和鲁国在缯会盟时，吴国向鲁国索要一百套祭祀用的牲畜。吴国太宰伯嚭召见季康子。季康子派子贡前往交涉，吴国才放弃了无礼的要求。

孔子说："鲁卫两国，就像兄弟一样。"当时，卫君辄的父亲蒯聩不能继位，在外地流亡，诸侯对此多次指责。很多孔子的弟子都在卫国做官。卫君想让孔子执掌政事。子路说："卫君等着让夫子执政，夫子将从哪里先入手呢？"孔子说："一定要先正名分。"子路说："有这样的吗？夫子太迂阔了！有什么可正的呢？"孔子说："你鲁莽啊！名分不正，说话就不顺理；说话不顺理，事情就办不成；事情办不成，礼乐制度就不能兴盛；礼乐制度不能兴盛，刑罚就不能公平准确；刑罚不能公平准确，那么老百姓就会手足无措。君子办事一定要合乎名分，说出来的话一定要切实可行。对于自己所说的话，君子必须毫不含糊才行。"

又过了一年，冉有为季氏统率军队，与齐军在郎地作战，并打败了齐军。季康子说："你的军事才能，是学来的呢，还是天生的呢？"冉有说："是从孔夫子那里学来的。"季康子说："孔夫子是怎么样的人呢？"冉有回答说："孔夫子办事情有正当的名分才向百姓传播道理，即使是在鬼神面前进行验证也没什么遗憾的。如果想让孔夫子像我一样去打仗，即使封给他千里土地，他也不会动心的。"季康子说："我想召他回鲁国，可以吗？"冉有回答说："如果想召他回来，就不能把他当成小人物对待，这样才可以。"这时，卫国的孔文子想率军攻打太叔，于是向孔子请教计策。孔子推辞说不知道，回去后就吩咐弟子们备车离开卫国。他说："鸟能选择树木栖息，树木怎么能选择鸟呢？"孔文子竭力挽留他。正逢季康子派遣公华、公宾和公林带着厚礼前来迎接孔子，孔子顺势返回了鲁国。孔子离开鲁国十四年才返回。

鲁哀公询问为政之道时，孔子回答说："治理政事的重点在于选择大臣。"季康子询问为政之道时，孔子说："推举任用正直的人，管理心术不正的人，这样心术不正的人也会转变为正直的人。"季康子忧虑盗贼。孔子说："如果一个人没有贪欲，那么即使是给予奖赏，他也不会去偷盗。"然而，鲁国最终没能重用孔子。孔子也不请求做官。

孔子时期，周室衰微，礼乐废坏，《诗经》《尚书》残缺不全。孔子追溯夏朝、商朝和周朝的礼仪制度，重新编次《尚书》，上起唐尧、虞舜之际，下至秦穆公时期，按顺序排列史事。他说："夏朝的礼制我还能讲述，只是杞国没有足够文献资料来证实这些制度；商朝的礼制我还能讲述，只是宋国没有留下足以证明这些制度的文献资料。如果文献充足的话，那么，我就能很充分地证实这些制度了。"考察了夏朝、商朝以来礼制增减的情况后，孔子说："即使再过一百年，礼制增减的情况也是可以知道的，因为不外乎文彩和质朴的相互交替。周朝借鉴夏朝和商朝的礼制而确定自己的礼仪制度，真是丰富隆重啊！我推崇周朝的礼制。"所以，后人诵读的《书传》《礼记》都是出自孔子的编定。

孔子对鲁国的乐官说："音乐的规律应该是可以通晓的。刚开始演奏时，要协调五音，接下来节奏必须和谐，声音必须清晰，做到循环紧凑、连续不断,这样整首乐曲才能完成。""我从卫国返回鲁国,然后才订正了诗乐,使《雅》和《颂》都能和原来的曲调相配。"

古代留传下来的诗歌有三千多篇,到了孔子,删去重复的部分,选取可以用于礼义教化的篇章,上采自商朝的始祖契、周朝的始祖后稷,中间述说商朝、周朝的盛世,下至周幽王、周厉王时期的政治缺失,起始于叙述男女夫妇感情和家庭关系的诗篇,所以说"《关雎》是风的首篇,《鹿鸣》是小雅的首篇,《文王》是大雅的首篇,《清庙》是颂的首篇"。孔子选出的三百零五篇诗,都配上乐曲歌唱,以求符合《韶》《武》《雅》《颂》等乐舞的音调。礼乐制度从此才得以称述,使得王道完备,六艺齐全。

【编后语】

《孔子世家》是三十世家第十七篇,是紧跟春秋战国那些著名诸侯国通史的。孔子不是诸侯,但司马迁却将孔子列入了世家,这足以说明孔子的影响之大,足以说明司马迁对孔子是高看一筹的——将孔子当作诸侯来对待。本部分选取了孔子一生追求学问和推行自己主张的精华部分,省略了孔子讲学及其弟子言行记录部分、其后代言行记录部分。从《史记》中对孔子地位的尊崇,我们不难看出,孔子在古代的巨大影响力。这是我们在读《孔子世家》时需要加以注重的一点。

陈涉世家

【原文】

陈胜者，阳城人也，字涉。吴广者，阳夏人也，字叔。

陈涉少时，尝与人佣耕①，辍耕之垄上，怅恨久之，曰："苟富贵，无相忘。"庸者笑而应曰："若为庸耕，何富贵也？"陈涉太息曰："嗟乎！燕雀安知鸿鹄②之志哉！"

二世元年七月，发闾左適戍渔阳③九百人，屯大泽乡。陈胜、吴广皆次当行④，为屯长。会天大雨，道不通，度已失期。失期，法皆斩。陈胜、吴广乃谋曰："今亡亦死，举大计亦死，等死，死国可乎？"陈胜曰："天下苦秦久矣。吾闻二世少子也，不当立，当立者乃公子扶苏。扶苏以数谏故，上使外将兵⑤。今或闻无罪，二世杀之。百姓多闻其贤，未知其死也。项燕为楚将，数有功，爱士卒，楚人怜之。或以为死，或以为亡。今诚以吾众诈自称公子扶苏、项燕，为天下唱，宜多应者。"吴广以为然。乃行卜。卜者知其指意，曰："足下事皆成，有功。然足下卜之鬼乎！"陈胜、吴广喜，念鬼，曰："此教我先威众耳⑥。"乃丹书帛曰"陈胜王"，置人所罾鱼腹中。卒买鱼烹食，得鱼腹中书，固以怪之矣。又间令吴广之次所旁丛祠中⑦，夜篝火，狐鸣⑧呼曰"大楚兴，陈胜王"。卒皆夜惊恐。旦日，卒中往往语，皆指目陈胜。

吴广素爱人，士卒多为用者。将尉醉，广故数言欲亡，忿恚尉，令辱之，以激怒其众。尉果笞广。尉剑挺，广起，夺而杀尉。陈胜佐之，并杀两尉。召令徒属曰："公等遇雨，皆已失期，失期当斩。藉弟令毋斩，而戍死者固十六七。且壮士不死即已，死即举大名耳，王侯将相宁有种乎！"⑨徒属皆曰："敬受命。"乃诈称公子扶苏、项燕，从民欲也。袒右⑩，称大楚。为坛而盟，祭以尉首。陈胜自立为将军，吴广为都尉。攻大泽乡，收而攻蕲。蕲下，乃令符离人葛婴将兵徇蕲以东。攻铚、酂、苦、柘、谯，皆下之。行收兵。比至陈，车六七百乘，骑千馀，卒数万人。攻陈，陈守令皆不在，独守丞与战谯门中。弗胜，守丞死。乃入据陈。数日，号令召三老、豪杰与皆来会计事。三老、豪杰⑪皆曰："将军身被坚执锐，伐无道，诛暴秦，复立楚国之社稷，功宜为王。"陈涉乃立为王，号为张楚。

当此时，诸郡县苦秦吏者，皆刑其长吏，杀之以应陈涉。乃以吴叔为假王，监诸将以西击荥阳。令陈人武臣、张耳、陈馀徇赵地，令汝阴人邓宗徇九江郡。当此时，楚兵数千人为聚者⑫，不可胜数。

【注释】

①佣耕：被雇用去给人耕田。佣，受人雇佣的人。

②燕雀：泛指小鸟。此处比喻见识短浅的人。鸿：大雁。鹄：天鹅。鸿鹄，此处比喻志向远大的人。

③发闾左：征调贫民。闾左，秦时贵右贱左，富者居住在闾右，贫者居在闾左。闾，里巷的大门。適：通"谪"，因有罪被发遣的意思。

④皆次当行：按照征发的编排次序，都应当前往。次，编次。

⑤上：此处指秦始皇。将兵：统率军队，此处指扶苏奉秦始皇之命和蒙恬领兵北防匈奴。

⑥威众：指在群众中取得威信。

⑦间：此处指暗中。次所：行军时临时驻扎的地方。丛祠：隐蔽在草树中的庙。

⑧狐鸣：指假装狐狸叫。

⑨宁：难道。种：此处为祖传的意思。

⑩袒右：解衣露出右臂，作为起义的标志。

⑪会：集会。计事：议事。三老：秦朝掌管教化的乡官。秦，十里一亭，亭有亭长，十亭一乡，乡有三老。豪杰：指有声望势力的地主绅士大户。

⑫楚兵：指楚地的起义军。为聚：结成一伙。

【译文】

　　陈胜，字涉，阳城人。吴广，字叔，阳夏人。陈胜年轻时，曾经和别人一起给人当雇农。有一次，他们在田埂上休息时，陈胜感叹了很久，说："如果将来有人富贵了，希望大家不要忘记兄弟们。"其他受雇佣的人笑着说："你是雇农，还做梦富贵呢？"陈胜叹息说："唉！燕子、麻雀这类小鸟怎么能理解大雁、天鹅的志向呢！"

　　秦二世元年七月，朝廷征发去戍守渔阳的贫民九百人驻扎在大泽乡。陈胜、吴广是这支戍边贫民队伍的屯长。正赶上天降大雨，道路不通，他们估计已经误了到达期限。按照法律，这也是犯了斩首的罪。陈胜和吴广谋划，说："如今到渔阳是死，逃亡也是死，造反也是死，同样是死，我们何不轰轰烈烈而死呢？"陈胜说："天下人忍受秦朝暴政之苦已经很久。我听说二世皇帝是始皇皇帝的小儿子，不应该继位，应该继位的是公子扶苏。扶苏因为多次向始皇皇帝进谏，被派到外地领兵。如今，有人听说他并没有罪却被二世皇帝杀了。老百姓大多听说过扶苏贤能，还不知道他已经死了。项燕是故楚国将军，多次立有战功，爱护士兵，故楚国人都爱戴他。有的人认为他已经死了，有的人认为他逃亡了。现在，如果我们这些人假冒公子扶苏和项燕的名号，倡导天下人起义，应该有很多人响应。"吴广认为很对，就去占卜凶吉。占卜的人知道他们的意图，说："你们的事情都能办成，可以建功立业。不过，你们向鬼神问过吉凶吗？"陈胜和吴广很高兴，就琢磨出向鬼神问吉凶的含义，说："这是教我们先在众人中树立威信。"于是，他们用丹砂在帛上写"陈胜王"三个字，偷塞进别人用网捕捞的鱼肚里。士卒买鱼吃时，发现了鱼肚里的帛书。他们感到非常奇怪。陈胜又暗中让吴广到驻地旁边树丛里的野庙去，在夜间点燃篝火，模仿狐狸的声音呼叫："大楚要兴起，陈胜要称王。"戍卒们夜里听到后都很惊恐。第二天清晨，戍卒们议论纷纷，都指指点点或者用目光注视着陈胜。

　　吴广一向爱护别人。戍卒中多数人都愿听从他的指挥。负责押送的两个将尉喝醉了时,吴广便故意扬言要逃走,惹怒将尉,让他们侮辱自己,以此来激怒众人。将尉果然气愤得用鞭子抽打吴广。就在将尉要拔剑时,吴广跃起,夺剑杀了将尉。陈胜配合他,一起杀死了两个都尉。他召集下属,号令说:"诸位遇上大雨,已经误了规定的期限,误了期限按法律要被杀头。即使不杀头,十个里面有六七个也会戍边而死。况且,大丈夫不死便罢,死就要扬名天下。王侯将相难道是天生的吗?"属下都说:"遵命。"于是,他们假称公子扶苏和项燕的队伍,以顺从百姓的愿望。他们袒露右臂,号称大楚,设台盟誓,用将尉的头颅祭祀。陈胜自任将军,吴广做都尉。起义军迅速攻占大泽乡,接着又收兵攻打蕲县。攻下蕲县后,陈胜就命令符离人葛婴率兵攻打蕲县以东地区。陈胜、吴广则率兵攻打铚、酂、苦、柘、谯等地,都攻下了。陈胜一路上招收兵马。等到达陈县时,他已经拥有六七百辆兵车,一千多骑兵,另加几万步兵。攻打陈县时,那里的郡守和县令都不在,只有守丞率军在谯门内和起义军作战。起义军一时不能战胜,不久守丞被人杀死,起义军才进占陈县。几天后,陈胜下令召集三老、豪杰都来会商大计。三老和豪杰都说:"将军身披坚甲,手执锐器,讨伐无道,诛灭暴秦,恢复建立楚国政权,论功应该称王。"陈胜于是自立为王,国号为张楚。

在这时,各郡县苦于秦朝官吏暴虐统治的人都纷纷杀掉各自地区的官吏,响应陈胜。于是,陈胜任命吴广代行王事,督率各位将领向西攻打荥阳;命令陈县人武臣、张耳、陈馀率军攻取赵地;命令汝阴人邓宗率军攻取九江郡。在这时,楚地义军几千人规模的,多得数不清。

【原文】

葛婴至东城,立襄彊为楚王。婴后闻陈王已立,因杀襄彊,还报[①]。至陈,陈王诛杀葛婴。陈王令魏人周市北徇魏地。吴广围荥阳。李由为三川守,守荥阳,吴叔弗能下。陈王征国之豪杰与计,以上蔡人房君蔡赐为上柱国。

周文,陈之贤人也,尝为项燕军视日[②],事春申君,自言习兵,陈王与之将军印,西击秦。行收兵至关,车千乘,卒数十万,至戏,军焉。秦令少府章邯免郦山徒、人奴产子生③，悉发以击楚大军，尽败之。周文败，走出关，止次曹阳二三月。章邯追败之，复走次渑池十馀日。章邯击，大破之。周文自刭，军遂不战。

武臣到邯郸，自立为赵王，陈馀为大将军，张耳、召骚为左右丞相。陈王怒，捕系武臣等家室，欲诛之。柱国曰："秦未亡而诛赵王将相家属，此生一秦也。不如因而立之。"陈王乃遣使者贺赵，而徙系武臣等家属宫中，而封耳子张敖为成都君，趣赵兵亟入关④。赵王将相相与谋曰："王王赵，非楚意也。楚已诛秦，必加兵于赵。计莫如毋西兵，使使北徇燕地以自广也。赵南据大河，北有燕、代，楚虽胜秦，不敢制赵。若楚不胜秦，必重赵。赵乘秦之弊，可以得志于天下。"赵王以为然，因不西兵，而遣故上谷卒史韩广将兵北徇燕地。

燕故贵人⑤豪杰谓韩广曰："楚已立王，赵又已立王。燕虽小，亦万乘之国⑥也，愿将军立为燕王。"韩广曰："广母在赵，不可。"燕人曰："赵方西忧秦，南忧楚，其力不能禁我。且以楚之强，不敢害赵王将相之家，赵独安敢害将军之家！"韩广以为然，乃自立为燕王。居数月，赵奉燕王母及家属归之燕。

【注释】

①还报：回去向陈胜汇报。

②视日：占卜日子吉凶的官。

③免：免除。郦山徒：指发配在骊山服劳役的人。"郦"今作"骊"。奴产子生：家人奴婢所生的儿子。

④趣：催促。亟：急，赶快。

⑤燕故贵人：过去燕国的贵族。

⑥万乘之国：拥有一万辆兵车的国家，此处指大国。

【译文】

葛婴率军到达东城，拥立襄彊为楚王。听说陈胜已经称王，葛婴就杀了襄疆，回来向陈胜报告，表示臣服。葛婴到了陈县，陈王杀了他。陈王命令魏人周市率军向北攻取魏地。吴广围攻荥阳时，李由担任三川郡守，驻守在荥阳。吴广没能攻下。陈王征召国内豪杰商议对策，任命上蔡人房君蔡赐为上柱国。

周文是陈县的贤人，曾经当项燕的占卜官，事奉过春申君，自称熟习军事。于是，陈胜授给他将军印信，命令他率军向西攻打秦朝腹地。周文一路上招收兵马，到达函谷关时，已经拥有一千辆兵车，几十万步兵。到达戏亭后，他们在那里驻扎下来。秦朝命令少府章邯赦免在郦山服役的刑徒以及奴婢所生的儿子，武装起来去抗击张楚军，并把张楚军打败了。周文战败，逃出函谷关，在曹阳停留驻扎了两三个月。章邯追来，又一次打败他们。周文又逃到渑池，在那里驻守了十多天。章邯率军发起攻击，大败张楚军。周文刎颈自杀。于是，这支张楚军群龙无首，不能作战。

武臣到达邯郸后，自立为赵王，任命陈馀为大将军，张耳和召骚为左右丞相。陈胜大怒，逮捕关押了武臣等人的家属，准备杀他们。上柱国蔡赐说："秦朝还没有灭亡就诛杀赵王将相的家属，这等于是又产生了一个秦朝。您不如顺水推舟，封立他们为王。"陈胜便派遣使者去向武臣祝贺，同时把武臣等人的家属迁移到宫中扣押起来，并封张耳的儿子张敖为成都君，催促赵王火速进军函谷关。武臣的将相互相商议，说："大王在赵地称王，不符合陈王的本意。陈王灭秦朝以后，一定会派兵进攻赵国。眼下的计策，不如不向西进兵，派人向北攻取燕地，以扩充自己的地盘。这样，赵国在南边据有黄河天险，在北面拥有燕、代地区，陈王即使灭了秦朝，也不敢对付赵国。如果陈王胜不了秦朝，就一定会重视赵国。赵国趁着秦朝疲敝，可以趁机夺取天下。"赵王武臣认为对，因而不向西进兵，而是派韩广率兵向北攻取燕地。

韩广到达燕地后，燕国原来的贵族豪杰对韩广说："楚国有了王，赵国也有了王。燕国虽小，但也曾是拥有一万乘兵车的国家，希望将军自立为燕王。"韩广说："我母亲在赵国，不可以。"燕国人说："赵国眼下正在西面忧患秦朝，在南面忧虑楚国，它的力量无法阻止我们。况且，以楚国的强大，尚且不敢加害赵王将相的家属，赵国怎么唯独敢加害您的家属呢！"韩广认为有道理，就自立为燕王。过了几个月，赵国把燕王韩广的母亲和家属送到了燕国。

【原文】

当此之时，诸将之徇地者，不可胜数。周市北徇地至狄，狄人田儋杀狄令，自立为齐王，以齐①反击周市。市军散，还至魏地，欲立魏后故宁陵君咎为魏王。时咎在陈王所，不得之魏。魏地已定，欲相与立周市为魏王，周市不肯。使者五反，陈王乃立宁陵君咎为魏王，遣之国。周市卒为相。

将军田臧等相与谋曰："周章军已破矣，秦兵旦暮至②，我围荥阳城弗能下，秦军至，必大败。不如少遗兵，足以守荥阳，悉精兵迎秦军。今假王骄，不知兵权③，不可与计，非诛之，事恐败。"因相与矫王令④以诛吴叔，献其首于陈王。陈王使使赐田臧楚令尹印，使为上将。田臧乃使诸将李归等守荥阳城，自以精兵西迎秦军于敖仓。与战，田臧死，军破。章邯进兵击李归等荥阳下，破之，李归等死。

阳城人邓说将兵居郯，章邯别将⑤击破之，邓说军散走陈。铚人伍徐将兵居许，章邯击破之，伍徐军皆散走陈。陈王诛邓说。

【注释】

①以齐：此处指凭借齐的力量。
②旦暮至：早晚就要到。
③兵权：指用兵的计谋策略。
④矫王令：假传陈王的命令。矫，假托。
⑤别将：此处指章邯属下的其他将领。

【译文】

这时，各位攻城略地的将领，多得数不清。周市率军向北攻取土地，到达了狄县。狄县人田儋杀了狄县县令，自立为齐王，据守齐地反叛，率军进攻周市。周市率领的军队溃散，退回魏地。周市想立魏王后代咎为魏王。当时，咎在陈胜那里，无法回到魏地。魏地已经平定，当地人就想共同拥立周市为魏王。周市不肯。使者在周市和陈胜之间往返了五次，陈胜才立咎为魏王，将送他回国。周市最终担任魏国相国。

吴广的部下将军田臧等人互相商议，说："周章率领的军队已经被打败，秦军早晚都会到来。我们围攻荥阳久攻不下，而秦军一到，我军必然大败。我们不如留下少量军队围住荥阳，调动精锐军队迎击秦军。如今假王吴广骄横，不懂用兵打仗，无法跟他商议，不杀掉他，恐怕会坏了大事。"于是，他们一起假托陈胜的命令杀了吴广，把他的头颅献给陈胜。陈胜派遣使者赐给田臧楚国令尹的印信，任命他为上将军。田臧于是派将领李归等人率军围守住荥阳城，自己率领精锐军队向西，在敖仓迎击秦军。与秦军交战后，田臧战死，所率领的军队溃散。章邯进兵在荥阳城下，攻打李归等人，打败了他们。李归等人战死。

阳城人邓说率兵驻扎在郯县。章邯另外派遣一支部队打败了他。邓说率领的军队溃散，他本人也逃到陈县。铚县人伍徐率兵驻扎在许县。章邯打败了他，伍徐的军队都溃败逃到陈县。陈胜诛杀了邓说。

【原文】

陈王初立时，陵人秦嘉、铚人董緤、符离人朱鸡石、取虑人郑布、徐人丁疾等皆特起①，将兵围东海守庆于郯。陈王闻，乃使武平君畔为将军，监郯下军。秦嘉不受命，嘉自立为大司马，恶属武平君。告军吏曰："武平君年少，不知兵事，勿听！"因矫以王命杀武平君畔。章邯已破伍徐，击陈，柱国房君死。章邯又进兵击陈西张贺军。陈王出监战，军破，张贺死。

腊月，陈王之汝阴，还至下城父，其御庄贾杀以降秦。陈胜葬砀，谥曰隐王②。

陈王故涓人将军吕臣为仓头军，起新阳，攻陈，下之，杀庄贾，复以陈为楚。

初，陈王至陈，令铚人宋留将兵定南阳，入武关。留已徇南阳，闻陈王死，南阳复为秦。宋留不能入武关，乃东至新蔡，遇秦军，宋留以军降秦。秦传留至咸阳，车裂留以徇。

秦嘉等闻陈王军破出走，乃立景驹为楚王，引兵之方与，欲击秦军定陶下。使公孙庆使齐王，欲与并力俱进。齐王曰："闻陈王战败，不知其死生，楚安得不请而立王！"公孙庆曰："齐不请楚而立王，楚何故请齐而立王！且楚首事，当令于天下。"田儋诛杀公孙庆。

秦左右校③复攻陈，下之。吕将军走，收兵复聚。鄱盗当阳君黥布之兵相收④，复击秦左右校，破之青波，复以陈为楚。会项梁立怀王孙心为楚王。

陈胜王凡六月。已为王，王陈。其故人尝与庸耕者闻之，之陈，扣宫门曰："吾欲见涉。"宫门令欲缚之。自辩数，乃置，不肯为通。陈王出，遮道而呼涉。陈王闻之，乃召见，载与俱归。入宫，见殿屋帷帐，客曰："夥颐！涉之为王沈沈⑤者！"楚人谓多为夥，故天下传之，夥涉为王⑥，由陈涉始。客出入愈益发舒，言陈王故情。或说陈王曰："客愚无知，颛妄言，轻威⑦。"陈王斩之。

诸陈王故人皆自引去，由是无亲陈王者。陈王以朱房为中正，胡武为司过，主司群臣。诸将徇地，至，令之不是者⑧，系而罪之，以苛察为忠。其所不善者⑨，弗下吏，辄自治之。陈王信用之。诸将以其故不亲附，此其所以败也。

【注释】

①皆特起：此处是都各自起兵反秦的意思。特，单独。

②谥：古人有名位的人死后，按其生平事迹给予的称号。隐：有功业未显使人哀伤的意思。

③左右校：即左校尉、右校尉，次于将军的军官。此处指左校尉和右校尉率领的军队。

④鄱盗：在陈胜起义前，英布曾在鄱阳一带为盗，故称鄱盗。相收：指吕臣与英布的军队互相联合。

⑤沈沈：形容宫室高大深邃，富丽堂皇。

⑥夥涉为王：此处的意思指一朝得志就变得十分阔气。

⑦轻威：轻视威严，有损于威严。

⑧令之不是者：命令他而不顺从的。不是，不以为然，不顺从。

⑨其所不善者：此处指与朱房、胡武关系不好的人。

【译文】

陈胜刚称王时，陵县人秦嘉、铚县人董绁、符离人朱鸡石、取虑人郑布、徐县人丁疾等都单独起兵，率军把东海郡守庆围困在郯城。陈胜听说后，派武平君畔担任将军，前去督率郯城下的起义军。秦嘉不接受命令，自立为大司马，而且讨厌武平君的管辖。他告诉军吏们，说："武平君年少，不懂得用兵打仗，别听他的！"进而，秦嘉假借陈胜的命令杀了武平君畔。

章邯打败伍徐后，率军进攻陈县，上柱国房君蔡赐战死。章邯又进兵攻打陈县以西张贺率领的军队。陈胜亲自出城督战，但他的军队被打败，张贺战死。

十二月，陈胜来到汝阴，又回到下城父。他的车夫庄贾杀了他，向秦军投降。陈胜被葬在砀县，谥号为隐王。

从陈胜侍臣升为将军的吕臣组建苍头军，在新阳起兵，攻下了陈县，杀了庄贾，重新以陈县为楚国都城。

当初，陈胜来到陈县，命令铚县人宋留率兵平定南阳，进军武关。宋留率军攻取南阳后，听说陈胜已死，南阳又叛归了秦。于是，宋留不能再进入武关，就向东来到新蔡。遇上秦军后，宋留率军向秦军投降。秦军把宋留押解到咸阳，将他车裂示众。

秦嘉等人听说陈胜战败逃走，就立景驹为楚王，率军到达方与，想在定陶城下进攻秦军。秦嘉派公孙庆出使会见齐王，准备和他联合共同进军。齐王说："听说陈王战败，生死不明，楚国怎么能不请示就自己立王呢！"公孙庆说："齐国不请示楚国而自立为王，楚国凭什么要请示齐国才能立王呢！况且，楚国首先起事，理当号令天下。"田儋诛杀了公孙庆。

秦军左右校尉率军再次攻打陈县，攻占了它。吕臣率军败走，重新收聚兵马。在鄱阳湖为盗的英布和他兵合一处，再次进攻秦军左右校尉率领的军队，并在青波打败他们，重新以陈县为楚国都城。恰逢项梁拥立楚怀王的孙子熊心为楚王。

陈胜称王共六个月。称王后，陈胜以陈县为都城。有个曾经和他一起为雇农的人听说陈胜称王后，来到陈县，敲着宫门，说："我要见陈胜。"宫门令要把他捆绑起来。他反复为自己申辩后，宫门令才放了他，但不肯为他通报。陈胜出宫时，他拦路呼喊"陈胜"。陈胜听到后，就召见他，坐着车一起回宫。看到宫殿房屋和帷帐后，那个人说："夥颐！陈胜称了王，宫殿真是又大又深啊！"楚人把多说成夥，因而"夥涉为王"这句话就开始流传下来。那个人进进出出，越来越放肆，讲起了陈胜以前的事。有人对陈胜说："这个人愚昧无知，专门胡言乱语，这样会有损您的威望。"陈胜就把那个人杀了。

这件事后，那些陈胜的老朋友都偷偷跑了，从此再也没人亲近陈胜了。陈胜任命朱房为中正，胡武为司过，负责督察群臣。各位将领攻城略地，回来复命，稍有不听他们命令的，就抓起来治罪，以苛刻细密来显示对陈胜的忠诚。对于他们所不喜欢的人，也不交有关官员审理，就擅自加以惩治。陈胜对他们却非常信任。各位将领因此不亲附陈胜。这是陈胜失败的原因。

【编后语】

《陈涉世家》是三十世家的第十八篇，是记这次起义的领袖陈涉（陈胜）、吴广的传记。世家是王侯的传记，陈涉不属王侯，司马迁把他列入世家，是因为"秦失其政，而陈涉发迹，诸侯作难，风起云蒸，卒亡秦族。天下之端，自涉发难"。本篇选取了《陈涉世家》的全部内容，但省略了司马迁对陈涉（陈胜）的评论。陈涉是中国历史上的首位农民起义领袖，其历史地位和起义的作用都有深远的影响。我们阅读此篇时，需要引起足够的重视。

萧相国世家

【原文】

汉五年，既杀项羽，定天下，论功行封。群臣争功，岁馀功不决。高祖以萧何功最盛，封为酂侯，所食邑多。功臣皆曰："臣等身被坚执锐，多者百馀战，少者数十合，攻城略地①，大小各有差。今萧何未尝有汗马之劳，徒持文墨议论，不战，顾反居臣等上，何也？"高帝曰："诸君知猎乎？"曰："知之。""知猎狗乎？"曰："知之。"高帝曰："夫猎，追杀兽兔者狗也，而发踪指示兽处者人也。今诸君徒能得走兽耳，功狗也。至如萧何，发踪指示，功人也。且诸君独以身随我，多者两三人。今萧何举宗数十人皆随我，功不可忘也。"群臣皆莫敢言。

列侯毕已受封，及奏位次，皆曰："平阳侯曹参身被七十创，攻城略地，功最多，宜第一。"上已桡②功臣多封萧何，至位次未有以复难之，然心欲何第一。关内侯鄂君进曰："群臣议皆误。夫曹参虽有野战略地之功，此特一时之事。夫上与楚相距五岁，常失军亡众，逃身遁者数矣。然萧何常从关中遣军补其处，非上所诏令召，而数万众会上之乏绝者数矣。夫汉与楚相守荥阳数年，军无见粮，萧何转漕关中，给食不乏。陛下虽数亡山东，萧何常全关中以待陛下，此万世之功也。今虽亡曹参等百数，何缺于汉？汉得之不必待以全。奈何欲以一旦之功而加万世之功哉！萧何第一，曹参次之。"高祖曰："善。"于是乃令萧何第一，赐带剑履上殿，入朝不趋。

上曰："吾闻进贤受上赏。萧何功虽高，得鄂君乃益明。"于是因鄂君故所食关内侯邑封为安平侯。是日，悉封何父子兄弟十馀人，皆有食邑。乃益封何二千户，以帝尝繇咸阳时何送我独赢③奉钱二也。

【注释】

①略：夺取。

②桡：屈从，屈服。

③赢：这里指多。

【译文】

汉五年，刘邦打败并杀了项羽，平定了天下，按功劳进行封赏。群臣争功，以至过了一年多时间，他们功劳的大小还没确定下来。刘邦认为萧何功劳最大，封他为酂侯，所赐食邑最多。功臣们说："我们身披坚甲手执锐器，多的身经一百多次战斗，少的也经历过几十次战斗，攻城略地，功劳大小各有区别。如今，萧何从未有过汗马之劳，只是舞文弄墨、口头议论，没有参加过战斗，功劳却反而在我们之上，这是为什么？"刘邦说："诸位知道打猎吗？"群臣说："知道。"刘邦又说："知道猎狗吗？"群臣说："知道。"刘邦说："大凡打猎，追杀野兽兔子的是狗，而发现野兽的踪迹、指出野兽所在地方的则是猎人。如今，诸位只能捕获走兽而已，功劳如同猎狗。至于萧何，发现踪迹，指示所在，功劳如同猎人。况且，诸位只是自己一个人追随我，多的也不过加上两三个亲属。如今，萧何整个宗族几十个人都追随我，功劳不可忘记啊！"群臣都不敢再说什么。

列侯全部受封完毕，等到奏请排位次时，大家都说："平阳侯曹参身负七十多处伤，攻城夺地，功劳最多，应该排第一。"刘邦已经力排功臣之议，多封了萧何土地，等到排位次时还没理由再次反驳功臣，但内心想让萧何排第一。关内侯鄂君进言说："群臣的建议都不对。曹参虽然有野战夺地的功劳，但这只是一时的事情。皇上和楚军相持五年，经常丧失军队兵众，只身逃亡有好多次。然而，萧何常常从关中派出士兵补充前线的缺额，这并非皇上诏令他这么做的，却多次在皇上困乏绝望时把几万名士兵派到了前线。汉、楚在荥阳对峙了好几年，军中没有现成的粮草，萧何从关中漕运粮饷，供应军队食用，从来不曾缺乏过。皇上虽然多次丢掉崤山以东地区，但萧何却始终保全着关中以等待皇上。这是千秋万世的功劳。如今即使缺了上百个曹参这样的人，对汉室又有什么缺损呢？汉室不是因为他们才得以保全。为什么要让一时的功劳凌驾于万世的功劳之上呢？萧何应当排在第一，曹参排第二。"刘邦说："好。"于是，刘邦让萧何排在第一，恩准他佩剑穿履上殿，上朝时不必按常礼小步快走。

刘邦说："我听说推荐贤人的人应该受上赏。萧何功劳虽大，但有了鄂君才得以显明。"于是，刘邦依据鄂君原来受封关内侯的食邑，再加封他为安平侯。这一天，萧何父子兄弟共十多人全部封赏了，都拥有食邑。于是，刘邦为萧何加封食邑两千户，因为刘邦从前到咸阳服差事时，萧何比别人多资助了二百钱。

【原文】

汉十一年，陈豨反，高祖自将，至邯郸。未罢，淮阴侯谋反关中，吕后用萧何计，诛淮阴侯，语在《淮阴》事中。上已闻淮阴侯诛，使使拜丞相何为相国，益封五千户，令卒五百人一都尉为相国卫。

诸君皆贺，召平独吊。召平者，故秦东陵侯。秦破，为布衣，贫，种瓜于长安城东，瓜美，故世俗谓之"东陵瓜"，从召平以为名也。召平谓相国曰："祸自此始矣。上暴露于外而君守于中，非被矢石之事而益君封置卫者，以今者淮阴侯新反于中，疑君心矣。夫置卫卫君，非以宠君也。愿君让①封勿受，悉以家私财佐军，则上心说。"相国从其计，高帝乃大喜。

汉十二年秋，黥布反，上自将击之，数使使问相国何为。相国为上在军，乃拊循勉力②百姓，悉以所有佐军，如陈豨时。客有说相国曰："君灭族不久矣。夫君位为相国，功第一，可复加哉？然君初入关中，得百姓心，十馀年矣，皆附君，常复孳孳得民和③。上所为数问君者，畏君倾动关中。今君胡不多买田地，贱贳贷以自污④？上心乃安。"于是相国从其计，上乃大说。

【注释】

①让：辞让。

②拊循勉力：安抚勉励的意思。

③孳孳：勤勉，努力不懈的样子。

④贳贷：赊借的意思。

【译文】

汉十一年，陈豨反叛，刘邦亲自率领军队到达邯郸。还没有平定叛乱时，淮阴侯韩信又在关中谋反。吕后采用萧何的计策，诛杀了韩信，这件事详细记载在《淮阴侯列传》中。刘邦听到韩信被诛杀的消息，就派使臣拜丞相萧何为相国，加封食邑五千户，命令用五百名士卒和一名都尉做相国的卫队。

众人都来祝贺时，唯独召平前来哀悼。召平是原先秦朝的东陵侯。秦朝灭亡后，召平沦为平民，在长安城东种瓜。他种出来的瓜很鲜美，民间俗称"东陵瓜"。召平对萧何说："灾祸从此开始了。皇上风吹日晒在外地征战，而你留守在关中，并未蒙受矢石的危险，皇上反而增加你的封邑并为你配备卫队，这是因为现今淮阴侯刚在关中谋反，皇上也对你起了疑心。配备卫队保护你，并不是为了尊宠你。希望你推辞封赏不要接受，把所有家财捐给军事需用，那么皇上心里就会高兴。"萧何听从了他的计策。刘邦大为高兴。

汉十二年秋，英布反叛，刘邦亲自率军讨伐他，多次派使臣询问萧何在干什么。萧何因为刘邦在外统率军队，就安抚和勉励百姓，把自己的全部家产捐作军费，跟讨伐陈豨时一样。有个门客劝萧何说："您离灭族不远了。您位居相国，功劳第一，还可以再往上增加吗？可是，您刚进关中，就深得百姓人心，至今已经十多年了，百姓都亲附您，您还经常孳孳不倦地去获取百姓的拥戴。皇上之所以多次派人询问您在干什么，是害怕您的威信震动关中。如今，您为什么不多买田地，发放一些低息贷款来玷污自己的名声？这样，皇上才会安心。"于是，萧何听从了他的计策。刘邦这才大为高兴。

【原文】

上罢布军归，民道遮行上书，言相国贱强买民田宅数千万。上至，相国谒。上笑曰："夫相国乃利民①！"民所上书皆以与相国，曰："君自谢民②。"相国因为民请曰："长安地狭，上林中多空地，弃，愿令民得入田，毋收稿为禽兽食。"上大怒曰："相国多受贾人财物，乃为请吾苑！"乃下相国廷尉，械系之③。数日，王卫尉侍，前问曰："相国何大罪，陛下系之暴也？"上曰："吾闻李斯相秦皇帝，有善归主，有恶自与。今相国多受贾竖④金而为民请吾苑，以自媚于民，故系治之。"王卫尉曰："夫职事苟有便于民而请之，真宰相事，陛下奈何乃疑相国受贾人钱乎！且陛下距楚数岁，陈豨、黥布反，陛下自将而往，当是时，相国守关中，摇足则关以西非陛下有也。相国不以此时为利，今乃利贾人之金乎？且秦以不闻其过亡天下，李斯之分过，又何足法哉。陛下何疑宰相之浅也。"高帝不怿。是日，使使持节⑤赦出相国。

相国年老，素恭谨，入，徒跣谢⑥。高帝曰："相国休矣！相国为民请苑，吾不许，我不过为桀、纣主，而相国为贤相。吾故系相国，欲令百姓闻吾过也。"

【注释】

①相国乃利民：身为相国竟然如此"利民"。此处是刘邦说的反语。乃，竟然。

②谢：谢罪。

③械系：指用镣铐等刑具拘禁。

④贾竖：古代对商人的鄙称。

⑤节：使者所持的一种凭证。

⑥徒跣：赤脚步行，是一种请罪的表示。

【译文】

刘邦平定了英布的叛乱,撤军回朝时,老百姓拦路上书,指控萧何用低价强行夺买百姓的田地、房宅,价值高达几千万。刘邦回到京师时,萧何前来谒见。刘邦笑着说:"萧相国就是这样利民的吗?"他把老百姓的上书都交给萧何,说:"你自己向百姓谢罪吧!"萧何趁机为百姓请命,说:"长安土地狭窄,上林苑中有很多空地,都废弃着,希望让老百姓能够进去耕种,留下秸秆供禽兽食用。"刘邦大怒,说:"你多半是接受了商人的许多财物,就为他们求取我的上林苑。"于是,刘邦把萧何交给廷尉,用枷锁拘禁了他。几天后,王卫尉侍奉刘邦时,上前问:"萧相国犯了什么大罪,陛下要如此严厉地拘禁他?"刘邦说:"我听说李斯做秦朝丞相时,有成绩都归功于主上,有罪过都自己承担。如今,他大肆收受奸商的金钱而为老百姓求取我的上林苑,以此向百姓讨好,所以我要拘禁他治罪。"王卫尉说:"身负职责,如果有利于百姓就为他们请求,这确实是相国应该做的事情。陛下怎么竟怀疑他接受了商人的钱财呢?再说,陛下您同项羽对抗了好几年,陈豨、英布反叛,您都亲自率军前去镇压。在这些时候,萧相国留守关中,如果一跺脚,那么函谷关以西就不归陛下您所有了。萧相国不在那些时候谋取利益,如今反而去贪图商人的钱财吗?况且,秦始皇因为听不到自己的过错才亡了天下,李斯分担过错的行为,又有什么值得效法的呢?您为什么怀疑萧相国到如此浅薄的地步呢?"刘邦听了闷闷不乐。当天,刘邦派使臣手持符节赦免释放了萧何。

萧何年老,向来恭谨,入见刘邦时,光着脚前来。刘邦说:"萧相国休要如此!你为百姓请求开放上林苑,我不答应,说明我不过是桀、纣式的君主,而你则是贤相。所以,我拘禁了你,是想让天下百姓知道我的过失。"

【编后语】

《陈涉世家》后是《外戚世家》《楚元王世家》《荆燕世家》和《齐悼惠王世家》。这几个世家在历史上的影响以及其精彩程度有限,于是我们直接选了三十世家中位列二十三的《萧相国世家》。《萧相国世家》是讲述汉高祖刘邦的重要谋臣萧何及其子孙的传记，本篇选取了他协助吕后捉拿韩信的事和他犯罪被刘邦处罚的事，省略了萧何的身世、在刘邦统一天下中的功劳，以及和曹参之间的事、子孙的事以及司马迁的评价。

留侯世家

【原文】

留侯张良者,其先韩人也。大父开地,相韩昭侯、宣惠王、襄哀王。父平,相釐王、悼惠王。悼惠王二十三年,平卒。卒二十岁,秦灭韩。良年少,未宦事韩。韩破,良家僮三百人,弟死不葬,悉以家财求客刺秦王,为韩报仇,以大父、父五世相韩故。

良尝学礼淮阳。东见仓海君,得力士,为铁椎重百二十斤。秦皇帝东游,良与客狙击秦皇帝博浪沙中,误中副车①。秦皇帝大怒,大索天下,求贼甚急,为张良故也。良乃更名姓,亡匿下邳。

良尝闲从容步游下邳圯②上,有一老父,衣褐,至良所,直堕其履圯下,顾谓良曰:"孺子,下取履!"良鄂③然,欲殴之。为其老,强忍,下取履。父曰:"履我!"良业为取履,因长跪履之。父以足受,笑而去。良殊大惊,随目之。父去里所,复还,曰:"孺子可教矣。后五日平明,与我会此。"良因怪之,跪曰:"诺。"五日平明,良往。父已先在,怒曰:"与老人期,后,何也?"去,曰:"后五日早会。"五日鸡鸣,良往。父又先在,复怒曰:"后,何也?"去,曰:"后五日复早来。"五日,良夜未半往。有顷,父亦来,喜曰:"当如是。"出一编书,曰:"读此则为王者师矣。后十年兴。十三年孺子见我济北,穀城山下黄石即我矣。"遂去,无他言,不复见。且日视其书,乃《太公兵法》④也。良因异之,常习诵读之。

居下邳,为任侠。项伯常杀人,从良匿。

【注释】

①副车：皇帝的侍从车辆。

②圯：桥。

③鄂：通"愕"。

④《太公兵法》：相传为姜太公作的一部兵书。

【译文】

留侯张良的祖先是韩国人。他祖父开地做过韩昭侯、韩宣惠王、韩襄哀王三朝的国相。他父亲张平做过韩釐王、韩悼惠王的国相。韩悼惠王二十三年，张平去世。张平去世后二十年，秦国灭了韩国。张良因为年少，没做过韩国的官。韩国被灭亡后，张良有家仆三百人，但他弟弟死了也不厚葬，却拿出全部家财寻求刺客去刺杀秦始皇，为韩国报仇。这是因为他的祖父、父亲做过五代韩王的国相。

张良曾经在淮阳学习礼制。在东方拜见仓海君时，张良得到一个大力士，为他打制了一个重达一百二十斤的铁锤。秦始皇到东方巡游时，张良和刺客在博浪沙中埋伏袭击，误中了秦始皇的一辆副车。秦始皇大怒，在全国大肆搜捕凶手，缉拿刺客十分急迫，就是因为张良的缘故。张良改名换姓，逃到下邳躲藏起来了。

曾有一次闲暇时，张良在下邳桥上从容漫步。有位老翁穿着粗布短衣，走到张良身边，故意把鞋掉到桥下，并回过头来对张良说："小子，下去替我把鞋捡上来！"张良很惊讶，想揍他，但因为看到他年纪大了，就强忍住气，下去把鞋捡了上来。老翁又说："替我穿上鞋！"张良已经为他捡了鞋，又跪下给他穿鞋。老翁伸出脚让他把鞋穿好，然后笑着离去。张良大为吃惊，目光注视着老翁离去。老翁走出去一里多地后，又返回来，说："你这小子可以教导了。五天后的拂晓，和我在这里相会。"张良感到很奇怪，就跪下，恭敬地说："是。"五天后的拂晓，张良前往。老翁已经先到。他生气地说："跟老人约会，反而迟到，这是为什么？"于是，老翁离去，说："五天后早点来相会。"五天后鸡鸣时分,张良就前往桥头。老翁又先到了那里,又生气地说:"又迟到,为什么?"于是,老翁又离去,说:"五天后再早点来。"过了五天,张良没到半夜就去了。过了一会儿,老翁也来了,高兴地说:"应该这样。"他拿出一本书,说:"读了这本书就可以做帝王的老师了。十年后,你会发迹,十三年后,你小子到济北来见我,穀城山下的黄石就是我。"于是,老翁离去,再没说别的。张良从此再也没有见到这个老翁。天亮后,张良看那本书,发现原来是《太公兵法》。张良觉得此书非同寻常,就经常研习诵读它。

张良住在下邳,行侠仗义。项伯曾经杀了人,跟随张良躲藏起来。

【原文】

后十年,陈涉等起兵,良亦聚少年百馀人。景驹自立为楚假王,在留。良欲往从之,道遇沛公。沛公将数千人,略地下邳西。遂属焉。沛公拜良为厩将。良数以《太公兵法》说沛公,沛公善之,常用其策。良为他人言,皆不省。良曰:"沛公殆天授。"故遂从之,不去见景驹。

及沛公之薛,见项梁。项梁立楚怀王。良乃说项梁曰:"君已立楚后,而韩诸公子横阳君成贤,可立为王,益树党。"项梁使良求韩成,立以为韩王。以良为韩申徒,与韩王将千馀人西略韩地,得数城,秦辄复取之,往来为游兵①颍川。

沛公之从洛阳南出轘辕,良引兵从沛公,下韩十馀城,击破杨熊军。沛公乃令韩王成留守阳翟,与良俱南,攻下宛,西入武关。沛公欲以兵二万人击秦嶢下军,良说曰:"秦兵尚强,未可轻。臣闻其将屠者子,贾竖易动以利。愿沛公且留壁,使人先行,为五万人具食,益为张旗帜诸山上,为疑兵,令郦食其持重宝啖②秦将。"秦将果畔③,欲连和俱西袭咸阳,沛公欲听之。良曰:"此独其将欲叛耳,恐士卒不从。不从必危,不如因其解④击之。"沛公乃引兵击秦军,大破之。逐北至蓝田,再战,秦兵竟败。遂至咸阳,秦王子婴降沛公。

沛公入秦宫，宫室帷帐狗马重宝妇女以千数，意欲留居之。樊哙谏沛公出舍，沛公不听。良曰："夫秦为无道，故沛公得至此。夫为天下除残贼，宜缟素为资⑤。今始入秦，即安其乐，此所谓'助桀为虐'。且'忠言逆耳利于行，毒药苦口利于病'，愿沛公听樊哙言。"沛公乃还军霸上。

【注释】

①游兵：此处指流动不定的军队。

②啖：利诱，引诱。

③畔：通"叛"。

④解：同"懈"，懈怠的意思。

⑤缟素：缟和素都是白绢，此处比喻清白俭朴。资：凭借。

【译文】

十年以后，陈胜等人起兵反秦时，张良也召集了一百多名青年壮士反秦。景驹自立为楚假王，驻在留县时，张良想去投靠他，但在路上遇到了刘邦。刘邦率领几千人，在下邳以西攻取土地。张良于是归属刘邦。刘邦任命张良为厩将。张良多次用《太公兵法》向刘邦献策，刘邦十分欣赏，经常采纳他的计策。张良给别人讲兵法的内容时，别人都不能领会，但给刘邦讲时，刘邦领悟得特别快。张良认为刘邦是天授睿智。因而，张良就决定追随刘邦，不去见景驹。

刘邦到达薛地，见到项梁。这时项梁已拥立楚怀王。张良劝项梁说："您已经拥立了楚王，而韩国的公子横阳君韩成很贤明，可以立他为韩王，以增加同盟者。"项梁派张良去找到韩成，立他为韩王。项梁任命张良为韩王司徒，和韩王率领一千多人向西攻取韩地。他们夺得了几座城邑，秦军立刻又夺了回去。只好在颍川一带往来游击作战。

刘邦从雒阳南出辕辕关时，张良率兵跟随刘邦，攻占韩地的十几座城邑，打败了杨熊率军的秦军。刘邦于是让韩王成在阳翟留守，和张良一起率军南下，攻克宛城，向西进入武关。刘邦想凭借两万人的兵力攻打秦朝峣关的守军。张良劝他说:"秦军还很强大,不可轻视。我听说峣关的守将是屠夫的儿子。这种市侩很容易用利益去打动他。希望您暂且留在军营,派人先去,准备好五万人的粮饷,在各个山头多张挂一些旗帜,作为疑兵,然后命令郦食其带上贵重宝物去收买秦将。"秦将果然反叛,还想跟刘邦联合向西袭击咸阳。刘邦想答应时,张良说:"这只是秦军的将领想反叛罢,恐怕秦军的士卒不肯听从。不听从就一定有危险,您不如趁秦军懈怠进攻他们。"刘邦于是率军攻打峣关,大败秦军。随后,刘邦追击逃敌直至蓝田,再次交战。秦军彻底溃败。于是,刘邦顺利进入咸阳。秦王子婴投降了刘邦。

刘邦进入秦朝的宫殿,里面的宫室帷帐、狗马珍宝和美女数以千计,刘邦内心想留在宫中居住。樊哙劝谏刘邦出宫居住,刘邦不答应。张良说:"因为秦朝暴虐无道,所以您才能到达这里。大凡为天下铲除暴秦,应当以朴素为本。如今刚刚进入秦国,就安享快乐,这就是所谓的'助桀为虐'。再说'忠言逆耳利于行,良药苦口利于病',希望您听从樊哙的意见。"刘邦于是回师驻扎在霸上。

【原文】

项羽至鸿门下,欲击沛公,项伯乃夜驰入沛公军,私见张良,欲与俱去。良曰:"臣为韩王送沛公,今事有急,亡去不义。"乃具以语沛公。沛公大惊,曰:"为将奈何?"良曰:"沛公诚欲倍项羽邪?"沛公曰:"鲰生教我距关无内诸侯,秦地可尽王,故听之。"良曰:"沛公自度能却项羽乎?"沛公默然良久,曰:"固不能也。今为奈何?"良乃固要项伯。项伯见沛公。沛公与饮为寿,结宾婚。令项伯具言沛公不敢倍项羽,所以距关者,备他盗也。及见项羽后解,语在《项羽》事中。

汉元年正月,沛公为汉王,王巴、蜀。汉王赐良金百溢①,珠二斗,良具以献项伯。汉王亦因令良厚遗项伯,使请汉中地。项王乃许之,遂得汉中地。汉王之国,良送至褒中,遣良归韩。良因说汉王曰:"王何不烧绝所过栈道,示天下无还心,以固项王意。"乃使良还。行,烧绝栈道。

良至韩，韩王成以良从汉王故，项王不遣成之国，从与俱东。良说项王曰："汉王烧绝栈道②，无还心矣。"乃以齐王田荣反书告项王。项王以此无西忧汉心，而发兵北击齐。

项王竟不肯遣韩王，乃以为侯，又杀之彭城。良亡，间行归汉王。汉王亦已还定三秦矣。复以良为成信侯，从东击楚。至彭城，汉败而还。至下邑，汉王下马踞鞍而问曰："吾欲捐关以东等弃之，谁可与共功者？"良进曰："九江王黥布，楚枭将，与项王有郄③；彭越与齐王田荣反梁地：此两人可急使。而汉王之将独韩信可属大事，当一面。即欲捐之，捐之此三人，则楚可破也。"汉王乃遣随何说九江王布，而使人连彭越。及魏王豹反，使韩信将兵击之，因举燕、代、齐、赵。然卒破楚者，此三人力也。

张良多病，未尝特将也，常为画策臣，时时从汉王。

【注释】

①溢：通"镒"，古代的重量单位，20两为1镒（一说24两为1镒）。

②栈道：指在险绝的地方傍山架木而成的道路。

③郄：通"隙"，隔阂、裂痕的意思。

【译文】

项羽到达鸿门下，想率军攻打刘邦。项伯趁夜急驰进入刘邦的军营，私下会见张良，想让张良跟他一起离开。张良说："我为韩王护送沛公，如今事情紧急，逃走不符合道义。"于是，张良把情况都告诉刘邦。刘邦大为惊慌，说："这该如何是好？"张良说："您确实想背叛项羽吗？"刘邦说："有个卑鄙小人教唆我把守函谷关，不要让诸侯进来，这样就可以据有秦国的土地而称王。我听了他的话。"张良说："沛公你自己估量着能够击退项羽吗？"刘邦沉默了很长时间，说："不能。如今该怎么办呢？"张良于是再三邀请项伯会见刘邦。项伯与刘邦相见。刘邦为项伯敬酒，还跟他结为亲家。让项伯向项羽详细说明刘邦不敢背叛他，之所以把守函谷关，是为了防备其他盗贼。等到刘邦见了项羽之后，两人和解。这些事详细记载在《项羽本纪》中。

汉元年正月，刘邦被封为汉王，在巴蜀称王。刘邦赐给张良一百镒黄金，两斗珍珠。张良把这些东西全部送给了项伯。刘邦也趁机让张良厚赠项伯，让项伯为他求取汉中之地。项羽答应了。于是，刘邦得到了汉中之地。刘邦前往封国时，张良送行到褒中，刘邦让张良返回韩国。张良因而劝说刘邦："大王何不烧毁所经过的栈道，向天下表示没有返回中原的想法，以便稳住项羽。"于是，刘邦让张良返回。行进途中，刘邦下令烧毁了栈道。

张良到了韩国。但是，韩王成因为派张良跟随刘邦，项羽怀恨不让韩王成去封国，让他跟自己一起东归彭城。张良劝说项羽："刘邦烧毁了栈道，没有回来的想法了。"接着，张良把齐王田荣反叛的檄文送给了项羽。项羽从此不再担心西面的汉国，而是发兵向北攻打齐国。

项羽最终不肯让韩王成前往封国，把他贬为侯，又在彭城杀了他。张良逃亡，抄小路去归附刘邦。刘邦也已经回师平定了三秦地区。张良被封为成信侯，跟随刘邦向东攻打楚军。到达彭城时，刘邦兵败而归。来到下邑后，刘邦下马，靠着马鞍，说："我想用函谷关以东的地盘作为封赏，谁能与我共建破楚功业呢？"张良进言说："九江王英布是楚国的猛将，跟项羽有矛盾；彭越和齐王田荣在梁地背叛楚国。这几个人可以加以利用。您的将领中，唯独韩信可以托付大事，独当一面。您如果想把地盘拿出来分封，就分封给这三个人，那么就不愁打败楚国了。"刘邦于是派随何去游说九江王英布，并派人与彭越联络。等到魏王豹反叛时，刘邦派韩信率兵去讨伐他。韩信趁机攻占了燕国、代国、齐国、赵国等国。刘邦最终打败楚国，主要是这三个人出的力。

张良体弱多病，未曾独自领兵作战，一直作为谋臣，时时跟随刘邦。

【原文】

汉三年，项羽急围汉王荥阳，汉王恐忧，与郦食其谋桡①楚权。食其曰："昔汤伐桀，封其后于杞。武王伐纣，封其后于宋。今秦失德弃义，侵伐诸侯社稷，灭六国之后，使无立锥之地。陛下诚能复立六国后世，毕已受印，此其君臣百姓必皆戴陛下之德，莫不乡风慕义②，愿为臣妾。德义已行，陛下南乡称霸，楚必敛衽而朝③。"汉王曰："善。趣刻印，先生因行佩之矣。"

食其未行，张良从外来谒。汉王方食，曰："子房前！客有为我计桡楚权者。"具以郦生语告，曰："于子房何如？"良曰："谁为陛下画此计者？陛下事去矣。"汉王曰："何哉？"张良对曰："臣请藉前箸为大王筹之。"曰："昔者汤伐桀而封其后于杞者，度能制桀之死命也。今陛下能制项籍之死命乎？"曰："未能也。""其不可一也。武王代纣封其后于宋者，度能得纣之头也。今陛下能得项籍之头乎？"曰："未能也。""其不可二也。武王入殷，表商容之闾，释箕子之拘，封比干之墓。今陛下能封圣人之墓，表贤者之闾，式④智者之门乎？"曰："未能也。""其不可三也。发钜桥之粟，散鹿台之钱，以赐贫穷。今陛下能散府库以赐贫穷乎？"曰："未能也。""其不可四矣。殷事已毕，偃革为轩⑤，倒置干戈，覆以虎皮，以示天下不复用兵。今陛下能偃武行文，不复用兵乎？"曰："未能也。""其不可五矣。休马华山之阳，示以无所为。今陛下能休马无所用乎？"曰："未能也。""其不可六矣。放牛桃林之阴，以示不复输积。今陛下能放牛不复输积乎？"曰："未能也。""其不可七矣。且天下游士离其亲戚，弃坟墓，去故旧，从陛下游者，徒欲日夜望咫尺之地。今复六国，立韩、魏、燕、赵、齐、楚之后，天上游士各归事其主，从其亲戚，反其故旧坟墓，陛下与谁取天下乎？其不可八矣。且夫楚唯无强，六国立者复桡而从之，陛下焉得而臣之？诚用客之谋，陛下事去矣。"汉王辍食吐哺④，骂曰："竖儒⑦，几败而公事！"令趣销印。

【注释】

①桡：削弱。

②乡风慕义：犹如顺着风那样羡慕道义。

③敛衽：提起衣襟夹在带间，以示敬意。

④式：通"轼"。古代车厢前用作扶手的横木。这里指乘车时把头伏在车前横木上敬礼。

⑤偃：停止、废止。革：革车，即兵车。轩：大夫以上的贵族乘坐的车子。

⑥辍：中止。哺：咀嚼着的食物。
⑦竖儒：对读书人的鄙称。

【译文】

汉三年，项羽将刘邦围困在荥阳。刘邦恐惧忧虑，和郦食其商议如何削弱楚国的势力。郦食其说："从前商汤诛灭夏桀，把夏朝的后代封在杞国。周武王诛灭商纣，把商朝的后代封在宋国。如今秦朝丧失德行，背弃道义，侵伐诸侯的社稷，消灭六国的后代，使他们没有立锥之地。大王如果真能重新扶立六国的后代，让他们全都接受大王的封印，这样他们的君臣百姓一定都会感激陛下的恩德，无不仰慕陛下的大仁大义，甘愿做陛下的臣子。德义推行以后，大王就可以南面称霸。项羽必定整齐衣襟前来朝拜。"刘邦说："好。赶快去刻印，你带着它启程吧！"

郦食其还没有出发，张良从外地回来拜见刘邦。刘邦正在用餐，说："张子房到我面前来！有人为我策划了削弱楚国势力的计谋。"刘邦把郦食其的话都告诉了张良，说："你认为怎么样？"张良说："是谁为大王策划了这样的计谋？大王的大事要完了。"刘邦说："为什么呢？"张良回答说："我请求借大王面前的筷子为大王筹划一下。"随后，张良说："从前，商汤讨伐夏桀而把夏朝的后代封在杞国，这是因为有把握能够置夏桀于死地。如今，大王能够置项羽于死地吗？"刘邦说："不能。"张良说："这是不能那样做的第一个原因。周武王讨伐商纣而把商朝的后代封在宋国，这是因为有把握能得到商纣的头颅。如今，大王能够得到项羽的人头吗？"刘邦说："不能。"张良说："这是不能那样做的第二个原因。周武王进入商朝的都城，表彰商容居住的里巷，释放被囚禁的箕子，修整比干的坟墓。如今大王能够修整圣人的坟墓，表彰贤人的里巷，在智者的门前向他们致敬吗？"刘邦说："不能。"张良说："这是不能那样做的第三个原因。周武王发放钜桥的粟粮，散发鹿台的钱财，以赐给贫穷的百姓。如今大王能散发库府的钱粮来赐给贫民吗？"刘邦说："不能。"张良说："这是不能那样做的第四个原因。灭了商朝后，周武王把兵车改为乘车，把兵器倒过来放着，蒙上虎皮，以表示天下不再有战争之祸。如今，大王能废除武事采用文治，不再用兵吗？"刘邦说："不能。"张良说："这是不能那样做的第五个原因。周武王把战马放到华山南面牧养，以示不再使用战马。如今大王能让战马休息而不再使用吗？"刘邦说："不能。"张良说："这是不能那样做的第六个原因。周武王把牛放牧到桃林的北边，以示不再运输粮草物资。如今大王能放牧牛群而不再运输粮草物资吗？"刘邦说："不能。"张良说："这是不能那样做的第七个原因。况且，天下的游士离开他们的亲戚，舍弃他们的祖坟，告别他们的故友，追随大王到处奔走，只是日夜盼望得到一小块封地。如今，大王要是恢复六国，封立韩国、魏国、燕国、赵国、齐国、楚国王室的后代，天下的游士就会各自回去事奉他们的旧主，陪伴他们的亲人，返回他们的旧友和祖坟所在的家乡。这样，大王跟谁一起打天下呢？这是不能那样做的第八个原因。再说，现在楚国无敌于天下，被封立的六国后代会重新屈服于楚国而追随其后，大王怎么可能使他们臣服呢？如果采用了这个计谋，大王就大事已去了。"刘邦饭也吃不下，吐出口中的食物，骂道："这个愚蠢的腐儒，几乎坏了老子的大事！"刘邦下令赶紧销毁那些印章。

【原文】

上欲废太子，立戚夫人子赵王如意。大臣多谏争[①]，未能得坚决者也。吕后恐，不知所为。人或谓吕后曰："留侯善画计策，上信用之。"吕后乃使建成侯吕泽劫留侯，曰："君常为上谋臣，今上欲易太子，君安得高枕而卧乎？"留侯曰："始上数在困急之中，幸用臣策。今天下安定，以爱欲易太子，骨肉之间，虽臣等百馀人何益。"吕泽强要曰："为我画计。"留侯曰："此难以口舌争也。顾上有不能致者，天下有四人。四人者年老矣，皆以为上慢侮人，故逃匿山中，义不为汉臣。然上高此四人。今公诚能无爱金玉璧帛，令太子为书，卑辞安车[②]，因使辩士固请，宜来。来，以为客，时时从入朝，令上见之，则必异而问之。问之，上知此四人贤，则一助也。"于是吕后令吕泽使人奉太子书，卑辞厚礼，迎此四人。四人至，客建成侯所。

汉十一年，黥布反，上病，欲使太子将，往击之。四人相谓曰："凡来者，将以存太子。太子将兵，事危矣。"乃说建成侯曰："太子将兵，有功则位不益太子；无功还，则从此受祸矣。且太子所与俱诸将，皆尝与上定天下枭将也，今使太子将之，此无异使羊将狼也，皆不肯为尽力，其无功必矣。臣闻'母爱者子抱'，今戚夫人日夜侍御，赵王如意常抱居前，上曰'终不使不肖子居爱子之上'，明乎其代太子位必矣。君何不急请吕后承间为上泣言：'黥布，天下猛将也，善用兵，今诸将皆陛下故等夷③，乃令太子将此属，无异使羊将狼，莫肯为用。且使布闻之，则鼓行而西耳。上虽病，强载辎车④，卧而护之，诸将不敢不尽力。上虽苦，为妻子自强。'"于是吕泽立夜见吕后，吕后承间为上泣涕而言，如四人意。上曰："吾惟⑤竖子固不足遣，而公自行耳。"于是上自将兵而东，群臣居守，皆送至灞上。留侯病，自强起，至曲邮，见上曰："臣宜从，病甚。楚人剽疾，愿上无与楚人争锋。"因说上曰："令太子为将军，监关中兵。"上曰："子房虽病，强卧而傅太子。"是时叔孙通为太傅，留侯行少傅事。

【注释】

①争：通"诤"，规劝的意思。
②安车：用一匹马拉的乘车。高官告老或征召有得望的人，常赐乘安车。
③等夷：同辈。
④辎车：一种有帷盖的车。
⑤惟：考虑。

【译文】

刘邦想废掉太子刘盈，改立戚夫人的儿子赵王刘如意。大臣中有很多人进谏劝阻，都没能改变刘邦的决心。皇后吕雉很恐惧，不知道该怎么办。有人对吕雉说："留侯张良擅长谋划计策，皇上对他也很信任。"吕雉于是派建成侯吕泽去胁迫张良，对他说："你一直是皇上的谋臣，如今皇上想改立太子，

225

你怎么能高枕无忧呢？"张良说："当初皇上多次陷于危险的困境之中，侥幸而采用了我的计策。如今，天下安定，皇上因为自身偏爱而想改立太子，这是至亲骨肉之间的事，即使有一百个张良劝谏，又有什么用呢！"吕泽强迫张良，说："为我谋划个计策。"张良说："这件事难以用口舌去争辩。但是，皇上想请而请不到的人，天下有四个。这四个人都已经年老了，都认为皇上傲慢轻侮，所以逃进山里隐藏起来，坚守道义，不肯做汉朝的臣民。但是，皇上很敬重这四个人。如果你真能不吝惜金玉财帛，让太子写信，言辞谦恭，备好座车，进而派能言善辩之士前去恳请，这四个人应该会来的。他们来了以后，你们要把他们奉若上宾，让他们时常跟随太子上朝，让皇上看到他们。皇上看到后，一定会感到惊异而询问他们。问清楚后，皇上就知道这四个人是贤者。这对太子将是一大帮助。"于是，吕雉让吕泽派人带着太子的亲笔书信，用谦恭的言辞和丰厚的礼物去迎请那四个人。四个人来到长安后，客居在吕泽的家里。

汉十一年，英布发动叛乱，刘邦患病，想让太子率领军队前去讨伐叛军。这四个人互相商议，说："我们来京师的目的是要保全太子。如果太子率军前去平叛，那么事情就危险了。"于是，他们劝吕泽说："太子率军打仗，即使有功劳，其地位也不会超出太子；万一无功而还，那么从此就将遭受灾祸了。况且，和太子一起出征的各位将领，都是曾经跟皇上一起平定天下的猛将，派太子率领他们，这跟让羊率领狼没什么区别，他们谁都不肯为太子卖力。太子肯定不可能建立战功。我们都听说'母亲被宠爱，儿子就会经常被抱'，如今戚夫人日夜事奉皇上。赵王刘如意常常被抱在皇上面前，皇上说，'终归不能让不成器的儿子位居爱子之上'，很明显，赵王刘如意一定会取代太子的地位。你为什么不赶紧请皇后找机会向皇上哭着说：'英布是天下的猛将，善于用兵，如今各位将领都是陛下以前的同代人，却让太子率领这些人，这跟让羊率领狼没什么区别，他们都不肯为太子所用。况且，让英布知道了，他就会大张旗鼓地向西进军。皇上虽然生病，勉强乘坐辎车，即使躺着不动，各位将领就不敢不尽力。皇上虽然劳苦，但为了妻子儿子还是要勉为其难。'"于是，吕泽连夜去见皇后吕雉。吕雉找到机会按照这四人的意见在刘邦面前哭诉。刘邦说："我想这小子本来就派不上用场，还是我自己去吧！"于是，刘邦亲自率军东进，群臣留守，都送行到灞上。张良有病在身，亲自勉强起来，送到曲邮，拜见刘邦，说："我应该跟随您的，只是病得厉害。楚国人骁勇敏捷，希望皇上不要跟楚国人正面硬拼。"张良趁机劝谏刘邦说："请任命太子为将军，监守关中的军队。"刘邦答应了说："子房你虽然有病在身，也请勉强卧床辅佐太子。"这时，叔孙通做太傅，张良代做少傅。

【原文】

汉十二年，上从击破布军归，疾益甚，愈欲易太子。留侯谏，不听，因疾不视事。叔孙太傅称说引古今，以死争太子。上详^①许之，犹欲易之。及燕^②，置酒，太子侍。四人从太子，年皆八十有余，须眉皓白，衣冠甚伟。上怪之，问曰："彼何为者？"四人前对，各言名姓，曰东园公、角里先生、绮里季、夏黄公。上乃大惊，曰："吾求公数岁，公辟^③逃我，今公何自从吾儿游乎？"四人皆曰："陛下轻士善骂，臣等义不受辱，故恐而亡匿。窃闻太子为人仁孝，恭敬爱士，天下莫不延颈欲为太子死者，故臣等来耳。"上曰："烦公幸卒调护太子。"

四人为寿已毕，趋去。上目送之，召戚夫人指示四人者曰："我欲易之，彼四人辅之，羽翼已成，难动矣。吕后真而主矣。"戚夫人泣，上曰："为我楚舞，吾为若楚歌。"歌曰："鸿鹄高飞，一举千里。羽翮已就，横绝四海。横绝四海，当可奈何！虽有矰缴，尚安所施！"歌数阕，戚夫人嘘唏流涕，上起去，罢酒。竟不易太子者，留侯本招此四人之力也。

留侯从上击代，出奇计马邑下，及立萧何相国，所与上从容言天下事甚众，非天下所以存亡，故不著。留侯乃称曰："家世相韩，及韩灭，不爱万金之资，为韩报仇强秦，天下振动。今以三寸舌为帝者师，封万户，位列侯，此布衣之极，于良足矣。愿弃人间事，欲从赤松子游耳。"乃学辟谷^④，道引轻身^⑤。会高帝崩，吕后德留侯，乃强食之，曰："人生一世间，如白驹过隙^⑥，何至自苦如此乎！"留侯不得已，强听而食。

后八年卒，谥为文成侯，子不疑代侯。

子房始所见下邳圯上老父与《太公书》者，后十三年从高帝过济北，果见穀城山下黄石，取而葆祠之⑦。留侯死，并葬黄石冢。每上冢伏腊⑧，祠黄石。

留侯不疑，孝文帝五年坐不敬⑨，国除。

【注释】

①详：通"佯"，假装的意思。

②燕：通"宴"。

③辟：通"避"，躲避的意思。

④辟谷：施行"道引"这一养生术时，不食五谷，可以长生。

⑤轻身：使身体轻轻飞升。道家认为，不食五谷，服药行气，可以飘然成仙。

⑥白驹过隙：形容时光过得快。

⑦葆：通"宝"。祠：祭祀。

⑧伏腊：秦汉时，夏天的伏日、冬天的腊日，都是祭日，合称伏腊。

⑨不敬：也叫大不敬，指不敬皇帝，罪名很大。

【译文】

汉十二年，刘邦率军打败英布的叛军，从前线归来，病得更加厉害，急迫地想改立太子。张良劝谏，刘邦不听，于是张良就称病不再理事。太傅叔孙通引用古今事例劝说刘邦，以死力保太子。刘邦假装答应他，但还是想改立太子。等到宴会时，设置酒席，太子刘盈在旁边侍奉刘邦。有四个人跟从太子刘盈身边，他们的年纪都有八十多岁，胡须和眉毛雪白，衣冠服饰十分华丽。刘邦觉得很奇怪，问："他们是什么人？"四个人上前回答，各自说出自己的姓名：东园公、角里先生、绮里秀、夏黄公。刘邦大惊，说："我寻求诸位好几年，诸位总是逃避我，如今，诸位为什么会自己来跟我儿子交往呢？"四个人都说："陛下轻视士人，喜欢谩骂，我们信守道义不愿受辱，所以害怕得躲藏起来。我们私下听说太子为人仁厚孝顺，态度恭敬，爱慕士人，天下人没有不愿为太子效死的，所以我们来了。"刘邦说："麻烦诸位始终如一地调教和保护太子吧！"

四个人向刘邦敬酒完毕，就快步离开了。刘邦目送他们离去后，召来戚夫人指着四个人，说："我想换太子，可那四个人辅佐他，太子的羽翼已经丰满，难以更换了。吕后真是你的主人了。"戚夫人哭泣。刘邦说："你为我跳段楚舞，我为你唱首楚歌。"唱道："鸿鹄高飞，展翅千里。羽翼已成，横跨四海。横跨四海，能奈他何！虽有短箭，还有何用！"连唱了好几遍后，戚夫人叹息流泪。刘邦起身离去，酒宴结束。刘邦最终没有改立太子，本是张良出主意请来这四个人的缘故。

张良跟随刘邦率军攻打代地，在马邑城下出了个奇计，又建议拜萧何为相国。张良和刘邦在一起从容讨论了许多天下之事，但都跟天下存亡没太大关系，所以没有记载。张良于是宣称说："我家世代担任韩国相，等到韩国被灭，我不吝惜万金的资财，为韩国向强暴的秦国复仇，天下为之震动。如今凭借三寸不烂之舌成为帝王的军师，封邑万户，位列诸侯，这是平民所能达到的极点，对于我张良来说已经满足了。我希望抛弃人间的俗事，想追随赤松子四处遨游。"于是，张良学习辟谷的方法，运气导引以便使自己身体轻灵。正逢刘邦驾崩，皇后吕雉感激张良的功德，强迫他进食，说："人生在世，就像白驹过隙一样短暂，何必使自己苦到这种地步呢！"张良不得已，勉强听从，恢复进食。

过了八年，张良去世，谥号为文成侯。儿子张不疑继承侯位。

张良当初在下邳桥上遇见的那个送给他《太公兵法》的老翁，十三年后，他随刘邦经过济北，果然看到榖城山下那块黄石，就带回来当作珍宝加以祭祀。张良去世后，儿子张不疑把黄石同他一起下葬。后人每次上坟以及在伏日、腊日祭祀张良时，一并祭祀黄石。

继任留侯张不疑在孝文帝五年因犯了不敬皇帝的罪过，被取消了封国。

【编后语】

　　《萧相国世家》之后是与之类似的《曹相国世家》，我们将之省略，直接选了《留侯世家》。留侯张良是汉高祖刘邦的三大主要助手之一，也是汉初少有的有功勋而全身而退的人之一。本篇选取了《留侯世家》中最精彩、最值得称道的部分，省略了扶助刘邦建国那四年的事以及司马迁的评论。

陈丞相世家

【原文】

　　陈丞相平者,阳武户牖乡人也。少时家贫,好读书,有田三十亩,独与兄伯居。伯常耕田,纵平使游学。平为人长大美色。人或谓陈平曰:"贫何食而肥若是?"其嫂嫉平之不视家生产,曰:"亦食糠覈①耳。有叔如此,不如无有。"伯闻之,逐其妇而弃之。

　　及平长,可娶妻,富人莫肯与者,贫者平亦耻之。久之,户牖富人有张负,张负女孙五嫁而夫辄死,人莫敢娶。平欲得之。邑中有丧,平贫,侍丧,以先往后罢为助。张负既见之丧所,独视伟平,平亦以故后去。负随平至其家,家乃负郭穷巷②,以弊③席为门,然门外多有长者车辙。张负归,谓其子仲曰:"吾欲以女孙予陈平。"张仲曰:"平贫不事事,一县中尽笑其所为,独奈何予女乎?"负曰:"人固有好美如陈平而长贫贱者乎?"卒与女。为平贫,乃假贷币以聘,予酒肉之资以内妇④。负诫其孙曰:"毋以贫故,事人不谨。事兄伯如事父,事嫂如母。"平既娶张氏女,赍用⑤益饶,游道日广。

　　里中社⑥,平为宰,分肉食甚均。父老曰:"善,陈孺子之为宰!"平曰:"嗟乎,使平得宰天下⑦,亦如是肉矣。"

【注释】

①糠覈:指粗劣的饮食。

②负:背靠着。郭:城外加筑的一道城墙。穷巷:陋巷。

③弊:通"敝",破旧的意思。

④内妇:娶妻。"内"通"纳"。

⑤费用：指生活费用。

⑥里中社：住在同一里巷的居民祭祀土地神。

⑦宰：主持割肉的人。

【译文】

　　丞相陈平是阳武县户牖乡人。他小时候家里贫困，爱好读书，有三十亩田地，跟哥哥陈伯住在一起。陈伯一直在家耕种田地，听任陈平外出游学。陈平长得身材高大，相貌英俊。有人对陈平说："你家里很穷，究竟吃了什么东西而长得这么魁梧啊？"他嫂嫂嫉恨陈平不顾家庭，不从事生产，说："不过就吃些糟糠而已。有这样的小叔子，不如没有。"陈伯听说这话后，就把妻子休了。

　　等到陈平长大成人，可以娶媳妇时，富户人家没有谁愿意把女儿嫁给他，而陈平又觉得娶贫家女子很羞耻。过了很久后，户牖有个富人叫张负，他的孙女五次嫁人，而每次丈夫都早早死了，没有人敢娶她。陈平却想娶她。乡里有丧事，陈平因为家贫，到丧家帮忙，早去晚归十分卖力。张负在丧家看到了陈平，特别看中他魁梧英俊。陈平因为这个缘故很晚才离开。张负尾随陈平来到他家里。他家在靠着外城墙的偏僻小巷里，用破席当门，但门外却有很多长者来拜访停车留下的车轮痕迹。张负回到家里后，对他儿子张仲说："我想把孙女许配给陈平。"张仲说："陈平家里很穷，他又不从事生产劳动，全县的人都嘲笑他的所作所为，你为何偏偏要把我女儿嫁给他呢？"张负说："哪有像陈平这样相貌堂堂的人会久居贫贱的呢？"最后，张负还是把孙女嫁给了陈平。因为陈平家里穷，张负就借给他钱作聘礼，又给他置办酒席的钱，以便让他娶妻过门。张负告诫他孙女说："不要因为陈平家里贫穷的缘故，就不恭谨地侍奉他们。侍奉哥哥陈伯要像侍奉父亲一样，侍奉嫂嫂要像侍奉母亲一样。"陈平娶了张家的女儿后，资财日益富饶，交游范围越来越广。

　　乡里祭祀社神时，陈平做了主刀分祭肉的人，分配祭肉非常均匀。乡中父老们说："很好，陈家的孩子分配祭肉很公平！"陈平说："是啊！如果让我陈平治理国家，我也会像分祭肉一样公平！"

【原文】

陈涉起而王陈，使周市略定魏地，立魏咎为魏王，与秦军相攻于临济。陈平固已前谢其兄伯，从少年往事魏王咎于临济。魏王以为太仆。说魏王不听，人或谗之，陈平亡去。

久之，项羽略地至河上，陈平往归之，从入破秦，赐平爵卿。项羽之东王彭城也，汉王还定三秦而东，殷王反楚。项羽乃以平为信武君，将魏王咎客在楚者以往，击降殷王而还。项王使项悍拜平为都尉，赐金二十溢。居无何，汉王攻下殷。项王怒，将诛定殷者将吏。陈平惧诛，乃封其金与印，使使归项王，而平身间行杖①剑亡。渡河，船人见其美丈夫独行，疑其亡将，要②中当有金玉宝器，目之，欲杀平。平恐，乃解衣裸而佐刺船。船人知其无有，乃止。

平遂至修武降汉，因魏无知求见汉王，汉王召入。是时万石君奋为汉王中涓，受平谒③，入见平。平等七人俱进，赐食。王曰："罢，就舍矣。"平曰："臣为事来，所言不可以过今日。"于是汉王与语而说之，问曰："子之居楚何官？"曰："为都尉。"是日乃拜平为都尉，使为参乘④，典护军。诸将尽讙⑤，曰："大王一日得楚之亡卒，未知其高下，而即与同载，反使监护军长者⑥！"汉王闻之，愈益幸平。遂与东伐项王。至彭城，为楚所败。引而还，收散兵至荥阳，以平为亚将，属于韩王信，军广武。

【注释】

①杖：通"仗"，拿着。

②要：通"腰"。

③谒：如今之名片。

④参乘：指车右边陪乘的人。

⑤讙：读huān，通"欢"，喜悦、喧哗。

⑥监护军长者：监督我们这些长者的意思。

【译文】

　　陈胜起兵在陈县称王，派周市攻取平定魏地，立魏咎为魏王，在临济与秦军交战。陈平在此以前就已经辞别陈伯，跟其他少年一起到临济去事奉魏王咎。魏王咎任命陈平为太仆。这期间陈平向魏王多次进言，魏王不听从。有人谗毁陈平，他就逃走了。

　　过了一段时间，项羽攻城略地到达黄河边上。陈平前去归附项羽，跟随他入关灭秦。项羽赐给陈平卿的爵位。项羽东去彭城称霸王时，刘邦回师夺取关中，向东进军。殷王背叛楚国。项羽于是封陈平为信武君，让他率领魏王咎留在楚国的旧部前去讨伐。陈平他们攻打并降服殷王后返回。项王派项悍拜陈平为都尉，赐给他二十镒黄金。没过多久，刘邦攻占殷国。项羽大怒，将要诛杀平定殷国的官兵。陈平害怕被杀，封存好项羽所赐的黄金和官印，派人归还项羽，然后只身带剑从小路逃跑。渡黄河时，船夫见他是个魁梧的男子，又是一个人独行，怀疑他是逃亡的将领，腰中应该藏有金玉宝器，一直紧盯着他，想杀掉他。陈平害怕，就解开衣服赤身露体帮船夫撑船。船夫发现他一无所有，才打消了杀他的念头。

　　陈平到修武投降了汉军。他通过魏无知求见刘邦。刘邦召他进去相见。当时，万石君石奋担任刘邦的中涓，接受陈平谒见，引他进去拜见刘邦。陈平等七个人都进去了。刘邦赐给他们食物。刘邦说："吃完后，你们就到客舍去休息吧！"陈平说："我是为大事而来的，所要说的话不能拖过今天。"于是，刘邦跟他交谈，且很喜欢他。刘邦问："你在楚国的时候官居何职？"陈平说："做都尉。"刘邦当天就任命陈平为都尉，让他做自己的陪乘，并负责监护军队。将领们为之哗然，说："大王今天得到一个楚国的逃兵，还不知道他本领大小，就立即与他同乘一辆车，且让他监护军中的老将！"刘邦听到这些话后，对陈平更加宠信。于是，陈平跟随刘邦率军向东讨伐项羽。到达彭城后，汉军被楚军打败。刘邦率军撤回，沿途收聚散兵。到达荥阳后，刘邦任命陈平为亚将，隶属于韩王信，驻军在广武。

【原文】

绛侯、灌婴等咸谗陈平曰："平虽美丈夫，如冠玉耳，其中未必有也。臣闻平居家时，盗其嫂；事魏不容，亡归楚；归楚不中，又亡归汉。今日大王尊官之，令护军。臣闻平受诸将金，金多者得善处，金少者得恶处。平，反覆乱臣也，愿王察之。"汉王疑之，召让魏无知。无知曰："臣所言者，能也；陛下所问者，行也。今有尾生、孝己之行而无益于胜负之数①，陛下何暇用之乎？楚、汉相距，臣进奇谋之士，顾其计诚足以利国家不耳。且盗嫂受金又何足疑乎？"汉王召让平曰："先生事魏不中，遂事楚而去，今又从吾游，信者固多心乎？"平曰："臣事魏王，魏王不能用臣说，故去，事项王。项王不能信人，其所任爱，非诸项即妻之昆弟，虽有奇士不能用，平乃去楚。闻汉王之能用人，故归大王。臣裸身来，不受金无以为资。诚臣计画有可采者，愿大王用之；使无可用者，金具在，请封输官，得请骸骨。"汉王乃谢，厚赐，拜为护军中尉，尽护诸将。诸将乃不敢复言。

其后，楚急攻，绝汉甬道，围汉王于荥阳城。久之，汉王患之，请割荥阳以西以和，项王不听。汉王谓陈平曰："天下纷纷，何时定乎？"陈平曰："项王为人，恭敬爱人，士之廉节好礼者多归之。至于行功爵邑，重②之，士亦以此不附。今大王慢而少礼，士廉节者不来；然大王能饶人以爵邑，士之顽钝③嗜利无耻者亦多归汉。诚各去其两短，袭其两长，天下指麾④则定矣。然大王恣侮人，不能得廉节之士。顾楚有可乱者，彼项王骨鲠之臣⑤亚父、锺离眛、龙且、周殷之属，不过数人耳。大王诚能出捐数万斤金，行反间⑥，间其君臣，以疑其心，项王为人意忌信谗，必内相诛。汉因举兵而攻之，破楚必矣。"汉王以为然，乃出黄金四万斤，与陈平，恣所为，不问其出入。

陈平既多以金纵反间于楚军，宣言诸将锺离眛等为项王将，功多矣，然而终不得裂地⑦而王，欲与汉为一，以灭项氏而分王其地。项羽果意不信锺离眛等。

项王既疑之，使使至汉。汉王为太牢具，举进。见楚使，即详惊曰：

"吾以为亚父使,乃项王使!"复持去,更以恶草具⑧进楚使。楚使归,具以报项王。项王果大疑亚父。亚父欲急攻下荥阳城,项王不信,不肯听。亚父闻项王疑之,乃怒曰:"天下事大定矣,君王自为之!愿请骸骨归!"归未至彭城,疽发背而死。陈平乃夜出女子二千人荥阳城东门,楚因击之,陈平乃与汉王从城西门夜出去。遂入关,收散兵复东。

【注释】

①数:此处指命运。

②重:看重、爱惜。此处指吝啬。

③顽钝:圆滑,没有骨气。

④指麾:指点、挥手,形容事情容易办到。麾,通"挥",招手的意思。

⑤骨鲠之臣:刚直正派的官员。

⑥反间:离间敌人内部,使敌方发生内讧。

⑦裂地:划割土地。

⑧草具:此处指粗劣的饮食。

【译文】

绛侯周勃、灌婴等人都诋毁陈平,说:"陈平虽是个魁梧的美男子,但也不过像帽子上的饰玉罢了,内中未必有什么本领。我们听说陈平在家时,跟他嫂子私通;事奉魏王时不能容身,就逃去投靠楚霸王;投靠楚霸王后又不合意,就又逃来归附大王。如今,大王赐给他高官,让他监护军队。我们听说陈平接受诸将的贿赂,给钱多的就得到美差,给钱少的就得到苦差。陈平是个反复无常的乱臣。希望大王明察。"于是,刘邦怀疑陈平,召来并责备魏无知。魏无知说:"我所讲的,是他的才能;大王所问的,是他的品行。如今,即使有尾生、孝己的德行,却无补于战争的胜负,大王有闲工夫用他们吗?目前,楚、汉相互对峙,我推荐擅长奇谋妙计的人才,只考虑他的计谋是否真的有利于国家。至于他是否跟嫂子通奸、贪爱钱财,又有什么值得怀疑的吗?"

刘邦召来陈平，责备他说："你事奉魏王不相合，就投奔楚国，现在又背弃楚国前来追随我。难道讲信义的人都是这样三心二意的吗？"陈平说："我事奉魏王，魏王不能采纳我的计策，所以离开他去事奉楚霸王。楚霸王不能信任人，他所信任和喜爱的，不是项氏宗族，就是妻子的兄弟，就算有奇才也不能任用。我于是离开了楚霸王。听说大王能任用人才，所以来投奔。我两手空空而来，不接受钱财就没有资金费用。如果我的计谋有可以采纳的，就希望大王采用；如果没有可采纳的，钱财都还在，请允许我封存好送交官府，并请大王准许我辞官回乡。"刘邦于是向陈平道歉，给了他许多赏赐，任命他为护军中尉，监护所有将领。各位将领这才不敢再说什么。

此后，楚军发动猛攻，截断了汉军的粮道，把刘邦包围在荥阳城。过了很长时间，刘邦十分忧虑，请求割让荥阳以西地区跟楚军讲和，项羽不答应。刘邦对陈平说："天下纷扰混乱，什么时候能安定呢？"陈平说："项羽的为人，恭敬而爱人，清廉守节、喜好礼义的士人大都归附于他。至于论功行赏，授予爵位和封邑，项羽却非常吝啬，士人因此又不再归附他。如今，大王傲慢而不讲礼仪，清廉守节的士人不来归附；但大王能够把爵位封邑慷慨地送给别人，那些没有气节、贪利无耻的人士也大多来投您。如果你们两位谁能够去掉自己的短处，吸收对方的长处，天下在挥手之间就可以平定了。然而，大王却恣意侮辱别人，不能得到清廉守节的士人。但是，楚国也有可以扰乱的地方，项羽忠诚刚正的臣子如亚父范增、锺离眛、龙且、周殷等辈，不过几人而已。大王如果能拿出几万斤黄金，施用反间计，离间楚国君臣，使他们互生疑心，项羽为人猜忌多疑，听信谗言，必定使楚国内部互相残杀。您趁机发兵攻打，就一定能打败楚军。"刘邦认为有道理，拿出四万斤黄金交给陈平，让他任意支用，不过问他的支出情况。

陈平用大量金钱在楚军内部开展反间工作，散布流言说锺离眛等将领为楚霸王领兵征战，功劳很大，却始终不能得到封地而称王，想跟刘邦联合，消灭项羽而瓜分楚地。项羽果然产生怀疑，不再信任锺离眛等人。

项羽已经怀疑锺离眛等人，就派使者到汉军那里探听情况。刘邦准备了最高规格的菜肴，让人端进来。看到是项羽的使者，刘邦就假装惊讶地说：

"我以为是亚父的使者,原来是项王的使者!"刘邦又让人把菜肴端走,换上一些粗劣的食物给项羽的使者吃。项羽的使者回去后,把情况详细报告了项羽。项羽果然对亚父范增产生了疑心。范增想迅疾攻下荥阳城。项羽不信任他,没有答应。范增听说项羽怀疑他,愤怒地说:"天下事大局已定,大王好自为之!我请求退休回家!"范增回乡还没到达彭城,就因为背上的毒疮发作而死了。于是,陈平趁夜派两千名女子从荥阳城东门出城。楚军去攻打她们时,陈平就和刘邦从荥阳城西门连夜逃了出去。于是,刘邦回到关中,收拾残兵后,再次率军东进。

【原文】

其明年,淮阴侯破齐,自立为齐王,使使言之汉王。汉王大怒而骂,陈平蹑汉王。汉王亦悟,乃厚遇齐使,使张子房卒立信为齐王。封平以户牖乡。用其奇计策,卒灭楚。常以护军中尉从定燕王臧荼。

汉六年,人有上书告楚王①韩信反。高帝问诸将,诸将曰:"亟发兵坑竖子耳。"高帝默然。问陈平,平固辞谢,曰:"诸将云何?"上具告之。陈平曰:"人之上书言信反,有知之者乎?"曰:"未有。"曰:"信知之乎?"曰:"不知。"陈平曰:"陛下精兵孰与楚?"上曰:"不能过。"平曰:"陛下将用兵有能过韩信者乎?"上曰:"莫及也。"平曰:"今兵不如楚精,而将不能及,而举兵攻之,是趣之战也,窃为陛下危之。"上曰:"为之奈何?"平曰:"古者天子巡狩②,会诸侯。南方有云梦,陛下弟出伪游云梦,会诸侯于陈。陈,楚之西界,信闻天子以好出游,其势必无事而郊迎谒。谒,而陛下因禽③之,此特一力士之事耳。"

高帝以为然,乃发使告诸侯会陈,"吾将南游云梦"。上因随以行。行未至陈,楚王信果郊迎道中。高帝豫④具武士,见信至,即执缚之,载后车。信呼曰:"天下已定,我固当烹!"高帝顾谓信曰:"若毋声。而反,明矣!"武士反接之。遂会诸侯于陈,尽定楚地。还至雒阳,赦信以为淮阴侯,而与功臣剖符⑤定封。

于是与平剖符,世世勿绝。为户牖侯。平辞曰:"此非臣之功也。"上曰:"吾用先生谋计,战胜克敌,非功而何?"平曰:"非魏无知,臣安得进?"上曰:"若子可谓不背本矣。"乃复赏魏无知。其明年,以护军中尉从攻反者韩王信于代。卒至平城,为匈奴所围,七日不得食。高帝用陈平奇计,使单于阏氏⑥,围以得开。高帝既出,其计秘,世莫得闻。

高帝南过曲逆,上其城,望见其屋室甚大,曰:"壮哉县!吾行天下,独见洛阳与是耳。"顾问御史曰:"曲逆户口几何?"对曰:"始秦时三万馀户,间者兵数起,多亡匿,今见五千户。"于是乃诏御史,更以陈平为曲逆侯,尽食之,除前所食户牖。

其后常以护军中尉从攻陈豨及黥布。凡六出奇计,辄益邑,凡六益封。奇计或颇秘,世莫能闻也。

【注释】

①楚王:汉五年十二月垓下之战后,刘邦夺取了韩信的兵权,改封韩信为楚王。

②巡狩:帝王离开国都巡察各地。

③禽:通"擒"。

④豫:通"预"。

⑤剖符:帝王分封诸侯或功臣时,把一种竹制或者木制的凭证剖成两半,帝王与诸侯各执一半,以示信用。

⑥阏氏:匈奴王后的称号。

【译文】

第二年,韩信率军攻破齐国,自立为齐王,派使者报告刘邦。刘邦大怒,破口大骂。陈平暗中踩了踩刘邦的脚。刘邦醒悟过来,很好地招待了韩信的使者,并派张良去册立韩信为齐王。事后,刘邦把户牖分封给陈平。刘邦采用陈平的奇计妙策,终于灭了项羽。陈平曾经以护军中尉的身份跟随刘邦平定了燕王臧荼叛乱。

汉六年，有人上书告楚王韩信谋反。刘邦问各位将领对策。众将说："发兵活埋这小子算了！"刘邦沉默不语，又问陈平。陈平一再推辞，说："各位将领怎么说的？"刘邦就把将领们的话全部告诉了他。陈平说："这人上书说韩信谋反，还有别人知道吗？"刘邦说："没有。"陈平说："韩信知道有人告发他吗？"刘邦说："不知道。"陈平说："您的精锐军队与韩信的军队相比，谁的强？"刘邦说："比不上他的军队。"陈平说："您的将领用兵打仗有能超过韩信的吗？"刘邦说："没人比得上他。"陈平说："如今，军队不如韩信的精锐，将领的才能也不能跟韩信相比，却要发兵攻打他，这是促使他发兵作乱啊！我私下为陛下担忧。"刘邦说："那该怎么办呢？"陈平说："古代天子都会巡视天下，会合诸侯。南方有个云梦泽，您只需假装巡游云梦，在陈县会合诸侯。陈县在楚国的西部边界，韩信听说天子以友好态度外出巡游，势必会不做戒备而到郊外迎接的。等拜见时，您趁机下令逮捕他。这只不过是一个大力士就能办到的事。"刘邦认为有道理，就派出使者去告诉诸侯到陈县相会，说："皇帝将南下到云梦巡游。"刘邦随即出发了。刘邦一行还没有到达陈县时，楚王韩信果然到郊外的路上迎接。刘邦预先埋伏好武士，见韩信到来，就立即下令把他抓住捆绑起来，装在后车里面。韩信喊道："天下已经平定，我本就应当被烹杀的！"刘邦回头对韩信说："你闭嘴。你谋反已经很明显了！"武士很快把韩信反绑起来。于是，刘邦在陈县会见诸侯，彻底平定了楚地。刘邦回到洛阳后，赦免了韩信，改封他为淮阴侯，并与功臣们剖符确定封地。

当时刘邦和陈平剖符，封他为户牖侯，世世代代不断绝封号。陈平推辞说："这不是我的功劳。"刘邦说："我采用你的计谋克敌制胜，不是你的功劳，又是谁的？"陈平说："如果不是魏无知，我怎么可能得到重用？"刘邦说："像你这样，可以说不忘本了。"于是，刘邦又赏赐魏无知。

第二年，陈平以护军中尉的身份跟随刘邦在代地攻打反叛的韩王信。他们在仓促间来到平城，被匈奴军队包围，七天没吃上饭。刘邦采用陈平的奇计，派人去见匈奴的王后阏氏，包围因此得以解除。刘邦脱身出来后，对陈平的计策加以保密，世间无人知道。

刘邦向南经过曲逆，登上城楼，看到城中的房屋十分宽大，说："好壮观的县城啊！我巡行天下，只见过洛阳跟这个县一样。"刘邦回头问御史，说："曲逆的户口有多少？"御史回答说："起初，秦朝时有三万多户，近年多次发生战乱，许多人逃亡躲藏，现存五千户。"于是，刘邦就诏令御史改封陈平为曲逆侯，将全县都给他做食邑，并取消以前所封的食邑户牖乡。

此后，陈平曾经以护军中尉的身份跟随刘邦平定陈豨和英布的叛乱。他一共出过六次奇计，每次都被增赐封邑，一共六次被增赐封邑。陈平有的奇计非常隐秘，世间没人知晓。

【原文】

高帝从破布军还，病创，徐行至长安。燕王卢绾反，上使樊哙以相国将兵攻之。既行，人有短恶哙者。高帝怒曰："哙见吾病，乃冀我死也。"用陈平谋而召绛侯周勃受诏床下，曰："陈平亟驰传①载勃代哙将，平至军中即斩哙头！"二人既受诏，驰传未至军，行计之曰："樊哙，帝之故人也，功多，且又乃吕后弟吕媭之夫，有亲且贵，帝以忿怒故，欲斩之，则恐后悔。宁囚而致上，上自诛之。"未至军，为坛，以节②召樊哙。哙受诏，即反接载槛车，传诣长安，而令绛侯勃代将，将兵定燕反县。

平行闻高帝崩，平恐吕太后及吕媭谗怒，乃驰传先去。逢使者诏平与灌婴屯于荥阳。平受诏，立复驰至宫，哭甚哀，因奏事丧前。吕太后哀之，曰："君劳，出休矣。"平畏谗之就，因固请得宿卫中。太后乃以为郎中令，曰："傅③教孝惠。"是后吕媭谗乃不得行。樊哙至，则赦复爵邑。

孝惠帝六年，相国曹参卒，以安国侯王陵为右丞相，陈平为左丞相。

王陵者，故沛人，始为县豪。高祖微时，兄事陵。陵少文，任气，好直言。及高祖起沛，入至咸阳，陵亦自聚党数千人，居南阳，不肯从沛公。及汉王之还攻项籍，陵乃以兵属汉。项羽取陵母置军中，陵使至，则东乡④坐陵母，欲以招陵。陵母既私送使者，泣曰："为老妾语陵，谨事汉王。汉王，长者也，无以老妾故，持二心。妾以死送使者。"遂伏剑而死。项王怒，烹陵母。陵卒从汉王定天下。以善雍齿，雍齿，高帝之仇，而陵本无意从高帝，以故晚封，为安国侯。

　　安国侯既为右丞相，二岁，孝惠帝崩。高后欲立诸吕为王，问王陵，王陵曰："不可。"问陈平，陈平曰："可。"吕太后怒，乃详迁陵为帝太傅，实不用陵。陵怒，谢疾免，杜门竟不朝请⑤，七年而卒。

【注释】

①驰传：驾驿站车马急行。传，传车，驿站的专用车辆。

②节：符节，朝廷用以传达命令的凭证。

③傅：教导，辅佐帝王或王子。

④东乡：向东。乡，通"向"。古时以朝东方向的位置为尊。

⑤朝：朝见皇帝。按照汉律，诸侯在春季朝见皇帝为"朝"，在秋季朝见皇帝为"请"。

【译文】

　　刘邦平定英布叛乱后归来，病得很厉害，缓缓回到长安。燕王卢绾反叛，刘邦派樊哙以相国身份率兵攻打叛军。出发后，有人进谗言诋毁樊哙。刘邦发怒说："樊哙见我生病，就希望我死。"刘邦采用陈平的计谋，把绛侯周勃召到床前接受诏令，说："陈平速乘驿车载上周勃取代樊哙统率军队。陈平到达军中就立即将樊哙斩首！"二人受诏以后，乘车急行。还没到达军营时，他们在路上商议，说："樊哙是皇帝的老朋友，功劳很大，且又是皇后妹妹吕媭的丈夫，和皇帝有亲戚关系并地位显贵。皇帝因为愤怒的缘故想杀了他，恐怕将会后悔。我们宁可把他囚禁起来交给皇帝，由皇帝亲自诛杀他。"他们没有到达军营中，便建立盟坛，用天子的符节召见樊哙。樊哙接受诏令时，被反绑起来，装上囚车，押送到长安。绛侯周勃代替樊哙统率军队，平定了燕国反叛的各县。

　　陈平在路上听说刘邦驾崩，害怕吕媭进谗言而使皇后吕雉发怒，就急驰驿车先行。路上，他遇到使者诏令陈平和灌婴驻守荥阳。陈平接受诏令，又急驰来到宫中，哭得很悲伤，并在刘邦灵前向皇后吕雉奏报出使的事。吕雉哀怜他，说："你很辛苦，可以出去休息了。"陈平害怕谗言加身，坚决请求在宫中宿卫。吕雉于是任命他为郎中令，说："辅佐教导新皇帝刘盈。"此后，吕媭的谗言才未能得逞。樊哙被押到长安就被赦免，并恢复了爵位和封邑。

孝惠帝六年，相国曹参去世，孝惠帝刘盈任命安国侯王陵为右丞相，陈平为左丞相。

王陵，原是沛县人，当初是县里的豪强。刘邦微贱时把王陵当兄长一样侍奉。王陵没什么文化，经常意气用事，喜欢直言。等到刘邦在沛县起兵，进入咸阳后，王陵也亲自聚集几千名党徒，驻在南阳，不肯跟从刘邦。等到刘邦回师攻打项羽时，王陵才率军归附刘邦。项羽把王陵母亲弄来安置在军营中。王陵的使者到来时，项羽让王陵母亲面向东坐，想以此招降王陵。王陵母亲私下送别使者，哭着说："替我告诉王陵，要恭谨地事奉汉王。汉王是忠厚的长者，不要因为我的缘故而怀有二心。我以死送别使者。"说罢，她拔剑自刎而死。项羽大怒，烹煮了王陵母亲。王陵最终跟从刘邦平定天下。因为他跟雍齿关系好，而雍齿是刘邦的仇人，且王陵本来无意跟从刘邦。因为这些缘故，王陵被晚封，被封为安国侯。

王陵担任右丞相两年后，刘盈驾崩。皇太后吕雉想立吕氏家族的人为王，询问王陵。王陵说："不行。"当她询问陈平时，陈平说："行。"吕雉发怒，假装把王陵提升为太傅，实际上是不重用王陵。王陵愤怒，称病辞职，闭门不出，最终也没上朝拜见皇帝。七年后，王陵去世。

【编后语】

《留侯世家》之后是《陈丞相世家》，是陈平的传记，位列三十世家中的第二十六位。

陈平是刘邦的重要谋臣之一，多次替刘邦出谋划策，为刘邦做出了不小的贡献，其谋略令后人叫绝。本篇选取了《陈丞相世家》正文的大部分，省略了司马迁的评价部分。

绛侯周勃世家

【原文】

　　条侯亚夫自未侯为河内守时，许负相之，曰："君后三岁而侯。侯八岁为将相，持国秉①，贵重矣，于人臣无两。其后九岁而君饿死。"亚夫笑曰："臣之兄已代父侯矣，有如卒，子当代，亚夫何说侯乎？然既已贵如负言，又何说饿死？指示我。"许负指其口曰："有从理②入口，此饿死法③也。"居三岁，其兄绛侯胜之有罪，孝文帝择绛侯子贤者，皆推亚夫，乃封亚夫为条侯，续绛侯后。

　　文帝之后六年，匈奴大入边。乃以宗正刘礼为将军，军霸上；祝兹侯徐厉为将军，军棘门；以河内守亚夫为将军，军细柳：以备胡。上自劳军。至霸上及棘门军，直驰入，将以下骑送迎。已而之细柳军，军士吏被甲，锐兵刃，彀弓弩④，持满。天子先驱至，不得入。先驱曰："天子且至！"军门都尉曰："将军令曰'军中闻将军令，不闻天子之诏'。"居无何，上至，又不得入。于是上乃使使持节诏将军："吾欲入劳军。"亚夫乃传言开壁门。壁门士吏谓从属车骑曰："将军约，军中不得驱驰。"于是天子乃按辔徐行⑤。至营，将军亚夫持兵揖曰："介胄之士不拜，请以军礼见。"天子为动，改容式车⑥。使人称谢："皇帝敬劳将军。"成礼而去。既出军门，群臣皆惊。文帝曰："嗟乎，此真将军矣！曩者霸上、棘门军，若儿戏耳，其将固可袭而虏也。至于亚夫，可得而犯邪！"称善者久之。月馀，三军皆罢。乃拜亚夫为中尉。

　　孝文且崩时，诫太子曰："即有缓急，周亚夫真可任将兵。"文帝崩，拜亚夫为车骑将军。

【注释】

①秉：通"柄"，权力、权柄的意思。

②从理：纵纹。从，通"纵"。

③法：古代相术家称人的面相或骨相为法。

④彀：把弓弩张开、张满。

⑤按辔：控紧马缰绳。

⑥式：手扶车前横木表示敬意。"式"，同"轼"。

【译文】

条侯周亚夫还没有封侯前做河内郡守。许负为他看相，说："您三年后将被封侯。您封侯八年后位至将相，主持国政，位尊权重，在群臣中无人能比。再以后九年，您将饿死。"周亚夫笑着说："我哥哥已经继承父亲的侯位了。即使他死了，他儿子也将继承侯位。我怎么谈得上封侯呢？但既然已经像你说的那样尊贵，又为什么说要饿死呢？请你为我指点迷津。"许负指着他的嘴，说："您有一条纵纹进入口中。这是饿死之相。"过了三年，周亚夫的哥哥绛侯周胜之犯了罪，汉文帝从周勃儿子中挑选贤能的人继承爵位时，大家都一致推荐周亚夫。于是，汉文帝封亚夫为条侯，接续绛侯爵位。

汉文帝后元六年，匈奴大举侵入边境。于是，汉文帝任命宗正刘礼为将军，驻军霸上；任命祝兹侯徐厉为将军，驻扎在棘门；任命河内郡守周亚夫为将军，驻军细柳：防范匈奴对关中发起攻击。汉文帝亲自慰劳军队，来到霸上和棘门的军营时，直接驱车进入，以将军为首的军官都骑马迎送。随后，汉文帝到达细柳的军营时，官兵们都身披铠甲，手执锐利的兵器，张开弓弩，拉满弓弦。汉文帝的先行官到达军门却进不去。先行官说："天子将要到来！"把守军门的都尉说："将军下令说'军中只听从将军的号令，不听从皇帝的诏令'。"过了一会儿，汉文帝到达，同样不能进入。于是，汉文帝的车队派使臣持着符节诏令将军："皇帝要进去慰劳军队。"周亚夫这才传令打开军门。守卫军门的军官对汉文帝的随行车骑人员说："将军有规定，在军营中不准车马奔驰。"于是，汉文帝就拉着缰绳缓缓行进。到达军营中，周亚夫手持武器拱手揖拜，说："带甲的武士不能跪拜，请求用军礼相见。"汉文帝受到震动，神情变得庄重，倚着车前的横木向将士致敬。他派人致谢，说："皇帝尊敬地慰劳将军。"礼仪完毕后，汉文帝带着卫队离去。

出了军门以后，群臣都很惊讶。汉文帝却说："呵，这才是真正的将军啊！此前去霸上、棘门的军营，不过像儿戏罢了，那里的将军完全可以被偷袭俘虏。至于周亚夫，怎么可能侵犯他呢！"汉文帝称赞了很长时间。过了一个多月，三支部队都撤回。于是，汉文帝任命周亚夫为中尉。

汉文帝临终时，告诫太子刘启说："如果发生紧急事变，周亚夫是真正可以担当领兵重任的人。"汉文帝驾崩，刘启继位，任命周亚夫为车骑将军。

【原文】

孝景三年，吴、楚反①。亚夫以中尉为太尉，东击吴楚。因自请上曰："楚兵剽轻，难与争锋，愿以梁委之，绝其粮道，乃可制。"上许之。

太尉既会兵荥阳，吴方攻梁，梁急，请救。太尉引兵东北走昌邑，深壁而守②。梁日使使请太尉，太尉守便宜，不肯往。梁上书言景帝，景帝使使诏救梁。太尉不奉诏，坚壁不出，而使轻骑兵弓高侯等绝吴楚兵后食道。吴兵乏粮，饥，数欲挑战，终不出。夜，军中惊，内相攻击扰乱，至于太尉帐下。太尉终卧不起。顷之，复定。后吴奔壁东南陬，太尉使备西北。已而其精兵果奔西北，不得入。吴兵既饿，乃引而去。太尉出精兵追击，大破之。吴王濞弃其军，而与壮士数千人亡走，保于江南丹徒。

汉兵因乘胜，遂尽虏之，降其兵，购吴王③千金。月馀，越人斩吴王头以告。凡相攻守三月，而吴楚破平。于是诸将乃以太尉计谋为是。由此梁孝王与太尉有郤。

归，复置太尉官。五岁，迁为丞相，景帝甚重之。景帝废栗太子，丞相固争之，不得。景帝由此疏之。而梁孝王每朝，常与太后言条侯之短。

窦太后曰："皇后兄王信可侯也。"景帝让曰："始南皮、章武侯④先帝不侯，及臣即位乃侯之。信未得封也。"窦太后曰："人主各以时行耳。自窦长君在时，竟不得侯，死后乃其子彭祖顾得侯。吾甚恨之。帝趣侯信也！"景帝曰："请得与丞相议之。"丞相议之，亚夫曰："高皇帝约'非刘氏不得王，非有功不得侯。不如约，天下共击之'。今信虽皇后兄，无功，侯之，非约也。"景帝默然而止。

其后匈奴王唯徐卢等五人降，景帝欲侯之以劝后。丞相亚夫曰："彼背其主降陛下，陛下侯之，则何以责人臣不守节者乎？"景帝曰："丞相议不可用。"乃悉封唯徐卢等为列侯。亚夫因谢病。景帝中三年，以病免相。

【注释】

①吴、楚反：以吴王濞为首的吴楚七国发动叛乱，史称"七国之乱"。

②深壁：此处为加高营垒的意思。

③购吴王：悬赏捉拿吴王。

④南皮侯：窦太后的哥哥窦长君死后，汉景帝封其子窦彭祖为南皮侯。章武侯：窦太后弟弟窦广国被汉景帝封为章武侯。

【译文】

汉景帝三年，吴、楚等七国发动叛乱。周亚夫以中尉升任太尉，率军东进，讨伐吴、楚等七国叛军。他亲自向皇帝请示，说："楚军骁勇轻捷，我们难以跟他们正面交锋，我请求暂时放弃梁地，让叛军攻击，我们则抄后路断绝他们的粮道。这样，我们才能打败他们。"汉景帝同意了他的请求。

太尉周亚夫在荥阳集结大军时，吴军正在攻打梁国，梁国危急，请求周亚军派兵救援。周亚夫却率军向东北到达昌邑后，就深沟高垒，坚守不出。梁国每天派使者向周亚夫请求派兵救援，周亚夫坚守有利地形，不肯派兵前去救援。于是，梁王上书汉景帝。汉景帝派使臣诏令周亚夫率军救援梁国。周亚夫不执行诏令，仍然坚守不出，而是派弓高侯等人率领轻骑兵断绝吴、楚叛军的后方粮道。吴军缺乏粮草，士兵饥饿，多次挑战，周亚夫都没有出战。一天夜里，军中惊乱，汉军内部互相攻击扰敌，一直打到周亚夫的营帐前面，但周亚夫始终安卧，不起床看一下。不一会儿，汉军军营里就复归安定。后来，吴军攻击汉营的东南角，周亚夫却命令将士们重点防备西北角。不久，吴军精锐果然奔袭汉营西北角，但没能攻进去。吴军饥饿至极，于是撤兵离去。周亚夫趁机派出精锐部队追击，大败吴军。吴王刘濞只好放弃军队，与几千名精壮士兵一起逃走，退到江南的丹徒。汉军乘胜追击，俘获全部敌军，并降服了他们。

周亚夫下令悬赏千金捉拿吴王。过了一个多月，越地人斩了吴王的首级前来报告。一共攻守作战三个月，周亚夫打败和平定了吴、楚联军的叛乱。于是，将领们这才认识到周亚夫的计谋是正确的。从此，梁孝王和周亚夫之间有了仇恨。

周亚夫班师回朝后，朝廷重新设置太尉官职。过了五年，周亚夫升任丞相。汉景帝对他非常倚重。汉景帝废黜栗太子时，丞相周亚夫极力谏诤，但没能阻止。汉景帝从此疏远了周亚夫。梁孝王每次朝见，都向皇太后讲周亚夫的坏话。

窦太后说："皇后的哥哥王信可以封侯。"汉景帝推辞说："当初南皮侯窦彭祖、章武侯窦广国，先帝都没有封他们，等到我即位后才封他们为侯，王信目前还不能封侯。"窦太后说："人主应当各自按当时的具体情况行事。我哥哥窦长君在世时，最终没能封侯，死后才封他儿子窦彭祖为侯。我很遗憾。皇上赶快封王信为侯吧。"汉景帝说："请让我跟丞相商议一下。"汉景帝和周亚夫商议时，周亚夫说："高祖皇帝（刘邦）约定'不是刘氏宗亲不得封王，没有功劳的人不能封侯。如果有人不遵守誓约，天下共同讨伐他'。如今，王信虽然是皇后的哥哥，但没有功劳，如果封他为侯，不符合誓约。"汉景帝沉默不语，只好作罢。

此后，匈奴王唯徐卢等人归降，汉景帝想封他们为侯以劝后人效法。丞相周亚夫说："他们背叛自己的主子投降陛下，如果陛下封他们为侯，那还怎么去责罚那些不守节操的大臣呢？"汉景帝说："丞相的意见不能采用。"汉景帝把唯徐卢等人都封为侯。周亚夫称病请求退休。汉景帝中元三年，周亚夫因病被免除丞相职务。

【原文】

顷之，景帝居禁中，召条侯，赐食。独置大胾，无切肉，又不置櫡①。条侯心不平，顾谓尚席取櫡。景帝视而笑曰："此不足君所乎？"条侯免冠谢。上起，条侯因趋出。景帝以目送之，曰："此怏怏者非少主臣也②！"

居无何，条侯子为父买工官尚方甲楯五百被可以葬者③。取庸④苦之，不予钱。庸知其盗买县官⑤器，怒而上变告子，事连污条侯。书既闻上，上下吏，吏簿责条侯，条侯不对。景帝骂之曰："吾不用也。"召诣⑥廷尉。廷尉责曰："君侯欲反邪？"亚夫曰："臣所买器，乃葬器也，何谓反邪？"吏曰："君侯纵不反地上，即欲反地下耳。"吏侵之益急。初，吏捕条侯，条侯欲自杀，夫人止之，以故不得死，遂入廷尉。因不食五日，呕血而死。国除。

绝一岁，景帝乃更封绛侯勃他子坚为平曲侯，续绛侯后。十九年卒，谥为共侯。子建德代侯，十三年，为太子太傅。坐酎金⑦不善，元鼎五年，有罪，国除。

条侯果饿死。死后，景帝乃封王信为盖侯。

【注释】

①胾：读zì，切好的大块的肉。櫡：读zhù，筷子。

②怏怏：不高兴的样子。少主：此处指新立的太子刘彻，未来继位的皇帝。

③尚方：掌管制造和供应皇家用品的官署。被：数量词。

④取庸：此处指搬运的雇工。"庸"，通"佣"。

⑤县官：此处指天子。

⑥诣：到……去。

⑦酎金：酎，读zhòu，汉朝规定，诸侯每年应向朝廷进献助祭的黄金，即酎金。

【译文】

不久，汉景帝在宫中召见周亚夫，赐给他食物——只放着一大块肉，没有切开，又不放筷子。周亚夫心中愤愤不平，回头叫主管筵席的官员拿筷子来。汉景帝看着他，笑着说："这些还不能满足你的需要吗？"周亚夫脱帽谢罪。汉景帝起身时，周亚夫趁机快步离去。汉景帝目送周亚夫离去，说："这样牢骚满腹的人，不能担任辅佐未来皇帝的重任啊！"

没过多久，周亚夫的儿子从制造尚方器物的工官那里为父亲买了五百副可供殉葬用的盔甲盾牌。为他搬运的雇工苦不堪言，而他却不付工钱。雇工知道他偷买皇家专用的器具，于是愤怒地上告周亚夫的儿子想谋反。这件事牵连到了周亚夫。汉景帝看到上书后，交给官吏查办。官吏按上书的罪状责问周亚夫，周亚夫不回答。汉景帝骂道："我不用你回答了。"他下令把周亚夫交付廷尉治罪。廷尉责问周亚夫说："你想造反吗？"周亚夫说："我买的器具都是殉葬品，怎么能说是要造反呢？"狱吏说："你纵然不在世上造反，也想在地下造反。"狱吏逼迫得越来越急。起初，狱吏逮捕周亚夫，周亚夫想自杀，他的夫人制止了他，因此没死成，就被关进廷尉的监狱。周亚夫绝食五天，吐血而死。封国被取消。

封爵断绝一年后，汉景帝才改封绛侯周勃的另一个儿子周坚为平曲侯，接续绛侯爵位。平曲侯在位十九年去世，谥号为共侯。儿子周建德继承侯位。十三年后，周建德担任太子太傅。因为献的酎金成色不好，元鼎五年，周建德被判定有罪，其封国被取消。

周亚夫果然是饿死的。他死后，汉景帝就封王信为盖侯。

【编后语】

三十世家中第二十七位是汉初名将周勃和周亚夫父子的传记，即《绛侯周勃世家》。周勃父子都是汉朝初期的有功之臣：周勃是诛灭诸吕、安定汉朝的主要决策者和组织者，为挽救刘氏政权立了大功；周亚夫是平定"七国之乱"的汉军统帅，为削弱诸侯王的割据势力和巩固汉王朝的中央政权立了大功。本篇选取了《绛侯周勃世家》中周亚夫的相关传记，省略了周勃的传记和司马迁的评论。此篇以后，是三十世家的最后三篇——《梁孝王世家》《五宗世家》《三王世家》，限于篇幅等原因不再选取。

管晏列传

【原文】

管仲夷吾者，颍上人也。少时常与鲍叔牙游①，鲍叔知其贤。管仲贫困，常欺鲍叔，鲍叔终善遇之，不以为言。已而鲍叔事齐公子小白，管仲事公子纠。及小白立，为桓公，公子纠死，管仲囚焉。鲍叔遂进管仲。

管仲既用，任政于齐，齐桓公以霸，九合诸侯，一匡天下，管仲之谋也。

管仲曰："吾始困时，尝与鲍叔贾，分财利多自与，鲍叔不以我为贪，知我贫也。吾尝为鲍叔谋事而更穷困，鲍叔不以我为愚，知时有利不利也。吾尝三仕三见逐于君，鲍叔不以我为不肖，知我不遭时也。吾尝三战三走，鲍叔不以我为怯，知我有老母也。公子纠败，召忽死之②，吾幽囚受辱，鲍叔不以我为无耻，知我不羞小节而耻功名不显于天下也③。生我者父母，知我者鲍子也。"

鲍叔既进管仲，以身下之。子孙世禄于齐，有封邑者十馀世，常为名大夫。天下不多管仲之贤而多鲍叔能知人也。

管仲既任政相齐，以区区之齐在海滨，通货积财，富国强兵，与俗同好恶。故其称曰："仓廪实而知礼节，衣食足而知荣辱，上服度则六亲固。四维不张，国乃灭亡。下令如流水之原，令顺民心。"故论卑④而易行。俗之所欲，因而予之；俗之所否，因而去之。

其为政也，善因祸而为福，转败而为功。贵轻重，慎权衡。桓公实怒少姬，南袭蔡，管仲因而伐楚，责包茅不入贡于周室。桓公实北征山戎，而管仲因而令燕修召公之政。于柯之会，桓公欲背曹沫之约，管仲因而信之，诸侯由是归齐。故曰："知与之为取，政之宝也。"

管仲富拟于公室，有三归、反坫⑤，齐人不以为侈⑥。管仲卒，齐国遵其政，常强于诸侯。后百余年而有晏子焉。

【注释】

①游：交游、来往。

②死之：为公子纠而死。

③羞：以……为羞。耻：以……为耻。

④论卑：此处指政令符合下边的民情。

⑤三归：此处指建筑华丽的台。反坫：指堂屋两柱间放置供祭祀、宴会所用礼器和酒的土台。按照当时的礼法，只有诸侯才能设有三归和反坫。管仲是大夫，本不该享有。

⑥侈：此处指放纵、放肆、过分的意思。

【译文】

管仲叫夷吾，是颍上人。管仲年少时与鲍叔牙往来密切。鲍叔牙知道他很有才能。管仲因为家贫常常骗取鲍叔牙的财物。鲍叔牙却一直好好待他，不提那些事。后来，鲍叔牙跟随齐国公子小白，管仲跟随了公子纠。等到小白立为齐桓公时，杀了公子纠，管仲也被囚禁起来。鲍叔牙却向齐桓公推荐管仲为相。

齐桓公重用管仲，让他执掌齐国国政。齐桓公称霸，多次会盟天下诸侯，匡扶天下正道，都是采纳了管仲计谋的结果。

管仲说："当初，我贫穷时，曾与鲍叔牙一起做买卖，分财利时，我常常多占，鲍叔牙却不以此认为我贪婪，因为他知道我家贫。我曾经为鲍叔牙谋事，结果却使他更窘迫，鲍叔牙却不因此认为我这个人很愚蠢，因为他知道时机有时有利，有时不利。我曾经几次做官，却屡次被国君罢免，鲍叔牙不以此认为我无能，因为他知道我没碰到好时机。我曾几次带兵打仗，却屡战屡败，鲍叔牙不因此以为我这个人胆小，因为他知道我家有老母需要供养。公子纠与小白争位失败后，召忽自杀，我被囚禁起来，忍受侮辱，鲍叔牙不因此认为我这个人不知羞耻，因为他知道我不以小事为耻，而是以功名不显扬于天下为耻。所以说，生我的是我的父母，而真正了解我的是我的朋友鲍叔牙。"

鲍叔牙推荐管仲后，他的职位在管仲之下。他的子孙世代都在齐国享受俸禄，其中有封邑的有十多代。在子孙中，有许多人都成为有名的大夫。相比之下，天下人很少称道管仲之才能，而常常称道鲍叔牙有知人之明。

管仲担任齐国相国、执掌齐国的政权后，因看到齐国土地狭小，又靠近海边，便重视通商，积累财富，使国家富裕，军队强大，并顺从老百姓的好恶意愿。他说："只有仓库里的粮食堆满了，老百姓才会重视礼节；只有老百姓丰衣足食了，他们才会知荣辱。在上位的人遵守礼度，亲属内部才会团结。不讲礼义廉耻，国家必然灭亡。上面发下的政令好比是流水的源头一样，一定要使它顺乎民心。"所以，他的言论通俗而易于推行。老百姓所需要的，就给他们；老百姓不需要的，就废掉它。

执政时，管仲善于把坏事变为好事，把失败转化为成功；注意处理事情的轻重缓急，谨慎地权衡事情的利弊得失。齐桓公本来因为蔡姬之事发怒，想南下袭击蔡国。管仲却劝齐桓公讨伐楚国，谴责楚国不向周室朝贡包茅。齐桓公想往北征讨山戎，而管仲却借此劝燕国修改召公时的国政。在柯地会盟时，齐桓公想背弃跟曹沫签订的盟约，管仲却劝齐桓公守信，使天下诸侯归心于齐。所以说："知道了给予就是取得，是为政的法宝。"

管仲富比国君，拥有三归台和反坫台，但齐国人不认为他奢侈过分。管仲死后，齐国仍遵循管仲立下的政令，使齐国强于诸侯。一百多年后，齐国又出了个晏子。

【编后语】

《史记》全书一百三十篇，篇幅最多的就是列传。司马迁撰写列传，将各种人物写得活灵活现。因而，我们在选取《史记》的精华部分时，列传是我们关注的重点之一。《伯夷列传》是七十列传第一篇，因其故事久远，因其人物对历史影响有限，我们直接选取了《管晏列传》。《管晏列传》是写齐国著名相国管仲和晏婴的传记。管仲是辅佐齐桓公首先称霸的关键性人物。本篇选取了《管晏列传》中的管仲传，省略了晏子传。

老子韩非列传

【原文】

老子者，楚苦县厉乡曲仁里人也，姓李氏，名耳，字聃，周守藏室之史也①。

孔子适周，将问礼于老子。老子曰："子②所言者，其人与骨皆已朽矣，独其言在耳。且君子得其时则驾，不得其时则蓬累而行③。吾闻之，良贾深藏若虚，君子盛德容貌若愚。去子之骄气与多欲，态色与淫志④，是皆无益于子之身。吾所以告子，若是而已。"

孔子去，谓弟子曰："鸟，吾知其能飞；鱼，吾知其能游；兽，吾知其能走。走者可以为罔，游者可以为纶，飞者可以为矰⑤。至于龙，吾不能知其乘风云而上天。吾今日见老子，其犹龙邪！"

老子修道德，其学以自隐无名为务⑥。居周久之，见周之衰，乃遂去。至关，关令尹喜曰："子将隐矣，强为我著书。"于是老子乃著书上下篇，言道德之意五千馀言而去，莫知其所终。

或曰：老莱子⑦亦楚人也，著书十五篇，言道家之用，与孔子同时云。

盖老子百有六十馀岁，或言二百馀岁，以其修道而养寿也。

自孔子死之后百二十九年，而史记周太史儋见秦献公曰："始秦与周合，合五百岁而离，离七十岁而霸王者出焉。"或曰儋即老子，或曰非也，世莫知其然否。老子，隐君子也。

老子之子名宗，宗为魏将，封于段干。宗子注，注子宫，宫玄孙假。假仕于汉孝文帝。而假之子解为胶西王卬太傅，因家于齐焉。

世之学老子者则绌⑧儒学，儒学亦绌老子。"道不同不相为谋"，岂谓是邪？李耳无为自化，清静自正。

【注释】

①藏室：国家的藏书室，即图书馆。

②子：古时对男子的尊称。

③蓬累而行：像飞蓬飘转流徙而行，转停皆不由己。蓬，一种根叶俱细的小草，风吹根断，随风飘转。累，转行的样子。

④态色：情态神色。淫志：过大的志向。淫，过分的意思。

⑤矰：读zēng，用来射鸟的拴着丝绳的能收回来的短箭，也泛指短箭。

⑥自隐：隐匿声迹，不显露。无名：不求闻达。务：宗旨。

⑦老莱子：司马迁疑老子或是老莱子，故书之。老莱子（约公元前599年—公元前479年），春秋晚期思想家，道教人物。他的生活年代与老聃同时，其影响远大，堪称一代杰出的思想家。

⑧绌：通"黜"，贬斥的意思。

【译文】

老子是楚国苦县厉乡曲仁里人。他姓李，叫耳，字聃，是周朝掌管图书馆藏书的史官。

孔子到了周，准备向老子问礼。老子说："你所说的人，他们的人与骨头都已经腐朽了，只有他们的言论尚存。况且，作为一个君子，当时机成熟时就应该出去做官，当时机不成熟时就应该保持好心态，随遇而安。我听说，会做生意的商人常把货物藏得很严密，仿佛什么也没有；有盛德的君子，看他的容貌，却仿佛是看到了一个愚钝的人。去掉你身上的骄气与过多的欲望，把你不必要的姿态容色与过多的志向都去掉，因为这些对你自身都没什么好处。我所能告诉你的，也就是这些。"

孔子离去后，对他的弟子说："鸟，我知道它能飞翔；鱼，我知道它能在水中游动；兽，我知道它能奔跑。能奔跑的兽，我可以用网去捕捉它；能游的鱼，我可以用钓线去钓它；能飞的鸟，我可以用箭去射它。至于龙，我就不知道了，它是不是能乘风云而上天？我今日见到老子，感觉到他就像龙一样。"

老子修道德，他的学问以隐居修养、追求无名为主。他在周朝住了很久，见周王室日渐衰落，就离开了镐京。老子到函谷关时，函谷关令尹喜说："您就要隐居去了，请尽力为我写一部书吧！"于是，老子就写成一部书，书分上下篇，说的都是关于道与德，共五千多字。之后，老子就离开了，不知所终。

有人说：老莱子也是楚国人，写书十五篇，专门阐发道家思想。他与孔子处于同一时代。老子大概活了一百六十多岁，也有人说是二百多岁，那是因为他修道而获得长寿。

在孔子死后一百二十九年，史书上记载周太史儋见秦献公，说："起初秦与周是合在一起的，五百年后分离，分离七十年后有霸王出现。"有人说太史儋就是老子，有人说不是。世上没有人知道哪种说法对。但是，有一点可以确定：老子是一位隐居的君子。

老子的儿子叫李宗，李宗是魏国将军，分封在段干。李宗的儿子叫李注，李注的儿子叫李宫，李宫的玄孙叫李假。李假在汉文帝时为官。李假的儿子李解担任过胶西王刘卬的太傅，最终安家于齐地。

世上崇尚老子之学的人一般都贬斥儒学，崇尚儒学的人则贬斥老子之学。"道不同就不在一起共同谋事"，难道就是指这个而言的吗？老子崇尚无为，一切顺其自然，主张清静，一切自归其正位。

【编后语】

《管晏列传》之后是《老子韩非列传》。《老子韩非列传》是一篇关于先秦道家和法家代表人物的重要传记，涉及老庄申韩等人物，代表了汉代人对道家与法家关系的重要看法。本文选取了《老子韩非列传》中老子的传记，省略了庄子、申子、韩非子以及慎到等人的传记，以及司马迁的相关评论。

司马穰苴列传

【原文】

　　司马穰苴者，田完之苗裔也。齐景公时，晋伐阿、甄，而燕侵河上，齐师败绩。景公患之。晏婴乃荐田穰苴曰："穰苴虽田氏庶孽①，然其人文能附众，武能威敌，愿君试之。"景公召穰苴，与语兵事，大说之，以为将军，将兵扞燕晋之师。穰苴曰："臣素卑贱，君擢之闾伍之中②，加之大夫之上，士卒未附，百姓不信，人微权轻，愿得君之宠臣国之所尊以监军，乃可。"于是景公许之，使庄贾往。穰苴既辞，与庄贾约曰："旦日日中会于军门③。"

　　穰苴先驰至军，立表下漏待贾④。贾素骄贵，以为将己之军而己为监，不甚急；亲戚左右送之，留饮。日中而贾不至。穰苴则仆表决漏，入，行军勒兵，申明约束。

　　约束既定，夕时，庄贾乃至。穰苴曰："何后期为？"贾谢曰："不佞大夫亲戚送之，故留。"穰苴曰："将受命之日则忘其家，临军约束则忘其亲，援枹鼓之急则忘其身⑤。今敌国深侵，邦内骚动，士卒暴露于境，君寝不安席，食不甘味，百姓之命皆悬于君，何谓相送乎！"召军正问曰："军法期而后至者云何？"对曰："当斩。"庄贾惧，使人驰报景公，请救。

　　既往，未及反，于是遂斩庄贾以徇三军。三军之士皆振慄。久之，景公遣使者持节⑥赦贾，驰入军中。穰苴曰："将在军，君令有所不受。"问军正曰："驰三军法何？"正曰："当斩。"使者大惧。穰苴曰："君之使不可杀之。"乃斩其仆，车之左驸，马之左骖，以徇三军。遣使者还报，然后行。

　　士卒次舍井灶饮食问疾医药，身自拊循之。悉取将军之资粮享⑦士卒，身与士卒平分粮食。最比⑧其羸弱者，三日而后勒兵。病者皆求行，争奋出为之赴战。晋师闻之，为罢去。燕师闻之，度水而解。

于是追击之，遂取所亡封内故境而引兵归。未至国，释兵旅⑨，解约束，誓盟而后入邑。景公与诸大夫郊迎，劳师成礼，然后反归寝。

既见穰苴，尊为大司马。田氏日以益尊于齐。

已而大夫鲍氏、高、国之属害之，谮⑩于景公。景公退穰苴，苴发疾而死。田乞、田豹之徒由此怨高、国等。其后及田常杀简公，尽灭高子、国子之族。至常曾孙和，因自立为齐威王，用兵行威，大放穰苴之法⑪，而诸侯朝齐。

齐威王使大夫追论古者《司马兵法》而附穰苴于其中，因号曰《司马穰苴兵法》。

太史公曰：余读《司马兵法》，闳廓深远⑫，虽三代征伐，未能竟其义，如其文也，亦少襃⑬矣。若夫穰苴，区区为小国行师，何暇及《司马兵法》之揖让⑭乎？世既多《司马兵法》，以故不论，著穰苴之列传焉。

【注释】

①庶孽：妾生的孩子，身份低微。

②擢：选拔、提拔。间伍："间"与"伍"都是户籍的基层组织，通常指代平民。

③旦日：明日。日中：正午、中午。军门：军营大门。

④立表：在阳光下竖起木杆，根据阳光照射的影子的移动，来计算时间。表，就指这木杆。下漏：把铜壶下穿一小孔，壶中立箭，箭杆上刻有度数，然后铜壶蓄水，使之徐徐下漏，以箭杆显露出来的刻度计算时间。

⑤援：操起、拿起。枹：鼓槌。鼓：击鼓。

⑥节：符节。传达国君命令的信物。

⑦享：通"飨"，供食款待的意思。

⑧最比：特别照顾到。最，特别、尤其。比，及、到。

⑨释兵旅：解除军队的战备。

⑩谮：读zèn，无中生有说人坏话，造谣中伤。

⑪放:通"仿",仿效、效法的意思。

⑫闳廓:宏大广博。

⑬襃:读bāo,通"褒",称赞。

⑭揖让:宾主相见的礼仪,以示谦让。此处引申为相提并论。

【译文】

司马穰苴是田完的后代。齐景公时,晋国攻打齐国的东阿、甄城,同时,燕国侵略齐国的河上之地。齐军屡战屡败,齐景公忧虑不安。于是,晏婴举荐田穰苴,说:"司马穰苴虽是田氏的庶出旁支,但此人文韬能使众人亲附,武略能使敌国畏惧。希望您试着起用一下他。"于是齐景公召见司马穰苴,与他谈论军事,非常喜爱他的才干,让他做将军,负责率军抵御燕国和晋国的军队。司马穰苴说:"我素来处于卑贱的地位,国君将我从普通人中提拔起来,安置于众大夫之上,士兵尚未亲附,百姓不会信服,资望微弱,权柄轻浮,希望得到君上的宠信之臣和国人尊重的人来做监军,才可以行事。"于是,齐景公答应了他,派庄贾前往监军。司马穰苴辞别齐景公后,与庄贾约定,说:"我们明天正午在军门相会。"司马穰苴率先骑马快速跑到军中,立起观看日影的木标,设下计时的漏壶,等待庄贾。庄贾素来骄横傲慢,认为司马穰苴统率军队而自己只是做监军,因而不很着急。亲戚朋友为他送行,留他饮酒。时至正午,庄贾未到。司马穰苴推倒木标,倒掉漏水,进入军营,调兵遣将,申明法令。

法令规定完毕,时至日暮,庄贾这才慢悠悠地到来。司马穰苴说:"你为何迟到呢?"庄贾道歉说:"我因僚属亲戚送行,耽搁了一会儿。"司马穰苴说:"将领受命之日便忘却家室,到达军队接受号令便忘却亲戚,击鼓进军急不容缓便忘却自身。现在,敌军深侵,国内骚动,士卒在边境日晒雨淋,君主睡不安稳,食不甘味,百姓的性命都系在您身上,您还谈何相送相留呢!"他召来军法官,问:"军法规定约定时间迟到者,如何处置?"军法官回答说:"应当斩首。"庄贾惧怕,派人驰马报告齐景公,请求解救。

报信人走后尚未返回,司马穰苴便斩杀庄贾,向三军巡示。三军将士都振肃警惧。过了好一会儿，齐景公派遣使者手持符节来赦免庄贾，驰车入军中。司马穰苴说："将领在军中，国君的命令有的可以不接受。"他问军法官说："在军营中驾车奔驰，依军法如何处置？"军法官说："应当斩首。"使者大惧。司马穰苴说："国君的使者不能杀掉。"于是，斩杀他的车仆，砍断了车左边的驸木，杀掉车左边的骖马，并巡示三军。随后，司马穰苴派遣使者归报齐景公，然后出发。

士卒安营扎寨，掘井立灶，饮水吃饭，探病治病，司马穰苴都亲自抚问。他将供应将军的粮食资用取出供给士卒，自己与士卒一样分粮而食，而且是和那些吃得最少的人一样。三天之后重整军队，连有病的人都请求同行，奋勇争先，为他赴战。晋军听到这种情况，引兵撤走；燕军听到这种情况，渡河退去。

于是，齐军追击晋军和燕军，夺取了所失土地，然后班师回朝。尚未到达国都时，司马穰苴便下令解除战备，取消号令，盟誓之后才进入国都。齐景公与诸大夫到城郊迎接，慰劳军队，完成礼仪，然后返回寝宫。

齐景公接见司马穰苴之后，尊崇地任命他为大司马。田氏在齐国日益尊显。

后来，大夫鲍氏、高氏、国氏等都忌恨司马穰苴，在齐景公面前进谗言。齐景公贬退司马穰苴，司马穰苴发病而死。

田乞、田豹等人因此怨恨高氏、国氏等人。到田乞的儿子田常杀死齐简公后，田常尽灭高氏、国氏家族。到了田常的曾孙田和时，田和自立为齐国诸侯，田和的孙子就是齐威王，他用兵行威，大都仿效司马穰苴的管理方法，结果诸侯都来朝拜齐国。齐威王指派大夫追论古代的《司马兵法》，而将司马穰苴的兵法附于其中，因而号称为《司马穰苴兵法》。

司马迁说：我读《司马兵法》，感到宏博而深远，即使夏、商、周三代圣贤的用兵，也未能穷尽它的内蕴。像现在把司马穰苴的用兵文字编入其中，就难免有溢美之嫌了。至于司马穰苴，为区区小国率军打仗，如何比得上《司马兵法》中的进退规矩呢？世人既然盛称《司马兵法》，因此不再论述。但是，我要作一篇司马穰苴的列传以说明这件事。

【编后语】

　　《司马穰苴列传》在七十列传中排第四,是司马穰苴的单传。全文围绕着司马穰苴"文能附众,武能威敌"这条纲,写他诛杀国君宠臣庄贾、整饬军队,和士卒同甘共苦的治军史实,收到战士争相为之奋勇作战,使晋、燕之师不战而屈,最终收复失地的功效,刻画出一代名将的鲜明形象。本文未删节。

孙子吴起列传

【原文】

孙子武者，齐人也。以兵法见于吴王阖庐。阖庐曰："子之十三篇①，吾尽观之矣，可以小试勒兵②乎？"对曰："可。"阖庐曰："可试以妇人乎？"曰："可。"

于是许之，出宫中美女，得百八十人。

孙子分为二队，以王之宠姬二人各为队长，皆令持戟③。令之曰："汝知而心与左右手背乎？"妇人曰："知之。"孙子曰："前，则视心；左，视左手；右，视右手；后，即视背。"妇人曰："诺。"约束既布，乃设铁钺④，即三令五申⑤之。于是鼓之右，妇人大笑。孙子曰："约束不明，申令不熟，将之罪也。"复三令五申而鼓之左，妇人复大笑。孙子曰："约束不明，申令不熟，将之罪也；既已明而不如法⑥者，吏士⑦之罪也。"乃欲斩左右队长。

吴王从台上观，见且斩爱姬，大骇。趣使使⑧下令曰："寡人已知将军能用兵矣。寡人非此二姬，食不甘味，愿勿斩也。"孙子曰："臣既已受命为将，将在军，君命有所不受。"遂斩队长二人以徇。用其次为队长，于是复鼓之。妇人左右前后跪起皆中规矩绳墨⑨，无敢出声。于是孙子使使报王曰："兵既整齐，王可试下观之，唯王所欲用之，虽赴水火犹可也。"吴王曰："将军罢休就舍⑩，寡人不愿下观。"孙子曰："王徒好其言，不能用其实。"

于是阖庐知孙子能用兵，卒以为将。西破强楚，入郢，北威齐晋，显名诸侯，孙子与有力焉。

孙武既死，后百馀岁有孙膑。

【注释】

①十三篇：指孙武撰写的《孙子兵法》，也叫《孙子》，是我国最早、最杰出的兵书。现存《孙子兵法》包括《始计》《作战》《谋攻》《军形》《兵势》《虚实》《军争》《九变》《行军》《地形》《九地》《火攻》《用间》十三篇。

②试：以小规模的操演做试验。勒兵：用兵法统率指挥军队。勒，约束、统率。

③戟：古代青铜制的兵器。具有戈和矛的特征，能直刺，又能横击。

④铁钺：读fū yuè，斫刀和大斧，也泛指刑具。

⑤三令五申：多次重复地交代清楚。三、五是虚数。

⑥不如法：不按照号令去做。

⑦吏士：指两个队长。

⑧趣：通"促"，催促。使使：派遣使者。

⑨中：符合。规矩：校正圆形和方形的器具。绳墨：木工用以正曲直的墨线。此处均借指军令、纪律。

⑩就舍：回到住处。

【译文】

孙子名叫孙武，是齐国人。因懂兵法，他受吴王阖庐接见。阖庐说："你写的十三篇兵法，我都已看过了。你可以试着用它来小规模地操演军队吗？"孙武回答说："可以。"阖庐又问："用妇人试试，也可以吗？"孙武回答说："可以。"

于是，阖庐就清点宫中的美女，共一百八十名，供孙武调遣。

孙武将她们分为两队，并任命阖庐的两名宠姬为队长，让她们都持戟，命令她们说："你们知道自己的心口、左右手及背吗？"女子们都说："知道。"孙武说："向前看，就是看心口所对的方向；向左转，就是朝左手的方向转动；向右转，就是向右手所在的方向转动；向后转，就是向后背的方向转动。"女子们说："知道了。"接着，孙武就宣布了军法，设置了刑具，并再三申明军法。接着，孙武就击鼓，让女子们向右转。女子们都大笑起来。孙武说："军法不明，命令不熟，这是将的过错。"他又再三申明军法，击鼓让她们左转。女子们又大笑。孙武说："军法不明，命令不熟，过错在将；法令既明而不依法令行事，这就是士卒的过错。"于是。孙武就要斩左右两队的队长。

阖庐正在台上观看，看到孙武真的要斩自己的爱姬，十分惊慌，派使者下令说："我已知道将军能用兵了。我如果没有这两位爱姬，饭都吃不香。请不要斩她们。"孙武说："我既然已经受命为将，那么，将在军中，国君的命令有的可以不听。"孙武斩了两位队长示众，另选了两个人为队长。

接着，孙武又击鼓。女子们左转、右转、向前走、向后转、跪倒、起立都符合规矩法令，再无一个人敢出声。于是，孙武派使者报告阖庐："军队已经整齐，大王可以下来观看，只要是大王所想要的，即使让她们赴汤蹈火也可以。"

阖庐说："请将军停止训练，回去休息吧！我不愿意再看下去。"孙武说："看来，大王只喜欢兵法中的言论，而不喜欢兵法的实际运用。"

从此，阖庐知道孙武能用兵，最终任他为将。吴国向西击破强大的楚国，占领了楚国的郢都；向北威震齐国和晋国，使吴国在诸侯中名声大振，孙武是有很大功劳的。

孙武死后一百多年，又出了一个军事家孙膑。

【编后语】

列传第五是古代三位著名军事家孙武、孙膑和吴起的合传，即《孙子吴起列传》。本篇精选了孙武的传，省略了孙膑和吴起的传，以及司马迁的相关评价。本列传是了解中国古代军事文化的重要篇章，也是史记中最有代表性的不可或缺的篇章。

伍子胥列传

【原文】

伍子胥者，楚人也，名员。员父曰伍奢。员兄曰伍尚。其先曰伍举，以直谏事楚庄王，有显，故其后世有名于楚。

楚平王有太子名曰建，使伍奢为太傅，费无忌为少傅。无忌不忠于太子建。平王使无忌为太子取妇于秦，秦女好，无忌驰归报平王曰："秦女绝美，王可自取，而更为太子取妇。"平王遂自取秦女而绝爱幸之，生子轸。更为太子取妇。

无忌既以秦女自媚于平王，因去太子而事平王。恐一旦平王卒而太子立，杀己，乃因谗太子建。建母，蔡女也，无宠于平王。平王稍益疏建，使建守城父，备边兵。

顷之，无忌又日夜言太子短于王曰："太子以秦女之故，不能无怨望，愿王少自备也。自太子居城父，将兵，外交诸侯，且欲入为乱矣。"平王乃召其太傅伍奢考问之。伍奢知无忌谗太子于平王，因曰："王独奈何以谗贼小臣①疏骨肉之亲乎？"无忌曰："王今不制，其事成矣。王且见禽。"于是平王怒，囚伍奢，而使城父司马奋扬往杀太子。行未至，奋扬使人先告太子："太子急去，不然将诛。"太子建亡奔宋。

无忌言于平王曰："伍奢有二子，皆贤，不诛，且为楚忧。可以其父质而召之，不然且为楚患。"王使使谓伍奢曰："能致汝二子则生，不能则死。"伍奢曰："尚为人仁，呼必来。员为人刚戾忍诟②，能成大事，彼见来之并禽，其势必不来。"王不听，使人召二子曰："来，吾生汝父；不来，今杀奢也。"伍尚欲往，员曰："楚之召我兄弟，非欲以生我父也，恐有脱者后生患，故以父为质，诈召二子。二子到，则父子俱死。何益父之死？往而令雠不得报耳。不如奔他国，借力以雪父之耻，俱灭，无为也③。"伍尚曰："我知往终不能全父命。然恨父召我以求生而不往，后不能雪耻，终为天下笑耳。"谓员："可去矣！汝能报杀父之雠，我将归死④。"尚既就执，使者捕伍胥。伍胥贯弓⑤执矢乡使者，使者不敢进，伍胥遂亡。闻太子建之在宋，往从之。奢闻子胥之亡也，曰："楚国君臣且苦兵矣⑥。"伍尚至楚，楚并杀奢与尚也。

【注释】

①独：岂，难道。谗贼小臣：以谗言伤害人的小人之臣。贼，败坏、伤害。

②刚戾忍诟：刚强猛烈，忍受耻辱。戾，凶暴、猛烈。诟，读gòu，耻辱。

③无为：不要这样做。

④归死：自愿就死。

⑤贯弓：弯弓，拉满弓。

⑥苦兵：苦于战争。

【译文】

伍子胥叫伍员，楚国人。伍子胥的父亲叫伍奢。伍子胥的哥哥叫伍尚。他的先祖有叫伍举的。伍举事奉楚庄王，以直谏著称，权势显赫。因此，他的后代在楚国很有名气。

楚平王熊立的太子叫熊建。楚平王任命伍奢为太子太傅，费无忌为少傅。费无忌不忠于太子熊建。楚平王派费无忌到秦国去为太子熊建娶亲时，费无忌发现秦女容貌姣好，就飞快回报楚平王，说："秦女美貌绝伦，大王可自娶为妾，再另外为太子娶妻！"于是，楚平王自己娶秦女为妾，非常宠爱她，并生了个儿子叫熊轸。他另外为太子娶了妻室。

费无忌用秦女取悦楚平王之后，便趁机离开太子而专事奉楚平王。但是，他又怕一旦楚平王亡故后太子即位会杀他，便常常毁谤太子熊建。太子的母亲蔡氏失宠于楚平王。楚平王便渐渐疏远了太子熊建，派他驻守在城父，去防守边疆。

不久，费无忌又日夜在楚平王面前说熊建的坏话："太子因为秦女的缘故，不可能没有怨恨，希望您早有防备。自从太子驻守城父后，他亲自带兵，对外交结诸侯，且还想进入都城谋反。"楚平王召来太子太傅伍奢查问。伍奢知道是费无忌在楚平王面前说了太子的坏话，便说："大王为什么偏偏要因那些奸佞之臣而疏远至亲骨肉呢？"费无忌说："大王现在不制服他，他们谋反的事就要成功了。请大王把他拿下。"于是，楚平王大怒，将伍奢囚禁起来，并派城父司马奋扬前去杀太子熊建。还未走到，司马奋扬派人预先告知熊建："太子快逃，不然将会遭杀戮。"熊建听说后就逃奔到了宋国。

费无忌对楚平王说："伍奢有两个儿子，都有才干，不杀掉他们，他们将会成为楚国的祸患。可将他们的父亲作为人质，将他们召来，不然的话，将会给楚国留下后患。"楚平王派使者对伍奢说："你如果将你的两个儿子召来，就可免你一死，不然就性命难保。"伍奢说："伍尚为人仁厚，召他，他一定会来；伍员为人刚烈暴戾，忍辱负重，能成大事，他料到来后会一起被擒，一定不会来。"楚平王不听，派人召伍奢的两个儿子，说："你们若来，我就让你们父亲活命；你们不来，我马上就杀掉你们父亲。"伍尚要去时，伍员说："楚王召我们兄弟，并不是为了让我们父亲活命，而是怕我们逃脱后成为祸患，所以拿我们父亲作为人质，假意召我们兄弟。我们兄弟一到，父子三人就会一起被杀。我们去那里，对父亲的死活有什么好处呢？况且，我们去了便不能报仇雪恨。我们不如投奔别的国家，借他国的力量来雪父亲的耻辱，一起束手待毙是没有作为的。"伍尚说："我知道应召前去也不能保全父亲的性命，可是父亲召我们以求生路而我们不去，以后我若不能报仇雪恨，到头来岂不被天下人耻笑。"他又对伍员说："你可逃走，你可以报杀父之仇，我将安心就死。"伍尚束手就擒，使者又来捕伍子胥。伍子胥挽弓搭箭对着使者。使者不敢上前，伍子胥就乘机逃走了。伍子胥听说太子熊建在宋国，就前去跟随他。伍奢听说伍子胥逃走了，叹息说："楚国君臣将要苦于战争了！"伍尚到了楚国都城，楚王将伍奢和伍尚一起杀死。

【原文】

伍胥既至宋，宋有华氏之乱，乃与太子建俱奔于郑。郑人甚善之。太子建又适晋，晋顷公曰："太子既善郑，郑信太子。太子能为我内应，而我攻其外，灭郑必矣。灭郑而封太子。"太子乃还郑。事未会①，会自私②欲杀其从者，从者知其谋，乃告之于郑。郑定公与子产诛杀太子建。建有子名胜。伍胥惧，乃与胜俱奔吴。

到昭关，昭关欲执之。伍胥遂与胜独身步走，几不得脱。追者在后。至江，江上有一渔父乘船，知伍胥之急，乃渡伍胥。伍胥既渡，解其剑曰："此剑直百金，以与父。"父曰："楚国之法③，得伍胥者赐粟五万石，爵执珪④，岂徒百金剑邪！"不受。伍胥未至吴而疾，止中道，乞食。至于吴，吴王僚方用事⑤，公子光为将。伍胥乃因公子光以求见吴王。

久之，楚平王以其边邑锺离与吴边邑卑梁氏俱蚕，两女子争桑相攻，乃大怒，至于两国举兵相伐。吴使公子光伐楚，拔其锺离、居巢而归。伍子胥说吴王僚曰："楚可破也。原复遣公子光。"公子光谓吴王曰："彼伍胥父兄为戮于楚，而劝王伐楚者，欲以自报其仇耳。伐楚未可破也。"伍胥知公子光有内志⑥，欲杀王而自立，未可说以外事，乃进专诸于公子光，退而与太子建之子胜耕于野。

【注释】

①未会：时机不成熟。会，时机、际会。
②会：适逢、恰巧。自私：个人私事。
③法：指捉拿伍子胥的悬赏规定。
④爵执珪：封给执珪爵位。爵，给予官价、爵位。
⑤用事：执政、当权。
⑥有内志：此处指吴国公子光有从吴王僚手中夺取吴国政权的打算。

【译文】

伍子胥到宋国时，宋国正发生华氏之乱。伍子胥便与太子熊建一起投奔郑国。郑国君臣很客气地接待他们。太子熊建又到了晋国，晋顷公说："太子跟郑国关系很好，郑国很相信太子。太子如果能做我们的内应，我们在外攻打，就一定能灭掉郑国。灭郑后，我们就把这块地方封给太子。"于是，太子熊建又回到郑国。举事的时机尚未成熟时，恰巧太子为了自己的私事要杀掉一个随从，随从知道他们的阴谋，便告诉了郑定公。郑定公与子产将太子熊建杀死。伍子胥很害怕，便与太子熊建的儿子熊胜一起逃奔吴国。

到了昭关时，守关的将士要捉拿伍子胥。伍子胥与熊胜各自步行逃跑，险些不能脱身，官兵在后紧追不舍。到了江边时，江上有位渔翁摇着船，发现伍子胥的情况危急，就渡伍子胥过了江。伍子胥过江后，解下自己的佩剑，说："这把剑价值一百金，把它送给您。"渔翁说："楚国有令，捉到伍子胥的赏五万石粮食，任命为大夫，难道只值一百金的宝剑吗？"他不愿接受。伍子胥还没逃到吴国就生病了。他在中途停下来，乞讨为生。到了吴国，吴王僚刚刚即位执政，公子光做将军。伍子胥便通过公子光的关系求见吴王僚。

过了许久，因为楚国的边城钟离与吴国的边城都养蚕，两地女子为争采桑叶互相争斗，楚平王大发雷霆，以至于两国兴兵交战。吴国派公子光率军讨伐楚国，攻破了楚国的钟离、居巢凯旋。伍子胥劝吴王僚说："楚国可攻破，希望再派公子光率军去。"公子光对吴王僚说："伍子胥的父兄被楚王杀害。他劝大王讨伐楚国是为了报私仇。吴军攻打楚国未必能攻破。"伍子胥知道公子光有野心，想杀掉吴王僚而自立为王，又不能说穿此事，于是就将专诸推荐给公子光，自己退出朝廷与太子熊建的儿子熊胜一起在田野种田为生。

【原文】

五年而楚平王卒。初，平王所夺太子建秦女生子轸，及平王卒，轸竟立为后，是为昭王。吴王僚因楚丧，使二公子①将兵往袭楚。楚发兵绝吴兵之后，不得归。吴国内空②，而公子光乃令专诸袭刺吴王僚而自立，是为吴王阖庐。阖庐既立,得志,乃召伍员以为行人,而与谋国事。

楚诛其大臣郤宛、伯州犁,伯州犁之孙伯嚭亡奔吴,吴亦以嚭为大夫。前王僚所遣二公子将兵伐楚者,道绝不得归。后闻阖庐弑王僚自立,遂以其兵降楚,楚封之于舒。

阖庐立三年,乃兴师与伍胥、伯嚭伐楚,拔舒,遂禽故吴反二将军。因欲至郢,将军孙武曰:"民劳,未可,且待之。"乃归。

四年,吴伐楚,取六与灊③。

五年,伐越,败之。

六年,楚昭王使公子囊瓦将兵伐吴。吴使伍员迎击,大破楚军于豫章,取楚之居巢。

九年,吴王阖庐谓子胥、孙武曰:"始子言郢未可入,今果何如?"二子对曰:"楚将囊瓦贪,而唐、蔡皆怨之。王必欲大伐之,必先得唐、蔡乃可。"

阖庐听之,悉兴师与唐、蔡伐楚,与楚夹汉水而陈。吴王之弟夫概将兵请从,王不听,遂以其属五千人击楚将子常。子常败走,奔郑。于是吴乘胜而前,五战,遂至郢。己卯,楚昭王出奔。庚辰,吴王入郢。

昭王出亡,入云梦;盗击王,王走郧。郧公弟怀曰:"平王杀我父,我杀其子,不亦可乎!"郧公恐其弟杀王,与王奔随。吴兵围随,谓随人曰:"周之子孙在汉川者,楚尽灭之。"随人欲杀王,王子綦匿王,己自为王以当之。随人卜与王于吴,不吉,乃谢吴不与王。

始伍员与申包胥为交,员之亡也,谓包胥曰:"我必覆楚。"包胥曰:"我必存之。"及吴兵入郢,伍子胥求昭王。既不得,乃掘楚平王墓,出其尸,鞭之三百,然后已。申包胥亡于山中,使人谓子胥曰:"子之报仇,其以甚乎!吾闻之,人众者胜天,天定亦能破人。今子故平王之臣,亲北面而事之,今至于僇④死人,此岂其无天道之极乎!"伍子胥曰:"为我谢申包胥曰,吾日莫⑤途远,吾故倒行而逆施之。"于是申包胥走秦告急,求救于秦。秦不许。包胥立于秦廷,昼夜哭,七日七夜不绝其声。秦哀公怜之,曰:"楚虽无道,有臣若是,可无存乎!"乃遣车五百乘救楚击吴。

六月，败吴兵于稷。会吴王久留楚求昭王，而阖庐弟夫概乃亡归，自立为王。阖庐闻之，乃释楚而归，击其弟夫概。夫概败走，遂奔楚。楚昭王见吴有内乱，乃复入郢。封夫概于堂谿，为堂谿氏。楚复与吴战，败吴，吴王乃归。

后二岁，阖庐使太子夫差将兵伐楚，取番。楚惧吴复大来，乃去郢，徙于鄀。当是时，吴以伍子胥、孙武之谋，西破强楚，北威齐晋，南服越人。

【注释】

①二公子：此处指公子掩馀、烛庸。
②内空：军队开赴国外作战，国内空虚。
③灊：读qián，此处指地名。
④僇：通"戮"。
⑤莫：通"暮"，日落的时候。

【译文】

五年后，楚平王死了。当初，楚平王夺太子熊建的秦女生了儿子熊轸，到楚平王死后，熊轸即位称王，即楚昭王。吴王僚趁楚平王死了，派两位公子率军袭击楚国。楚国派兵切断吴军的后路，使吴军不能返回。吴国国内空虚，公子光就派专诸行刺了吴王僚，随后自立为王，即吴王阖庐。阖庐继位后，志得意满，就召伍子胥做官，与他共同谋划国家大事。

楚国诛杀了大臣郤宛和伯州犁。伯州犁的孙子伯嚭逃奔吴国。吴王也任命伯嚭为大夫。先前受吴王僚派遣率兵攻打楚国的两位公子，因退路被切断，不能返回吴国。后听说阖庐杀了吴王僚自立为王，他们就率军投降了楚国。楚王将舒地封给了他们。

阖庐自立为王第三年，就派伍子胥和伯嚭率军攻打楚国，夺取了舒地，并捉拿了当初吴国投降的两位公子。他们本想进兵郢都，但是，将军孙武说："百姓太劳累了，不可进兵，暂且等待时机吧！"他们这才回国去了。

阖庐四年，吴国攻打楚国，夺取了六地和灊地。

阖庐五年，吴国攻打越国，打败了它。

阖庐六年，楚昭王派公子囊瓦率军攻打吴国。吴国派伍子胥率军迎击。伍子胥率军在豫章大败楚军，并夺取了楚国的居巢。

阖庐九年，吴王阖庐对伍子胥和孙武说："原先，你们说郢都不可攻入，现在怎样？"两人回答说："楚国将军囊瓦贪财，唐国和蔡国都怨恨他。大王一定要大举进攻楚国的话，务必先得到唐国和蔡国的帮助才行。"

阖庐听了，调动全部兵力与唐国、蔡国共同攻打楚国，与楚军在汉水两岸列兵对阵。阖庐弟弟夫概请求率兵跟随出征。阖庐不听，夫概便带领自己的部下五千人袭击楚国将军子常。子常大败而逃，投奔了郑国。于是，阖庐率军乘胜前进，与楚军五次交战后，攻入了郢都。当天，楚昭王出逃。第二天，阖庐率军进驻郢都。

楚昭王出逃，进入了云梦泽。楚昭王遭到了盗贼袭击，又逃到了郧地。郧公弟弟斗怀说："楚平王杀死了我父亲，我杀死他儿子，不也可以吗？"郧公担心他弟弟杀害楚昭王，就与楚昭王一起投奔随地。吴军包围了随地后，对随人说："周王室在汉水流域的子孙全被楚国杀尽了。"随国人想杀楚昭王。王子綦将楚昭王藏起来，自己装扮成楚昭王来对付他们。随国人对是否把楚昭王交给吴国占了一卦，结果不吉利，就谢绝吴国，没有交出楚昭王。

当初，伍子胥与申包胥是好朋友。伍子胥逃跑时，对申包胥说："我一定要毁灭楚国。"申包胥说："我一定要挽救楚国。"等到吴军攻进郢都时，伍子胥寻找楚昭王，没找到，就掘开了楚平王的坟墓，挖出尸体，抽打了三百鞭才罢休。申包胥逃到了山中，派人对伍子胥说："你报仇的手段太过分了吧！我听说，人多能战胜天，但天降怒也能毁灭人。你曾是楚平王的臣子，亲自拱手称臣事奉过他，如今竟至侮辱死人，这难道不是违背天理到了极点吗？"伍子胥对使者说："替我谢谢申包胥，说我就像太阳快落山了但路途还很遥远一样，因此我要倒行逆施。"于是，申包胥逃到秦国告急，向秦王求救。秦王不答应，申包胥就站在秦王殿上昼夜痛哭，七天七夜，哀声不绝。

秦哀公可怜他，说："楚王虽残暴，但有像你这样的臣子，我怎能不拯救楚国呢？"秦哀公便派了五百辆兵车前去救楚国，攻打吴国。

六月，秦军在稷地打败吴军。适逢吴王阖庐久留楚国搜寻楚昭王，阖庐弟弟夫概趁机逃回了吴国，自立为吴王。阖庐听到这个消息，便放弃楚国，返回吴国，率军攻打他弟弟夫概。夫概被打败，就逃奔到了楚国。

楚昭王见吴国发生内乱，便重返郢都，将堂谿封给夫概称作堂谿氏。楚国又与吴国交战，打败吴国。吴王阖庐就撤军回去了。

两年后，阖庐派太子夫差率军攻打楚国，夺取番地。楚国害怕吴国再次大兵压境，就离开郢都，迁都到鄀城。此时，吴王阖庐采用伍子胥和孙武的计策，向西边攻占了楚国的疆土，向北边威镇齐国和晋国，向南边收服了越国人，国力达到了鼎盛时期。

【原文】

其后四年，孔子相鲁。

后五年，伐越。越王句践迎击，败吴于姑苏，伤阖庐指，军却①。阖庐病创将死，谓太子夫差曰："尔忘句践杀尔父乎？"夫差对曰："不敢忘。"是夕，阖庐死。夫差既立为王，以伯嚭为太宰，习战射。二年后伐越，败越于夫湫。越王句践乃以余兵五千人栖于会稽之上，使大夫种厚币遗吴太宰嚭以请和②，求委国为臣妾③。吴王将许之。伍子胥谏曰："越王为人能辛苦。今王不灭，后必悔之。"吴王不听，用太宰嚭计，与越平④。

其后五年，而吴王闻齐景公死而大臣争宠，新君弱，乃兴师北伐齐。伍子胥谏曰："句践食不重味⑤，吊死问疾⑥，且欲有所用之也。此人不死，必为吴患。今吴之有越，犹人之有腹心疾也。而王不先越而乃务齐，不亦谬乎！"吴王不听，伐齐，大败齐师于艾陵，遂威邹鲁之君以归。益疏子胥之谋。

【注释】

①却：退却、撤军。

②遗：此处指贿赂、收买。厚币：贵重礼物。币，原指用作礼物的丝织

品，后泛指用作礼物的玉、马、皮、帛等。

③委国为臣妾：把国家政权托付吴国，甘心做吴国的奴仆。

④平：讲和、媾和。

⑤食不重味：用餐时不吃两道荤菜。

⑥吊死问疾：哀悼死去的，慰问有病的。

【译文】

此后第四年，孔子出任鲁国国相。

又过了五年，吴国攻打越国。越王句践率兵迎战，在姑苏打败了吴军，击伤了阖庐的脚趾。吴军被迫退却。阖庐的创伤恶化。临死前，他对太子夫差说："你忘得了句践杀死你父亲吗？"夫差回答说："不敢忘记。"当晚，阖庐死去。夫差即位称王，任伯嚭做太宰，负责训练兵士。两年后，吴国攻打越国，在夫湫打败了越国。越王句践只得率残兵五千人退守到会稽山上。他派遣大夫文种携带重金贿赂吴国太宰伯嚭，请求讲和，声称把国家交付给吴国，自己称臣。吴王夫差正要答应越王句践的要求时，伍子胥劝阻说："越王为人能吃苦耐劳，现在您不消灭他，以后一定会后悔的。"吴王夫差不听，采纳了太宰伯嚭的意见，与越国和平共处。

又过了五年，吴王夫差听说齐景公死了，大臣纷纷争权夺利，新君王怯弱，就兴师向北攻打齐国。伍子胥劝阻说："句践吃饭不吃两样菜，吊唁死者，探望病者，是想有所作为的表现。这个人不死，一定会成为吴国祸患。现在，吴国有越国存在，就像人有心腹之患。可是，大王不先灭掉越国而去攻打齐国，不也是错误的吗？"吴王夫差不听，仍下令吴军攻打齐国。吴军在艾陵把齐军打得大败，也震慑了邹国和鲁国国君，之后回到吴国。从此，夫差从此就更加听不进伍子胥的计谋了。

【原文】

其后四年，吴王将北伐齐，越王句践用子贡之谋，乃率其众以助吴，而重宝以献遗太宰嚭。太宰嚭既数受越赂，其爱信越殊甚，日夜为言于吴王。吴王信用嚭之计。伍子胥谏曰："夫越，腹心之病，今信其浮辞①诈伪而贪齐。破齐，譬犹石田，无所用之。且《盘庚之诰②》曰：'有颠越不恭，劓殄灭之，俾无遗育，无使易种于兹邑。'此商之所以兴。愿王释齐而先越；若不然，后将悔之无及。"而吴王不听，使子胥于齐。

子胥临行，谓其子曰："吾数谏王，王不用，吾今见吴之亡矣。汝与吴俱亡，无益也。"乃属其子于齐鲍牧，而还报吴。

吴太宰嚭既与子胥有隙，因谗曰："子胥为人刚暴，少恩，猜贼③，其怨望恐为深祸也。前日王欲伐齐，子胥以为不可，王卒伐之而有大功。子胥耻其计谋不用，乃反怨望。而今王又复伐齐，子胥专愎④强谏，沮毁用事⑤，徒幸吴之败以自胜其计谋耳。今王自行，悉国中武力以伐齐，而子胥谏不用，因辍谢⑥，详病不行。王不可不备，此起祸不难。且嚭使人微伺之⑦，其使于齐也，乃属其子于齐之鲍氏。夫为人臣，内不得意，外倚诸侯，自以为先王之谋臣，今不见用，常鞅鞅⑧怨望。原王早图之。"吴王曰："微子之言，吾亦疑之。"乃使使赐伍子胥属镂之剑，曰："子以此死。"伍子胥仰天叹曰："嗟乎！谗臣嚭为乱矣，王乃反诛我。我令若父霸。自若未立时，诸公子争立，我以死争之于先王，几不得立。若既得立，欲分吴国予我，我顾不敢望也。然今若听谀臣言以杀长者。"乃告其舍人曰："必树吾墓上以梓，令可以为器；而抉吾眼县吴东门之上，以观越寇之入灭吴也。"乃自刭死。

吴王闻之大怒，乃取子胥尸盛以鸱夷⑨革，浮之江中。吴人怜之，为立祠于江上，因命曰胥山。

【注释】

①辞：虚饰浮夸的话。

②诰：用于告诫、勉励的文书或者命令。

③猜贼：凶狠残暴。

④专愎：刚愎，独断固执。愎，任性、固执。

⑤沮：败坏、毁坏。毁：毁谤、诋毁。

⑥辍谢：找托辞而中止手中的事。

⑦微伺：此处指暗中探察。

⑧鞅鞅：通"怏怏"，此处是因不满而郁郁不乐的意思。

⑨鸱夷：皮革袋子。

【译文】

过了四年，吴王夫差又准备出兵向北攻打齐国。越王句践采用子贡的计谋，就率领越国军队去帮助吴军，又把贵重宝物献给太宰伯嚭。太宰伯嚭已多次接受了越国的贿赂，特别喜欢并信任越国，不分昼夜地在吴王夫差面前说越王的好话。吴王夫差信任并采用了伯嚭的计谋。伍子胥规劝夫差说："越王句践是心腹之患，现在听信那些花言巧语而贪图攻打齐国，即使攻克了齐国，也如同占领了一块石头地，没有什么实际收益。况且《盘庚之诰》上说：'有破坏礼法、不恭上命的，要彻底消灭他们，使他们不能留下后代，不能让他们在这里生长。'这就是商朝昌盛的缘故。希望大王放弃进攻齐国的决定，先攻打越国。如果不这样做，您以后将后悔莫及。"但是，吴王夫差不听，并派伍子胥出使齐国。

伍子胥临行前对他的儿子说："我多次规劝大王，大王不采纳我的意见，我现在已看到了吴国的末日。你与吴国一起灭亡，没有好处啊！"于是，伍子胥将他儿子托付给了齐国的鲍牧，然后返回吴国，向吴王汇报出使情况。

吴国太宰伯嚭已与伍子胥不和，趁机在吴王夫差面前诋毁伍子胥，说："伍子胥为人刚烈残暴，不讲交情，喜欢猜忌。他的怨恨恐怕会酿成大祸。前些时候，大王要发兵攻打齐国，伍子胥认为不行。大王最终攻打了齐国并大获全胜。伍子胥对他的计谋没被采用感到耻辱，因而心生怨恨。现在，大王又要攻打齐国，伍子胥专横执拗，强行谏阻，又败坏毁谤大王进兵齐国的事业。这只不过是希望吴国战败,以此来证明他的计谋高明罢了。如今,大王亲自出征,倾国内全部兵力攻打齐国,而伍子胥因意见未被采纳,他闭门谢客,装病不愿前往。大王不能不防啊!这种情况产生大灾祸是不难的。况且,我派人暗中探察过,他出使齐国时,将儿子托付给了齐国的鲍牧。作为臣子,他在朝内不顺心,在外倚靠别国诸侯。他自认为是先王的谋臣,如今不被重用,经常快快不乐而心生怨恨。希望大王趁早处置他。"吴王夫差说:"没有你这番话,我也怀疑他。"于是,吴国夫差就派使臣赐给伍子胥属镂宝剑,命令他:"你用这把剑结束生命吧!"伍子胥仰天长叹:"唉!奸佞臣子伯嚭作乱,大王反而杀我。我使你父亲称霸诸侯。在你还未被立为太子的时候,几位公子都争立为太子,我向先王冒死力争,你才得以即位。你被立为太子后,想将吴国分一半给我,但我并不敢有这种奢望。可是,如今你竟听信奸佞小人的谗言而杀害长辈。"于是,伍子胥嘱咐他的门客,说:"一定在我的坟上栽上梓树,使它长大能做棺材。将我的眼睛挖出来,悬挂在吴国东门上,我好亲眼看到越国人入侵并毁灭吴国。"说完,伍子胥自刎而死。

    吴王夫差听说伍子胥临死前的话后,大发雷霆,下令将伍子胥的尸体用皮袋子装起来,抛到长江中,任其漂浮。吴国人同情伍子胥,就在江边建起了一座祠庙,命名为"胥山"。

【编后语】

    《伍子胥列传》是《史记》中的列传第六,以吴国、楚国为主,兼涉鲁国、晋国、郑国、秦国诸多国家,诸多重大历史事件;以伍子胥为主,又兼涉太子建、白公胜、太宰嚭、申包胥、夫概等诸多人物,而仇恨是这一系列事件的主线。仇恨能激励人奋发,但仇恨也能使人失去应有的理智,因而在本列传最后司马迁说"怨毒之于人甚矣哉"。因此,本篇不仅记录了春秋时最典型的报仇事件,还具有警示后人不要助长"怨毒"的作用。

商君列传

【原文】

商君者,卫之诸庶孽公子也,名鞅,姓公孙氏,其祖本姬姓也。

鞅少好刑名之学①,事魏相公叔座为中庶子。公孙座知其贤,未及进。会座病,魏惠王亲往问病,曰:"公叔病有如不可讳②,将奈社稷③何?"公叔曰:"座之中庶子公孙鞅,年虽少,有奇才,愿王举国而听之。"王嘿然。王且去,座屏人言曰:"王即不听用鞅,必杀之,无令出境。"王许诺而去。公叔座召鞅谢曰:"今者王问可以为相者,我言若,王色不许我。我方先君后臣,因谓王即弗用鞅,当杀之。王许我。汝可疾去矣,且见禽。"鞅曰:"彼王不能用君之言任臣,又安能用君之言杀臣乎?"卒不去。惠王既去,而谓左右曰:"公叔病甚,悲乎,欲令寡人以国听公孙鞅也,岂不悖哉!"

公叔既死,公孙鞅闻秦孝公下令国中求贤者,将修缪公之业④,东复侵地⑤,乃遂西入秦,因孝公宠臣景监以求见孝公。

孝公既见卫鞅,语事良久,孝公时时睡,弗听。罢而孝公怒景监曰:"子之客妄人耳,安足用邪!"景监以让卫鞅,卫鞅曰:"吾说公以帝道,其志不开悟矣。"

后五日,复求见鞅。鞅复见孝公,益愈⑥,然而未中旨⑦。罢而孝公复让景监,景监亦让鞅。鞅曰:"吾说公以王道⑧而未入也。请复见鞅。"鞅复见孝公,孝公善之而未用也。

罢而去。孝公谓景监曰:"汝客善,可与语矣。"鞅曰:"吾说公以霸道⑨,其意欲用之矣。诚复见我,我知之矣。"

卫鞅复见孝公。公与语,不自知膝之前于席也⑩。语数日不厌。景监曰:

"子何以中吾君，吾君之欢甚也。"鞅曰："吾说君以帝王之道比三代，而君曰：'久远，吾不能待。且贤君者，各及其身显名天下，安能邑邑待数十百年以成帝王乎？'故吾以强国之术说君，君大说之耳。然亦难以比德于殷周矣。"

【注释】

①刑名之学：战国时，以申不害为代表的法家一派，主张循名责实，以推行法治，强化上下关系。刑，通"形"，指形体或事实；名，指言论或主张。

②有如不可讳：倘有不测。不可讳，亦作不讳，死亡的婉转说法。讳，忌讳、隐瞒。

③社稷：国家政权的代称。社，土地神。稷，谷神。

④缪公之业：缪公即秦穆公，此处指秦穆公修德行武，开拓疆土，争霸诸侯的事业。

⑤东复侵地：向东收复了被侵占的土地。侵地，指原属晋国的河西地区。

⑥益愈：反复前日之论，稍加修正，由帝道渐入王道。

⑦未中旨：未能与秦孝公的心意相合。

⑧王道：即三王之道。指夏禹、商汤、周文王以及周武王之道。

⑨霸道：即五霸之道，即指以尊王攘夷为号召的齐桓公、晋文公之道。

⑩膝之前于席：身上跪在席子上向前膝行。古人席地而坐，膝盖挨着席子。

【译文】

商君是卫国公室庶出的公子，名鞅，姓公孙，他的祖先本来姓姬。

公孙鞅从小就爱好刑名之学，在魏相公叔座家中任中庶子。公叔座知道他贤能，但还未来得及向魏惠王推荐。恰遇公叔座病了，魏惠王亲自前去探病，说："你的病万一有意外的话，这个国家该怎么办呢？"公叔座说："我的中庶子公孙鞅，虽然年轻，但有奇才，希望大王把国家大事交给他来处理。"魏惠王沉默不答。魏惠王将要离开时，公叔座屏退众人，对他说："大王如果不重用公孙鞅，那就一定要杀了他，不能让他离开魏国。"魏惠王答应后离开了。公叔座就召来公孙鞅，谢罪说："今天大王问我谁可以继任为国相，我推荐了你。从大王的神色中看，他没有认可我的推荐。我当时按先君后臣的原则，因此对大王说假如不用公孙鞅，就杀了他。大王答应了。你赶快离开，否则将被擒。"公孙鞅说："大王既然不听你的话任用我，又怎么会因你的话来杀我呢？"最终，公孙鞅没有逃走。魏惠王回去后，对他的左右说："公叔座病得太厉害了！真可悲啊，他想让我把国家大事交给公孙鞅处理，难道不荒谬吗？"

公叔座死后，公孙鞅听说秦孝公下令在天下征用贤能的人，准备重振秦穆公的业绩，向东收复被侵占的土地，就向西进入秦国，并通过秦孝公的宠臣景监求见秦孝公。

秦孝公见到公孙鞅，与他谈论了很久。秦孝公时不时地打瞌睡，听不进去。公孙鞅走后，秦孝公生气地对景监说："你的客人是个狂妄的人，怎么能够任用呢？"景监也因此责备公孙鞅。公孙鞅说："我与孝公说帝道，但他的心志并不开悟啊！希望你在五日之后再引荐我。"

公孙鞅再次见到秦孝公，谈的时间更久，但还是未中秦孝公的心意。公孙鞅走后秦孝公再次责备景监。景监也因此责备公孙鞅。公孙鞅说："我与孝公说王道，未中他的心意，请让孝公再次见我。"公孙鞅再次见秦孝公。秦孝公认为他说得对，但没有任用他。公孙鞅走后，秦孝公对景监说："你的客人很好，可以与他谈论事情。"公孙鞅说："我与孝公说霸道，孝公内心里是想实施霸道的。他肯定会再次见我。这我是知道的。"

公孙鞅又一次见到了秦孝公，秦孝公与他谈话，不知不觉地把膝盖挪到了席前。他们谈了好几天，都不觉厌倦。景监说："你是用什么说中国君的心意的？国君现在高兴得很。"公孙鞅说："我与国君说帝王之道，并拿尧舜禹的例子来说明。然而，国君说：'太久远了，我不能等。况且贤明的君主，都是在他在位时就扬名天下，怎么能默默地等待几十上百年后才成就帝王之业呢？'所以，我就与国君谈强国之术。国君对此十分喜欢。但这样就很难与商、周的德行相比了。"

【原文】

孝公既用卫鞅,鞅欲变法,恐天下议己。卫鞅曰:"疑行无名,疑事无功。且夫有高人之行者,固见非于世;有独知之虑者,必见敖①于民。愚者暗于成事,知者见于未萌。民不可与虑始而可与乐成。论至德者不和于俗,成大功者不谋于众。是以圣人苟可以强国,不法其故;苟可以利民,不循其礼。"孝公曰:"善。"甘龙曰:"不然。圣人不易民而教,知者不变法而治。因民而教,不劳而成功;缘法而治者,吏习而民安之。"卫鞅曰:"龙之所言,世俗之言也。常人安于故俗,学者溺于所闻。以此两者居官守法可也,非所与论于法之外也。三代不同礼而王,五伯不同法而霸。智者作法,愚者制焉;贤者更礼,不肖者拘焉。"杜挚曰:"利不百,不变法;功不十,不易器。法古无过,循礼无邪。"卫鞅曰:"治世不一道,便国不法古。故汤武不循古而王,夏殷不易礼而亡。反古者不可非,而循礼者不足多。"孝公曰:"善。"以卫鞅为左庶长,卒定变法之令。

令民为什五,而相牧司②连坐。不告奸者腰斩,告奸者与斩敌首同赏。匿奸者与降敌同罚。民有二男以上不分异者③,倍其赋。有军功者,各以率受上爵;为私斗者,各以轻重被刑大小。僇力本业④,耕织致粟帛多者复其身。事末利⑤及怠而贫者,举以为收孥⑥。宗室非有军功论,不得为属籍。明尊卑爵秩等级,各以差次名田宅,臣妾衣服以家次。有功者显荣,无功者虽富无所芬华。

令既具,未布,恐民之不信,已乃立三丈之木于国都市南门⑦,募民有能徙置北门者予十金。民怪之,莫敢徙。复曰"能徙者予五十金"。有一人徙之,辄予五十金,以明不欺。卒下令。

令行于民期年,秦民之国都言初令之不便者以千数。于是太子犯法。卫鞅曰:"法之不行,自上犯之。"将法太子。太子,君嗣也,不可施刑,刑其傅公子虔,黥⑧其师公孙贾。明日,秦人皆趋令⑨。行之十年,秦民大说,道不拾遗，山无盗贼，家给人足。民勇于公战，怯于私斗，乡邑大治。秦民初言令不便者有来言令便者，卫鞅曰："此皆乱化之民也。"尽迁之于边城。其后民莫敢议令。

于是以鞅为大良造，将兵围魏安邑，降之。

居三年，作为筑冀阙⑩宫庭于咸阳，秦自雍徙都之。而令民父子兄弟同室内息者为禁。而集小乡邑聚为县，置令、丞，凡三十一县。为田开阡陌封疆⑪，而赋税平。平斗桶权衡丈尺。

行之四年，公子虔复犯约，劓之。

居五年，秦人富强，天子致胙于孝公，诸侯毕贺。

其明年，齐败魏兵于马陵，虏其太子申，杀将军庞涓。

其明年，卫鞅说孝公曰："秦之与魏，譬若人之有腹心疾，非魏并秦，秦即并魏。何者？魏居岭厄之西，都安邑，与秦界河而独擅山东之利。利则西侵秦，病则东收地。今以君之贤圣，国赖以盛。而魏往年大破于齐，诸侯畔之，可因此时伐魏。魏不支秦，必东徙。东徙，秦据河山之固，东乡以制诸侯，此帝王之业也。"孝公以为然，使卫鞅将而伐魏。

魏使公子卬将而击之。军既相距，卫鞅遗魏将公子卬书曰："吾始与公子欢，今俱为两国将，不忍相攻，可与公子面相见，盟，乐饮而罢兵，以安秦、魏。"魏公子卬以为然。

会盟已，饮，而卫鞅伏甲士而袭虏魏公子卬，因攻其军，尽破之以归秦。

魏惠王兵数破于齐秦，国内空，日以削，恐，乃使使割河西之地献于秦以和。而魏遂去安邑，徙都大梁。梁惠王曰："寡人恨不用公叔座之言也。"卫鞅既破魏还，秦封之於、商十五邑，号为商君。

【注释】

①敖：这里指诋毁。

②牧司：相互检举监督。连坐：一人犯法，其他人连带治罪。坐，因……犯罪。

③分异：分家另过。此处是指为了繁殖人口和发展生产分家。

④僇力：读lù lì，合力、尽力。

⑤事末利：从事工商业。末，非根本，不重要的事物。古代以农业为本，以工商业为末。

⑥孥：奴。

⑦国都市南门：指都城后边市场南门。古代国都建制，前朝后市，左祖右社。

⑧黥：即墨刑，指用刀在面额上刺字，再涂以墨。

⑨趋令：指遵照新法执行。

⑩冀阙：古代宫廷外公布法令的门阙。冀，记，出列教令，当记于门阙。

⑪阡陌：纵横交错的田界。南北叫阡，东西称陌。封：聚土作为标志。疆：划定疆界。

【译文】

秦孝公任用公孙鞅后，想实行变法，但秦孝公怕天下人非议他。公孙鞅说："修养德行如果犹豫不定就不会干出有名的事，做事情如果犹豫不定就不可能成功。况且，那种超出常人的行为，本来就是世人所不赞同的；有独到见解的计谋，必为平庸的人所诋毁。愚笨的人对别人已做成功的事也不明白，聪明人在事情还未萌发时就已预见到。老百姓不能在事情刚开始时就与他们一起谋划，但可与他们一起享受成功的快乐。讲求高尚道德的人不去迎合世俗，成就大功业的人不与普通人一起商量。所以，圣人假如能使国家强盛，就不必效法旧的制度；只要能对老百姓有利，就可以不循旧礼。"秦孝公说："对。"甘龙说："不对。圣人是不变易民俗来实施教化的，智者不会通过变法来治理国家。顺着已有民俗实施教化，不费力气而自然成功；根据原有法律来治国，官吏们很熟悉，百姓们也能安心。"公孙鞅说："甘龙所说的是世俗之言。普通人安于已有习俗，学者们沉溺于自己听说的道理。按甘龙所说的那两条居官守法是可以的，但不可以跟他谈论常法之外的其他东西。三代的礼不同，但都称王天下；五霸的法律不同，但他们都称霸天下。聪明的人制定法度，愚笨的人受法度制约；贤能的人更改礼俗，不贤能的人为礼俗所拘。"杜挚说："不能带来一百倍的利益，不去变法；不能带来十倍的功用，就不改制器物。效法古代制度不会有过失，遵循已有礼俗不会走上歪道。"公孙鞅说："治理国家不只用一种方法，对国家有便利的，就不必效法古制。所以，商汤和周武王不遵循古制而称王天下，夏桀和商纣王不更改礼俗而灭亡。反对古制的不应被否定，遵循旧礼俗的也不值得称赞。"秦孝公说："对。"他任命公孙鞅为左庶长，最终定下了变法的命令。

新法规定老百姓十家为什，五家为伍，一家违法，九家告发，否则就都有罪。不告发奸恶的人受腰斩之刑，告发奸恶的人能获得与砍下敌人首级一样的赏赐，藏匿奸恶的要受到与投降敌人一样的惩罚。百姓家有两位男丁以上却不分开另立门户的，加倍收他们的赋税；立有战功的，各按其功劳大小享受爵禄。为了私利斗殴的，各按情节轻重决定刑罚的轻重。新法鼓励人们致力于自己的职业，因为耕种纺织而奉献粟帛多的，免除他的徭役。对由于经商或因为懒惰而变穷的，全部编为官府的奴隶。即使是宗室之人，没有军功的，也不得列入贵族名册。明确尊卑爵禄的秩序等级，各按等级占有土地、房屋，家臣与侍妾的衣服也按等级而有不同。有功劳的人就显达、荣耀，没有功劳的人即使很富也没什么社会地位。

法令已经拟就，但还未公布。他们恐怕老百姓不信新法，就在国都市场的南门竖起一根三丈长的木头，招募老百姓：只要有人能把它搬到北门，就给他十金。老百姓都觉很奇怪，没人敢上前去搬。于是，公孙鞅又说："谁能搬到北门就给他五十金。"终于，有一个人前来搬运。公孙鞅就给了他五十金，借此表明说话算数。之后，秦孝公才颁布法令。

法令在民间实行了一年时，到国都来说新法令不方便的秦国老百姓数以千计。此时，太子触犯了新法。公孙鞅说："新法之所以不能很好地实行，是因为在上位的人触犯了它。"他准备依法处置太子。太子是国君的继承人，不可对他施刑。公孙鞅就对太傅公子虔施刑，太子的老师公孙贾也受脸部刺字之刑。第二天，秦国人都按法令行事了。

新法实行了十年后,秦国老百姓都十分高兴,路上掉的东西没有人捡,山中没有盗贼,家家富裕,人人自足。老百姓勇敢地为国而战,不敢私下斗殴,乡村城镇都得到很好的治理。秦国当初那些说法令不便的人有的也来说法令方便了。公孙鞅说:"这些都是扰乱教化的人。"秦孝公把他们全部迁到边境城镇。从此以后,老百姓再也不敢议论法令。

于是,秦孝公任命公孙鞅为大良造,派他带兵包围了魏国安邑,并打败了那里的魏兵。

过了三年,秦孝公在咸阳建筑门阙、宫廷,把秦都从雍迁到咸阳,且下令禁止老百姓父子兄弟在同一室中居住,又把小的乡村聚集在一起,成立县,设置县令、县丞,共有三十一个县。开挖掉原来的田界扩大耕地面积,而且公平赋税。统一了度量衡。

过了四年,公子虔又犯了法,公孙鞅处之以割鼻之刑。

过了五年,秦国老百姓十分富强。周天子把祭神的肉赐给秦孝公,诸侯都来庆贺。

第二年,齐军在马陵打败了魏军,俘虏了魏国太子申,杀掉了魏将军庞涓。

又过了一年,公孙鞅对秦孝公说:"秦国与魏国之间,就好比一个人患有腹心之病,不是魏国兼并秦国,就是秦国兼并魏国。为什么呢?魏国处于山岭险要的西边,在安邑建都,与秦国隔河为界,而山东边的利益它单独拥有。有利时,它可以向西侵略秦国;不利时,它可以向东扩展土地。现在,因为国君圣贤,秦国赖以强盛。魏国去年大败于齐国,诸侯都背叛它,秦国可以趁这个时候讨伐魏国。魏国抵挡不了秦国的进攻,必定往东迁徙。一旦魏国东迁,秦国就可以占据险固的黄河、崤山,向东控制诸侯。这是帝王的大业。"秦孝公认为很对,便派公孙鞅率兵攻打魏国。

魏国派公子卬率军截击秦军。两军对峙,公孙鞅写信给魏公子卬说:"我当初与公子关系很好,现在各为两国的将领,我不忍心互相攻击,可以与公子会面,结盟,痛饮一场后罢兵,以使秦魏两国相安。"魏公子卬认为这样做很好。

等到会盟结束，大家一起饮酒。公孙鞅埋伏的甲士袭击并俘虏了魏公子卬。公孙鞅接着率军攻打魏军，全歼魏军后才撤军回到秦国。

魏惠王因为自己的军队多次被齐国和秦国打败，国内十分空虚，国力一天天削弱，十分害怕，就派使者把黄河以西的土地割让给秦国以求和。魏国于是从安邑迁都到了大梁。魏惠王说："我十分悔恨当初不听公孙座的话。"公孙鞅打败魏军回国后，秦国把於、商的十五个城邑封给他，并封他为商君。

【编后语】

跳过《仲尼弟子列传》，《史记》中第八篇列传是《商君列传》，这是春秋历史中无论如何都绕不过去的一段历史。本篇选取了商鞅的身世以及其变法的丰功伟绩，省略了商鞅被车裂以及司马迁对其的评论，是了解春秋时"商鞅变法"必读的文字。

苏秦列传

【原文】

苏秦者，东周雒阳人也。东事师于齐，而习之于鬼谷先生。

出游数岁，大困而归。兄弟嫂妹妻妾窃皆笑之，曰："周人之俗，治产业，力工商，逐什二①以为务。今子释本而事口舌，困，不亦宜乎！"

苏秦闻之而惭，自伤，乃闭室不出，出其书遍观之。曰："夫士业已屈首受书，而不能以取尊荣，虽多亦奚以为！"于是得周书《阴符》②，伏而读之。期年，以出揣摩③，曰："此可以说当世之君矣。"求说周显王。显王左右素习知苏秦，皆少之，弗信。

乃西至秦。秦孝公卒。说惠王曰："秦四塞之国④，被山带渭⑤，东有关、河，西有汉中，南有巴、蜀，北有代马，此天府也。以秦士民之众，兵法之教，可以吞天下，称帝而治。"秦王曰："毛羽未成，不可以高蜚；文理未明，不可以并兼。"方诛商鞅，疾辩士，弗用⑥。

乃东之赵。赵肃侯令其弟成为相，号奉阳君。奉阳君弗说⑦之。

【注释】

①逐什二：从事工商业获得十分之二的利润。

②《阴符》：即《阴符经》，古兵书名，已佚。今传本《阴符经》旧题黄帝撰，有太公、范蠡、鬼谷子、张良、诸葛亮、李筌六家注。

③揣摩：此指悉心求其真意，以相比合。

④四塞之国：秦国四面有山关之固，地势险要，可为屏障，所以叫四塞之国。

⑤被山带渭：指秦国被群山所环抱，中有渭水流过。被，通"披"。带，带子，指流经、穿过的意思。

⑥文理：指国家大政方针策略。文，礼乐制度。理，道理法则。疾：憎恶、忌恨。辩士：善于游说的人。

⑦说：同"悦"。

【译文】

苏秦是东周洛阳人。他往东到齐国求师，在鬼谷子门下学习。

在外游历了几年，苏秦十分困窘地回到了家里。他的兄长、弟弟、嫂子、妹妹、妻妾私下里都笑话他，说："周朝人的习俗是经营产业，从事工商业，以谋取十分之二的利益为目标。现在，你放弃本来应该做的事而以口舌为业。遇到困难，不也是应该的嘛！"

苏秦听后感到十分惭愧，而且暗自伤心，于是，他闭门不出，将所藏之书通览一遍。他说："一个读书人已经埋头苦读，仍不能凭此获取尊荣之位，即使书读得再多又有什么用呢！"于是，他找到一本《阴符经》，埋头而读。过了一年，他有了不少揣摩君主心思的心得，说："可以用它去游说当今世上的国君了。"他请求向周显王游说。周显王身边的人向来对苏秦很熟悉，都看不起他，不信任他。

苏秦就向西到了秦国。当时，秦孝公已死。苏秦对秦惠王说："秦国是一个四面山关险固的国家，背靠华山，渭河绕境，东边有函谷关、黄河，西面有汉中，南面有巴、蜀，北面有代郡和马邑，这真是天府之国。凭借秦国众多的士兵和百姓，兵法的普及教化，可以吞并天下，称帝而治理。"秦惠王说："羽翼还未丰满时，就不可以高飞；国家的大政方针还未清明，就不能去兼并别的国家。"秦惠王当时刚刚诛杀了公孙鞅，对论辩之士很是痛恨，所以没有任用苏秦。

苏秦于是向东到了赵国。当时赵肃侯任命他的弟弟赵成为相，号为奉阳君。奉阳君不喜欢苏秦。

【原文】

去游燕，岁馀而后得见。说燕文侯曰："燕东有朝鲜、辽东，北有林胡、楼烦，西有云中、九原，南有滹沱、易水，地方①二千馀里，带甲数十万，车六百乘，骑六千匹，粟支数年。南有碣石、雁门之饶，北有枣栗之利，民虽不佃作而足于枣栗矣。此所谓天府者也。

夫安乐无事，不见覆军杀将，无过燕者。大王知其所以然乎？夫燕之所以不犯寇被甲兵者②，以赵之为蔽其南也。秦、赵五战，秦再胜而赵三胜。秦赵相毙③，而王以全燕制其后，此燕之所以不犯寇也。且夫秦之攻燕也，逾云中、九原，过代、上谷，弥地数千里，虽得燕城，秦计固不能守也。秦之不能害燕亦明矣。今赵之攻燕也，发号出令，不至十日而数十万之军军于东垣矣。渡滹沱，涉易水，不至四五日而距国都矣。故曰秦之攻燕也，战于千里之外；赵之攻燕也，战于百里之内。夫不忧百里之患而重千里之外，计无过于此者。是故愿大王与赵从亲④，天下为一，则燕国必无患矣。"

文侯曰："子言则可，然吾国小，西迫强赵，南近齐，齐、赵强国也。子必欲合从以安燕，寡人请以国从⑤。"

【注释】

①地方：纵横面积。

②不犯寇：不被敌人侵犯。被甲兵：此处指遭受战祸。被，遭、受。甲，铠甲。兵，武器。甲兵，代指战争。

③相毙：相互残杀，彼此灭亡。毙，灭亡。此处指秦赵互相杀伤，互相削弱。

④从亲：指齐国、楚国、燕国、赵国、韩国、魏国等形成南北统一联盟，对抗强秦。从，通"纵"。

⑤国从：倾国相从。从，相从，听从安排。

【译文】

离开赵国后，苏秦又到了燕国。过了一年多，他才得以见到燕国国君。苏秦对燕文侯说："燕国的东面有朝鲜、辽东，北面有林胡、楼烦，西面有云中、九原，南面有滹沱、易水，方圆两千多里土地，几十万战士，六百辆战车，六百匹战马，储存的粮食足够支用好几年。南部有丰饶的碣石、雁门，北部可收获红枣和板栗，老百姓即使不耕作，光是红枣和板栗的收入就足够了。这是人们所说的天然府库。

"国内平安无事，看不见军队覆灭和将领被杀的场景，这方面没有一个国家比得过燕国的。大王知道这是为什么吗？燕国之所以没有战事，是因为有赵国挡在它的南面。秦国和赵国之间打过五次仗，秦国胜了两次，赵国胜了三次，秦国和赵国都受到了损害，而大王却凭借着完好的燕国之势在背后制约着它们，这就是燕国没有遭到别国入侵的原因。况且，秦国要打燕国的话，要逾越云中、九原，要经过代和上谷，里程几千里，即使得到了燕国的城池，秦国也根本无法守住。秦国不能侵害燕国的道理也很明显了。如果赵国要攻打燕国，只要发出号令，不到十天，数十万赵军就可以到东垣驻扎了。渡过滹沱河，涉过易水，不到四五天就可以到达燕国国都了。所以说，假如秦国攻打燕国，是战于千里之外；赵国攻打燕国，是战于百里之内。对百里内的忧患不加考虑而看重千里之外的忧患，没有比这更错误的计谋了。所以，我希望大王能与赵国亲善，天下各国连为一体，燕国就一定没有忧患了。"

燕文侯说："你的话是对的，只是我们的国家很小，西边为强大的赵国胁迫，南边靠近齐国，齐国和赵国都是强国。你如果一定要以合纵之策来使燕国安定，我愿倾国相从。"

【原文】

于是资苏秦车马金帛以至赵。而奉阳君已死，即因说赵肃侯曰："天下卿相人臣及布衣之士①，皆高贤君之行义，皆愿奉教陈忠于前之日久矣。虽然，奉阳君妒而君不任事，是以宾客游士莫敢自尽于前者。今奉阳君捐馆舍②，君乃今复与士民相亲也，臣故敢进其愚虑。

"窃为君计者，莫若安民无事，且无庸有事于民也③。安民之本，在于择交，择交而得则民安，择交而不得则民终身不安。请言外患：齐、秦为两敌而民不得安，倚秦攻齐而民不得安，倚齐攻秦而民不得安。故夫谋人之主，伐人之国，常苦出辞断绝人之交也。愿君慎勿出于口。请别白黑所以异，阴阳而已矣。君诚能听臣，燕必致旃裘狗马之地，齐必致鱼盐之海，楚必致橘柚之园，韩、魏、中山皆可使致汤沐之奉④，而贵戚父兄皆可以受封侯。夫割地包利⑤，五伯之所以覆军禽将而求也；封侯贵戚，汤武之所以放弑而争也⑥。今君高拱而两有之⑦，此臣之所以为君愿也。

"今大王与秦，则秦必弱韩、魏；与齐，则齐必弱楚、魏。魏弱则割河外，韩弱则效宜阳，宜阳效则上郡绝，河外割则道不通，楚弱则无援。此三策者，不可不孰计⑧也。

"夫秦下轵道，则南阳危；劫韩包周，则赵氏自操兵；据卫取卷，则齐必入朝秦。秦欲已得乎山东，则必举兵而向赵矣。秦甲渡河逾漳，据番吾，则兵必战于邯郸之下矣。此臣之所为君患也。

"当今之时，山东之建国莫强于赵。赵地方二千馀里，带甲数十万，车千乘，骑万匹，粟支数年。西有常山，南有河、漳，东有清河，北有燕国。燕固弱国，不足畏也。秦之所害于天下者莫如赵，然而秦不敢举兵伐赵者，何也？畏韩、魏之议其后也。然则韩、魏，赵之南蔽也。秦之攻韩、魏也，无有名山大川之限，稍蚕食之，傅⑨国都而止。韩、魏不能支秦，必入臣于秦。秦无韩、魏之规⑩，则祸必中于赵矣。此臣之所为君患也。

"臣闻尧无三夫⑪之分，舜无咫尺⑫之地，以有天下；禹无百人之聚，以王诸侯；汤武之士不过三千，车不过三百乘，卒不过三万，立为天子：诚得其道也。是故明主外料其敌之强弱，内度其士卒贤不肖，不待两军相当而胜败存亡之机固已形于胸中矣，岂掩于众人之言而以冥冥决事哉！

"臣窃以天下之地图案之，诸侯之地五倍于秦，料度诸侯之卒十倍于秦，六国为一，并力西乡而攻秦，秦必破矣。今西面而事之，见臣于秦。夫破人之与破于人也，臣人之与臣于人也，岂可同日而论哉！

"夫衡人者，皆欲割诸侯之地以予秦。秦成，则高台榭，美宫室，听竽瑟之音，前有楼阙轩辕⑬，后有长姣美人，国被秦患而不与其忧。是故夫衡人日夜务以秦权恐愒诸侯以求割地，故愿大王孰计之也。

"臣闻明主绝疑去谗，屏流言之迹，塞朋党之门⑭，故尊主广地强兵之计臣得陈忠于前矣。故窃为大王计，莫如一韩、魏、齐、楚、燕、赵以从亲，以畔秦。令天下之将相会于洹水之上，通质，刳白马而盟⑮，要约曰：'秦攻楚，齐、魏各出锐师以佐之，韩绝其粮道，赵涉河、漳，燕守常山之北。秦攻韩、魏，则楚绝其后，齐出锐师而佐之，赵涉河、漳，燕守云中。秦攻齐，则楚绝其后，韩守城皋，魏塞其道，赵涉河、漳、博关，燕出锐师以佐之。秦攻燕，则赵守常山，楚军武关，齐涉勃海，韩、魏皆出锐师以佐之。秦攻赵，则韩军宜阳，楚军武关，魏军河外，齐涉清河，燕出锐师以佐之。诸侯有不如约者，以五国之兵共伐之。'六国从亲以宾秦，则秦甲必不敢出于函谷以害山东矣。如此，则霸王之业成矣。"

赵王曰："寡人年少，立国日浅，未尝得闻社稷之长计也。今上客有意存天下，安诸侯，寡人敬以国从。"乃饰车百乘，黄金千溢，白璧百双，锦绣千纯，以约诸侯。

【注释】

①布衣之士：此处指尚未做官的读书人。

②捐馆舍：抛弃住所。死亡的委婉说法。

③无庸：不须、不必。

④汤沐：沐浴。此处指汤沐邑，即天子赐给诸侯的一种封邑，邑内收入供诸侯汤沐之用。汤，热水，用以洗身。沐，洗发。奉：供给、供养。

⑤割地包利：获取他国割让的土地和贡品。

⑥放弑：指商汤流放夏桀，周武王伐纣时，商纣王败自杀，周武王又斩其头之事。

⑦高拱：高拱两手，安坐时的姿态。此处指安然就座，乐享其成。

⑧孰计：仔细考虑。孰，通"熟"，此处指仔细、周详的意思。

⑨傅：此处指逼近的意思。

⑩规：通"窥"，窥测的意思。

⑪夫：古代井田，一夫受田百亩，故称百亩为夫。

⑫咫尺：周制八寸为一尺。此处以距离短比喻面积小。

⑬阙：古代宫殿、祠庙和陵墓前的高建筑物。通常左右各一，建成高台，台上起楼观。因两阙之间有空缺，故名阙或双阙。轩辕：此处指高敞华丽的车子。

⑭朋党：为私利目的相互勾结的同伙。

⑮刲：宰杀。白马：古代祭祀盟誓用的祭品。

【译文】

于是，燕文侯出资给苏秦配置车马金帛，让他去赵国。当时，奉阳君已经死了，苏秦趁机对赵肃侯说："天下的卿相臣子以及普通老百姓，都推崇您这位贤明的君主，都愿意在您面前恭听教诲，坦陈忠心。尽管如此，但因为奉阳君心怀妒忌而您又不亲自管事，导致宾客和游说之士都不敢在您面前畅所欲言。现在，奉阳君已经去世，您再次与士人百姓相亲近，所以我才敢把我愚蠢的考虑说给您听。

"我私下里替您考虑，没有比让百姓安宁，国家太平，并且无须让百姓卷入战争中去更重要的了。安民的根本，在于选择外交，选择外交得当，则百姓安定；选择外交不得当，老百姓终身不安。请让我跟您说一下赵国的外患：赵国把齐国和秦国都作为敌人，老百姓也不得安宁；依靠秦国攻打齐国，老百姓不得安宁；依靠齐国攻打秦国，老百姓还是不得安宁。所以，谋算别人的君主，攻打别人的国家，与别人断绝交往的话是很难说出口的。我希望您千万不要轻易说出这样的话。请允许我像辨别黑白、区分阴阳一样为您论述国事的利与害。您如果能听我的话，那么燕国必会送上盛产毛毡、皮裘、狗和马的地方，齐国必会送上盛产鱼盐的海域，楚国必会送上盛产橘柚的果园，韩国、魏国、中山国都会送上可资汤沐的供奉，您尊贵的亲戚、父兄都可以封侯。割取别国的土地，垄断所有的利益，这是春秋五霸不惜折兵损将所追求的；让贵戚封侯，这是商汤和周武王流放甚至杀掉以前君主所争取的。现在您安然就座而这两样都能取得。这是我替您考虑的。

"赵国如果与秦国相交，那么秦国必然会乘机削弱韩国、魏国；与齐国相交，那么齐国必然会乘机削弱楚国、魏国。魏国被削弱，就会割地河外，韩国被削弱，必定会奉献宜阳。宜阳一旦被割让给秦国，那么上郡就要陷入绝境；河外一旦被割让，上郡的交通就会被切断；楚国被削弱了，赵国就没有了外援。这三种策略，您不可不深思熟虑。

"如果秦国攻下轵道，那么南阳就危险了；如果秦国劫取韩国，包围周朝，那么赵国就要拿起武器来战斗；如果秦国占据卫国获取卷城，那么齐国必会向秦国朝贡称臣。如果秦国的欲望已在崤山以东地区取得满足，就一定会发兵攻打赵国。秦国的甲兵渡过黄河越过漳水后，占据番吾，那么秦赵两国之兵就一定会在邯郸城下决战，这是我替您担心的。

"在当今这个时候，崤山以东地区所建国家没有一个比赵国强大。赵国占地纵横两千余里，数十万甲兵，上千辆战车，上万匹战马，粮食可供维持好几年。西边有常山，南边有黄河、漳水，东边有清河，北边有燕国。燕国本来就是弱国，不值得害怕。在天下各国中，秦国最怕的莫过于赵国，然而秦国却不敢发兵攻打赵国，这是为什么呢？就是害怕韩国、魏国乘机谋取它的后方。这样，韩国、魏国可以说是赵国在南边的屏障。秦国攻打韩国、魏国，没有什么高山大川阻挡，可以渐渐蚕食它们，直到逼近它们的国都为止。韩国和魏国不能抵挡秦国，就必定会向秦国称臣。秦国如果没有了韩国、魏国的后顾之忧，那么祸患就必定会降临到赵国头上。这是我为您所担心的。

"我听说尧没有得到过三百亩的分土，舜也没有得到过一尺之地，他们却都拥有天下；禹没有百人的聚居地，却能在诸侯中称王；商汤、周武王的战士不过三千人，战车不过三百辆，士卒不过三万人，最终却成为天子：这是因为他们掌握了其中的道。所以，贤明的君主对外能预料敌人的强弱，对内能知道自己的士卒是否贤能，不等两军交战而胜败存亡的玄机早已在心中形成，难道能被众人之言所掩蔽而去糊里糊涂地下决断吗？

"我私下里用天下的地图来衡量局势，诸侯各国的土地多于秦国五倍，料想诸侯各国的士卒会多于秦国十倍，假如六个国家结成一体，合力向西攻击秦国，秦国必然失败。可现在却向西服侍秦国，向秦国称臣。打败别人与被别人打败，使别人称臣与向人称臣，这两者之间的差距，岂可同日而语！

"那些主张连横的人，都想把诸侯国的土地割让给秦国。如果秦国成就了霸业，就会高筑台榭，装饰宫室，听竽瑟音乐，前面有楼台、宫阙、高大的车马，后面有苗条姣好的美女，至于各国遭受了秦国的祸患，他们就不去分担忧愁了。那些主张连横的人日夜以秦国的权势恐吓各诸侯国，希望各国割地给秦国。所以，我希望您对此一定要深思熟虑。

"我听说贤明的君主善于排除疑难，摒弃谗言，使流言蜚语无法传播，堵塞臣下结党营私的门路，让那些尊重明主、为明主谋划扩地强兵之道的谋臣剖露忠心。我私下里替您谋划，不如让韩国、魏国、齐国、楚国、燕国、赵国六国结盟，共同对付秦国。让六国的将领在洹水聚会，交换人质，杀白马结盟，立盟约说：'假如秦国攻打楚国，齐国、魏国都要派精锐之师来助战，韩国的军队负责断绝秦军的粮道，赵国的军队渡过黄河、漳水，燕国的军队守住常山的北面。假如秦国攻打韩国、魏国，那么楚国的军队就断秦国的后路，齐国派出精锐之师前去帮助，赵国的军队渡过黄河、漳水，燕国的军队守住云中。假如秦国攻打齐国，那么楚国的军队就断绝秦军的后路，韩国的军队守住城皋，魏国的军队堵住秦军前进的道路，赵国的军队渡过黄河、漳水挺进博关，燕国派出精锐之师前去帮助；假如秦国攻打燕国，那么赵国的军队就守住常山，楚国的军队就驻扎在武关，齐国的军队渡过渤海，韩国和魏国都派出精锐之师前去帮助。假如秦国攻打赵国，那么韩国就在宜阳驻军，楚国在武关驻军，魏国在河外驻军，齐国的军队渡过清河，燕国派出精锐之师前去帮助。诸侯国中，若有哪一国不守盟约，就出动另外五个国家的军队前往讨伐。'六个国家合纵结盟，共同对付秦国，那么秦国的军队就一定不敢出函谷关来侵害山东各国了。这样就可以成就霸王的业绩。"

赵肃侯说："我年纪轻，治国的时间短，不曾听说过关于国家社稷的长远计划。现在，您有志于保全天下，安定诸侯，我将恭敬地倾国相从。"于是，赵肃侯准备了一百辆装饰豪华的车子，一千镒黄金，一百双白璧，一千段锦绣，让苏秦去邀约各诸侯国参与结盟。

【原文】

是时周天子致文、武之胙①于秦惠王。惠王使犀首攻魏，禽将龙贾，取魏之雕阴，且欲东兵。苏秦恐秦兵之至赵也，乃激怒张仪，入之于秦。

于是说韩宣王曰："韩北有巩、成皋之固，西有宜阳、商阪之塞，东有宛、穰、洧水，南有陉山，地方九百余里，带甲数十万，天下之强弓劲弩皆从韩出。谿子、少府时力、距来者②，皆射六百步之外。韩卒超足而射③，百发不暇止，远者括蔽洞胸④，近者镝弇心⑤。韩卒之剑戟皆出于冥山、棠谿、墨阳、合赙、邓师、宛冯、龙渊、太阿，皆陆断牛马，水截鹄雁，当敌则斩；坚甲铁幕，革抉吸芮⑥，无不毕具。以韩卒之勇，被坚甲，跖劲弩，带利剑，一人当百，不足言也。夫以韩之劲与大王之贤，乃西面事秦，交臂而服，羞社稷而为天下笑，无大于此者矣。是故愿大王孰计之。

"大王事秦，秦必求宜阳、成皋。今兹效之，明年又复求割地。与则无地以给之，不与则弃前功而受后祸。且大王之地有尽而秦之求无已，以有尽之地而逆无已之求，此所谓市怨结祸者也，不战而地已削矣。臣闻鄙谚曰：'宁为鸡口，无为牛后。'⑦今西面交臂而臣事秦，何异于牛后乎？夫以大王之贤，挟强韩之兵，而有牛后之名，臣窃为大王羞之。"

于是韩王勃然作色，攘臂瞋目⑧，按剑仰天太息曰："寡人虽不肖，必不能事秦。今主君诏以赵王之教，敬奉社稷以从⑨。"

【注释】

①胙：读zuò，祭祀用的肉，祭后主祭者将它送给参与祭祀的人。

②谿子：谿，读xī，谿子，是"强弓"的名字。当时，南方一些部落善制柘弩和竹弩。此处指韩国仿造的谿子弩。少府：韩国的造械机构。时力、距来：都是韩国少府所造弩的名称。

③超足：古代用脚踏、手扳发射强弩。

④括：箭的末端。洞胸：穿透胸部。

⑤镝弇心：箭射穿胸膛，直至心脏。弇，覆盖、遮蔽。

⑥革抉：射箭时，套在左臂上的皮套。吸芮：吸，读fá，吸芮，指系盾丝带。

⑦宁为鸡口，无为牛后：此处是比拟之辞，是说鸡口虽小是进食的地方，牛后虽大却是排粪的地方。牛后，指牛的肛门。

⑧攘：捋。瞋目：发怒时瞪大眼睛。

⑨主君：对卿大夫的尊称。此处指苏秦。诏：告诉、教诲。

【译文】

当时，周天子赐给秦惠王祭祀周文王、周武王的祭肉。秦惠王派犀首率军攻打魏国，擒住了魏国将领龙贾，夺取了魏国雕阴，并且准备向东出兵。苏秦害怕秦国加兵于赵国，便用计激怒张仪，使他投奔秦国。

于是，苏秦又劝说韩宣王说："韩国北面有坚固的巩邑、城皋，西边有要塞宜阳、商阪，东边有宛、穰、洧水，南边有陉山，纵横九百余里，几十万军队，天下各国的强弓劲弩都出自韩国。像豁子、少府制造的时力、距来等劲弩，都可以射出六百步之外。韩国的士卒蹬足而射，可以连续不断地发射上百次，远的能射穿对方的胸膛，近的能穿透对方的心窝。韩国士兵用的剑和戟都出产于冥山、棠谿、墨阳、合赙、邓师、宛冯、龙渊、太阿等地，它们在陆地上能斩断牛马，在水中能截杀鹄雁，与敌作战时能斩杀对方的将士；坚固的盔甲和铁制的战衣，皮制的护臂和盾牌，种种精良的兵器，韩国样样都有。凭着韩国士卒的勇敢，披挂上坚固的铠甲，脚蹬劲弩，佩戴利剑，以一当百也不在话下。韩国有这么强的实力，大王您又很贤明，却向西服侍秦国，拱手称臣，使国家蒙受羞辱，被天下人所笑，没有比这更大的事了。所以，我希望您好好地加以考虑。

"您服侍秦国，秦国一定会索取宜阳、成皋。今年您把这两地给了它，明年它又会来要求割地。这时候给它吧，已无可给之土地；不给吧，前面的就白给了，而且还会带来祸患。况且，您的土地有限而秦国的贪求无限，以有限之地去迎合无限的贪求，这就是所谓的买来怨仇，结下祸患，未经战争而国土已被削夺。我听俗谚说：'宁为鸡口，无为牛后。'现在您西向拱手臣服于秦，与做牛后有什么区别呢？以您的贤明，又拥有强大的韩军，却博得牛后之名。我私下里都替您感到害羞。"

韩王一下变了脸色，他挥动手臂，圆睁双目，手按着剑，仰天叹息，说："我虽然不肖，但一定不会去服侍秦国。现在，你以赵王的教导来启示我。我愿意把整个国家托付给您，听从您的安排。"

【原文】

又说魏襄王曰："大王之地，南有鸿沟、陈、汝南、许、鄢、昆阳、召陵、舞阳、新都、新郪，东有淮、颍、煮枣、无胥，西有长城之界，北有河外、卷、衍、酸枣，地方千里。地名虽小，然而田舍庐庑之数①，曾无所刍牧②。人民之众，车马之多，日夜行不绝，輷輷殷殷，若有三军之众。臣窃量大王之国不下楚。然衡人怵王交强虎狼之秦以侵天下，卒有秦患，不顾其祸。夫挟强秦之势以内劫其主，罪无过此者。魏，天下之强国也；王，天下之贤王也。今乃有意西面而事秦，称东藩，筑帝宫③，受冠带④，祠春秋⑤，臣窃为大王耻之。

"臣闻越王句践战敝卒三千人，禽夫差于干遂；武王卒三千人，革车三百乘，制纣于牧野：岂其士卒众哉，诚能奋其威也。今窃闻大王之卒，武士二十万，苍头二十万，奋击⑥二十万，厮徒十万，车六百乘，骑五千匹。此其过越王句践、武王远矣，今乃听于群臣之说而欲臣事秦。夫事秦必割地以效实⑦，故兵未用而国已亏矣。凡群臣之言事秦者，皆奸人，非忠臣也。夫为人臣，割其主之地以求外交，偷取一时之功而不顾其后，破公家而成私门，外挟强秦之势以内劫其主，以求割地，愿大王孰察之。

"《周书》曰：'绵绵不绝，蔓蔓奈何？豪氂不伐，将用斧柯。'⑧前虑不定，后有大患，将奈之何？大王诚能听臣，六国从亲，专心并力壹意，则必无强秦之患。故敝邑赵王使臣效愚计，奉明约，在大王之诏诏之。"

魏王曰："寡人不肖，未尝得闻明教。今主君以赵王之诏诏之，敬以国从。"

【注释】

①庐庑：泛指房屋。庐，村屋或田间小屋。庑，大屋。数：密。

②无所刍牧：因为田地房屋稠密，连放牧牲畜的地方都没有了，形容人口密集。

③筑帝宫：指为秦王建造离宫，以备巡游暂住。

④受冠带：接受秦国的分封，采用秦国的冠服样式和制度。

⑤祠春秋：贡献财物，春秋为秦助祭。

⑥奋击：冲锋陷阵的精锐部队。

⑦效实：以割地之实，表示忠诚。

⑧绵绵不绝，蔓蔓奈何？豪氂不伐，将用斧柯：出自《逸周书·和寤》。草木滋长出微弱的嫩枝时不去掉它，等长得粗壮后想再去除它，只能用斧头了。绵绵，微弱。蔓蔓，滋长延伸的样子。

【译文】

苏秦又去游说魏襄王："大王您治下的土地，南边有鸿沟、陈、汝南、许、郾、昆阳、召陵、舞阳、新都、新郪，东边有淮、颍、煮枣、无胥，西边有长城的边界，北边有河外、卷、衍、酸枣，土地纵横千里。您的国土虽然不算大，但田舍房屋极多，连放牧的地方都没有。国中人口之众，车马之多，日夜运行不断，轰轰隆隆，好像三军之众在行动。我私下里估量您的国势不在楚国之下。然而，那些主张连横的人却想引诱您与强大的如狼似虎的秦国相交来侵略天下，等到魏国最终遭受秦国的祸患时，他们又不来过问了。依靠秦国强大的势力对内胁迫自己的国君，天下没有比这更大的罪过了。魏国是天下的强国；您也是天下的贤明之王。现在，您却有意向西去服侍秦国，称自己为秦国在东方的藩国，为它建造离宫，接受秦国的礼仪制度，春秋两季向秦国贡奉祭祀，我私下里替您感到可耻。

"我听说越王句践用三千名疲惫的士卒去打仗，却在干遂擒住了吴王夫差；周武王只有三千名士兵，三百辆革车，却在牧野制住了商纣王：他们哪里是靠兵多将广，只因为他们能奋发自己的威势。我私下里听说您的军事力量，有二十万武士，二十万苍头军，二十万冲锋陷阵的精锐部队，十万勤杂兵，六百辆战车，五千匹战马。这些已远远超过了越王句践和周武王，可您却反而要听从群臣的劝说去向秦国称臣。服侍秦国就必然要割让自己的土地以示诚意，这样，仗还未打国家就已经被削弱了。凡是群臣中说要服侍秦国的，都是奸人，而不是忠臣。作为人臣，割让自己君主的土地以求得向外交好，苟且取得一时之功而不考虑它的后果，让公家受损而私己获利，对外依仗秦国的强大势力而对内胁迫自己的君主，以求得割地给秦国。我希望您好好地审察这种情况。

《周书》说："'草木细小时不斩断它，等到它蔓延不断时怎么办？细弱的树枝不砍掉它，等它长大了就得用斧头去砍了。'开始时考虑不周到，以后就会有大的祸患，到那时候又怎么办呢？您如果确实能听从我说的话，让六国合纵结盟，齐心合力，那么就一定不会有强秦的祸患。所以，赵王派我来献上愚笨的计策，奉上明确的盟约，一切都听从您的诏令。"

魏襄王说："我这个人没什么才能，不曾听到过明白的教示。如今你奉赵王的诏令来指教我，我愿让我的国家紧紧相随。"

【原文】

因东说齐宣王曰："齐南有泰山，东有琅邪，西有清河，北有勃海，此所谓四塞之国也。齐地方二千馀里，带甲数十万，粟如丘山。三军之良，五家之兵①，进如锋矢②，战如雷霆，解如风雨。即有军役，未尝倍泰山，绝清河③，涉勃海也。临菑之中七万户，臣窃度之，不下户三男子，三七二十一万，不待发于远县，而临菑之卒固已二十一万矣。临菑甚富而实，其民无不吹竽鼓瑟，弹琴击筑，斗鸡走狗，六博蹹鞠者④。临菑之涂，车毂击，人肩摩，连衽成帷⑤，举袂成幕，挥汗成雨，家殷人足，志高气扬。夫以大王之贤与齐之强，天下莫能当。今乃西面而事秦，臣窃为大王羞之。

"且夫韩、魏之所以重畏秦者，为与秦接境壤界也。兵出而相当，不出十日而战胜存亡之机决矣。韩、魏战而胜秦，则兵半折，四境不守；战而不胜，则国已危，亡随其后。是故韩、魏之所以重与秦战，而轻为之臣也。今秦之攻齐则不然。倍韩、魏之地，过卫阳晋之道，径乎亢父之险，车不得方轨，骑不得比行，百人守险，千人不敢过也。秦虽欲深入，则狼顾⑥，恐韩、魏之议其后也。是故恫疑虚猲⑦，骄矜而不敢进，则秦之不能害齐亦明矣。

"夫不深料秦之无奈齐何，而欲西面而事之，是群臣之计过也。今无臣事秦之名而有强国之实，臣是故愿大王少留意计之。"

齐王曰："寡人不敏，僻远守海，穷道东境之国也，未尝得闻余教⑧。今足下以赵王诏诏之，敬以国从。"

【注释】

①五家之兵：此处指五国的军队。

②锋矢：极言士兵勇猛凡捷，如锋如矢。

③绝：横渡。

④六博：古代一种游戏。蹋鞠：踢球。

⑤连衽成帷：把衣襟连在一起形成帐幔。衽，衣襟。帷，帐幔。

⑥狼顾：狼生性多疑，唯恐突袭，走路时常回顾。此处比喻秦国有后顾之忧。

⑦恫疑虚猲：猲，通"喝"，虚张声势、恐吓威胁。

⑧余教：剩余的教诲。

【译文】

于是，苏秦又向东去游说齐宣王："齐国南边有泰山，东边有琅琊山，西边有清河，北边有渤海，这就是所谓的四面皆有天险的国家了。齐国的土地方圆两千余里，数十万军队，堆积的粮食像山丘一样。三军精良，抵得上五国的军队，进攻时快如弓矢，作战时威如雷霆，撤退时散如风雨。即使有军事行动，亦未曾远离泰山，越过清河，渡过渤海。光临菑一地就有七万户人家，我私下里估算，每户不少于三个男子，总共就有二十一万男子，不用从偏远的县中征发，临菑一地的士卒就有二十一万。临菑富有且殷实，当地百姓都吹竽鼓瑟，弹琴击筑，斗鸡走狗，下棋踢球。临菑的街道上，车轮相碰，人们摩肩接踵，张开衣襟可成帷帐，举起衣袖可成布幕，众人挥抹汗珠，就像下雨一样，家家殷实，人人富足，士气高昂。以您的贤明和齐国的强大，天下没有一个国家可与之相比。现在您却要向西去服侍秦国，我私下里替您感到羞耻。

"韩国、魏国之所以十分害怕秦国，是因为它们与秦国接壤。一旦出兵攻伐，不用十天，胜败存亡的趋势就定了。假如韩国、魏国战胜了秦国，它们自己也会损兵一半，这样就无法再守住自己的国家；假如韩国、魏国被打败了，那么亡国的结果就会紧随而来。这就是为什么韩国、魏国把与秦国打仗看得很重，而把向秦国称臣看得很轻的原因。现在秦国要攻打齐国就不是这样了。秦国要背靠韩国和魏国，通过卫国的阳晋之道，穿过亢父的险道，在那里，战车不能并驾，战马不能并行，一百个人守住险地，一千个人都闯不过去。秦国即使要深入齐国之地，也要像狼一样疑虑重重，经常回顾，害怕韩国、魏国在它的后边暗算它。所以，秦国一定会恐惧疑惑，虚张声势，虽骄横夸矜，但不敢冒进，秦国不能危害齐国是很明显的。

"不能充分估计秦国对齐国无可奈何，而想向西去服侍秦国，这是群臣之计的过失之处。现在齐国没有向秦国称臣的名而有强大的实力，因此，我希望您对此要稍加留意谋划。"

齐宣王说："我这个人不聪明，齐国地处偏远，面临大海，是个交通不便的东方国家，不曾听到过有关的点滴教诲。现在，你以赵王的诏令指教我，我愿带领齐国相随。"

【原文】

乃西南说楚威王曰："楚，天下之强国也；王，天下之贤王也。西有黔中、巫郡，东有夏州、海阳，南有洞庭、苍梧，北有陉塞、郇阳，地方五千馀里，带甲百万，车千乘，骑万匹，粟支十年。此霸王之资也。夫以楚之强与王之贤，天下莫能当也。今乃欲西面而事秦，则诸侯莫不西面而朝于章台之下矣。

"秦之所害莫如楚，楚强则秦弱，秦强则楚弱，其势不两立。故为大王计，莫如从亲以孤秦。大王不从亲，秦必起两军，一军出武关，一军下黔中，则鄢、郢动矣。

"臣闻治之其未乱也，为之其未有也。患至而后忧之，则无及已。故愿大王蚤孰计之。大王诚能听臣，臣请令山东之国奉四时之献，以承大王之明诏，委社稷，奉宗庙，练士厉兵①，在大王之所用之。

"大王诚能用臣之愚计，则韩、魏、齐、燕、赵、卫之妙音美人必充后宫，燕、代橐驼良马必实外厩②。故从合则楚王③，衡成则秦帝。今释霸王之业，而有事人之名，臣窃为大王不取也。

"夫秦，虎狼之国也，有吞天下之心。秦，天下之仇雠也。衡人皆欲割诸侯之地以事秦，此所谓养仇而奉仇者也。夫为人臣，割其主之地以外交强虎狼之秦，以侵天下，卒有秦患，不顾其祸。夫外挟强秦之威以内劫其主，以求割地，大逆不忠，无过此者。故从亲则诸侯割地以事楚，衡合则楚割地以事秦，此两策者相去远矣，二者大王何居焉？故敝邑赵王使臣效愚计，奉明约，在大王诏之。"

楚王曰："寡人之国西与秦接境，秦有举巴、蜀并汉中之心。秦，虎狼之国，不可亲也。而韩、魏迫于秦患，不可与深谋，与深谋恐反人④以入于秦，故谋未发而国已危矣。寡人自料以楚当秦，不见胜也；内与群臣谋，不足恃也。寡人卧不安席，食不甘味，心摇摇然如县旌而无所终薄⑤。今主君欲一天下，收诸侯，存危国，寡人谨奉社稷以从。"

于是六国从合而并力焉。苏秦为从约长，并相六国。

【注释】

①厉兵：磨砺兵器。厉，通"砺"。兵，兵器。

②橐：骆驼。厩：牲畜栏。

③王：统一天下，成就王业。

④反人：返回秦国并泄露消息的人。反，通"返"。

⑤县旌：悬挂在空中的旗子。县，通"悬"，悬挂。旌，古代用五色羽毛装饰的旗子。终薄：着落，安顿。

【译文】

于是苏秦往西南去游说楚威王："楚国是天下的强国；您是天下的贤明之王。楚国西边有黔中、巫郡，东边有夏州、海阳，南边有洞庭、苍梧，北边有陉塞、郇阳，土地方圆五千里，士兵一百万，一千辆战车，一万匹战马，积存的粮食可吃十年。这是成为霸王的资本。凭借楚国的强大与您的贤明，天下没有一个国家能比得上。现在，您却想向西服侍秦国，那么诸侯国中没有一个国家敢不向西在章台下朝拜秦王了。

"没有比楚国更让秦国担忧的了，楚国强大则秦国削弱，秦国强大则楚国削弱，两国无法同时强大。所以，我替您考虑，不如与别的国家合纵结盟，以孤立秦国。您如果不与别的国家合纵结盟，秦国一定会派出两支军队，一支出武关，一支下黔中，那么楚国的鄢、郢的局势就动摇了。

"我听说治理国家要赶在问题发生之前，做事要在它还没成形的时候。等祸患已经来了再去忧愁就已经来不及了。所以，我希望您早做谋划。

"您如果能听我的话，我请让崤山以东的国家一年四季都向您奉献物品，以接受您的英明诏令，把社稷宗庙都委托给您，同时训练士兵，听候您的调遣。如果您确实能采用我愚笨的计策，那么韩国、魏国、齐国、燕国、赵国的美妙音乐和美女必然会充塞您的后宫，燕国、代国出产的骆驼和良马一定会充实楚国的马厩。所以，合纵成功则楚国称王，连横成功则秦国称帝。现在，您放弃了可称霸王的功业，去受那服侍人的名声，我私下认为您的做法不可取。

"秦国是一个像虎狼一样凶狠的国家，它有吞并天下的野心。秦国也是天下各国的仇敌。主张连横的人都想割诸侯各国的土地去服侍秦国，这是一些奉养仇敌的人。作为人臣，割让自己君主的土地来对外结交像虎狼一样强大凶狠的秦国，侵害天下，等到自己的国家最终遭受秦国的祸患，他们却又不管不顾。对外依仗秦国强大的威势来对内胁迫自己的君主,以求得割地,天下没有比这更大逆不忠的。所以,合纵结盟则诸侯国割让土地以服侍楚国,连横则楚国割地以服侍秦国,这两种方略相距甚远,您准备采纳哪一种呢?所以,赵王派我献出愚笨之计,奉上明确的盟约,听从您的诏令。"

楚威王说:"我的国家西面与秦国接壤,秦国有侵占巴、蜀吞并汉中的野心。秦国是像虎狼一样凶狠的国家,不可与它结盟。而韩国、魏国迫于秦国的威胁,也不可与它们深加谋划,与它们深加谋划,若有反逆之人泄露给秦国,会让谋划之事还未发动而国家已面临危机。我预料楚国与秦国相抗,没有胜算;在内与群臣相谋,也不一定靠得住。我睡不安,吃不香,心旌摇晃,无所着落。现在您想合天下为一,收拢诸侯,保存危亡的国家,我愿把整个国家托付于您,听从您的安排。"

于是,六国合纵结盟并同心合力。苏秦担任合纵盟约的盟长,同时兼任六国相国。

【原文】

北报赵王,乃行过雒阳,车骑辎重,诸侯各发使送之甚众,疑于王者①。周显王闻之恐惧,除道,使人郊劳②。苏秦之昆弟妻嫂侧目不敢仰视,俯伏侍取食。苏秦笑谓其嫂曰:"何前倨而后恭也?③"嫂委蛇蒲服,以面掩地而谢曰:"见季子位高金多也。"苏秦喟然叹曰:"此一人之身,富贵则亲戚畏惧之,贫贱则轻易之,况众人乎!且使我有雒阳负郭田二顷④,吾岂能佩六国相印乎!"于是散千金以赐宗族朋友。

初,苏秦之燕,贷人百钱为资,及得富贵,以百金偿之。遍报诸所尝见德者。其从者有一人独未得报,乃前自言,苏秦曰:"我非忘子。子之与我至燕,再三欲去我易水之上,方是时,我困,故望子深,是以后子。子今亦得矣。"

苏秦既约六国从亲,归赵,赵肃侯封为武安君,乃投从约书于秦。秦兵不敢窥⑤函谷关十五年。

【注释】

①疑：通"拟"，比拟、拟比。

②郊劳：到郊外迎接、慰劳。

③前倨而后恭：先前傲慢，后来恭敬，形容对人态度改变。

④负郭：靠近城郭。负，背倚。郭，外城。

⑤窥：窥伺。

【译文】

苏秦北上向赵王汇报，经过洛阳时，有大量的车骑辎重随行，诸侯各国派使者送行的很多，以致人们怀疑是王者出行。周显王听说后很害怕，命人清扫道路，并派人到郊外犒劳。苏秦的兄弟、妻子、嫂子都斜着眼，不敢抬头正视他，俯伏在地上侍候他用饭。苏秦笑着对他的嫂嫂说："你为何以前对我那么傲慢而现在这么恭敬？"他嫂嫂匍匐在地，把脸贴在地上谢罪说："因为看到小叔您现在地位高，财富多。"苏秦喟叹道："同样是我这个人，富贵了亲戚就害怕我，贫贱了亲戚就轻视我，何况是别的人呢！假如当初我在洛阳城边有二顷田，我怎么能像现在这样佩挂六国的相印呢？"于是，苏秦拿出一千金分赏给他的亲戚和朋友。

起初，苏秦到燕国时，向人借了一百钱做路费，等到他富贵了，便以一百金偿还他。苏秦报答了所有曾经对他有恩的人。但是，跟从他的人中有一个人却独独未获报答，于是这个人就前去找苏秦。苏秦说："我没有忘记你。你与我一起到燕国，在易水边你多次要离开我，那时我正困窘，所以对你很不满，所以把你放在最后。不过，你现在也可以得到赏赐了。"

苏秦让六国合纵结盟，回到赵国后，赵肃侯封他为武安君，于是苏秦把合纵的盟约书送交秦国。从此秦国有十五年不敢窥伺函谷关外的国家。

【编后语】

春秋时代是中国历史上最活跃的时代之一，也是外交辞令影响和左右社

307

会发展方向最明显的时代。在《史记》的相关记载中，这一时代特征得到了证明。《苏秦列传》就是最有代表性的篇章。本书中选取了《苏秦列传》中苏秦合纵游说东方六国合力抗秦的成功经历，省略了苏秦被反间计处死，苏代继续合纵以及司马迁的评论。阅读本篇，我们将会对战国时代影响深远的"合纵"有一个全面而深入的了解。

张仪列传

【原文】

张仪者，魏人也。始尝与苏秦俱事鬼谷先生，学术，苏秦自以不及张仪。

张仪已学而游说诸侯。尝从楚相饮，已而楚相亡璧①，门下意张仪，曰："仪贫无行②，必此盗相君之璧。"共执张仪，掠笞数百③，不服，醳之④。其妻曰："嘻！子毋读书游说，安得此辱乎？"张仪谓其妻曰："视吾舌尚在不？"其妻笑曰："舌在也。"仪曰："足矣。"

【注释】

①亡：丢失。璧：古代的一种玉器，扁平，圆形，中间有孔。
②无行：品行不端。
③掠笞：用竹板或荆条拷打。
④醳：通"释"，释放的意思。

【译文】

张仪是魏国人。起初与苏秦一起拜鬼谷子为师，学习游说之术，苏秦自认为自己的水平不及张仪。

张仪学习结束后，就去向诸侯们游说。他曾经跟楚相饮酒，饮完酒后，楚相发现丢了一块璧，他的门人认为是张仪偷的，说："张仪贫穷，品行不好，一定是他偷了您的璧。"于是，他们一起把张仪抓了起来，拷打了数百下后，张仪不承认，他们只好释放了张仪。张仪的妻子说："唉！你要是不读书，不去从事游说之业，怎么会遭受这样的侮辱呢？"张仪对妻子说："看看我的舌头还在不在？"妻子笑着说："舌头当然在。"张仪说："这就够了。"

【原文】

苏秦已说赵王而得相约从亲①，然恐秦之攻诸侯，败约后负，念莫可使用于秦者，乃使人微感②张仪曰："子始与苏秦善，今秦已当路，子何不往游，以求通子之愿？"张仪于是之赵，上谒③求见苏秦。苏秦乃诫门下人不为通，又使不得去者数日。已而见之，坐之堂下，赐仆妾之食。因而数让之曰："以子之材能，乃自令困辱至此。吾宁不能言而富贵子，子不足收也。"谢去之。张仪之来也，自以为故人，求益，反见辱，怒，念诸侯莫可事，独秦能苦赵，乃遂入秦。

苏秦已而告其舍人④曰："张仪，天下贤士，吾殆弗如也。今吾幸先用。而能用秦柄者，独张仪可耳。然贫，无因以进。吾恐其乐小利而不遂，故召辱之，以激其意。子为我阴奉之。"乃言赵王，发金币车马，使人微随张仪，与同宿舍，稍稍近就之，奉以车马金钱，所欲用，为取给，而弗告。张仪遂得以见秦惠王。惠王以为客卿⑤，与谋伐诸侯。

苏秦之舍人乃辞去。张仪曰："赖子得显，方且报德，何故去也？"舍人曰："臣非知君，知君乃苏君。苏君忧秦伐赵败从约，以为非君莫能得秦柄，故感怒君，使臣阴奉给君资，尽苏君之计谋。今君已用，请归报。"张仪曰："嗟乎，此在吾术中而不悟，吾不及苏君明矣！吾又新用，安能谋赵乎？为吾谢苏君，苏君之时，仪何敢言？且苏君在，仪宁渠能乎⑥！"张仪既相秦，为文檄告楚相曰："始吾从若饮，我不盗而璧，若笞我。若善守汝国，我顾且盗而城！"

【注释】

①从亲：除秦国而外南北各国合纵相亲，相互支援，结为一体共同抗拒

秦国。从，通"纵"。

②微感：暗中引导、劝说。微，隐匿、暗中。感，感染、感受。

③谒：名帖。一般要写上姓名、籍贯、官爵及拜见事项。

④舍人：王公显贵的侍从宾客或左右亲近的人。

⑤客卿：别国的人在本国做官，并以客礼待之。

⑥宁渠：哪里、如何。

【译文】

当时，苏秦已经说服了赵王与东方诸国合纵相亲，他害怕秦国攻打诸侯国，使盟约失败，心中琢磨没有适合出使秦国的人，便派人暗中引导张仪说："你当初与苏秦关系不错，现在苏秦已经有了权力，你为什么不去找他寻求帮助，以求实现你的志向呢？"于是张仪到赵国，请求拜谒苏秦。苏秦告诫门下的人不要替他通报，又设法留住不让他走，这样过了几天才接见他。苏秦让张仪坐在堂下，赐给他仆人侍妾吃的食物，且多次责备张仪："凭你的才能，却困窘到这种地步。我不是不能说句话使您富贵起来，只是你不值得任用。"随后，苏秦把张仪赶了出去。张仪来时，自认为与苏秦是老相识，能求得好处，没想到反而受到了侮辱，十分愤怒。他考虑到诸侯国中没一个可以事奉的，只有秦国能让赵国吃苦头，就到秦国去了。

苏秦告诉他的门客，说："张仪是天下的贤能之士，我比不上他。如今我侥幸先被任用，将来能够掌握秦国权柄的，只有张仪。但是张仪很穷，没有机会去觐见秦王。我怕他安于蝇头小利而不去实现自己的志向，所以把他招来并侮辱他，以激励他的意志。你要替我暗中照顾他。"于是，苏秦告诉赵王，准备了金币车马，派人暗中跟随张仪，与他同住一个旅店，慢慢地接近他，送给他车马金钱，张仪想用什么，就取来给他，但不告诉他是谁提供的。就这样，张仪才有机会拜见了秦惠王。秦惠王把他当作客卿，与他一起谋划讨伐诸侯。

这时，苏秦的门客要告辞离去。张仪说："依靠你，我才得以显达，我刚要报答你的恩德，你为什么就要离开呢？"门客说："不是我了解你，了解你的是苏秦。苏秦担心秦国攻打赵国，从而破坏了合纵之约，认为除你之外没有人能掌握秦国的权柄，所以故意激怒你，派我暗中资助你，这都是苏秦的计谋。现在你已被重用，请让我回去报告。"张仪说："唉，这都是我所知道的手段而我却没能察觉，我确实是比不上苏秦！我现在是刚被任用，怎么能去谋取赵国呢？请你替我感谢苏秦，苏秦在赵国当政时，我敢说什么呢？况且，有苏秦在，我即使想这么做，又哪里能做得到呢？"在秦国任相以后，张仪写文声讨楚相，说："当初我跟你饮酒，我没有偷你的璧，你却让人打我。现在，你好好地守住你的国家吧，我将要来劫掠你的城池了！"

【原文】

苴、蜀相攻击，各来告急于秦。秦惠王欲发兵以伐蜀，以为道险狭难至，而韩又来侵秦。秦惠王欲先伐韩，后伐蜀，恐不利；欲先伐蜀，恐韩袭秦之敝。犹豫未能决。司马错与张仪争论于惠王之前，司马错欲伐蜀，张仪曰："不如伐韩。"王曰："请闻其说。"

仪曰："亲魏善楚，下兵三川，塞什谷之口，当屯留之道。魏绝南阳，楚临南郑，秦攻新城、宜阳，以临二周之郊，诛周王之罪，侵楚、魏之地。周自知不能救，九鼎宝器①必出。据九鼎，案图籍②，挟天子以令于天下，天下莫敢不听，此王业也。今夫蜀，西僻之国而戎翟之伦也，敝兵劳众不足以成名，得其地不足以为利。臣闻争名者于朝，争利者于市。今三川、周室，天下之朝市也，而王不争焉，顾争于戎翟③，去王业远矣。"

司马错曰："不然。臣闻之，欲富国者务广其地，欲强兵者务富其民，欲王者务博其德，三资者备而王随之矣。今王地小民贫，故臣愿先从事于易。夫蜀，西僻之国也，而戎翟之长也，有桀、纣之乱。以秦攻之，譬如使豺狼逐群羊。得其地足以广国，取其财足以富民缮兵，不伤众而彼已服焉。拔一国而天下不以为暴，利尽西海而天下不以为贪，是我一举而名实附也，而又有禁暴止乱之名。今攻韩，劫天子，恶名也，而未必利也，又有不义之名，而攻天下所不欲，危矣。臣请谒其故：周，天下之宗室也④；齐，韩之与国也。周自知失九鼎，韩自知亡三川，将二国并力合谋，以因乎齐、赵而求解乎楚、魏，以鼎与楚，以地与魏，王弗能止也。此臣之所谓危也。不如伐蜀完。"

惠王曰："善，寡人请听子。"卒起兵伐蜀，十月，取之，遂定蜀，贬蜀王更号为侯，而使陈庄相蜀。蜀既属秦，秦以益强，富厚，轻诸侯。

秦惠王十年，使公子华与张仪围蒲阳，降之。仪因言秦复与魏，而使公子繇质于魏。仪因说魏王曰："秦王之遇魏甚厚，魏不可以无礼。"魏因入上郡、少梁，谢秦惠王。惠王乃以张仪为相，更名少梁曰夏阳。

仪相秦四岁，立惠王为王⑤。居⑥一岁，为秦将，取陕。筑上郡塞。

【注释】

①九鼎宝器：指象征国家政权的传国之宝。
②案：通"按"，按照、依照。图籍：地图和户籍。
③戎翟：泛指古代西部和北部的游牧部落。
④宗室：此处指宗主、共主。
⑤立惠王为王：秦孝公以前，秦国国君称公，秦惠王即位时称君，此时始称王。
⑥居：过，过了。

【译文】

苴国和蜀国互相攻打，它们都分别向秦国求援。秦惠王想发兵攻打蜀国，觉得道路险狭，难以到达，而且韩国又可能来侵犯秦国。秦惠王想先攻打韩国，然后再攻打蜀国，又怕出师不利；想先攻打蜀国，又怕韩国乘机袭击秦国。他犹豫不决。司马错与张仪在秦惠王面前争论不休，司马错主张先攻打蜀国。张仪说："不如先攻打韩国。"秦惠王说："请说说你们的理由。"

张仪说："与魏国相亲，与楚国交好，进兵三川，堵住什谷的路口，封锁屯留的道路。魏国截断韩国南阳的交通，楚国兵临韩国南郑，秦国攻打新城、宜阳，兵临周都城郊，声讨周王的罪过，再侵入楚国和魏国。周王自己知道局势无法挽救，必然会献出九鼎宝器。秦国拥有九鼎，掌握着地图户籍，以天子的命令来号令天下，天下没有人敢不听，这是称王的大业。而蜀国地处西边偏僻之地，且尚未开化，劳师动众去攻打它而不能扬名，占领了它的土地也没什么好处。我听说，争名是在朝堂上，争利是在市场上。现在，三川和周王室是天下的朝堂和市场，大王不去争夺，反而要争夺偏僻的不开化之地，这离称王的大业越来越远了。"

司马错说："不对。我听说，要想使国家富裕，一定要扩展它的土地；要想使军队强大，一定要使老百姓富裕；要想称王，一定要广施恩德。这三样资本具备了，大王自然就能称王天下。现在，秦国国土狭小而百姓贫穷，我希望先从容易的事做起。蜀国是西部的偏僻小国，是戎狄的首领，却有夏桀、商纣一样的乱德。秦国去攻打它，就好比是驱使豺狼去追逐羊群。秦国占领了它的土地，足以扩大国土，获取它的财富，以使百姓富足，并用来整顿军队。我军不受损伤而对方就已屈服。秦国攻克了这样一个国家，天下人不会认为秦国残暴；占尽了西方的利益，天下人不会认为秦国贪婪。我们的这一举动，既得名又得实，而且还有禁止残暴制止动乱的美名。我们现在去攻打韩国，劫持天子，会有恶名，且未必能获取什么利益，又有了不义的名声，去攻打天下人不想攻打的国家，这是危险的。我请求说明其中的原因：周王室是天下诸侯各国的宗室，而且与齐国、韩国关系密切。如果周王室知道要失去九鼎，韩国知道要丢掉三川，它们就会并力合谋，借助齐国、赵国的力量而与楚国、魏国和解。假如它们把鼎送给楚国，把土地送给魏国，大王您也不能制止。这就是我所说的危险，不如攻打蜀国来得稳妥。"

秦惠王说："你说得很对。我听从你的意见。"最终，秦国起兵攻打蜀国，十月，秦军攻占了蜀国。平定蜀国后，秦惠王把蜀王贬为侯，并派陈庄到蜀任相。蜀国归属秦国以后，秦国更加强大、富裕，更加轻视诸侯各国。

秦惠王十年，秦惠王派公子华和张仪率军围困蒲阳，蒲阳投降。张仪趁机劝秦惠王把蒲阳送给魏国，并让公子繇到魏国做人质。张仪又趁机对魏王说："秦王待魏国不薄，魏国不可以不懂礼节。"魏国于是贡献上郡、少梁，以答谢秦惠王。秦惠王于是任命张仪为相，把少梁更名为夏阳。

张仪在秦国为相四年，拥立秦惠王为王。过了一年，他任秦国将领，率军夺取了陕州，构筑了上郡要塞。

【原文】

其后二年，使与①齐、楚之相会齧桑。东还而免相，相魏以为秦，欲令魏先事秦而诸侯效之。魏王不肯听仪。秦王怒，伐取魏之曲沃、平周，复阴厚张仪益甚。张仪惭，无以归报。留魏四岁而魏襄王卒，哀王立。张仪复说哀王，哀王不听。于是张仪阴令秦伐魏。魏与秦战，败。

明年，齐又来败魏于观津。秦复欲攻魏，先败韩申差军，斩首八万，诸侯震恐。而张仪复说魏王曰："魏地方不至千里，卒不过三十万。地四平，诸侯四通辐凑，无名山大川之限。从郑至梁二百馀里，车驰人走，不待力而至。梁南与楚境，西与韩境，北与赵境，东与齐境，卒戍四方，守亭障者不下十万。梁之地势，固战场也。梁南与楚而不与齐，则齐攻其东；东与齐而不与赵，则赵攻其北；不合于韩，则韩攻其西；不亲于楚，则楚攻其南。此所谓四分五裂之道也。

"且夫诸侯之为从者，将以安社稷、尊主、强兵、显名也。今从者一天下，约为昆弟，刑②白马以盟洹水之上，以相坚也。而亲昆弟同父母，尚有争钱财，而欲恃诈伪反覆苏秦之馀谋，其不可成亦明矣。

"大王不事秦，秦下兵攻河外，据卷、衍、燕、酸枣，劫卫取阳晋，则赵不南，赵不南而梁不北，梁不北则从道绝，从道绝则大王之国欲毋危不可得也。秦折韩而攻梁，韩怯于秦，秦、韩为一，梁之亡可立而须也③。此臣之所为大王患也。

"为大王计，莫如事秦。事秦则楚、韩必不敢动；无楚、韩之患，则大王高枕而卧④，国必无忧矣。

"且夫秦之所欲弱者莫如楚，而能弱楚者莫如梁。楚虽有富大之名而实空虚；其卒虽多，然而轻走易北⑤，不能坚战。悉梁之兵南面而伐楚，胜之必矣。割楚而益梁，亏楚而适秦，嫁祸安国，此善事也。大王不听臣，秦下甲士而东伐，虽欲事秦，不可得矣。

"且夫从人多奋辞而少可信⑥，说一诸侯而成封侯，是故天下之游谈士莫不日夜扼腕瞋目⑦切齿以言从之便，以说人主。人主贤其辩而牵其说，岂得无眩哉！

"臣闻之，积羽沉舟⑧，群轻折轴⑨，众口铄金，积毁销骨⑩。故愿大王审定计议，且赐骸骨辟魏。"

哀王于是乃倍从约而因仪请成于秦。

【注释】

①与：和……结交，亲附。

②刑：割杀、宰杀。

③立而须：比喻时间短暂。须，等待。

④高枕而卧：形容无忧无虑。

⑤轻走易北：轻易逃跑溃散。走，逃跑。北，打了败仗往回跑。

⑥奋辞：尽力以说大话、唱高调游说。

⑦扼腕：握住手腕，表示激动、振奋的心情。瞋目：怒目，瞪大眼睛。

⑧积羽沉舟：比喻积轻可为重，积小患可致大灾。

⑨群轻折轴：物虽轻，积多量大，可以折断车轴，说明不能忽视小事。

⑩积毁销骨：谗言诽谤多了，骨肉之亲也会销毁。

【译文】

此后两年，张仪被派去啮桑与齐国、楚国的相国相会。从东边回来后，张仪被免去了相位，便在魏国任相，目的是为了帮助秦国，他想让魏国先归附秦国，然后让诸侯各国都仿效魏国。但是，魏襄王不肯听从张仪的建议。秦惠王很愤怒，派兵攻取了魏国的曲沃和平周，私下里更厚待张仪。张仪感到很惭愧，又无法报答。张仪在魏国待了四年后魏惠王去世，襄王继位。张仪又劝说襄王服侍秦国。襄王不听。于是，张仪暗地里推动秦国攻打魏国。魏国与秦国作战，失败了。

第二年，齐国又在观津打败了魏国。秦国又想攻打魏国，先打败了韩申差率领的军队,斩杀了八万官兵,诸侯各国都很惊恐。张仪又趁机劝说魏王:"魏国国土纵横不足一千里,士兵不到三十万。四边都是平地,诸侯各国从四面而来,就像车轮的辐条向车轴中心汇聚一样,没有名山大川可以阻挡它们。从新郑到大梁只有二百多里路,车子奔跑,人行走,不怎么费劲就到了。魏国南面与楚国接壤,西面与韩国接壤,北面与赵国接壤,东面与齐国接壤,士兵守卫四方,防守边防堡垒的军队就不下十万。魏国的地势,本来就是一个战场。魏国南面与楚国结交而不与齐国结交,则齐国就会从东面发动进攻;东面与齐国结交而不与赵国结交,赵国就会从北面发动进攻;不与韩国结交,韩国就会从西面发动进攻;不与楚国相亲,楚国就会从南面发动进攻:这就是所谓四分五裂的境地。

"况且,诸侯国中提倡合纵的人,目的是想安定国家、尊重君主、壮大军队并借此扬名。现在,主张合纵的人统一天下,诸侯各国相约为兄弟,在洹水上杀白马结盟,以示坚守盟约。然而,亲兄弟虽是同一父母所生,尚且要争夺钱财,因而想依靠苏秦留下的欺诈、虚伪、反复无常的计谋,肯定不能成功,这是很明显的。

"您不服侍秦国,秦国就会出兵攻打河外,占领卷、衍、燕、酸枣等地,劫掠魏国夺取阳晋,这样赵国就不能南下支援魏国。赵国不能南下,魏国就不能北上,魏国不能北上,那么联合对付秦国的道路就断绝了;联合对付秦国的路一断,那么您的国家要想没有危险是不可能的。秦国挟持韩国而攻打魏国,韩国害怕秦国,秦国与韩国就会合而为一,那么魏国立刻就会灭亡。这是我替您担心的。

"我替您着想,您不如依附秦国。依附秦国,那么楚国和韩国一定不敢妄动;没有了楚国和韩国侵扰的祸患,那么您即使高枕而睡,国家也不会有什么忧患。

"况且,秦国最想削弱的国家是楚国,而能削弱楚国的国家首先是魏国。楚国名义上虽然又富裕又强大,但实质上是很空虚的;它的士卒虽多,但动不动就逃跑,不能坚持作战。出动魏国的军队向南攻打楚国,一定能战胜它。割占楚国的地方来壮大魏国,损害楚国以服侍秦国,转移祸患以安定国家,这是大好之事。您如果不听我的话,秦国将出动军队向东攻伐。到那时,您即使想服侍秦国,也不可能了。

"况且,那些提倡合纵的人大多话说得动听但很少有可以信赖的。他们游说一个诸侯国达到封侯的目的。所以,天下的游说之士无不整日慷慨激昂地宣扬合纵的好处,以向君主游说。君主赞赏他们的言辞,受他们游说的诱惑,怎么能不迷惑呢?

"我听说,把羽毛堆积起来,能把船压沉;把很轻的东西聚集在一起,能压断车轴;众人的口舌可以改变铁一样的事实;把毁谤积聚起来,可以杀死一个人。所以,我希望您谨慎地确定计策,同时也希望让我离开魏国。"

魏襄王于是背叛了合纵盟约,听从张仪的建议与秦国结交。

【原文】

张仪归,复相秦。三岁而魏复背秦为从。秦攻魏,取曲沃。明年,魏复事秦。

秦欲伐齐,齐、楚从亲,于是张仪往相楚。楚怀王闻张仪来,虚上舍而自馆之①,曰:"此僻陋之国,子何以教之?"

仪说楚王曰:"大王诚能听臣,闭关绝约于齐,臣请献商、於之地六百里,使秦女得为大王箕帚之妾②,秦、楚娶妇嫁女,长为兄弟之国。此北弱齐而西益秦也,计无便此者。"

楚王大说而许之。群臣皆贺,陈轸独吊之。楚王怒曰:"寡人不兴师发兵得六百里地,群臣皆贺,子独吊,何也?"陈轸对曰:"不然。以臣观之,商、於之地不可得而齐、秦合,齐、秦合则患必至矣。"楚王曰:"有说乎?"陈轸对曰:"夫秦之所以重楚者,以其有齐也。今闭关绝约于齐,则楚孤。秦奚贪夫孤国,而与之商、於之地六百里?张仪至秦,必负王,是北绝齐交,西生患于秦也,而两国之兵必俱至。善为王计者,不若阴合而阳绝于齐③,使人随张仪。苟与吾地,绝齐未晚也;不与吾地,阴合谋计也。"楚王曰:"愿陈子闭口毋复言,以待寡人得地。"乃以相印授张仪,厚赂之。于是遂闭关绝约于齐,使一将军随张仪。

张仪至秦,详失绥堕车,不朝三月。楚王闻之,曰:"仪以寡人绝齐未甚邪?"乃使勇士至宋,借宋之符,北骂齐王。齐王大怒,折节而下秦④。秦、齐之交合,张仪乃朝,谓楚使者曰:"臣有奉邑六里,愿以献大王左右。"楚使者曰:"臣受令于王,以商、於之地六百里,不闻六里。"还报楚王,楚王大怒,发兵而攻秦。陈轸曰:"轸可发口言乎?攻之不如割地反以赂秦,与之并兵而攻齐,是我出地于秦,取偿于齐也,王国尚可存。"楚王不听,卒发兵而使将军屈匄⑤击秦。秦、齐共攻楚,斩首八万,杀屈匄,遂取丹阳、汉中之地。楚又复益发兵而袭秦,至蓝田,大战,楚大败,于是楚割两城以与秦平⑥。

秦要⑦楚欲得黔中地,欲以武关外易之。楚王曰:"不愿易地,愿得张仪而献黔中地。"秦王欲遣之,口弗忍言。张仪乃请行。惠王曰:"彼楚王怒子之负以商、於之地,是且甘心于子。"张仪曰:"秦强楚弱,臣善靳尚,尚得事楚夫人郑袖,袖所言皆从。且臣奉王之节使楚,楚何敢加诛?假令诛臣而为秦得黔中之地,臣之上愿。"遂使楚。楚怀王至则囚张仪,将杀之。靳尚谓郑袖曰:"子亦知子之贱⑧于王乎?"郑袖曰:"何也?"靳尚曰:"秦王甚爱张仪而不欲出之,今将以上庸之地六县赂楚,以美人聘楚,以宫中善歌讴者为媵⑨。楚王重地尊秦,秦女必贵而夫人斥矣。不若为言而出之。"于是郑袖日夜言怀王:"人臣各为其主用。今地未入秦,秦使张仪来,至重王。王未有礼而杀张仪,秦必大怒攻楚。妾请子母俱迁江南,毋为秦所鱼肉也。"怀王后悔,赦张仪,厚礼之如故。

【注释】

①虚上舍:空出上等宾馆。馆之:安排他留宿。

②箕帚之妾:嫁女的谦辞。箕帚,簸箕扫帚,指做洒扫清除之类的事。

③阴合而阳绝:暗中合作而表面上假装断绝关系。

④折节:折断符节。节,符节。此处指使者用来做凭证的东西。下:委屈自己的意思。

⑤屈匄：匄读gài，人名。

⑥平：此处指媾和、讲和。

⑦要：要挟、威胁的意思。

⑧贱：轻视、鄙弃的意思。

⑨媵：随主人出嫁的侍女。

【译文】

张仪回到秦国后，恢复了相位。三年后，魏国又背叛秦国，加入合纵同盟。秦国于是攻打魏国，占领了曲沃。第二年，魏国再次服侍秦国。

秦国想攻打齐国，但齐国与楚国结了合纵相亲的盟约，于是张仪前去游说楚国。楚怀王听说张仪来了，空出上等的住房，并亲自安排他的住宿。楚怀王说："楚国是偏僻鄙陋的国家，您有什么要教导我吗？"

张仪对楚怀王说："大王如果能听我的话，就封闭北方的关塞，与齐国断绝盟约，我请求献上商、於一带六百里的土地，派秦国女子做您的侍妾，秦楚两国之间互相娶妇嫁女，永为兄弟之国。这样，向北可以削弱齐国，向西对秦国有好处，天下没有比这更好的计策了。"楚怀王十分高兴，采纳了张仪的建议。群臣都来祝贺，只有陈轸一个人表示哀伤。楚怀王愤怒地说："我不动用军队就得地六百里，群臣都来表示祝贺，只有你在那里哀伤，这是为什么呢？"陈轸回答说："不是这样。依我看来，商於之地不可能得到，而齐国和秦国会结交，齐国和秦国一结交，楚国的祸患就降临了。"楚怀王说："你这么说，有什么根据？"陈轸回答说："秦国之所以看重楚国，是因为有齐国。现在，楚国与齐国绝交，楚国就孤立了。秦国怎么会贪图结交一个孤立的国家，而送给它商於六百里土地呢？张仪回到秦国，一定会背弃您。这时向北与齐国绝交，而西边生出了秦国的祸患，齐秦两国的军队一定会同时前来。我妥善地为您考虑，您不如暗地里与齐国结交，而表面上与它绝交，派人跟随张仪到秦国。假如秦国给了我们土地，到那时我们再与齐国绝交也不晚；假如秦国不给我们土地，我们就与齐国暗中联合商量对策。"楚怀王说："希望你闭口不要再说了，你就等着我得到土地吧。"于是，楚怀王把相印授给了张仪，并厚赠他大量的财物。他下令关闭关塞,与齐国绝交,并派一位将军跟随张仪去秦国。

张仪回到了秦国,假装没有抓住车绳,从车上摔了下来,连续三个月不上朝。楚怀王听说后,说:"张仪是不是觉得我与齐国绝交还不够坚决?"他便派勇士到宋国,借用宋国的符信,北上去骂齐王。齐王大怒,折断了符节转身投靠秦国。秦国与齐国结交后,张仪才上朝,对楚国使者说:"我有受封的邑地六里,请愿把它献给楚王。"楚国使者说:"我奉楚王之命,是接受商於六百里土地,不曾听说过六里土地。"使者回去报告楚怀王,楚怀王大怒,准备发兵攻打秦国。陈轸说:"我可以开口说话了吗?攻打秦国不如割地反赠秦国,与它合兵一起攻打齐国。这是我们割让土地给秦国,而从齐国获得补偿。这样,您的国家还可以保存。"楚怀王不听,最终发兵,派将军屈匄领兵攻打秦国。秦国与齐国一起攻打楚国,斩首八万,杀死了屈匄,并取得了丹阳、汉中之地。楚国又再次发兵袭击秦国,两军在蓝田大战,楚军大败。于是,楚国只好割让两座城池向秦国求和。

秦国想要楚国黔中之地,想用武关外的土地与楚国交换。楚怀王说:"我不愿意交换土地,只要得到张仪,愿献出黔中之地。"秦惠王想把张仪给楚国,但是不忍心说。张仪于是主动请求去楚国。秦惠王说:"楚王恨你负约没有把商於之地给他,他要置你于死地才甘心。"张仪说:"秦国强大,楚国弱小,我与靳尚交好,靳尚服侍楚王夫人郑袖,而郑袖的话楚王全听从。况且,我是奉您的命令出使楚国,楚国怎么敢杀我呢?假如杀了我而使秦国得到了黔中之地,这也是我最大的心愿。"于是,张仪出使楚国。楚怀王等张仪来了,就囚禁了他,并且要杀了他。靳尚对郑袖说:"您知道您将受大王轻视吗?"郑袖问:"为什么?"靳尚说:"秦王很爱惜张仪,不想把他送给楚国,现在想把上庸六县赠给楚国,把秦国美女送给大王,派宫中擅长歌唱的美女做大王的媵妾。大王看重土地,又尊奉秦国,以后秦国美女的地位一定会很尊贵,而夫人您就必会受到排斥。所以,您不如劝说大王放了张仪。"于是,郑袖日夜对楚怀王说:"作为人臣,都是各为其主办事。现在土地还未给秦国,秦国就派张仪来了,说明他对您很尊重。您还未还礼,就杀了张仪。秦国必会大怒而攻打楚国。我请求把我们母子都送到江南，以免被秦国像鱼肉一样宰割。"楚怀王后悔了，赦免了张仪，像以前一样厚待他。

【原文】

张仪既出，未去，闻苏秦死，乃说楚王曰："秦地半天下，兵敌四国，被险带河，四塞以为固。虎贲之士百馀万，车千乘，骑万匹，积粟如丘山。法令既明，士卒安难乐死①，主明以严，将智以武，虽无出甲，席卷常山之险，必折天下之脊②，天下有后服者先亡。且夫为从者，无以异于驱群羊而攻猛虎，虎之与羊不格明矣。今王不与猛虎而与群羊，臣窃以为大王之计过也。

"凡天下强国，非秦而楚，非楚而秦，两国交争，其势不两立。大王不与秦，秦下甲据宜阳，韩之上地不通。下河东，取成皋，韩必入臣③，梁则从风而动。秦攻楚之西，韩、梁攻其北，社稷安得毋危？

"且夫从者聚群弱而攻至强，不料敌而轻战，国贫而数举兵，危亡之术也。臣闻之，兵不如者勿与挑战，粟不如者勿与持久。夫从人饰辩虚辞④，高主之节，言其利不言其害，卒有秦祸，无及为已！是故愿大王之孰计之。

"秦西有巴、蜀，大船积粟，起于汶山，浮江已下，至楚三千馀里。舫船载卒，一舫载五十人，与三月之食，下水而浮，一日行三百馀里，里数虽多，然而不费牛马之力，不至十日而距扞关。扞关惊，则从境以东尽城守矣，黔中、巫郡非王之有。秦举甲出武关，南面而伐，则北地绝。秦兵之攻楚也，危难在三月之内，而楚待诸侯之救，在半岁之外，此其势不相及也。夫恃弱国之救，忘强秦之祸，此臣所以为大王患也。

"大王尝与吴人战，五战而三胜，阵卒尽矣；偏守新城，存民苦矣。臣闻功大者易危，而民敝者怨上。夫守易危之功而逆强秦之心，臣窃为大王危之。

"且夫秦之所以不出兵函谷十五年以攻齐、赵者，阴谋有合天下之心。楚尝与秦构难，战于汉中，楚人不胜，列侯执珪死者⑤七十馀人，遂亡汉中。楚王大怒，兴兵袭秦，战于蓝田。此所谓两虎相搏者也。夫秦、楚相敝，而韩、魏以全制其后，计无危于此者矣。愿大王孰计之。

"秦下甲攻卫阳晋，必大关天下之匈⑥。大王悉起兵以攻宋，不至数月而宋可举，举宋而东指，则泗上十二诸侯尽王之有也⑦。

"凡天下而以信约从亲相坚者苏秦，封武安君，相燕，即阴与燕王谋伐破齐而分其地；乃详有罪出走入齐，齐王因受而相之；居二年而觉，齐王大怒，车裂苏秦于市⑧。夫以一诈伪之苏秦，而欲经营天下，混一诸侯，其不可成亦明矣。

"今秦与楚接境壤界，固形亲之国也。大王诚能听臣，臣请使秦太子入质于楚，楚太子入质于秦，请以秦女为大王箕帚之妾，效万室之都以为汤沐之邑，长为昆弟之国，终身无相攻伐。臣以为计无便于此者。"

于是楚王已得张仪而重出黔中地与秦，欲许之。屈原曰："前大王见欺于张仪，张仪至，臣以为大王烹之；今纵弗忍杀之⑨，又听其邪说，不可。"怀王曰："许仪而得黔中，美利也。后而倍之，不可。"故卒许张仪，与秦亲。

【注释】

①安难乐死：不避艰苦危难，乐于牺牲。

②折天下之脊：常山在天下之北，就像人的脊背。折，折断。

③入臣：此处指到秦国去称臣。

④饰辩虚辞：指粉饰巧辩，言辞铺张而空洞。

⑤执珪者：珪，读guī，同"圭"，古代贵族朝聘、祭祀、丧葬时以为礼器。执珪者指代贵族。

⑥关：锁住。天下之匈：把阳晋看作是天下的胸膛。匈，通"胸"，胸膛。

⑦泗上十二诸侯：指泗水流域的宋国、鲁国、邹国、莒国等小的诸侯国。十二，此处表示虚数。

⑧车裂：俗称"五马分尸"，古代的一种酷刑。市：人多聚集的市场、街市。

⑨纵：释放。

【译文】

　　张仪被放出来后，还未离开楚国，就听说苏秦死了，于是他就对楚怀王说："秦国占有天下一半的土地，军队可与四个国家相抗衡，地势险要，有河水环绕，四面有坚固的要塞。有一百余万勇猛的将士，一千辆战车，一万匹战马，堆积的粮食像山一样。法令严明，士卒们都不避艰苦，乐于为国牺牲，君主贤明而严厉，将领们智勇双全，即使不出兵，也可席卷常山天险，从而截断天下的脊梁，天下后臣服的国家一定先灭亡。况且，主张合纵的人无异于驱赶羊群去攻打猛虎，羊不是老虎的对手，这是很明显的。您现在不与猛虎结交而与群羊结交，我私下里认为您的计策是错误的。

　　"现在，天下的强国，不是秦国就是楚国，不是楚国就是秦国，两国互相争斗，势不两立。您不与秦国结交，秦国起兵占据宜阳，韩国的上郡之地就被阻断。秦兵攻下河东，占领成皋，韩国必然称臣，魏国也会根据形势而采取行动。秦国攻打楚国的西面，韩国、魏国攻打楚国的北面，您的国家怎么能够不危险呢？

　　"况且，主张合纵的人是把一群弱国聚集起来去进攻最强的国家，不估量敌国的力量而轻易地去发动战争。国家贫困而又频繁作战，这是使国家危亡的策略。我听说，兵力不如对方就不要挑起战端，积聚的粮食不如对方就不要与它打持久战。主张合纵的人用虚伪、矫饰的言辞，抬高君主的节行，只说合纵的好处而不说它的害处，最终招来秦国的祸患，又来不及去制止了！所以，我希望您认真考虑。

　　"秦国西面有巴、蜀之地，用大船装载粮食，从汶山出发，沿江而下，到楚国三千多里地。两船相并装载士卒，每艘船可以装五十人和三个月的粮食，从水路而行，一天可走三百多里，里数虽然很多，然而不用花费牛马的力气，不到十天就可到达扞关。扞关形势一紧张，则楚国国境东边的城池都会进入守备状态，黔中、巫郡也就不是您所能控制的了。秦军出武关，向南进行攻伐，那么楚国北面地方的交通就断绝了。秦军攻打楚国，在三个月之内就可使楚国面临危境，而楚国等待诸侯国前来救助，却需要半年多时间，这就势必来不及了。而且，依靠弱小国家的救援，而忘记了强大秦国带来的祸患，这是我替您担忧的原因所在。

"您曾经与吴国人打仗，五仗中胜了三仗，然而军队差不多打光了；在新城勉力坚守，那里幸存下来的百姓也够辛苦的。我听说功劳大的人容易招来危险；百姓穷困就会怨恨统治者。守着容易招来危险的功业而与强大秦国对抗，我私下里都替您感到危险。

"秦国之所以十五年不出兵函谷关去进攻齐国、赵国，那是因为它在暗中策划，有统一天下的野心。楚国曾经与秦国发生冲突，双方在汉中交战，楚国没有取得胜利，却有七十多个列侯执珪者战死，于是楚国丢掉了汉中。大王大怒，起兵袭击秦国，在蓝田展开决战。这就是所谓两只老虎互相搏杀。秦国、楚国互相都受到很大损伤，而韩国、魏国就可以在后面以完整的国力来加以制服，天下没有比这更危险的计策了。希望您好好考虑。

"秦国出兵攻取卫国的阳晋，就好比扼住了天下的心脏地带。这时，您发动所有的军队攻打宋国。用不了几个月，就可攻取宋国，攻取宋国后，您再向东用兵，那么泗水边上的许多小国都将为您所有。

"天下人中要求诸侯各国合纵结盟并坚守盟约的是苏秦，苏秦被封为武安君，任燕相，但私下里与燕王谋伐攻破齐国，并瓜分它的土地；他假装有罪而逃奔到齐国，齐王接纳了他，并让他任相位；过了两年，齐王觉察了他的阴谋，大怒，在市集车裂了他。就凭一个狡诈虚伪的苏秦就想来经营天下，让诸侯各国联合，它注定不能成功，这是很显然的。

"现在，秦国与楚国交界，本来就是地形上亲近的国家。您如果确实能听从我的计谋，我请求让秦国太子前来楚国做人质，楚国太子前往秦国为人质，请让秦国女子做您的侍妾，献上有万户人家的大都市以供您汤沐之用。秦楚两国永为兄弟之国，永远不互相攻伐。我认为，天下没有比这更好的计策。"

当时，楚怀王已得到了张仪，但又不愿把黔中之地献给秦国，于是就想答应张仪。屈原说："上次您被张仪欺骗，张仪既然来了，我以为您必会烹杀他；您现在纵使不忍心杀他，也不能听信他的邪妄之说。"楚怀王说："答应张仪可以保留黔中之地，这是很有利的事。我不能许诺后又反悔。"最终，楚怀王答应了张仪，与秦国结交。

【原文】

张仪去楚，因遂之韩，说韩王曰："韩地险恶山居，五谷所生，非菽而麦，民之食大抵菽饭藿羹。一岁不收，民不餍糟糠①。地不过九百里，无二岁之食。料大王之卒，悉之不过三十万，而厮徒负养②在其中矣。除守徼亭障塞③，见卒不过二十万而已矣。秦带甲百馀万，车千乘，骑万匹，虎贲之士跿跔科头贯颐奋戟者，至不可胜计。秦马之良，戎兵之众，探前趹后蹄间三寻腾者④，不可胜数。山东之士被甲蒙胄以会战，秦人捐甲徒裼以趋敌⑤，左挈人头，右挟生虏。夫秦卒与山东之卒，犹孟贲之与怯夫；以重力相压，犹乌获之与婴儿。夫战孟贲、乌获之士以攻不服之弱国，无异垂千钧之重于鸟卵之上，必无幸矣。

"夫群臣诸侯不料地之寡，而听从人之甘言好辞⑥，比周以相饰也，皆奋曰'听吾计可以强霸天下'。夫不顾社稷之长利而听须臾之说，诖⑦误人主，无过此者。

"大王不事秦，秦下甲据宜阳，断韩之上地，东取成皋、荥阳，则鸿台之宫、桑林之苑非王之有也⑧。夫塞成皋，绝上地，则王之国分矣。先事秦则安，不事秦则危。夫造祸而求其福报，计浅而怨深，逆秦而顺楚，虽欲毋亡，不可得也。

"故为大王计，莫如为秦。秦之所欲莫如弱楚，而能弱楚者莫如韩。非以韩能强于楚也，其地势然也。今王西面而事秦以攻楚，秦王必喜。夫攻楚以利其地，转祸而说秦，计无便于此者。"

韩王听议计。张仪归报。秦惠王封仪五邑，号曰武信君。

【注释】

①餍：饱。糟糠：酒渣、谷皮，比喻粗劣的食物。

②厮徒负养：泛指勤杂人员。厮徒，杂役。负养，为朝廷负担给养的后勤人员。

③徼亭：设在边境上的驿亭。徼，边界。障塞：屏障要塞。塞，边境险要的地方。

④探前趹后：骏马奔驰，前蹄扬起，后蹄腾空的姿态。寻：古代长度单位，八尺为一寻。

⑤被甲蒙胄：穿着用皮革或金属做成的护身衣，戴着头盔。被，通"披"，穿。胄，头盔。捐甲：脱掉铠甲，以示勇敢。徒裼：赤足露身。裼，解开或脱去外衣，露出内衣或身体。

⑥甘言好辞：甜言蜜语。

⑦诖：读guà，连累。

⑧鸿台之宫、桑林之苑：都韩国宫苑。苑，畜养禽兽、种植林木的园林。

【译文】

张仪离开楚国后，到了韩国。他游说韩王："韩国所处之地地势险恶，老百姓大多住在山上，所出产的五谷不是菽就是麦，老百姓吃的大多是豆子饭、豆叶汤。一年没有收成，老百姓就会觉得糟糠都是好东西。韩国所占土地不超过九百里，没有可以吃上两年的粮食储备。料想您的士卒，全部加起来不超过三十万，且还包括勤杂兵和搬运工在内。除了防守驿亭边塞的人，能调动的军队不过二十万而已。秦国则有军队一百余万，一千辆战车，一万匹战马，那些勇猛跳跃、奋不顾身、持戟直闯敌阵的人不可胜数。秦国战马精良，士兵众多，那些一跃而达三寻的马数不胜数。山东各国士兵都身披甲胄参加战斗，秦兵则脱甲光身冲向敌人，左手提着人头，右手挟着生擒的俘虏。秦兵与山东各国的士兵，就像是勇士孟贲与胆小鬼相比一样；用巨大的威力压下去，就像乌获对付婴儿一样。战争中用孟贲、乌获一样的勇士来攻打不驯服的弱国，就好像把千钧的重物压在鸟蛋上一样，鸟蛋一定无法幸存。

"群臣与诸侯不估量自己的土地狭小,却去听从主张合纵的人的甜言蜜语,勾结起来互相掩饰,都奋然说'听从我的计策可以称霸天下'。不顾国家的长远利益而听从一时之说,贻误君主,天下没有比这更严重的了。

"您如果不服侍秦国,秦国出兵占据宜阳,截断通向韩国上地的通道,向东攻取成皋、荥阳,那么鸿台的宫室、桑林的苑囿就不再为您所有。秦国堵塞了成皋,截断了上地的交通,那么您的国家就被分割了。您归顺秦国,则国家安定;不归顺秦国,国家就危险了。制造了祸端却想求得福报,计策浅陋而结下很深的怨仇,背叛秦国而归顺楚国,您即使想不灭亡,也是做不到的。

"所以,我为您着想,您不如帮助秦国。秦国最希望的事是削弱楚国,而能使楚国削弱的就是韩国。这并不是因为韩国比楚国强大,而是因为地势的缘故。现在您向西归顺秦国攻打楚国,秦王一定很高兴。攻击楚国而占领它的土地,转嫁祸患而使秦国高兴,天下没有比这更好的计策了。"

韩王听从了张仪的计策。张仪回秦国报告后,秦惠王封了张仪五个城邑,封号武信君。

【原文】

使张仪东说齐湣王曰:"天下强国无过齐者,大臣父兄殷①众富乐。然而为大王计者,皆为一时之说,不顾百世之利。从人说大王者,必曰:'齐西有强赵,南有韩与梁。齐,负海之国也,地广民众,兵强士勇,虽有百秦,将无奈齐何。'大王贤其说而不计其实。夫从人朋党比周②,莫不以从为可。臣闻之,齐与鲁三战而鲁三胜,国以危,亡随其后,虽有战胜之名,而有亡国之实。是何也?齐大而鲁小也。今秦之与齐也,犹齐之与鲁也。秦、赵战于河、漳之上,再战而赵再胜秦;战于番吾之下,再战又胜秦。四战之后,赵之亡卒数十万,邯郸仅存,虽有战胜之名而国已破矣。是何也?秦强而赵弱。

"今秦、楚嫁女娶妇,为昆弟之国。韩献宜阳,梁效河外;赵入朝渑池,割河间以事秦。大王不事秦,秦驱韩、梁攻齐之南地,悉赵兵渡清河,指博关、临菑、即墨非王之有也。国一日见攻,虽欲事秦,不可得也。是故愿大王孰计之也。"

齐王曰："齐僻陋，隐居东海之上，未尝闻社稷之长利也。"乃许张仪。

【注释】

①殷：富足、富裕。
②朋党比周：此处指结党营私、排斥异己。

【译文】

秦惠王派张仪向东去劝说齐湣王："天下没有比齐国更强大的国家，齐国百姓众多，富足安乐。但是替大王谋划的人都是只顾眼前的一时之说，而不顾将来百世的利益。主张合纵的人劝说您，一定会说：'齐国西面有强大的赵国，南面有韩国与魏国。齐国是背靠大海的国家，土地辽阔，百姓众多，军队强大，士卒勇敢，即使有十个秦国，对齐国也将无可奈何。'您认为这种说法很对却未能考虑到其中的实质内容。主张合纵的人勾结成党，没有人认为合纵是不好的。我听说，齐国与鲁国打了三仗，三次都是鲁国胜，但鲁国却面临危险，灭亡也随之而来。虽然名义上是战胜了，实则上却亡了国。这是为什么呢？是因为齐国强大而鲁国弱小。现在的秦国与齐国相比，与齐国和鲁国相比一样。秦国与赵国在黄河、漳水间作战，两次交战，赵国两次战胜了秦国；两国在番吾城下交战，两次交战，赵国又赢了。这四次战争下来，赵国死亡的士兵达数十万，却仅仅保住了都城邯郸。虽然有了战胜的名声，但国家已经残破了。这是为什么呢？是因为秦国强而赵国弱。

"现在，秦国和楚国之间互相嫁娶，成为兄弟之国。韩国向秦国奉献了宜阳，魏国献上了河外，赵国到渑池朝拜秦王，割让河间之地以服侍秦国。您如果不归顺秦国，秦国就会驱使韩国、魏国攻打齐国南边的土地，发动赵国的全部军队渡过清河，直指北关，那么临菑、即墨就不再为您所有。齐国一旦被进攻，即使想要臣事秦国，也做不到了。所以，我希望大王您好好地想一想。"

齐湣王说："齐国所处之地偏僻鄙陋，僻居于东海边上，未曾听说过对国家有长远利益的计策。"于是，他听从了张仪的建议。

【原文】

张仪去，西说赵王曰："敝邑①秦王使使臣效愚计于大王。大王收率天下以宾秦，秦兵不敢出函谷关十五年。大王之威行于山东，敝邑恐惧慑伏②，缮甲厉兵，饰车骑，习驰射，力田积粟，守四封之内，愁居慑处，不敢动摇，唯大王有意督过③之也。

"今以大王之力，举巴、蜀，并汉中，包两周，迁九鼎，守白马之津。秦虽僻远，然而心忿含怒之日久矣。今秦有敝甲凋兵，军于渑池，愿渡河逾漳，据番吾，会邯郸之下，愿以甲子合战，以正殷纣之事，敬使使臣先闻左右。

"凡大王之所信为从者恃苏秦。苏秦荧惑诸侯，以是为非，以非为是，欲反齐国，而自令车裂于市。夫天下之不可一④亦明矣。今楚与秦为昆弟之国，而韩、梁称为东藩之臣⑤，齐献鱼盐之地，此断赵之右臂也。夫断右臂而与人斗，失其党而孤居，求欲毋危，岂可得乎？

"今秦发三将军：其一军塞午道，告齐使兴师渡清河，军于邯郸之东；一军军成皋，驱韩、梁军于河外；一军军于渑池。约四国为一以攻赵，赵破，必四分其地。是故不敢匿意隐情，先以闻于左右。臣窃为大王计，莫如与秦王遇于渑池，面相见而口相结，请案兵无攻，愿大王之定计。"

赵王曰："先王⑥之时，奉阳君专权擅势，蔽欺先王，独擅绾事，寡人居属师傅，不与国谋计。先王弃群臣⑦，寡人年幼，奉祀之日新⑧，心固窃疑焉，以为一从不事秦，非国之长利也。乃且愿变心易虑⑨，割地谢前过以事秦。方将约车趋行，适闻使者之明诏。"

赵王许张仪，张仪乃去。

【注释】

①敝邑：对自己国家的谦称。

②慴伏：通"慑服"，指因畏惧威势而屈服。

③督过：深责其过失。

④一：此处指统一。

⑤东藩之臣：东方属国。藩，分封或臣服的属国。

⑥先王：此处指赵武灵王的父亲赵肃侯。先，对去世的人的尊称，多指上代或长辈。

⑦弃群臣：抛弃群臣。此处是对国君死亡的委婉说法。

⑧奉祀：主持祭祀。此处指即位当政。

⑨变心易虑：改变心志、另图打算。

【译文】

张仪离开齐国后，向西游说赵王："敝国秦王派使臣向您献上愚笨的计策。您收拢天下各国以对抗秦国，使秦国的军队十五年不敢出函谷关。您的威势盛行于山东各国，使秦国恐惧畏伏，只好整治军队，秣马厉兵，训练战车战马，练习骑马射击，致力于耕作，积聚粮食，守住国家的四面边境，忧愁害怕地生活着，不敢轻举妄动，唯恐您起意进攻。

"现在，凭着您的力量，秦国已经攻取了巴、蜀，吞并了汉中，包围了东西两周，搬迁了九鼎，守住了白马要津。秦国虽然地处僻远，但是心怀仇恨愤怒已经很久了。现在，秦国有凋敝的军队驻扎在渑池，想渡过黄河，越过漳水占据番吾，进军邯郸，想在甲子日那天与赵军会战，以仿效武王伐纣的故事，所以先派使臣恭敬地告诉您。

"您之所以相信合纵之策是因为依靠苏秦。苏秦迷惑诸侯各国，颠倒是非，他想要反对齐国，结果自己在集市上被车裂。天下不可合一，这已经十分明显了。现在，楚国与秦国结为兄弟之国，而韩国、魏国已成为秦国东边的藩属臣国，齐国献上了鱼盐之地，这相当于砍断了赵国的右臂。一个人断了右臂而与人搏斗，失去了党羽而孤独地居住，想求得平安，怎么可能呢？

"现在秦国派遣三位将军：其中一位领军堵塞午道，告诉齐国让他出兵渡过清河，驻军于邯郸东面；一位将军领兵驻扎成皋，驱使韩国、魏国的军队驻军河外；一位将军领军驻扎渑池。联合四个国家的力量攻打赵国，赵国被攻破后，一定会四分赵国的土地。所以，我不敢隐匿实情，先把这个消息告诉您。我私下里替您考虑，不如与秦王在渑池相会，见面时口头约定，请求秦王停止用兵。我希望您早日决定对策。"

赵王说："先王在时，奉阳君把持权势，欺骗先王，独断专行。我跟随师傅学习，不参与国家大事的谋划。先王去世时，我年纪还小，继位时间不长，心里本来也是有疑虑的，认为采取合纵之策，不服侍秦国，不符合国家的长远利益。于是我就想改变原来的想法，割让土地，向秦国谢罪以服侍秦国。我刚想准备车辆前往，恰巧听到了您明确的诏示。"

赵王于是答应了张仪，张仪离开了赵国。

【原文】

北之燕，说燕昭王曰："大王之所亲莫如赵。昔赵襄子尝以其姊为代王妻，欲并代，约与代王遇于句注之塞。乃令工人作为金斗，长其尾①，令可以击人。与代王饮，阴告厨人曰：'即酒酣乐，进热啜，反斗以击之。'于是酒酣乐，进热啜，厨人进斟②，因反斗以击代王，杀之，王脑涂地。其姊闻之，因摩笄以自刺③，故至今有摩笄之山。代王之亡，天下莫不闻。

"夫赵王之很戾无亲④，大王之所明见。且以赵王为可亲乎？赵兴兵攻燕，再围燕都而劫大王，大王割十城以谢。今赵王已入朝渑池，效河间以事秦。今大王不事秦，秦下甲云中、九原，驱赵而攻燕，则易水、长城非大王之有也。

"且今时赵之于秦犹郡县也，不敢妄举师以攻伐。今王事秦，秦王必喜，赵不敢妄动，是西有强秦之援，而南无齐、赵之患，是故愿大王孰计之。"

燕王曰："寡人蛮夷僻处，虽大男子，裁如婴儿，言不足以采正计。今上客幸教之，请西面而事秦，献恒山之尾五城。"燕王听仪。

仪归报，未至咸阳而秦惠王卒，武王立。武王自为太子时不说张仪，及即位，群臣多谗张仪曰："无信，左右卖国以取容。秦必复用之，恐为天下笑。"

诸侯闻张仪有郤⑤武王，皆畔衡，复合从。

【注释】

①尾：斗柄，形如刀。

②斟：汤匙，此处指金斗。

③摩：通"磨"，物体相摩擦。笄：古代盘头发或别住帽子用的簪子。

④很戾无亲：凶暴乖张、六亲不认。很，通"狠"，凶暴的意思。戾，乖张，不讲情理的意思。

⑤郤：裂缝。此处比喻感情上的裂痕。

【译文】

张仪往北到了燕国，他对燕昭王说："您最亲近的国家没有比得上赵国的。过去，赵襄子曾经把他的姐姐嫁给代王，还想吞并代国，与代王相约于句注山的要塞相会，他令工匠制作了一个金斗，斗柄打得很长，使它可以用来杀人。与代王一起喝酒时，赵襄子暗中对厨师说：'喝酒正酣时，上一道热羹，趁机把金斗反过来击杀他。'于是，当大家喝酒喝得正畅快时，捧来了热羹，厨师上来盛汤，趁机反转金斗击中代王，击杀了他，代王的脑浆流了一地。赵襄子的姐姐听说后，便磨尖发簪自杀了，所以至今还有一座名叫摩笄的山。代王之死，天下没有人不知道的。

"赵王狠戾，不讲亲情，您明明看到了，还认为赵王值得亲近吗？赵国曾经发兵攻打燕国，两次围住燕国国都并胁迫您，您只好割让十座城池以示谢罪。现在赵王已到渑池向秦王朝拜，献上河间之地并服侍秦国。假如现在您不服侍秦国，秦国出兵云中、九原，驱使赵国的军队攻打燕国，那么易水、长城就不再为您所有了。

"况且，现在赵国对秦国来说就好比秦国的一个郡县，不敢轻易地兴兵与秦国交战。现在您服侍秦国，秦王一定高兴，赵国一定不敢轻举妄动，这样，燕国西面有强大的秦国支援，而南面没有了齐国和赵国的祸患，所以，我希望您好好地考虑一下。"

燕昭王说："我像处于偏僻之地的蛮夷之徒，虽然是个大男子，决断事情却像婴儿一样幼稚，无法采纳正确的计策。现在，幸好有你教我，我请求向西服侍秦国，献上恒山脚下的五座城池。"

燕昭王听从了张仪的建议。张仪回到秦国报告，还没有到咸阳，秦惠王去世了，秦武王继位。秦武王从做太子时就不喜欢张仪。等到他继位，群臣中就有许多人毁谤张仪："张仪这个人不守信，反复无常，以卖国来求得地位。秦国如果再次用他的话，恐怕会被天下人讥笑。"

诸侯各国听说张仪与秦武王有隔阂，都背叛了连横，恢复原来的合纵政策。

【原文】

秦武王元年，群臣日夜恶①张仪未已，而齐让又至。张仪惧诛，乃因谓秦武王曰："仪有愚计，愿效之②。"王曰："奈何？"对曰："为秦社稷计者，东方有大变，然后王可以多割得地也。今闻齐王甚憎仪，仪之所在，必兴师伐之。故仪愿乞其不肖之身之梁，齐必兴师而伐梁。梁、齐之兵连于城下而不能相去，王以其间伐韩，入三川，出兵函谷而毋伐，以临周，祭器③必出。挟天子，按图籍，此王业也。"秦王以为然，乃具革车三十乘，入仪之梁。齐果兴师伐之。梁哀王恐。张仪曰："王勿患也，请令罢齐兵。"乃使其舍人冯喜之楚，借使之齐，谓齐王曰："王甚憎张仪，虽然，亦厚矣王之托仪于秦也！"齐王曰："寡人憎仪，仪之所在，必兴师伐之，何以托仪？"对曰："是乃王之托仪也。夫仪之出也，固与秦王约曰：'为王计者，东方有大变，然后王可以多割得地。今齐王甚憎仪，仪之所在，必兴师伐之。故仪愿乞其不肖之身之梁，齐必兴师伐之。齐、梁之兵连于城下而不能相去，王以其间伐韩，入三川，出兵函谷而无伐，以临周，祭器必出。挟天子，案图籍，此王业也。'秦王以为然，故具革车三十乘而入之梁也。今仪入梁，王果伐之，是王内罢国而外伐与国，广邻敌以内自临，而信仪于秦王也。此臣之所谓'托仪'也。"齐王曰："善。"乃使解兵④。

张仪相魏一岁，卒于魏也。

【注释】

①恶：诋毁、中伤的意思。
②效：此处指进献。
③祭器：祭祀所用的礼器。
④解：停止、解除。

【译文】

秦武王元年，群臣日夜不断地诽谤张仪，齐国又派人责备张仪。张仪害怕被杀，于是就对秦武王说："我有愚笨的计策，希望能献给大王。"秦武王问："什么计策？"张仪回答说："替秦国考虑，必须等东方各国发生大乱，您才能占领更多的地方。现在我听说齐王很憎恨我，我在什么地方，齐国一定会起兵攻打什么地方。所以，我请求您让我到魏国，齐国一定会起兵攻打魏国。魏齐两国军队在城下作战，谁都无法抽身，您就可以趁机攻打韩国，进入三川，兵出函谷关但不攻伐别的国家，直逼周都，周天子一定会献出国家祭器。然后，您就可以挟持天子，掌握天下的地图和户籍，这是称王天下的功业。"秦武王认为张仪说得对，就准备了三十辆车，让张仪去魏国。

齐国果然出兵攻打魏国。魏哀王很害怕，张仪对他说："您不要担心，请让我去退齐兵。"于是，张仪派他的门客冯喜到楚国，充作楚国的使者到齐国，对齐王说："您很憎恨张仪，虽然如此，但您让张仪托身于秦国，已经很厚待他了。"齐王说："我憎恨张仪，张仪所在之地，我一定会派兵前去攻打，这怎么说是使张仪有托身之处呢？"冯喜回答说："这确实是您使张仪有托身之处。张仪离开秦国时，就与秦王相约说：'替大王考虑，必须使东方动乱，然后才能发兵占领更多的地方。现在齐王很憎恨我，我在什么地方，齐国一定会起兵攻打什么地方。所以，我请求让我到魏国。齐国一定会起兵攻打魏国。魏齐两国军队在城下作战，谁都无法抽身，您就可以趁机攻打韩国，进入三川，兵出函谷关但不攻伐别的国家，逼临周都，周天子一定会献出国家祭器。然后，您就可以挟持天子，掌握天下的地图和户籍，这是称王天下的功业。'秦王认为他说得对，所以准备了三十辆车，让他到魏国。现在，张仪进入魏国，您果然派兵攻打。这是您内耗国力而外面与结交的国家互相攻伐，广树敌人而使自己的国家受到威胁，却让张仪取得了秦王的信任。这就是我所说的您使张仪有了托身之处。"齐王说："你说得对。"便派人撤兵。

张仪在魏国做了一年相国，就死在了魏国。

【编后语】

春秋时，与"合纵"相对应的是"连横"。而相对"合纵"，"连横"的影响更大，直接推动了秦朝统一天下的进程。因而，司马迁在《苏秦列传》后就不惜笔墨洋洋洒洒地写了《张仪列传》，专门讲述主张"连横"的名家张仪、陈轸等人的事迹。本书选取了张仪传，省略了陈轸传和司马迁的评论。阅读此篇，我们将会对战国时代的"连横"有一个全面而深入的了解，也对战国的基本时代特征有一个较为深入的了解。

白起王翦列传

【原文】

白起者，郿人也。善用兵，事秦昭王。

昭王十三年，而白起为左庶长，将而击韩之新城。是岁，穰侯相秦，举任鄙以为汉中守。其明年，白起为左更，攻韩、魏于伊阙，斩首二十四万，又虏其将公孙喜，拔五城。起迁为国尉。涉河取韩安邑以东，到乾河。明年，白起为大良造。攻魏，拔之，取城小大六十一。明年，起与客卿错攻垣城，拔之。后五年，白起攻赵，拔光狼城。后七年，白起攻楚，拔鄢、邓五城。其明年，攻楚，拔郢，烧夷陵，遂东至竟陵。楚王亡去郢，东走徙陈。秦以郢为南郡。白起迁为武安君。武安君因取楚，定巫、黔中郡。

昭王三十四年，白起攻魏，拔华阳，走芒卯，而虏三晋将①，斩首十三万。与赵将贾偃战，沈②其卒二万人于河中。

昭王四十三年，白起攻韩陉城，拔五城，斩首五万。

四十四年，白起攻南阳太行道，绝之③。

四十五年，伐韩之野王。野王降秦，上党道绝。其守冯亭与民谋曰："郑道已绝，韩必不可得为民。秦兵日进，韩不能应，不如以上党归赵。赵若受我，秦怒，必攻赵。赵被兵，必亲韩。韩、赵为一，则可以当秦。"因使人报赵。赵孝成王与平阳君、平原君计之。平阳君曰："不如勿受。受之，祸大于所得。"平原君曰："无故得一郡，受之便④。"赵受之，因封冯亭为华阳君。

四十六年，秦攻韩缑氏、蔺，拔之。

【注释】

①三晋将：此处指赵国和魏国的将领。三晋，春秋末晋国被韩、赵、魏三家瓜分并各立为国，故称"三晋"。

②沈：通"沉"。

③绝：断绝、截断的意思。

④便：有利。

【译文】

白起，郿邑人。善于用兵，服侍秦昭王。

秦昭王十三年，白起担任左庶长，领兵攻击韩国的新城。这一年，穰侯魏冉在秦国任相，举荐任鄙为汉中郡守。第二年，白起出任左更，率军在伊阙攻打韩国和魏国，斩首二十四万，又俘虏了将领公孙喜，攻下五座城池。白起升为国尉。他率军渡过黄河，攻取了韩国安邑以东一直到乾河的地方。第二年，白起出任大良造。率军攻打魏国，取得了胜利，攻取了大大小小六十一座城池。又过了一年，白起与客卿司马错一起率军攻占了垣城。又过了五年，白起率军攻打赵国，占领了光狼城。又过了七年，白起率军攻打楚国，攻克了鄢、邓等五座城池。第二年，白起率军攻打楚国，占领了郢都，烧毁了夷陵，并向东进军竟陵。楚王逃出了郢都，向东逃跑，迁都于陈。秦国以郢都为它的南郡。白起被任命为武安君。白起又攻打楚国，占领了巫郡和黔中郡。

秦昭王三十四年，白起率军攻打魏国，攻克了华阳，击走芒卯，俘虏了赵国和魏国的将领，斩首十三万。他与赵国将领贾偃交战，把两万赵国降卒沉于河中。

秦昭王四十三年，白起率军攻打韩国的陉城，攻克了五座城池，斩首五万。

秦昭王四十四年，白起率军攻打南阳太行道，断绝了太行山的交通。

秦昭王四十五年，白起率军攻打韩国的野王。野王投降秦国，使得上党与都城新郑的联系中断。上党郡守冯亭与百姓们谋划，说："上党通往新郑的道路已断，韩国一定不会再把我们当臣民。秦军日益进逼，韩国难以救援，不如把上党送给赵国。赵国如果接受了上党,秦国必然愤怒,一定会攻打赵国。赵国受攻击,一定会与韩国结交。韩国与赵国合一,就可以抵挡秦国了。"于是,冯亭就派人向赵国报告。赵孝成王与平阳君、平原君一起商量此事。平阳君说:"不如不要接受,一旦接受,带来的祸患比得到的好处大得多。"平原君说:"平白无故得到一个郡,当然只接受它好。"赵国于是接受了上党,并封冯亭为华阳君。

秦昭王四十六年,秦国攻打韩国的缑氏、蔺,并占领了它。

【原文】

四十七年,秦使左庶长王龁攻韩,取上党。上党民走赵。赵军长平,以按据上党民。四月,龁因攻赵。赵使廉颇将。赵军士卒犯秦斥兵,秦斥兵斩赵裨将茄。六月,陷赵军,取二鄣四尉。七月,赵军筑垒壁而守之。秦又攻其垒,取二尉,败其阵,夺西垒壁。廉颇坚壁以待秦,秦数挑战,赵兵不出。赵王数以为让。而秦相应侯又使人行千金于赵为反间①,曰:"秦之所恶,独畏马服子赵括将耳,廉颇易与,且降矣。"赵王既怒廉颇军多失亡,军数败,又反坚壁不敢战,而又闻秦反间之言,因使赵括代廉颇将以击秦。秦闻马服子将,乃阴②使武安君白起为上将军,而王龁为尉裨将,令军中有敢泄武安君将者斩。赵括至,则出兵击秦军。秦军详败而走,张二奇兵以劫之。赵军逐胜③,追造秦壁。壁坚拒不得入,而秦奇兵二万五千人绝赵军后,又一军五千骑绝赵壁间,赵军分而为二,粮道绝。而秦出④轻兵击之。赵战不利,因筑壁坚守,以待救至。秦王闻赵食道绝,王自之河内,赐民爵各一级,发年十五以上悉诣长平,遮绝赵救及粮食。

至九月,赵卒不得食四十六日,皆内阴相杀食。来攻秦垒,欲出。为四队,四五复之⑤,不能出。其将军赵括出锐卒自搏战,秦军射杀赵括。括军败,卒四十万人降武安君。武安君计曰:"前秦已拔上党,上党民不乐为秦而归赵。赵卒反覆,非尽杀之,恐为乱。"乃挟诈而尽坑杀之⑥,遗其小者二百四十人归赵。前后斩首虏四十五万人。赵人大震。

四十八年十月，秦复定上党郡。秦分军为二：王龁攻皮牢，拔之；司马梗定太原。韩、赵恐。使苏代厚币说秦相应侯曰："武安君禽马服子乎？"曰："然。"又曰："即围邯郸乎？"曰："然。""赵亡则秦王王矣，武安君为三公。武安君所为秦战胜攻取者七十馀城，南定鄢、郢、汉中，北禽赵括之军，虽周、召、吕望之功不益于此矣。今赵亡，秦王王，则武安君必为三公⑦，君能为之下乎？虽无欲为之下，固不得已矣。秦尝攻韩，围邢丘，困上党，上党之民皆反为赵，天下不乐为秦民之日久矣。今亡赵，北地入燕，东地入齐，南地入韩、魏，则君之所得民亡几何人。故不如因而割之，无以为武安君功也。"于是应侯言于秦王曰："秦兵劳，请许韩、赵之割地以和，且休士卒。"王听之，割韩垣雍、赵六城以和。正月，皆罢兵。武安君闻之，由是与应侯有隙。

其九月，秦复发兵，使五大夫王陵攻赵邯郸。是时武安君病，不任行。四十九年正月，陵攻邯郸，少利，秦益发兵佐陵。陵兵亡五校。武安君病愈，秦王欲使武安君代陵将。武安君言曰："邯郸实未易攻也。且诸侯救日至，彼诸侯怨秦之日久矣。今秦虽破长平军，而秦卒死者过半，国内空。远绝⑧河山而争人国都，赵应其内，诸侯攻其外，破秦军必矣。不可。"秦王自命，不行；乃使应侯请之，武安君终辞不肯行，遂称病。

秦王使王龁代陵将，八九月围邯郸，不能拔。楚使春申君及魏公子将兵数十万攻秦军，秦军多失亡。武安君言曰："秦不听臣计，今如何矣！"秦王闻之，怒，强起武安君，武安君遂称病笃。应侯请之，不起。于是免武安君为士伍⑨，迁之阴密。武安君病，未能行。居三月，诸侯攻秦军急，秦军数却，使者日至。秦王乃使人遣白起，不得留咸阳中。

武安君既行，出咸阳西门十里，至杜邮。秦昭王与应侯群臣议曰："白起之迁，其意尚怏怏不服，有馀言⑩。"秦王乃使使者赐之剑，自裁。武安君引剑将自刭，曰："我何罪于天而至此哉？"良久，曰："我固当死。长平之战，赵卒降者数十万人，我诈而尽坑之，是足以死。"遂自杀。武安君之死也，以秦昭王五十年十一月。死而非其罪，秦人怜之，乡邑皆祭祀焉。

【注释】

①应侯：即范雎。反间：指在敌人内部制造矛盾、纠纷。

②阴：暗地里。

③逐胜：乘胜追击。

④出：指冲出敌围。

⑤四五复之：连续四五次反复冲击。

⑥挟诈：暗用欺骗诡计。坑杀：活埋之意。

⑦三公：指辅佐国君掌握军政大权的最高长官。

⑧绝：渡过、越过。

⑨免武安君为士伍：免掉武安君的官爵，令其与士卒为伍。

⑩馀言：多余的话。此处指怨言。

【译文】

秦昭王四十七年，秦国派左庶长王龁率军攻打韩国，夺取了上党。上党的老百姓逃到赵国。赵国驻军在长平，以安抚上党的老百姓。这年四月，王龁率军攻打赵国。赵国派廉颇领兵抵抗。赵国士兵侵袭秦国侦察兵，秦国侦察兵杀了赵国的一位名叫茄的副将。六月，秦军攻破赵军，夺取了两座堡垒，俘虏了四个都尉。七月，赵军构筑壁垒来防守，秦国又攻破壁垒，俘虏了两个都尉，冲破了赵军的兵阵，夺取了西边的壁垒。廉颇加固壁垒，以对付秦国，秦国多次挑战，赵军就是不出战。赵王因此多次责备廉颇。而秦相范雎这时又派人到赵国，送去千金的贿赂，以实施反间计，散布谣言说："秦国只怕马服君赵奢的儿子赵括为赵国将领，廉颇容易对付，而且他也快要投降了。"赵王本来就对廉颇的军队多有损伤，屡屡失败，以及守在壁垒里不敢出战心怀不满，听到了秦国实施反间计而说的谣言，就派赵括代替廉颇为将，以出击秦军。秦国听说赵国已任赵括为将，于是暗暗地派武安君白起为上将军，以王龁为都尉副将，命令军中如果有人敢把武安君为上将军之事泄露出去就斩首。

赵括一上任，就命令赵军出击秦军。秦军假装败退，同时部署两支奇兵袭击赵军。赵军乘胜追击,追到秦军的壁垒下。秦军坚守壁垒,赵军无法攻入,这时,秦军的奇兵两万五千人已截断了赵军的后路,又一支五千人的骑兵截断了赵军与壁垒间的通道。这样,赵军就被一分为二,且供粮的道路也断了。秦国出动轻骑部队袭击赵军。赵军在战斗中失利,于是构筑壁垒坚守,以等待救援。秦王听说赵军的粮道已被断绝,就亲自到河内,给当地百姓各赐爵一级,征调年龄在十五岁以上的男子全部到长平当兵,以断绝赵国的救兵及粮食运输。

到了九月,赵国士兵已有四十六天吃不上粮食,全部暗中互相杀人来吃。于是,赵军被迫来攻打秦军的壁垒,想脱离包围。他们分成四队,但冲锋了四五次,都没有成功。赵国将军赵括亲自率领精锐士兵前来搏杀,被秦军射杀。赵括率领的军队大败,四十万士兵都投降了白起。白起谋划说:"上次秦国已经占领了上党,上党百姓不愿受秦国统治,归顺了赵国。赵国士兵反复无常,不全部杀了他们,恐怕他们会作乱。"于是,他用要挟讹诈的手段将赵军全部活埋,只留下年纪小的二百四十人,让他们回到赵国。这样,白起前后斩杀和俘虏了赵军四十五万人。赵国人万分震惊。

秦昭王四十八年十月,秦军再次平定上党郡。之后,秦军分为两支:王齕率军攻占皮牢,司马梗率军平定了太原。韩国和赵国十分惊恐,派苏代带着厚礼游说秦相范雎说:"武安君白起是不是擒杀了马服君赵奢的儿子赵括?"范雎说:"是的。"苏代又说:"秦军是不是马上要包围邯郸了?"范雎说:"是的。"苏代说:"赵国灭亡,秦王就可以在天下称王了,白起将做三公。白起替秦国战胜并攻取了七十多座城池,向南平定了鄢、郢、汉中,向北擒杀了赵括的军队,即使是周公、召公、姜子牙的功劳,都不会超过他。现在,赵国灭亡,秦王在天下称王,那么白起一定会被封为三公,您甘愿屈居于他之下吗?即使您不想屈居于他之下,也是不可能的。秦国曾经攻打韩国,包围邢丘,围困上党,上党的百姓都投奔赵国,天下人早就不愿意做秦国的臣民了。现在,秦国灭亡了赵国,赵国北边土地上的人归入燕国,东边土地上的人归入齐国,南边土地上的人归入韩国和魏国,那么您所得的百姓其实没有多少人。所以,您还不如乘机让赵国割地求和,不要再让白起立功。"于是,范雎对秦昭王说："秦国军队已经疲乏不堪，请同意韩国和赵国割地求和的请求，暂且休整军队。"秦昭王答应割取韩国的垣雍、赵国的六座城池后讲和。正月，各国都撤回了军队。白起听说此事后，与范雎有了矛盾。

这年九月，秦国再次出兵，秦王派五大夫王陵率军攻打赵国邯郸。当时，白起正生病，不能出征。

秦昭王四十九年正月，王陵率军攻打邯郸，收效不大，秦国就增加兵马帮助王陵。王陵损失了五支校尉的人马。白起病愈以后，秦昭王想让白起替代王陵为将。白起说："邯郸确实不易攻取。况且，诸侯各国的救援部队不日将至。那些诸侯国怨恨秦国已经很久了。现在，秦国虽然击败了长平的赵军，但秦国士兵也伤亡过半，国内空虚。远离自己的国土去争夺别人的国都，赵国在里面做内应，诸侯各国在外面夹攻，一定能打败秦军。所以，我们不能这样做。"秦昭王亲自命令他，白起都不答应。于是，秦昭王让范雎去请白起，白起还是推辞而不肯出发，于是称病。

秦昭王于是派王龁代替王陵领兵，王龁率军围攻邯郸八九个月，都不能攻下。楚国派春申君及魏公子带兵几十万攻打秦军，秦军死伤极多。白起说："大王不听从我的计策，现在怎么样！"秦昭王听说这些后，大怒，强迫白起去前线，白起于是推辞自己病重。范雎去请白起，他也不去。于是，秦昭王免去白起的职位，把他降为士兵，并把他迁到阴密。白起因为生病，未能成行。过了三个月，诸侯各国军队加紧攻打秦军，秦军连连败退，使者天天到来。秦昭王于是派人驱逐白起，不让他留在咸阳。

白起出发后，离开咸阳西城门十里，到达杜邮。秦昭王与范雎及群臣议论，说："白起迁居时，心中怏怏，尚不服气，有怨言。"秦昭王于是派使者赐给他一把剑，让他自杀。白起举剑将自杀时，说："我有什么得罪了上天？竟落到这个地步？"过一会儿，他说："我本来就该死。长平一战，赵国士兵几十万人投降，我用骗术活埋了他们，这就足够让我赴死了。"于是，白起自刎。白起死于秦昭王五十年十一月。白起不是犯罪当死，秦国人可怜他，各乡村中都祭祀他。

【编后语】

　　秦国统一东方六国不是偶然的，这与数任秦王以及众多能干的臣子长期的努力是分不开的。司马迁除了肯定张仪对秦国统一天下做出了巨大贡献外，还作了《樗里子甘茂列传》《穰侯列传》《白起王翦列传》，肯定对秦国贡献突出的文臣武将。本文直接从列传第十三《白起王翦列传》中选取了白起传，省略了王翦传和司马迁的评论。这并不意味着肯定白起的历史贡献而忽略其他人的历史贡献，而是因为白起的事迹最具有典型性，可以看出秦国文臣武将当时积极进取，全力为了秦国兼并天下而努力的精神风貌。

孟尝君列传

【原文】

孟尝君名文，姓田氏。文之父曰靖郭君田婴。田婴者，齐威王少子而齐宣王庶弟也①。田婴自威王时任职用事②，与成侯邹忌及田忌将而救韩伐魏。成侯与田忌争宠，成侯卖田忌。田忌惧，袭齐之边邑，不胜，亡走。会威王卒，宣王立，知成侯卖田忌，乃复召田忌以为将。宣王二年，田忌与孙膑、田婴俱伐魏，败之马陵，虏魏太子申而杀魏将庞涓。宣王七年，田婴使于韩、魏，韩、魏服于齐。婴与韩昭侯、魏惠王会齐宣王东阿南，盟而去。明年，复与梁惠王会甄。是岁，梁惠王卒。宣王九年，田婴相齐。齐宣王与魏襄王会徐州而相王也③。楚威王闻之，怒田婴。明年，楚伐败齐师于徐州，而使人逐田婴。田婴使张丑说④楚威王，威王乃止。田婴相齐十一年，宣王卒，湣王即位。即位三年，而封田婴于薛。

【注释】

①庶弟：庶母生的弟弟。

②用事：当权。

③相王：互相尊称为王。

④使：派遣。说：劝说、说服。

【译文】

孟尝君姓田名文。田文的父亲是靖郭君田婴。田婴是齐威王的小儿子、齐宣王庶母所生的弟弟。田婴从齐威王时就掌权任职，曾与成侯邹忌以及田忌一道率军去救援韩国，攻打魏国。后来，成侯邹忌与田忌为争得齐威王的宠信而互相怨恨。结果，成侯邹忌出卖了田忌。田忌很害怕，就率军偷袭齐国边境的城邑，没拿下，便逃跑了。这时，正赶上齐威王去世，齐宣王立为国君，齐宣王得知成侯邹忌陷害田忌，就又召回了田忌，并封他为将。

齐宣王二年，田忌跟孙膑、田婴一起率军攻打魏国，在马陵打败魏军，俘虏魏太子申，杀死了魏将庞涓。

齐宣王七年，田婴奉命出使韩国和魏国，使得韩国和魏国归服于齐国。田婴陪着韩昭侯、魏惠王在东阿的南面会见齐宣王，三国结盟缔约后才离开。第二年，齐宣王又与魏惠王在甄地盟会。同年，魏惠王去世。

齐宣王九年，田婴任齐国之相。齐宣王与魏襄王在徐州盟会，互相尊称为王。楚威王得知这件事，很讨厌田婴。第二年，楚国进攻齐国，在徐州打败齐军，便派人追捕田婴。田婴派张丑去劝说楚威王，楚威王才算罢休。

田婴在齐国任相十一年，齐宣王去世，齐湣王继位。齐湣王即位三年，赐封田婴于薛邑。

【原文】

初，田婴有子四十馀人，其贱妾有子名文，文以五月五日生。婴告其母曰："勿举也①。"其母窃举生之。及长，其母因兄弟而见其子文于田婴。田婴怒其母曰："吾令若去此子，而敢生之，何也？"文顿首，因曰："君所以不举五月子者，何故？"婴曰："五月子者，长与户齐②，将不利其父母③。"文曰："人生受命于天乎④？将受命于户邪？"婴默然。文曰："必受命于天，君何忧焉。必受命于户，则可高其户耳，谁能至者！"婴曰："子休矣。"

久之，文承间问其父婴曰："子之子为何？"曰："为孙。""孙之孙为何？"曰："为玄孙。""玄孙之孙为何？"曰："不能知也。"文曰："君用事相齐，至今三王矣，齐不加广而君私家富累万金，门下不见一贤者。文闻将门必有将，相门必有相。今君后宫蹈绮縠而士不得裋褐，仆妾馀粱肉而士不厌糟糠⑤。今君又尚厚积馀藏⑥，欲以遗所不知何人，而忘公家之事日损⑦，文窃怪之。"于是婴乃礼文，使主家待宾客。宾客日进，名声闻于诸侯。诸侯皆使人请薛公田婴以文为太子，婴许之。婴卒，谥为靖郭君。而文果代立于薛，是为孟尝君。

　　孟尝君在薛，招致诸侯宾客及亡人有罪者，皆归孟尝君。孟尝君舍业厚遇之⑧，以故倾天下之士。食客数千人，无贵贱一与文等。孟尝君待客坐语，而屏风后常有侍史⑨，主记君所与客语，问亲戚居处。客去，孟尝君已使使存问，献遗其亲戚。孟尝君曾待客夜食，有一人蔽火光。客怒，以饭不等，辍食辞去。孟尝君起，自持其饭比之。客惭，自刭。士以此多归孟尝君。孟尝君客无所择⑩，皆善遇之。人人各自以为孟尝君亲己。

　　秦昭王闻其贤，乃先使泾阳君为质于齐，以求见孟尝君。孟尝君将入秦，宾客莫欲其行，谏，不听。苏代谓曰："今旦代从外来，见木禺人与土禺人相与语。木禺人曰：'天雨，子将败矣。'土禺人曰：'我生于土，败则归土。今天雨，流子而行⑪，未知所止息也。'今秦，虎狼之国也，而君欲往，如有不得还，君得无为土禺人所笑乎？"孟尝君乃止。

【注释】

①举：养育、抚育。

②长与户齐：身高与门户相等。

③不利其父母：古人迷信，认为五月初五出生的孩子，男孩害父亲，女孩害母亲。

④受命于天：指人的命运由上天授予、安排。此处指古代统治者的骗人说法。

⑤仆妾：男仆女奴。粱：指饭食。厌：通"餍"，吃饱的意思。

⑥厚积馀藏：多积蓄，多储藏。

⑦公家：指齐国。日损：一天天地失势。损，失。

⑧舍业：舍弃家业。

⑨屏风：室内用来挡风和遮蔽视线的家具。侍史：古代为官员、贵族办

理文书的侍从人员。

⑩客无所择：对待食客并不挑拣。

⑪流子而行：水流冲着你走。

【译文】

当初，田婴有四十多个儿子，他的小妾生了个儿子叫田文，田文是五月初五出生的。田婴告诉田文母亲说："不要养活他。"可是，田文母亲还是偷偷地把他养活了。等他长大后，他母亲便通过他的兄弟把田文引见给田婴。田婴见了田文，恼怒地对他的母亲说："我让你把这个孩子丢了，你竟敢把他养活了，这是为什么？"田文母亲还没回答，田文就立即叩头大拜，接着反问田婴："您为什么不让养育五月生的孩子呢？"田婴回答说："五月出生的孩子，长到跟门户一样高时，就会害父害母。"田文问："人的命运是由上天授予的，还是由门户授予的？"田婴不知如何作答，沉默不语。田文接着说："如果是由上天授予的，您何必忧虑呢？如果是由门户授予的，那么只要加高门户就可以了，谁还能长到那么高呢！"田婴说："你不要说了！"

过了很长时间，田文趁空问田婴："儿子的儿子叫什么？"田婴回答说："孙子。"田文又问："孙子的孙子叫什么？"田婴回答说："叫玄孙。"田文又问："玄孙的玄孙叫什么？"田婴说："我不知道。"田文说："您执掌大权担任齐国宰相，到如今已经历三代君主了，可是齐国的领土没有增广，您自己家却积贮了万金财富，门下也看不到一位贤能之士。我听说，将军的门庭必出将军，宰相的门庭必出宰相。现在，您的妻妾使女穿的都是绫罗绸缎，而贤士却穿不上粗布短衣；您的男仆女奴有剩余的肉羹吃，而贤士却连糠菜也吃不饱。您还一个劲地增加积蓄，想留给那些连名都叫不上来的人，却忘记国家的局势一天不如一天。我私下里感到很奇怪。"

从此田婴改变了对田文的态度，器重他，让他主持家政，接待宾客。宾客们到田婴家来的也日益增多，田文的名声也随之传播到诸侯国中。各诸侯国都派人来请求田婴立田文为世子，田婴答应了。田婴去世后，齐王追谥他为靖郭君。田文在薛邑继承了田婴的爵位，称为孟尝君。

孟尝君田文在薛邑招揽各诸侯国的宾客以及犯罪逃亡的人，很多人归附到他的门下。田文宁肯舍家弃业也要给他们丰厚的待遇，因此，天下的贤士无不向往投靠他。他的食客有几千人，待遇不分贵贱，一律与自己相同。田文每当接待宾客，与宾客坐着谈话时，总是在屏风后安排一位侍史，让侍史记下他与宾客的谈话内容，记下所问宾客亲属的住处。宾客刚刚离开，田文就派人到宾客家里抚慰问候，献上礼物。有一次，田文招待宾客吃晚饭，有个人遮住了灯光，那个宾客很恼火，以为饭食的质量不同，放下碗筷就要辞别而去。田文立即站起来，亲自端着自己的饭食与他的相比。那个宾客惭愧得无地自容，就自杀表示谢罪。这件事后，有很多人都来投靠田文。田文对来到门下的宾客都热情接纳，不挑拣，无亲疏，一律给予优厚的待遇。所以，宾客人人都认为孟尝君田文与自己亲近。

秦昭王听说孟尝君贤能，就先派泾阳君到齐国做人质，并请求会见孟尝君。田文准备去秦国时，宾客们都不赞成，规劝他，他不听，执意前往。这时，有个叫苏代的宾客对他说："今天早上我从外面来，见到一个木偶人与一个土偶人正在交谈。木偶人说：'天一下雨，你就要坍毁了。'土偶人说：'我是由泥土制成的，即使坍毁，也要归回到泥土里。若天真的下起雨来，水流冲走你，可不知把你冲到哪里去了。'当今的秦国是如狼似虎的国家，而您执意前往，如果一旦回不来，那还不落个被土偶人嘲笑的下场吗？"田文听后，悟出了其中的道理，打消了去秦国的想法。

【原文】

齐湣王二十五年，复卒使孟尝君入秦，昭王即以孟尝君为秦相。人或说秦昭王曰："孟尝君贤，而又齐族也①，今相秦，必先齐而后秦，秦其危矣。"于是秦昭王乃止。囚孟尝君，谋欲杀之。孟尝君使人抵昭王幸姬求解②。幸姬曰："妾愿得君狐白裘。"此时孟尝君有一狐白裘，直千金，天下无双，入秦献之昭王，更无他裘。孟尝君患之，遍问客，莫能对。最下坐有能为狗盗者，曰："臣能得狐白裘。"乃夜为狗，以入秦宫臧中③，取所献狐白裘至，以献秦王幸姬。幸姬为言昭王，昭王释孟尝君。孟尝君得出，即驰去，更封传④，变名姓以出关。夜半至函谷关。秦昭王后悔出孟尝君，求之已去，即使人驰传逐之。孟尝君至关，关法鸡鸣而出客，孟尝君恐追至，客之居下坐者有能为鸡鸣，而鸡齐鸣，遂发传出。出如食顷⑤，秦追果至关，已后孟尝君出，乃还。始孟尝君列此二人于宾客，宾客尽羞之，及孟尝君有秦难，卒此二人拔之。自是之后，客皆服。

孟尝君过赵，赵平原君客之。赵人闻孟尝君贤，出观之，皆笑曰："始以薛公为魁然也，今视之，乃眇小丈夫耳。"孟尝君闻之，怒。客与俱者下，斫击杀数百人，遂灭一县以去。

齐湣王不自得⑥，以其遣孟尝君。孟尝君至，则以为齐相，任政。

【注释】

①齐族：指齐国国君的同姓亲属。

②抵：冒昧地求见。幸姬：宠爱的妾。解：解救。

③臧：通"藏"，此处指贮藏财物的仓库。

④封传：古代官府所发的出境或投宿驿站的凭证。

⑤食顷：吃顿饭的时间，不一会儿。

⑥不自得：自感无德，深感内疚。得，通"德"，道德的意思。

【译文】

齐湣王二十五年，齐湣王最终还是派田文到了秦国，秦昭王立即请田文做秦国相国。臣僚中有的人劝说秦昭王说："田文的确贤能，可他是齐王的同宗，现在任秦国国相，谋划事情必定先替齐国打算，之后才考虑秦国。这样，秦国可就危险了。"于是，秦昭王罢免了田文的相国职务。他把田文囚禁起来，图谋杀掉他。田文得知情况危急，就派人去求秦昭王的宠妾设法解救。那个宠妾提出条件说："我希望得到孟尝君的白色狐皮裘。"田文到秦国时，带了一件白色狐皮裘，价值千金，天下只此一件。到秦国后，他献给了秦昭王，再也没有别的皮裘。田文为了这件事发愁，问遍了宾客，谁也想不出办法。这时坐在末位的会偷鸡摸狗的宾客说:"我能拿到那件白色狐皮裘。"于是,他在夜间像狗一样钻入秦宫中的仓库,取出田文献给秦昭王的那件狐皮裘,拿回来献给了秦昭王的宠姬。宠姬得到后,替田文向秦昭王说情,秦昭王便释放了田文。田文获释后,立即乘快车逃离,更换了出境证件,改了姓名,逃出城关。夜半时分,他们就赶到了函谷关。秦昭王后悔放了田文,再寻找他,发现他已经逃走了,就立即派人驾上专车飞奔而去追捕他。田文一行赶到函谷关,按照关法规定,鸡叫时才能放来往客人通行,田文怕追兵赶到,万分焦急,有个位居末位的宾客会学鸡叫,他一学鸡叫,附近的鸡随着一齐叫了起来。他们便立即出示证件逃出了函谷关。出关后约莫一顿饭的工夫,秦国追兵就赶到了函谷关,但已落在田文后面了,只好回去。当初,田文把这两个人安排在宾客中时,别的宾客无不感到羞耻,脸上无光,等田文在秦国遭到劫难,最终靠着这两个人解救了他。自此后,宾客们都佩服田文广招宾客不分等级的做法。

田文经过赵国时,赵国平原君赵胜以贵客相待。赵国人听说田文贤能,都出来围观想一睹风采,见了后便都嘲笑说:"原来以为孟尝君是个魁梧的大丈夫,如今看到他,只不过是个瘦小的男人罢了。"田文听了那些揶揄他的话,大为恼火。随行的宾客、侍从跳下车来,砍杀了几百人,毁了一个县才离去。

齐湣王因为派遣田文去秦国而感到内疚。田文回到齐国后,齐湣王就让他做齐国相国,执掌国政。

【原文】

孟尝君怨秦,将以齐为韩、魏攻楚,因与韩、魏攻秦,而借兵食于西周。苏代为西周谓曰:"君以齐为韩、魏攻楚九年,取宛、叶以北以强韩、魏,今复攻秦以益之。韩、魏南无楚忧,西无秦患,则齐危矣。韩、魏必轻齐畏秦,臣为君危之。君不如令敝邑深合①于秦,而君无攻,又无借兵食。君临函谷而无攻,令敝邑以君之情谓秦昭王曰'薛公必不破秦以强韩、魏。其攻秦也,欲王之令楚王割东国以与齐,而秦出楚怀王以为和'。君令敝邑以此惠秦，秦得无破而以东国自免也，秦必欲之。楚王得出，必德齐。齐得东国益强，而薛世世无患矣。秦不大弱，而处三晋之西，三晋必重齐。"薛公曰："善。"因令韩、魏贺秦，使三国无攻，而不借兵食于西周矣。是时，楚怀王入秦，秦留之，故欲必出之。秦不果出楚怀王。

孟尝君相齐，其舍人魏子为孟尝君收邑入②，三反而不致一人。孟尝君问之，对曰："有贤者，窃假与之③，以故不致入。"孟尝君怒而退魏子。居数年，人或毁孟尝君于齐湣王曰："孟尝君将为乱。"及田甲劫湣王，湣王意疑孟尝君，孟尝君乃奔。魏子所与粟贤者闻之，乃上书言孟尝君不作乱，请以身为盟④，遂自刭宫门以明孟尝君。湣王乃惊，而踪迹验问⑤，孟尝君果无反谋，乃复召孟尝君。孟尝君因谢病，归老于薛。湣王许之。

其后，秦亡将吕礼相齐，欲困苏代。代乃谓孟尝君曰："周最于齐，至厚也，而齐王逐之，而听亲弗相吕礼者，欲取秦也⑥。齐、秦合，则亲弗与吕礼重矣。有用，齐、秦必轻君。君不如急北兵⑦，趋赵以和秦、魏，收周最以厚行，且反齐王之信，又禁天下之变⑧。齐无秦⑨，则天下集齐，亲弗必走，则齐王孰与为其国也！"于是孟尝君从其计，而吕礼嫉害于孟尝君。

孟尝君惧，乃遗秦相穰侯魏冉书曰："吾闻秦欲以吕礼收齐，齐，天下之强国也，子必轻矣。齐、秦相取以临三晋，吕礼必并相矣⑩，是子通齐以重吕礼也。若齐免于天下之兵，其仇子必深矣。子不如劝秦王伐齐。齐破，吾请以所得封子。齐破，秦畏晋⑪之强，秦必重子以取晋。晋国敝于齐而畏秦，晋必重子以取秦。是子破齐以为功，挟晋以为重；是子破齐定封，秦、晋交重子。若齐不破，吕礼复用，子必大穷。"于是穰侯言于秦昭王伐齐，而吕礼亡。

后齐湣王灭宋，益骄，欲去孟尝君。孟尝君恐，乃如魏。魏昭王以为相，西合于秦、赵，与燕共伐破齐。齐湣王亡在莒，遂死焉。齐襄王立，而孟尝君中立于诸侯，无所属。齐襄王新立，畏孟尝君，与连和，复亲薛公。文卒，谥为孟尝君。诸子争立，而齐、魏共灭薛。孟尝绝嗣无后也。

【注释】

①敝邑：古代对自己国家的自谦说法。此处指西周。深合：深切地交好。

②舍人：古时王公贵官的亲近侍从。邑入：封邑的租税收入。

③窃假与之：私自借用您的名义送给了他。假，借；与，给予。

④以身为盟：用生命立誓、担保。

⑤踪迹：依据行踪迹象追查。验问：验证、考问。

⑥取：取信于对方。这里是联合、结盟的意思。

⑦急北兵：急速向北方进兵。

⑧天下之变：指齐、秦联合后会引起各国关系的全局性变化。

⑨齐无秦：指齐国没有秦国的依傍。

⑩并相：同时兼任齐、秦两国的相。

⑪晋：此处指魏国。

【译文】

田文怨恨秦国，准备用齐国的力量帮助韩国、魏国攻打楚国，随后联合韩国、魏国攻打秦国，为此向西周借兵器和军粮。苏代替西周对田文说："您拿齐国的兵力帮助韩国、魏国攻打楚国达九年之久，取得了楚国苑、叶以北的地方，结果使韩国和魏国强大起来，如今，您再去攻打秦国，就会增强韩国和魏国的力量。如果韩国和魏国南边没有楚国的忧虑，北边没有秦国的祸患，那么齐国就危险了。韩国和魏国强盛起来后，必定轻视齐国畏惧秦国，我实在为您感到不安。您不如让西周与秦国深切交好，您不用进攻秦国，也不必借用兵器和粮食。您把军队开临函谷关但不进攻，让西周将您的想法告诉给秦王说：'孟尝君一定不会攻打秦国来增强韩国和魏国的势力。他摆出一副进攻秦国的样子，不过是想要大王责成楚国把东国割给齐国，并请您把楚怀王释放出来以讲和。'您让西周用这种做法给秦国好处，秦国能不被攻破又拿东国的土地保全了自己，秦国一定乐意这么办。楚王能够获释，也一定感激齐国。齐国得到东国，自然会日益强大，薛邑也就世代没有忧患了。秦国没有受到太大的削弱，又处在韩国和魏国的西邻，韩国和魏国必定防备秦国，依重齐国。"田文说："好。"于是，他让韩国和魏国向秦国朝贺，使齐国、韩国和魏国复交修好，也不再向西周借兵器和军粮。此时，楚怀王已到秦国，秦王扣留了他。田文想要秦国一定释放楚怀王，但秦国拒绝了。

田文任齐国宰相时，一次他的侍从魏子替他去收封邑的租税，往返了三次都未收回。田文问他是什么原因时，魏子回答说："有位贤德的人，我私自用您的名义把租税赠给了他，所以没收回来。"孟尝君一怒之下辞退了魏子。几年之后，有人向齐湣王进谗言："孟尝君将要发动叛乱。"等到田甲劫持了齐湣王，齐湣王便疑心田文是主谋，田文为避祸出逃了。曾经得到魏子赠粮的那位贤人听说此事，就上书给齐湣王申明孟尝君田文不会作乱，并请求以自己的性命做担保，在宫殿门口自刎而死，以此证明田文的清白。齐湣王深为震惊，便追究考问实际情况，证实田文并未叛乱，便召回了田文。田文趁机托病退休，请求辞官回薛邑养老。齐湣王答应了他的请求。

此后，秦国的逃亡将领吕礼任齐国相国，他要陷苏代于困境。苏代对田文说："周最在齐国时，对待齐国是非常宽厚的，可齐王把他驱逐了，齐王听信亲弗的主张让吕礼当齐相国，就是打算联合秦国。齐国和秦国联合，那么亲弗与吕礼就会受到重用。他们得到重用，齐国和秦国必定轻视您。您不如迅速向北进军，促使赵国与秦国、魏国讲和，召回周最来显示您的忠厚，还可以挽回齐王的信用，又能防止因齐国和秦国联合导致各国关系的变化。齐国不去依傍秦国，那么各诸侯都会亲近齐国，亲弗势必出逃，这样一来，除了您之外，齐王还能跟谁一起治理他的国家呢？"于是，田文听从了苏代的计谋。吕礼也因此嫉恨田文并要谋害他。

田文很恐惧，就给秦国丞相穰侯魏冉写了一封信说："我听说秦国打算让吕礼来联合齐国，齐国是天下的强国，齐秦联合成功，吕礼将要得势，您必将会被秦王轻视了。如果秦、齐结盟对付韩、魏、赵三国，那么吕礼必将为秦、齐两国的相国。这是您结交齐国反而抬高了吕礼的地位。假如齐国避免了诸侯国攻击的兵祸，齐国一定会更加仇恨您。您不如劝说秦王攻打齐国。齐国被攻破，我会设法请求秦王把所得的齐国土地封给您。齐国一旦被攻破，秦国会担心魏国强大起来，一定重用您去结交韩国和魏国。韩国和魏国败于齐国又害怕秦国，他们一定会重视您，以便结交秦国。这样，您既能够凭攻破齐国建树自己的功绩，挟持韩国和魏国提高您的地位；又可以攻破齐国得到封邑，使秦国、韩国、魏国敬重您。如果齐国不被攻破，吕礼再被任用，您一定会陷于极端的困境中。"于是，穰侯魏冉向秦昭王进言攻打齐国，吕礼只好逃离了齐国。

后来齐湣王灭掉了宋国，愈加骄傲起来，打算除掉田文。田文很恐惧，就逃到了魏国。魏昭王让他做相国，同西边的秦国、赵国联合，帮助燕国攻打并打败了齐国。齐湣王逃到莒城，并死在了那里。齐襄王即位，当时田文在诸侯国之间持中立地位，不从属于哪个君王。齐襄王由于刚刚即位，畏惧田文，便与田文和好，与他亲近起来。田文去世，谥号称孟尝君。田文的几个儿子争着继承爵位，齐、魏两国联合灭掉了薛邑。孟尝君绝嗣没有后代。

【原文】

初，冯骧闻孟尝君好客，蹑跻①而见之。孟尝君曰："先生远辱②，何以教文也？"冯骧曰："闻君好士，以贫身归于君。"孟尝君置传舍十日，孟尝君问传舍长曰："客何所为？"答曰："冯先生甚贫，犹有一剑耳，又蒯缑③。弹其剑而歌曰'长铗归来乎，食无鱼'。"孟尝君迁之幸舍④，食有鱼矣。五日，又问传舍长。答曰："客复弹剑而歌曰'长铗归来乎，出无舆'。"孟尝君迁之代舍，出入乘舆车矣。五日，孟尝君复问传舍长。舍长答曰："先生又尝弹剑而歌曰'长铗归来乎，无以为家'。"孟尝君不悦。

居期年，冯骧无所言。孟尝君时相齐，封万户于薛。其食客三千人，邑人不足以奉客，使人出钱于薛。岁馀不入，贷钱者多不能与其息，客奉将不给。孟尝君忧之，问左右："何人可使收债于薛者？"传舍长曰："代舍客冯公形容状貌甚辩，长者，无他伎能，宜可令收债。"孟尝君乃进冯骧而请之曰："宾客不知文不肖，幸临文者三千馀人，邑人不足以奉宾客，故出息钱⑤

于薛。薛岁不入，民颇不与其息。今客食恐不给，愿先生责之。"冯谖曰："诺。"辞行，至薛，召取孟尝君钱者皆会，得息钱十万。乃多酿酒，买肥牛，召诸取钱者，能与息者皆来，不能与息者亦来，皆持取钱之券书合之。齐为会，日杀牛置酒。酒酣，乃持券如前合之，能与息者，与为期；贫不能与息者，取其券而烧之。曰："孟尝君所以贷钱者，为民之无者以为本业[6]也；所以求息者，为无以奉客也。今富给者以要期，贫穷者燔券书以捐之。诸君强饮食。有君如此，岂可负哉！"坐者皆起，再拜。

孟尝君闻冯谖烧券书，怒而使使召谖。谖至，孟尝君曰："文食客三千人，故贷钱于薛。文奉邑少，而民尚多不以时与其息，客食恐不足，故请先生收责之。闻先生得钱，即以多具牛酒而烧券书，何？"冯谖曰："然。不多具牛酒即不能毕会，无以知其有馀不足。有馀者，为要期。不足者，虽守而责之十年，息愈多，急，即以逃亡自捐之。若急，终无以偿，上则为君好利不爱士民，下则有离上抵负之名，非所以厉士民彰君声也。焚无用虚债之券[7]，捐不可得之虚计[8]，令薛民亲君而彰君之善声也[9]，君有何疑焉！"孟尝君乃拊手而谢之。

【注释】

①蹑蹻：穿着草鞋。

②远辱：承蒙远道光临。辱，谦辞，表承蒙。

③蒯缑：用草绳缠剑柄，指剑柄无物可装，只以草绳缠着。蒯，草名。缑，把剑之物。

④幸舍：指中等食客的居舍。

⑤出息钱：放债。息钱，放债所得的利钱。此处指本钱。

⑥无者：指没有资金的人。本业：本身的行业。

⑦虚债之券：空有其名而收不回债利的契据。

⑧虚计：有名无实的账簿。

⑨善声：好名声。

【译文】

当初，冯谖听说孟尝君喜欢招纳宾客，就穿着草鞋远道而来见他。田文说："你远道而来，有什么指教我的呢？"冯谖回答说："听说您喜欢养士，我因贫穷想归附您谋口饭吃。"田文把冯谖安置在下等食客的住所里，十天后，田文询问住所的主管官员："冯谖近来做什么了？"主管官员回答说："他太穷了，只有一把剑，还用草绳缠着剑把。他不时地弹着那把剑，唱道：'长剑啊，我们回家吧！吃饭没有鱼。'"田文听后让冯谖搬到中等食客的住所里，让他每顿饭都有鱼吃。过了五天，田文又问起冯谖的情况。主管官员回答说："冯谖又弹着剑，唱道：'长剑啊，咱们回家吧！出门没有车。'"于是，田文又让冯谖迁到上等食客的住所里，进出都有车坐。又过了五天，田文再次问起那位主管官员。那人回答说："冯谖又弹着剑唱道：'长剑啊，咱们回家吧！没有办法养活家。'"田文听了很不高兴。

过了整整一年，冯谖没再说什么。田文当时正任齐国相国，受封一万户于薛邑。他的食客有三千人之多，食邑的赋税收入不够供养这么多食客，就派人到薛邑贷款放债。由于年景不好，一年过去没有收成，借债的大多付不起利息，食客的需用将无法供给。田文焦虑不安，问左右侍从："谁可以派往薛邑去收债？"那个住所主管官员说："上等食客住所里的冯谖从外貌长相看，很是精明，是个厚道人，没什么别的本事，派他去收债是合适的。"田文便请来冯谖，对他说："宾客们不知道我的无能，到我这里来的有三千多人，如今食邑的收入不能供养宾客，所以我在薛邑放了些债。可是，薛邑年景不好，没有收成，百姓多数不能付给利息，宾客吃饭恐怕都成问题了。希望您替我去索取欠债。"冯谖说："好的。"冯谖便别了田文，到了薛邑，冯谖把借了田文钱的人都召集来，索要到十万钱的利息。他买了肥壮的牛和上好的酒，然后召集借钱的人，能付利息的、不能付利息的都来，要求一律带着借钱的契据以便核对。随即，他让大家一起参加宴会，当日杀牛炖肉，置办酒席。在宴会上，正当大家饮酒尽兴时，冯谖把契据拿到席前一一核对，能够付给利息的，给他定下支付期限；穷得不能付息的，就取回他们的契据当众把它烧毁。接着，冯谖对大家说:"孟尝君之所以向大家放贷款,就是给没有钱的人提供资金来从事行业生产;他之所以向大家索债,是由于无钱供养宾客。如今,家里富裕有钱还债的都约定日期还债,家里贫穷无力还债的都烧掉契据废除债务。请各位开怀畅饮。有这样的封邑主人,日后怎么能背弃他呢!"在座的人都站了起来,连续行跪拜大礼。

田文听到冯驩烧毁契据的消息后,十分恼怒,立即派人召回冯驩。冯驩刚到,田文就责问:"我有食客三千人,所以在薛邑放贷。我的封地本来就少,而百姓还多不按时还给利息,宾客们连吃饭的钱都怕不够用,所以请您去收债。听说您刚收来钱就大办酒肉宴席,且把契据烧掉了。这是怎么回事?"冯驩回答说:"是这样的。如果不大办酒席,就不能把欠债的百姓全部集合起来,也就无法知晓谁贫谁富。富裕的,给他约定日期还债;贫穷的,即使监守着催促十年也还不上债,时间越长,利息越多,到了危急时,他们就会用逃走的方法赖掉债务。如果催促紧迫,不仅终究没法偿债,且上面会认为您贪财好利不爱惜平民百姓,也让百姓落得个背离和触犯长上的恶名,这可不是鼓励百姓亲近您并彰扬您名声的做法。我烧掉毫无用处徒有其名的借据,废掉有名无实的账簿,是让薛邑平民百姓信任您而彰扬您的好名声,您有什么可疑惑的呢?"田文听后,拍着手连声道谢。

【原文】

齐王惑于秦、楚之毁,以为孟尝君名高其主而擅齐国之权,遂废孟尝君。诸客见孟尝君废,皆去。冯驩曰:"借臣车一乘,可以入秦者,必令君重于国而奉邑益广,可乎?"孟尝君乃约车币而遣之。冯驩乃西说秦王曰:"天下之游士冯辀结靷西入秦者[①],无不欲强秦而弱齐;冯辀结靷东入齐者,无不欲强齐而弱秦。此雄雌之国也[②],势不两立为雄,雄者得天下矣。"秦王跽而问之曰:"何以使秦无为雌而可?"冯驩曰:"王亦知齐之废孟尝君乎?"秦王曰:"闻之。"冯驩曰:"使齐重于天下者,孟尝君也。今齐王以毁废之,其心怨,必背齐;背齐入秦,则齐国之情,人事之诚[③],尽委之秦,齐地可得也，岂直为雄也！君急使使载币阴迎孟尝君，不可失时也。如有齐觉悟，复用孟尝君，则雌雄之所在未可知也。"秦王大悦，乃遣车十乘黄金百镒以迎孟尝君。冯谖辞以先行，至齐，说齐王曰："天下之游士冯轼结靷东入齐者，无不欲强齐而弱秦者；冯轼结靷西入秦者，无不欲强秦而弱齐者。夫秦、齐雄雌之国，秦强则齐弱矣，此势不两雄。今臣窃闻秦遣使车十乘载黄金百镒以迎孟尝君。孟尝君不西则已，西入相秦则天下归之，秦为雄而齐为雌，雌则临菑、即墨危矣。王何不先秦使之未到，复孟尝君，而益与之邑以谢之？孟尝君必喜而受之。秦虽强国，岂可以请人相而迎之哉！折秦之谋，而绝其霸强之略。"齐王曰："善。"乃使人至境候秦使。秦使车适入齐境，使还驰告之，王召孟尝君而复其相位，而与其故邑之地，又益以千户。秦之使者闻孟尝君复相齐，还车而去矣。

自齐王毁废孟尝君，诸客皆去。后召而复之，冯谖迎之。未到，孟尝君太息叹曰："文常好客，遇客无所敢失，食客三千有余人，先生所知也。客见文一日废，皆背文而去，莫顾文者。今赖先生得复其位，客亦有何面目复见文乎？如复见文者，必唾其面而大辱之。"冯谖结辔下拜④。孟尝君下车接之，曰："先生为客谢乎？"冯谖曰："非为客谢也，为君之言失。夫物有必至⑤，事有固然⑥，君知之乎？"孟尝君曰："愚不知所谓也。"曰："生者必有死，物之必至也；富贵多士，贫贱寡友，事之固然也。君独不见夫趣市者乎？明旦，侧肩争门而入⑦；日暮之后，过市朝者掉臂而不顾⑧。非好朝而恶暮，所期物忘其中⑨。今君失位，宾客皆去，不足以怨士而徒绝宾客之路。愿君遇客如故。"孟尝君再拜曰："敬从命矣。闻先生之言，敢不奉教焉。"

【注释】

①游士：古代从事游说活动的人。冯轼结靷：靠着车轼，结好革带，此处指乘驾马车。

②雄雌：比喻强弱、高下、胜负等。

③人事：人为之事，指君臣吏员等治国的能力及其相互关系。诚：真实

情况。

④结辔：收住缰绳。指停车。下拜：下车而行拜礼。

⑤物有必至：万物都有其必然的终结。

⑥事有固然：世事都有其常理。固然，本来如此，指常道，常理。

⑦侧肩争门：侧着肩膀争夺入口。门，泛指进出口。

⑧掉臂：甩着手臂。形容不顾而去。

⑨所期物忘其中：所期望得到的东西市中已经没有了。忘，无。

【译文】

　　齐王受到秦楚两国诽谤言论的蛊惑，认为田文的名声压倒了自己，独揽齐国大权，最后罢免了田文的官职。那些宾客一看到田文被罢了官，纷纷离开了他。冯谖说："借我一辆可以跑到秦国的马车，我一定要让您在齐国更加显贵，食邑更加宽广，如何？"于是，田文准备了车马和礼物送冯谖上了路。冯谖就乘车向西，到了秦国，游说秦王："天下的说客驾车向西来到秦国的，无一不是想要使秦国强大而使齐国削弱的；乘车向东进入齐国的，无一不是要使齐国强大而使秦国削弱的。齐秦两国是两个不分雌雄、不能并立的国家，谁要是称了雄，谁就可以拥有天下。"秦王听得入神，挺直身子问冯谖："您认为怎么能使秦国不做那个雌国呢？"冯谖道："您知道齐王罢了孟尝君的官吧？"秦王说："听说了此事。"冯谖说："使齐国受到天下敬重的，就是孟尝君。如今，齐国国君听信了诽谤之言，把孟尝君罢免了。孟尝君心中无比怨愤，必定背离齐国；他背离齐国进入秦国，那么齐国的国情，朝廷中上至君王下至官吏的情况将为秦国所掌握；您将得到齐国全部的土地，岂止是称雄呢！您赶快派使者载着礼物暗地里去迎接孟尝君，不能失掉良机啊！如果等齐王明白过来，再度起用孟尝君，则谁雄谁雌还难定论。"秦王听了很高兴，就派十辆马车载着一百镒黄金去迎接孟尝君。冯谖告别了秦王，抢在使者前面赶回齐国，他劝说齐王说："天下的说客向东来到齐国的，无不是想使齐国强盛而削弱秦国的；乘车向西赶往秦国的，无不是想使秦国强大而削弱齐国的。秦齐两国势均力敌，不共戴天，秦国强则齐国弱。现在我听说秦国已派使者带着十辆马车载着一百镒黄金来迎接孟尝君了。孟尝君不西去则罢了，孟尝君如果西去担任秦国相国，那么天下将归秦国所有，到那时，秦国是强大的雄国，齐国就成为弱小的雌国，那临菑、即墨就危在旦夕了。您为什么不在秦国使者未到之前，及时恢复孟尝君的官位并加封邑地向他致歉呢？如果这么做了，孟尝君必定高兴地接受。秦国虽是强国，但岂能随意到别的国家迎接别国的相呢？要挫败秦国的阴谋，断绝它称强称霸的计划。"齐王说："好。"于是，齐国派人至边境等候秦国使者的到来。秦国使者的马车刚入齐国边境，齐国在边境的使臣就立即转车飞驰回来报告了消息。齐王于是召回田文并恢复了他的相位，还给他原封的土地的同时，又给他增加了一千户。秦国使者听说田文恢复了齐国国相的相位，就驱车回去了。

　　自从齐王因受毁谤之言的蛊惑而罢免了田文，那些宾客们都离开了他。后来齐王召回并恢复了田文的官位，冯骓去迎接他。还没到京城的时候，田文就深有感触地说："我平素喜好宾客，乐于养士，接待宾客从不敢有任何失礼之处，食客多达三千余人，这是您所了解的。宾客们看到我一旦被罢官，都背离我而去，没有一个顾念我的。如今靠着您得以官复原职，那些背离我的宾客还有什么脸再见我呢？如果有再来见我的，我一定唾他的脸，狠狠地羞辱他。"听了这番话，冯骓收住缰绳，下车而行拜礼。田文也立刻下车还礼，说："您是替那些宾客道歉吗？"冯骓说："我并不是替宾客道歉，是因为您的话说得不对。万物都有其必然的归宿，世事都有其常规常理，您明白这句话的意思吗？"田文说："我不明白您说的是什么意思。"冯骓说："凡是有生命的东西必定会死亡，这是事物的必然规律；富贵的人宾客多，贫贱的人少朋友，事情本来就是如此。您难道没有看到人们奔向市集吗？天刚亮，人们都向市集里奔去，侧着肩膀挤入集市；日落后，经过市集的人甩着手臂连头也不回。不是人们喜欢早晨而厌恶傍晚，而是由于所期望得到的东西那里已经没有了。如今，您失去了官位，宾客都离去，不能因此怨恨宾客而平白截断他们奔向您的通路。希望您像过去一样对待他们。"田文听了，连拜两次说："我恭从您的指教，听到您这番话，岂敢不遵从呢！"

【编后语】

　　司马迁还为战国时的思想家孟子和荀子作了合传《孟子荀卿列传》。在《孟子荀卿列传》之后，就是著名的"战国四公子"的传记——《孟尝君列传》《平原君虞卿列传》《魏公子列传》和《春申君列传》。本书直接选取列传第十五《孟尝君列传》中除了"太史公曰"的全文，将这位战国时各诸侯国中喜欢养士的代表人物介绍给大家。读了此文，大家会对战国时养士这种文化背景有一个初步的认识，从而从另一个侧面了解战国的历史。

范雎蔡泽列传

【原文】

范雎者，魏人也，字叔。游说①诸侯，欲事魏王，家贫无以自资②，乃先事魏中大夫须贾。

须贾为魏昭王使于齐，范雎从。留数月，未得报。齐襄王闻雎辩口，乃使人赐雎金十斤及牛酒，雎辞谢不敢受。须贾知之，大怒，以为雎持魏国阴事③告齐，故得此馈，令雎受其牛酒，还其金。既归，心怒雎，以告魏相。魏相，魏之诸公子，曰魏齐。魏齐大怒，使舍人笞④击雎，折胁摺齿。雎详死，即卷以箦，置厕中。宾客饮者醉，更溺雎，故僇辱以惩后，令无妄言者。雎从箦中谓守者曰："公能出我，我必厚谢公。"守者乃请出弃箦中死人。魏齐醉，曰："可矣。"范雎得出。后魏齐悔，复召求之。魏人郑安平闻之，乃遂操范雎亡，伏匿，更名姓曰张禄。

当此时，秦昭王使谒者王稽于魏。郑安平诈为卒⑤，侍王稽。王稽问："魏有贤人可与俱西游者乎？"郑安平曰："臣里中有张禄先生，欲见君，言天下事。其人有仇，不敢昼见。"王稽曰："夜与俱来。"郑安平夜与张禄见王稽。语未究⑥，王稽知范雎贤，谓曰："先生待我于三亭之南。"与私约而去。

王稽辞魏去，过，载范雎入秦。至湖，望见车骑从西来。范雎曰："彼来者为谁？"王稽曰："秦相穰侯东行县邑。"范雎曰："吾闻穰侯专秦权，恶内诸侯客，此恐辱我，我宁且匿车中。"有顷，穰侯果至，劳王稽，因立车⑦而语曰："关东有何变？"曰："无有。"又谓王稽曰："谒君得无与诸侯客子⑧俱来乎？无益，徒乱人国耳。"王稽曰："不敢。"即别去。范雎曰："吾闻穰侯智士也，其见事迟⑨，乡者疑车中有人，忘索之。"于是范雎下车走，曰："此必悔之。"行十馀里，果使骑还索车中，无客，乃已。王稽遂与范雎入咸阳。

已报使，因言曰："魏有张禄先生，天下辩士也。曰：'秦王之国危于累卵⑩，得臣则安。然不可以书传也'。臣故载来。"秦王弗信，使舍食草具⑪。待命岁馀。

当是时，昭王已立三十六年。南拔楚之鄢、郢，楚怀王幽死于秦。秦东破齐。湣王尝称帝，后去之。数困三晋⑫。厌天下辩士，无所信。

【注释】

①游说：春秋战国时，策士奔走各国，凭口才劝说君主接受其政治主张。

②自资：自己筹集费用。

③阴事：秘密，机密。

④笞：用竹板、荆条抽打。

⑤诈：假装。卒：差役。

⑥究：到底、完了。

⑦立车：停车。

⑧诸侯客子：指诸侯国中的说客游子，含有轻蔑的意思。

⑨见事迟：处事多疑。迟，犹疑。

⑩危于累卵：比喻情况十分危险。累，堆；卵，蛋。

⑪舍：安置在客舍。食草具：给粗劣的饭食吃。草，粗劣；具，饭食。

⑫数：屡次。三晋：指韩国、赵国和魏国。春秋末，晋国被韩国、赵国、魏国三家瓜分，各立为国，故称三晋。

【译文】

范雎，字叔，魏国人。他到各诸侯国去游说，想在魏王手下谋职任事，因家境贫寒无法筹集活动费用，于是就先到魏国中大夫须贾手下谋事。

须贾为魏昭王出使齐国时，范雎也跟随前去。他们留在齐国好几个月，也没有什么结果。齐襄王听说范雎能言善辩，派专人给范雎送去了十斤黄金以及牛肉美酒之类的礼物，范雎一再推辞，不愿接受。须贾知道此事后，大为恼怒，认为范雎把魏国的机密出卖给了齐国，所以才有这种馈赠。于是他让范雎收下牛肉美酒之类的食品，而把黄金送了回去。回国后，须贾心中对范雎十分忌恨，把这件事情告诉了魏国相国。魏国相国是魏国的宗室公子，名叫魏齐。魏齐听了以后，怒不可遏，便叫门人鞭打范雎，打断了他的肋骨，打落了他的牙齿。范雎装死，门人就用草席包住他，丢在厕所里。当时，魏齐正在宴客。宾客们喝醉了酒，都朝范雎身上撒尿，故意侮辱他，用来告诫后来者，让他们不敢再随便泄露国家机密。范雎在草席里偷偷对看门人说："您如果能放我出去，我以后一定重重地酬谢您。"于是，看门人就请求魏齐，让他把席子里的死人拿出去丢掉。魏齐醉醺醺地说："可以。"范雎这才得以逃出。后来，魏齐觉得不太对劲儿，又派人去把他找回来。魏国人郑安平得知此消息，就带范雎一起逃走，并躲藏起来。范雎便改名换姓，叫作张禄。

当时，秦昭王正派遣使者王稽到魏国。郑安平便假扮成差役，去侍候王稽。王稽问他："魏国贤士有愿跟我一起到西边去的吗？"郑安平回答说："我的乡里有位谋士叫张禄，想求见您，谈谈天下的大事。不过，他有仇人，不敢白天出来。"王稽说："夜里你跟他一起来。"郑安平便在夜里带着张禄去见王稽。两人话还未谈完，王稽就发现范雎是位贤才，便对他说："请你在三亭冈的南边等着我。"范雎与王稽暗中约好见面时间就离去了。

王稽辞别魏王上路后，经过三亭冈的南边时，带上范雎迅速进入秦国境内。车到湖邑时，他们远远望见有一队车马从西边奔驰而来。范雎便问："那边过来的是谁？"王稽回答说："那是秦国国相穰侯，他到东边去巡察县邑。"范雎说："我听说穰侯独揽秦国大权，他最讨厌其他诸侯国的说客到秦国来。此番相遇，恐怕他会侮辱我，我不如暂时躲在车里。"过了一会儿，穰侯魏冉果然来慰问王稽，他站在车子旁，问："函谷关以东有没有什么变动？"王稽回答说："没有。"他又对王稽："您没有带诸侯国的说客一起来吧？这些人毫无用处，只会扰乱国家罢了。"王稽回答说："我不敢。"两人随即告别而去。范雎说："我听说穰侯是个智谋之士，但他处事多疑，刚才他怀疑车中藏人，却忘记搜查。"于是，范雎就跳下车逃走了，说："对这件事，穰侯必定会后悔没搜查马车。"大约走了十几里路，魏冉果然派骑兵追回来搜查马车，没发现有人，这才作罢。王稽于是带着范雎进了咸阳。

王稽向秦王汇报了出使的情况后，趁机说："魏国有个叫张禄的，是天下难得的能言善辩之士。他说：'秦国的处境十分危险，但能采用我的谋略便可转危为安。但需与大王面谈，不能用书信传达。'所以，我把他带到秦国来了。"秦王不相信范雎的话，但还是把他留下来，每日给他吃粗茶淡饭。于是，范雎等秦王接见等了一年多。

当时，秦昭王在位已长达三十六年。他派军向南攻下了楚国的鄢、郢，楚怀王被秦囚禁，最终死在了秦国。秦王又向东打败了齐国。齐湣王曾经自称东帝，后来又去掉了帝号。秦国还好几次围困了魏国、赵国和韩国的军队。齐湣王对天下的辩士最为讨厌，从不听取采纳他们的意见。

【原文】

穰侯、华阳君，昭王母宣太后之弟也；而泾阳君、高陵君皆昭王同母弟也。穰侯相，三人者更将①，有封邑②，以太后故，私家富重于王室。及穰侯为秦将，且欲越韩、魏而伐齐纲、寿，欲以广其陶封。范雎乃上书曰：

臣闻明主立政，有功者不得不赏，有能者不得不官，劳大者其禄厚，功多者其爵尊，能治众③者其官大。故无能者不敢当职焉，有能者亦不得蔽隐。使以臣之言为可，愿行而益利其道④；以臣之言为不可，久留臣无为也。语曰："庸主赏所爱而罚所恶；明主则不然，赏必加于有功，而刑必断于有罪。"今臣之胸不足以当椹质⑤，而要不足以待斧钺，岂敢以疑事⑥尝试于王哉！虽以臣为贱人而轻辱，独不重任臣者之无反复于王邪？

且臣闻周有砥砨⑦，宋有结绿，梁有县藜，楚有和朴⑧，此四宝者，土之所生，良工之所失也，而为天下名器。然则圣王之所弃者，独不足以厚国家乎⑨？

臣闻善厚家者取之于国，善厚国者取之于诸侯。天下有明主则诸侯不得擅厚者⑩，何也？为其割荣也。良医知病人之死生，而圣主明于成败之事，利则行之，害则舍之，疑则少尝之，虽舜禹复生，弗能改已。语之至者，臣不敢载之于书，其浅者又不足听也。意者臣愚而不概于王心邪？亡其言臣者贱而不可用乎⑪？自非然者，臣愿得少赐游观之间，望见颜色⑫。一语无效，请伏斧质⑬。

于是秦昭王大说，乃谢王稽，使以传车召范雎。

【注释】

①更将：更番担任将领。

②封邑：各诸侯国国君封赐臣属的领地。

③治众：指管理事务多。

④愿行：希望推行。益：更，更加。利其道：使这种主张达到目的。利，达。

⑤椹质：砧板，古代一种用作斩首的刑具。

⑥疑事：疑惑不定的事理、主张。

⑦砥砺：美玉名。

⑧和朴：楚人卞和所得的璞玉。朴，通"璞"。

⑨厚国家：使国家富强。厚，富。

⑩擅厚：专享富贵。

⑪亡其：还是。不可用：不足取信。

⑫望见颜色：指正面拜见。

⑬伏：受到。斧质：刑具，指斧钺和椹质。

【译文】

穰侯、华阳君是秦昭王母亲宣太后的弟弟；而泾阳君、高陵君都是秦昭王的同母弟弟。穰侯做相国时，其余三人轮流统率军队，每个人都有封邑，因为宣太后的缘故，他们的私人财宝比王室还多。等到穰侯魏冉当了秦国大将后，为了要扩大自己的封地，他就想越过韩国和魏国去攻打齐国的纲邑、寿邑。

范雎借这个机会上书秦昭王说：

"我听说圣明的君主推行政事，有功劳的不能不给奖励，有才能的不能不给官职，劳苦大的俸禄多，功绩高的爵位高，能管理众多事务的官职大。所以，没有才能的不敢担当官职，有才能的也不致被埋没。假使您认为我的话有可取之处，希望您能推行并实现这一主张；如果认为我的话无用，那么我长久地留在这里也没有意义。俗话说："庸碌的君主奖赏他宠爱的人而惩罚他讨厌的人；圣明的君主不会这样，奖赏就一定施给有功的人，刑罚一定判在有罪人的身上。"如今，我的胸膛耐不住铡刀和砧板，我的腰也承受不了小斧和大刀，怎么敢用毫无根据疑惑不定的主张来试探大王呢！即使您认为我是个低贱的人而加以轻视，难道就不重视保荐我的人对您的忠诚吗？

"况且，我听说周王室有砥砨，宋国有结绿，梁国有县藜，楚国有和璞，这四块美玉产于土中，而著名的工匠却误认为是石头，但它们终究成为天下的名贵器物。既然如此，那么圣明君主所抛弃的人，难道就不能使国家强大吗？

"我听说，善于中饱私囊的大夫，都是从诸侯国里夺过来的；善于使一国富足的诸侯，都是从其他诸侯中取利的。天下有了圣明的君主，就不允许诸侯独占利益，为什么呢？那是因为诸侯富强就会分割天子的权柄。良医知道病人的生死，圣主则明了事情的成败。有利的事就去做，有害的事就舍弃不做，有疑虑的事就先稍微地试一下，即使是舜和禹再生，也不能改变这个道理。深切的话，我不敢写在纸上；浅显的话，又不值得说给您听。我想，或许是我太愚笨，不能启发君主的心，或者是您认为我太低贱而不能任用。如果不是这样，我希望您能赐给我一两次进宫机会，得见您一面。如果我说了一句没用的话，就请把我处死。"

秦昭王看后大喜，便向王稽道歉，派人用专车去接范雎。

【原文】

于是范雎乃得见于离宫①,详为不知永巷而入其中。王来,而宦者怒,逐之,曰:"王至!"范雎缪为曰:"秦安得王?秦独有太后、穰侯耳。"欲以感怒昭王。昭王至,闻其与宦者争言,遂延迎,谢曰:"寡人宜以身受命久矣,会义渠之事急,寡人旦暮自请太后;今义渠之事已,寡人乃得受命。窃闵然不敏②,敬执宾主之礼。"范雎辞让。是日观范雎之见者,群臣莫不洒然③变色易容者。

秦王屏左右,宫中虚无人。秦王跽而请曰:"先生何以幸教寡人?"范雎曰:"唯唯。"有间,秦王复跽而请曰:"先生何以幸教寡人?"范雎曰:"唯唯。"若是者三。秦王跽曰:"先生卒不幸教寡人邪?"范雎曰:"非敢然也。臣闻昔者吕尚之遇文王也,身为渔父而钓于渭滨耳。若是者,交疏也。已说而立为太师,载与俱归者,其言深也。故文王遂收功④于吕尚而卒王天下。乡使文王疏吕尚而不与深言,是周无天子之德,而文武无与成其王业也。今臣羁旅之臣⑤也,交疏于王,而所愿陈者皆匡君之事,处人骨肉之间⑥,愿效愚忠而未知王之心也。此所以王三问而不敢对者也。臣非有畏而不敢言也。臣知今日言之于前而明日伏诛于后,然臣不敢避也。大王信行臣之言,死不足以为臣患,亡不足以为臣忧,漆身为厉、被发为狂⑦不足以为臣耻。且以五帝之圣焉而死,三王之仁焉而死,五伯之贤焉而死,乌获、任鄙之力焉而死,成荆、孟贲、王庆忌、夏育之勇焉而死。死者,人之所必不免也。处必然之势,可以少有补于秦,此臣之所大愿也,臣又何患哉!伍子胥橐载而出昭关,夜行昼伏,至于陵水,无以糊⑧其口,膝行蒲伏⑨,稽首肉袒⑩,鼓腹吹箎⑪,乞食于吴市,卒兴吴国,阖闾为伯⑫。使臣得尽谋如伍子胥,加之以幽囚,终身不复见,是臣之说行也,臣又何忧?箕子、接舆漆身为厉,被发为狂,无益于主。假使臣得同行⑬于箕子,可以有补于所贤之主,是臣之大荣也,臣有何耻?臣之所恐者,独恐臣死之后,天下见臣之尽忠而身死,因以是杜口裹足⑭,莫肯乡秦耳。足下上畏太后之严,下惑于奸臣之态,居深宫之中,不离阿保之手，终身迷惑，无与昭奸⑮。大者宗庙灭覆，小者身以孤危，此臣之所恐耳。若夫穷辱之事，死亡之患，臣不敢畏也。臣死而秦治，是臣死贤于生。"秦王跽曰："先生是何言也！夫秦国辟远，寡人愚不肖，先生乃幸辱至于此，是天以寡人慁先生而存先王之宗庙也。寡人得受命于先生，是天所以幸先王，而不弃其孤也。先生奈何而言若是？事无小大，上及太后，下至大臣，愿先生悉以教寡人，无疑寡人也。"范雎拜，秦王亦再拜。

范雎曰："大王之国，四塞以为固，北有甘泉、谷口，南带泾、渭，右陇、蜀，左关、阪，奋击百万，战车千乘，利则出攻，不利则入守，此王者之地也。民怯于私斗而勇于公战，此王者之民也。王并此二者而有之。夫以秦卒之勇，车骑之众，以治诸侯，譬若施韩卢而搏蹇兔也，霸王之业可致也，而群臣莫当其位。至今闭关十五年，不敢窥兵于山东者，是穰侯为秦谋不忠，而大王之计有所失也。"秦王跽曰："寡人愿闻失计。"

然左右多窃听者，范雎恐，未敢言内⑯，先言外事⑰，以观秦王之俯仰。因进曰："夫穰侯越韩、魏而攻齐纲、寿，非计也。少出师则不足以伤齐，多出师则害于秦。臣意王之计，欲少出师而悉韩、魏之兵也，则不义矣。今见与国之不亲也，越人之国而攻，可乎？其于计疏矣。且昔齐湣王南攻楚，破军杀将，再辟地千里，而齐尺寸之地无得焉者，岂不欲得地哉？形势不能有也。诸侯见齐之罢弊，君臣之不和也，兴兵而伐齐，大破之。士辱兵顿，皆咎其王，曰：'谁为此计者乎？'王曰：'文子为之。'大臣作乱，文子出走。攻齐所以大破者，以其伐楚而肥韩、魏也。此所谓借贼兵而赍盗粮者也⑱。王不如远交而近攻⑲，得寸则王之寸也，得尺亦王之尺也。今释此而远攻，不亦缪乎！且昔者中山之国地方五百里，赵独吞之，功成名立而利附焉，天下莫之能害也。今夫韩、魏，中国之处而天下之枢也，王其欲霸，必亲中国以为天下枢，以威楚、赵。楚强则附赵，赵强则附楚，楚、赵皆附，齐必惧矣。齐惧，必卑辞重币以事秦。齐附而韩、魏因可虏也。"昭王曰："吾欲亲魏久矣，而魏多变之国也，寡人不能亲。请问亲魏奈何？"对曰："王卑词重币以事之；不可，则割地而赂之；不可，因举兵而伐之。"王曰："寡人敬闻命矣。"乃拜范雎为客卿，谋兵事。卒听范雎谋，使五大夫绾伐魏，拔怀。后二岁，拔邢丘。

客卿范雎复说昭王曰："秦韩之地形，相错如绣⑳。秦之有韩也，譬如木之有蠹也，人之有心腹之病也。天下无变则已，天下有变，其为秦患者孰大于韩乎？王不如收韩。"昭王曰："吾固欲收韩，韩不听，为之奈何？"对曰："韩安得无听乎？王下兵而攻荥阳，则巩、成皋之道不通；北断太行之道，则上党之师不下。王一兴兵而攻荥阳，则其国断而为三㉑。夫韩见必亡，安得不听乎？若韩听，而霸事因可虑矣。"王曰："善。"且欲发使于韩。

【注释】

①离宫：帝王在正式宫殿之外所筑供外出居住的宫室。

②闵然：昏昧，糊涂。敏：聪敏。

③洒然：此处指敬畏的样子。

④收功：得到辅佐之力。

⑤羁旅：寄居异国他乡。

⑥处人骨肉之间：指处在昭王同其母宣太后、其舅穰侯的骨肉关系之间。

⑦漆身为厉：以漆涂身，使遍生癞疮。厉，通"癞"。被发为狂：披头散发、装疯卖傻。被，通"披"。

⑧糊口：勉强填饱肚子。

⑨黎行蒲伏：用手和膝在地上爬行。黎，一作"膝"；蒲伏，同"匍匐"。

⑩稽首：古代最恭敬的跪拜礼。肉袒：脱去上衣露出肢体。

⑪篪：古代竹管乐器，似笛。

⑫伯：诸侯盟主。

⑬同行：同路，指同样遭遇。

⑭杜口裹足：闭口不言，止步不前。杜，堵塞。

⑮昭奸：辨明邪恶。昭，显明。

⑯内：指宫廷内部太后擅权事。

⑰外事：指穰侯对外用兵之策等。

⑱借贼兵而赍盗粮：把兵器借给盗贼，把粮食送给强盗。

⑲远交而近攻：范雎为秦国谋划的外交策略，即结交远邦攻伐近国。

⑳绣：绣花纹。

㉑其国断而为三：韩国被分割为三个孤立的地区。

【译文】

就这样，范雎得以在离宫和秦昭王相见，到了宫门口，他假装不知道内宫的路而径直往里走。这时，恰巧秦昭王出来，宦官很生气，驱赶范雎，说："大王来了！"范雎故意乱嚷着说："秦国哪里有大王？秦国只有太后和穰侯罢了。"他想用这些话激怒秦昭王。秦昭王走过来，听到范雎正在与宦官争吵，就上前去迎接范雎，并向他致歉，说："我本该早就向您请教了，正遇到义渠之事紧急，我早晚都要向太后请示；现在，义渠事件已经处理完毕，我才得机会向您请教。我这个人很糊涂，不聪敏，让我向您敬行一礼。"范雎推辞。这一天，凡是看到范雎谒见秦昭王情况的文武百官，没有一个不肃然起敬。

秦昭王屏退了左右近臣，宫中再无别人。秦昭王挺直身子跪着请求说："您将怎样教导我呢？"范雎回答说："嗯嗯。"过了一会儿，秦昭王又挺直身子跪着请求说："您将怎样教导我呢？"范雎还是"嗯嗯"地应着没有回话。一连三次都是。秦昭王挺直身子跪着说："您真的不肯教导我吗？"范雎回答说："我怎么敢这样呢？我听说，从前姜子牙遇到周文王时，他是个在渭水边钓鱼的渔父。当时，两人的交情还很疏远，但交谈一番后就被任命为太师，文王用车载着他一起回去，就是因为他的那番话说进文王心里。所以，周文王得到姜子牙的协助，而最终称王天下。这之前，如果周文王疏远姜子牙而不和他深谈，那么周就不具备做天子的厚望，周文王和周武王也就无人辅佐来成就他们统一天下的大业。如今，我是个寄居异国他乡的臣子，与大王交情不深，而我所希望陈述的都是匡正国君的大事。我处在大王与亲人的骨肉关系之间来谈这些大事，本想奉献我的一片忠心，却不知您心里是怎么想的。这就是您接连三次问我而我不敢回答的原因。我并非害怕什么而不敢谈。就是我知道今天在您面前直言，明天就可能被处死，我也不敢逃避。您如果能真的按我的话去做，那么死亡就不值得让我担心，流亡也不值得我忧虑了，就是漆身生癞，披发装疯，我也不会感到羞耻。况且，像五帝那样圣明的人终不免一死，三王那样的仁爱之人也躲不过死神，春秋五霸那样贤能的都死了，乌获、任鄙那样力大无比的壮士也难免一死，成荆、孟贲、王庆忌、夏育那样勇猛威武之士也一个个死去。由此可见，死亡是每个人都逃脱不了的。处在这种必然的情势下，如果可以对秦国稍有补益，是我最大的愿望，我又何必担心呢！伍子胥被装在口袋里逃出了昭关，夜里行路，白天躲藏，走到陵水时，他饭也吃不上，只能伏在地上爬行，裸着上身，叩着响头，鼓起肚皮吹箫，在吴国街市上讨饭，但是，他最后却复兴了吴国，辅助阖闾成为霸主。假使我能像伍子胥一样极尽智谋效忠秦国，就是再把我囚禁起来，终身不再见大王，但我的主张却得以施行，我又担心什么呢？从前箕子、接舆漆身生癞，披发装疯，但是对君主毫无用处。假使我也跟箕子一样，而能对我所尊敬的君主有所裨益，这就是我的一大荣耀。我又有什么值得羞耻的呢？我所担心的，只是怕我死后，天下人看见我为君主尽忠反而招来死罪，因此闭口停步，没有谁肯到秦国来罢了。现在，您在上害怕太后的威严，在下被奸臣的媚态惑乱，住在深宫禁院，离不开左右近臣的把持，终身迷惑不清，也没人帮助您辨出邪恶。长此下去，从大处说会使国家灭亡，从小处看也会使您孤立无援，处境危险。这就是我害怕的事情。至于贫穷、屈辱之类的事，处死、流亡的忧患，我是从不害怕的。如果我死了秦国得以大治，那我死了也比活着更有意义。"秦昭王挺直身子跪着说："您何出此言！秦国偏僻遥远，我愚昧不才，有幸您降尊屈辱到这里来，这是上天要我来打扰您，来保存我家的宗庙。我能受到您的教诲，这正是上天恩赐我的先王，而不抛弃他们的这个后代。您怎么说这样的话呢？从今以后，事情无论大小，上至太后，下至大臣，都希望您毫无保留地指教我，不要再怀疑我。"范雎听了行跪拜礼，秦昭王也连忙还礼。

范雎说："大王的国家四面都是坚固的要塞，北方有甘泉高山、谷口险隘；南面环绕着泾河、渭河；右边有陇山、蜀郡；左面有函谷关、商阪，勇士百万,战车千辆,形势有利就可出击,不利就入守,这是王者的领土啊。人民畏惧私斗,却能英勇为公而战,这是称王者的人民呀。现在,大王兼有地利、人和这两种有利条件。凭着秦国士兵的勇猛、战车的众多,去制服诸侯,就如同放出韩卢那样的猛犬去捕捉跛脚的兔子那样容易,建立霸王的事业是完全能办到的,可是您的臣子们却都不称职。秦国到现今闭关固守已经十五年,之所以不敢伺机向崤山以东进兵,都是因为穰侯没有忠心地为秦国出谋划策,而大王的计策也有失误的地方啊。"秦昭王说:"我愿意听一听我失策之处何在。"

此时,范雎发现他们谈话时周围有不少人在偷听,就不敢提宫廷内太后专权的事,就先谈穰侯魏冉对诸侯国的外交策略,以此观察秦昭王的态度。于是,他就向秦昭王进言说:"穰侯要越过韩国和魏国去攻打齐国的纲、寿,这并非良策。出兵太少,就不能战胜齐国;出兵太多,就对秦国本土有害。我猜测,您的计划是要少派兵,而要韩国和魏国派出所有的军队来支援,这样就不合道义了。现在,我已看出这两个国家实际上并不真正与秦国亲善,您要越过他们的国境去攻打齐国,合适吗?这在策略上来看考虑欠周。况且,先前齐湣王向南攻打楚国,杀楚军,斩楚将,开辟了千里之地,可是齐国最后连寸尺大小的土地也没得到,难道是齐国不想得到土地吗?是形势迫使它不可能占有啊。各诸侯国看到齐国疲惫困顿国力大减,君臣不和,便发兵攻打齐国,结果大败齐国。齐国将士受辱溃不成军,上下一片责怪齐王之声,说:'策划攻打楚国的是谁?'齐王回答说:'是田文策划的。'于是大臣起兵叛乱,田文逃走。齐国之所以一败涂地,就是因为他们攻打楚国,反而肥了韩国、魏国的缘故。这就是所谓'借兵给贼,送粮给盗'啊。您不如结交离秦国远的国家,而攻打离秦国近的国家,攻下一寸地,就是大王的一寸地;攻下一尺地,就是大王的一尺地。现在您不采用这个计划,反而要攻打远方的国家,不是反其道而行之吗!而且,像从前的中山国,有五百里的地方,赵国独自把它并吞了,不但成就了功名,而且还得到了实利。天下诸侯也无可奈何。现在,韩国和魏国位于中原,是天下的中心地带,您如果要称霸天下,一定要亲近中原各国,使自己成为天下的中心,然后用这来威胁楚国和赵国。楚国强盛,您就亲近赵国；赵国强盛，您就亲善楚国。楚国和赵国都亲善了，齐国一定会觉得害怕。齐国一怕，就必定会呈送谦卑的国书，献上珍贵的礼物来贡奉秦国。齐国亲善了，那么韩国和魏国因此就可以获得了。"秦昭王说："我早就想亲近魏国了，可魏国是个变化无常不守信用的国家，我无法同它亲近。请问怎么才能亲近它呢？"范雎回答说："您可以说好话、送厚礼来接近它，不行的话，就割让土地贿赂它，再不行，寻找机会发兵攻打它。"秦昭王说："寡人恭候您的指教了。"于是，秦昭王任命范雎为客卿，同他一起策划军事。最后，他听从了范雎的谋略，派五大夫绾带兵攻打魏国，拿下了怀邑。两年后，秦军又夺取了邢丘。

范雎后来又劝说秦昭王："秦国和韩国的地形，就像织绣一样互相交错在一起。秦国境内包含韩国的土地，就像树木里面生蛀虫，人的心脏、肚子有病一样。天下局势不变动倒罢了，天下局势一有变动，那些国家会对秦国构成的祸害，哪个会比韩国更大呢？您倒不如去收服韩国。"秦昭王说："我本来就想收服韩国，只是韩国不肯答应。我该怎么办呢？"范雎说："韩国怎能不答应呢！您派兵去攻打荥阳，那么成皋、巩邑两地的道路就被截断了，北面再守住太行山的道路，那么韩国在上党郡的驻军就不能下太行山来相救了。您一派兵攻打荥阳，他们的国家就被截为三段，韩国眼看一定会灭亡，他怎能不答应呢？如果韩国听命，那么您的霸王功业就可以考虑了。"秦昭王说："好。"于是，秦昭王派使者到韩国去。

【原文】

范雎日益亲，复说用①数年矣，因请间②说曰："臣居山东时，闻齐之有田文，不闻其有王也；闻秦之有太后、穰侯、华阳、高陵、泾阳，不闻其有王也。夫擅国③之谓王，能利害④之谓王，制杀生之威⑤之谓王。今太后擅行不顾⑥，穰侯出使不报，华阳、泾阳等击断无讳⑦，高陵进退不请⑧。四贵备而国不危者，未之有也。为此四贵者下，乃所谓无王也。然则权安得不倾，令安得从王出乎？臣闻善治国者，乃内固其威而外重其权。穰侯使者操王之重⑨，决制⑩于诸侯，剖符于天下，政適伐国，莫敢不听。战胜攻取则利归于陶国，弊御于诸侯⑪。战败则结怨于百姓，而祸归于社稷。《诗》曰：'木实繁者披其枝，披其枝者伤其心；大其都者危其国，尊其臣者卑其主。'崔杼、淖齿管齐，射王股，擢王筋，县之于庙梁，宿昔而死。李兑管赵，囚主父⑫于沙丘，百日而饿死。今臣闻秦太后、穰侯用事，高陵、华阳、泾阳佐之，卒无秦王，此亦淖齿、李兑之类也。且夫三代所以亡国者，君专授政，纵酒驰骋弋猎，不听政事。其所授者，妒贤嫉能，御下蔽上，以成其私，不为主计，而主不觉悟，故失其国。今自有秩以上至诸大吏，及王左右，无非相国之人者。见王独立于朝，臣窃为王恐，万世之后，有秦国者非王子孙也。"昭王闻之大惧，曰："善。"于是废太后，逐穰侯、高陵、华阳、泾阳君于关外⑬。秦王乃拜范雎为相，收穰侯之印，使归陶，因使县官给车牛以徙，千乘有馀。到关，关阅其宝器，宝器珍怪多于王室。

秦封范雎以应，号为应侯。当是时，秦昭王四十一年也。

【注释】

①说用：被信用。说，通"悦"，悦服的意思。

②请间：请求空闲之时，此处指私下晤谈。

③擅国：此处指独揽国家大权。

④利害：兴利除害。

⑤制：控制、掌握。威：威力、权势。

⑥擅行：独断专行。

⑦击断无讳：惩处别人随心所欲。

⑧进退：此处指引荐和罢黜官吏。

⑨操王之重：持着君王的重权。

⑩决制：决断、裁断。指裁断是非，即发号施令。

⑪弊御于诸侯：有了弊病就推卸给其他国家。

⑫主父：即赵武灵王。他让国给儿子惠文王，自称主父。

⑬关外：指国都之外。关，这里指国都之门。

【译文】

　　范雎一天比一天受秦昭王信任，一转眼几年过去了。有一次，范雎趁秦昭王闲暇方便之时进言议事说："我住在崤山以东时，只听说齐国有田文，从没听说齐国有齐王；只听说秦国有太后、穰侯、华阳君、高陵君、泾阳君，从没听说秦国有秦王。独掌国家政权的人可以称王，能够兴利除害的人也可以称王，执掌生死大权的可称为王。如今太后独断专行毫无顾忌，穰侯出使根本不向您报告，华阳君、泾阳君惩处断罚随心所欲，高陵君任免官吏也从不向您请示。这四大权贵聚于一国而国无危机的，从未有过。人们处在这四大权贵的统治下，就是我所说的没有秦王啊。这样大权怎能不落于旁人之手？您又怎能发布命令呢？我听说善于治国的君王就是要在国内使自己的威势牢固而对国外使自己的权力集中。穰侯把握您的重权，对诸侯国发号施令，他又向天下遍派持符使臣订盟立约，征伐敌方，攻伐别国，没有谁不敢听命。如果打了胜仗，攻下了某个地方，那么利益就完全属于他的封地陶县，祸害则推卸给其他各国；如果打了败仗，就会引起国内百姓怨恨，使国家蒙受祸害。《诗经》里说：'果实太多就压断树枝，压断树枝就伤害了树心。过分扩张属国的封地，就会危害他的本国，过分尊崇臣下的权柄，就会使他的主上卑微。'崔杼、淖齿独揽齐国大权，结果崔杼射伤了齐庄公的大腿，淖齿抽掉了齐湣王的筋，把他挂在宗庙的房梁上，齐湣王很快就死了。李兑独揽赵国大权，把赵武灵王囚禁在沙丘的行宫里，导致赵武灵王一百天后饿死了。如今我听说秦国的太后、穰侯专权，高陵君、华阳君、泾阳君相互帮扶，不把秦王您放在眼里，这也就是淖齿、李兑一类的人物啊。再说夏朝、商朝、周朝（此处特指西周）亡国的原因，就是君王把大权全都交给宠臣，恣意饮酒，纵情游猎，不理朝政。他们授权任职的宠臣，一个个妒贤嫉能，瞒上欺下，谋取私利，从不为君主着想，而君王又不醒悟，因此丧失了自己的国家。如今，秦国从小乡官到大官吏，甚至您的左右侍从，没有一个不是穰侯的亲信。我看到您在朝廷孤单一人，暗自替您担忧，只怕万世之后，拥有秦国的怕不是您的子孙了。"秦昭王听了后大感惊惧，说："说得对。"于是，秦昭王废黜了太后，把穰侯、高陵君、华阳君、泾阳君驱逐出国都。随后，秦昭王任命范雎为相国，收回了穰侯的相印，让他回到封地陶邑去，由朝廷派给车子和牛帮穰侯拉东西迁出国都时，装载东西的车有一千多辆。到了函谷关时，守关官员检查穰侯的财物，发现他的宝物珍玩比王室还要多。

秦昭王把应城封给范雎，封号称应侯。那一年是秦昭王四十一年。

【原文】

范雎既相秦，秦号曰张禄，而魏不知，以为范雎已死久矣。魏闻秦且东伐韩、魏，魏使须贾于秦。范雎闻之，为微行①，敝衣间步之邸②，见须贾。须贾见之而惊曰："范叔固无恙乎？"范雎曰："然。"须贾笑曰："范叔有说于秦邪？"曰："不也。雎前日得过于魏相，故亡逃至此，安敢说乎？"须贾曰："今叔何事？"范雎曰："臣为人庸赁。"须贾意哀之，留与坐饮食，曰："范叔一寒如此哉！"乃取其一绨袍③以赐之。须贾因问曰："秦相张君，公知之乎？吾闻幸于王，天下之事皆决于相君。今吾事之去留④在张君。孺子岂有客习于相君者哉？"范雎曰："主人翁习知之。唯雎亦得谒，雎请为见君于张君。"须贾曰："吾马病，车轴折，非大车驷马，吾固不出。"范雎曰："愿为君借大车驷马于主人翁。"

范雎归取大车驷马，为须贾御之，入秦相府。府中望见，有识者皆避匿，须贾怪之。至相舍门⑤，谓须贾曰："待我，我为君先入通于相君。"须贾待门下，持车良久，问门下曰："范叔不出，何也？"门下曰："无范叔。"须贾曰："乡者与我载而入者。"门下曰："乃吾相张君也。"须贾大惊，自知见卖，乃肉袒膝行，因门下人谢罪。于是范雎盛帷帐⑥，待者甚众，见之。须贾顿首言死罪，曰："贾不意君能自致于青云之上⑦，贾不敢复读天下之书，不敢复与天下之事。贾有汤镬之罪，请自屏于胡貉之地，唯君死生之！"范雎曰："汝罪有几？"曰："擢贾之发以续贾之罪，尚未足。"范雎曰："汝罪有三耳。昔者楚昭王时而申包胥为楚却吴军，楚王封之以荆五千户，包胥辞不受，为丘墓之寄于荆也。今雎之先人丘墓亦在魏，公前以雎为有外心于齐而恶睢于魏齐,公之罪一也。当魏齐辱我于厕中,公不止,罪二也。更醉而溺我,公其何忍乎?罪三矣。然公之所以得无死者,以绨袍恋恋,有故人之意,故释公。"乃谢罢⑧。入言之昭王,罢归⑨须贾。

须贾辞于范睢,范睢大供具,尽请诸侯使,与坐堂上,食饮甚设。而坐须贾于堂下,置莝豆⑩其前,令两黥徒⑪夹而马食之。数曰:"为我告魏王,急持魏齐头来,不然者,我且屠大梁!"须贾归,以告魏齐。魏齐恐,亡走赵,匿平原君所。

范睢既相,王稽谓范睢曰:"事有不可知者三,有不可奈何者亦三。宫车一日晏驾⑫,是事之不可知者一也。君卒然捐馆舍,是事之不可知者二也。使臣卒然填沟壑,是事之不可知者三也。宫车一日晏驾,君虽恨于臣,无可奈何。君卒然捐馆舍,君虽恨于臣,亦无可奈何。使臣卒然填沟壑,君虽恨于臣,亦无可奈何。"范睢不怿,乃入言于王曰:"非王稽之忠,莫能内臣于函谷关;非大王之贤圣,莫能贵臣。今臣官至于相,爵在列侯,王稽之官尚止于谒者,非其内臣之意也。"昭王召王稽,拜为河东守,三岁不上计⑬。又任郑安平,昭王以为将军。范睢于是散家财物,尽以报所尝困厄者。一饭之德必偿,睚眦之怨必报⑭。

【注释】

①微行:指隐蔽尊贵身份改装出行。

②间步:即闲步,趁着有空步行。之:到。邸:客馆。

③绨袍:粗丝织品制成的袍子。

④去留:此处指成功或失败。

⑤相舍门:此处指相国办公地方的门口。

⑥盛帷帐:挂上豪华的床帐。

⑦自致:此处指靠自己的能力达到。青云之上:比喻极高的官位。

⑧谢:此处指辞别的意思。

⑨罢归:指不接受来使,令其回国。

⑩莝豆:即铡碎的草和豆子拌在一起的饲料。

⑪黥徒：受过墨刑的犯人。黥，古代一种肉刑，用刀刺面并涂上墨。

⑫官车一日晏驾：此处指秦昭王突然去世。

⑬上计：指古代地方官在年终时将境内人口、钱粮、盗贼、狱讼等事编造计簿，报告朝廷。

⑭睚眦：发怒时瞪眼，形容极小的怨恨。

【译文】

范雎当上秦国相国后，秦国人称他为张禄，魏国人对此毫无所知，认为范雎早已死了。魏王听到秦国即将向东攻打韩国和魏国的消息，便派须贾出使秦国。范雎得知须贾到了秦后，便隐藏相国身份，改装出行，穿着破旧的衣服，从偏僻的小路走到客馆去见须贾。须贾一见到范雎，非常吃惊地说："你原来没死啊！"范雎回答说："是啊。"须贾笑着说："你是来秦国游说的吧？"范雎回答说："不是。我以前得罪了魏国相国，逃亡到这里，怎么敢再游说呢？"须贾问："你现在在这里做些什么事呢？"范雎说："在帮人做佣工。"须贾心里十分怜悯范雎，留他同坐喝酒，说："没想到你竟然落魄到这种地步！"说罢，他拿了一件自己的粗丝袍子送给范雎。须贾随后问他："秦国的张相国，你知道他吗？我听说他在秦国很得宠，有关天下的大事都由张相国决定。这次我办的事情能否成功也取决于他。你有没有跟张相国熟悉的朋友呢？"范雎说："我主人与他很熟。就是我也能求见他。请让我带您去见张相国吧。"须贾说："我的马有病，车轴又折断了，不是四匹马拉的大车，我从不出门。"范雎说："我愿意替您向我主人借来四匹马拉的大车。"

范雎回去弄来了四匹马拉的大车，并亲自给须贾驾车，直接进了秦国相府。府中人看见这情景，认识范雎的人都低头回避，须贾见到这般情景，觉得非常奇怪。到了相府门口时，范雎对须贾说："您等着，我替您先去向张相国禀告一声。"须贾就在门口等着，拽着马缰绳等了很长时间，不见人来，就问门卒，说："范雎进去了很长时间不出来，是怎么回事？"门卒回答说："这里没有范雎。"须贾说："就是刚才跟我一起坐车进来的那个人。"守门的人说："那人是我们的张相国。"须贾听了，大吃一惊，知道受到了范雎的愚弄，于是就袒衣露膀，双膝跪地而行，托门卒向范雎请罪。于是，范雎派人挂上豪华的帐幕，召来许多侍从，才让须贾上堂来见。须贾见到范雎，连叩响头，口称死罪，说："我没想到您靠自己的能力爬到这么高的位置，我不敢再读天下的书，也不敢参与天下的事了。我犯下了应该烹杀的大罪，我请求将我抛到荒凉野蛮的地区，我是死是活只听凭您的决定了！"范雎问："你的罪状有多少？"须贾连忙回答说："拔下我的头发来数我的罪过，也不够数。"范雎说："你的罪有三条。从前楚昭王时，那申包胥为楚国请求秦军击退吴兵，楚王把荆地五千户的地方封给他，申包胥辞谢不肯接受，是因为他自己祖先的坟墓也在楚国，救楚国是为了保全祖坟。现在我先人的坟墓也在魏国，你从前以为我在齐国出卖了魏国，就在魏齐面前进谗言，这是你的第一条罪状。当魏齐把我扔在厕所里侮辱我时，你不去阻止他，这是你第二条罪状；你喝醉了酒，又在我身上撒尿，你怎么这么狠心，这是你第三条罪状。但是你之所以能够免除死罪，是因为你赠我粗丝袍的情意，这还算有一点老朋友的旧情，所以我饶你一死。"于是，他辞别须贾，结束了会见。随即范雎进宫把事情的原委报告给秦昭王，秦昭王决定不接见魏国来使，派人责令须贾回国。

须贾去向范雎辞行，范雎便大摆筵席，让所有诸侯国的来使与他同坐堂上，酒菜都很丰盛。却让须贾坐在堂下，并在他面前放了一槽草豆掺拌的饲料，又命令两个受过墨刑的犯人在两旁夹着他，像喂马一样喂他吃饲料。范雎责令他说："替我告诉魏王，赶快把魏齐的脑袋送来，不然的话，我就要率军血洗大梁！"须贾回到魏国，将情况告诉了魏齐。魏齐十分害怕，逃到了赵国，躲藏在平原君赵胜家中。

范雎做了秦国相国之后，王稽曾对范雎说："不能预知的事情有三件，无可奈何的事情也有三件。君王说不定哪一天死去，这是不可预知的第一件事；您也可能突然死去，这是不可预知的第二件事；我也可能突然死去，这是不可预知的第三件事。如果君王突然死去了，您即使因我没被君王重视而感到遗憾，也是无可奈何的；如果您突然死去了，您即使为还未报答我而感到遗憾，也是毫无办法的；假使我突然死去了，你即使因不曾及时推荐我而感到遗憾，也是毫无办法的。"范雎听了此话，闷闷不乐，于是就进宫告诉秦昭王：

"如果不是王稽的忠诚，没有谁能把我带进函谷关来；如果不是您的贤明，就不能使我显贵。现在我的官位已至相国，爵位已经封到列侯，但是，王稽还只是个谒者，这不是他带我来秦国的本意啊。"于是，秦昭王召见王稽，封他做河东郡守，三年可以不派使臣呈报赋税收入。范雎又向秦昭王举荐曾保护过他的郑安平。秦昭王任命郑安平为将军。范雎于是散发家里的财物，用来报答那些曾经帮助过他而处境困苦的人。凡是给过他一顿饭吃的小恩小惠，他也必定报答，而瞪过他一眼的小怨小仇，他也是必定报复的。

【原文】

范雎相秦二年，秦昭王之四十二年，东伐韩少曲、高平，拔之。

秦昭王闻魏齐在平原君所，欲为范雎必报其仇，乃详为好①书遗平原君曰："寡人闻君之高义，愿与君为布衣之友。君幸过②寡人，寡人愿与君为十日之饮。"平原君畏秦，且以为然，而入秦见昭王。昭王与平原君饮数日，昭王谓平原君曰："昔周文王得吕尚以为太公，齐桓公得管夷吾以为仲父，今范君亦寡人之叔父也。范君之仇在君之家，愿使人归取其头来；不然，吾不出君于关。"平原君曰："贵而为交者，为贱也；富而为交者，为贫也。夫魏齐者，胜之友也，在，固不出也，今又不在臣所。"昭王乃遗赵王书曰："王之弟在秦，范君之仇魏齐在平原君之家。王使人疾持其头来；不然，吾举兵而伐赵，又不出王之弟于关。"赵孝成王乃发卒围平原君家，急，魏齐夜亡出，见赵相虞卿。虞卿度赵王终不可说，乃解其相印，与魏齐亡，间行③。念诸侯莫可以急抵者，乃复走大梁，欲因信陵君以走楚。信陵君闻之，畏秦，犹豫未肯见，曰："虞卿何如人也？"时侯嬴在旁，曰："人固未易知，知人亦未易也。夫虞卿蹑屩檐簦④，一见赵王，赐白璧一双，黄金百镒；再见，拜为上卿；三见，卒受相印，封万户侯。当此之时，天下争知之。夫魏齐穷困过虞卿，虞卿不敢重爵禄之尊，解相印，捐万户侯而间行。急士之穷而归公子，公子曰'何如人'。人固不易知，知人亦未易也！"信陵君大惭，驾如野⑤迎之。魏齐闻信陵君之初难见之，怒而自刭。赵王闻之，卒取其头予秦。秦昭王乃出平原君归赵。

昭王四十三年，秦攻韩汾陉，拔之，因城河上广武。

【注释】

①详为好：假装交好。

②过：访问、造访。

③间行：潜行，从小路走。

④蹑屩檐簦：脚踏草鞋，肩搭雨伞。此处指远行。屩，读juē，草鞋；檐，通"担"，肩荷；簦，读dēng，古代有柄的笠。

⑤如野：到郊外。

【译文】

范雎任秦国相国第二年，也就是秦昭王四十二年，秦国向东进攻韩国的少曲和高平，夺取了这两个城邑。

秦昭王听说魏齐躲在平原君赵胜的府邸，他一定要为范雎报了此仇不可，就故意写了一封很亲切的信给赵胜，说："我听说公子重情义，很愿意和公子结为朋友，劳驾公子到我这里来，我要和您畅饮十天。"赵胜本来惧怕秦国，看了信，又认为秦昭王真的有意交好，就到秦国见了秦昭王。秦昭王陪着赵胜宴饮了几天，便对他说："从前，周文王得到姜子牙尊他为太公，齐桓公得到管仲称他为仲父。现在，范雎也是我的仲父。他的仇人躲在您家中，希望您派人回去把他的头拿来，不然，我是不会放您出关的。"赵胜回答说："人显贵时结交很多的朋友，是以防将来贫贱时有个依靠；人富裕时结交很多朋友，是为了将来穷困时有个地方投奔。魏齐是我的朋友，就算他在我的家里，我也一定不会把他交出来。何况他现在并不在我家里。"秦昭王就写了一封信给赵王，说："您弟弟在秦国，范相国的仇人魏齐在您弟弟家里。您赶紧派人拿魏齐的头来，否则，我便发兵攻打赵国。您弟弟也休想出关。"赵王接信后，就派士兵包围了平原君家，情况危急，魏齐连夜逃出了赵胜家，找赵国相国虞卿帮忙。虞卿估计赵王不可能被说服，就解下自己的相印，跟魏齐一起抄小路逃出了赵国。他们思虑再三，发现诸侯中没有一国可以抵挡秦国的。于是，两人又逃到大梁，想依靠信陵君的帮助逃到楚国去。信陵君魏无忌听到这个消息，由于畏惧秦国，犹疑不决，不肯接见他们，并问："虞卿是怎么样的一个人？"当时，侯嬴正好在旁边，说："一个人本来是不容易了解的，要真了解那人也是很不容易啊。那个虞卿穿了一双草鞋，肩挂雨伞去见赵王。第一次见赵王，赵王就赐一双白璧，百镒黄金；第二次见赵王，赵王就拜他为上卿；第三次见赵王，他就接受了赵国相印，被封为万户侯。当时，天下之人谁不知他的名声。魏齐在危难之时逃到虞卿那里，虞卿不顾爵禄的尊贵，解下相印，抛弃了万户侯，变装和他一起逃走。能把别人的困难当成自己的困难来投奔您，您却问'这个人怎么样'。人本就很难被别人了解，了解别人也实在不容易啊！"信陵君深感愧疚，立即驱车到郊外去迎接他们。可是，魏齐听到的是信陵君当初不肯接见他的消息，一怒之下便自杀身亡。赵王得知魏齐自杀身亡，最终取下他的脑袋，送到了秦国。秦昭王这才放平原君回赵。

秦昭王四十三年，秦国进攻韩国的汾陉，夺取了它，并在靠着黄河边上的广武山筑城。

【原文】

后五年，昭王用应侯谋，纵反间卖赵，赵以其故，令马服子①代廉颇将。秦大破赵于长平，遂围邯郸。已而与武安君白起有隙②，言而杀之③。任郑安平，使击赵。郑安平为赵所围，急，以兵二万人降赵。应侯席藁请罪④。秦之法，任人而所任不善者，各以其罪罪之。于是应侯罪当收三族。秦昭王恐伤应侯之意，乃下令国中："有敢言郑安平事者，以其罪罪之。"而加赐相国应侯食物日益厚，以顺适其意。后二岁，王稽为河东守，与诸侯通，坐法诛。而应侯日益以不怿。

昭王临朝叹息，应侯进曰："臣闻'主忧臣辱，主辱臣死'。今大王中朝而忧，臣敢请其罪。"昭王曰："吾闻楚之铁剑利而倡优拙⑤。夫铁剑利则士勇，倡优拙则思虑远。夫以远思虑而御勇士，吾恐楚之图秦也。夫物不素具⑥，不可以应卒，今武安君既死，而郑安平等畔，内无良将而外多敌国，吾是以忧。"欲以激励应侯。应侯惧，不知所出⑦。蔡泽闻之，往入秦也。

【注释】

①马服子：指马服君赵奢的儿子赵括。

②隙：感情上的裂痕，怨仇。

③言而杀之：指范雎向秦昭王进谗言而杀死白起。

④席稿请罪：跪在草垫上请求惩处。稿，通"藁"，用草编的垫子。

⑤倡优拙：此处指表演歌舞的技艺拙劣。

⑥素具：早做准备。

⑦不知所出：想不出什么办法。

【译文】

五年后，秦昭王又采取范雎的策略，用反间计使赵国上当受骗，使赵国改用前马服君赵奢的儿子赵括替代廉颇为将军。因此，秦军才能在长平大败赵军，又进兵围攻邯郸。不久范雎和武安君白起有了隔阂，于是他就在秦昭王面前进谗言，杀了白起。范雎保荐郑安平，让他率领军队攻打赵国。郑安平被赵军包围，情况危急时，他带领两万人投降了赵国。范雎自知罪责难逃，就跪在草垫上请求惩处治罪。依据秦国法令，举荐了官员而被举荐的官员犯了罪，那么举荐人也同样按被举荐官员的罪名治罪。这样，范雎应判收捕三族。秦昭王怕伤了范雎的心，就在国中颁布命令："如果有人敢提郑安平的事情，就按照郑安平所犯的罪处罚他。"同时赏赐给范雎食物，一天比一天丰厚，以此来安慰范雎的心。两年后，王稽做河东太守，却与诸侯勾结，犯法被处死。为此，范雎一天比一天不愉快。

秦昭王上朝的时候，也不禁叹息。范雎走上前去，说："我听说'人主忧虑是臣下的耻辱，人主受辱是臣下的死罪'。现在大王在朝中叹息忧虑，我大胆请求大王治我的罪。"秦昭王说："我听说楚国的铁剑锋利而歌舞技艺拙劣。铁剑锋利则士兵勇敢，歌舞拙劣则国君深谋远虑。用深谋远虑来指挥勇敢的士兵，我恐怕楚国要打秦国的主意。事情如果不及时做准备，就不能应付突发的情况。现在，白起已死，郑安平等人又背叛秦国，国内没有良将，国外又多敌国。我就为这些事情忧虑。"秦昭王想要用这些话来激发范雎。范雎内心十分害怕，也想不出什么办法来。蔡泽得知这种情况，就从燕国投奔到秦国。

【编后语】

《范雎蔡泽列传》在列传中排第十九，是战国末期秦国两位国相范雎和蔡泽的合传。范雎和蔡泽同是辩士出身，在任秦相之前都曾走过一段坎坷的道路。本书选取了《范雎蔡泽列传》中的范雎传，省略了蔡泽传和"太史公曰"。司马迁将他们两人放在一起，其意图可能是让我们从另一个角度看东方六国的败亡原因——有才干的人被逼逃到秦国，然后带着仇恨来帮助秦国对付故国。

乐毅列传

【原文】

乐毅者,其先祖曰乐羊。乐羊为魏文侯将,伐取中山,魏文侯封乐羊以灵寿。乐羊死,葬于灵寿,其后子孙因家焉。中山复国,至赵武灵王时复灭中山。而乐氏后有乐毅。

乐毅贤,好兵,赵人举之。及武灵王有沙丘之乱①,乃去赵适魏。闻燕昭王以子之之乱②而齐大败燕,燕昭王怨齐,未尝一日而忘报齐也。燕国小,辟远,力不能制,于是屈身下士③,先礼郭隗④以招贤者。乐毅于是为魏昭王使于燕,燕王以客礼待之。乐毅辞让,遂委质为臣⑤,燕昭王以为亚卿,久之。

【注释】

①沙丘之乱:指赵惠文王元年,公子章叛乱,赵武灵王被围困饿死沙丘离宫一事。

②子之之乱:燕王哙将王位"禅让"给国相子之,燕国大乱。后齐国袭击燕国,杀燕王哙及子之。

③屈身:降抑身份。

④先礼郭隗:指燕昭王听从郭隗建议,礼尊郭隗,为其筑宫,拜其为师,以招揽天下贤士。

⑤委质:古代臣下向君主敬献礼物,表示献身。质,通"贽"。

【译文】

乐毅,他的祖先叫乐羊。乐羊在魏文侯手下当过将领,曾经率兵攻取了中山国，魏文侯将灵寿封给了乐羊。乐羊死后葬在灵寿，他的子孙后代在那里安家落户。中山国曾一度复国，到赵武灵王时，赵国又灭掉了中山国。乐家后代中出了个名人叫"乐毅"。

乐毅贤能，喜好军事。赵国人曾举荐他出来做官。赵武灵王在沙丘行宫被围困饿死后，他离开赵国到了魏国。后来，他又听说燕昭王因为子之篡权而被齐国乘机打败，因此，燕昭王十分怨恨齐国，没有一天忘记过要向齐国报仇雪恨。燕国是个弱小的国家，地处偏远，本国力量不足以克敌取胜，就屈已礼贤，以求贤士相助。他先以礼厚待郭隗，借以招揽天下贤士。刚好在这时期，乐毅以魏昭王使者的身份出使到了燕国，燕昭王以宾客的礼节接待他。乐毅推辞谦让，但最终向燕昭王敬献了礼物，表示愿意献身做臣下。燕昭王就让他当亚卿，他担任该职很长时间。

【原文】

当是时，齐湣王强，南败楚相唐昧于重丘，西摧三晋①于观津，遂与三晋击秦，助赵灭中山，破宋，广地千馀里。与秦昭王争重为帝，已而复归之。诸侯皆欲背秦而服于齐。湣王自矜②，百姓弗堪。于是燕昭王问伐齐之事。乐毅对曰："齐，霸国之馀业③也，地大人众，未易独攻也。王必欲伐之，莫如与赵及楚、魏。"于是使乐毅约赵惠文王，别使连楚、魏，令赵啖④说秦以伐齐之利。诸侯害齐湣王之骄暴，皆争合从与燕伐齐。

乐毅还报，燕昭王悉起兵，使乐毅为上将军，赵惠文王以相国印授乐毅。乐毅于是并护赵、楚、韩、魏、燕之兵以伐齐，破之济西。诸侯兵罢归⑤，而燕军乐毅独追，至于临菑。齐湣王之败济西，亡走，保于莒。乐毅独留徇⑥齐，齐皆城守。乐毅攻入临菑，尽取齐宝财物祭器输之燕。燕昭王大说，亲至济上劳军，行赏飨士，封乐毅于昌国，号为昌国君。于是燕昭王收齐卤获⑦以归，而使乐毅复以兵平齐城之不下者。

乐毅留徇齐五岁，下齐七十馀城，皆为郡县以属燕，唯独莒、即墨未服。会燕昭王死，子立为燕惠王。惠王自为太子时尝不快于乐毅，及即位，齐之田单闻之，乃纵反间于燕，曰："齐城不下者两城耳。然所以不早拔者，闻乐毅与燕新王有隙，欲连兵⑧且留齐，南面而王齐。齐之所患，唯恐他将之来。"于是燕惠王固已疑乐毅，得齐反间，乃使骑劫代将，而召乐毅。乐毅知燕惠王之不善代之，畏诛，遂西降赵。赵封乐毅于观津，号曰望诸君。尊宠乐毅以警动于燕、齐。

齐田单后与骑劫战，果设诈诳燕军⑨，遂破骑劫于即墨下，而转战逐燕，北至河上，尽复得齐城，而迎襄王于莒，入于临菑。

【注释】

①三晋：此处指魏国和赵国。

②自矜：自尊自大。

③馀业：先人遗下的功业。

④啖：以利益引诱人。

⑤罢归：停止攻击，撤回本国。

⑥徇：带兵巡行占领的地方。

⑦卤获：夺取缴获的战利品。卤，通"掳"，掠夺。

⑧连兵：联合兵力，集结军队。

⑨设诈诳燕军：指田单先以请降示弱麻痹燕军，再以"火牛阵"奇袭燕军。诈，欺骗；诳，迷惑。

【译文】

当时，齐湣王当权，国力强盛，南边在重丘打败了楚国将领唐眛率领的军队，西边在观津打垮了魏国和赵国的联军，随即又联合了韩国、赵国、魏国的军队攻打秦国，还曾帮助赵国灭掉了中山国，又攻破了宋国，扩展了一千多里的领土。他与秦昭王竞相争取尊称帝号，后来由于各国的反对只好仍旧称王。各诸侯国都想背弃秦国臣服于齐国。可是齐湣王自高自大，为人骄横，齐国的老百姓都无法忍受他的暴政。燕昭王认为，攻打齐国的时机已到，就向乐毅询问有关攻打齐国的事。乐毅说："齐国仍然有以往霸国的基业，地广人多，不易攻破它。您如果一定要攻打它，最好联合赵国、楚国、魏国一齐行动。"于是燕昭王就派乐毅到赵国，和赵惠文王订立盟约，同时他又遣派使者联络楚国和魏国，并请赵国派出使者用讨伐齐国的好处去鼓动秦国也参与。由于诸侯们认为齐湣王骄横暴虐，都争着跟燕国联合共同讨伐齐国。

乐毅回来汇报了出使情况，燕昭王动员全国的兵力，派乐毅担任上将军，赵惠文王也把相国大印授给乐毅。于是，乐毅便总领赵国、楚国、韩国、魏国、燕国诸国的军队，联合攻伐齐国，并在济水之西打败了它。随后，各国诸侯收兵返国，唯独燕军在乐毅带领下乘胜追击，直逼到临菑城下。齐湣王在济西大败，率众固守莒城。乐毅率军穷追不舍，率军围攻莒城，齐军退守莒城中。乐毅率军攻下临菑后，将齐国的珍宝、财物、祭器等悉数掠取，并运送回燕国。燕昭王十分欣喜，亲自到济水边犒劳将士，并将昌国封给乐毅，号称昌国君。于是，燕昭王收集在齐国所缴获的器物回到燕国，并派乐毅继续率军攻取那些尚未完全攻克的齐国城邑。

乐毅率军在齐国作战五年，攻下了齐国城邑七十余座，都划为郡县，归燕国所有，只有莒城和即墨没有攻下。这时，恰逢燕昭王死去，他儿子继位为燕惠王。燕惠王从做太子时就对乐毅有些不满，等他即位后，齐国将领田单得知他与乐毅间有矛盾，就对燕国实施反间计，散布谣言，说："齐国没有被攻下的城邑只剩两座，之所以没尽快地攻下来，听说是因为乐毅与燕国新即位的国君之间不和，乐毅集结兵力，故意拖延时间且留在齐国，并准备在齐国称王。齐国所害怕的就是燕王派别的将领率军来进攻。"当时，燕惠王本来就怀疑乐毅故意拖延进军，又听到齐国反间计的挑拨，就派骑劫到齐国替代乐毅任将领，并下令召乐毅回国。乐毅心中知晓燕惠王派人替代自己是不怀好意，害怕回国后被杀，就投奔到了西边的赵国。赵国把观津封给乐毅，封他为望诸君。赵国对乐毅十分尊重恩宠，借此震慑燕国和齐国。

齐国将领田单后来率军与骑劫交战，设计了一套骗局哄骗燕军，最终在即墨城下大败骑劫率领的燕军，接着转战追逐燕国败兵，直追到黄河边上，最终收复了全部失地，田单又从莒城迎回齐襄王，齐襄王返归临菑。

【原文】

　　燕惠王后悔使骑劫代乐毅，以故破军亡将失齐；又怨乐毅之降赵，恐赵用乐毅而乘燕之弊①以伐燕。燕惠王乃使人让乐毅，且谢之曰："先王举国而委将军，将军为燕破齐，报先王之仇，天下莫不震动，寡人岂敢一日而忘将军之功哉！会先王弃群臣②，寡人新即位，左右误寡人。寡人之使骑劫代将军，为将军久暴露③于外，故召将军且休，计事。将军过听，以与寡人有隙，遂捐燕归赵。将军自为计则可矣，而亦何以报先王之所以遇将军之意乎？"乐毅报遗燕惠王书曰：

　　臣不佞④，不能奉承王命，以顺左右之心，恐伤先王之明，有害足下之义，故遁逃走赵。今足下使人数之以罪，臣恐侍御者不察先王之所以畜幸臣之理⑤，又不白臣之所以事先王之心，故敢以书对。

　　臣闻贤圣之君不以禄私亲，其功多者赏之，其能当者⑥处之。故察能而授官者，成功之君也；论行而结交者，立名之士也。臣窃观先王之举也，见有高世主⑦之心，故假节于魏，以身得察于燕。先王过举⑧，厕之宾客之中，立之群臣之上，不谋父兄⑨，以为亚卿。臣窃不自知，自以为奉令承教，可幸无罪，故受令而不辞。

　　先王命之曰："我有积怨深怒于齐，不量轻弱，而欲以齐为事⑩。"臣曰："夫齐，霸国之馀业而最胜之遗事也，练于兵甲，习于战攻。王若欲伐之，必与天下图之。与天下图之，莫若结于赵。且又淮北、宋地，楚、魏之所欲也，赵若许而约四国攻之，齐可大破也。"先王以为然，具符节南使臣于赵。顾反命⑪，起兵击齐。以天之道，先王之灵，河北之地随先王而举之济上。济上之军受命击齐，大败齐人。轻卒锐兵，长驱至国。齐王遁而走莒，仅以身免；珠玉财宝车甲珍器尽收入于燕。齐器设于宁台，大吕陈于元英，故鼎反乎历室，蓟丘之植植于汶篁⑫，自五伯已来，功未有及先王者也。先王以为慊于志，故裂地而封之，使得比小国诸侯。臣窃不自知，自以为奉命承教，可幸无罪，是以受命不辞。

臣闻贤圣之君，功立而不废，故著于《春秋》；蚤知之士，名成而不毁，故称于后世。若先王之报怨雪耻，夷万乘之强国，收八百岁之蓄积⑬，及至弃群臣之日，馀教未衰，执政任事之臣，修法令，慎庶孽⑭，施及乎萌隶，皆可以教后世。

臣闻之，善作者不必善成，善始者不必善终。昔伍子胥说听于阖闾，而吴王远迹至郢；夫差弗是也，赐之鸱夷而浮之江。吴王不寤先论⑮之可以立功，故沉子胥而不悔；子胥不蚤见主之不同量⑯，是以至于入江而不化。

夫免身立功，以明先王之迹，臣之上计也。离毁辱之诽谤，堕先王之名，臣之所大恐也。临不测之罪，以幸为利⑰，义之所不敢出也。

臣闻古之君子，交绝不出恶声⑱；忠臣去国，不洁其名⑲。臣虽不佞，数奉教于君子矣。恐侍御者之亲左右之说，不察疏远之行，故敢献书以闻，唯君王之留意焉。

于是燕王复以乐毅子乐间为昌国君。而乐毅往来复通燕，燕、赵以为客卿。乐毅卒于赵。

【注释】

①弊：通"敝"，疲敝。

②弃群臣：抛下了群臣，是死去的委婉说法。

③暴露：露天食宿，此处指战地生活的辛苦。

④不佞：没有才能。是自谦的说法。

⑤侍御者：君主的侍从。此处实指燕惠王。畜：收留。幸：宠信。

⑥能当者：指才能胜任官职的人。

⑦高：超出。世主：一般的君主。

⑧过举：过分地抬举。

⑨父兄：此处指宗室大臣。

⑩以齐为事：把向齐国复仇作为自己的职分。

⑪顾：回顾，回头。形容时间之速。反命：即返命，复命。

⑫汶篁：齐国汶水出产的竹子。

⑬八百岁之积蓄：指齐自开国至燕昭王破齐约800年间积存的珍宝财物。

⑭慎庶孽：慎重地对待妾生子弟。

⑮寤："寤"通"悟"。明白。先论：指伍子胥早先的建议，即拒绝越王请降，停止对齐用兵。

⑯不同量：有不同的气量、抱负。

⑰以幸为利：把幸免于杀身之祸作为渔利的机会，此处指为赵害燕以谋取个人名利。

⑱不出恶声：不说他人坏话。

⑲不洁其名：不洗雪自己的罪名或冤屈。

【译文】

燕惠王后悔派骑劫代替乐毅，致使兵败将亡，丧失了所得的齐国土地；同时又怨恨乐毅归降赵国，恐怕赵国任用乐毅，趁燕国无力之际前来攻打。于是，燕惠王派人去斥责乐毅，同时也向他致歉，说："先王把整个燕国委托给你，你为燕国打败齐国，替先王报了深仇大恨，天下没有不震惊的。我哪有一天敢忘记你的功劳呢！恰逢先王离去，我初继位，是左右人误导了我。我之所以派骑劫代替你，是因为你长年在外风餐露宿，所以想请你回来休养，并商讨国事。而你却误听传言，以为跟我有不和的地方，就抛弃燕国投降赵国。你这样做，为自己打算，固然是无可厚非的，但是，如何报答先王对你的知遇之恩呢？"乐毅听后，写了一封信给燕惠王，说：

"我没有才干，不能恭奉您的命令，顺从您左右那些人的意愿，我恐怕归国会发生不测，而有损先王的英名，有害于您的道义，所以逃到了赵国。现在，您派人来数落我的罪过，我怕您的侍臣不能体察先王收留和宠信我的道理，又不清楚我事奉先王的一片诚心，因此我冒昧地给您写这封信。

"我听说，贤能圣明的君主不把爵禄赏给亲近的人，而是赏给功劳多的人。所以凡是根据才干授给官职的，是能成就功业的君主；凡是衡量品行交往的，是能树立声誉的贤士。我暗中观察先王的举止，看到他有超出一般君王的志向，因此我借魏国出使之机，亲赴燕国考察、验证。先王格外地看重我，将我列入宾客之中，又把我选拔出来高居群臣之上，不和宗室长辈商议，就任命我为亚卿。我私下无自知之明，认为只要奉行君命，遵守教诲，就可侥幸免于获罪，因此接受任命而未加推辞。

先王曾指教我说："我跟齐国有深仇积怨，不顾燕国的弱小，也要把向齐国复仇作为我在位的职责。"我说："齐国本有称霸天下的基业，又有多次作战取胜的经验。士兵训练有素，谙熟攻战方略。您若要攻打它，必须与天下诸侯联合起来进行。若要与天下诸侯共同对付它，不如先与赵国结盟。而且，淮北是楚国想收复的领土，宋国是魏国想得到的地方，所以赵国如能应允，再得楚国、魏国合作，结合四国的力量进攻，那就可以大败齐国。"先王同意我的意见，便预备了出使的信物，命我南下出使赵国。我回来汇报后，他就下令起兵攻打齐国。依赖上天之助和先王的神威，四国的军队全部随先王到达济水岸上。济水岸上的军队接受命令攻击齐军，把齐国人打得大败。我们的轻装精锐军队直抵齐国都城。齐王只身逃跑奔向莒城，仅仅侥幸活命。我将珠玉财宝、战车盔甲全都缴获送回燕国。齐国的祭器摆设在宁台，大吕钟陈列在元英殿，被齐国掠去的原燕国宝鼎又从齐国取来放回磨室，蓟丘的植物中种植着齐国汶水水滨出产的竹子。自五霸以来，功业没有赶上先王的。先王认为自己的志向得到了实现，因而划出一块土地分封给我，使我也像一个小国的诸侯。我私下无自知之明，以为只要奉行君命，遵守教诲，就可侥幸免于犯罪，因此接受任命而未加推辞。

"我听说圣贤的君主，建立了功业，就不愿废弃，所以能记载在史册上；有先见卓识的人，树立了声誉，就不肯毁坏，因而能为后世颂扬。正如先王那样报仇雪恨，征服了强大的齐国，没收了它八百年的积蓄，直到辞世那一天，他还留下了政令训示，使执政掌权的臣子能依循法令，安抚亲族，恩惠遍及一切人民，这些都是可以垂范后世的。

"我听说过：会做事的人不一定就能取得成功，开端好的不一定结局好。从前，伍子胥的主张被吴王阖闾采纳，吴王率军一直打到楚国郢都；吴王夫差不采纳伍子胥的正确建议，却赐给他马革囊袋，逼他自杀，把他的尸骨装在袋子中扔到长江里。吴王夫差不明白先前伍子胥的主张能够建立功业，所以他把伍子胥沉入长江里而不后悔；伍子胥也不能预见君主的气量、抱负各不相同，致使自己沉入江水中还不能瞑目。

"保全生命，成就攻伐的功绩，用以彰明先王的心迹，这是我的理想；遭受毁损和侮辱的诽谤，败坏先王的名誉，这是我所最恐惧的事。如今，我面临着难测的罪过，把幸免于杀身之祸作为个人利益，这是恪守道义的人不敢做出的事。

"我听说古代的君子绝交时不说别人的坏话；忠良的臣子离开原来的国家不洗雪自己的罪过和冤屈。我虽然才德平平，但多次聆听君子的教导。我恐怕您听信左右近臣的谗言，不能体察我远去的原因，因而献上这封信把我的心意告诉您。希望您留心考虑。"

于是，燕惠王又封乐毅的儿子乐间为昌国君。乐毅又与燕国通好而往来燕国和赵国之间，燕国和赵国都把他当作客卿。乐毅最后死在赵国。

【原文】

乐间居燕三十余年，燕王喜用其相栗腹之计，欲攻赵，而问昌国君乐间。乐间曰："赵，四战之国①也，其民习兵，伐之不可。"燕王不听，遂伐赵。赵使廉颇击之，大破栗腹之军于鄗，禽栗腹、乐乘。乐乘者，乐间之宗也，于是乐间奔赵，赵遂围燕。燕重割地以与赵和，赵乃解而去。

燕王恨不用乐间，乐间既在赵，乃遗乐间书曰："纣之时，箕子不用，犯谏不怠，以冀其听；商容不达②，身祗辱焉③，以冀其变。及民志不入④，狱囚自出⑤，然后二子退隐。故纣负桀暴之累⑥，二子不失忠圣之名。何者？其忧患之尽矣。今寡人虽愚，不若纣之暴也；燕民虽乱，不若殷民之甚也。室有语，不相尽，以告邻里。二者，寡人不为君取也。"

乐间、乐乘怨燕不听其计，二人卒留赵。赵封乐乘为武襄君。

其明年，乐乘、廉颇为赵围燕，燕重礼以和，乃解。后五岁，赵孝成王卒。襄王使乐乘代廉颇。廉颇攻乐乘，乐乘走，廉颇亡入魏。其后十六年而秦灭赵。

其后二十馀年，高帝过赵，问："乐毅有后世乎？"对曰："有乐叔。"高帝封之乐乡，号曰华成君。华成君，乐毅之孙也。而乐氏之族有乐瑕公、乐臣公，赵且为秦所灭，亡之齐高密。乐臣公善修黄帝、老子之言，显闻于齐，称贤师。

【注释】

①四战之国：指赵国多次与四方之敌作战。

②商容不达：指殷纣时商容因谏被贬。达，显达。

③祗：通"只"。

④民志不入：民心涣散。

⑤狱囚自出：狱中囚犯逃出。此处指政局混乱、法令废弃。

⑥负：担负。桀：凶暴。

【译文】

乐间在燕国三十多年，燕王喜采用相国栗腹的计策，准备派兵攻打赵国，去询问昌国君乐间。乐间说："赵国是同四方交战的国家，百姓熟悉军事，不可轻易攻打它。"燕王喜不听，起兵攻打赵国。赵国派廉颇率军迎击，在鄗地大败栗腹率领的燕国军队，生擒了栗腹和乐乘。乐乘是乐间的同宗。所以乐间投奔了赵国，赵军围攻燕国。燕国只得再三割地向赵国求和，赵军才解围而去。

燕王喜悔恨没听从乐间的话，乐间已在赵国，燕王喜便派人送给乐间一封信，说："商纣王时，箕子不受重用，而他却不断地犯言直谏，希望商纣王能听从；商容也不得志，而且身受凌辱，但却希望商纣王能有所改变。等到民心涣散，狱中的囚犯纷纷逃出，然后两人辞官隐居。因此，商纣王落得个凶暴的恶名，两人却不失忠诚、高尚的美誉。这是为什么呢？他们竭尽了为君为国而忧虑的责任。现在我虽然鲁钝，但还不像商纣王那么凶狠；燕国百姓虽不安定，但也不像商朝百姓那么严重。有道是，家庭内部有了纷争，不尽述自己的意见，却去告诉邻里。这两种做法，我认为是不足取的。"

乐间和乐乘怨恨燕王不听他们的计策，他们最终都留在了赵国。赵国封乐乘为武襄君。第二年，乐乘和廉颇率领赵军围攻燕国，燕国以厚礼求和，赵国才解兵。又过了五年，赵孝成王过世。赵襄王派乐乘替代廉颇做将军，廉颇率军攻击乐乘，乐乘逃走，廉颇也逃亡到魏国。又过了十六年，秦国灭掉了赵国。

赵国灭亡后二十多年，汉高祖刘邦经过赵地时，曾问："乐毅还有后代吗？"左右人回答说："有个后代叫乐叔。"于是，刘邦把乐乡县封给乐叔，封他为华成君。华成君是乐毅的孙子。乐毅的族中原有乐瑕公、乐臣公，当赵国将被秦国灭亡时，他们逃到了齐国高密。乐臣公长于研究黄帝、老子的学说，在齐国很有名气，人们称他为贤师。

【编后语】

秦国人才辈出，其他六国同样也人才辈出，这是七国能从春秋混战中成长起来的重要原因之一。司马迁为秦国杰出的文臣武将作了传，也为东方六国杰出的文臣武将作了传，《乐毅列传》就是其中的代表之一。燕国原是战国七雄的弱者，无端遭到强齐的侵凌。乐毅辅佐燕昭王联合楚、赵国、韩国和魏国，利用秦国，共同伐齐，取得了以弱胜强、报仇雪耻的辉煌胜利。本书选取了《乐毅列传》中除"太史公曰"的全文。

廉颇蔺相如列传

【原文】

廉颇者，赵之良将也。赵惠文王十六年，廉颇为赵将，伐齐，大破之，取阳晋，拜为上卿①，以勇气闻于诸侯。蔺相如者，赵人也，为赵宦者令缪贤舍人。

赵惠文王时，得楚和氏璧。秦昭王闻之，使人遗赵王书，愿以十五城请易璧。赵王与大将军廉颇诸大臣谋：欲予秦，秦城恐不可得，徒见欺；欲勿予，即患秦兵之来。计未定，求人可使报秦者，未得。宦者令缪贤曰："臣舍人蔺相如可使。"王问："何以知之？"对曰："臣尝有罪，窃计欲亡走燕②，臣舍人相如止臣，曰：'君何以知燕王？'臣语曰：'臣尝从大王与燕王会境上，燕王私握臣手，曰"愿结友"。以此知之，故欲往。'相如谓臣曰：'夫赵强而燕弱，而君幸于赵王，故燕王欲结于君。今君乃亡赵走燕，燕畏赵，其势必不敢留君，而束君归赵矣。君不如肉袒伏斧质请罪③，则幸得脱矣。'臣从其计，大王亦幸赦臣。臣窃以为其人勇士，有智谋，宜可使。"

于是王召见，问蔺相如曰："秦王以十五城请易寡人之璧，可予不？"相如曰："秦强而赵弱，不可不许。"王曰："取吾璧，不予我城，奈何？"相如曰："秦以城求璧而赵不许，曲在赵。赵予璧而秦不予赵城，曲在秦。均④之二策，宁许以负秦曲⑤。"王曰："谁可使者？"相如曰："王必无人，臣愿奉璧往使。城入赵，而璧留秦；城不入，臣请完璧归赵⑥。"赵王于是遂遣相如奉璧西入秦。

【注释】

①拜：授给官职。

②窃：私下。亡走：逃跑。

③肉袒：脱去上衣，露出上体。斧质：古代杀人刑具。质，通"锧"，铁砧板，人伏在上等待砍头。

④均：衡量。

⑤负秦曲：使秦国承担理屈的责任。

⑥完：完整无缺。

【译文】

廉颇是赵国的良将。赵惠文王十六年，廉颇担任赵国将领，率军去攻打齐国，大败齐军，攻取了阳晋城，被任命为上卿。他以勇气闻名于诸侯各国。蔺相如也是赵国人，是赵国宦官令缪贤的门客。

赵惠文王得到了产自楚国的和氏璧。秦昭王听说后，派人送信给赵惠文王，表示愿意用十五座城池换取和氏璧。赵惠文王与大将军廉颇等大臣们商议："如果把和氏璧给秦国，秦国的城池恐怕不能得到，白白被欺骗；如果不给，又怕秦军来攻打。"对策没有确定，他想寻找一个能派去答复秦国的使者也没有找到。这时宦官令缪贤说："我的门客蔺相如可以出使。"赵惠文王问："你怎么知道的呢？"缪贤回答说："有一次我犯了罪，私下计划想逃亡到燕国去，我的家臣蔺相如劝止我，说：'您怎么知道燕王能接受您呢？'我告诉他说：'我曾经跟随大王和燕王在边境上会见，燕王私下握着我的手，说愿意与我结交做朋友。我因此了解他，所以想投奔他。'蔺相如对我说：'赵国强大而燕国弱小，而您又被赵王宠幸，所以燕王想与您结交。如今，您是从赵国逃跑到燕国去。燕国害怕赵国，燕王势必不敢收留您，而会把您捆绑起来，送回赵国。您不如袒露上身，伏在刑具上，向大王请罪，也许侥幸可以免罪。'我听了他的劝告，您也开恩赦免了我。我私下认为，这个人是个勇士，有智谋，应该可以胜任出使秦国的重任。"于是赵惠文王召见蔺相如，问他：

"秦王用十五座城池来请求换取我的和氏璧，可不可以给他？"蔺相如说："秦国强，赵国弱，不能不答应。"赵惠文王说："秦王拿去了我的璧，不给我城池，怎么办？"蔺相如说："秦国用城池要求换璧，而赵国不答应，赵国理亏；赵国给了璧，而秦国不给赵国城池，秦国理亏。衡量这两个对策，宁可答应它，让秦国背负理亏的责任。"赵惠文王说："谁可以出使秦国呢？"蔺相如说："您如果真没有人可派，我愿意捧着璧出使秦国。城池归了赵国，璧就留在秦国；城池不归赵国，我保证把璧完完整整地带回赵国。"赵惠文王于是派遣蔺相如带着璧向西到秦国去。

【原文】

秦王坐章台见相如①，相如奉璧奏秦王。秦王大喜，传以示美人及左右②，左右皆呼万岁。相如视秦王无意偿赵城，乃前曰："璧有瑕，请指示王。"王授璧，相如因持璧却立，倚柱，怒发上冲冠，谓秦王曰："大王欲得璧，使人发书至赵王，赵王悉召群臣议，皆曰：'秦贪，负其强，以空言求璧，偿城恐不可得。'议不欲予秦璧。臣以为布衣之交③尚不相欺，况大国乎？且以一璧之故逆强秦之欢，不可。于是赵王乃斋戒④五日，使臣奉璧，拜送书于庭。何者？严大国之威以修敬也。今臣至，大王见臣列观，礼节甚倨；得璧，传之美人，以戏弄臣。臣观大王无意偿赵王城邑，故臣复取璧。大王必欲急臣，臣头今与璧俱碎于柱矣！"相如持其璧睨柱，欲以击柱。秦王恐其破璧，乃辞谢固请，召有司⑤案图，指从此以往十五都予赵。相如度秦王特以诈详为予赵城，实不可得，乃谓秦王曰："和氏璧，天下所共传宝也，赵王恐，不敢不献。赵王送璧时，斋戒五日，今大王亦宜斋戒五日，设九宾于廷⑥，臣乃敢上璧。"秦王度之，终不可强夺，遂许斋五日，舍相如广成传。相如度秦王虽斋，决负约不偿城，乃使其从者衣褐，怀其璧，从径道亡，归璧于赵。

秦王斋五日后，乃设九宾礼于廷，引赵使者蔺相如。相如至，谓秦王曰："秦自缪公以来二十馀君，未尝有坚明约束者也⑦。臣诚恐见欺于王而负赵，故令人持璧归，间至赵矣。且秦强而赵弱，大王遣一介之使至赵，赵立奉璧来。今以秦之强而先割十五都予赵，赵岂敢留璧而得罪于大王乎？臣知欺大王之罪当诛，臣请就汤镬⑧，唯大王与群臣孰⑨计议之。"秦王与群臣相视而嘻。左右或欲引相如去，秦王因曰："今杀相如，终不能得璧也，而绝秦赵之欢，不如因而厚遇⑩之，使归赵，赵王岂以一璧之故欺秦邪！"卒廷见相如，毕礼而归之。

相如既归，赵王以为贤大夫，使不辱于诸侯，拜相如为上大夫。秦亦不以城予赵，赵亦终不予秦璧。

【注释】

①章台：战国时秦国渭南离宫内的一座台观名。

②美人：指妃嫔、姬妾。左右：此处指秦王的近侍。

③布衣之交：平民之间的交情。

④斋戒：古人在祭祀前几天要沐浴更衣，戒酒、戒荤、戒女色，以表示对神的虔诚，总称斋戒。

⑤有司：主管某方面事务的官吏。

⑥九宾：当时外交上最隆重的礼仪，由九名迎宾典礼人员依次传呼接引宾客上殿。

⑦坚明：坚决明确地遵守。约束：信约、盟约。

⑧镬：开水锅。古代有一种酷刑为烹刑，即把人投入开水锅中煮死。就汤镬此处指愿受烹刑。

⑨孰：通"熟"，仔细的意思。

⑩遇：款待。

【译文】

秦昭王坐在章台接见蔺相如，蔺相如捧着璧献给秦昭王。秦昭王十分高兴，把璧递给身边的妃嫔和侍从人员观赏，左右侍从都高呼万岁。蔺相如看出秦昭王没有诚意把城池给赵国，就走上前说："璧上有瑕疵，请让我指给您看。"秦昭王把璧交给他，蔺相如便拿着璧后退几步站定，靠着殿柱，怒发冲冠，说："您想得到这块璧，派人送信给赵王，赵王召集全体大臣商议，都说：'秦王贪婪，依仗着自己的强大，想用空话骗取璧，答应给我们的城池恐怕不可能得到。'大家商议不打算把璧给您。我认为平民百姓之间的交往还不肯相互欺骗，何况大国呢？况且，因为一块璧的缘故，惹得强大的秦国不高兴，这不合适。于是赵王就斋戒了五天，派我捧着璧，临行前亲自下殿恭送国书。为什么要这样做呢？是因为尊重大国的威望，表示敬意。今天，我来到贵国，您只在一般宫殿里接见我，礼节非常倨傲；拿到了璧，又传递给美人，来戏弄我。我看您没有诚意把城池给赵王，所以又收回了璧。您如果要逼迫我，我的头今天就跟璧一起粉碎在柱下！"蔺相如握着璧，斜视殿柱，想用它撞击殿柱。秦昭王怕他撞破璧，就连忙道歉，再三请求不要撞碎璧，并召来管图籍的官员查看地图，指着从这里起到那里止的十五座城池划给赵国。蔺相如估计秦昭王只不过是假装要给赵国城池，实际上不可能得到，就对他说："和氏璧是天下共传的宝玉。赵王害怕秦国，不敢不奉献。赵王送璧时，曾经斋戒五天，现在您也应该斋戒五天，在朝堂上设九宾大典，我才敢献上璧。"秦昭王估量这件事，终究不能强夺，就答应斋戒五天，安置蔺相如住在广成宾馆。蔺相如估计秦昭王虽然答应斋戒，但必定会违背诺言，不肯给予城池，便让他的随从穿着粗布衣，怀揣着璧，从小路逃走，把璧送回了赵国。

　　秦昭王斋戒五天后，就在朝堂上设九宾大礼，延请赵国使者蔺相如。蔺相如来到后，对秦昭王说："秦国从穆公以来已经有二十多个国君，不曾有切实信守盟约的。我实在是害怕被您欺骗而辜负赵国，所以派人拿着璧回去，已经从小路到达赵国了。不过秦国强大，赵国弱小，您派一个使者到赵国，赵国立刻会捧着璧来。现在凭着秦国这样强大，先割让十五座城池给赵国，赵国难道敢留下璧而得罪您吗？我知道欺骗您罪该万死，我愿意下汤锅受烹煮之刑，只是希望您与群臣好好计议这件事。"秦昭王与大臣们面面相觑，左右的人员准备把蔺相如拉下去。秦昭王说："今天杀了蔺相如，终究不能得到璧，反而断绝了秦赵两国的友好关系，不如趁机好好地款待他，让他回赵国。赵王哪里会因为一块璧的缘故而欺骗秦国呢！"秦昭王最终在朝廷上会见蔺相如，完成接见典礼后，让他回国去。

蔺相如回国后，赵王认为他是个贤能的大夫，出使别国能不受辱，就任命他为上大夫。秦国并没把城池给赵国，赵国也终究不给秦国璧。

【原文】

其后秦伐赵，拔石城。明年，复攻赵，杀二万人。

秦王使使者告赵王，欲与王为好会于西河①外渑池。赵王畏秦，欲毋行。廉颇、蔺相如计曰："王不行，示赵弱且怯也。"赵王遂行，相如从。廉颇送至境，与王诀②曰："王行，度道里会遇之礼毕，还，不过三十日。三十日不还，则请立太子为王，以绝秦望。"王许之，遂与秦王会渑池。秦王饮酒酣，曰："寡人窃闻赵王好音，请奏瑟。"赵王鼓瑟。秦御史前书曰："某年月日，秦王与赵王会饮，令赵王鼓瑟。"蔺相如前曰："赵王窃闻秦王善为秦声，请奏盆缻③秦王，以相娱乐。"秦王怒，不许。于是相如前进缻，因跪请秦王。秦王不肯击缻。相如曰："五步之内，相如请得以颈血溅大王矣！"左右欲刃相如，相如张目叱之，左右皆靡④。于是秦王不怿⑤，为一击缻。相如顾召赵御史书曰："某年月日，秦王为赵王击缻。"秦之群臣曰："请以赵十五城为秦王寿。"蔺相如亦曰："请以秦之咸阳为赵王寿。"秦王竟酒，终不能加胜于赵。赵亦盛设兵以待秦，秦不敢动。

【注释】

①西河：黄河以西。今陕西省东南部黄河以西一带地区。

②诀：将远离而互相告别。又解为死别，廉颇担心赵王遇险不能返赵，所以作诀别之语。

③奏：献。盆缻：盛酒浆的瓦器。缻，通"缶"。

④靡：倒退、溃退。

⑤怿：快乐、高兴。

【译文】

后来,秦国攻打赵国,攻占了石城。第二年,秦军又进攻赵国,杀死了赵国两万人。

秦昭王派遣使者告诉赵王,想与赵王在西河外渑池进行友好会见。赵王害怕秦国,不想去。廉颇和蔺相如商议说:"大王不去,是表示赵国既软弱又胆小。"赵王于是起程,蔺相如随行。廉颇送到边境上,跟赵王告别,说:"您这次前去,估计行程时间到会见礼节完毕,来回不会超过三十天。三十天不回来,就请允许我拥立太子为王,以断绝秦国的幻想。"赵王答应后,就出发与秦昭王在渑池会见。

秦昭王喝酒喝到畅快时,说:"我私下里听说赵王爱好音乐,请鼓瑟助兴吧。"于是,赵王只好鼓瑟。秦国御史走上前来记录道:"某年某月某日,秦王跟赵王一起喝酒,命令赵王鼓瑟。"蔺相如走上前说:"赵王私下里听说秦王擅长演奏秦地乐曲,请允许我献上盆缻,以此互相娱乐。"秦昭王愤怒,不答应。于是蔺相如捧着盆缻走上前,并跪下请秦昭王演奏。秦昭王不肯敲缻。蔺相如说:"五步之内,我蔺相如能将颈血溅在大王身上!"秦昭王的左右侍从要杀蔺相如,蔺相如瞪着双眼呵斥,侍从们都溃散退走。秦昭王无奈,很不高兴地敲了一下缻。蔺相如回头招呼赵国御史写道:"某年某月某日,秦王为赵王击缻。"秦国大臣们说:"请用赵国的十五座城池给秦王做寿礼。"蔺相如也说:"请用秦国的咸阳城给赵王做寿礼。"秦昭王一直到酒宴结束,始终不能胜过赵国。赵国出动大批军队来防备秦国,秦国最终不敢轻举妄动。

【原文】

既罢归国,以相如功大,拜为上卿,位在廉颇之右①。廉颇曰:"我为赵将,有攻城野战之大功,而蔺相如徒以口舌为劳,而位居我上,且相如素贱人,吾羞,不忍为之下。"宣言曰:"我见相如,必辱之。"相如闻,不肯与会。相如每朝时,常称病,不欲与廉颇争列②。已而相如出,望见廉颇,相如引车避匿。

于是舍人相与谏曰："臣所以去亲戚而事君者,徒慕君之高义也。今君与廉颇同列,廉君宣恶言而君畏匿之,恐惧殊甚,且庸人尚羞之,况于将相乎!臣等不肖③,请辞去。"蔺相如固止之,曰:"公之视廉将军孰与秦王?"曰:"不若也。"相如曰:"夫以秦王之威,而相如廷叱之,辱其群臣,相如虽驽④,独畏廉将军哉?顾吾念之,强秦之所以不敢加兵于赵者,徒以吾两人在也。今两虎共斗,其势不俱生。吾所以为此者,以先国家之急而后私仇也。"廉颇闻之,肉袒负荆,因宾客至蔺相如门谢罪。曰:"鄙贱之人,不知将军宽之至此也。"卒相与欢,为刎颈之交⑤。

是岁,廉颇东攻齐,破其一军。居二年,廉颇复伐齐幾⑥,拔之。后三年,廉颇攻魏之防陵、安阳,拔之。后四年,蔺相如将而攻齐,至平邑而罢。其明年,赵奢破秦军阏与下。

【注释】

①右:以前以右为上。
②争列:争位次的排列。
③不肖:不贤,没出息。
④驽:劣马,借喻人蠢笨。
⑤刎颈之交:誓同生死的好朋友。
⑥齐幾:此处指齐国一个叫幾的地方。

【译文】

这次会见结束回国后,因为蔺相如功劳大,赵王任命他为上卿,官位在廉颇之上。廉颇说:"我担任赵国的将军,有攻城野战的大功,而他蔺相如只不过凭着口舌立了点功劳,职位居然在我之上,而且蔺相如本是地位低贱的人,我感到羞耻,不能忍受屈尊在他的下面。"他扬言说:"如果我碰见蔺相如,一定要侮辱他。"蔺相如听说后,不肯跟廉颇会面。每逢上朝时,蔺相如常常借口有病,不想跟廉颇争位次。不久蔺相如外出时,望见了廉颇,连忙掉转车头躲避。

这时，蔺相如的门客们一齐进言，说："我们之所以离开亲人来服侍您，只因仰慕您的高义。如今，您和廉颇同朝为官，廉颇口出恶言，可您畏惧、躲避他，怕成这个样子，普通人都对此感到羞耻，何况身为将相的人呢！我等不才，请允许我们告辞。"蔺相如劝阻他们，说："你们认为廉颇和秦王相比，哪一个更强？"门客们回答说："廉颇不如秦王。"蔺相如说："像秦王那样的威势，我都敢在朝堂上大声呵斥他，羞辱他的大臣们，我虽然愚笨无能，难道独独会害怕廉颇吗？我顾虑的是，强大的秦国之所以不敢进兵侵犯赵国，只是由于有我们两人在。现在如果两虎互相争斗，势必不能共生存。我这样做的缘故，是因为把国家的利益放在前面，而把私人的仇怨放在后面。"廉颇听说后，就袒露着肩膀，背上荆条，由宾客领路，到蔺相如家的门前请罪。他说："我这个浅薄卑贱的人，不知道您胸怀宽阔到这种程度。"至此两人和好，结成生死不渝的朋友。

这一年，廉颇率军向东攻打齐国，打败了齐国的一支军队。过了两年，廉颇又率军攻打齐国的几县，攻克了它。三年后，廉颇率军攻打魏国的防陵、安阳，攻克了它们。四年后，蔺相如率军攻打齐国，一直打到平邑，才停止前进。第二年，赵奢在阏与城下打败了秦军。

【编后语】

在战国七雄中，秦国吞并天下，与之战斗规模最大、最激烈的国家就是赵国。赵国能长期武力抗击秦国，与其有一大批杰出的文臣武将紧密相关。《廉颇蔺相如列传》在列传中排第二十一，也是司马迁为赵国杰出的文臣武将作的传，以廉颇、蔺相如为主，并记述了赵奢父子及李牧的主要事迹。本书选取了《廉颇蔺相如列传》中的蔺相如传，省略了廉颇传后部分、赵奢父子的传记、李牧的传记以及"太史公曰"。这篇是了解赵国历史以及秦国兼并战争非常重要的史料。

田单列传

【原文】

田单者，齐诸田疏属①也。湣王时，单为临菑市掾，不见知②。及燕使乐毅伐破齐，齐湣王出奔，已而保莒城。燕师长驱平齐，而田单走安平，令其宗人尽断其车轴末而傅铁笼③。已而燕军攻安平，城坏，齐人走，争涂④，以轊⑤折车败，为燕所虏，唯田单宗人以铁笼故得脱，东保即墨。燕既尽降齐城，唯独莒、即墨不下。燕军闻齐王在莒，并兵攻之。淖齿既杀湣王于莒，因坚守，距⑥燕军，数年不下。燕引兵东围即墨，即墨大夫出与战，败死。城中相与推田单，曰："安平之战，田单宗人以铁笼得全，习兵。"立以为将军，以即墨距燕。

顷之，燕昭王卒，惠王立，与乐毅有隙⑦。田单闻之，乃纵反间⑧于燕，宣言曰："齐王已死，城之不拔者二耳。乐毅畏诛而不敢归，以伐齐为名，实欲连兵南面而王齐。齐人未附，故且缓攻即墨以待其事。齐人所惧，唯恐他将之来，即墨残矣。"燕王以为然，使骑劫代乐毅。

【注释】

①诸田：此处指齐王田氏宗族的各个分支。疏属：血缘比较远的宗族。

②见知：被人了解，受到重用。

③傅铁笼：用铁箍紧紧套住。

④争涂：争路而逃，抢着逃跑。涂，通"途"。

⑤轊：读wèi，古代套在车轴头的铜制圆筒。

⑥距：通"拒"。抗拒、抵抗的意思。

⑦有隙：此处指在感情上不和。

⑧纵：发、放、行使的意思。反间：利用间谍离间敌方内部，使其落入我方圈套，从而获取最终的胜利。

【译文】

田单是齐国田氏家族的远房亲属。在齐湣王时，田单担任首都临菑佐理市政的小官，并不被齐王重用。后来，燕国派遣大将乐毅率军攻破齐国，齐湣王被迫从都城逃跑，不久又退守莒城。在燕军长驱直入攻入齐国时，田单也离开了都城，逃到了安平，让他的同族人把车轴两端突出的部位全部锯下，安上铁箍。不久，燕军攻打安平，城池被攻破，齐国人争路逃亡时，许多人因车轴过长拥挤冲撞时轴断车坏而被燕军俘虏，只有田单和同族人因用铁箍包住了车轴而得以逃脱。田单率领家族的人向东退守即墨。这时，燕军已经降服了齐国的大小城市，只有莒城和即墨城未被攻下。燕军听说齐湣王在莒城，便调集军队，全力攻打莒城。大臣淖齿杀死了齐湣王，率军坚守城池，抗击燕军。燕军几年都不能攻破该城。见莒城攻不下，燕将率军东行，围攻即墨，即墨守城官员率军出城与燕军交战，战败被杀。即墨城中的军民推举田单当首领，说："安平那一仗，田单和同族人因用铁箍包住车轴才得以脱险。可见，他很会用兵。"于是，大家拥立田单为将军，一起坚守即墨，抗击燕军。

过了不久，燕昭王去世，燕惠王登位，他和乐毅不和。田单听到这个消息后，就派人到燕国去施反间计，扬言说："齐湣王已被杀死，没被攻克的齐国城池只不过两座而已。乐毅害怕被杀掉而不敢回国，他以讨伐齐国为名长期率军在外，实际上是想和齐军联合起来，在齐国称王。齐国人心还未归附，因此他暂且拖延时间，慢慢地攻打即墨，等待时机成熟再称王。齐国人担心的是其他将领来带兵，那即墨城就必破无疑。"燕惠王认为这些话是对的，派大将骑劫去代替乐毅。

【原文】

乐毅因归赵，燕人士卒忿。而田单乃令城中人食必祭其先祖于庭，飞鸟悉翔舞城中下食。燕人怪之。田单因宣言曰："神来下教我。"乃令城中人曰："当有神人为我师。"有一卒曰："臣可以为师乎？"因反走。田单乃起，引还，东乡坐，师事之。卒曰："臣欺君，诚无能也。"田单曰："子勿言也！"因师之。每出约束①，必称神师。乃宣言曰："吾唯惧燕军之劓所得齐卒，置之前行，与我战，即墨败矣。"燕人闻之，如其言。城中人见齐诸降者尽劓，皆怒，坚守，唯恐见得。单又纵反间曰："吾惧燕人掘吾城外冢墓，僇②先人，可为寒心。"燕军尽掘垄墓③，烧死人。即墨人从城上望见，皆涕泣，俱欲出战，怒自十倍。

田单知士卒之可用，乃身操版插④，与士卒分功，妻妾编于行伍之间，尽散饮食飨士⑤。令甲卒皆伏，使老弱女子乘城，遣使约降于燕，燕军皆呼万岁。田单又收民金，得千溢，令即墨富豪遗燕将，曰："即墨即降，愿无虏掠吾族家妻妾，令安堵⑥。"燕将大喜，许之。燕军由此益懈。

田单乃收城中得千馀牛，为绛缯衣⑦，画以五彩龙文，束兵刃于其角，而灌脂束苇于尾，烧其端。凿城数十穴，夜纵牛，壮士五千人随其后。牛尾热，怒而奔燕军，燕军夜大惊。牛尾炬火光明炫燿，燕军视之皆龙文，所触尽死伤。五千人因衔枚击之，而城中鼓噪从之，老弱皆击铜器为声，声动天地。燕军大骇，败走。齐人遂夷杀其将骑劫。燕军扰乱奔走，齐人追亡逐北⑧，所过城邑皆畔燕而归。田单日益多，乘胜，燕日败亡，卒至河上，而齐七十馀城皆复为齐。乃迎襄王于莒，入临菑而听政。

襄王封田单，号曰安平君。

【注释】

①约束：规约，此处指行使指挥权。

②僇：羞辱。

③垄墓：坟墓。

④版插：筑土墙的工具和挖土的工具。

⑤飨士：用酒食招待人。

⑥安堵：相安、安居。

⑦绛缯衣：大红色丝帛制成的被服。

⑧追亡逐北：追击败逃的敌人。亡，逃跑。北，败逃。

【译文】

乐毅被免职后，逃到了赵国。燕军官兵为此愤愤不平。田单又命城中军民在吃饭前祭祀祖先，引得众多飞鸟因争食祭祀食物在城上盘旋飞舞。城外的燕军看到后，感到很奇怪。田单又扬言："这是神仙下界指导我们克敌制胜。"他又对城里人说："一定会有神仙来做我的老师。"有一个士兵说："我可以当您老师吗？"接着，他转身就跑。田单连忙站起来，把他拉过来，请他坐在上座，用侍奉老师的礼节来对待他。那个士兵说："我欺骗了您，我真的一点儿本事也没有。"田单说："请您不要再说了。"接着，田单就奉他为师。每次发号施令，田单一定要称是神师的主意。他又扬言："我最怕的是燕军把俘虏的齐国士兵割去鼻子，放在队伍前列，再和我们交战。那样即墨必然被攻克。"燕军听到这话后，居然照此施行。城里的人看到齐国众多降兵都被割去了鼻子，人人义愤填膺，全力坚守城池，唯恐被敌人捉去。田单又派人施反间计，说："我非常害怕燕国人挖了我们城外的祖坟，侮辱了我们的祖先。这真是让人寒心的事。"燕军听说之后，又把齐国人的坟墓全部挖开，并把死尸焚烧殆尽。即墨人从城上看到此情此景，人人痛哭流涕，请求出城拼杀，愤怒的情绪一下子成倍增长。

田单意识到此时是出战的最好时机，于是，他亲自拿着夹板铲锹，和士兵们一起修筑工事，并把自己的妻子姬妾都编在队伍之中，还把全部食物拿出来犒劳士卒。他命令装备整齐的精锐军队都埋伏起来，让老弱妇女上城防守，又派使者去和燕军约定投降事宜，燕军官兵高呼万岁。田单又把民间的黄金收集起来，共得一千镒，让即墨城里有钱有势的人去送给燕军，请求说："即墨就要投降了，希望你们进城之后，不要掳掠我们的妻子姬妾，让我们能平安地生活。"燕军将领非常高兴，满口答应。燕军因此防备更松懈。

田单于是从城里收集了一千多头牛，给它们披上大红绸绢制成的被服，在上面画上五颜六色的蛟龙图案，并在它们的角上绑好锋利的刀，把渍满油脂的芦苇绑在牛尾上，点燃其末端。他又在城墙上凿开几十个洞，趁夜把牛从洞穴中赶出，然后派五千精壮士兵跟在火牛后面。因尾巴被烧得发热，火牛都狂怒地直奔燕军，睡梦中的燕军惊慌失措。牛尾上的火把将夜间照得通明如昼。燕军看到它们身上都是龙的纹路，所触到的人非死即伤。齐军五千精兵随后悄然无声地杀来。城里的人乘机擂鼓呐喊，紧紧跟随在后面，甚至连老弱妇孺都手持铜器，敲得震天响，和城外的呐喊声汇合成惊天动地的声浪。燕军非常害怕，大败而逃。齐国人在乱军之中杀死了燕军主将骑劫。燕军纷乱，溃散逃命，齐军紧紧追击溃逃的燕军，所经过的城镇都背叛燕军，归顺田单。田单的兵力日益增多，乘着战胜的军威，他率军一路追击，燕军仓皇而逃，战斗力一天天减弱，一直退到黄河边上，原来齐国的七十多座城池又都被齐军收复。于是田单到莒城迎接齐襄王，齐襄王回到都城临淄处理政务。

齐襄王封赏田单，赐爵号安平君。

【编后语】

乐毅率军攻打曾经欺负燕国的齐国，导致几近灭国的齐国绝处逢生。这是战国历史上极具戏剧性的一幕，其前因后果是什么呢？司马迁在《史记》里做了详细的记载，并为改变历史方向的人作了传，这就是《田单列传》。本书选取了《田单列传》中除"太史公曰"的全文，再现了战国历史大趋势中最具有戏剧性的一幕。

鲁仲连邹阳列传

【原文】

鲁仲连者，齐人也。好奇伟俶傥①之画策，而不肯仕宦任职，好持高节。游于赵。

赵孝成王时，而秦王使白起破赵长平之军前后四十馀万，秦兵遂东围邯郸。赵王恐，诸侯之救兵莫敢击秦军。魏安釐王使将军晋鄙救赵，畏秦，止于荡阴不进。魏王使客将军新垣衍间入邯郸，因平原君谓赵王曰："秦所为急围赵者，前与齐湣王争强为帝，已而复归帝；今齐已益弱，方今唯秦雄天下，此非必贪邯郸，其意欲复求为帝。赵诚发使尊秦昭王为帝，秦必喜，罢兵去。"平原君犹预未有所决。

此时鲁仲连适游赵，会秦围赵，闻魏将欲令赵尊秦为帝，乃见平原君曰："事将奈何？"平原君曰："胜也何敢言事！前亡四十万之众于外，今又内围邯郸而不能去。魏王使客将军新垣衍令赵帝秦，今其人在是。胜也何敢言事！"鲁仲连曰："吾始以君为天下之贤公子也，吾乃今然后知君非天下之贤公子也。梁客新垣衍安在？吾请为君责而归之。"平原君曰："胜请为绍介而见之于先生。"平原君遂见新垣衍曰："东国有鲁仲连先生者，今其人在此，胜请为绍介，交之于将军。"新垣衍曰："吾闻鲁仲连先生，齐国之高士也。衍，人臣也，使事有职②，吾不愿见鲁仲连先生。"平原君曰："胜既已泄之矣。"新垣衍许诺。

鲁连见新垣衍而无言。新垣衍曰："吾视居此围城之中者，皆有求于平原君者也；今吾观先生之玉貌，非有求于平原君者也，曷为久居此围城之中而不去？"鲁仲连曰："世以鲍焦为无从颂而死者，皆非也。众人不知，则为一身。彼秦者，弃礼义而上首功之国③也，权使其士，虏使其民。彼即肆然④而为帝，过而为政于天下，则连有蹈东海而死耳，吾不忍为之民也。所为见将军者，欲以助赵也。"

新垣衍曰："先生助之将奈何？"鲁连曰："吾将使梁及燕助之，齐、楚则固助之矣。"新垣衍曰："燕则吾请以从矣；若乃梁者，则吾乃梁人也，先生恶能使梁助之？"鲁连曰："梁未睹秦称帝之害故耳。使梁睹秦称帝之害，则必助赵矣。"

新垣衍曰："秦称帝之害何如？"鲁连曰："昔者齐威王尝为仁义矣，率天下诸侯而朝周。周贫且微，诸侯莫朝，而齐独朝之。居岁馀，周烈王崩，齐后往，周怒，赴于齐曰：'天崩地坼⑤，天子下席⑥。东藩之臣因齐后至，则斫。'齐威王勃然怒曰：'叱嗟，而母婢也！'卒为天下笑。故生则朝周，死则叱之，诚不忍其求也。彼天子固然，其无足怪。"

新垣衍曰："先生独不见夫仆乎？十人而从一人者，宁力不胜而智不若邪？畏之也。"鲁仲连曰："呜呼！梁之比于秦若仆邪？"新垣衍曰："然。"鲁仲连曰："吾将使秦王烹醢⑦梁王。"新垣衍怏然不悦，曰："噫嘻，亦太甚矣先生之言也！先生又恶能使秦王烹醢梁王？"鲁仲连曰："固也，吾将言之。昔者九侯、鄂侯、文王，纣之三公也。九侯有子而好，献之于纣，纣以为恶，醢九侯。鄂侯争之强，辩之疾，故脯鄂侯。文王闻之，喟然而叹，故拘之牖里之库⑧百日，欲令之死。曷为与人俱称王，卒就脯醢之地？齐湣王之鲁，夷维子为执策而从，谓鲁人曰：'子将何以待吾君？'鲁人曰：'吾将以十太牢⑨待子之君。'夷维子曰：'子安取礼而来待吾君？彼吾君者，天子也。天子巡狩，诸侯辟舍⑩，纳筦籥⑪，摄衽抱机⑫，视膳于堂下，天子已食，乃退而听朝也。'鲁人投其籥，不果纳。不得入于鲁，将之薛，假途于邹。当是时，邹君死，湣王欲入吊，夷维子谓邹之孤曰：'天子吊，主人必将倍殡棺，设北面于南方，然后天子南面吊也。'邹之群臣曰：'必若此，吾将伏剑而死。'固不敢入于邹。邹、鲁之臣，生则不得事养，死则不得赙襚⑬，然且欲行天子之礼于邹、鲁，邹、鲁之臣不果纳。今秦万乘之国也，梁亦万乘之国也。俱据万乘之国，各有称王之名，睹其一战而胜，欲从而帝之，是使三晋之大臣不如邹、鲁之仆妾也。且秦无已而帝，则且变易诸侯之大臣。彼将夺其所不肖而与其所贤，夺其所憎而与其所爱。彼又将使其子女谗妾为诸侯妃姬。处梁之宫。梁王安得晏然而已乎？而将军又何以得故宠乎？"

于是新垣衍起，再拜，谢曰："始以先生为庸人，吾乃今日知先生为天下之士也。吾请出，不敢复言帝秦。"秦将闻之，为却军五十里。适会魏公子无忌夺晋鄙军以救赵，击秦军，秦军遂引而去。

于是平原君欲封鲁连，鲁连辞让者三，终不肯受。平原君乃置酒，酒酣，起，前以千金为鲁连寿。鲁连笑曰："所贵于天下之士者，为人排患释难解纷乱而无取也。即有取者，是商贾之事⑭也，而连不忍为也。"遂辞平原君而去，终身不复见。

【注释】

①傲倪：通"俾倪"，指潇洒豪迈、卓异不凡。

②使事有职：奉命出使，身负职责。

③上：通"尚"，崇尚、尊重的意思。首功：指战功。

④肆然：纵恣、放肆，无所忌惮的样子。

⑤天崩地坼：天崩地裂，此处指帝王之死。

⑥下席：离开宫室居丧守礼，睡在草席上。

⑦烹醢：古代酷刑。烹，下锅煮。醢，读hǎi，此处指剁成肉酱的意思。

⑧库：原指储藏兵甲战车的屋舍。此处指牢狱。

⑨太牢：牛、羊、猪各一头为一太牢。十太牢指以诸侯之礼款待。

⑩辟舍：迁出正宫。辟，通"避"，躲开的意思。

⑪纳筦籥：交出钥匙。纳，交出。

⑫摄衽：撩起衣襟。抱机：安排几桌。机，通"几"。

⑬赗禭：送给丧家的货财衣被。赗，指货财。禭，指衣被。

⑭商贾之事：生意人的行为。商，往来贩运。贾，坐地经营。

【译文】

鲁仲连是齐国人。他长于谋划出人意料的谋略,却不肯做官任职,愿意保持高风亮节。他曾客游赵国。

赵孝成王时,秦王派白起在长平之战前后击溃了四十万赵国军队,不久秦军向东挺进,围困了邯郸。赵王很害怕,各国的救兵也没谁敢攻击秦军。魏安釐王派出将军晋鄙率军营救赵国,但因为晋鄙畏惧秦军,魏军驻扎在汤阴不敢前进。魏王派将军新垣衍从隐蔽的小路进入邯郸,通过平原君的关系见赵王说:"秦军之所以急于围攻赵国,是因为以前和齐湣王争强称帝,但不久又取消了帝号;如今齐国更加削弱,只有秦国称雄天下,秦军这次围城并不是贪图邯郸,秦王的意图是要重新称帝。赵国如果能派遣使臣尊奉秦王为帝,那么秦王一定会很高兴,一定会撤兵离去。"平原君犹豫不能决断。

这时,鲁仲连客游赵国,正赶上秦军围攻邯郸,听说魏国想劝说赵国尊奉秦王为帝,他就去觐见平原君说:"这件事怎么办?"平原君说:"我哪里还敢谈论这样的大事!前不久赵国损失了四十万大军,而今秦军围困了邯郸,我又不能使之退兵。魏王派新垣衍游说让赵国尊奉秦王为帝,眼下,那个人还在这里。我哪里还敢谈论这样的大事!"鲁仲连说:"以前,我认为您是天下贤明的公子,如今,我才知道您并不是天下贤明的公子。魏国的客人新垣衍在哪儿?我替您去责问他,并让他回去。"平原君说:"我愿为您介绍,让他跟您相见。"于是,平原君见新垣衍,说:"齐国有个叫鲁仲连的,如今他就在这里,我愿替您介绍,跟您认识一下。"新垣衍说:"我听说鲁仲连是齐国志行高尚的人。我是魏王的臣子,奉命出使,身负职责。我不愿见鲁仲连。"平原君说:"我已经把您在这里的消息告诉他了。"新垣衍只好应允会见之事。

鲁仲连见到新垣衍后,一言不发。新垣衍说:"我看留在这座围城中的都是有求于平原君的人;而今,我看您的尊容,不像是有求于平原君,您为什么还长久地留在这围城之中,不愿意离去呢?"鲁仲连说:"世人认为鲍焦不能从容赴死,这种看法错了。一般人不了解他耻居浊世的心意,认为他是为个人打算。那秦国是个抛弃礼仪而只崇尚战功的国家,用权诈之术对待士卒,像

415

对待奴隶一样役使百姓。如果让它无所忌惮地恣意称帝，进而统治天下，那我宁可跳进东海去死，也决不甘心做它的子民。我之所以来见你，是打算帮助赵国啊。"

新垣衍说："您怎么帮助赵国呢？"鲁仲连说："我要请魏国和燕国帮助它，齐国和楚两国本来就在帮助赵国了。"新垣衍说："就算相信您能请燕国帮助赵国；至于魏国，我就是魏国人，您怎么可能让魏国帮助赵国呢？"鲁仲连说："魏国是因为没看清秦王称帝的祸患所以才没能帮助赵国。如果它看清秦王称帝的祸患后，就一定会帮助赵国。"

新垣衍说："秦王称帝后会有什么祸患呢？"鲁仲连说："从前齐威王曾经奉行仁义，率领天下诸侯朝拜周天子。当时，周天子贫困又弱小，诸侯们没谁去朝拜，唯有齐国去朝拜。过了一年多，周烈王逝世，齐王奔丧去迟了，新继位的周显王很生气，派人到齐国报丧，说：'天子逝世，如同天崩地裂般的大事，新继位的天子睡在草席上守孝。东方属国之臣田因齐居然敢迟到，当斩。'齐威王听了，勃然大怒，骂道：'呀呸！您母亲原先还是个婢女呢！'最终，这件事被天下传为笑柄。齐威王之所以在周天子活着时去朝见，死了却破口大骂，实在是因为忍受不了新天子的苛求。那些做天子的本来就是这个样子，没什么值得奇怪的。"

新垣衍说："您难道没见过奴仆吗？十个奴仆侍奉一个主人，难道是力气赶不上、才智比不上他吗？是害怕他啊。"鲁仲连说："唉！魏王和秦王相比，魏王像仆人吗？"新垣衍说："是。"鲁仲连说："那么我就让秦王烹煮魏王剁成肉酱。"新垣衍很不高兴，不服气地说："哎，您的话也太过分了！您又怎么能让秦王烹煮了魏王剁成肉酱呢？"鲁仲连说："当然可以，我说给您听。从前，九侯、鄂侯、西伯（周文王）是商纣王的三个诸侯。九侯有个女儿长得娇美，把她献给商纣王。商纣王认为她长得丑陋，把九侯剁成肉酱。鄂侯刚直诤谏，激烈辩白，商纣王又把鄂侯杀死做成肉干。西伯听到这件事，只不过伤心地叹了口气，商纣王就把他囚禁在牖里监牢内，关了一百天，想要他死。为什么和人家同样称王，最终落到被剁成肉酱、做成肉干的地步呢？齐湣王前往鲁国，夷维子替他赶着车做随员，他对鲁国官员们说：'你们准备怎样接待我们国君？'鲁国官员们说：'我们打算用十太牢的礼仪接待。'夷维子说：'你们这是根据什么礼仪接待我们国君的？我那国君是天子。天子到各国巡察，诸侯理应迁出正宫，移居别处，交出钥匙，撩起衣襟，端着托盘，站在堂下伺候天子用膳，天子吃完后，诸侯才可以退回朝堂听政理事。'鲁国官员听了，气得把钥匙一摔，不让齐湣王入境。齐湣王不能进入鲁国，打算借道邹国前往薛地。正赶上邹国国君逝世，齐湣王想入境吊丧，夷维子对邹国太子说：'天子吊丧，丧主一定要把灵柩转换方向，在南面安放朝北的灵位，然后天子面向南吊丧。'邹国大臣们说：'如果一定要这样，那么我们宁愿用剑自杀。'所以，齐湣王也未能进入邹国。邹、鲁两国的臣子，国君生前不能好好地事奉，国君死后又不能周备地助成丧仪，然而想要在邹、鲁行天子之礼，邹鲁的臣子们最终拒绝齐湣王入境。如今，秦国是拥有一万辆战车的国家，魏国也是拥有一万辆战车的国家。都是万乘大国，又各有称王的名分，只看它打了一次胜仗，就要顺从地拥护它称帝，这是让魏国的大臣比不上邹、鲁的奴仆啊。如果秦国贪心不足，最终称帝，那么，就会更换诸侯的大臣。他将要罢免他认为不肖的，换上他认为贤能的人，罢免他憎恶的，换上他所喜爱的人。还要让他的儿女和搬弄是非的姬妾嫁给诸侯做妃姬，住在魏国宫廷里。魏王怎么能安安定定地生活呢？而您又怎么能得到原先的宠信呢？"

于是，新垣衍站起来，两拜之后谢罪说："当初认为您是个普通的人，我今天才知道您是天下杰出的高士。我将离开赵国，再不敢谈秦王称帝的事。"秦军主将听到这个消息，为此把军队后撤了五十里。恰好魏公子无忌夺得了晋鄙的军权，率领魏军来援救赵国，攻击秦军。秦军就撤离邯郸，回去了。

于是平原君要封赏鲁仲连，鲁仲连再三辞让，始终也不肯接受。平原君设宴招待他，喝到酒酣耳热时，平原君起身向前，献上千金酬谢鲁仲连。鲁仲连笑着说："杰出之士所以被天下人崇尚，是因为他们能替人排除祸患，消释灾难，解决纠纷而不取报酬。如果收取酬劳的话，那就成为生意人的行为，我鲁仲连是不愿这样做的。"于是，鲁仲连辞别平原君走了，从此不再相见。

【原文】

其后二十馀年，燕将攻下聊城，聊城人或谗之燕，燕将惧诛，因保守聊城，不敢归。齐田单攻聊城岁馀，士卒多死而聊城不下。鲁连乃为书，约之矢以射城中，遗燕将。书曰：

吾闻之，智者不倍时而弃利，勇士不却①死而灭名，忠臣不先身而后君。今公行一朝之忿，不顾燕王之无臣，非忠也；杀身亡聊城，而威不信于齐，非勇也；功败名灭，后世无称焉，非智也。三者世主不臣，说士不载，故智者不再计②，勇士不怯死。今死生荣辱，贵贱尊卑，此时不再至，愿公详计而无与俗同。

且楚攻齐之南阳，魏攻平陆，而齐无南面之心，以为亡南阳之害小，不如得济北之利大，故定计审处之。今秦人下兵，魏不敢东面；衡秦③之势成，楚国之形危；齐弃南阳，断右壤，定济北，计犹且为之也。且夫齐之必决于聊城，公勿再计。今楚、魏交退于齐，而燕救不至。以全齐之兵，无天下之规④，与聊城共据期年之敝，则臣见公之不能得也。且燕国大乱，君臣失计，上下迷惑，栗腹以十万之众五折于外，以万乘之国被围于赵，壤削主困，为天下僇笑。国敝而祸多，民无所归心。今公又以敝聊之民距全齐之兵，是墨翟之守也。食人炊骨，士无反外之心，是孙膑之兵也。能见于天下。虽然，为公计者，不如全车甲以报于燕。车甲全而归燕，燕王必喜；身全而归于国，士民如见父母，交游攘臂而议于世，功业可明。上辅孤主以制群臣，下养百姓以资说士，矫国更俗⑤，功名可立也。亡意亦捐燕弃世，东游于齐乎？裂地定封，富比乎陶、卫，世世称孤，与齐久存，又一计也。此两计者，显名厚实也，愿公详计而审处一焉。

且吾闻之，规小节者不能成荣名，恶小耻者不能立大功。昔者管夷吾射桓公中其钩，篡也；遗公子纠不能死，怯也；束缚桎梏，辱也。若此三行者，世主不臣而乡里不通。乡使管子幽囚而不出，身死而不反于齐，则亦名不免为辱人贱行矣。臧获⑥且羞与之同名矣，况世俗乎！故管子不耻身在缧绁⑦之中而耻天下之不治，不耻不死公子纠而耻威之不信于诸侯，故兼三行之过而为五霸首，名高天下而光烛邻国。曹子为鲁将，三战三北，而亡地五百里。乡使曹子计不反顾，议不还踵⑧，刎颈而死，则亦名不免为败军禽将矣。曹子弃三北之耻，而退与鲁君计。桓公朝天下，会诸侯，曹子以一剑之任，枝桓公之心于坛坫之上，颜色不变，辞气不悖，三战之所亡一朝而复之，天下震动，诸侯惊骇，威加吴、越。若此二士者，非不能成小廉而行小节也，以为杀身亡躯，绝世灭后，功名不立，非智也。故去忿恚之怨，立终身之名；弃忿悁之节，定累世之功。是以业与三王争流，而名与天壤相弊也⑨。愿公择一而行之。

燕将见鲁连书，泣三日，犹豫不能自决。欲归燕，已有隙，恐诛；欲降齐，所杀虏于齐甚众，恐已降而后见辱。喟然叹曰："与人刃我，宁自刃。"乃自杀。聊城乱，田单遂屠聊城。归而言鲁连，欲爵之。鲁连逃隐于海上，曰："吾与富贵而诎⑩于人，宁贫贱而轻世肆志焉。"

【注释】

①却：避，回避。
②再计：犹豫不能决断。
③衡秦：与秦连衡。衡，通"横"。指六国东西联合共同事奉秦国。
④规：打算，算计。
⑤矫国更俗：指矫正国事，改变弊俗。
⑥臧获：奴婢的贱称。
⑦缧绁：读léi xiè，此处指牢狱。
⑧还踵：旋转脚跟，形容时间短促。还，旋转的意思。
⑨名与天壤相弊：名声和天地一起毁坏。
⑩诎：屈服。

【译文】

此后二十多年，燕将攻克了聊城，聊城有人在燕王面前说燕将的坏话，燕将害怕被诛杀，就据守聊城不敢回去。齐国将领田单率军攻打聊城一年多，士兵们死了很多，却攻不下聊城。鲁仲连就写了一封信，系在箭上射进城去给燕将。信上写道：

"我听说，明智的人不违背时机而放弃利益，勇士不回避死亡而败坏名声，忠臣考虑利益不会先己后君。如今，您发泄一时的气愤，不顾及燕王无法驾驭臣子，是不忠；战死身亡，丢掉聊城，威名不能在齐国伸张，是不勇；功业失败，名声破灭，后世无所称述，是不智。有这三条，当世的君主不会将你当作臣子看待，游说之士也不会记载你的事迹，所以，聪明的人不能犹豫不决，勇士是不怕死的。如今是生死荣辱、贵贱尊卑，在此一举。您这时不能决断，时机就不会再来，我希望您详加计议，不要和俗人一般见识。

"况且楚军进攻齐国的南阳，魏军进攻齐国的平陆，而齐军并没向南反击的意图，是因为认为丢掉南阳的损失小，不如夺得济北的利益大，做出这样的决策来执行。如今，秦国派出军队，魏国不敢向东进军，齐、秦连横的局面就形成了，楚国的形势危急；齐国放弃南阳，断弃右边的国土而不救，平定济北，是权衡得失定下的决策。况且，齐国决心夺回聊城，您不要再犹豫了。现在，楚国和魏国的军队都先后从齐国撤回，而燕国救兵又没到。凭借齐国全部的兵力，没有其他国家的干预，全力攻打一个已经围困了一年多的聊城，我看您是办不到的。而且，燕国发生动乱，君臣束手无策，上下一片混乱，栗腹带领十万大军在外连续打了五次败仗，拥有一万辆兵车的大国却被赵国包围，土地削减、国君被困，被天下人耻笑。国家衰败，祸患丛起，民心浮动。如今，您又用聊城疲惫的军民抵抗整个齐国军队的进攻，守城有方可比墨翟。缺乏粮食，吃人肉充饥，没有柴烧，烧人的骨头，士兵却没有叛离之心，您如同孙膑一样擅长带兵。您的本领已在天下显现。虽然如此，我替您考虑，不如保全兵力用来答谢燕国。兵力完好回归燕国，燕王一定高兴；士兵保全性命返回本国，百姓会将您看作父母，朋友都会振奋地称赞、推崇，您的功业可得以显扬。对上，您可以辅佐国君统率群臣；对下，您既养百姓又资游说之士，矫正国事，更换风俗，事业名声都可以建立。如果您没有回归燕国的心志，不是可以放弃燕国，摒弃世俗的议论，向东到齐国来吗？齐国会割裂土地予以分封，使您富贵得可以和魏冉、商鞅相比，世世代代做封君，和齐国长久共存。这也是一种办法。这两种方案是使您显扬名声、财富雄厚的好主意,希望您仔细地考虑,审慎地选择其中一条。

"我听说,谋求小节的人不能成就荣耀的名声,以小耻为耻的人不能建立大的功业。从前管仲射中齐桓公的衣带钩,是犯上;放弃公子纠而不能随他去死,是怯懦;身戴刑具被囚禁,是耻辱。具有这三种情况的人,国君不用他为臣子,乡亲们不会跟他来往。当初,假使管仲长期囚禁死在牢狱而不能返回齐国,那么也不免落个行为耻辱、卑贱的名声。连奴仆和他同名都会感到羞耻,何况社会上的舆论呢!所以,管仲不因为身在牢狱感到耻辱,却以天下不能太平感到耻辱,不以未能随公子纠去死感到耻辱,却以不能在诸侯中显扬威名感到耻辱。因此,他虽然兼有犯上、怕死、受辱三种恶名,却辅佐齐桓公成为五霸之首,他的名声比天下任何人都高,他的光辉照耀着邻国。曹沫为鲁国的将领,多次打仗多次失败,丢掉了五百里的土地。当初,假使曹沫不反复仔细地考虑,刎颈自杀,那么,也不免落个被擒败将的丑名。曹沫不顾多次战败的耻辱,却回来和鲁君计议。趁齐桓公大会天下诸侯的机会,曹沫凭借一把短剑,在坛台上逼近齐桓公的心窝,脸色不变,谈吐从容。多次战败丢掉的土地,一会儿工夫就收回来了。这使天下震动,诸侯惊骇,使鲁国的威名远播吴、越。像这两位志士,不是不顾全小的名节和廉耻,只是认为一死了之,身亡名灭,功业不能建立,不是聪明的做法。所以,摒弃一时的愤怒,才能树立终身的威名;放弃一时的愤怒,才能奠定世世代代的功业。这些业绩和三王的功业争相流传而名声和天地共存。希望您选择其中一个方案行动。"

燕将看了鲁仲连的信,哭了好几天,犹豫不能自断。他想要回归燕国,却已经与燕王产生了嫌隙,怕被诛杀;想要投降齐国,但杀死和俘虏的齐国人太多了,恐怕降服后被侮辱。他长长地叹息,说:"与其让别人杀死我,不如自杀。"于是就自杀了。聊城大乱。于是,田单进军,血洗聊城。田单归来向齐王报告鲁仲连的事,齐王想要封鲁仲连爵位。鲁仲连听说后,潜逃到海边,隐居起来。他说:"我与其享受富贵而屈身侍奉于人,还不如贫穷低贱放任自己的心志。"

【编后语】

田单之所以在危亡之际奇迹般地复兴齐国，除了自身的杰出才干外，还得到了一个杰出的游说之士的鼎力支持。这个人就是鲁仲连。司马迁在《史记》列传第二十三《鲁仲连邹阳列传》中就对其进行了详细记载。本书选取了《鲁仲连邹阳列传》中的鲁仲连传，省略了邹阳传和"太史公曰"。这是了解齐国和赵国历史非常珍贵的补充性资料。

吕不韦列传

【原文】

吕不韦者,阳翟大贾人也①。往来贩贱卖贵,家累千金。

秦昭王四十年,太子死。其四十二年,以其次子安国君为太子。安国君有子二十馀人。安国君有所甚爱姬,立以为正夫人,号曰华阳夫人。华阳夫人无子。安国君中男名子楚,子楚母曰夏姬,毋爱,子楚为秦质子于赵。秦数攻赵,赵不甚礼②子楚。

子楚,秦诸庶孽孙③,质于诸侯,车乘进用不饶④,居处困,不得意。吕不韦贾邯郸,见而怜之,曰:"此奇货可居!"⑤乃往见子楚,说曰:"吾能大子之门。"子楚笑曰:"且自大君之门,而乃大吾门!"吕不韦曰:"子不知也,吾门待子门而大。"子楚心知所谓,乃引与坐,深语⑥。吕不韦曰:"秦王老矣,安国君得为太子。窃闻安国君爱幸华阳夫人,华阳夫人无子,能立適嗣者⑦独华阳夫人耳。今子兄弟二十馀人,子又居中,不甚见幸,久质诸侯。即大王薨,安国君立为王,则子毋几⑧得与长子及诸子旦暮在前者争为太子矣。"子楚曰:"然。为之奈何?"吕不韦曰:"子贫,客于此,非有以奉献于亲及结宾客也。不韦虽贫,请以千金为子西游,事安国君及华阳夫人,立子为適嗣。"子楚乃顿首曰:"必如君策,请得分秦国与君共之。"

【注释】

①大贾人:大商人。

②礼:此处指以礼相待。

③庶孽孙:此处指姬妾所生的子孙。

④进用：钱财费用。进，通"赆"，指收入的钱财。

⑤奇货可居：指珍奇的货物可以囤积起来以待高价。

⑥深语：深入交谈。

⑦適嗣：此处实指王位的继承人。適，通"嫡"。

⑧毋几：没有希望。

【译文】

吕不韦是阳翟的大商人。他往来各地，低价买进，高价卖出，累积了上千金的家产。

秦昭王四十年，秦国太子死了。秦昭王四十二年，秦昭王把他的二儿子安国君立为太子。安国君有二十多个儿子。安国君有一位宠姬，被立为正夫人，号为华阳夫人。华阳夫人没有生儿子。安国君有个排行在中间的儿子叫子楚，子楚的母亲叫夏姬，不受宠爱。子楚被秦国派到赵国做人质。秦国多次攻打赵国，赵国对子楚也不以礼相待。

子楚是秦王室庶出的子孙，在赵国做人质时，他的车马等日常用度并不宽裕，生活困窘，很不得意。吕不韦在邯郸经商时，看到了子楚很是可怜他，说"子楚是可以囤积的奇货"。于是吕不韦就去见子楚，游说他："我能光大您的门第。"子楚笑着说："您暂且先光大自己的门第，然后再来光大我的门第吧！"吕不韦说："您不知道吧，我的门第要等您的门第光大之后才能光大起来。"子楚明白吕不韦所说的意思，就请吕不韦与他一起坐下，深入交谈。吕不韦说："秦王老了，安国君被立为太子。我私下听说安国君宠爱华阳夫人，华阳夫人没有儿子，能够选立谁为嫡子的只有华阳夫人。你们兄弟今有二十多人，您又排在中间，不受宠爱，长久地在赵国做人质。一旦秦王去世，安国君即位为王，那么您将没有机会和长子或其他早晚在秦王跟前的兄弟竞争太子之位。"子楚说："是这样。那该怎么办呢？"吕不韦说："您贫穷，又客居在这里，没有什么钱可用来奉献给亲戚和结交宾客。我吕不韦虽然贫穷，但愿意拿出一千金替您到西边去游说，去服侍安国君和华阳夫人，让他们立您为继承人。"子楚于是叩头，说："如果您的计策成功了，我愿意与您共同享有秦国的土地。"

【原文】

吕不韦乃以五百金与子楚,为进用,结宾客;而复以五百金买奇物玩好,自奉而西游秦,求见华阳夫人姊,而皆以其物献华阳夫人。因言子楚贤智,结诸侯宾客遍天下,常曰"楚也以夫人为天①,日夜泣思太子及夫人"。夫人大喜。不韦因使其姊说夫人曰:"吾闻之,以色事人者,色衰而爱弛。今夫人事太子,甚爱而无子,不以此时蚤自结于诸子中贤孝者,举立以为適而子之,夫在则重尊,夫百岁之后,所子者为王,终不失势,此所谓一言而万世之利也。不以繁华②时树本,即色衰爱弛,后虽欲开一语,尚可得乎?今子楚贤,而自知中男也,次不得为適,其母又不得幸,自附夫人。夫人诚以此时拔以为適,夫人则竟世有宠于秦矣。"华阳夫人以为然,承太子间,从容言子楚质于赵者绝贤,来往者皆称誉之。乃因涕泣曰:"妾幸得充后宫,不幸无子,愿得子楚立以为適嗣,以托妾身。"安国君许之,乃与夫人刻玉符,约以为適嗣。安国君及夫人因厚馈遗③子楚,而请吕不韦傅之,子楚以此名誉益盛于诸侯。

吕不韦取邯郸诸姬绝好④善舞者与居,知有身。子楚从不韦饮,见而说之,因起为寿,请之。吕不韦怒,念业已破家为子楚,欲以钓奇⑤,乃遂献其姬。姬自匿有身,至大期时⑥,生子政。子楚遂立姬为夫人。

【注释】

①天:这里是说视夫人为庇护者。
②繁华:花朵盛开,以喻人之盛年。
③馈遗:赠送礼品、财物等。
④绝好:特别漂亮。
⑤钓奇:指想得到巨大利益。
⑥大期:十二个月。

【译文】

吕不韦就拿五百金送给子楚,作为日常的费用和结交宾客所需;又拿出五百金去购买珍奇和玩赏的物品,并亲自带上这些东西往西游历秦国,去求见华阳夫人的姐姐,请她把带来的东西全部献给华阳夫人。吕不韦趁机说子楚贤能聪明,结交的诸侯宾客遍布天下,常常说"我子楚是把夫人看成像天一样,日夜流泪思念太子和夫人"。华阳夫人十分高兴。吕不韦于是请华阳夫人的姐姐劝说华阳夫人:"我听说,凭美色来侍奉人的,一旦容颜衰老,宠爱也就会随之失去。现在您侍奉太子,很受宠爱,但却没有儿子,不如在这时早早在众多公子中结交有才能又孝顺的,推举他立为嫡嗣并认作儿子,这样,太子在世时,您就更受到尊重,即便太子去世,您所认的儿子继位为王,终究不会失去权势,这就是所谓一句话就能得到万代的利益。您不在自己正年轻漂亮时将这件事决定下来,等到美色衰退,失去宠爱之后,即使想再进一言,还有可能吗?现在子楚贤能,且自己知道排在中间,按次序也轮不到他做嫡系继承人,他母亲又得不到宠幸,因此他想依附于您。您如果能在这个时候举拔他做嫡子,那么您终生都能在秦国得到恩宠了!"华阳夫人认为很对,就在奉承太子时慢慢地谈到在赵国做人质的子楚特别贤能,来往的人都称赞他。接着,她又流着泪说:"我有幸得以充列后宫,却不幸没有儿子。我希望您能把子楚立为嫡子继承人,使我有个托身的人。"安国君答应了她,就给华阳夫人刻写玉符作为凭信,约定立子楚为嫡子继承人。安国君和华阳夫人送了很多东西给子楚,并请吕不韦来辅佐子楚。子楚的名声因此在诸侯间更加响亮。

吕不韦在邯郸与一个漂亮善舞的女子同居,使她有了身孕。子楚跟吕不韦饮酒时看到这个女子,很喜欢她,就站起来向吕不韦敬酒,请求得到她。吕不韦很愤怒,但转而想到已经为子楚破费了很多家财,就是想要借子楚获取巨大利益,就献出了自己的这个姬妾。这个姬妾隐瞒自己已经怀有身孕的事。到足月时,她生了个儿子,叫政。子楚于是立这个女子为夫人。

【原文】

秦昭王五十年，使王齮围邯郸，急，赵欲杀子楚。子楚与吕不韦谋，行金六百斤予守者吏，得脱，亡赴秦军，遂以得归。赵欲杀子楚妻子，子楚夫人，赵豪家女也，得匿，以故母子竟得活。秦昭王五十六年，薨，太子安国君立为王，华阳夫人为王后，子楚为太子。赵亦奉子楚夫人及子政归秦。

秦王立一年，薨，谥为孝文王。太子子楚代立，是为庄襄王。庄襄王所母①华阳后为华阳太后，真母夏姬尊以为夏太后。庄襄王元年，以吕不韦为丞相，封为文信侯，食河南雒阳十万户。

庄襄王即位三年，薨，太子政立为王，尊吕不韦为相国，号称"仲父"②。秦王年少，太后时时窃私通吕不韦。不韦家僮万人。当是时，魏有信陵君，楚有春申君，赵有平原君，齐有孟尝君，皆下士③喜宾客以相倾。吕不韦以秦之强，羞不如，亦招致士，厚遇之，至食客三千人。是时诸侯多辩士，如荀卿之徒，著书布天下。吕不韦乃使其客人人著所闻，集论以为八览、六论、十二纪，二十余万言。以为备天地万物古今之事，号曰《吕氏春秋》。布咸阳市门，悬千金其上，延诸侯游士宾客有能增损一字者予千金。

【注释】

①所母：所拜认的母亲。
②仲父：亚父，仅次于父。
③下士：此处指谦恭有礼地对待士人。

【译文】

秦昭王五十年，秦昭王派王齮率军围攻邯郸，赵国情况危急，想要杀子楚。子楚跟吕不韦谋划，送了六百斤黄金给看守官吏，得以逃脱。他们逃到秦军营地，才顺利回到了秦国。赵国想要杀死子楚的妻子和儿子，但因子楚夫人是赵国富豪家的女儿，母子得以藏身，所以最后母子俩都脱险了。秦昭王五十六年，昭王去世，太子安国君继位为秦王，华阳夫人被册封为王后，子楚被册封为太子。赵国只好护送子楚的夫人和她的儿子政回到秦国。

秦孝文王即位一年后就去世了，谥为孝文王。太子子楚继位，即秦庄襄王。秦庄襄王认的母亲华阳皇后被册封为华阳太后，他的生母夏姬被尊为夏太后。秦庄襄王元年，任命吕不韦为丞相，封他为文信侯，将河南洛阳十万户作为他的食邑。

秦庄襄王即位三年就死了，太子嬴政继位为秦王，嬴政尊吕不韦为相国，称他为"仲父"。嬴政年纪很小，他母亲赵太后经常与吕不韦私通。吕不韦的僮仆多达一万人。这个时候，魏国有信陵君，楚国有春申君，赵国有平原君，齐国有孟尝君，他们都礼贤下士，喜欢招揽宾客，并借此互相倾轧。吕不韦认为秦国这样强大，在这方面却不如他们，因而感到羞愧，便招来了三千士人，厚待他们。当时诸侯中有很多辩才，如荀子一班人，他们所著的书遍布天下。吕不韦就让他的门下食客人人都记下自己的所见所闻，汇集编排成八览、六论、十二纪，一共有二十多万字。他认为书中已经包罗了天地万物和古今的事情，因而将书取名《吕氏春秋》。并把它陈列在咸阳都市的城门上，悬赏千金，邀请各诸侯国的游士宾客，说若有能增加或减少书上一个字的人，就把这千金奖给他。

【原文】

始皇帝益壮，太后淫不止。吕不韦恐觉祸及己，乃私求大阴人嫪毐以为舍人，时纵倡乐，使毐以其阴①关桐轮而行，令太后闻之，以啗②太后。太后闻，果欲私得之。吕不韦乃进嫪毐，诈令人以腐罪③告之。不韦又阴谓太后曰："可事诈腐，则得给事中。"太后乃阴厚赐主腐者吏，诈论之，拔其须眉为宦者，遂得侍太后。太后私与通，绝爱之。有身，太后恐人知之，诈卜当避时④，徙宫居雍。嫪毐常从，赏赐甚厚，事皆决于嫪毐。嫪毐家僮数千人，诸客求宦为嫪毐舍人千馀人。

始皇七年，庄襄王母夏太后薨。孝文王后曰华阳太后，与孝文王会葬寿陵。夏太后子庄襄王葬芷阳，故夏太后独别葬杜东，曰："东望吾子，西望吾夫。后百年，旁当有万家邑。"

始皇九年，有告嫪毐实非宦者，常与太后私乱，生子二人，皆匿之。与太后谋曰"王即薨，以子为后"。于是秦王下吏治，具得情实，事连相国吕不韦。九月，夷嫪毐三族⑤，杀太后所生两子，而遂迁太后于雍。诸嫪毐舍人皆没其家⑥而迁之蜀。王欲诛相国，为其奉先王功大，及宾客辩士为游说者众，王不忍致法⑦。

秦王十年十月，免相国吕不韦。及齐人茅焦说秦王，秦王乃迎太后于雍，归复咸阳，而出文信侯就国河南。

岁馀，诸侯宾客使者相望于道，请文信侯。秦王恐其为变，乃赐文信侯书曰："君何功于秦？秦封君河南，食十万户。君何亲于秦？号称仲父。其与家属徙处蜀！"吕不韦自度稍侵，恐诛，乃饮鸩而死。秦王所加怒吕不韦、嫪毐皆已死，乃皆复归嫪毐舍人迁蜀者。

始皇十九年，太后薨，谥为帝太后，与庄襄王会葬茝阳⑧。

【注释】

①阴：此处指生殖器。

②啖：读dàn，此处为利诱、诱惑的意思。

③腐罪：此处指应判处腐刑（即宫刑）的罪。

④避时：改变住所，以避灾祸。

⑤夷：诛灭。三族：指父族、母族和妻族。

⑥没：没入，即没收其财产充官。家：此处指家产。

⑦致法：予以法律制裁，通过法律来进行惩罚。

⑧茝阳：茝，读zhǐ，茝阳即芷阳，地名。

【译文】

秦王逐渐长大，而赵太后仍然跟吕不韦私通不断。吕不韦害怕事发祸及自身，就私下找来阳具粗大的男人嫪毐做门客，并时常放纵淫乐，让嫪毐用他的阳具贯入桐木所做的车轮行走，故意让赵太后知道这件事，来引诱赵太后。赵太后听说后，果然想要暗中得到嫪毐。吕不韦就进献嫪毐，同时让人以当受宫刑的罪名告发嫪毐。吕不韦私下里对赵太后说："可以假装嫪毐受了宫刑，之后就可以让他在宫中供职。"赵太后就暗中送了很多东西给主持宫刑的官吏，假治嫪毐的罪，拔去他的胡须、眉毛，将其变成宦官模样。嫪毐于是得以事奉赵太后。赵太后与嫪毐私通，非常喜爱他。不久赵太后有了身孕，担心别人知道，就假称卜卦说需要外出回避一段时间，于是就搬到雍宫。嫪毐经常跟着她，所受赏赐非常丰厚，国事都由嫪毐决断。嫪毐家的僮仆有数千人，那些为求官职而成为嫪毐门客的有一千余人。

秦王七年，秦庄襄王生母夏太后去世。秦孝文王的王后是华阳太后，与秦孝文王合葬在寿陵。夏太后儿子秦庄襄王埋葬在芷阳。所以，夏太后单独另葬在杜县城的东边。她生前曾说："向东可望见我的儿子，向西可望见我的丈夫。百年之后，墓旁会成为有上万户人家的城邑。"

秦王九年，有人告发嫪毐根本不是宦官，常常与赵太后私通，还生下两个儿子，并把他们藏匿起来。不仅如此，嫪毐还跟赵太后密谋说："等大王死了，就让我们的儿子继位。"于是，秦王下令让官吏查办，不久就全部得知了事情真相，发现这件事牵连到相国吕不韦。

九月，秦王下令诛杀嫪毐的三族，杀死了赵太后所生的两个儿子，并把赵太后迁移到雍宫。嫪毐家所有的门客都被抄没家产，流放蜀地。秦王想要杀吕不韦，但因他奉立先王的功劳大，以及宾客辩士为他说情的人多，所以不忍心杀他。

秦王十年十月，秦王下令免去吕不韦的相国职务。等到齐人茅焦劝说秦王，秦王才到雍宫接回赵太后，返回咸阳，又遣发吕不韦到他河南的封地去。

过了一年多，各国诸侯宾客使者络绎不绝地去河南访问吕不韦。秦王害怕吕不韦发生叛乱，就给吕不韦写信："你对秦国有什么功劳？秦国把河南封给你，让你享受十万户食邑。你跟秦王室有什么亲缘关系？竟号称仲父。你与你的家属迁徙到蜀地去居住吧！"吕不韦意识到自己受到的逼迫越来越紧，害怕被杀，就喝鸩酒自杀了。秦王所痛恨的吕不韦、嫪毐都已经死去，便将迁徙到蜀地的嫪毐门客全部迁回。

秦王十九年,赵太后去世,谥号为帝太后,跟秦庄襄王合葬在芷阳。

【编后语】

《吕不韦列传》位列《史记》列传第二十五,前面是《屈原贾生列传》。它是一篇写商人吕不韦投机政治的传记,也记载了秦国官廷内部争权夺利的现象、皇太后的放荡生活,以及政治斗争的残酷无情。本书选取了《吕不韦列传》除了"太史公曰"外的全文。

李斯列传

【原文】

李斯者，楚上蔡人也。年少时，为郡小吏，见吏舍厕中鼠食不絜①，近人犬，数惊恐之。斯入仓，观仓中鼠，食积粟，居大庑之下②，不见人犬之忧。于是李斯乃叹曰："人之贤不肖③譬如鼠矣，在所自处耳！"

乃从荀卿学帝王之术。学已成，度楚王不足事，而六国皆弱，无可为建功者，欲西入秦。辞于荀卿曰："斯闻得时无怠，今万乘④方争时，游者主事。今秦王欲吞天下，称帝而治，此布衣驰骛之时而游说者之秋也。处卑贱之位而计不为者，此禽鹿视肉，人面而能强行者耳。故诟莫大于卑贱，而悲莫甚于穷困。久处卑贱之位，困苦之地，非世而恶利，自托于无为⑤，此非士之情也。故斯将西说秦王矣。"

至秦，会庄襄王卒，李斯乃求为秦相文信侯吕不韦舍人。不韦贤之，任以为郎。李斯因以得说，说秦王曰："胥人者⑥，去其几也。成大功者，在因瑕衅而遂忍之⑦。昔者秦穆公之霸，终不东并六国者，何也？诸侯尚众，周德未衰，故五伯迭兴，更尊周室。自秦孝公以来，周室卑微，诸侯相兼，关东为六国，秦之乘胜役诸侯，盖六世矣。今诸侯服秦，譬若郡县。夫以秦之强，大王之贤，由灶上骚除⑧，足以灭诸侯，成帝业，为天下一统，此万世之一时也。今怠而不急就，诸侯复强，相聚约从，虽有黄帝之贤，不能并也。"秦王乃拜斯为长史，听其计，阴遣谋士赍持金玉以游说诸侯。诸侯名士可下以财者，厚遗⑨结之；不肯者，利剑刺之。离其君臣之计，秦王乃使其良将随其后。秦王拜斯为客卿。

【注释】

①絜：通"洁"。

②大庑：堂下周围有走廊的大房子。

③不肖：不才，没本事，不正派。

④万乘：按照周朝的制度，天子地方千里，兵车万乘。

⑤无为：道家指顺应自然，不求有所作为。

⑥胥人：小人，平庸的人。

⑦瑕衅：空隙，可乘之机。忍：此处指下狠心的意思。

⑧由：通"犹"。如同、好像。骚除：指扫除。骚，通"扫"。

⑨厚遗：多赠送礼品。

【译文】

李斯是楚国上蔡人。年轻时，李斯在郡中做小吏，他见公家厕所中的老鼠吃着不洁之物，人或狗走近时，就会受惊逃窜。李斯进到粮仓中，发现仓中的老鼠吃着积存的粮食，住在大房子里，没有人或狗打扰的忧虑。于是李斯叹息说："人的好与坏如同老鼠，在于把自己放到什么环境中罢了！"

于是，李斯向荀子学习帝王之术。学成后，李斯估量楚王是不值得效力的，而六国势力皆已衰弱，没有可以建功立业的国家，打算西行进入秦国。李斯向荀子辞别，说："我听说遇到时机不可懈怠，如今正是争夺天下之时，游说之士掌握着事态的发展。现在秦王要吞并天下，称帝统治，这正是不得志者奔忙之时和游说之士的好时代。身处卑贱地位而不考虑改变的人，就像捉住了鹿却不想吃，白长了一副人的面孔光能走路罢了。所以，耻辱没有比卑贱更大的，悲哀没有比穷困更甚的。长期处在卑贱之位、困苦之地，批评世事厌恶利益，自认为追求的是与世无争，这不是士的情怀。所以，我将西行游说秦王。"

到了秦国，正赶上秦庄襄王去世，李斯就谋求做了秦国国相文信侯吕不韦的舍人。吕不韦很看好李斯，任命他为郎侍卫。李斯因此有机会进言。他向秦王分析说："一味等待只会错失良机。而成就大功业的人在于利用时机并能残忍行事。过去秦穆公一度称霸，终究没能向东吞并六国，这是什么原因呢？原因在于诸侯还很多，周王室的国运还没衰落，所以五霸迭起，轮番尊奉周王室。自秦孝公以来，周王室衰微，诸侯相互兼并，函谷关以东地区化为六国，秦国乘胜征服六国诸侯，已经六代了。现在诸侯服从秦国如同郡县服从朝廷一样。凭秦国的强大，大王的贤明，如灶上除尘垢，足以灭掉诸侯，成就帝业，使天下统一，这是万世难逢的时机。如果现在懈怠不抓紧利用，等诸侯重新强大，相聚合纵之时，即使有黄帝的贤明，也不能兼并了。"秦王于是任命李斯为长史，听从他的计策，并暗中派遣谋士带着黄金珠玉去游说诸侯。诸侯名士能用财物拉拢的，便厚赠贿赂他；不归附的，用利剑刺杀他。离间诸侯君臣的计策奏效后，秦王就派良将率军征讨。秦王任命李斯为客卿。

【原文】

会韩人郑国来间秦，以作注溉渠，已而觉。秦宗室大臣皆言秦王曰："诸侯人来事秦者，大抵为其主游间于秦耳，请一切逐客。"李斯议亦在逐中。斯乃上书曰：

臣闻吏议逐客，窃以为过矣。昔缪公[①]求士，西取由余于戎，东得百里奚于宛，迎蹇叔于宋，来丕豹、公孙支于晋。此五子者，不产于秦，而缪公用之，并国二十，遂霸西戎。孝公用商鞅之法，移风易俗，民以殷盛，国以富强，百姓乐用，诸侯亲服，获楚、魏之师，举地千里，至今治强。惠王用张仪之计，拔三川之地，西并巴、蜀，北收上郡，南取汉中，包[②]九夷，制鄢、郢，东据成皋之险，割膏腴之壤，遂散六国之从，使之西面事秦，功施到今。昭王得范雎，废穰侯，逐华阳，强公室，杜私门，蚕食诸侯，使秦成帝业。此四君者，皆以客之功。由此观之，客何负于秦哉！向使四君却客而不内，疏士而不用，是使国无富利之实而秦无强大之名也。

今陛下致昆山之玉，有随、和之宝[③]，垂明月之珠[④]，服太阿之剑，乘纤离之马，建翠凤之旗[⑤]，树灵鼍之鼓[⑥]。此数宝者，秦不生一焉，而陛下说之，何也？必秦国之所生然后可，则是夜光之璧不饰朝廷，犀象之器不为玩好，郑、卫之女不充后宫，而骏良䮓騠⑦不实外厩，江南金锡不为用，西蜀丹青不为采⑧。所以饰后宫、充下陈、娱心意、说耳目者，必出于秦然后可，则是宛珠之簪⑨、傅玑之珥、阿缟之衣⑩、锦绣之饰不进于前，而随俗雅化佳冶窈窕赵女不立于侧也。夫击瓮叩缶，弹筝搏髀⑪，而歌呼呜呜快耳者，真秦之声也；《郑》《卫》《桑间》《昭》《虞》《武》《象》者，异国之乐也。今弃击瓮叩缶而就《郑》《卫》，退弹筝而取《昭》《虞》，若是者何也？快意当前，适观而已矣。今取人则不然，不问可否，不论曲直，非秦者去，为客者逐。然则是所重者在乎色、乐、珠玉，而所轻者在乎人民也。此非所以跨海内制诸侯之术也。

臣闻地广者粟多，国大者人众，兵强则士勇。是以太山不让土壤，故能成其大；河海不择细流，故能就其深；王者不却众庶，故能明其德。是以地无四方，民无异国，四时充美，鬼神降福，此五帝三王之所以无敌也。今乃弃黔首以资敌国⑫，却宾客以业诸侯，使天下之士退而不敢西向，裹足不入秦，此所谓"藉寇兵而赍盗粮"者也。

夫物不产于秦，可宝者多；士不产于秦，而愿忠者众。今逐客以资敌国，损民以益仇，内自虚而外树怨于诸侯，求国无危，不可得也。

秦王乃除逐客之令，复李斯官，卒用其计谋。官至廷尉。二十余年，竟并天下，尊主为皇帝，以斯为丞相。夷郡县城，销其兵刃，示不复用。使秦无尺土之封，不立子弟为王、功臣为诸侯者，使后无战攻之患。

【注释】

①缪公：秦穆公。缪，通"穆"。

②包：吞并之意。

③随、和之宝：指随侯之珠与和氏璧。

④明月之珠：一种宝珠。

⑤翠凤之旗：用翠羽装饰的凤形旗子。

⑥鼍：读tuó，鳄鱼的一种。

⑦䮓騠：读jué tí，古代良马的名字。

⑧丹青：指绘画的颜料。采，通"彩"。

⑨宛珠：宛地出产的珍珠。

⑩阿缟：古代齐国东阿出产的细绢。

⑪搏髀：拍击着大腿以应和节拍。髀，大腿。

⑫黔首：庶民、平民。资：资助，给。

【译文】

恰值韩国人郑国来秦国做间谍，目标是修筑水渠消耗秦国的势力使之无力进攻，水渠修成后，郑国的图谋被发觉了。秦国的宗室大臣对秦王说："从各诸侯国来事奉秦国的人，大都是为各自的君主在秦国游说，离间秦国罢了，请求您下令驱逐所有客卿。"当时，李斯也在驱逐的计划中。李斯于是上书道：

"我听说官吏们倡议驱逐客卿，我私下认为，这是不恰当的。从前穆公寻求人才，在西方的戎地获取了由余，在东方的宛地得到了百里奚，从宋国迎来了蹇叔，从晋国得到了丕豹和公孙支。这五个人不是出生在秦国，而穆公任用他们吞并了二十个国家，使秦国称霸西戎。孝公采用商鞅变法，移风易俗，人民得以繁衍，国家得以富强，百姓乐于效力，诸侯亲近畏服，战胜楚国和魏国的军队，获得千里土地，直到今天，国家仍然安定强盛。惠王采用了张仪的计谋，攻下了三川之地，向西吞并了巴、蜀，北部收服了上郡，南部攻取了汉中，包围东夷各部，控制鄢和郢，向东占据成皋险关，割取了肥沃的土地，瓦解了六国的合纵联盟，使它们争着向西服侍秦国，功业一直影响到今天。昭王得到范雎，罢免了穰侯，驱逐了华阳君，加强了王室权力，杜绝了权贵专权，不断蚕食诸侯各国，使秦国成就了帝业。这四位君王都是依靠客卿的功劳。由此看来，客卿有什么对不起秦国呢！假使这四位君王拒绝客卿而不接纳，疏远贤士而不加任用，那么国家就没有富足的实惠，秦国也没有强大的名声了。

现在您得到了昆山的美玉，拥有随侯的明珠、卞和的宝玉，垂挂着明月珠，佩戴着太阿剑，骑着纤离马，竖着翠凤旗，摆着灵鼍鼓。这几件宝物，没有一件是秦国出产的，而您却喜欢它们，为什么呢？如果一定要秦国出产的才好，那么夜光之璧就不能用来装饰朝廷，犀角象牙的器物就不能拿来欣赏玩乐，郑国、卫国的美女就不能住在后宫，駃騠等骏马也不该养在马棚里，江南出产的黄金白锡就不能使用，西蜀出产的丹青也不能作颜料。如果用来装饰后宫、充作姬妾、使人赏心悦目的都一定要出产在秦国才行，那么，宛珠装饰的簪子、嵌着玑珠的耳坠、东阿白绢制成的衣服、锦绣制成的饰物，就不会进献到你面前，那些时髦高雅、娇艳窈窕的赵国女子也就不会侍立在您的两侧了。敲击着水瓶，叩打着瓦罐，弹着竹筝，拍着大腿，呜呜地歌唱来快活耳目的，才是地道的秦国音乐；而《郑声》《卫声》《桑间》《韶乐》《虞乐》《武舞》《象舞》等，都是别国音乐。现在，您舍弃了敲击水瓶瓦罐而亲近《郑声》《卫声》，撤除弹竹筝而欣赏《韶乐》《虞乐》，像这样做是为什么呢？只不过是使眼前快意，适合观赏罢了。现在，您用人却不是这样。不问是非，不论曲直，不是秦国人就让他离开，是客卿就驱逐他。这样做就是看重女色、音乐、珍珠、宝玉而轻视人才。这不是用来统一天下、制服诸侯的策略。

我听说土地广阔粮食就充足，国家广大人口就众多，军队强盛士兵就勇敢。因此泰山不排斥土壤，所以能成就它的高大；黄河大海不拣择细小的水流，所以能成就它的深广；帝王不抛弃民众，所以能显扬他的恩德。因此，土地不论东西南北，人民不分本国别国，一年四季风调雨顺，鬼神就会降下福泽，这是五帝三王无敌于天下的原因。现在，您却要抛弃人才，让他们去资助敌国，排斥宾客而让他们去服侍诸侯，使得天下的贤士退缩而不敢西行，止步不再进入秦国，这就是所谓的"借兵器给敌人，送粮食给盗贼"啊！物品不是秦国出产的，但值得珍视的很多；士人不是在秦国生长的，但愿意效忠秦国的也很多。如今，您却要驱逐宾客去资助敌国，损害人民去帮助仇敌，使得国内空虚而外部又与诸侯各国结怨。这样下去，想要国家没危险，是不可能的。

秦王于是废除驱逐客卿的命令，恢复了李斯的官职，最终采用了他的计谋。李斯升为廷尉。经过二十多年，秦国最终吞并天下，尊奉国君为皇帝，任用李斯做丞相。又拆毁各郡县的城墙，销毁兵器，表示不再使用。使秦国没有一寸分封的土地，不立宗室子弟为王，不封功臣为诸侯，使国家以后没有攻战的祸患。

【原文】

始皇三十四年，置酒咸阳宫，博士仆射周青臣等颂称始皇威德。齐人淳于越进谏曰："臣闻之，殷、周之王千馀岁，封子弟功臣自为支辅①。今陛下有海内，而子弟为匹夫，卒②有田常、六卿之患，臣无辅弼，何以相救哉？事不师古而能长久者，非所闻也。今青臣等又面谀③以重陛下过，非忠臣也。"

始皇下其议丞相。丞相谬其说，绌④其辞，乃上书曰："古者天下散乱，莫能相一，是以诸侯并作，语皆道古以害今，饰虚言以乱实，人善其所私学⑤，以非上所建立。今陛下并有天下，别白黑而定一尊；而私学乃相与非法教之制。闻令下，即各以其私学议之，入则心非，出则巷议，非主以为名，异趣⑥以为高，率群下以造谤。如此不禁，则主势降乎上，党与⑦成乎下。禁之便。臣请诸有文学⑧《诗》《书》百家语者，蠲除去之。令到满三十日弗去，黥为城旦⑨。所不去者，医药卜筮种树之书。若有欲学者，以吏为师。"

始皇可其议，收去《诗》《书》百家之语以愚百姓，使天下无以古非今。明法度，定律令，皆以始皇起。同文书，治离宫别馆，周遍天下。明年，又巡狩，外攘四夷，斯皆有力焉。

斯长男由为三川守，诸男皆尚⑩秦公主，女悉嫁秦诸公子。三川守李由告归咸阳，李斯置酒于家，百官长皆前为寿，门廷车骑以千数。李斯喟然而叹曰："嗟乎！吾闻之荀卿曰：'物禁太盛'。夫斯乃上蔡布衣，闾巷之黔首，上不知其驽下，遂擢至此。当今人臣之位无居臣上者，可谓富贵极矣。物极则衰，吾未知所税驾⑪也！"

【注释】

①支辅：膀臂辅佐。支，通"肢"。

②卒：通"猝"，仓促、突然。

③面谀：当人之面阿谀奉承。

④绌：通"黜"。贬斥、废退的意思。

⑤私学：指当时诸子百家的学说。

⑥异趣：此处指标新立异，与朝廷持有不同政见。趣，趋向。

⑦党与：私人帮派。

⑧文学：文章学问，此处泛指所有的文化典籍。

⑨黥：古代肉刑的一种，即墨刑，以刀刺人面额然后用墨染黑。城旦：秦汉时刑名，判处四年筑城劳役。

⑩尚：此处指娶帝王的女儿。

⑪税驾：解驾、停车，此处指休息或归宿。

【译文】

秦始皇三十四年，在咸阳宫摆设酒宴，博士仆射周青臣等人颂扬秦始皇的威德。这时齐国人淳于越进谏说："我听说，商朝和周朝的王位传承了一千多年，他们分封宗室子弟和功臣作为自己的辅佐。现在，陛下拥有天下，而宗族子弟却只是平民。一旦出了像田常、六卿这类祸患，没有辅佐的力量，将靠什么来拯救呢？办事不借鉴古代经验而能维持长久的，我没有听说过。现在周青臣等人又当面阿谀奉承，助长陛下的过失，他们不是忠臣。"

秦始皇把这个奏议交给丞相李斯处理。李斯认为淳于越的说法很荒谬，就指斥他言辞中的错失。李斯上书说："古时候天下分散混乱，不能统一，因此诸侯并立，人们说话都是借古讽今，矫饰虚言，搅乱事实。人人都认为自己的学说最好，并用来否定朝廷建立的法令制度。现在陛下已经统一天下，明确了黑白是非，确立皇帝一人之尊；可是，各家学说却一起非议朝廷的法令制度，听说朝廷的法令一颁布，就各自根据自己的一套学说来议论，在家里发泄心里的不满，在官府外街谈巷议，这些人以非议君主来扬名，以志趣不同为高明，率领群众来制造诽谤。这种情况如果不禁止，那么君主的威望就会下降，而党羽就会在下面形成。这种情况只有禁止才好。我请求，凡是民间有收藏《诗经》《尚书》等诸子百家著作的，都要将这些书清除、烧毁。从命令下达满三十天还没销毁的，受黥刑，并充当筑城的劳役。不用销毁的只有医药、占卜和种植之类的书籍。如果有想学习的人，就拜官吏为师。"

秦始皇认可了李斯的奏议，下令没收烧毁了《诗经》《尚书》等诸子百家著作，以使百姓愚昧无知，使天下人不能再借古非今。修明法度，制定律令，都是从秦始皇开始的。统一文字，修筑的离宫别馆遍及全国。第二年，秦始皇又巡视天下，对外平定了四方各族，在这些方面，李斯都是有功劳的。

李斯大儿子李由担任三川郡郡守，几个儿子都娶了秦朝的公主，女儿们也都嫁给秦国王族的公子。三川郡守李由请假回咸阳后，李斯在家里摆酒宴，百官们都前往祝贺，门前的车马数以千计。李斯不禁喟叹，说："唉！我曾听荀子说：'事物忌讳太过分。'我李斯原是上蔡的一个平民，街道里的普通百姓，皇帝不嫌我愚笨，把我提拔到这个地位。当今做臣子的地位没有处在我之上的，可以说是达到富贵的极点了。事物发展到了极点，就必然衰败下来，我不知道将来的归宿在哪里啊！"

【原文】

始皇三十七年十月，行出游会稽①，并海上，北抵琅邪。丞相斯、中车府令赵高兼行符玺令事，皆从。始皇有二十馀子，长子扶苏以数直谏上，上使监兵上郡，蒙恬为将。少子胡亥爱，请从，上许之。馀子莫从。

其年七月，始皇帝至沙丘，病甚，令赵高为书赐公子扶苏曰："以兵属蒙恬，与丧会咸阳而葬。"书已封，未授使者，始皇崩。书及玺皆在赵高所，独子胡亥、丞相李斯、赵高及幸宦者五六人知始皇崩，馀群臣皆莫知也。李斯以为上在外崩，无真太子②，故秘之。置始皇居辒辌车中，百官奏事、上食如故，宦者辄从辒辌车中可诸奏事。

赵高因留所赐扶苏玺书③，而谓公子胡亥曰："上崩，无诏封王诸子而独赐长子书。长子至，即立为皇帝，而子无尺寸之地，为之奈何？"胡亥曰："固也。吾闻之，明君知臣，明父知子。父捐命④，不封诸子，何可言者！"赵高曰："不然。方今天下之权，存亡在子与高及丞相耳，愿子图之。且夫臣人⑤与见臣于人，制人与见制于人，岂可同日道哉！"胡亥曰："废兄而立弟，是不义也；不奉父诏而畏死，是不孝也；能薄而材谫，强因人之功，是不能也。三者逆德，天下不服，身殆倾危⑥，社稷不血食。"高曰："臣闻汤、武杀其主，天下称义焉，不为不忠。卫君杀其父，而卫国载其德，孔子著之，不为不孝。夫大行不小谨，盛德不辞让，乡曲⑦各有宜而百官不同功。故顾小而忘大，后必有害；狐疑犹豫，后必有悔。断而敢行，鬼神避之，后有成功。愿子遂之！"胡亥喟然叹曰："今大行⑧未发，丧礼未终，岂宜以此事干丞相哉！"赵高曰："时乎时乎，间不及谋！赢粮跃马，唯恐后时！"

【注释】

①会稽：山名，在今浙江绍兴南。

②真太子：正式确立的太子。

③玺书：盖过皇帝印玺的文书。

④捐命：舍弃生命，临终的意思。

⑤臣人：驾驭群臣。

⑥殆：近，差不多。倾危：倒覆，即被杀。

⑦乡曲：此处指乡里。

⑧大行：此处指皇帝死亡。

【译文】

秦始皇三十七年十月，秦始皇出游到会稽山，沿海北上，到达琅琊山。丞相李斯、中车府令兼掌符玺令赵高，都随从皇帝出巡。秦始皇有二十多个儿子，长子扶苏因为屡次直言劝谏，被秦始皇派去上郡监督军队，蒙恬担任将军。小儿子胡亥最得秦始皇的宠爱，他请求跟随出巡，秦始皇答应了他。其余的儿子都没能随从。

这年七月，秦始皇到达沙丘时，病得很厉害，让赵高写信给公子扶苏说："把兵权交给蒙恬，到咸阳参加我的丧礼，然后安葬我。"信已封好，还没有交给使者，秦始皇就去世了。书信和玺印都在赵高那儿，只有公子胡亥、丞相李斯、赵高以及秦始皇所宠幸的五六个宦官知道秦始皇去世了，其余群臣都不知道。李斯认为皇帝在外地去世，没有正式确定太子，所以封锁消息。把秦始皇的尸体安放在一辆既能保温又通风凉爽的车中，百官上奏政事和进献食物还像往常一样，宦官们假托皇帝在车里批准百官所上奏的政事。

赵高扣留了秦始皇给扶苏的玺印和书信，对公子胡亥说："皇上逝世，没有诏令封立诸公子中谁为王，而只给了长子扶苏一封信。等扶苏到来后，他就会被立为皇帝，而您却连尺寸封地都没有。这该怎么办呢？"胡亥说："本来是这样。我听说，贤明的君王最了解他的臣子，贤明的父亲最了解他的儿子。父皇临终时，不封赐他的儿子们，有什么好说的呢！"赵高说："不是这样。当今天下的大权，生死存亡都在于您与我和丞相李斯手中，希望您能考虑。况且，让别人向自己称臣和自己向别人称臣，控制别人和被别人控制，难道可以同日而语吗？"胡亥说："废弃长兄而拥立弟弟，这是不义；不遵奉父亲的遗诏而怕死，这是不孝；才能浅薄，勉强依靠别人来成功，这是无能。这三种行为都是违背道德的，天下人心不会服，我自己也会遭遇危险，国家也会灭亡。"赵高说："我听说商汤、周武王杀死了他们的君王，天下人都认为合理，并不认为是不忠。卫君杀死了他的父亲，而卫国人称颂他的功德，孔子还记载了这件事，因此这样做不算是不孝。做大事的人不拘泥小节，行大德不要怕细微的指责，乡里的风俗习惯不同，和百官的工作也各不相同。因此，只顾细节而遗忘大体，日后必定有祸害；犹豫不决，以后必定后悔。果断并敢于去做，鬼神都会逃避，将来必能成功。希望你就这样去做。"胡亥喟然叹道："现在皇上刚去世，还没有发丧，丧事还没有结束，怎好拿这件事去要求丞相呢！"赵高说："时间啊时间，短暂得来不及谋算！就像携带干粮骑着快马赶路一样，唯恐耽误了时机！"

【原文】

胡亥既然高之言，高曰："不与丞相谋，恐事不能成，臣请为子与丞相谋之。"高乃谓丞相斯曰："上崩，赐长子书，与丧会咸阳而立为嗣[①]。书未行，今上崩，未有知者也。所赐长子书及符玺皆在胡亥所，定太子在君侯[②]与高之口耳。事将何如?"斯曰:"安得亡国之言!此非人臣所当议也!"高曰:"君侯自料能孰与蒙恬?功高孰与蒙恬?谋远不失孰与蒙恬?无怨于天下孰与蒙恬?长子旧而信之孰与蒙恬?"斯曰:"此五者皆不及蒙恬,而君责之何深也?"高曰:"高固内官之厮役也,幸得以刀笔之文③进入秦宫,管事二十馀年,未尝见秦免罢丞相功臣有封及二世者也,卒皆以诛亡。皇帝二十馀子,皆君之所知。长子刚毅而武勇,信人而奋士④,即位必用蒙恬为丞相,君侯终不怀通侯之印归于乡里,明矣。高受诏教习胡亥,使学以法事⑤数年矣,未尝见过失。慈仁笃厚,轻财重士,辩于心而讷于口,尽礼敬士,秦之诸子未有及此者,可以为嗣。君计而定之。"斯曰:"君其反位⑥!斯奉主之诏,听天之命,何虑之可定也?"高曰:"安可危也,危可安也。安危不定,何以贵圣?"斯曰:"斯,上蔡闾巷布衣也,上幸擢为丞相,封为通侯,子孙皆至尊位重禄者,故将以存亡安危属臣也。岂可负哉!夫忠臣不避死而庶几,孝子不勤劳而见危,人臣各守其职而已矣。君其勿复言,将令斯得罪。"高曰:"盖闻圣人迁徙无常,就变而从时⑦,见末而知本,观指而睹归。物固有之,安得常法哉!方今天下之权命悬于胡亥,高能得志焉。且夫从外制中谓之惑,从下制上谓之贼。故秋霜降者草花落,水摇动者万物作⑧,此必然之效也。君何见之晚?"斯曰:"吾闻晋易太子⑨,三世不安;齐桓兄弟争位,身死为戮;纣杀亲戚,不听谏者,国为丘墟,遂危社稷:三者逆天,宗庙不血食。斯其犹人哉,安足为谋!"高曰:"上下合同,可以长久;中外若一,事无表里。君听臣之计,即长有封侯,世世称孤,必有乔、松之寿,孔、墨之智。今释此而不从,祸及子孙,足为寒心。善者因祸为福,君何处焉?"斯乃仰天而叹,垂泪太息曰:"嗟乎!独遭乱世,既以不能死,安托命哉!"于是斯乃听高。高乃报胡亥曰:"臣请奉太子之明命以报丞相,丞相斯敢不奉令!"

【注释】

①嗣:继承人。

②君侯:古时称列侯为君侯。

③刀笔之文:指刑法文书。

④信人：待人以诚。奋士：激励部下，使之为自己效忠。

⑤法事：有关法律的事。

⑥反位：指回到本来的职位上。反，通"返"。

⑦就变：服从于变化。从时：顺应潮流的变化。

⑧水摇动：指春天冰雪消融。万物作：指万物生长。

⑨晋易太子：春秋时晋献公宠爱妃子骊姬，迫使太子申生自杀，改立骊姬子奚齐为太子，导致晋国长期混乱。

【译文】

胡亥同意了赵高的意见，赵高说："不跟丞相一起谋划，恐怕事情不会成功，我请求替您去与丞相商量谋划。"赵高去对丞相李斯说："皇上临终的时候，给长子扶苏一封信，叫他到咸阳参加丧礼，并立他为皇位继承人。可信还没有发出，皇上就去世了，这事还没有别人知道。给扶苏的信和玺印都在胡亥那儿，确定太子的事就在您和我的口中。这事该怎么办呢？"李斯说："你怎么能说出这种亡国的话呢！这不是我们做人臣的所应该议论的！"赵高说："您自己估量一下，您的才能与蒙恬相比怎么样？您与蒙恬相比，谁的功劳高？与蒙恬相比谁更深谋远虑而无失误？谁更不受天下人怨恨？与蒙恬相比谁跟长子扶苏有故交又深得信任？"李斯说："这五项我都比不上蒙恬，而你为何要如此责备我呢？"赵高说："我本来只是宦官，侥幸因为熟悉狱法文书而进入秦朝宫廷，管事已有二十多年，还没见到被秦王罢免的丞相或功臣有把封爵传到第二代的，最终都是被诛杀而死。皇上的二十多个儿子，都是您所了解的。扶苏刚强勇敢，对人信任，善于鼓励士兵。他继位的话，必定任用蒙恬当丞相，您最终不能带着通侯的印绶回到家乡，这是很明显的。我接受皇上的诏令教育胡亥，让他学习法令已好几年，没见过他有什么过失。胡亥仁慈忠厚，轻财重士，内心聪慧但不善于言辞，竭尽礼仪敬重贤士，公子中没有能比得上他的，可立他为皇位继承人。希望您考虑以后决定这件事。"李斯说："你还是回去干该干的事吧！我遵奉皇帝的遗诏，听从天命，还有什么可考虑决定的呢？"赵高说："安全可以转为危险，危险可以转为安全。连安危都把握不定,您怎么能算聪明人呢?"李斯说:"我原是上蔡的平民,皇上之所以提拔我为丞相,封为通侯,让我的子孙都得到尊贵地位和丰厚俸禄,是因为皇上把国家存亡安危的重担交托给我。我怎么能辜负呢!忠臣不因怕死而侥幸行事,孝子不因过分勤劳而危害自身,做人臣的只是各守本分罢了。你不要再说了,否则就将会使我蒙受罪过。"赵高说:"我听说圣人处世变动无常,能够顺应变化而顺从时势,看到事物的苗头,就能知道事物的根本,看到事物的指向,就能知道事物的归宿。事物本来就是这样的,哪能有固定不变的法则呢!当今天下的权力和命运都掌握在胡亥手中,我赵高能揣摩出胡亥的心意。况且,由外部来制服内部就是作乱,从下面控制上面就是叛贼。所以秋霜一降,花草就凋落,春暖冰解水流动,万物就生长,这是必然结果。您为什么迟迟不能明白呢?"李斯说:"我听说以前晋国改立太子,结果三代政局不安;齐桓公兄弟争夺王位,哥哥被杀死;商纣王杀死自己的亲戚,不听劝谏,国家变成废墟,最终使国家灭亡:这三件事都是违背天理的,弄得国破家亡,宗庙没有人祭祀。我李斯也一样是人,怎么能参与这样的阴谋!"赵高说:"上下同心协力,就可以长久;内外一致,事情就不会有差错。您听从了我的计策,就可以永保封侯,世代封爵。而且,您也必定会像王子乔、赤松子那样长寿,有孔子、墨子那样的智慧。如果您放弃这个机会而不肯去干,就连您的子孙都会遭受祸殃。我实在替您心寒。聪明人是能因祸而得福的,您打算如何处置呢?"李斯仰天长叹,流着泪叹息,说:"唉!我偏偏遭遇这样的乱世,既然不能以死效忠,又向哪里去寄托我的生命呢!"于是,李斯听从了赵高的计谋。赵高报告胡亥说:"我奉你的命令去通知丞相李斯,他岂敢不服从命令呢!"

【原文】

　　于是乃相与谋,诈为受始皇诏丞相立子胡亥为太子。更为书赐长子扶苏曰:"朕①巡天下,祷祠②名山诸神以延寿命。今扶苏与将军蒙恬将师数十万以屯边③,十有馀年矣,不能进而前,士卒多耗,无尺寸之功,乃反数上书直言诽谤我所为,以不得罢归为太子,日夜怨望④。扶苏为人子不孝,其赐剑以自裁！将军恬与扶苏居外，不匡正，宜知其谋。为人臣不忠，其赐死，以兵属裨将王离。"封其书以皇帝玺，遣胡亥客奉书赐扶苏于上郡。

　　使者至，发书，扶苏泣，入内舍，欲自杀。蒙恬止扶苏曰："陛下居外，未立太子，使臣将三十万众守边，公子为监，此天下重任也。今一使者来，即自杀，安知其非诈？请复请，复请而后死，未暮也。"使者数趣之。扶苏为人仁，谓蒙恬曰："父而赐子死，尚安复请！"即自杀。蒙恬不肯死，使者即以属吏，系于阳周。使者还报，胡亥、斯、高大喜。至咸阳，发丧，太子立为二世皇帝。以赵高为郎中令，常侍中用事⑤。

【注释】

①朕：古人的自称，从秦始皇起，专门用作皇帝自称。
②祷祠：此处指祈祷、祭祀的意思。
③将师：率领军队。屯边：在边境上驻守。
④怨望：怨恨不满。
⑤侍中：此处指在宫中服侍皇帝。用事：掌握大权。

【译文】

　　于是，李斯就与他们一起谋划，假称接受了秦始皇给丞相的遗诏，立胡亥为太子。另外，他伪造了一封秦始皇给长子扶苏的信，说："我巡视天下，向各处名山的神灵祈祷以求延长寿命。现在扶苏和蒙恬带领几十万大军驻守边境，已有十多年了，不能继续拓展国土，士兵伤亡却很多，没有点滴功劳，反而屡次上书直言诽谤我的所作所为。因为不能解除监兵职务回来做太子，你就日夜怨恨我。扶苏作为儿子而不孝顺。现在，我赐剑让你自杀！将军蒙恬与扶苏一同在外，不能纠正扶苏的过失，应该知道他的阴谋。蒙恬作为人臣而不忠诚，赐死，把军队交给副将军王离统率。"李斯封好书信并加盖上皇帝的玺印，派遣胡亥的门客送信到上郡交给扶苏。

　　使者到达后，扶苏拆开信一看，就哭泣起来。他走进内室要自杀。蒙恬劝止扶苏，说："陛下在外巡视，没有确立太子，派我率领三十万大军驻守边境，派公子任监军，这是天下的重任。如今，陛下派了一个使者来，您就要自杀，您怎知这不是诡计呢？请您再请示一下，然后自杀也不迟。"使者一再催促扶苏。扶苏为人仁厚，对蒙恬说："父亲令儿子自杀，那还要再请示什么呢！"扶苏立即自杀了。蒙恬不肯自杀，使者就把他交给狱官，囚禁在阳周。使者回来报告后，胡亥、李斯、赵高都很高兴。到了咸阳，李斯就给秦始皇发丧，胡亥继位成为二世皇帝，任命赵高担任郎中令，赵高经常在宫中侍奉皇帝，掌握了朝中大权。

【原文】

二世燕居①，乃召高与谋事，谓曰："夫人生居世间也，譬犹骋六骥过决隙也②。吾既已临天下矣，欲悉耳目之所好，穷心志之所乐，以安宗庙而乐万姓，长有天下，终吾年寿，其道可乎？"高曰："此贤主之所能行也，而昏乱主之所禁也。臣请言之，不敢避斧钺之诛③，愿陛下少留意焉。夫沙丘之谋，诸公子及大臣皆疑焉，而诸公子尽帝兄，大臣又先帝之所置也。今陛下初立，此其属意怏怏皆不服，恐为变。且蒙恬已死，蒙毅将兵居外，臣战战栗栗④，唯恐不终。且陛下安得为此乐乎？"二世曰："为之奈何？"赵高曰："严法而刻刑，令有罪者相坐诛⑤，至收族⑥；灭大臣而远骨肉；贫者富之，贱者贵之。尽除去先帝之故臣，更置陛下之所亲信者近之。此则阴德归陛下，害除而奸谋塞，群臣莫不被润泽，蒙厚德，陛下则高枕肆志宠乐矣。计莫出于此。"二世然高之言，乃更为法律。于是群臣诸公子有罪，辄下高，令鞫治⑦之。杀大臣蒙毅等，公子十二人僇死咸阳市，十公主矺⑧死于杜，财物入于县官，相连坐者不可胜数。

公子高欲奔，恐收族，乃上书曰："先帝无恙时，臣入则赐食，出则乘舆。御府之衣⑨，臣得赐之；中厩之宝马⑩，臣得赐之。臣当从死而不能，为人子不孝，为人臣不忠。不忠者无名以立于世，臣请从死，愿葬郦山之足。唯上幸哀怜之。"书上，胡亥大说，召赵高而示之，曰："此可谓急乎？"赵高曰："人臣当忧死而不暇，何变之得谋！"胡亥可其书，赐钱十万以葬。

法令诛罚日益刻深，群臣人人自危，欲畔者众。又作阿房之宫。治直道、驰道，赋敛愈重，戍徭无已。于是楚戍卒陈胜、吴广等乃作乱，起于山东，杰俊相立，自置为侯王，叛秦，兵至鸿门而却。

【注释】

①燕居：闲居。

②骋：奔驰。六骥：六匹骏马。此处指六匹骏马所驾的马车。决隙：缝隙。

③斧钺：此处泛指刑罚、杀戮。

④战战栗栗：惊慌恐惧的样子。栗，通"慄"。

⑤相坐：连带治罪。

⑥收族：满门抄斩。族，灭族。

⑦鞠治：审理法办。

⑧矺：读zhé，矺，通"磔（zhé）"，指古代一种分裂肢体的酷刑。

⑨御府：官署名，皇帝宫中的府库。

⑩中厩：国君养马的地方。

【译文】

秦二世闲居无事，把赵高叫来商议事情，对他说："人生活在世间，就像六马所驾的车子飞奔过缝隙一样短暂。我既然已经统治天下，就要充分满足耳目的爱好，享尽心里所喜爱的乐趣，使宗庙安定，百姓安宁，永远享有天下，以享天年。我的想法行得通吗？"赵高说："这是贤明君主所能做到的，但对昏乱的君主却是禁忌。现在我冒昧地说一句不怕杀头的话，希望陛下稍加留意。对于沙丘的密谋，诸位公子和朝中大臣都有所怀疑，而公子们都是陛下的哥哥，大臣又是先帝所任命的。现在，陛下刚刚登位，他们这班人心里不服气，恐怕会发生变乱。况且蒙恬虽已死去，蒙毅还在外带兵。我总是心惊胆战，唯恐不得好下场。陛下怎能享受这种快乐呢？"秦二世皇帝说："对此，该怎么办呢？"赵高说："用严峻的法令、苛刻的刑罚，让有罪的人互相牵连受诛，甚至牵连到整个家族。诛灭大臣，疏远皇族骨肉之亲；让贫穷的人富裕起来，使卑贱的人高贵起来。把先帝所任命的大臣全部铲除，另外任用陛下所亲信的人，同他们接近。这样，他们就会从内心感激并归附陛下，祸害清除了，奸谋杜绝了，群臣中没有谁不承受您的恩泽，蒙受您的厚德，这样您就可高枕无忧，纵情享乐了。没有比这更好的计策了！"秦二世认为赵高的话很对，就重新制定法律。于是，只要群臣和公子们犯罪，秦二世就把他们交给赵高审讯法办他们。赵高诛杀了大臣蒙毅等人，十二个公子在咸阳市被杀死，十位公主在杜县被分尸。他们的财产都收归国家，至于受牵连的人，数不胜数。

公子高想逃亡，又害怕连累家族，就上书说："先帝健在时，我进入宫廷，先帝就赐给我食物；我出宫时，先帝就赐给我乘车。先帝内府中的衣服，我得到过赏赐；先帝马房里的宝马，我也得到过赏赐。我本该陪同先帝死去，却没有做到。这是我作为儿子不孝顺，作为臣子不忠诚，不忠不孝的人，没有理由活在世上，我请求陪同先帝死去，希望能安葬在骊山脚下。请求皇上哀怜我。"接到上书，胡亥非常高兴，召来赵高，给他看公子高的上书，说："这可以说是走投无路吧？"赵高说："做人臣的连担心死亡都来不及，哪里还有心思图谋叛乱呢？"胡亥同意公子高的请求，赏赐十万钱作为安葬费用。

法令诛罚一天比一天严厉苛刻。群臣们人人自危，想要叛乱的人很多。秦二世又建造了阿房宫，修筑直道、驰道，租税越来越重，兵役和徭役没完没了。因此，来自楚地戍边的士兵陈胜、吴广等人起来造反，起义于崤山以东，英雄豪杰群起响应，各自立为侯王，反叛秦朝，一直进军到鸿门才被迫撤退。

【原文】

李斯数欲请间谏①,二世不许,而二世责问李斯曰:"吾有私议而有所闻于韩子也,曰:'尧之有天下也,堂高三尺,采椽不斫,茅茨不翦,虽逆旅之宿不勤于此矣。冬日鹿裘,夏日葛衣,粢粝之食,藜藿之羹,饭土匦②,啜土铏,虽监门之养不觳于此矣。禹凿龙门,通大夏,疏九河,曲九防,决渟水致之海,而股无胈,胫无毛,手足胼胝③,面目黎黑,遂以死于外,葬于会稽,臣虏之劳不烈于此矣。'然则夫所贵于有天下者,岂欲苦形劳神,身处逆旅之宿,口食监门之养,手持臣虏之作哉?此不肖人之所勉也,非贤者之所务也。彼贤人之有天下也,专用天下适己而已矣,此所以贵于有天下也。夫所谓贤人者,必能安天下而治万民,今身且不能利,将恶能治天下哉!故吾愿赐志广欲,长享天下而无害,为之奈何?"

李斯子由为三川守,群盗吴广等西略地,过去弗能禁。章邯以破逐广等兵,使者覆案三川相属,诮让斯居三公位,如何令盗如此。李斯恐惧,重爵禄,不知所出,乃阿二世意,欲求容,以书对曰(奏折文省略)。书奏,二世悦。

于是行督责益严,税民深者为明吏。二世曰:"若此则可谓能督责矣。"刑者相半于道,而死人日成积于市,杀人众者为忠臣。二世曰:"若此则可谓能督责矣。"

【注释】

①请间:希望能给个机会,单独和皇帝谈话。间,间隙。

②土匦:匦,读guǐ,土匦,指陶土制的食器。

③胼胝:即手掌和脚掌上的厚皮,俗称"老茧"。

【译文】

李斯屡次请求进谏机会,秦二世皇帝都没有允许,反而责问李斯,说:

"我私下有个想法，是从韩非子那里听来的，他说：'唐尧统治天下时，殿堂高三尺，用来造屋的木椽都不加雕刻，屋顶的茅草不加修剪，即使是住旅舍，也没有像尧这样艰苦的。冬天穿鹿皮袄，夏天穿麻布衣，吃的是粗米饭和野菜做的羹汤，用陶簋吃饭，用土钵喝水，即使是看门人的生活，也不会像尧这样简陋。夏禹开凿龙门山，开通大夏水道，疏通了很多河流，弯弯曲曲地筑起九河的堤防，把积水引导入海，以致大腿上已经没有细毛，小腿上汗毛都掉光了，手掌足心长满了厚茧，面容黝黑，最终累死在外，安葬在会稽山上，即使是奴隶的劳苦也不会比他更厉害了。'既然这样，那么那些贵有天下的人，难道就是要劳体伤神，身住旅店那样的宿舍，口吃守门人那样的食物，干奴隶那样的活儿吗？这是才能低下之人应当尽力去做的事，不是贤明的人所应当做的。那些贤明的人享有天下时，只求天下顺从他一个人罢了，这才是他享有天下的可贵之处。称得上贤明的人，必定能够安定天下，治理万民，连自身都不能过得好，将怎能治理天下呢！所以，我希望能随心所欲，长久享有天下而没有什么祸患，对此该怎么办呢？"

李斯儿子李由担任三川郡守，群起造反的吴广等人率军向西攻占土地，过往之处，秦军无法禁止。章邯击败吴广等人率领的军队以后，使者相继去三川郡查办，并讥诮责备李斯身居三公的地位，怎么竟让盗寇如此猖獗。李斯害怕了，但看重爵位俸禄，不知道该怎么办才好。他奉迎秦二世的心意，想求得宽容。他上书回答秦二世（奏折文省略）。上书禀奏后，秦二世皇帝很高兴。

从此，秦二世按照李斯的建议，施行督察责罚更加严厉，向人民收税最重的，被认为是贤明的官吏。秦二世说："像这样才可以说是能实施督察责罚了。"受刑的人在路上络绎不绝，死尸每天堆积在街市上。杀人多的被认为是忠臣。秦二世说："像这样才可以说是能实行督察责罚了。"

【原文】

初，赵高为郎中令，所杀及报私怨众多，恐大臣入朝奏事毁恶之，乃说二世曰："天子所以贵者，但以闻声，群臣莫得见其面，故号曰'朕'。且陛下富于春秋①，未必尽通诸事，今坐朝廷，谴举有不当者②，则见短于大臣，非所以示神明于天下也。且陛下深拱禁中，与臣及侍中习法者待事，事来有以揆之。如此则大臣不敢奏疑事，天下称圣主矣。"二世用其计，乃不坐朝廷见大臣，居禁中。赵高常侍中用事，事皆决于赵高。

高闻李斯以为言，乃见丞相曰："关东群盗多，今上急益发繇③治阿房宫，聚狗马无用之物。臣欲谏，为位贱。此真君侯之事，君何不谏？"李斯曰："固也，吾欲言之久矣。今时上不坐朝廷，上居深宫，吾有所言者，不可传也，欲见无间。"赵高谓曰："君诚能谏，请为君侯上间语君。"

于是赵高待二世方燕乐，妇女居前，使人告丞相："上方间，可奏事。"丞相至宫门上谒，如此者三。二世怒曰："吾常多间日，丞相不来。吾方燕私，丞相辄来请事，丞相岂少我哉？且固我哉？"赵高因曰："如此殆矣！夫沙丘之谋，丞相与焉。今陛下已立为帝，而丞相贵不益，此其意亦望裂地而王矣。且陛下不问臣，臣不敢言。丞相长男李由为三川守，楚盗陈胜等皆丞相傍县之子，以故楚盗公行，过三川，城守不肯击。高闻其文书相往来，未得其审④，故未敢以闻。且丞相居外，权重于陛下。"二世以为然。欲案丞相，恐其不审，乃使人案验三川守与盗通状。李斯闻之。

是时二世在甘泉，方作觳抵优俳之观⑤。李斯不得见，因上书言赵高之短（奏折文省略）。二世曰："何哉？夫高，故宦人也，然不为安肆志，不以危易心，絜行修善，自使至此，以忠得进，以信守位，朕实贤之，而君疑之，何也？且朕少失先人，无所识知，不习治民，而君又老，恐与天下绝矣。朕非属赵君，当谁任哉？且赵君为人精廉强力，下知人情，上能适朕，君其勿疑。"李斯曰："不然。夫高，故贱人也，无识于理，贪欲无厌，求利不止，列势次主，求欲无穷，臣故曰殆。"二世已前信赵高，恐李斯杀之，乃私告赵高。高曰："丞相所患者独高，高已死，丞相即欲为田常所为。"于是二世曰："其以李斯属郎中令！"

【注释】

①富于春秋：此处指年纪还轻，充满活力。

②谴举：谴责和荐举，实即指惩罚和奖励。

③繇：通"徭"。徭役，此处指服徭役的民工。

④审：真实情况。

⑤觳抵：觳，读jué，觳抵，通"角抵"，角力的意思。优俳：古代的杂戏表演。

【译文】

当初，赵高担任郎中令，杀害的人和为报私仇而陷害的人很多，唯怕大臣们在入朝奏事时揭露他，就劝秦二世说："天子之所以尊贵，就在于群臣只能听到他的声音，而不能见到他的容貌，所以称为'朕'。陛下年纪很轻，未必什么事情都懂，坐在朝廷上，如果对惩罚或奖赏有处理不当的地方，就会被大臣们看出短处，那就不能向天下人显示您的圣明。况且，陛下拱手深居宫中，常与我及熟悉法令的侍中在一起，等待大臣们把事情呈奏上来，然后再权衡办理。这样，大臣们就不敢再上奏那些不真实的情况，天下的人就都会称您是圣主。"秦二世采纳了赵高的意见，就不坐在朝廷上接见大臣，而深居宫中。赵高常常侍侯皇帝左右，政事都由赵高决定。

赵高听说李斯有话要对皇帝说，就去见李斯，说："关东地区的盗贼很多，现在皇上却加紧增派劳役修建阿房宫，搜集狗马等没有用处的玩物。我想要谏阻，但我的地位卑贱。这其实是您的事，您为什么不进谏呢？"李斯说："本来我早就想说了。可是现在皇上不坐在朝廷上，住在深宫里，我有话要说，但无法传达，想要进谏，又没机会。"赵高对李斯说："你如果真要进谏的话，请允许我趁皇上有空时告诉你。"

于是，赵高就趁秦二世正在欢宴娱乐，宫中美女在面前侍候时，派人去告诉李斯说："皇上正有空闲，您可以来禀奏事情。"李斯于是来宫门求见。这样一连三次。秦二世发怒说："我平常有很多空闲的日子，丞相不来，我正在私宴娱乐的时候，丞相就来请示事情。丞相是瞧不起我呢，还是故意难为我呢？"赵高趁机说："这样就危险了！沙丘的计谋，丞相参与了。现在陛下已经立为皇帝，可是丞相的地位并没有提高，这样看来他内心也希望能够割地封王。而且有些情况陛下不问我,我也不敢说。丞相的长子李由担任三川郡守,楚地人陈胜等人都是丞相邻县的人,因此楚地起义军才敢公开横行,经过三川郡时,李由只是守城,却不肯出击。我听说他们之间互相有文书往来,因为还没得到确切情况,所以还不敢来告知陛下。而且,丞相处在宫外,权势比陛下还大。"秦二世认为赵高说得很对。他想要惩办李斯,又怕赵高所说不准确,于是就派人去调查三川郡守李由和起义军勾结的情况。李斯听到了这个消息。

这时,秦二世在甘泉宫观赏摔跤和杂戏的表演。李斯不能觐见,就上书揭露赵高的短处(奏折文省略)。

二世皇帝说:"为何这么说呢?赵高原本是宦官,却不因为安逸而随心所欲,也不因为危难就改变忠心,他行为廉洁一心向善,自从到这里以来,因为忠诚而得到提拔,因为守信而保有禄位。我认为他贤良,而你却怀疑他,为什么呢?我年轻时就失去了父亲,没有什么见识,不懂得治理百姓,而你又老了,我担心失去对天下的控制。我不把国家托付给赵高,又该给谁呢?而且,赵高为人精明廉洁、年富力强,下能了解民情,上能合我心意。你不要怀疑他。"李斯说:"不是这样。赵高本只是个卑贱的人,不懂得事理,贪欲无厌,求利不停,地位权势仅次于皇上,他欲望无穷,所以我说危险。"秦二世已信任赵高,担心李斯杀死他,就私下把这些话告诉了赵高。赵高说:"丞相所担心的只有我赵高。我死后,丞相就要干田常所干的事了。"于是,秦二世下令说:"就把李斯交给郎中令查办吧!"

【原文】

赵高案治李斯。李斯拘执束缚①,居囹圄②中,仰天而叹曰:"嗟乎,悲夫!不道之君,何可为计哉!昔者桀杀关龙逢,纣杀王子比干,吴王夫差杀伍子胥。此三臣者,岂不忠哉,然而不免于死,身死而所忠者非也。今吾智不及三子,而二世之无道过于桀、纣、夫差,吾以忠死,宜矣。且二世之治岂不乱哉!日者③夷其兄弟而自立也,杀忠臣而贵贱人,作为阿房之宫,赋敛天下。吾非不谏也,而不吾听也。凡古圣王,饮食有节,车器有数,宫室有度,出令造事，加费而无益于民利者禁，故能长久治安。今行逆于昆弟④，不顾其咎；侵杀忠臣，不思其殃；大为宫室，厚赋天下，不爱其费：三者已行，天下不听。今反者已有天下之半矣，而心尚未寤也，而以赵高为佐，吾必见寇至咸阳，麋鹿游于朝也。"

于是二世乃使高案丞相狱，治罪，责斯与子由谋反状，皆收捕宗族宾客。赵高治斯，榜掠千馀⑤，不胜痛，自诬服⑥。斯所以不死者，自负其辩，有功，实无反心，幸得上书自陈，幸二世之寤而赦之。李斯乃从狱中上书（文略）。书上，赵高使吏弃去不奏，曰："囚安得上书！"

赵高使其客十馀辈诈为御史、谒者、侍中，更往覆讯斯。斯更以其实对，辄使人复榜之。后二世使人验斯，斯以为如前，终不敢更言，辞服⑦。奏当上，二世喜曰："微赵君，几⑧为丞相所卖。"及二世所使案三川之守至，则项梁已击杀之。使者来，会丞相下吏，赵高皆妄为反辞。

二世二年七月，具斯五刑，论腰斩咸阳市。斯出狱，与其中子俱执，顾谓其中子曰："吾欲与若复牵黄犬俱出上蔡东门逐狡兔，岂可得乎？"遂父子相哭。而夷三族。

【注释】

①拘执束缚：指被捕后套上刑具。
②囹圄：监狱。
③日者：指不久以前。
④行逆：倒行逆施。昆弟：兄弟。
⑤榜掠：严刑拷打。
⑥诬服：冤屈地招供服罪。
⑦辞服：招供认罪。
⑧几：近，差不多。

【译文】

　　赵高审讯李斯。李斯被拘捕捆绑,关在监狱里,仰天叹息着说:"唉,可悲啊!无道的君主,怎么能为他出谋划策呢!以前,夏桀杀死关龙逄,商纣杀死王子比干,吴王夫差杀死伍子胥。这三个臣子难道不忠吗?然而,他们都不免一死,他们尽忠而死,可惜他们所忠的人不对。如今我的智慧比不上他们三人,而二世的昏庸无道又超过夏桀、商纣和夫差,我因尽忠而被杀死,死得其所了。况且,二世治理天下,难道不是乱来吗?不久以前,他杀死兄弟而自立为皇帝,杀害忠臣,尊宠卑贱的人,修建阿房宫,向天下横征暴敛。我并不是没有劝谏,而是他不肯听从我。大凡古代圣明的君王,饮食有节制,车马器用有限数,宫殿居室有限度,下令举办事情,增加费用却不能有利于人民的,一律禁止,所以能长治久安。现在二世的行为逆于兄弟伦常,不考虑后患;诛杀忠臣,不顾忌灾殃;大规模地建造宫室,向天下加重赋税,不爱惜钱财:这三件事已经做出来了。可是,天下人都不会服从。现在反叛的人已经占据天下一半的土地,可是二世心里还不觉悟,而用赵高为辅佐,我必定会看到反军攻进咸阳城,麋鹿将在朝廷游荡的景象。"

　　于是,秦二世就派赵高审理丞相李斯的案件,定罪名,责问李斯和他的儿子李由谋反的情况,逮捕了李斯所有的宗族和宾客。赵高审讯李斯,拷打了他一千多下。李斯忍受不了疼痛,只好屈打成招。李斯之所以不自杀,是因为他自认为能言善辩,有功劳,确实没有谋反的动机,希望能有机会上书自我辩解,希望秦二世醒悟而赦免他。李斯就从狱中上书(文略)。奏书递交以后,赵高叫狱官弃置不上奏。赵高说:"囚犯怎能上书!"

　　赵高指使他的党羽分为十几批,假扮作御史、谒者、侍中等官员,轮流去审讯李斯。李斯改成用实情对答,赵高就派人再拷打他。后来,秦二世皇帝派人向李斯验证口供,李斯以为又同前几次一样,最终不敢改变口供,表示服罪。赵高把判决呈递上去,秦二世高兴地说:"没有你,我几乎被李斯出卖了。"等到秦二世派去调查三川郡守的使者到达三川时,项梁已经杀死了李由。使者回来时,又正值李斯被交给狱官看管,赵高就伪造了李由谋反的罪状。

秦二世二年七月，李斯被判受五刑，在咸阳市上腰斩。李斯走出监狱，跟他的次子一同被押解，回头对他的次子说："我想和你再牵着黄狗，一同出上蔡东门去追逐狡兔，还能办得到吗？"父子两人相对痛哭。李斯三族的人都被诛杀。

【编后语】

《李斯列传》位列《史记》列传中的第二十七，前面是《刺客列传》。《李斯列传》是《史记》中的名篇之一，有很高的史学价值和文学价值。它的社会政治背景极其广阔，几乎涉及了整个秦朝的兴亡史，而秦朝兴亡与李斯又有很大关系——李斯全心辅佐秦始皇，加速了秦统一天下的进程；李斯违背秦始皇意志，参与赵高的阴谋改立胡亥，助纣为虐，怂恿胡亥胡作非为，又加速了秦朝的灭亡。本书选取了《李斯列传》中李斯传的部分，省略了赵高部分以及"太史公曰"。我们阅读此篇，可以找到秦朝灭亡的最直接原因，也可以有所反思。

蒙恬列传

【原文】

蒙恬者，其先齐人也。恬大父蒙骜，自齐事秦昭王，官至上卿。秦庄襄王元年，蒙骜为秦将，伐韩，取成皋、荥阳，作置三川郡。二年，蒙骜攻赵，取三十七城。始皇三年，蒙骜攻韩，取十三城。五年，蒙骜攻魏，取二十城，作置东郡。始皇七年，蒙骜卒。

骜子曰武，武子曰恬。恬尝书狱典文学①。始皇二十三年，蒙武为秦裨将军，与王翦攻楚，大破之，杀项燕。二十四年，蒙武攻楚，虏楚王。蒙恬弟毅。

始皇二十六年，蒙恬因家世得为秦将，攻齐，大破之，拜②为内史。秦已并天下，乃使蒙恬将三十万众北逐戎狄，收河南。筑长城，因地形，用制险塞③，起临洮，至辽东，延袤万馀里④。于是渡河，据阳山，逶蛇而北。暴师⑤于外十馀年，居上郡。是时蒙恬威振匈奴。始皇甚尊宠蒙氏，信任贤之⑥。而亲近蒙毅，位至上卿，出则参乘，入则御前。恬任外事而毅常为内谋，名为忠信，故虽诸将相莫敢与之争焉。

【注释】

①狱典文学：指负责管理有关文件和狱讼档案等工作。

②拜：授予官职。

③用：以。制：设立。险塞：形势险要的设防要地。

④延袤：绵延不断。袤，长，长度。

⑤暴师：指军队遭受风雨日晒。暴，通"曝"，日晒。

⑥贤之：认为蒙氏贤良。

【译文】

蒙恬的祖先是齐国人。蒙恬祖父叫蒙骜，从齐国来到秦国事奉秦昭王，官至上卿。秦庄襄王元年，蒙骜担任秦国将领，率军攻打韩国，攻取了成皋、荥阳，设置了三川郡。秦庄襄王二年，蒙骜率军进攻赵国，夺取了三十七座城池。秦始皇三年，蒙骜率军攻打韩国，夺取了十三座城池。秦始皇五年，蒙骜率军攻打魏国，夺取了二十座城池，设置了东郡。秦始皇七年，蒙骜去世。

蒙骜儿子叫蒙武，蒙武儿子叫蒙恬。蒙恬曾经学习过刑法，担任狱官，掌管狱讼的文书。秦始皇二十三年，蒙武担任秦国的副将，跟王翦一起率军攻打楚国，大败楚军，杀死了楚将项燕。秦始皇二十四年，蒙武率军攻打楚国，俘虏了楚王。蒙恬弟弟名叫蒙毅。

秦始皇二十六年，蒙恬由于家世关系得以担任秦军将领，率军攻打齐国，大败齐军，被任命为内史。秦国兼并天下以后，秦始皇便派遣蒙恬率领三十万大军，北上驱逐匈奴，收复黄河以南的土地。修筑长城，根据地势，用来控制险要的关塞，西起临洮，东到辽东，绵延一万多里。于是渡过黄河，占据阳山，逶迤向北延伸。蒙恬领兵宿营在外十多年，驻守上郡。当时蒙恬的声威震慑匈奴。秦始皇非常尊重宠信蒙恬，信任他，夸奖他贤能。秦始皇亲近蒙恬的弟弟蒙毅，使他官位直到上卿，外出时陪着皇帝同乘一辆车，在朝时侍奉在皇帝左右。蒙恬处理外务，蒙毅在朝内谋划，称为忠信大臣，因此，其他将相没有谁敢和他们相争。

【原文】

赵高者，诸赵疏远属也①。赵高昆弟数人，皆生隐宫②，其母被刑僇，世世卑贱。秦王闻高强力③，通于狱法，举以为中车府令。高即私事公子胡亥，喻之决狱。高有大罪，秦王令蒙毅法治之。毅不敢阿法④，当高罪死，除其宦籍。帝以高之敦于事也，赦之，复其官爵。

始皇欲游天下，道九原，直抵甘泉。乃使蒙恬通道，自九原抵甘泉，堑山堙谷，千八百里。道未就。

始皇三十七年冬，行出游会稽，并海上，北走琅邪。道病，使蒙毅还祷山川⑤，未反。

始皇至沙丘崩，秘之，群臣莫知。是时丞相李斯、公子胡亥、中车府令赵高常从。高雅得幸于胡亥，欲立之，又怨蒙毅法治之而不为己也，因有贼心⑥，乃与丞相李斯、公子胡亥阴谋，立胡亥为太子。太子已立，遣使者以罪赐公子扶苏、蒙恬死。扶苏已死，蒙恬疑而复请之。使者以蒙恬属吏⑦，更置。胡亥以李斯舍人为护军。使者还报，胡亥已闻扶苏死，即欲释蒙恬。赵高恐蒙氏复贵而用事，怨之。

【注释】

①诸赵：指赵氏王族的各支派。疏远属：远房的亲族。
②隐宫：指宫刑。
③强力：指办事能力强。
④阿法：不按法律办理。阿，此处有歪曲、违背的意思。
⑤祷山川：祭祀山川之神，祈求保佑。
⑥贼心：害人的恶毒之心。
⑦属吏：交给主管官吏处理。

【译文】

赵高是赵国王族中较远的亲属。赵高兄弟几个人都生长在宦官家庭。他的母亲曾受过刑罚，所以世代地位卑贱。秦始皇听说赵高有能力，精通刑狱法律，就选拔他担任中车府令。赵高便暗中服侍公子胡亥，教他学习判案。赵高曾犯大罪，秦始皇命令蒙毅依法惩治他。蒙毅不敢违背法律，依法判处赵高死刑，取消他的宦官资格。秦始皇认为赵高办事认真，就赦免了他，恢复了他的官爵。

秦始皇想游历天下，取道九原郡，直达甘泉宫，便派蒙恬开路，从九原郡到甘泉宫,开山填谷,长达一千八百里。可惜,道路未能完成。

秦始皇三十七年冬,秦始皇启程游会稽,沿海边而上,向北去琅琊。途中,秦始皇生病了,便派蒙毅回去祈祷山川神灵,蒙毅没来得及返回。秦始皇到达沙丘就病死了,但没公开消息,大臣们都不知道。当时丞相李斯、公子胡亥、中车府令赵高经常陪侍在秦始皇身边。赵高一向很得胡亥的宠幸,想要拥立胡亥继承皇位,又怨恨蒙毅依法惩办他而没有帮助他开脱,因而有贼心,就与丞相李斯、公子胡亥暗中谋划,拥立胡亥为太子。太子确立以后,他们就派遣使者罗织罪名让公子扶苏和蒙恬自杀。扶苏死后,蒙恬心有怀疑,请求申诉。使者把蒙恬交给狱吏,派人接替了蒙恬。胡亥用李斯的家臣担任护军。使者回来汇报,胡亥听说扶苏已死,就想释放蒙恬。赵高唯恐蒙氏兄弟再次显贵掌权,会怨恨自己。

【原文】

毅还至,赵高因为胡亥忠计,欲以灭蒙氏,乃言曰:"臣闻先帝欲举贤立太子久矣,而毅谏曰'不可'。若知贤而俞弗立,则是不忠而惑主也。以臣愚意,不若诛之。"胡亥听而系蒙毅于代。前已囚蒙恬于阳周。丧①至咸阳,已葬,太子立为二世皇帝,而赵高亲近,日夜毁恶蒙氏,求其罪过,举劾之②。

子婴进谏曰:"臣闻故赵王迁杀其良臣李牧而用颜聚,燕王喜阴用荆轲之谋而倍秦之约,齐王建杀其故世忠臣而用后胜之议。此三君者,皆各以变古者失其国而殃及③其身。今蒙氏,秦之大臣谋士也,而主欲一旦弃去之,臣窃以为不可。臣闻轻虑④者不可以治国,独智⑤者不可以存君。诛杀忠臣而立无节行之人,是内使群臣不相信而外使斗士之意离也,臣窃以为不可。"

胡亥不听,而遣御史曲宫乘传之代,令蒙毅曰:"先主欲立太子而卿难之。今丞相以卿为不忠,罪及其宗。朕不忍,乃赐卿死,亦甚幸矣。卿其图之!"毅对曰:"以臣不能得先主之意,则臣少宦,顺幸没世⑥,可谓知意矣。以臣不知太子之能，则太子独从，周旋天下，去诸公子绝远，臣无所疑矣。夫先主之举用太子，数年之积也，臣乃何言之敢谏，何虑之敢谋！非敢饰辞以避死也，为羞累⑦先主之名，愿大夫为虑焉，使臣得死情实。且夫顺成全者，道之所贵也；刑杀者，道之所卒也。昔者秦穆公杀三良⑧而死，罪百里奚而非其罪也，故立号曰缪。昭襄王杀武安君白起。楚平王杀伍奢。吴王夫差杀伍子胥。此四君者，皆为大失，而天下非之，以其君为不明，以是籍于诸侯。故'用道治者不杀无罪，而罚不加于无辜'。唯大夫留心！"使者知胡亥之意，不听蒙毅之言，遂杀之。

【注释】

①丧：丧车，灵柩。

②举劾：列举罪过而弹劾之。劾，揭发罪状。

③变古：改革陈规、旧制。殃及：遭受祸害。殃，祸害。

④轻虑：草率地考虑问题。

⑤独智：刚愎自用、自以为是。

⑥顺幸：遂顺心意，获得宠幸。没世：死，一直到死。

⑦羞累：以牵连先主的名誉为羞耻。

⑧杀三良：以三位良臣为秦穆公殉葬而死。三良，指奄息、仲行、虎三良。

【译文】

蒙毅回来后，赵高假借为胡亥尽忠之名，想趁机消灭蒙毅兄弟，对胡亥说："我听说先帝想选用贤能确立太子已经很久了，但蒙毅却谏阻说'不可以'。明知道您贤明而拖延不立您为太子，就是不忠而且欺骗先帝。按照我的想法，不如杀了他。"胡亥听了赵高的话，就把蒙毅囚禁在代地。此前他们已经把蒙恬囚禁在阳周。秦始皇的灵柩运到咸阳，安葬完毕后，太子胡亥登位为秦二世皇帝，而赵高最受亲近，日夜中伤诽谤蒙氏兄弟，搜罗他们的罪过，检举弹劾他们。

子婴进谏说:"我听说以前赵王迁杀死他的贤臣李牧而任用颜聚,燕王喜暗中用荆轲的计谋而违背与秦国的盟约,齐王建杀死他的前代忠臣而用后胜的建议。这三位君主都是因为各自改变了原来的规定导致国家灭亡,且祸及自身。如今,蒙氏兄弟是秦朝的大臣、谋士,而君王想一并抛弃他们,我私下认为不能这样做。我听说轻率考虑问题的人不能治理国家,单凭一个人的智慧不能保全君位。诛杀忠臣而任用没有德行节操的人,这样对内会使群臣互不信任,对外会使战士的斗志涣散,我私下里认为不能这样做。"

胡亥不听,派遣御史曲宫乘驿车前往代地,命令蒙毅说:"先帝想要立太子,而你却阻挠他。如今,丞相认为你不忠诚,罪及你的家族。我不忍心,只赐你一死,这也算很幸运了。你自己考虑这件事吧!"蒙毅回答说:"如果说我不能得到先帝赏识,那么我从年轻时就做官,顺从先帝的意旨,直到先帝去世,可称得上了解先帝的。如果说我不知道太子的才能,那么唯独太子跟从先帝周游天下,宠幸远远超过各位公子,我也没有什么怀疑啊!先帝选立太子是考虑多年的结果,我有什么话敢劝谏,有什么计策敢谋划!我不敢用假话来逃避死罪,只是怕因为我牵累到先帝的名誉而感到羞愧,希望您加以考虑,使我死得无憾。况且保全人之性命,是道义所推重的;严刑诛杀,是道义所唾弃的。从前秦穆公用三位贤臣殉葬,判处百里奚以莫须有的罪名,所以谥号为缪。昭襄王杀死武安君白起。楚平王杀死伍奢。吴王夫差杀死伍子胥。这四位君主,都犯下大错,因而天下人都非议他们,认为这几位君王是不贤明的,并因此而载入诸侯国的史册,所以说'用道义治国不杀害无罪的臣民,而刑罚也不加在无辜者的身上'。我希望您留意!"使者知道胡亥的心意,不听蒙毅的话,就杀死了蒙毅。

【原文】

二世又遣使者之阳周,令蒙恬曰:"君之过多矣,而卿弟毅有大罪,法及①内史。"

恬曰:"自吾先人,及至子孙,积功信②于秦三世矣。今臣将兵三十馀万,身虽囚系,其势足以倍畔③,然自知必死而守义者,不敢辱先人之教,以不忘先主也。

"昔周成王初立,未离襁褓,周公旦负王以朝,卒定天下。及成王有病甚殆,公旦自揃其爪以沉于河④,曰:'王未有识,是旦执事。有罪殃,旦受其不祥。'乃书而藏之记府⑤,可谓信矣。及王能治国,有贼臣言:'周公旦欲为乱久矣,王若不备,必有大事。'王乃大怒,周公旦走而奔于楚。成王观于记府,得周公旦沉书,乃流涕曰:'孰谓周公旦欲为乱乎!'杀言之者而反周公旦。故《周书》曰'必参而伍之'。

"今恬之宗,世无二心,而事卒如此,是必孽臣⑥逆乱,内陵⑦之道也。夫成王失而复振则卒昌;桀杀关龙逢,纣杀王子比干而不悔,身死则国亡。臣故曰过可振而谏可觉也。察于参伍,上圣之法也。凡臣之言,非以求免于咎也,将以谏而死,愿陛下为万民思从道也。"

使者曰:"臣受诏行法于将军,不敢以将军言闻于上也。"蒙恬喟然⑧太息曰:"我何罪于天,无过而死乎?"良久,徐曰:"恬罪固当死矣。起临洮属之辽东,城⑨堑万馀里,此其中不能无绝地脉哉?此乃恬之罪也。"乃吞药自杀。

【注释】

①法及:按法律牵连到,株连。

②功信:功劳、忠信。

③倍畔:背叛。倍,通"背"。畔,通"叛"。

④揃:读jiǎn,剪下、剪断。爪:手足的指甲。

⑤记府:收藏文书史册的地方。

⑥孽臣:作孽、谋乱之臣。此处指赵高。

⑦内陵:内部自相残害。陵,欺侮,侵犯。

⑧喟然:叹息的样子。

⑨城:护城壕沟。

【译文】

秦二世皇帝又派遣使者到阳周,命令蒙恬说:"你的过错很多,而你弟弟蒙毅有大罪,依法牵连到你。"

蒙恬说:"从我的祖先,直到子孙,在秦国建立功业和树立信誉已经三代了。如今,我统领三十万大军,虽然身遭囚禁,但我的势力足以造反。然而,我之所以自知必死还遵守道义,是因为不敢玷辱祖先的教诲,且不忘先帝之德。

"从前,周成王刚登位的时候,还是个没有离开襁褓的婴儿,周公姬旦背着他上朝,最终平定了天下。等到周成王病势危重时,周公姬旦剪下自己的指甲投入黄河,说:'君王年幼无知,是我姬旦管事。如果有罪殃,由我姬旦承受那祸患。'他把话记录下来,收藏在档案库里,这可以说是守信了。到了周成王能治理国家时,有奸臣说:'周公旦早就想要作乱了,您如果不加防备,必定会出大事。'周成王十分愤怒,周公旦不得不逃奔到楚国。周成王到档案库查看,看到了周公姬旦投指甲入黄河时的记录,流着眼泪,说:'谁说周公旦要作乱呢!'他杀掉了进谗言的人,并请周公旦回来。所以《周书》上说'一定要反复考察'。

"如今,我蒙氏家族世代没有二心,没想到最终竟成了这样。这一定是因为乱臣倒行逆施,凌驾王室之上的结果。周成王虽然有过失但能补救,最终使国家昌盛;夏桀杀死关龙逢,商纣杀死王子比干而不后悔,最终身死国亡。所以,我认为过失可以挽救,听从劝谏可以觉醒。反复地审察是上古圣人的方法。我说这些并非祈求免罪,而是要进谏而死,希望您能为百姓考虑应该走的道路。"

使者说:"我受诏令来对将军执法,不敢把将军的话告诉皇上。"蒙恬长长地叹息,说:"我对上天有什么罪,就这样平白无故地死去吗?"过了一会儿,他慢慢地说:"我蒙恬的罪过,确实就该死了。从临洮连接到辽东,筑城墙,挖壕沟,长达一万多里,这中间难道能不切断地脉吗?这是我的罪过。"于是,蒙恬服毒药自杀了。

465

【编后语】

除了李斯外,蒙氏兄弟是秦始皇最为重要的助手之一。蒙氏兄弟的命运对秦朝兴亡有着重要影响。司马迁为蒙恬、蒙毅兄弟作《蒙恬列传》。《蒙恬列传》为列传第二十八,主要记述了蒙恬和他弟弟蒙毅的事迹,从侧面讲述了他们对秦朝兴亡的关键影响作用。本书选取了《蒙恬列传》的全文,仅省略了"太史公曰"。

张耳陈馀列传

【原文】

张耳者，大梁人也。其少时，及魏公子毋忌为客。张耳尝亡命①游外黄。外黄富人女甚美，嫁庸奴，亡其夫②去，抵③父客。父客素知张耳，乃谓女曰："必欲求贤夫，从张耳。"女听，乃卒为请决④，嫁之张耳。张耳是时脱身游，女家厚奉给张耳，张耳以故致千里客。乃宦魏为外黄令。名由此益贤。

陈馀者，亦大梁人也，好儒术，数游赵苦陉。富人公乘氏以其女妻⑤之，亦知陈馀非庸人也。馀年少，父事张耳，两人相与为刎颈交⑥。

【注释】

①亡命：谓逃亡在外，消除本地的名籍。亡，无。命，名。
②亡其夫：逃离她的丈夫。
③抵：投奔、投靠。
④请决：要求离婚。
⑤妻：将女儿嫁人。
⑥刎颈交：誓同生死、患难与共、断头无悔的深厚交情。

【译文】

张耳是魏国大梁人。他年轻时，是魏公子无忌门下的宾客。张耳曾经隐姓埋名流窜到外黄。外黄有一个富人的女儿很漂亮，却嫁了一个庸俗的丈夫。她逃离了丈夫，投奔到父亲的朋友家中。她父亲的朋友向来了解张耳，便对这个女子说："如果你一定要找个好丈夫，那就嫁给张耳吧。"女子听从了，就请她父亲的朋友出面处理，与原丈夫解除婚约，改嫁给张耳。当时张耳独身一人在外远游，妻子家给了张耳很多钱财，张耳用这些钱招揽了很多宾客。张耳就在魏国担任外黄县令，贤能的名声也越来越大。

陈馀是大梁人，爱好儒家学说，多次游历赵国。有一位姓公乘的富人发现陈馀不是平庸的人，就把女儿嫁给了他。由于陈馀年少，便像侍奉父亲一样侍奉张耳，两人结成了生死与共的朋友。

【原文】

秦之灭大梁也，张耳家外黄。高祖为布衣时，尝数从张耳游，客数月。秦灭魏数岁，已闻此两人魏之名士也，购求有得张耳千金，陈馀五百金。张耳、陈馀乃变名姓，俱之陈，为里监门以自食。两人相对。里吏尝有过笞①陈馀，陈馀欲起，张耳蹑之②，使受笞。吏去，张耳乃引陈馀之桑下而数③之曰："始吾与公言何如？今见小辱而欲死一吏乎？"陈馀然之。秦诏书④购求两人，两人亦反用门者以令里中。

陈涉起蕲，至入陈，兵数万。张耳、陈馀上谒陈涉。涉及左右生平数闻张耳、陈馀贤，未尝见，见即大喜。

陈中豪杰父老乃说陈涉曰："将军身被坚执锐，率士卒以诛暴秦，复立楚社稷，存亡继绝⑤，功德宜为王。且夫监临天下诸将，不为王不可，愿将军立为楚王也。"陈涉问此两人，两人对曰："夫秦为无道，破人国家，灭人社稷，绝人后世，罢百姓之力，尽百姓之财。将军瞋目张胆，出万死不顾一生之计，为天下除残也。今始至陈而王之，示天下私。愿将军毋王，急引兵而西，遣人立六国后，自为树党⑥，为秦益敌也。敌多则力分，与众则兵强。如此野无交兵，县无守城，诛暴秦，据咸阳以令诸侯。诸侯亡而得立，以德服之，如此则帝业成矣。今独王陈，恐天下解也。"陈涉不听，遂立为王。

【注释】

①笞：指用竹板或荆条抽打。

②蹑之：指踩他的脚以示意。蹑，踩、踏。

③数：列条数落、批评。

④诏书：发布诏书。

⑤存亡继绝：使灭亡的国家复存，恢复。

⑥树党：结为朋党。

【译文】

秦国灭亡大梁时，张耳住在外黄。刘邦还是平民时，曾经多次跟张耳交游，在张耳家做客几个月之久。秦国灭亡魏国几年以后，秦始皇听说张耳和陈馀是魏国的名士，便悬赏千金捉拿张耳，悬赏五百金捉拿陈馀。张耳和陈馀便改名换姓一起逃到陈县，给一个里巷看大门来谋生。两人相对站立时，有个里吏认为陈馀有过错而鞭打他，陈馀想要反抗，但张耳暗中踩他的脚，示意他要不要冲动。那官吏离开后，张耳拉陈馀到桑树下，责备他说："当初我是怎么对你说的？如今，你蒙受了一点屈辱，就想死在一个小吏手里吗？"陈馀认为他的话说得对。秦朝下令悬赏捉拿他们，他们反而利用门卫的名义向里巷的居民宣布这道诏令。

陈涉自蕲县起义，到进入陈县时，已经有好几万兵力。张耳和陈馀求见陈涉。陈涉和他身边的人平时经常听说张耳和陈馀的贤能，但未曾见过面，因而见面后非常欢喜。

陈县的豪杰父老对陈胜说："您身披坚甲，手执利器，率领士兵去讨伐暴秦，重建楚国，存亡国，继绝世，按功德理当称王。况且，要统御天下各部将领，不称王也不行，希望您自立为楚王。"陈涉就此事问张耳和陈馀时，他们回答说："秦朝无道，灭亡他人的国家，毁坏他国的社稷，断绝别人的后代，使百姓疲惫，使百姓财产耗尽。您义愤填膺，这无异于不顾生死，为天下人除残去暴。现在，您刚到陈县就称王，那无异于在天下人面前显示自己的私心。希望您不要称王，赶紧率军向西推进，派人册立六国的后代，树立自己的党羽，增加秦国的敌人。敌人多，秦军的力量就分散；党羽多，兵力就强大。这样，秦国就没有兵力在野外与我们交战，县城里没有守城的兵力，我们就可以诛伐暴秦，占据咸阳城来号令诸侯。诸侯亡国之后又得复立，都会归服于您的恩德，这样，您的帝王大业就可以成功了。如果您只在陈县称王，那么恐怕天下人会离散。"陈涉不听，自立为王。

【原文】

陈馀乃复说陈王曰："大王举梁、楚而西，务在入关，未及收河北也。臣尝游赵，知其豪桀及地形，愿请奇兵北略赵地。"于是陈王以故所善陈人武臣为将军，邵骚为护军，以张耳、陈馀为左右校尉，予卒三千人，北略赵地。

武臣等从白马渡河，至诸县，说其豪桀曰："秦为乱政虐刑以残贼天下①，数十年矣。北有长城之役，南有五岭之戍，外内骚动，百姓罢敝，头会箕敛②，以供军费，财匮力尽，民不聊生。重之以苛法峻刑，使天下父子不相安。陈王奋臂为天下倡始，王楚之地，方二千里，莫不响应，家自为怒，人自为斗，各报其怨而攻其仇，县杀其令丞，郡杀其守尉。今已张大楚③，王陈，使吴广、周文将卒百万西击秦。于此时而不成封侯之业者，非人豪也。诸君试相与计之！夫天下同心而苦秦久矣。因天下之力而攻无道之君，报父兄之怨而成割地有土之业，此士之一时也。"豪桀皆然其言。乃行收兵，得数万人，号武臣为武信君。下赵十城，余皆城守，莫肯下。

乃引兵东北击范阳。范阳人蒯通说范阳令曰："窃闻公之将死，故吊。虽然，贺公得通而生。"范阳令曰："何以吊之？"对曰："秦法重，足下为范阳令十年矣，杀人之父，孤人之子，断人之足，黥人之首，不可胜数。然而慈父孝子莫敢倳刃公之腹中者，畏秦法耳。今天下大乱，秦法不施，然则慈父孝子且倳刃公之腹中以成其名，此臣之所以吊公也。今诸侯畔秦矣，武信君兵且至，而君坚守范阳，少年皆争杀君，下武信君。君急遣臣见武信君，可转祸为福，在今矣。"

范阳令乃使蒯通见武信君曰："足下必将战胜然后略地，攻得然后下城，臣窃以为过矣。诚听臣之计，可不攻而降城，不战而略地，传檄④而千里定，可乎？"武信君曰："何谓也？"蒯通曰："今范阳令宜整顿其士卒以守战者也，怯而畏死，贪而重富贵，故欲先天下降，畏君以为秦所置吏，诛杀如前十城也。然今范阳少年亦方杀其令，自以城距君。君何不赍臣侯印，拜范阳令，范阳令则以城下君，少年亦不敢杀其令。令范阳令乘朱轮华毂⑤，使驱驰燕、赵郊。燕、赵郊见之，皆曰此范阳令，先下者也，即喜矣，燕、赵城可毋战而降也。此臣之所谓传檄而千里定者也。"武信君从其计，因使蒯通赐范阳令侯印。赵地闻之，不战以城下者三十馀城。

【注释】

①残贼天下：残害天下百姓。贼，加害、危害。

②头会箕敛：按人头向官府交纳粮食，用簸箕收敛，此处指赋税非常重。

③张大楚：陈胜称王后国号为"张楚"，意思指扩大楚国的势力。

④檄：古代用于征召、晓喻、声讨的文书。

⑤朱轮华毂：此处指彩饰的车子。

【译文】

陈馀再次向陈王建议，说："您从梁楚两地起兵西进，目的在于攻入关中，无暇收复河北地区。我曾经游历赵国，了解那里的豪杰和地形，我请求您让我率领一支奇兵，向北攻取赵地。"于是，陈胜任命他的好朋友陈国人武臣为将军，邵骚为护军，任命张耳和陈馀为左右校尉，给他们三千士兵，负责向北攻取赵地。

武臣等人率军从白马津渡过黄河，到了河北各县，他们分头去说服当地的豪杰："秦朝施行乱政酷刑来残害天下已经几十年了。北方有修筑长城的劳役，南方有戍守五岭的兵役，内外骚动，百姓疲惫不堪。他们横征暴敛，以供应军费，财穷力尽，民不聊生。加上苛刻的法律、严峻的刑罚，使天下老少无法安宁生活。陈王振臂而起，倡导反秦，在楚地称王，方圆两千里内没有谁不响应，家家义愤填膺，人人为之战斗，各自报自己的怨恨，杀自己的仇人，各县杀死县令县丞，各郡杀死郡守郡尉。如今陈王已经建立大楚政权，在陈县称王,派遣吴广和周文率领百万大军向西进攻秦朝。不趁这个时机成就封侯功业的,就不算人间豪杰了。请诸位共同计议吧!天下人苦于秦朝统治已经很久了。凭借天下人的力量来进攻无道的暴君,报父兄的仇恨,完成分割地盘和占有封土的功业,这是有识之士最好的机会。"豪杰们都认为这些话说得对。于是,他们一边行军,一边招兵,得到好几万人。他们拥立武臣为武信君。他们占领了赵地十座城池,但其他城池都据城坚守,不肯投降。

于是,武臣就率兵向东北进攻范阳。范阳人蒯通劝说范阳县令:"我听说您快要死了,所以来吊问。虽然如此,但我还是要庆贺您因为遇到我蒯通而有生路。"范阳县令说:"为什么来吊问我?"蒯通回答说:"秦朝的法律很严酷,您任范阳令已经十年了,这期间您杀了多少个孩子的父亲,使多少人家的孩子成为孤儿,多少人被您断了足,又有多少人脸上被刺了字,这类事不可胜数。然而,慈父孝子们不敢把刀子插入您的腹部,只是因为害怕秦朝的法律罢了。现在,天下大乱,秦朝的法律无法施行。那么那些慈父孝子们将会拿刀插进您的腹部来成名,这就是我来吊问您的原因。当今,诸侯反叛秦朝,武信君率领的军队将要到来,而您却要固守范阳城,年轻人都争着要杀您,迎降武信君。您赶快派我去见武信君,或许能转祸为福,机会就在今天。"

于是,范阳令就派蒯通去见武信君,说:"如果您一定要先打了胜仗才能获取土地,先攻破然后才能占领城池,我私下认为这样做是错误的。如果您能采取我的计策,就可以不用军事进攻就能占领城池,不用交战就能夺得土地,传下檄令就能平定千里之地,您看如何?"武信君说:"你指的是什么呢?"蒯通说:"现今,范阳县令本来应整顿军队来守城的,但他胆怯而怕死,贪恋富贵,所以想率部来投降,但又怕您认为他是秦朝所任用的官吏,像之前被攻下的十座城池的官吏那样被杀。而现在范阳城里的年轻人也想杀死他们的县令,然后他们自己守城来抵抗您。您为什么不让我带着侯印去委任范阳县令。这样范阳县令就会把城献给您,那些年轻人也就不敢杀他们的县令了。然后您再命令范阳县令乘坐着红色轮子的华丽马车在燕赵之间的郊野奔驰。燕赵两地的人在郊野看见了他,都会说这是范阳县令,是首先投降的人,就都会高兴地效仿。这样,燕赵两地的城池就可以不战而降了。这就是我所说的传下檄令就可以平定千里之地的计策。"武信君听从了蒯通的计策，便派他赐给范阳县令侯印。赵地听到这个消息后，不战而降的城池有三十多个。

【原文】

至邯郸，张耳、陈馀闻周章军入关，至戏却；又闻诸将为陈王徇地①，多以谗毁得罪诛，怨陈王不用其策不以为将而以为校尉。乃说武臣曰："陈王起蕲，至陈而王，非必立六国后。将军今以三千人下赵数十城，独介居河北，不王无以填之。且陈王听谗，还报，恐不脱于祸。又不如立其兄弟；不，即立赵后。将军毋失时，时间不容息②。"武臣乃听之，遂立为赵王。以陈馀为大将军，张耳为右丞相，邵骚为左丞相。

使人报陈王，陈王大怒，欲尽族武臣等家，而发兵击赵。陈王相国房君谏曰："秦未亡而诛武臣等家，此又生一秦也③。不如因而贺之，使急引兵西击秦。"陈王然之，从其计，徙系武臣等家宫中，封张耳子敖为成都君。

【注释】

①徇地：带兵攻占土地。
②时间不容息：时间紧迫，不容稍许停留、犹豫。间，间隔。息，呼吸。
③又生一秦：又树立一个像秦国一样强大的敌人。

【译文】

到了邯郸后，张耳、陈馀听说周章率领进攻关中的军队到戏水就败退下来；又听说各路替陈王攻城夺地的将领大多因谗言毁谤而被诛杀，他们又怨恨陈王不采纳他们的计策，不用他们做将军而用他们做校尉，便劝武臣说："陈王从蕲县起义，到了陈县就称王，可见能称王的不一定是六国诸侯的后代。您现在用三千士兵就攻占了赵地几十座城池，独自驻守在河北，如果不称王，就无法镇守这些地方。再说，陈胜听信谗言，如果有人回去报告，您恐怕不能免于灾祸。即使能够免祸，陈王也会拥立自己的兄弟，不然就立赵王的后裔。您不要失去时机，时机刻不容缓。"武臣便听从了他们的建议，自立为赵王。他任命陈馀为大将军，张耳为右丞相，邵骚为左丞相。

武臣派人向陈王通报此事，陈胜震怒，想要诛杀武臣等人的家属，并出兵攻打武臣。陈王的相国房君劝谏说："秦朝还没有灭亡就诛杀武臣等人的家属，这等于又制造了一个像秦朝一样强大的敌人。您不如趁机向他祝贺，并让他们尽快带兵向西攻击秦军。"陈胜认为他说得对，就听从了他的计策，把武臣等人的家属迁移到宫里软禁，并封张耳的儿子张敖为成都君。

【原文】

陈王使使者贺赵，令趣①发兵西入关。张耳、陈馀说武臣曰："王王赵、非楚意，特以计贺王。楚已灭秦，必加兵于赵。愿王毋西兵，北徇燕、代，南收河内以自广。赵南据大河，北有燕、代，楚虽胜秦，必不敢制赵。"赵王以为然，因不西兵，而使韩广略燕，李良略常山，张黡略上党。

韩广至燕，燕人因立广为燕王。赵王乃与张耳、陈馀北略地燕界。赵王间出②，为燕军所得。燕将囚之，欲与分赵地半，乃归王。使者往，燕辄杀之以求地。张耳、陈馀患之。有厮养卒③谢其舍中曰："吾为公说燕，与赵王载归。"舍中皆笑曰："使者往十馀辈，辄死，何以能得王？"乃走燕壁。燕将见之，问燕将曰："知臣何欲？"燕将曰："若欲得赵王耳。"曰："君知张耳、陈馀何如人也？"燕将曰："贤人也。"曰："知其志何欲？"曰："欲得其王耳。"赵养卒乃笑曰："君未知此两人所欲也。夫武臣、张耳、陈馀杖马箠④下赵数十城，此亦各欲南面而王，岂欲为卿相终已邪？夫臣与主岂可同日而道哉，顾其势初定，未敢参分而王，且以少长先立武臣为王，以持赵心。今赵地已服，此两人亦欲分赵而王，时未可耳。今君乃囚赵王。此两人名为求赵王，实欲燕杀之，此两人分赵自立。夫以一赵尚易燕，况以两贤王左提右挈⑤，而责杀王之罪，灭燕易矣。"燕将以为然，乃归赵王，养卒为御而归。

李良已定常山，还报，赵王复使良略太原。至石邑，秦兵塞井陉，未能前。秦将诈称二世使人遗李良书，不封，曰："良尝事我得显幸。良诚能反赵为秦，赦良罪，贵良。"良得书，疑不信。乃还之邯郸，益请兵。

未至，道逢赵王姊出饮，从百馀骑。李良望见，以为王，伏谒道旁⑥。王姊醉，不知其将，使骑谢李良。李良素贵，起，惭其从官。从官有一人曰："天下畔秦，能者先立。且赵王素出将军下，今女儿乃不为将军下车，请追杀之。"李良已得秦书，固欲反赵，未决，因此怒，遣人追杀王姊道中，乃遂将其兵袭邯郸，邯郸不知，竟杀武臣、邵骚。赵人多为张耳、陈馀耳目者，以故得脱出。收其兵，得数万人。客有说张耳曰："两君羁旅，而欲附赵，难；独立赵后，扶以义，可就功。"乃求得赵歇，立为赵王，居信都。李良进兵击陈馀，陈馀败李良，李良走归章邯。

【注释】

①趣：通"促"，急促、赶快。

②间出：乔装外出。

③厮养卒：干杂活的兵。

④杖马棰：拿着马鞭子。杖，持，拿着。棰，读chuí，鞭子。

⑤左提右挈：相互扶持的意思。

⑥伏谒：指拜见尊者时伏地而通姓名。

【译文】

陈王派使者祝贺武臣称王，催促他赶快出兵向西进入关中。张耳和陈馀劝武臣，说："您在赵地称王，这不是楚国人（陈胜）的本意，他派人来祝贺您，只是一种计策。楚国灭掉秦朝之后，必定会对赵国用兵。希望您不要向西进兵，转向北面攻取燕代两地，向南收服河内，来扩充自己的土地和实力。赵国南面占据黄河，北面拥有燕代，即使楚国能战胜秦军，也必定不敢为难我们。"赵王认可这个意见。因此就没有向西出兵，而是派韩广率军攻取燕地，派李良率军攻取常山，派张黡率军攻取上党。

韩广率军到了燕地后，燕地人就拥立韩广为燕王。赵王武臣就跟张耳、陈馀一起率军向北攻打燕国。赵王乔装外出时，被燕军擒获。燕军的将军把他囚禁起来，要求分得赵国一半的土地，才释放他。赵国使者前往交涉，燕军就把使者杀死并坚决要求割地。张耳和陈馀对此很忧虑。这时，赵军中有一名干杂活的兵向同营帐的伙伴告别，说："我可以替他们去燕国游说，保证跟赵王同车回来。"同营帐的人都笑他，说："使者去了十多批，都被杀死了，你凭什么能救赵王？"他跑到燕国军营。燕军将领接见了他，他问燕将说："您知道我来干什么吗？"燕将说："你只不过想救赵王罢了。"他又问："您知道张耳和陈馀是怎样的人吗？"燕将说："是贤能的人。"他问："您知道他们的志向是什么？"燕将说："只不过想救他们的赵王罢了。"赵国的杂兵笑着说："您还是不知道这两个人的想法。武臣、张耳、陈馀他们跃马扬鞭、东征西讨，占领了赵地几十个城池，他们也都想南面称王，他们难道只想终身做卿相吗？臣子和君王怎么能同日而语呢？只是考虑到当时大势刚定，不敢三分而自立为王，权且按年纪大小，先立武臣为王，来维持赵地的民心。现在，赵地百姓已经归服了，这两人也想分地称王，只是时机还不成熟而已。现在，您却囚禁着赵王。这两人名义上要救赵王，实际上是想让借助您的手杀掉他，这两人就可以分割赵地而自立为王。凭一个赵国的力量尚能轻易攻打燕国，何况有两位贤王互相联合，声讨杀害赵王的罪行，灭燕就很容易了。"燕将认为确实是这样，就释放了赵王，那杂兵亲自驾车跟赵王一起回了国。

李良率军平定常山以后，回来报告。赵王又派遣李良率军去攻取太原。李良率军到达石邑时，秦军封塞了井陉关，导致他们无法前进。秦军将领假称秦二世派人送信给李良，信没有封口。信中说："李良曾经服侍我并得到显贵和宠幸。如果李良现在能叛赵归秦，就赦免李良的罪过，让李良显贵。"李良得到这封信后，心有怀疑并不相信。于是，他回到邯郸，请求增派军队。

还没到达邯郸，他就在路上遇见赵王的姐姐外出饮宴，后面跟随着一百多骑兵。李良望见了，以为是赵王出行，就跪在路边拜见。赵王的姐姐喝醉了，不知道他是将官，只派了一名骑兵向李良答谢。李良一向显贵，起身后，在部属面前感到很不好意思。侍从官员中有一个部下说："现在天下反秦，有本事的人就可以自立为王。况且赵王的地位本来在将军之下，现在一个女人竟不下车给将军还礼。请派我去追杀她。"李良已经收到秦朝的书信，本来就想反赵，只是还没有决定，现在又因此发怒，就派人追上赵王的姐姐，在半道上把她杀死了，随即率领军队袭击邯郸，邯郸人不知道李良反叛。李良最后杀死了武臣和邵骚。赵国人有很多充当张耳和陈馀耳目的人，因此二人得以逃脱出来。他们收编自己的军队，还有几万人。门客中有人劝张耳说："你们二位都不是赵国人，要想赵国人归附，很难；只有拥立赵王的后代，宣扬正义，才能成就功业。"于是，他们找到赵歇，立赵歇为赵王，驻守在信都。李良进兵攻打陈馀。陈馀打败了李良。李良被迫投奔秦将章邯。

【原文】

章邯引兵至邯郸，皆徙其民河内，夷其城郭①。张耳与赵王歇走入钜鹿城，王离围之。陈馀北收常山兵，得数万人，军钜鹿北。章邯军钜鹿南棘原，筑甬道属河，饷王离。王离兵食多，急攻钜鹿。钜鹿城中食尽兵少，张耳数使人召前陈馀，陈馀自度兵少，不敌秦，不敢前。数月，张耳大怒，怨陈馀，使张黡、陈泽往让陈馀曰："始吾与公为刎颈交，今王与耳旦暮且死，而公拥兵数万，不肯相救，安在其相为死！苟必信，胡不赴秦军俱死？且有十一二相全②。"陈馀曰："吾度前终不能求赵，徒尽亡军。且馀所以不俱死，欲为赵王、张君报秦。今必俱死，如以肉委饿虎，何益？"张黡、陈泽曰："事已急，要以俱死立信，安知后虑！"陈馀曰："吾死顾以为无益。必如公言。"乃使五千人令张黡、陈泽先尝秦军，至皆没。

当是时，燕、齐、楚闻赵急，皆来救。张敖亦北收代兵，得万余人，来，皆壁余旁③，未敢击秦。项羽兵数绝章邯甬道，王离军乏食，项羽悉引兵渡河，遂破章邯。章邯引兵解，诸侯军乃敢击围钜鹿秦军，遂虏王离。涉间自杀。卒存钜鹿者，楚力也。

于是赵王歇、张耳乃得出钜鹿，谢诸侯。张耳与陈馀相见，责让陈馀以不肯救赵，及问张黡、陈泽所在。陈馀怒曰："张黡、陈泽以必死责臣，臣使将五千人先尝秦军，皆没不出。"张耳不信，以为杀之，数问陈馀。陈馀怒曰："不意君之望臣深也！岂以臣为重去将哉？"乃脱解印绶④，推予张耳。张耳亦愕不受。陈馀起如厕。客有说张耳曰："臣闻'天与不取，反受其咎'。今陈将军与君印，君不受，反天不祥。急取之！"张耳乃佩其印，收其麾下⑤。而陈馀还，亦望张耳不让，遂趋出。张耳遂收其兵。陈馀独与麾下所善数百人之河上泽中渔猎。由此陈馀、张耳遂有郤⑥。

【注释】

①夷：荡平、摧毁。

②十一二相全：此处指十分之一二的获胜希望。

③壁：营垒。此处指驻扎、安营扎寨。

④印绶：印信，权力凭证。绶，系印纽带。

⑤麾下：将帅的大旗之下，即部下。

⑥郤：缝隙。此处指感情上有裂痕。

【译文】

章邯率秦军到达邯郸后，把那里的百姓都迁到河内，夷平了邯郸的城郭。张耳跟赵王歇逃进巨鹿城，秦将王离率军包围了巨鹿。陈馀在北面收编常山的兵力，得到几万人，驻军在巨鹿北边。章邯驻军在巨鹿南面的棘原，修筑甬道跟黄河相连接，给王离所率军队供应军粮。王离兵多粮足，猛攻巨鹿。巨鹿城内粮尽兵少，张耳多次派人去叫陈馀率领的军队前来救援，陈馀自觉兵力少，抵挡不住秦军，不敢前往。过了几个月，张耳大怒，怨恨陈馀，派张黡和陈泽去责备陈馀，说："当初，我和你结下生死与共的情谊。现在赵王和我危在旦夕，你拥有几万兵力却不肯救援我们，那同生死的情谊在哪里呢？如果你守信的话，为什么不攻打秦军，与我们同生共死呢？这样或许还有十分之一二的希望保全性命。"陈馀说："我考虑出兵终究不能救赵王，只会使兵力白白丧失殆尽。况且我之所以不与你们同归于尽，是想以后为赵王他们向秦军报仇。如果一定要我同归于尽，就好像把肉送给饿虎一样，有什么好处？"张黡、陈泽说："事情已经很紧急了，应该一起拼死来取得信用，哪里还能考虑以后的事呢？"陈馀说："我死倒无所谓，只是觉得没有什么益处。我一定照你们的话去做。"他派遣了五千人，由张黡和陈泽率领去试攻秦军，结果全军覆没。

当时，燕国、齐国和楚国听说赵国告急，都派兵前来援救。张敖也到北面收编代地的士兵，得到一万多人。各路援军来了以后，都在陈馀的军队旁边建立营垒，却不敢进攻秦军。只有项羽率领的楚军多次切断秦军的甬道，导致王离率领的秦军逐渐缺乏粮食。项羽带领所有兵马渡过黄河，最终打败章邯率领的秦军。章邯引兵解围后，诸侯各国的军队才敢进攻包围围困巨鹿的秦军，最终俘虏了秦将王离。秦将涉间自杀。赵国最终能保全巨鹿，靠的是楚军的力量。

于是，赵王歇和张耳才得以出巨鹿城，拜谢各诸侯国的将领。张耳跟陈馀一相见，就以不肯救赵责备陈馀，又追问张黡和陈泽的下落。陈馀发怒，说："张黡和陈泽要求我一定要跟你们同归于尽，我派他们带领五千人先去尝试攻击秦军，结果他们全军覆没，不能逃脱。"张耳不相信，以为陈馀杀了他们，屡次追问陈馀。陈馀愤怒地说："没想到你对我的怨恨这么深！难道你认为我是看重将军的职务吗？"他便解脱印绶，推给张耳。张耳也惊住了，不肯接受。陈馀起身上厕所。宾客中有人劝张耳，说："我听说，天与不取，反受其咎。现在陈将军把印绶交给您，您不接受，这是违背天意，这样不吉祥。赶快收下它！"张耳便佩上陈馀的印绶，接收了他的军队。陈馀从厕所回来，也埋怨张耳不辞让，便快步退出了。于是，张耳就收编了陈馀的军队。陈馀只和部下与他亲近的几百人，一同到黄河沿岸的湖泽以渔猎为生。从此，陈馀跟张耳就有了隔阂。

【原文】

赵王歇复居信都。张耳从项羽诸侯入关。汉元年二月，项羽立诸侯王，张耳雅游①，人多为之言，项羽亦素数闻张耳贤，乃分赵立张耳为常山王，治信都。信都更名襄国。

陈馀客多说项羽曰："陈馀、张耳一体有功于赵。"项羽以陈馀不从入关，闻其在南皮，即以南皮旁三县以封之，而徙赵王歇王代。

张耳之国，陈馀愈益怒，曰："张耳与余功等也，今张耳王，余独侯，此项羽不平。"及齐王田荣畔楚，陈馀乃使夏说说田荣曰："项羽为天下宰不平，尽王诸将善地，徙故王王恶地，今赵王乃居代！愿王假臣兵，请以南皮为扞蔽②。"田荣欲树党于赵以反楚，乃遣兵从陈馀。陈馀因悉三县兵袭常山王张耳。张耳败走，念诸侯无可归者，曰："汉王与我有旧故，而项羽又强，立我，我欲之楚。"甘公曰："汉王之入关，五星聚东井。东井者，秦分也。先至必霸。楚虽强，后必属汉。"故耳走汉。汉王亦还定三秦③，方围章邯废丘。张耳谒汉王，汉王厚遇之。

陈馀已败张耳，皆复收赵地，迎赵王于代，复为赵王。赵王德④陈馀，立以为代王。陈馀为赵王弱，国初定，不之国，留傅赵王，而使夏说以相国守代。

汉二年，东击楚，使使告赵，欲与俱，陈馀曰："汉杀张耳乃从。"于是汉王求人类张耳者斩之，持其头遗陈馀。陈馀乃遣兵助汉。汉之败于彭城西，陈馀亦复觉张耳不死，即背汉。

汉三年，韩信已定魏地，遣张耳与韩信击破赵井陉，斩陈馀泜水上，追杀赵王歇襄国。汉立张耳为赵王。汉五年，张耳薨，谥⑤为景王。子敖嗣立为赵王。高祖长女鲁元公主为赵王敖后。

【注释】

①雅游：向来喜欢交友。雅，一向，素来。

②扞蔽：遮挡护卫的屏障。

③还定三秦：回师平定三秦。三秦，原秦地，后分为雍王、塞王、翟王所治。

④德：感念恩德。

⑤谥：古代帝王、大臣等有地位的人死后所给予的带有褒贬意义的

封号。

【译文】

赵王歇后来就住在信都。张耳跟随项羽和各诸侯的军队进入关中。汉元年二月，项羽分封诸侯王，张耳向来交情广泛，很多人都替他说好话，项羽也曾多次听说张耳贤能，就从赵国分出一部分土地，封张耳为常山王，居于信都。把信都改名为襄国。

陈馀的宾客中有很多人劝项羽，说："陈馀和张耳一样对赵国有功。"项羽认为陈馀没有跟随他入关，听说陈馀在南皮，就把南皮附近的三个县封给他，并把赵王歇迁到代地，封为代王。

张耳到了自己的封国后，陈馀更加愤怒，说："张耳和我功劳一样，现在张耳封王，而我只封侯，项羽这么做不公平。"等到齐王田荣反叛楚国时，陈馀就派夏说去游说田荣，说："项羽分割天下不公平，把各将领都封在好的地方称王，却把原来六国的后代改封到不好的地方，现在竟把赵王封到了代郡！我希望您借给我兵力，我愿将南皮作为您的屏障。"田荣也想在赵国树立党羽，用来反对楚国，就派兵给陈馀统辖。陈馀出动三个县的全部兵力，袭击了常山王张耳。张耳败逃，想到诸侯之中没有可以依附的人时，说："刘邦和我是老交情，但项羽势力强大，立我为王，我还是想去楚国。"甘公说："汉王入关时，五星聚集在东井。东井分地属于秦，先到秦地的必能称霸。楚国虽然强盛，最后也必定归属于汉。"于是张耳决定投奔刘邦。刘邦回兵平定了三秦，正率军在废丘围攻章邯。张耳去拜见刘邦，刘邦对他很客气。

陈馀打败张耳以后，收复了赵国所有的国土，把赵王歇从代郡迎接回来，仍立他做赵王。赵王歇感激陈馀，将陈馀立为代王。陈馀认为赵王歇势力薄弱，国家初定，就不去封国，留下来辅佐赵王歇，而派夏说以相国身份去镇守代郡。

汉二年，刘邦率军向东进攻楚国，派遣使者告知赵国，希望跟赵国一齐发兵攻打楚国。陈馀说："汉王如果杀了张耳，我们就从命。"于是，刘邦找到一个跟张耳长得很像的人，将他杀了，把他的头送给陈馀。陈馀便派兵帮助汉军。汉军在彭城以西打了败仗，陈馀也觉察到张耳还没有死，就背叛了刘邦。

汉三年，韩信已经平定魏地，刘邦派张耳和韩信率兵攻破了赵国井陉关，在泜水边杀了陈馀，并追到襄国杀了赵王歇。刘邦封张耳为赵王。汉五年，张耳去世，谥号为景王。他的儿子张敖继位为赵王。刘邦大女儿鲁元公主是赵王张敖的王后。

【原文】

汉七年，高祖从平城过赵，赵王朝夕袒韝蔽①，自上食，礼甚卑，有子婿礼。高祖箕踞詈，甚慢易之②。赵相贯高、赵午等年六十馀，故张耳客也。生平为气③，乃怒曰："吾王孱王也！"说王曰："夫天下豪桀并起，能者先立。今王事高祖甚恭，而高祖无礼，请为王杀之！"张敖啮其指出血，曰："君何言之误！且先人亡国，赖高祖得复国，德流子孙，秋豪皆高祖力也。愿君无复出口。"贯高、赵午等十馀人皆相谓曰：乃吾等非也。吾王长者，不倍德。且吾等义不辱，今怨高祖辱我王，故欲杀之，何乃污王为乎？令事成归王，事败独身坐耳。"

汉八年，上从东垣还，过赵，贯高等乃壁人④柏人，要之置厕。上过欲宿，心动，问曰："县名为何？"曰："柏人。""柏人者，迫于人也！"不宿而去。

汉九年，贯高怨家知其谋，乃上变告之⑤。于是上皆并逮捕赵王、贯高等。十馀人皆争自刭，贯高独怒骂曰："谁令公为之？今王实无谋，而并捕王；公等皆死，谁白王不反者！"乃轞车胶致⑥，与王诣长安。治张敖之罪。上乃诏赵群臣宾客有敢从王皆族。客孟舒等十馀人，皆自髡钳，为王家奴，从来。贯高至，对狱，曰："独吾属为之，王实不知。"吏治榜笞数千，刺剟，身无可击者，终不复言。吕反数言张王以鲁元公主故，不宜有此。上怒曰："使张敖据天下，岂少而女乎！"不听。廷尉以贯高事辞闻，上曰："壮士！谁知者，以私问之。"中大夫泄公曰："臣之邑子，素知之。此固赵国立名义不侵⑦为然诺者也。"上使泄公持节问之箯舆前⑧。仰视曰:"泄公邪?"泄公劳苦如生平欢,与语,问张王果有计谋不。高曰:"人情宁不各爱其父母妻子乎?今吾三族皆以论死,岂以王易吾亲哉!顾为王实不反,独吾等为之。"具道本指所以为者王不知状。于是泄公入。具以报,上乃赦赵王。

【注释】

①袒:解去外衣露出短襦,以示恭敬。韝蔽:戴上皮臂套。韝,革制的袖套,用以束衣袖。

②慢易:轻慢不恭的意思。

③为气:性格豪爽,易于冲动。

④壁人:把人藏于夹壁墙中。

⑤上变告之:此处指向皇帝秘密报告贯高谋反。

⑥辒车:带有笼子的囚车。胶致:用胶将木板粘牢,以防犯人逃脱。

⑦不侵:不受侵辱。

⑧节:符节、凭证。箯舆:箯,读biān。箯舆,指竹编的舆床。

【译文】

汉七年,刘邦从平城经过赵国时,赵王张敖整日脱下外衣,戴上皮臂,亲自进献食物,态度很谦卑,尽到了女婿的礼节。刘邦却张开两脚,坐着大骂赵王张敖,非常傲慢并轻视他。赵相贯高、赵午等人都六十多岁了,是张耳从前的门客。他们生性颇有豪气,就愤怒地说:"我王真是懦弱之王!"他们就劝赵王张敖,说:"天下豪杰并起,有才能的先称王。如今,您事奉皇上非常恭敬,而皇上却傲慢无礼。请让我们替您杀了他吧!"张敖听了急得把手指咬出血来,说:"你们怎能讲这样的错话!先父亡国之后,全靠皇上得以复国,德泽流传给子孙,我们这里的一点一滴靠的都是皇上的力量。希望你们不要再说了。"贯高、赵午等十多人都相互议论,说:"确实是我们这些人不对啊。我们的大王是忠厚之人,不肯背弃恩德。只是我们守节义而愿不受别人的侮辱,如今怨恨皇上侮辱我们的大王,所以我们想把他杀掉,又何必要玷污我们的大王呢？如果事情成功了，我们将归功于大王；如果事情失败了，我们将单独承担罪责。"

汉八年，刘邦从东垣回来，经过赵国时，贯高等人就在柏人县馆舍的夹壁中埋伏武士，准备刺杀掉刘邦。刘邦路过柏人县时，想要在那儿留宿，忽然间心跳加速，便问："此地的县名是什么？"左右随从回答说："柏人。"刘邦说："柏人就是受迫于人！"于是，他没有留宿便离开了。

汉九年，贯高的仇家得知他的阴谋，就向朝廷告发他。于是，刘邦便下令逮捕了赵王张敖、贯高等人。十多人争着要自杀，贯高怒骂道："谁叫你们这么做的？赵王确实没有参与谋划，却一起遭到逮捕。你们都死了，谁来证明赵王没有谋反呢！"于是，贯高乘坐密闭的囚车，与赵王张敖一起被送往长安。朝廷审判赵王张敖的罪行。刘邦诏令，赵王的群臣和宾客中，有敢随从赵王上京的，全族诛灭。贯高跟宾客孟舒等十多人都自己把头发剃光，用铁圈锁住脖子，作为赵王张敖的家奴跟随赵王来京。贯高到了京城后，在开庭受审时，说："只是我们这班人干的，赵王确实不知道。"官吏打他几千大板，又用烧红的铁条去刺灼他，贯高全身再没有可以用刑的地方了，但他始终不改供词。皇后吕雉多次对刘邦说："赵王因为鲁元公主的缘故，不会做这种事。"刘邦发怒，说："假使张敖据有天下，难道还会在乎你的女儿么！"他不听吕雉的劝解。廷尉把贯高的供词报告刘邦后，刘邦说："真是壮士！谁了解他，私下去问问。"中大夫泄公说："他是我的同乡，我向来了解他。他本来就是赵国讲求信誉、不违背诺言的人。"刘邦便叫泄公手执符节到贯高躺着的竹床前询问他。贯高仰视泄公，说："你是泄公吗？"泄公慰问他，像平时一样跟他交谈，并问赵王张敖参与了计划没有。贯高说："人哪有不爱自己的父母和妻子儿女的呢？现在，我的三族都将被判处死刑，难道我会为了赵王而牺牲自己的亲人吗？实在是因为赵王没有谋反，只是我们这些人干的。"他详细说出了他们的本意和所作所为等赵王张敖所不知道的情况。泄公回来，详细地把实情报告给刘邦，刘邦赦免了赵王张敖。

【原文】

上贤贯高为人能立然诺，使泄公具告之，曰："张王已出。"因赦贯高。贯高喜曰："吾王审出乎？"泄公曰："然。"泄公曰："上多①足下，故赦足下。"贯高曰："所以不死一身，无馀者，白张王不反也。今王已出，吾责已塞②，死不恨矣。且人臣有篡杀之名，何面目复事上哉！纵上不杀我，我不愧于心乎？"乃仰绝肮，遂死。当此之时，名闻天下。

张敖已出，以尚③鲁元公主故，封为宣平侯。于是上贤张王诸客以钳奴④从张王入关，无不为诸侯相、郡守者。及孝惠、高后、文帝、孝景时，张王客子孙皆得为二千石。

张敖，高后六年薨。子偃为鲁元王。以母吕后女故，吕后封为鲁元王。元王弱，兄弟少，乃封张敖他姬子二人：寿为乐昌侯，侈为信都侯。高后崩，诸吕⑤无道，大臣诛之，而废鲁元王及乐昌侯、信都侯。孝文帝即位，复封故鲁元王偃为南宫侯，续张氏。

【注释】

①多：此处为赞美的意思。
②塞：此处指尽到责任。
③尚：此处指娶公主为妻。
④钳奴：遭受剃发，用铁圈束颈的人。
⑤诸吕：此处指吕产、吕禄等人。

【译文】

刘邦欣赏贯高为人守信，便派泄公告诉他，说："张敖已经释放了。"同时刘邦也赦免了贯高。贯高高兴地问："赵王果真被释放了吗？"泄公说："是的。"泄公又说："皇上欣赏你，因而赦免了你。"贯高说："我之所以不自尽，只是为了辩白赵王确实没有谋反。现在，赵王已经释放，我的责任已完成，死而无憾了。况且，人臣有谋杀君主的罪名，还有什么脸面再事奉皇上呢？纵然皇上不杀我，我的内心能不惭愧吗？"于是，贯高仰头割断脖子动脉而死。当时，贯高的名声传遍天下。

赵王张敖获得释放以后，又因为他娶了鲁元公主的原因，被封为宣平侯。当时，刘邦非常欣赏张敖的各位宾客，凡是用铁圈锁着脖子作为家奴而跟随张王入关的，都做了诸侯的相国或郡守。直至汉惠帝、吕后、汉文帝、汉景帝时代，张敖宾客的子孙都做了俸禄二千石的高官。

张敖在吕后六年去世。他儿子张偃被封为鲁元王。因为张偃母亲是吕后女儿的缘故，吕后封张偃为鲁元王。鲁元王身体弱，兄弟少，吕后便封了张敖姬妾所生的两个儿子：张寿为乐昌侯，张侈为信都侯。吕后去世以后，吕后族人为非作歹，大臣们把他们诛杀了，并且废了鲁元王和乐昌侯、信都侯。汉文帝即位以后，改封鲁元王张偃为南宫侯，以延续张氏的后代。

【编后语】

《张耳陈馀列传》为列传第二十九，是张耳和陈馀的合传，主要记述了他们因敬慕而结为刎颈之交直至反目成仇的史实。司马迁不虚美，不隐恶，采用先扬后抑的手法，使得善恶俱张，功过分明。本书选取了其除了"太史公曰"的全文。

魏豹彭越列传

【原文】

魏豹者，故魏诸公子①也。其兄魏咎，故魏时封为宁陵君。秦灭魏，迁咎为家人。陈胜之起王也，咎往从之。陈王使魏人周市徇魏地，魏地已下，欲相与立周市为魏王。周市曰："天下昏乱，忠臣乃见。今天下共畔秦，其义必立魏王后乃可。"齐、赵使车各五十乘，立周市为魏王。市辞不受，迎魏咎于陈。五反，陈王乃遣立咎为魏王。

章邯已破陈王，乃进兵击魏王于临济。魏王乃使周市出请救于齐、楚。齐、楚遣项它、田巴将兵随市救魏。章邯遂击破杀周市等军，围临济。咎为其民约降②。约定，咎自烧杀。

魏豹亡走楚。楚怀王予魏豹数千人，复徇魏地。项羽已破秦，降章邯。豹下魏二十余城，立豹为魏王。豹引精兵从项羽入关。汉元年，项羽封诸侯，欲有梁地，乃徙魏王豹于河东，都平阳，为西魏王。

汉王还定三秦，渡临晋，魏王豹以国属焉，遂从击楚于彭城。汉败还，至荥阳，豹请归视亲病，至国，即绝河津畔汉③。汉王闻魏豹反，方东忧楚，未及击，谓郦生曰："缓颊④往说魏豹，能下之，吾以万户封若。"郦生说豹。豹谢曰："人生一世间，如白驹过隙耳⑤。今汉王慢而侮人，骂詈诸侯群臣如骂奴耳，非有上下礼节也，吾不忍复见也。"于是汉王遣韩信击虏豹于河东，传诣⑥荥阳，以豹国为郡。汉王令豹守荥阳。楚围之急，周苛遂杀魏豹。

【注释】

①诸公子：贵族子弟。

②约降：约定条件而后降。

③绝：断绝。津：渡口。

④缓颊：婉言劝解或代人说情。

⑤白驹过隙：形容光阴迅速，就像日影透过墙壁的空隙一样。白驹，犹日影。一说像骏马飞驰过狭窄的通道。

⑥传诣：乘坐着驿站的车子到……去。传，驿车。

【译文】

魏豹是战国时期魏国的王族公子。他哥哥魏咎以前在魏国被封为宁陵君。秦国灭魏国后，魏咎被贬为平民。陈胜起义称王时，魏咎前往投奔陈胜。陈胜派遣魏国人周市率军去平定魏地，魏地攻下后，大家想立周市为魏王。周市说："天下混乱时，忠臣才显现。现在天下共同反叛秦朝，按道理，应该拥立魏王的后裔。"齐国、赵国各派五十辆兵车，希望立周市为魏王。周市辞谢不肯接受，便派人到陈县迎接魏咎。来回五次后，陈胜才派遣人拥立魏咎做魏王。

章邯打败陈胜后，便进兵临济，攻打魏王咎。魏王咎派周市出使齐国、楚国，请求救援。齐国、楚国派遣项它、田巴率兵随同周市一起去救援魏国。章邯击败了周市等人率领的军队，杀死了周市，包围临济。为了保全城中的民众，魏咎请求投降。条约达成之后，魏咎自焚而死。

魏豹逃亡到楚地，楚怀王拨给魏豹几千人，让他再去攻取魏地。项羽打败秦军后，降服了章邯。魏豹攻下了魏地二十多个城池。项羽立魏豹为魏王。魏豹率领精兵跟随项羽进入关中。汉元年，项羽分封诸侯时，想据梁地为己有，就把魏王豹迁移到河东，建都平阳，称为西魏王。

汉王刘邦回军平定三秦后，从临晋渡过黄河，魏豹举国归属于汉，便随刘邦一起去彭城攻打楚军。刘邦兵败后，退回到荥阳，魏豹请求回去探望母亲的病情，回到魏国后，魏豹就封锁黄河渡口，背叛了刘邦。刘邦听说魏豹反叛，但他当时正在忧虑东面的楚国，来不及攻击魏国，就对郦生说："你去婉转地劝说魏豹，如能说服他，我封赏你万户食邑。"郦生前去劝说魏豹。魏豹谢绝说:"人生一世,短暂得好像白驹过隙。如今,汉王傲慢地侮辱别人,斥骂诸侯群臣就像骂奴仆一样,没有上下礼节,我不愿意再见他。"于是,刘邦派韩信率军攻打河东,俘虏了魏豹,并用驿车把他押到荥阳,把魏豹的国土设立为郡。刘邦命令魏豹驻守荥阳。后来楚军围攻荥阳,形势紧急,汉将周苛就杀死了魏豹。

【编后语】

《魏豹彭越列传》是《史记》中列传第三十,是魏豹和彭越的合传。他们都曾在魏地,都曾"固贱""南面称孤",心怀二志导致身首异地。本书选取了《魏豹彭越列传》中的魏豹传,省略了彭越传以及"太史公曰"。

黥布列传

【原文】

　　黥布者，六人也，姓英氏。秦时为布衣。少年，有客相①之曰："当刑而王。"及壮，坐法黥②。布欣然笑曰："人相我当刑而王，几是乎？"人有闻者，共俳笑③之。布已论输丽山，丽山之徒数十万人，布皆与其徒长豪桀交通④，乃率其曹偶⑤，亡之江中为群盗。

　　陈胜之起也，布乃见番君，与其众叛秦，聚兵数千人。番君以其女妻之。章邯之灭陈胜，破吕臣军，布乃引兵北击秦左右校，破之清波，引兵而东。闻项梁定江东会稽，涉江而西。陈婴以项氏世为楚将，乃以兵属项梁，渡淮，英布、蒲将军亦以兵属项梁。

　　项梁涉淮而西，击景驹、秦嘉等，布常冠军⑥。项梁至薛，闻陈王定死，乃立楚怀王。项梁号为武信君，英布为当阳君。项梁败死定陶，怀王徙都彭城，诸将英布亦皆保聚彭城。当是时，秦急围赵，赵数使人请救。怀王使宋义为上将，范曾为末将，项籍为次将，英布、蒲将军皆为将军，悉属宋义，北救赵。及项籍杀宋义于河上，怀王因立籍为上将军，诸将皆属项籍。项籍使布先渡河击秦，布数有利，籍乃悉引兵涉河从之，遂破秦军，降章邯等。楚兵常胜，功冠诸侯。诸侯兵皆以服属楚者，以布数以少败众也。

　　项籍之引兵西至新安，又使布等夜击坑章邯秦卒二十馀万人。至关，不得入，又使布等先从间道⑦破关下军，遂得入，至咸阳。布常为军锋。项王封诸将，立布为九江王，都六。

【注释】

①相：看相。

②坐法：犯法被判罪。坐，因犯……罪。黥：墨刑的别称。

③俳笑：戏笑。俳，戏。

④徒长：罪犯的头目。桀：优秀、杰出的人物。交通：来往、交往。

⑤曹偶：等辈，一伙人。曹，辈。偶，类。

⑥冠军：此处指骁勇善战为众军之最。

⑦间道：小道，隐蔽的路。

【译文】

黥布姓英，是六县人。秦朝时，他是平民。英布年轻时，有位客人给他看相，说："你将受刑以后被封王。"到了壮年时，英布犯法而受黥刑。英布高兴地笑着说："有人给我看相，说我受刑以后封王。大概这就差不多了吧？"听到他说这话的人都嘲笑他。英布定罪后被送到骊山，骊山服劳役的犯人有几十万人，英布跟其中的头目、豪杰来往，最终率领那一帮人逃到江泽中，成为一群盗贼。

陈胜起义时，英布去见番县县令吴芮，跟他的部下一起反叛秦朝，聚集了数千士兵。番县县令把自己的女儿嫁给了英布。章邯消灭陈胜，继而又打败了吕臣率领的军队，这时英布就带兵向北攻打秦军的左右校尉军，在清波打败了他们，然后再引兵东进。英布听说项梁平定了江东会稽郡，正渡过长江西进。陈婴因为项氏世代做楚国的将领，就让自己的军队归属项梁，项梁渡过淮南后，英布和蒲将军也率领自己的军队归属了项梁。

项梁渡过淮河向西攻打景驹、秦嘉等人，英布常带兵在前。项梁到了薛地，听说陈胜确实已死，就拥立了楚怀王。项梁号称武信君，英布称当阳君。项梁在定陶兵败身死，楚怀王便迁都到彭城，英布和将领们也都聚集在彭城保卫。这时，秦军加紧围攻赵国，赵国多次派人来请求救援。楚怀王便派宋义担任上将，范曾担任末将，项羽担任次将，英布、蒲将军都为将军，全部由宋义统率,向北救援赵国。等到项羽在黄河岸边杀了宋义,楚怀王便立项羽为上将军,命令各将领都隶属项羽管辖。项羽命令英布率军先渡河进攻秦军,英布多次获胜后,项羽就率领全军渡河,支援英布的军队作战,因此大败秦军,降服章邯等人。楚军经常打胜仗,功劳超过所有诸侯。诸侯军队都因此而归服楚军,靠的是英布能屡次以少胜多。

项羽带兵向西到达新安,又派遣英布等人率军乘夜袭击并活埋章邯部下的秦军二十多万人。到达函谷关时,受阻无法进入,项羽又派英布等人先抄小道攻破关下的守军。于是,大军入关,到达咸阳城。在征战过程中,英布经常担任先锋。项羽赐封将领们时,封英布为九江王,定都六县。

【原文】

汉元年四月,诸侯皆罢戏下,各就国。项氏立怀王为义帝,徙都长沙,乃阴令九江王布等行击之。其八月,布使将击义帝,追杀之郴县。

汉二年,齐王田荣畔楚,项王往击齐,征兵九江,九江王布称病不往,遣将将数千人行。汉之败楚彭城,布又称病不佐楚。项王由此怨布,数使使者诮让召布,布愈恐,不敢往。项王方北忧齐、赵,西患汉,所与①者独九江王,又多布材,欲亲用之,以故未击。

汉三年,汉王击楚,大战彭城,不利,出梁地,至虞,谓左右曰:"如彼等者,无足与计天下事。"谒者②随何进曰:"不审陛下所谓③。"汉王曰:"孰能为我使淮南,令之发兵倍楚,留项王于齐数月,我之取天下可以百全。"随何曰:"臣请使之。"乃与二十人俱,使淮南。

至,因太宰主之,三日不得见。随何因说太宰曰:"王之不见何,必以楚为强,以汉为弱。此臣之所以为使。使何得见,言之而是邪,是大王所欲闻也;言之而非邪,使何等二十人伏斧质淮南④市,以明王倍汉而与楚也。"太宰乃言之王,王见之。

随何曰:"汉王使臣敬进书大王御者,窃怪⑤大王与楚何亲也。"淮南王曰:"寡人北乡而臣事之。"随何曰:"大王与项王俱列为诸侯,北乡而臣事之，必以楚为强，可以托国也。项王伐齐，身负板筑⑥，以为士卒先，大王宜悉淮南之众，身自将之，为楚军前锋，今乃发四千人以助楚。夫北面而臣事人者，固若是乎？夫汉王战于彭城，项王未出齐也，大王宜骚淮南之兵渡淮，日夜会战彭城下，大王抚万人之众，无一人渡淮者，垂拱而观其孰胜⑦。夫托国于人者，固若是乎？大王提空名以乡楚，而欲厚自托，臣窃为大王不取也。然而大王不背楚者，以汉为弱也。夫楚兵虽强，天下负之以不义之名，以其背盟约而杀义帝也。然而楚王恃战胜自强，汉王收诸侯，还守成皋、荥阳，下蜀、汉之粟，深沟壁垒⑧，分卒守徼乘塞⑨，楚人还兵，间以梁地，深入敌国八九百里，欲战则不得，攻城则力不能，老弱转粮千里之外；楚兵至荥阳、成皋，汉坚守而不动，进则不得攻，退则不能解。故曰楚兵不足恃也。使楚胜汉，则诸侯自危惧而相救。夫楚之强，适足以致天下之兵耳。故楚不如汉，其势易见也。今大王不与万全之汉而自托于危亡之楚，臣窃为大王惑之。臣非以淮南之兵足以亡楚也。夫大王发兵而倍楚，项王必留；留数月，汉之取天下可以万全。臣请与大王提剑而归汉，汉王必裂地而封大王，又况淮南，淮南必大王有也。故汉王敬使使臣进愚计，愿大王之留意也。"淮南王曰："请奉命。"阴许畔楚与汉，未敢泄也。

楚使者在，方急责英布发兵。随何直入，坐楚使者上坐，曰："九江王已归汉，楚何以得发兵？"布愕然。楚使者起。何因说布曰："事已搆⑩，可遂杀楚使者，无使归，而疾走汉并力。"布曰："如使者教，因起兵而击之耳。"

于是杀使者，因起兵而攻楚。楚使项声、龙且攻淮南，项王留而攻下邑。数月，龙且击淮南，破布军。布欲引兵走汉，恐楚王杀之，故间行与何俱归汉。

淮南王至，上方踞床洗⑪，召布入见，布大怒，悔来，欲自杀。出就舍，帐御饮食从官如汉王居，布又大喜过望。于是乃使人入九江。楚已使项伯收九江兵，尽杀布妻子。布使者颇得故人幸臣⑫，将众数千人归汉。汉益分布兵而与俱北，收兵至成皋。四年七月，立布为淮南王，与击项籍。

布使人入九江，得数县。五年，布与刘贾入九江。诱大司马周殷，周殷反楚，遂举九江兵与汉击楚，破之垓下。

【注释】

①与：此处为亲附、倚重的意思。

②谒者：为国君掌管传达禀报的人。

③审：详知、明悉。陛下：臣子对帝王的尊称，刘邦尚未称帝，称陛下以讨欢心。

④斧质：古刑具。置人于砧板上，以斧砍之。质，砧板。

⑤窃怪：私下感到奇怪。

⑥板筑：筑墙的用具。板，筑墙用的夹板。筑，夯土的杵。

⑦垂拱：垂衣拱手，比喻毫不费力。

⑧深沟壁垒：深挖壕沟，高筑壁垒，此处指防御坚固。

⑨守徼乘塞：防守边界和边塞险要的地方。徼，边界。乘，登上。

⑩搆：读gòu，构怨、结怨的意思。

⑪踞床洗：蹲踞在床边洗脚。踞，蹲坐。洗，指洗脚。

⑫幸臣：被宠爱的臣子。

【译文】

汉元年四月，诸侯们离开戏下，各自回到自己的封国。项羽立楚怀王为义帝，迁都长沙，又暗中命令九江王英布等前去袭击他。这年八月，英布派遣将领率军攻击义帝，追杀到郴县。

汉二年，齐王田荣背叛项羽，项羽率军前去攻打齐国，向九江王英布征兵。九江王英布称病不去，派将领带着几千人前往。汉军在彭城击败楚军时，英布也称病不肯救助楚军。项羽因此怨恨英布，多次派遣使者去责备英布，并召他前来。英布更加害怕，不敢前去。当时，项羽北面忧虑齐国、赵国，西面忧虑刘邦，所能亲附的只有九江王英布。项羽又推崇英布的才能，想亲近任用他，因此没有派兵攻打他。

汉三年，刘邦率军攻打楚国，双方在彭城大战，汉军失利，刘邦逃到梁地，到达虞城。刘邦对左右的人说："像你们这些人，实在不值得一同谋划天下大事。"谒者随何上前说："我不明白您什么意思。"刘邦说："谁能替我出使淮南，让英布出兵反叛楚国，把项羽牵制在齐国几个月，我夺取天下就有百分之百的把握。"随何说："我请求出使淮南。"刘邦便派二十人跟他一道出使淮南。

到达以后，随何见到了英布的太宰，但一连三天未能见到九江王英布。随何乘机对太宰说："大王不肯接见我，必定是认为楚国强大，而汉国弱小。这正是我出使的原因。如果我能见到大王，说的话是对的，那就正是大王所想听的；如果我说的话不对，就让我等二十人在淮南市受斧质之刑，来表明大王背弃汉国而同楚国友好。"太宰就把这番话转告九江王英布，九江王英布便接见了随何。

随何说："刘邦派我恭敬地呈献书信给您，我私下奇怪大王跟楚国为什么关系那么亲近。"英布说："因为我以臣礼事奉他。"随何说："您和项羽都列为诸侯，您却向楚王称臣，必定是您认为楚国强大，可以把国家托付给他。项羽率军攻打齐国，亲自扛着板筑，身先士卒，您就应该出动淮南全部的军队，亲自率领他们做楚军的前锋，但如今却只派四千人去援助楚军。向北臣服别人的人，本该如此吗？汉王在彭城作战，项羽还没有离开齐国，您本该发动淮南所有的军队，渡过淮河，跟汉王日夜作战于彭城下，您拥有上万军队却没有一人渡过淮河的原因，只是想袖手而观谁胜谁负。把国家托付给别人，本该如此吗？您带着归向楚国的虚名，而实际上是想依靠自己。我私下认为您这样做不可取。然而，您又不背叛楚国，是因为您认为汉王太弱小。项羽兵力虽然强大，天下人却都以不义之名责备他，因为他违背盟约而杀害了义帝。但是项羽倚仗他能打胜仗而自以为强大，汉王收服诸侯，回师驻守成皋、荥阳，从蜀郡、汉中运来粮食，深挖战壕，营建壁垒，分兵把守边境要塞，楚军撤兵时，必须经过梁地。这样深入敌国八九百里，想战却不能取胜，攻城又不够力量，那些老弱残兵要从千里之外转运粮食。楚军到达荥阳、成皋，汉军只要坚守不出，楚军进则无法攻城，退又不能使自己脱身。所以说楚军是靠不住的。假如楚国战胜了汉国，诸侯必定会人人自危而互相救援。所以楚国的强大恰恰是让自己招惹天下兵力的对抗。所以，楚不如汉，这种形势是显而易见的。如今，您不归附万无一失的汉国，却要托身于危亡不测的楚国，我私下替您感到疑惑。我不认为淮南的兵力足够灭亡楚国。如果您能够发兵背叛楚国，项羽必定滞留在齐国；他在齐国滞留几个月以后，汉王攻取天下就可万无一失了。我请求跟您一同提着剑归附汉王，汉王必定会分地来封赏给您，又岂止淮南之地呢？淮南必然是归您所有的！所以，汉王特地派我来献上愚计，希望您考虑。"英布说："我愿听从您的指教。"他暗中答应背叛楚国归附汉王，但不敢泄露消息。

楚国使者还在淮南，正在急于催促英布发兵。随何径直闯入客舍，坐到楚国使者的上座说："九江王已经归附汉王，楚国凭什么叫他发兵？"英布惊愕。楚国使者站了起来。随何便劝说英布："事情已经说定了，您可以立刻杀死楚国使者，不要让他回去，同时尽快与汉王合力作战。"英布说："就按照使者所说，起兵攻打楚国吧！"

于是，英布杀死楚国的使者，起兵攻打楚国。楚国派项声、龙且攻打淮南，项王留下来进攻下邑。几个月后，龙且攻下淮南，打败英布的军队。英布想带兵投奔汉王，怕楚王来杀他，便从小路与随何一道归附汉王。淮南王到时，刘邦正坐在床上洗脚，叫英布进去见面。英布大怒，后悔来到汉营，想要自杀。等回到客舍里，见帐幔、器用、饮食、随从都跟刘邦的住所一样，英布又大喜过望。于是就派人进入九江打探消息。楚王已经派项伯收编了九江的军队，并把英布的妻子儿女全部杀死。英布的使者找到英布的不少老朋友和宠臣，率领几千人投奔刘邦。刘邦加派军队给英布，跟他一道北上，到成皋收兵。汉四年七月，刘邦封英布为淮南王，跟他一道攻击项羽。

英布派人进入九江，占领了好几个县城。汉五年，英布与刘贾进入九江，诱降大司马周殷，周殷背叛楚国，于是英布就带领九江的军队跟汉军一起攻打楚军，在垓下大败楚军。

【原文】

项籍死，天下定，上置酒。上折随何之功，谓何为腐儒①，为天下安用腐儒。随何跪曰："夫陛下引兵攻彭城，楚王未去齐也，陛下发步卒五万人，骑五千，能以取淮南乎？"上曰："不能。"随何曰："陛下使何与二十人使淮南，至，如陛下之意，是何之功贤于步卒五万人骑五千也。然而陛下谓何腐儒，'为天下安用腐儒'，何也？"上曰："吾方图子之功。"乃以随何为护军中尉。布遂剖符为淮南王，都六，九江、庐江、衡山、豫章郡皆属布。

七年，朝陈。八年，朝雒阳。九年，朝长安。十一年，高后诛淮阴侯，布因心恐。夏，汉诛梁王彭越，醢之②，盛其醢遍赐诸侯。至淮南，淮南王方猎，见醢，因大恐，阴令人部聚兵③，候伺旁郡警急。

布所幸姬疾，请就医，医家与中大夫贲赫对门，姬数如医家，贲赫自以为侍中，乃厚馈遗④，从姬饮医家。姬侍王，从容语次，誉赫长者也。王怒曰："汝安从知之？"具说状。王疑其与乱。赫恐，称病。王愈怒，欲搏赫。赫言变事，乘传诣长安⑤。布使人追，不及。赫至，上变⑥，言布谋反有端，可先未发诛也。上读其书，语萧相国。相国曰："布不宜有此，恐仇怨妄诬之。请击赫，使人微验⑦淮南王。"淮南王布见赫以罪亡，上变，固已疑其言国阴事；汉使又来，颇有所验，遂族赫家，发兵反。反书闻，上乃赦贲赫，以为将军。

【注释】

①腐儒：迂腐保守、不合时宜的读书人。

②醢：读hǎi，把人剁成肉酱的酷刑。

③部聚：集结、部署。

④馈遗：赠送。

⑤传：驿站的马车。诣：往，到……去。

⑥上变：向皇上上书报告谋反事态。

⑦微验：私下探察。

【译文】

项羽死后，天下安定，刘邦设酒庆功。在会上刘邦竟贬低随何的功劳，说随何这个人是迂腐儒生，并说治理天下怎能用迂腐的儒生。随何跪着说："当时陛下带兵进攻彭城，项羽还没有离开齐国时，陛下出动五万步兵、五千骑兵，能攻下淮南国吗？"刘邦说："不能。"随何说："陛下派我跟二十个人出使淮南，我们一到，就使陛下如愿以偿，这就表示我的功劳比五万步兵、五千骑兵要高。然而陛下说我是迂腐儒生，还说'治理天下哪里用得着迂腐儒生'，这是为什么呢？"刘邦说："我正在估算你的功劳。"刘邦任命随何为护军中尉。刘邦与英布剖符为信，正式册封英布为淮南王，建都六县，九江郡、庐江郡、衡山郡、豫章郡都归属英布。

汉七年，淮南王英布到陈县朝见刘邦。汉八年，他到洛阳朝见。汉九年，他到长安朝见。汉十一年，皇后吕雉诛杀淮阴侯韩信，英布因此心生恐惧。同年夏天，刘邦杀了梁王彭越，把他剁成肉酱，并将之遍分给各诸侯。送到淮南时，英布正在打猎，见到肉酱，非常恐慌，于是暗中派人部署聚集军队，随时注意邻郡的动向。

英布有个爱妾生病了，送去就医，医生家跟中大夫贲赫家正好住对门。这位爱妾多次到医生家，贲赫认为自己在王宫中服务，于是就给这宠姬赠送了很多礼物，还跟她在医生家饮酒。这位爱妾在侍候英布时，在闲聊中，称誉贲赫是忠厚长者。英布愤怒地说："你从哪里得知？"这位宠妾便如实说明了情况。英布怀疑她跟贲赫淫乱。贲赫害怕，就借口生病。英布更加愤怒，想拘捕贲赫。贲赫便说英布要叛变，乘坐驿车前往长安。英布派人追赶，没有赶上。贲赫到达长安，上书告发叛乱，说英布有谋反迹象，可以在他未发兵之前杀死他。刘邦看了贲赫的报告，同相国萧何商量。萧何说："英布不应该有这种事，恐怕是仇家诬告他。请拘捕贲赫，再派人暗中考察。"淮南王英布看到贲赫畏罪逃跑，上书告发叛乱，就已经怀疑他会说出自己的阴谋；刘邦又派来了使者，更证明了这件事。于是英布杀了贲赫全族，起兵反叛。得知淮南王英布反叛的消息，刘邦释放了贲赫，并任命他为将军。

【原文】

上召诸将问曰："布反，为之奈何？"皆曰："发兵击之，坑竖子耳①，何能为乎！"汝阴侯滕公召故楚令尹问之。令尹曰："是故当反。"滕公曰："上裂地而王之，疏爵而贵之②，南面而立万乘之主③，其反何也？"令尹曰："往年杀彭越，前年杀韩信，此三人者，同功一体之人也。自疑祸及身，故反耳。"滕公言之上曰："臣客故楚令尹薛公者，其人有筹筴之计④，可问。"上乃召见问薛公。薛公对曰："布反不足怪也。使布出于上计，山东非汉之有也；出于中计，胜败之数未可知也；出于下计，陛下安枕而卧矣。"上曰："何谓上计？"令尹对曰："东取吴，西取楚，并齐取鲁，传檄⑤燕、赵，固守其所，山东非汉之有也。""何谓中计？""东取吴，西取楚，并韩取魏，据敖庾之粟，塞成皋之口，胜败之数未可知也。""何谓下计？""东取吴，西取下蔡，归重⑥于越，身归长沙，陛下安枕而卧，汉无事矣。"上曰："是计将安出？"令尹对曰："出下计。"上曰："何谓废上中计而出下计？"令尹曰："布故丽山之徒也，自致万乘之主，此皆为身，不顾后为百姓万世虑者也，故曰出下计。"上曰："善。"封薛公千户。乃立皇子长为淮南王。上遂发兵自将东击布。

【注释】

① 竖子：小子。
② 疏爵：分别赐予爵位。疏，分。
③ 万乘之主：此处说被分封的王和诸侯的规模势力像天子。
④ 筹筴：筴读cè，通"策"，策划谋略。
⑤ 传檄：传递檄文。檄，征召、晓喻或声讨的文书。
⑥ 重：此处指贵重的财物。

【译文】

刘邦召集将领们问道:"淮南王英布造反,怎么办?"将领们都说:"出兵攻打他,活埋这小子,他能成什么事!"汝阴侯滕公叫来以前楚国的令尹薛公问这事。薛公说:"他本来就该造反。"滕公说:"皇上割地封他为王,分赐爵位让他显贵,他南面而立为万乘大国之主,他为什么还要反叛呢?"薛公说:"去年杀了彭越,前年杀了韩信,英布与这两个人是同等功劳、同一类型的人。英布怀疑杀身之祸会降到自己身上,所以就反叛了。"滕公对刘邦说:"我的门客薛公曾在项羽手下做过令尹,这个人善于筹策计谋,您有什么疑难可以问他。"刘邦就召见并询问薛公。薛公回答说:"英布反叛是不值得奇怪的。如果英布使出上策,那么山东一带就不是汉朝所有了;如果他使出中策,那么谁胜谁败就未可预计;如果他使出下策,那么陛下就可以高枕而卧了。"刘邦问:"什么是上策?"薛公回答说:"向东攻取吴地,向西攻取楚地,并吞齐地,夺取鲁地,向燕赵两地发布檄文,要他们固守自己的地方。这样,山东地方就不是汉朝所有了。"刘邦问:"什么是中策?"薛公说:"向东攻取吴地,向西攻占楚地,并吞韩地,攻取魏地,占领敖山的米仓,封锁成皋的关口,谁胜谁败就不可预知了。"刘邦问:"什么是下策呢?"令尹说:"向东攻取吴,向西攻取下蔡,把重心放在南越,自己回到长沙,陛下就可以高枕无忧,汉朝也会平安无事了。"刘邦问:"那么,他将采取哪一个计策?"薛公回答说:"他将采取下策。"刘邦问:"为什么说他会不用上策、中策,却要出下策呢?"薛公说:"英布原来在骊山做奴隶,凭借自己的努力成为淮王,都是为了自己,他不懂得替百姓的将来考虑,所以,我说他会采取下策。"刘邦说:"对。"他封薛公为千户侯。于是,刘邦立皇子刘长为淮南王。下令出兵并亲自率领大军向东攻打英布。

【原文】

布之初反，谓其将曰："上老矣，厌兵①，必不能来。使诸将，诸将独患淮阴、彭越，今皆已死，馀不足畏也。"故遂反。果如薛公筹之，东击荆，荆王刘贾走死富陵。尽劫其兵，渡淮击楚。楚发兵与战徐、僮间，为三军，欲以相救为奇。或说楚将曰："布善用兵，民素畏之。且兵法，诸侯战其地为散地②。今别为三，彼败吾一军，余皆走，安能相救！"不听。布果破其一军，其二军散走。

遂西，与上兵遇蕲西会甄。布兵精甚，上乃壁③庸城，望布军置陈如项籍军，上恶之。与布相望见，遥谓布曰："何苦而反？"布曰："欲为帝耳。"上怒骂之，遂大战。

布军败走，渡淮，数止战，不利，与百馀人走江南。布故与番君婚，以故长沙哀王使人绐④布，伪与亡，诱走越，故信而随之番阳。番阳人杀布兹乡民田舍，遂灭黥布。立皇子长为淮南王，封贲赫为期思侯，诸将率多以功封者。

【注释】

①厌兵：厌恶作战。
②散地：古兵家认为在自己领地与敌人作战，士卒在危急时容易逃散。
③壁：藏于壁垒，坚守不出。
④绐：哄骗、欺骗。

【译文】

淮南王英布开始反叛时，对手下的将领说："刘邦老了，讨厌战争，一定不会亲自率兵前来。如果他派遣别的将领，在各将领中，我只担心韩信和彭越，但这两个人现在都已经死了，其余将领是不值得我畏惧的。"因此英布便造反了。果然像薛公预计的那样，英布向东进攻荆国，荆王刘贾逃跑，死在富陵。英布劫夺他的全部军队，率军渡过淮河，攻打楚国。楚国出兵与英布在徐、僮等地作战，并分兵三处，想以此互相救援出奇制胜。有人劝说楚将："英布擅长用兵，士兵一向怕他。况且按兵法，诸侯在自己的土地上作战，士兵容易败散。现在把军队分成三支，他打败我们一支，其余的都会逃跑，怎么能互相救援！"楚将不听。英布果然先打败其中一军，其余两军都溃败逃跑。

英布率军向西推进，跟刘邦率领的军队在蕲县西面的会甀相遇。当时英布率领的军队很精锐，刘邦率军在庸城筑垒固守，望见英布的军队像项羽一样布阵，心中非常厌恶。刘邦跟英布遥遥相望，远远地对英布说："你何苦要造反呢？"英布说："想当皇帝罢了。"气得刘邦怒骂英布。两军就大战起来。

英布兵败逃跑，渡过淮水，他多次停下来交战，都失利，只好跟一百多人逃往江南。英布原跟番县县令吴芮结过亲，因此吴芮的儿子长沙王就派人去诱骗英布，假装要同他一道逃亡，引诱他逃向南越，英布相信了他，并跟随他到了番阳。番阳人在兹乡的一个农民家把英布杀死，最终灭掉了英布。刘邦封皇子刘长为淮南王，封贲赫为期思侯，有很多将领凭战功而受封赏。

【编后语】

《黥布列传》为列传第三十一，本传主要记述英布富于传奇色彩的一生。英布屡建奇功，勇冠三军，"常为军锋"，但也是项羽坑秦卒、杀义帝等行不义、施暴虐举动的帮凶。他在战场上叱咤风云，生活上却又因疑生妒，最终惹祸杀身，是秦末汉初难以捉摸的奇人。本书仅省略了其篇后的"太史公曰"。

淮阴侯列传

【原文】

淮阴侯韩信者,淮阴人也。始为布衣时,贫无行①,不得推择为吏,又不能治生商贾②,常从人寄食,人多厌之者。常数从其下乡南昌亭长寄食饮,数月,亭长妻患之,乃晨炊蓐食③。食时信往,不为具食。信亦知其意,怒,竟绝去。

信钓于城下,诸母漂④,有一母见信饥,饭信,竟漂数十日。信喜,谓漂母曰:"吾必有以重报母。"母怒曰:"大丈夫不能自食,吾哀王孙⑤而进食,岂望报乎!"

淮阴屠⑥中少年有侮信者,曰:"若虽长大,好带刀剑,中情怯耳。"众辱⑦之曰:"信能死,刺我;不能死,出我袴下⑧。"于是信孰视之,俯出袴下,蒲伏⑨。一市人皆笑信,以为怯。

【注释】

①无行:品行不好。

②治生商贾:以做生意维持生计。

③晨炊蓐食:提前做好早饭,端到室内床上吃掉。

④母:对老年妇女尊称。漂:在水里冲洗丝纱等物。

⑤王孙:公子,此处是对年轻人的敬称。

⑥屠:以宰杀牲畜为业的人。

⑦众辱:当众侮辱。

⑧袴:通"胯",两腿间。

⑨蒲伏：通"匍匐"，在地上爬行的意思。

【译文】

淮阴侯韩信是淮阴人。当初，他还是平民时，生活贫穷，品行不佳，不能被推选去做官，又不会做买卖谋生，经常投靠人家混饭吃，人们大多厌恶他。他多次到下乡县南昌亭亭长家蹭饭，一连蹭了几个月，亭长的妻子讨厌他，于是清早做好饭就在卧房里把饭吃掉。到了吃饭时，韩信去了，不给他准备饭食。韩信也知道她的用意，非常生气，于是再也不去了。

韩信在城下钓鱼，有很多妇女在河中漂洗丝纱，有位老大娘看见韩信饿了，就拿饭给他吃，一直到漂洗完毕的这几十天，她都给他饭吃。韩信很高兴，对那个老大娘说："我一定会重重地报答您老人家。"老大娘生气地说："男子汉不能养活自己，我是可怜你才给你饭吃，难道是希望你报答吗？"

淮阴屠户中有个年轻人侮辱韩信，说："你虽然个子高大，喜欢佩带刀剑，内心却是个胆小鬼。"于是当众侮辱韩信："你如果不怕死，就拿剑刺死我；你如果怕死，就从我胯下爬过去。"韩信仔细地打量他后，就俯身从他胯下爬了过去。满街的人都讥笑韩信，认为他胆怯。

【原文】

及项梁渡淮，信杖剑从之，居戏下①，无所知名。项梁败，又属项羽，羽以为郎中。数以策干项羽，羽不用。汉王之入蜀，信亡楚归汉，未得知名，为连敖。坐法当斩，其辈十三人皆已斩，次至信，信乃仰视，适见滕公，曰："上②不欲就天下乎？何为斩壮士！"滕公奇其言，壮其貌，释而不斩。与语，大说之。言于上，上拜以为治粟都尉，上未之奇也。

信数与萧何语，何奇之。至南郑，诸将行道亡者数十人，信度③何等已数言上，上不我用，即亡。何闻信亡，不及以闻，自追之。人有言上曰："丞相何亡。"上大怒，如失左右手。居一二日，何来谒上，上且怒且喜，骂何曰："若亡，何也？"何曰："臣不敢亡也，臣追亡者。"上曰："若所追者谁？"何曰："韩信也。"上复骂曰："诸将亡者以十数，公无所追；追信，诈也。"何曰："诸将易得耳。至如信者，国士④无双。王必欲长王汉中，无所事信；必欲争天下，非信无所与计事者。顾王策安所决耳。"王曰："吾亦欲东耳，安能郁郁久居此乎？"何曰："王计必欲东，能用信，信即留；不能用，信终亡耳。"王曰："吾为公以为将。"何曰："虽为将，信必不留。"王曰："以为大将。"何曰："幸甚。"于是王欲召信拜之。何曰："王素慢无礼，今拜大将如呼小儿耳，此乃信所以去也。王必欲拜之，择良日，斋戒，设坛场⑤，具礼，乃可耳。"王许之。诸将皆喜，人人各自以为得大将。至拜大将，乃韩信也，一军皆惊。

【注释】

①戏下：帅旗之下，即部下。戏，通"麾"。

②上：此处指刘邦。

③度：揣测、估计。

④国士：指国内杰出的人物。

⑤坛场：指拜将场所。坛，土台。

【译文】

等到项梁率军渡过淮水时，韩信带着剑去投奔他，在项梁麾下，韩信默默无闻。项梁失败后，韩信又隶属项羽统辖，项羽任他为郎中。韩信多次献策以求项羽重用，项羽都不采纳。刘邦入蜀时，韩信逃离楚军，归附了刘邦，但依然默默无闻，只是个管仓库粮饷的连敖。后来韩信犯法当斩，同案的十三个人都已经被斩，轮到韩信，韩信抬头仰视，恰好看见滕公，说："汉王不想统一天下吗？为什么要斩杀壮士！"滕公觉得他言语不凡，又见他相貌威武，就放了他。滕公和韩信交谈，很欣赏他。把他推荐给刘邦，刘邦任命韩信为治粟都尉，但此时刘邦还没有看出韩信有什么特长。

韩信多次跟萧何交谈，萧何惊奇他的才能。刘邦率军到达南郑时，将领们半路逃跑的有好几十人，韩信考虑萧何等人已多次向刘邦推荐自己，刘邦并不重用，就逃跑了。萧何听说韩信跑了，来不及将情况报告刘邦，就亲自去追赶他。有人向刘邦报告说："萧何逃跑了。"刘邦大怒，就如同失去了左右手。过了一两天，萧何来拜见刘邦，刘邦又生气又高兴，骂萧何说："你为什么逃跑？"萧何说："我不敢逃跑，我是去追逃跑的人。"刘邦说："你去追的人是谁？"萧何说："是韩信。"刘邦又骂道："将领们逃跑的数以十计，你不去追；你去追韩信，这是骗我。"萧何说："其他将领都容易得到，像韩信这样的人，天下人中没有第二个。您如果只想长期在汉中称王，就没有地方用得着韩信；如果想要争夺天下，除了韩信，就再也没有和您商量大事的人了。这就看您怎样决策了。"刘邦说："我当然也想向东方发展啊！怎么能长期郁郁不乐地留在这里呢？"萧何说："您如果一定想向东推进，能任用韩信，韩信就会留下来；不能任用，韩信终究是要跑的。"刘邦说："我看在你的情面上，任用他做将领。"萧何说："即使让他做将领，韩信也一定不会留下来的。"刘邦说："用他做大将。"萧何说："好！"于是，刘邦就要召见韩信并任命他。萧何说："您向来傲慢，不讲礼节，如今任命大将像呼唤小孩子似的，这就是韩信离去的原因。您如果想要任用他，就选择吉日，先行斋戒，在广场上设置高坛，举行隆重的仪式，那样才行啊！"刘邦同意了。

将领们都很高兴，人人都以为自己能被任命为大将。等到任命大将时，被任命的人竟然是韩信，全军都很惊讶。

【原文】

信拜礼毕，上坐。王曰："丞相数言将军，将军何以教寡人计策？"信谢，因问王曰："今东乡争权天下，岂非项王邪？"汉王曰："然。"曰："大王自料勇悍仁强孰与项王？"汉王默然良久，曰："不如也。"

信再拜贺曰："惟信亦为大王不如也。然臣尝事之，请言项王之为人也。项王喑噁叱咤[1]，千人皆废，然不能任属贤将，此特匹夫之勇耳。项王见人恭敬慈爱，言语呕呕[2]，人有疾病，涕泣分食饮，至使人有功当封爵者，印刓敝[3]，忍不能予，此所谓妇人之仁也。项王虽霸天下而臣诸侯，不居关中而都彭城。有背义帝之约，而以亲爱王，诸侯不平。诸侯之见项王迁逐义帝置江南④，亦皆归逐其主而自王善地。项王所过无不残灭者，天下多怨，百姓不亲附，特劫于威强耳⑤。名虽为霸，实失天下心。故曰其强易弱。

"今大王诚能反其道：任天下武勇，何所不诛！以天下城邑封功臣，何所不服！以义兵从思东归之士，何所不散！且三秦王为秦将，将秦子弟数岁矣，所杀亡不可胜计，又欺其众降诸侯，至新安，项王诈坑秦降卒二十馀万，唯独邯、欣、翳得脱，秦父兄怨此三人，痛入骨髓。今楚强以威王此三人，秦民莫爱也。大王之入武关，秋豪无所害，除秦苛法，与秦民约法三章耳，秦民无不欲得大王王秦者。于诸侯之约，大王当王关中，关中民咸知之。大王失职⑥入汉中，秦民无不恨者。今大王举而东，三秦可传檄而定也。"

于是汉王大喜，自以为得信晚。遂听信计，部署诸将所击。

【注释】

①暗噁：满怀怒气。叱咤：呼喊、咆哮。

②呕呕：温和的样子。

③刓敝：刓，读wán，在手里玩弄、摩擦。

④迁逐义帝置江南：灭秦朝后，项羽假尊义帝，自立为西楚霸王，派人迁义帝至郴县，并暗地令九江王等击杀之。

⑤特劫于威强：只是在淫威下勉强屈服。

⑥失职：此处指失去应得的封地和关中王的职权。

【译文】

在接受拜将仪式后，韩信被请入上座。刘邦说："丞相多次向我推荐将军，将军有什么计策可以指教我？"韩信致谢，然后问刘邦说："如今您向东去争夺天下，对手不就是项王吗？"刘邦说："是的。"韩信说："您估计在勇敢、凶狠、仁慈和力量各方面，跟项羽相比怎么样？"刘邦沉默了好久，说："我不如他。"

韩信起身向刘邦拜了两拜，说："我也认为您不如他。我曾经事奉过他。请让我谈谈他的为人。他厉声怒喝时，很多人都吓得胆战心惊，但他不能任用有才能的将领，只不过是匹夫之勇罢了。他待人仁慈有礼，言语温和，部下有人生了病，会流着泪把自己的饮食分给他们，当手下的人有了功劳应当赐封爵位时，他却把刻好了的印章拿在手里，玩弄得磨去了棱角还舍不得给人家，这就是所谓的妇人之仁。他虽然称霸天下，使诸侯臣服，但不占据关中却定都彭城。又违背义帝的约定，让自己亲信喜爱的人称王，诸侯们都不服。诸侯看到项羽迁徙、驱逐义帝，把他安置在江南，也驱逐原来的国君，然后自己在好的地方称王。项羽的军队所经过的地方，没有不遭受摧残毁灭的，天下人都怨恨他，老百姓不愿归附他，现在只不过是迫于他的威势和力量罢了。他名义上虽然是霸主，实际上已经失去了天下人的心。所以说他的强大是很容易被削弱的。

"现在，您如果能够采取和他相反的做法：任用天下勇敢的人，还有什么敌人不能诛灭呢？把天下的城池封赏给有功的臣子，还有什么人会不心服呢！率领正义之师，顺从想东归的战士的心意，还有什么敌人不能被打败呢！况且，三位秦王原是秦将，率领秦地的子弟兵已经好几年，被杀死和逃跑的士兵不计其数，后来他们又欺骗他们的部下投降项羽，到达新安以后，项羽用设计活埋了二十多万已经投降的秦军士兵，只有章邯、司马欣和董翳得以逃脱。秦地的父老兄弟对这三个人都恨之入骨。如今，项羽硬借威势让这三个人称王，秦地的百姓没有谁爱戴他的。您进入武关之后，对百姓秋毫无犯，废除了秦朝的苛刻法令，与秦地百姓约法三章，秦地百姓没有谁不希望您能在秦地当王的。按照诸侯的约定，您应该在关中做王，关中百姓都是知道的。您失掉关中的封爵进入汉中，秦地的百姓没有谁不遗憾的。如今，您起兵东进，三秦之地只要发布檄文就可平定。"

刘邦听了十分高兴，自认为得到韩信太迟了。于是听从了韩信的计策，部署各将领的攻击目标。

【原文】

　　八月，汉王举兵东出陈仓，定三秦。汉二年，出关，收魏、河南，韩、殷王皆降。合齐、赵共击楚。四月，至彭城，汉兵败散而还。信复收兵与汉王会荥阳，复击破楚京、索之间，以故楚兵卒不能西。

　　汉之败却彭城，塞王欣、翟王翳亡汉降楚，齐、赵亦反汉与楚和。

　　六月，魏王豹谒归视亲疾，至国，即绝河关反汉①，与楚约和。汉王使郦生说豹，不下。

　　其八月，以信为左丞相，击魏。魏王盛兵蒲坂，塞临晋，信乃益为疑兵，陈船欲度临晋，而伏兵从夏阳以木罂缻②渡军，袭安邑。魏王豹惊，引兵迎信，信遂虏豹，定魏为河东郡。汉王遣张耳与信俱，引兵东北击赵、代。

　　后九月，破代兵，禽夏说阏与。信之下魏破代，汉辄使人收其精兵，诣荥阳以距楚。

　　信与张耳以兵数万，欲东下井陉击赵。赵王、成安君陈馀闻汉且袭之也，聚兵井陉口，号称二十万。广武君李左车说成安君曰："闻汉将韩信涉西河，虏魏王，禽夏说，新喋血阏与③，今乃辅以张耳，议欲下赵，此乘胜而去国远斗，其锋不可当。臣闻千里馈粮，士有饥色，樵苏后爨④，师不宿饱。今井陉之道，车不得方轨，骑不得成列，行数百里，其势粮食必在其后。愿足下假臣奇兵三万人，从间道绝其辎重；足下深沟高垒⑤，坚营勿与战。彼前不得斗，退不得还，吾奇兵绝其后，使野无所掠，不至十日，而两将之头可致于戏下。愿君留意臣之计。否，必为二子所禽矣。"

　　成安君，儒者也，常称义兵不用诈谋奇计，曰："吾闻兵法十则围之，倍则战。今韩信兵号数万，其实不过数千。能千里而袭我，亦已罢极。今如此避而不击，后有大者，何以加之！则诸侯谓吾怯，而轻来伐我。"不听广武君策，广武君策不用。

　　韩信使人间视，知其不用，还报，则大喜，乃敢引兵遂下。未至井陉口三十里，止舍。夜半传发，选轻骑二千人，人持一赤帜，从间道萆山而望赵军,诫曰:"赵见我走,必空壁逐我⑥,若疾入赵壁,拔赵帜,立汉赤帜。"令其裨将传飧,曰:"今日破赵会食!"诸将皆莫信,详应曰:"诺。"谓军吏曰:"赵已先据便地为壁,且彼未见吾大将旗鼓⑦,未肯击前行,恐吾至阻险而还。"信乃使万人先行,出,背水陈。赵军望见而大笑。平旦,信建大将之旗鼓,鼓行出井陉口,赵开壁击之,大战良久。于是信、张耳详弃鼓旗,走水上军。水上军开入之,复疾战。赵果空壁争汉鼓旗,逐韩信、张耳。韩信、张耳已入水上军,军皆殊死战,不可败。信所出奇兵二千骑,共候赵空壁逐利⑧,则驰入赵壁,皆拔赵旗,立汉赤帜二千。赵军已不胜,不能得信等,欲还归壁,壁皆汉赤帜,而大惊,以为汉皆已得赵王将矣,兵遂乱,遁走,赵将虽斩之,不能禁也。于是汉兵夹击,大破虏赵军,斩成安君泜水上,禽赵王歇。

信乃令军中毋杀广武君,有能生得者购千金。于是有缚广武君而致戏下者,信乃解其缚,东乡坐,西乡对,师事之。

诸将效首虏⑨,毕贺,因问信曰:"兵法右倍山陵,前左水泽,今者将军令臣等反背水陈,曰破赵会食,臣等不服。然竟以胜,此何术也?"信曰:"此在兵法,顾诸君不察耳。兵法不曰'陷之死地而后生,置之亡地而后存'?且信非得素拊循士大夫也⑩,此所谓'驱市人而战之',其势非置之死地,使人人自为战;今予之生地,皆走,宁尚可得而用之乎!"诸将皆服,曰:"善。非臣所及也。"

【注释】

①绝:断绝,通路。

②木罂缻:缻,读fǒu,木制盆瓮。

③喋血:形容激战而流血很多。

④樵苏后爨:临时打柴割草,烧火做饭,形容士兵们很难安饱。樵,砍柴。苏,割草。爨,读cuàn,烧火做饭。

⑤深沟高垒:深挖战壕,加高营垒。

⑥空壁:全军离营,全军出动。

⑦大将旗鼓：主将的旗帜和仪仗。

⑧逐利：追夺战利品。

⑨效：呈献、贡献。首房：首级和俘房。

⑩素：一向、平素。拊循：抚慰、顺从。此处指受过训练，听从指挥的意思。

【译文】

八月，刘邦起兵东出陈仓，平定了三秦。汉二年，刘邦派兵出函谷关，收服了魏地和河南一带，韩王和殷王都投降了。于是，刘邦联合齐国和赵国共同攻打楚军。四月，刘邦率军到达彭城，结果溃败而回。韩信又聚集逃散的士兵，跟刘邦在荥阳相会，并在京县、索亭之间打败了楚军，从此楚军再也未能西进。

汉军在彭城败退以后，塞王司马欣和翟王董翳逃离汉军，投降了楚军，齐国和赵国也背叛刘邦，与楚国讲和。

六月，魏王豹请假回去探望生病的母亲，一到封国，他立即封锁了黄河渡口反刘邦，与楚国订约讲和。刘邦派郦食其劝说魏王豹，没有成功。

这年八月，刘邦任韩信做左丞相，率军攻打魏国。魏王豹在蒲坂驻扎重兵，封锁临晋关，韩信增设疑兵，陈列船只，摆出要在临晋渡河的样子，却暗中率领军队从夏阳用木盆、木桶等渡河，袭击安邑。魏豹大惊，领兵迎击韩信结果战败被俘，平定了魏国，后改为河东郡。刘邦派张耳和韩信一起率军向东北攻打赵国和代国。

这年闰九月，他们打败了代军，在阏与擒获了夏说。当韩信占领魏国、打败代国时，刘邦派人来调走他的精兵，奔赴荥阳抗拒楚军。

韩信和张耳带着几万军队想要向东占领井陉关，攻打赵国。赵王歇和成安君陈馀听说汉军将要袭击他们，就把兵力聚集在井陉口，号称有二十万人。广武君李左车劝陈馀说："听说汉将韩信渡过西河，俘虏了魏王，擒获了夏说，又血战阏与取得大捷，如今，他又用张耳辅佐，商议想攻下赵国，这是乘胜离国远征，他的锋芒不可抵挡。我曾听说从千里之外运送军粮，士兵就会面有饥色；临时取柴草做饭，军队就不可能经常吃饱。如今，井陉的道路，战车不能并列行进，战马不能并排而行，行军几百里，军粮势必落在队伍后面。希望您借给我三万精兵，从小路去拦截他们的军需物资；您就深挖战壕，高筑营垒，坚守营地，不跟他们交战。他们向前无法战斗，后退无法撤兵，我率领奇兵断绝他们的后路，使他们在野外弄不到吃的东西，不到十天，韩信和张耳的头颅，就可以送到您的帐前了。希望您考虑我的计策。否则，我们必定会被他们擒获。"

成安君陈馀是一个迂腐的书生，常常说正义的军队不用阴谋诡计，他说："我听说兵书上说十倍于敌的兵力，就包围它，兵力比敌人多一倍，就和它交战。如今，韩信号称几万兵力，其实不过几千。他们跋涉千里来袭击我们，也已经精疲力竭。现在像这样的情况，我还退避不攻，以后有大敌来临，怎能战胜他们！若此时不攻，其他诸侯会认为我们胆怯，就会轻易地来攻打我们。"陈馀不听从李左车的计策，李左车的计策没有被采用。

韩信派人偷偷侦察，探子得知李左车的计策没有被采用，回来报告后，韩信十分高兴，才敢带领军队勇往直前。在距离井陉口不到三十里的地方，他们停下来宿营。韩信半夜里传令出发，挑选两千轻装骑兵，每人拿着一面红旗，抄小路上山，隐蔽起来观察赵军，并告诫他们："赵军看见我们逃跑，必定会倾巢出动来追逐我们，你们要趁机快速冲进赵军营中，拔去赵军的旗帜，插上汉军的红旗。"韩信又让副将传令全军随便吃点儿，说："今天攻破赵军以后大会餐！"将领们都不相信，假装答应说："好。"韩信对军官说："赵军已经先占领了有利的地形安营，而且他们没看到我军主将的旗鼓就不会出来攻打我们的先锋军，因为他们怕我们到了险要的地方会撤回。"韩信就派一万人先出发，背向着河水，排开阵势。赵军看到了都大笑起来。天亮时，韩信竖起主将的旗鼓，敲着鼓经过井陉口，赵军敞开营垒，迎击汉军，两军混战了很久。后来韩信和张耳假装抛弃了旗鼓，逃到水边的军阵之中。水边的军队敞开营门，让他们进入阵地，又转身进行激战。赵军果然倾巢出动争夺汉军的旗鼓，并追逐韩信和张耳。韩信和张耳进入水边的军阵以后，与赵军殊死搏斗，赵军无法打败他们。这时韩信派出的两千轻装骑兵，等赵军倾巢而出追逐战利品后，就冲入赵军营垒，把赵军的旗帜全部拔去，竖起了两千面汉军的红旗。赵军无法打败汉军，无法俘虏韩信等人，想返回营中，只见自己的营垒中却全是汉军的红旗，因而大为惊恐，以为汉军已经擒获赵王和他的将领了，就纷纷逃跑，赵将尽管斩杀他们，也不能禁止。这时候，汉军前后夹攻，大胜赵军，在泜水边斩杀陈馀，擒获了赵王歇。

韩信命令军中不要杀死李左车，有能活捉他的奖赏千金。这时，有人捆绑着李左车送到韩信的军帐前，韩信解开他身上的绳索，请他东向坐在上座，自己向西对坐，像对待老师一样礼敬他。

将领们呈献首级和俘虏之后都向韩信称贺，并问韩信："按照兵法，我们应当右边和背后靠山陵，前方和左边靠水，可这次您反而让我们背水列阵，并且说'打败赵军再大会餐'，我们都不信。然而，我们竟然打了胜仗，这是什么战术呢？"韩信说："这些都是兵法上有的，只是诸位没有留意罢了。兵法上不是说'陷之死地而后生，置之亡地而后存'吗？况且我并没有得到训练有素并听从调遣的将士，这就是所说的'驱赶市民去作战'，在这种形势之下，只有将军队置于死地，使人人都为自己作战；如果让他们处在可以逃生的地方，大家都逃跑了，还能让他们听使唤吗？"将领们都信服地说："对。这不是我们所能比得上的。"

【原文】

于是信问广武君曰："仆欲北攻燕，东伐齐，何若而有功？"广武君辞谢曰："臣闻败军之将，不可以言勇；亡国之大夫，不可以图存。今臣败亡之虏，何足以权大事乎①！"信曰："仆闻之，百里奚居虞而虞亡，在秦而秦霸，非愚于虞而智于秦也，用与不用，听与不听也。诚令成安君听足下计，若信者亦已为禽矣。以不用足下，故信得侍耳。"因固问曰："仆委心归计，愿足下勿辞。"广武君曰："臣闻智者千虑，必有一失；愚者千虑，必有一得。故曰：'狂夫之言，圣人择焉'。顾恐臣计未必足用，愿效愚忠。夫成安君有百战百胜之计，一旦而失之，军败鄗下，身死泜上。今将军涉西河，虏魏王，擒夏说阏与,一举而下井陉,不终朝破赵二十万众,诛成安君。名闻海内,威震天下,农夫莫不辍耕释耒,褕衣甘食,倾耳以待命者。若此,将军之所长也。然而众劳卒罢,其实难用。今将军欲举倦弊之兵,顿之燕坚城之下,欲战恐久力不能拔,情见势屈②,旷日粮竭,而弱燕不服,齐必距境以自强也。燕齐相持而不下,则刘项之权未有所分也。若此者,将军所短也。臣愚,窃以为亦过矣。故善用兵者不以短击长,而以长击短。"韩信曰:"然则何由?"广武君对曰:"方今为将军计,莫如案甲休兵③,镇赵抚其孤,百里之内,牛酒日至,以飨士大夫醳兵④。北首燕路,而后遣辩士奉咫尺之书,暴其所长于燕,燕必不敢不听从。燕已从,使喧言者东告齐,齐必从风而服,虽有智者,亦不知为齐计矣。如是,则天下事皆可图也。兵固有先声而后实者,此之谓也。"韩信曰:"善。"从其策,发使使燕,燕从风而靡⑤。乃遣使报汉,因请立张耳为赵王,以镇抚其国。汉王许之,乃立张耳为赵王。

【注释】

①权:权衡,此处为计议的意思。
②情见势屈:真情暴露,威势要受到挫减。见,同"现"。出现。
③案甲休兵:停止战争。甲,铠甲。兵,武器。
④飨:宴请。醳兵:用酒食慰劳士兵。醳,读yì,赏赐酒食。
⑤靡:草随风倒,此处指降服。

【译文】

韩信问李左车:"我想率军向北攻打燕国,向东攻打齐国,怎样才能成功?"李左车推辞说:"我听说败军的将领,没有资格谈论勇敢;亡国的大夫,没资格谋划存亡大计。现在,我是个战败后被俘的俘虏,怎能配得上商量大事呢!"韩信说:"我听说,百里奚在虞国而虞国灭亡,在秦国而秦国称霸,并不是他在虞国就愚笨,在秦国就聪明,而在于国君用不用他,采纳不采纳他的意见。假如陈馀听从了您的计策,我也早被擒获了。因为他不听从您的意见,所以我才有幸事奉您。"韩信诚恳地说:"我是全心全意听从您的计谋，希望您不要推辞。"李左车说："我听说智者千虑必有一失，愚者千虑必有一得。所以说：'狂妄之人所说的话，圣人也可以从中选择。'只是恐怕我的计策，不一定值得采纳，不过我愿意献上我的浅薄之见。陈馀有百战百胜的计谋，但一朝失算，军队在鄗地失败了，自己也死在泜水边。如今，您率军渡过西河，俘虏魏王，在阏与擒获夏说，一举攻占了井陉，不到一个上午就打败了二十万赵军，杀死了成安君。名闻海内，威震天下，农民无不放下农具停止耕作，穿好的吃好的，侧着耳朵，等待您的命令。这样的兵威，是您的长处。然而官兵们都已劳苦疲惫，难以再用。如今，您想要出动疲倦的军队，驻扎到燕国坚固的城池下，想要作战，恐怕持久而无力取胜，明显地暴露了劣势，旷日持久，粮草竭尽，而弱小的燕国不肯降服，齐国必然拒守边境，使自己强大起来。燕国和齐国都坚持不肯降服，那么汉王和项羽的胜负就无法分晓。在这方面，是您的短处。我虽愚笨，但私下也认为您这么做是错误的。所以，善于用兵的人不拿自己的短处攻击别人的长处，而以自己的长处攻击别人的短处。"韩信说："既然这样，那该怎么办呢？"李左车回答说："现在，我替您着想，不如按兵不动，镇守赵国，安抚赵国的遗孤，百里之内，百姓每天都会送来牛肉和美酒，以宴请军官，慰劳士兵。然后您再向北移军靠近燕国，然后派说客送信到燕国，向燕国显示您的优势，燕国一定不敢不听从。燕国顺从以后，再派说客向东去劝告齐国，齐国一定闻风而降服。即使有聪明人，也不知道怎样替齐国打算了。这样，那么天下的大事就都可以图谋了。用兵本来就有先虚张声势，然后付诸实际行动的，指的正是这种情况。"韩信说："好。"韩信听从李左车的计策，派使者出使燕国。燕国人望风降。

  于是，韩信派人报告刘邦，并且请求立张耳为赵王，来镇抚赵国。刘邦答应了，册封张耳为赵王。

【原文】

楚数使奇兵渡河击赵，赵王耳、韩信往来救赵，因行定①赵城邑，发兵诣汉。楚方急围汉王于荥阳，汉王南出，之宛、叶间，得黥布，走入成皋，楚又复急围之。六月，汉王出成皋，东渡河，独与滕公俱，从张耳军修武。至，宿传舍②。晨自称汉使，驰入赵壁。张耳、韩信未起，即其卧内上夺其印符，以麾召诸将，易置之③。信、耳起，乃知汉王来，大惊。汉王夺两人军，即令张耳备守赵地，拜韩信为相国，收赵兵未发者击齐。

信引兵东，未渡平原，闻汉王使郦食其已说下齐，韩信欲止。范阳辩士蒯通说信曰："将军受诏击齐，而汉独发间使下齐④，宁有诏止将军乎？何以得毋行也！且郦生一士，伏轼⑤掉三寸之舌，下齐七十余城，将军将数万众，岁余乃下赵五十余城，为将数岁，反不如一竖儒之功乎？"于是信然之，从其计，遂渡河。齐已听郦生，即留纵酒，罢备汉守御。信因袭齐历下军，遂至临菑。齐王田广以郦生卖己，乃亨之，而走高密，使使之楚请救。韩信已定临菑，遂东追广至高密西。楚亦使龙且将，号称二十万，救齐。

齐王广、龙且并军与信战，未合。人或说龙且曰："汉兵远斗穷战⑥，其锋不可当。齐、楚自居其地战，兵易败散。不如深壁，令齐王使其信臣招所亡城，亡城闻其王在，楚来救，必反汉。汉兵二千里客居，齐城皆反之，其势无所得食，可无战而降也。"龙且曰："吾平生知韩信为人，易与耳。且夫救齐不战而降之，吾何功？今战而胜之，齐之半可得，何为止！"遂战，与信夹潍水陈。韩信乃夜令人为万余囊，满盛沙，壅水上流，引军半渡，击龙且，详不胜，还走。龙且果喜曰："固知信怯也。"遂追信渡水。信使人决壅囊，水大至。龙且军大半不得渡。即急击，杀龙且。龙且水东军散走，齐王广亡去。信遂追北至城阳，皆虏楚卒。

汉四年，遂皆降平齐。使人言汉王曰："齐伪诈多变，反覆之国也，南边楚，不为假王⑦以镇之，其势不定。愿为假王便。"当是时，楚方急围汉王于荥阳，韩信使者至，发书，汉王大怒，骂曰："吾困于此，旦暮望若来佐我，乃欲自立为王！"张良、陈平蹑汉王足，因附耳语曰："汉方不利，宁能禁信之王乎？不如因而立，善遇之，使自为守。不然，变生⑧。"汉王亦悟，因复骂曰："大丈夫定诸侯，即为真王耳，何以假为！"乃遣张良往立信为齐王，征其兵击楚。

【注释】

①行定：此处指往来救赵途中安定百姓。

②传舍：客舍、宾馆。

③易置：更换、改换职位。

④独：只，只不过。间使：密使，暗中派去的使臣。

⑤伏轼：乘车人把身子俯在车前横木上。

⑥穷战：全力以赴地作战。穷，尽，极。

⑦假王：代理王。

⑧变生：此处指可能引起韩信背汉。

【译文】

楚国多次派奇兵渡过黄河去攻打赵国，赵王张耳和韩信来来回回地救援赵国，趁行军时顺便平定了赵国之前不太安稳的地方，同时出兵去援助刘邦。楚军正在荥阳加紧围困刘邦，刘邦从南面突围，到了宛县和叶县一带，说服英布归汉，然后又占领成皋，楚军又加紧围攻成皋。六月，刘邦逃出成皋，向东渡过黄河，只与滕公一起投奔到张耳驻军的修武。到达修武后，刘邦住在客馆中。第二天早晨，刘邦自称是汉王的使者，直奔进赵军的营垒。张耳和韩信还没起床，刘邦就在他们卧室里夺取了他们的印符，用来指挥和召令将领们，并重新调整了他们的职务。韩信和张耳起床以后，才知道刘邦来了，大为吃惊。刘邦夺取了两人的军权，就命令张耳防守赵地，任韩信为相国，让他收编还没有被征发的赵地士兵，去攻打齐国。

韩信率领军队向东出发，还没有渡过平原津，就听说刘邦的使臣郦食其已经劝降了齐国，韩信想停止进兵。范阳的说客蒯通劝韩信，说："您奉命攻打齐国,而汉王只不过派遣密使说服了齐王,难道有诏令要您停止前进吗?您怎么能不前进呢?况且郦食其只是一个游说之士,乘车到处摇动三寸不烂之舌,降服了齐国七十多个城池,而您率领着几万大军,一年多才攻下赵国的五十多个城池。您为将几年,反而比上不一个小小儒生的功劳吗?"韩信认为蒯通说得对,听从了他的计策,率军渡过黄河。齐国已经接受了郦食其的劝说,就挽留郦食其纵情饮酒,撤除了对付汉军的防御。韩信趁机袭击了齐国历下的驻军,并率军到达临菑。齐王田广认为郦食其出卖了自己,就烹杀了他,然后逃往高密,并派使者到楚国请求援救。韩信平定临菑以后,就率军向东追赶田广,一直追到高密县的西部。项羽也派龙且率领二十万兵马前来救援齐国。

齐王田广和楚将龙且合军与韩信作战。还未交锋时,有人劝龙且说:"汉军远离本土,一定会拼死作战,其锋芒不可抵挡。齐楚两军在自己的土地上作战,士兵失败后容易溃散。不如高筑壁垒,叫齐王派他的亲信大臣去招抚那些已经沦陷的城池,沦陷城池里的人听说齐王还活着,楚兵又来救援,一定会反叛汉军。汉军在离家两千里以外的地方客居,齐国的城池又都背叛他们,这样势必没办法得到粮食,我们就可以不战而迫使他们投降。"龙且说:"我向来了解韩信的为人,容易对付他。况且,我们救援齐国,不交战就使他投降,那我有什么功劳呢?如今,要是在战场上胜了韩信,那么齐国的一半土地可以归我所有。我为什么不出战?"于是,龙且准备开战,跟韩信隔着潍水列阵。韩信连夜派人做了一万多个袋子,装满沙子,堵住潍水的上游,然后带领一半军队渡河,袭击龙且的军营,汉军假装战败,往回逃跑。龙且果然高兴地说:"我本来就知道韩信胆怯。"于是,龙且领兵渡潍水,追击韩信。韩信派人挖开堵水的沙袋,河水倾泻而来。龙且率领的军队大半还没有渡过去,韩信立即猛烈反击,杀死了龙且。龙且在潍水东岸的军队溃散逃跑,齐王田广也逃亡了。韩信追赶败兵到了城阳,楚军的士兵全被俘虏。

汉四年,韩信平定了整个齐国。他派人对刘邦说:"齐国是个虚伪狡诈、变化多端、反复无常的国家,南面接近楚国,如果不设置一个代理国王来镇守它,那么齐国的局势就无法稳定。希望能让我当代理国王,这样有利于局势。"当时，楚军正在荥阳加紧围困刘邦，韩信的使者到达后，刘邦打开他送来的信一看，勃然大怒，骂道："我被围困在这里，日夜盼望你来帮助我，你却要自立为王！"张良和陈平暗中踩刘邦的脚，并贴近他的耳边，小声说："汉军正处于不利的时候，难道能阻止韩信称王吗？您不如乘机立他为王，好好地对待他，让他自己设法镇守齐国。否则，恐怕要发生变乱。"刘邦明白了，接着又骂道："大丈夫平定了诸侯，就要做真王，为什么要做假王呢？"于是，刘邦派遣张良前去立韩信为齐王，并征调韩信的军队攻打楚军。

【原文】

楚已亡龙且，项王恐，使盱眙人武涉往说齐王信曰："天下共苦秦久矣，相与勠力击秦。秦已破，计功割地，分土而王之，以休士卒。今汉王复兴兵而东，侵人之分，夺人之地，已破三秦，引兵出关，收诸侯之兵以东击楚，其意非尽吞天下者不休，其不知厌足如是甚也。且汉王不可必，身居项王掌握中数矣，项王怜而活之，然得脱，辄倍约，复击项王，其不可亲信如此。今足下虽自以与汉王为厚交，为之尽力用兵，终为之所禽矣。足下所以得须臾至今者，以项王尚存也。当今二王之事，权①在足下。足下右投则汉王胜，左投则项王胜。项王今日亡，则次取足下。足下与项王有故，何不反汉与楚连和，参分天下王之？今释此时，而自必于汉以击楚，且为智者固若此乎！"韩信谢曰："臣事项王，官不过郎中，位不过执戟，言不听，画不用，故倍楚而归汉。汉王授我上将军印，予我数万众，解衣衣我，推食食我，言听计用，故吾得以至于此。夫人深亲信我，我倍之不祥，虽死不易。幸为信谢项王！"

武涉已去，齐人蒯通知天下权在韩信，欲为奇策而感动之，以相人说韩信曰："仆尝受相人之术。"韩信曰："先生相人何如？"对曰："贵贱在于骨法，忧喜在于容色，成败在于决断。以此参之，万不失一。"韩信曰："善。先生相寡人何如？"对曰"愿少间②。"信曰："左右去矣。"通曰："相君之面，不过封侯，又危不安。相君之背，贵乃不可言。"韩信曰："何谓也？"蒯通曰："天下初发难也，俊雄豪桀建号壹呼，天下之士云合雾集，鱼鳞杂沓③，熛④至风起。当此之时，忧在亡秦而已。今楚汉分争，使天下无罪之人肝胆涂地，父子暴骸骨于中野，不可胜数。楚人起彭城，转斗逐北，至于荥阳，乘利席卷，威震天下。然兵困于京、索之间，迫西山而不能进者，三年于此矣。汉王将数十万之众，距巩、雒，阻山河之险，一日数战，无尺寸之功，折北不救⑤，败荥阳，伤成皋，遂走宛、叶之间，此所谓智勇俱困者也。夫锐气挫于险塞，而粮食竭于内府，百姓罢极怨望，容容无所倚⑥。以臣料之，其势非天下之贤圣固不能息天下之祸。当今两主之命县于足下。足下为汉则汉胜，与楚则楚胜。臣愿披腹心，输肝胆，效愚计，恐足下不能用也。诚能听臣之计，莫若两利而俱存之，参分天下，鼎足而居，其势莫敢先动。夫以足下之贤圣，有甲兵之众，据强齐，从燕、赵，出空虚之地而制其后，因民之欲，西乡为百姓请命，则天下风走而响应矣，孰敢不听！割大弱强，以立诸侯，诸侯已立，天下服听而归德于齐。案齐之故，有胶、泗之地，怀诸侯以德，深拱揖让⑦，则天下之君王相率而朝于齐矣。盖闻天与弗取，反受其咎；时至不行，反受其殃。愿足下孰虑之。"

韩信曰："汉王遇我甚厚，载我以其车，衣我以其衣，食我以其食。吾闻之，乘人之车者载人之患，衣人之衣者怀人之忧，食人之食者死人之事，吾岂可以乡利倍义乎？"蒯生曰："足下自以为善汉王，欲建万世之业，臣窃以为误矣。始常山王、成安君为布衣时，相与为刎颈之交，后争张黡、陈泽之事，二人相怨。常山王背项王，奉项婴头而窜逃，归于汉王。汉王借兵而东下，杀成安君泜水之南，头足异处，卒为天下笑。此二人相与，天下至欢也。然而卒相禽者，何也？患生于多欲而人心难测也。今足下欲行忠信以交于汉王，必不能固于二君之相与也，而事多大于张黡、陈泽。故臣以为足下必汉王之不危己，亦误矣。大夫种、范蠡存亡越，霸句践，立功成名而身死亡。野兽已尽而猎狗亨。夫以交友言之，则不如张耳之与成安君者也；以忠信言之，则不过大夫种、范蠡之于句践也。此二人者，足以观矣。愿足下深虑之。且臣闻勇略震主⑧者身危，而功盖天下者不赏。臣请言大王功略：足下涉西河，虏魏王，禽夏说，引兵下井陉，诛成安君，徇赵，胁燕，定齐，南摧楚人之兵二十万，东杀龙且，西乡以报。此所谓功无二于天下，而略不世出⑨者也。今足下戴震主之威，挟不赏之功，归楚，楚人不信；归汉，汉人震恐。足下欲持是安归乎？夫势在人臣之位而有震主之威，名高天下，窃为足下危之。"韩信谢曰："先生且休矣，吾将念之。"

后数日，蒯通复说曰："夫听者事之候也⑩，计者事之机也，听过计失而能久安者⑪，鲜矣。听不失一二者，不可乱以言；计不失本末者，不可纷以辞。夫随厮养之役者，失万乘之权⑫；守儋石之禄者⑬，阙卿相之位。故知者决之断也，疑者事之害也。审豪氂之小计，遗天下之大数。智诚知之，决弗敢行者，百事之祸也。故曰：'猛虎之犹豫，不若蜂虿⑭之致螫；骐骥之局躅，不如驽马之安步；孟贲之狐疑，不如庸夫之必至也；虽有舜禹之智，吟而不言，不如喑聋之指麾也'。此言贵能行之。夫功者难成而易败，时者难得而易失也。时乎时，不再来。愿足下详察之。"韩信犹豫不忍倍汉，又自以为功多，汉终不夺我齐，遂谢蒯通。蒯通说不听，已详狂为巫。

【注释】

①权：此处指决定轻重的关键、作用。

②愿少间：此处指希望周围的人暂时回避。

③鱼鳞杂沓：像鱼鳞一样密集地排列。杂沓，众多的样子。

④熛：读biāo，迸飞的火焰。

⑤折北不救：屡战屡败，不能自救。

⑥容容：摇摇，动荡不安的样子。

⑦深拱揖让：高拱双手，以示谦让。

⑧震主：使君主感到威胁。

⑨略不世出：谋略出众，世上少有。

⑩听：指听取意见。候：征候、征兆。

⑪听过：听取意见，不能做正确判断。计失：考虑问题失误。

⑫万乘之权：指万乘之国的权柄。

⑬儋石之禄：此处指俸禄少。儋，通"担"。

⑭虿：读chài，蝎子一类毒虫。

【译文】

楚国损失了龙且后，项羽害怕了，派盱眙人武涉去劝说齐王韩信："天下人都苦于秦朝很久了，因而能同心协力攻打秦朝。秦朝已经被打败了，诸侯将领们按功劳大小分割土地，各自分得土地而称王，以让士兵得到休息。如今，刘邦又兴兵东进，侵犯别人所分的土地，掠夺别人的封地，灭掉三秦后，又带兵出函谷关，收编各诸侯的军队向东来攻打楚国，他的意图是不吞并天下就不罢休，他这样不知满足，也太过分了。况且，刘邦不可信任，他落在项王手里好几次了，项王可怜他而让他活下来，但他一旦脱身，就违背誓约，又来攻打项王。他就是这样的不可信赖。如今，您虽然自以为跟刘邦交情深厚，替他尽力用兵，但最终还是会被他擒拿的。您之所以能苟延残喘到今天，是因为项王还活着。当前，刘邦和项王的成败之事，关键就在您。如果您向右投靠，那就是刘邦胜利；如果您向左投靠，那就是项王胜利。如果项王今天被消灭，刘邦就会接着来收拾您。您和项王有交情，为什么不反叛汉国而跟楚国联合，三分天下而称王呢？现在，您放弃了这个机会，投靠刘邦，去攻打项王，作为一个聪明人，难道能像这样吗？"韩信谢绝说："当初我事奉项王，官不过是个郎中，职位不过是个持戟的卫士，言不听，计不从，所以才背叛项王而投靠汉王。汉王授给我上将军的印符，交给我几万人马，他脱衣服给我穿，分食物给我吃，对我言听计从，所以我才能有今天这个地位。人家对我这样亲近和信任，我背叛他是不好的，我对汉王的忠心即使死了也不会改变。希望您替我向项王致歉。"

武涉离开以后，齐国人蒯通知道天下胜负的关键在于韩信，因此想用奇策来打动他，就以看相人的身份游说韩信说："我曾经学过看相。"韩信说："那你怎样给人看相呢？"蒯通回答说："一个人的贵贱在于骨相，忧喜在于脸色，成败在于判断。用这三条来参验，看相就能万无一失。"韩信说："好。那你看看我怎么样？"蒯通说："请让左右的人暂时离开。"韩信说："左右的人都下去吧。"蒯通说："我看您的面相，不过能封侯，还危机四伏，不太安稳。看您的背相，您则是贵不可言。"韩信说："这指的是什么呢?"蒯通说:"天下英雄刚反秦时,英雄豪杰建号称王,一呼之下,天下有志之士像云雾那样集合,像鱼鳞那样排列,像火和狂风那样骤起。在那个时候,忧虑在于如何消灭残暴的秦朝。如今,项王跟汉王争夺天下使得天下无罪的人惨遭杀戮,父子尸骨暴露在荒野中的,不可胜数。楚人从彭城起义,辗转战斗,追逐败兵,直到荥阳,乘胜席卷大片土地,威震天下。然而,楚国的军队被困在京、索之间,被阻在成皋西部山区而不能前进,到现在已有三年了。汉王率领几十万人马在巩县和洛阳一带抗拒楚军,仗着山河之险,一天交战几次,可是没有尺寸之功,折兵败北,不能自救,在荥阳战败,在成皋受伤,还逃到宛城和叶县一带,这就是到了智穷力竭的困境。两军的锐气受挫于险要之地的拉锯战,而国库里的粮食即将消耗殆尽,老百姓因疲惫之极而怨声载道,人心浮动,无所归依。依我看来,在这种情势下,不是天下的圣贤不能平息这天下的祸乱。当今两王的命运就悬在您的手上。您替汉王出力,那么汉王胜利,替项王出力,那么项王胜利。我推心置腹、披肝沥胆,奉献愚计,唯恐您不能采纳。如果您能听从我的计谋,让他们一起存在下去,跟他们三分天下,鼎足而立,这种形势谁都不敢先动手。凭着您的贤圣,拥有众多的人马,占据着强大的齐国,有燕国和赵国服从,假如您出兵乘虚而入,牵制他们的后方,顺应百姓的愿望,向西为百姓请命,那么天下百姓就会纷纷响应,谁敢不听从!然后您再分割大国削弱强国,分封诸侯,诸侯封立以后,天下就会信服听从您,并归德于齐国。您据守齐国的故土,拥有胶河、泗水一带的土地,用恩德来安抚诸侯,恭谨谦让,那么天下的君主就会相继来朝拜齐国。我听说上天赐给的如果不接受,那就会受到它的惩罚;时机来了不行动,那就要遭难。希望您好好考虑。"

韩信说:"汉王待我很优厚,把他的车给我坐,把他的衣服给我穿,把他的食物给我吃。我听说,乘人家的车子就要分担人家的祸患,穿人家的衣服就要关怀人家的忧虑,吃人家的食物就要为人家效死。'我怎么能为了利益而背信弃义呢?"蒯通说:"您自以为跟汉王关系好,想要建立万世功业,我私下认为您错了。当初,常山王张耳和成安君陈馀还是平民时,彼此结成生死不渝的朋友,后来因为张黡和陈泽之事而争执,两人相互怨恨,张耳背叛项王,捧着项婴的头逃跑归附了汉王。汉王借兵向东进军,在潍水南边杀死了陈馀,身首异处,最终被天下人耻笑。这两个人的交情是天下最深厚的,然而最终互相擒杀,这是为什么呢?祸患就在于贪念太多而人心难测。现在,您要用忠信来和汉王相交,肯定不可能比陈馀、张耳两人的交情更可靠,而你们之间矛盾比张黡和陈泽要大得多。所以,我认为您肯定汉王一定不会加害您,那您就错了。大夫文种和范蠡使濒临灭亡越国保存下来,使句践称霸,但句践功成名就以后,文种身死,范蠡出走。野兽已经打尽了,因而猎狗被烹杀。就交谊而论,您跟汉王是比不上张耳和陈馀的;而就忠信而论,也不会超过大夫文种、范蠡与句践。从这两种人的结局,这就足够您看清了。希望您深入地考虑这个问题。而且,我听说,勇敢和谋略超过君主的人,他的处境就很危险;功盖天下的人,就无法赏赐。请让我来说说您的功绩和谋略:您渡过西河,俘虏魏王,擒获夏说,带兵攻占井陉口,诛杀成安君,攻取赵国,制服燕国,平定齐国,南下摧毁了二十万楚军,东去杀死楚将龙且,西向汉王报捷。可以说军功天下无二,谋略举世无双。如今,您具有震主的威势,拥有无法赏赐的功绩,归附楚国,楚国人不会相信;归附汉国,汉国人恐惧。您带着这样的威势和功绩,归向哪一边呢?您处在臣子的地位,却有震主的威势,名声超过天下人,我私下为您感到危险。"韩信辞谢说:"你暂且别说了,我将考虑这件事。"

几天以后,蒯通又劝韩信说:"能听别人劝是事情成功的征兆,善于计谋是事情成功的关键。听取错误意见,计谋失误而能够长治久安的,可就少了。听取意见而没有一两次失误的人,旁人无法用言论迷惑他;在计谋中不本末倒置的人,旁人无法用语言扰乱他。安于做杂役的人,就会失去掌握万乘大国君权的机会;固守斗石俸禄的人,不会到卿相的地位。所以聪明人就会当机立断,迟疑不决是事情的祸害。拘泥于明察毫厘的小计,却遗忘天下的大数,理智上明明知道,决策时却不敢实行,这是一切事情的祸根。因此说:'犹豫的猛虎不如黄蜂和蝎子的蜇刺;踌躇的骏马不如慢步前进的劣马;狐疑的勇士,不如庸夫能达到目的;虽然有舜和禹那样的智慧,如果闭口不说,就不如聋哑人的比手画脚。'这说明可贵的是在于行动。功业难成却容易失败,时机难得却容易失去。时机啊时机,不会再次到来。希望您仔细考虑这件事。"韩信犹豫不决不忍心背叛刘邦，又自认为功劳大，刘邦终究不会夺去他的齐国，于是，韩信谢绝了蒯通的好意。蒯通的劝说不被采纳，后来就假装疯狂，做了巫师。

【编后语】

　　《淮阴侯列传》为列传第三十二，记载韩信一生的军事才能和累累战功。韩信功高于世，却落个夷灭宗族的下场，这令后人感叹不已。本书选取了《淮阴侯列传》中韩信出生以及屡立奇功的那些故事，省略了"太史公曰"和后来被贬、被杀的那些事。

郦生陆贾列传

【原文】

郦生食其者,陈留高阳人也。好读书,家贫落魄^①,无以为衣食业,为里监门吏。然县中贤豪不敢役,县中皆谓之狂生^②。

及陈胜、项梁等起,诸将徇地^③过高阳者数十人,郦生闻其将皆握齱好苛礼自用^④,不能听大度之言,郦生乃深自藏匿。后闻沛公将兵略地陈留郊,沛公麾下骑士适郦生里中子也^⑤,沛公时时问邑中贤士豪俊。骑士归,郦生见,谓之曰:"吾闻沛公慢而易人,多大略,此真吾所愿从游,莫为我先^⑥。若见沛公,谓曰'臣里中有郦生,年六十馀,长八尺,人皆谓之狂生,生自谓我非狂生'。"骑士曰:"沛公不好儒,诸客冠儒冠来者,沛公辄解其冠,溲溺其中。与人言,常大骂。未可以儒生说也。"郦生曰:"弟言之。"骑士从容言如郦生所诫者。

沛公至高阳传舍,使人召郦生。郦生至,入谒,沛公方倨床使两女子洗足,而见郦生。郦生入,则长揖不拜^⑦,曰:"足下^⑧欲助秦攻诸侯乎,且欲率诸侯破秦也?"沛公骂曰:"竖儒!夫天下同苦秦久矣,故诸侯相率而攻秦,何谓助秦攻诸侯乎?"郦生曰:"必聚徒合义兵诛无道秦,不宜倨见长者。"于是沛公辍洗,起摄衣^⑨,延郦生上坐,谢之。郦生因言六国从横时。沛公喜,赐郦生食,问曰:"计将安出?"郦生曰:"足下起纠合之众,收散乱之兵,不满万人,欲以径入强秦,此所谓探虎口者也。夫陈留,天下之冲,四通五达之郊也,今其城又多积粟。臣善其令,请得使之,令下足下。即不听,足下举兵攻之,臣为内应。"于是遣郦生行,沛公引兵随之,遂下陈留。号郦食其为广野君。

郦生言其弟郦商，使将数千人从沛公西南略地。郦生常为说客，驰使诸侯。

【注释】

①落魄：指穷困潦倒，很不得意。

②狂生：放荡不羁的人。

③徇地：攻占土地。徇，夺取。

④握龊："龌龊"，此处指器量狭小，拘泥于小节。苛礼：指苛细烦琐的礼节。自用：自以为是。

⑤麾下：部下。

⑥莫为我先：没有人替我做介绍。先，先导，引见。

⑦长揖不拜：行一个大的拱手礼，没有跪拜，表示对刘邦并不十分尊敬。

⑧足下：古时称呼对方的敬辞。

⑨起摄衣：站起身来，整理好衣服。

【译文】

郦食其是陈留高阳人。他爱好读书，家境贫穷，落魄不堪，没有可以提供自己衣食的行当，只好做个看管里门的小吏。但是，县中有名望有权势的人都不敢役使他，县中的人都称他狂生。

等到陈胜、项梁等人起兵，攻城夺地经过高阳的将领有几十人，郦食其听说那些将领都器量狭小，对人苛刻，刚愎自用，听不进深谋远虑的意见，便深藏不露。后来郦食其听说刘邦带兵夺地到陈留郊外，刘邦部下的一个骑兵恰好是郦食其同乡，刘邦时常向他问起县中的贤士豪杰。骑兵回乡时，郦食其见到后，对他说："我听说沛公傲慢，看不起人，但有雄才大略，这才是我所希望结交的人，只可惜没有人替我介绍。你见了沛公，就对他说'我家乡有个叫郦生的，六十多岁，身高八尺，人们都称他为狂生，但郦生自己说他不是狂生'。"骑兵说："沛公不喜欢儒生，戴着儒生帽子来的宾客，沛公总是取下他的帽子,在里面撒尿。跟人谈话时,他经常破口大骂。你不可以用儒生身份去游说他。"郦生说:"你只管把这些话告诉他。"骑兵找机会把郦生所吩咐的话告诉了刘邦。

刘邦到了高阳旅舍后,派人召见郦食其。郦食其来到,进去拜见时,刘邦正岔腿坐在床上,让两个女子替他洗脚,就以这副样子见郦食其。郦食其进来,只行了一个大拱手礼,不跪拜,说:"您是帮助秦朝攻打诸侯呢,还是要率领诸侯灭亡秦朝呢?"刘邦骂道:"没出息的儒生!天下人受秦朝的苦难已经很久了,诸侯们相继起兵来攻打秦朝,怎么说帮助秦朝攻打诸侯呢?"郦食其说:"如果真是聚集众人组成正义的军队去攻打无道的秦朝,那就不应该用这种傲慢无礼的样子来接见长辈。"听了这话,刘邦停止洗脚,起身整理衣服,请郦食其坐上位,向他道歉。郦食其便谈起六国合纵连横时的形势。刘邦听了很高兴,招待郦食其吃饭,问他:"计策将怎样制定?"郦食其说:"您聚集乌合之众,收编散乱之兵,不满一万人,想靠他们直接进攻强大的秦朝,这就是自投虎口。陈留县是天下的交通要道,是个四通八达的地区,如今城里面又贮藏着很多粮食。我跟陈留县县令关系很好,请您让我出使陈留,让他向您投降。如果他不听从,您举兵攻打他,我做内应。"于是,刘邦派遣郦生先行,自己带兵跟着他,最终降服了陈留。刘邦封郦食其为广野君。

郦食其又向刘邦介绍他的弟弟郦商,叫他带领几千人跟随刘邦向西南攻掠土地。郦食其经常作为说客,出使各诸侯国。

【原文】

汉三年秋,项羽击汉,拔荥阳,汉兵遁保巩、洛。楚人闻淮阴侯破赵,彭越数反梁地,则分兵救之。淮阴方东击齐,汉王数困荥阳、成皋,计欲捐成皋以东,屯巩、洛以拒楚。郦生因曰:"臣闻知天之天者①,王事可成;不知天之天者,王事不可成。王者以民人为天,而民人以食为天。夫敖仓,天下转输久矣,臣闻其下乃有藏粟甚多,楚人拔荥阳,不坚守敖仓,乃引而东,令適卒②分守成皋，此乃天所以资汉也。方今楚易取而汉反却，自夺其便，臣窃以为过矣。且两雄不俱立。楚汉久相持不决，百姓骚动，海内摇荡，农夫释耒，工女下机③，天下之心未有所定也。愿足下急复进兵，收取荥阳，据敖仓之粟，塞成皋之险，杜大行之道，距蜚狐之口④，守白马之津，以示诸侯效实形制之势，则天下知所归矣。方今燕、赵已定，唯齐未下。今田广据千里之齐，田间将二十万之众，军于历城，诸田宗强，负海，阻河、济⑤，南近楚，人多变诈，足下虽遣数十万师，未可以岁月破也。臣请得奉明诏说齐王，使为汉而称东藩。"上曰："善。"

乃从其画，复守敖仓，则使郦生说齐王曰："王知天下之所归乎？"王曰："不知也。"曰："王知天下之所归，则齐国可得而有也；若不知天下之所归，即齐国未可得保也。"齐王曰："天下何所归？"曰："归汉。"曰："先生何以言之？"曰："汉王与项王勠力西面击秦，约先入咸阳者王之。汉王先入咸阳，项王负约不与而王之汉中。项王迁杀义帝⑥，汉王闻之，起蜀汉之兵击三秦，出关而责义帝之处，收天下之兵，立诸侯之后。降城即以侯其将，得赂即以分其士，与天下同其利，豪英贤才皆乐为之用。诸侯之兵四面而至，蜀汉之粟方船而下。项王有倍约之名，杀义帝之负；于人之功无所记，于人之罪无所忘；战胜而不得其赏，拔城而不得其封；非项氏莫得用事；为人刻印，刓而不能授⑦，攻城得赂，积而不能赏。天下畔之；贤才怨之，而莫为之用。故天下之士归于汉王，可坐而策也⑧。夫汉王发蜀汉，定三秦；涉西河之外，援上党之兵；下井陉，诛成安君；破北魏，举三十二城：此蚩尤之兵也，非人之力也，天之福也。今已据敖仓之粟，塞成皋之险，守白马之津，杜太行之阪，距蜚狐之口，天下后服者先亡矣。王疾先下汉王，齐国社稷可得而保也；不下汉王，危亡可立而待也。"田广以为然，乃听郦生，罢历下兵守战备，与郦生日纵酒。

【注释】

①天之天：此处指重要事物中的最重要部分。

②適卒：因罪被征发的士兵。適，通"谪"。

③工女：指从事纺织的女子。

④杜大行之道：堵塞、截断太行的交通。杜，堵塞。太行，即太行山。蜚狐之口：指蜚狐岭的险要关口。

⑤负海阻河济：指齐国的地形背靠大海，倚仗着黄河和济水为天然屏障。负，背靠。阻，恃，依。

⑥迁杀：在迁徙的途中暗杀。

⑦刓：读wán，通"玩"，此处指反复抚摸。

⑧坐而策：毫不费力地任意驱使。策，鞭策、驱赶。

【译文】

汉三年秋，项羽率军攻打汉军，攻下了荥阳，汉军退守巩县和洛阳一带。楚国人听说韩信率军攻破了赵国，彭越又多次在梁地反叛，便分兵救援赵国。韩信正要向东进攻齐国，刘邦多次被围困在荥阳和成皋，正计划放弃成皋以东地区，屯兵驻守巩县和洛阳来抵抗楚军。郦食其劝阻说："我听说，知道天之所以能成为天的人，帝王事业才能成功；不知道天之所以能成为天的人，帝王事业不可能成功。称王的人把民众看作天，而民众把粮食看作天。敖仓作为全国粮食的转运地已经很久了，我听说那里储藏有很多粮食。楚军攻下了荥阳，不固守敖仓，却引兵东进，让被责罚的士兵分守成皋，这是上天资助汉军。目前，楚军很容易打败，而汉军反而退却，自己放弃有利的时机，我私下认为这样错了。况且，两雄不能并立，楚汉两军长久相持不下，百姓骚动不安，全国动荡，农夫放下农具，织女离开织布机，天下民心无法安定。希望您赶快重新进军，收复荥阳，占有敖仓的粮食，阻塞成皋的险要地势，断绝太行的通道，控制蜚狐岭的隘口，固守白马渡口，向诸侯显示利用地形制服敌人的阵势，那么天下民心就知道归向了。如今，燕国和赵国已经平定，只有齐国没有攻下。现在，田广占据着方圆千里的齐国，田间率领二十万军队，驻扎在历城。田氏宗族的势力强大，他们靠着大海，以黄河、济水为屏障，南面靠近楚国，齐人大多狡诈善变，您即使派遣数十万军队，也不可能在一年半载中打败他们。我请求能奉您的诏令去游说齐王，让他归汉，成为汉的东方属国。"刘邦说："好。"

刘邦听从郦食其的谋划，据守敖仓，并派郦食其去游说齐王，说："您知道天下人心的归向吗？"齐王说："不知道。"郦食其说："您知道天下人心的归向，那么齐国就可以保住；如果不知道天下人心的归向，那么齐国便不可能保住。"齐王说："天下人心归向哪里？"郦食其说："归向汉王。"齐王说："凭什么这么说呢？"郦食其说："汉王跟项王合力向西攻打秦朝，约定先进入咸阳的称王。汉王先进入咸阳，项王违背盟约不给他咸阳，而让他去汉中称王。项羽迁徙并杀死义帝，汉王听到这个消息，便发动蜀汉的军队攻打三秦地区，出函谷关，追问义帝的下落，收集天下的军队，封立诸侯的后代。攻占了城邑就封这位将领为侯，得到了财物就用来分给那些士兵，跟天下人同利，英雄豪杰贤士才人都乐意为他所用。诸侯的军队从四面而来，蜀汉的粮食正用船载着顺流而下。项王有违背约定的名声，有杀死义帝的恶行；对别人的功劳不加奖励，对别人的罪过念念不忘；打了胜仗得不到他的奖赏，攻占了城池得不到他的封地；不是项氏宗族就没有谁能掌权；给人刻印，抚摸玩弄得陈旧了仍不授予；攻城取得财物，堆积起来也不愿赏赐官兵。天下人反叛他，贤人才士怨恨他，没有人为他效劳。所以天下之士归向汉王，汉王可以轻易地驱使他们。汉王从蜀汉出发，平定了三秦；渡过西河，统率上党的军队；攻下井陉，诛杀成安君；打败北边的魏国，夺取三十二座城池：这简直像蚩尤的军队，根本不是常人办得到的，是天降的洪福。如今，汉王已经拥有了敖仓的粮食，阻塞了成皋的险要，固守着白马渡口，断绝了太行的通道，控制了蜚狐隘口，天下诸侯后服从的就会先被消灭。您要是及早归顺汉王，齐国的江山就可以保住；不归顺汉王，齐国亡国指日可待。"田广认为他说得对，便听从郦食其的建议，撤除了历城的守军和战备，每天陪郦食其纵情饮酒。

【原文】

淮阴侯闻郦生伏轼下齐七十馀城,乃夜度兵平原袭齐。齐王田广闻汉兵至,以为郦生卖己,乃曰:"汝能止汉军,我活汝;不然,我将亨汝!"郦生曰:"举大事不细谨,盛德不辞让①。而公不为若更言!"齐王遂亨郦生,引兵东走。

汉十二年,曲周侯郦商以丞相将兵击黥布有功。高祖举列侯功臣②,思郦食其。郦食其子疥数将兵,功未当侯,上以其父故,封疥为高梁侯。后更食武遂,嗣三世③。元狩元年中,武遂侯平坐诈诏④衡山王取百斤金,当弃市⑤,病死,国除也。

【注释】

①不辞让:不怕别人责难。让,此处是责备的意思。
②举:提拔,此处是分封的意思。
③嗣:继承、接续。
④坐诈诏:因为假冒皇帝的诏书而犯罪。
⑤弃市:古代的一种死刑,在闹市执行,将尸体暴露街头。

【译文】

韩信听说郦食其以说客身份降服齐国七十多座城池,便在夜里渡过平原渡口,袭击齐国。齐王田广听说汉军到来,以为郦食其出卖了他,便说:"你能制止汉军进攻的话,我让你活;不然的话,我将烹杀你!"郦食其说:"成就大事的人不拘小节,道德高尚的人,不怕别人的责难。我不会替你再说什么!"齐王田广就烹杀了郦食其,领兵向东逃跑。

汉十二年,曲周侯郦商以丞相身份带兵镇压英布反叛有功。刘邦分封列侯功臣时,想起了郦食其。郦食其儿子郦疥曾多次带兵,但他的战功还没有达到封侯那个高度,刘邦因为他父亲的缘故,便封郦疥为高梁侯。后来,刘邦改封武遂为他的食邑，封国传了三代。元狩元年中，武遂侯郦平因为假托诏令骗取了衡山王一百斤黄金，依法判处死刑，但未行刑他就病死了，他的封国被废除。

【编后语】

　　本书选取了列传第三十七《郦生陆贾列传》，它是郦食其、陆贾、朱建这三个能言善辩之人的合传。本书选取了《郦生陆贾列传》中的郦生传，省略了陆贾传、朱建传以及"太史公曰"。这三个人大有战国时代纵横家的遗风，对秦末汉初的政治局面产生过一定的影响。

袁盎晁错列传

【原文】

晁错者，颍川人也。学申商刑名于轵张恢先所①，与雒阳宋孟及刘礼同师。以文学为太常掌故。

错为人陗直刻深②。孝文帝时，天下无治《尚书》者，独闻济南伏生故秦博士，治《尚书》，年九十馀，老不可征，乃诏太常使人往受之。太常遣错受《尚书》伏生所。还，因上便宜事，以《书》称说。诏以为太子舍人、门大夫、家令。以其辩得幸太子，太子家号曰"智囊"。数上书孝文，言削诸侯事，及法令可更定者。书数十上，孝文不听，然奇其材，迁为中大夫。当是时，太子善错计策，袁盎诸大功臣多不好错。

景帝即位，以错为内史。错常数请间，言事辄听，宠幸倾九卿，法令多所更定。丞相申屠嘉心弗便，力未有以伤。内史府居太上庙壖中③，门东出，不便，错乃穿两门南出，凿庙壖垣。丞相嘉闻，大怒，欲因此过为奏请诛错。错闻之，即夜请间，具为上言之。丞相奏事，因言错擅凿庙垣为门，请下廷尉诛。上曰："此非庙垣，乃壖中垣，不致于法。"丞相谢。

罢朝，怒谓长史曰："吾当先斩以闻，乃先请，为儿所卖，固误。"丞相遂发病死。错以此愈贵。

迁为御史大夫，请诸侯之罪过，削其地，收其枝郡④。奏上，上令公卿列侯宗室集议，莫敢难，独窦婴争之，由此与错有郤⑤。错所更令三十章，诸侯皆喧哗，疾晁错。错父闻之，从颍川来，谓错曰："上初即位，公为政用事，侵削诸侯，别疏人骨肉，人口议多怨公者，何也？"晁错曰："固也。不如此，天子不尊，宗庙不安。"错父曰："刘氏安矣，而晁氏危矣，吾去公归矣！"遂饮药死，曰："吾不忍见祸及吾身。"死十馀日，吴楚七国果反，以诛错为名。及窦婴、袁盎进说，上令晁错衣朝衣斩东市。

【注释】

①申商：指先秦法家代表人物申不害和商鞅。刑名：指名和实的关系。刑，通"形"。

②陗直刻深：严峻刚直，苛刻严酷。

③太上庙：指高祖刘邦之父刘太公之庙。堧：读ruán，城郭旁或河边的空地。此处指太上庙内外墙之间的空地。

④枝郡：指诸侯国四周边缘上的郡。

⑤郤：通"隙"，隔阂的意思。

【译文】

晁错是颍川人。他曾在轵县张恢那里学习申不害、商鞅的刑名学说，与洛阳人宋孟和刘礼是同学。他凭着博学当了太常掌故。

晁错为人冷峻刚直，刻板持重。汉文帝时，全国没有研究《尚书》的人，只听说济南的伏生原是秦朝的博士，研究过《尚书》，九十多岁，因为他年纪老了，不能征召进京，汉文帝便诏令太常派人去学习《尚书》。太常派晁错去伏生那里学习《尚书》。回来时，晁错借机会奏报国家当前该做的事，引用《尚书》进行解释。汉文帝便命他担任太子舍人、门大夫和家令。晁错靠他在辞辩方面的本领得到了太子刘启的宠幸，太子家的人称他为智囊。汉文帝在位时，他多次上书，谈论削夺诸侯势力以及法令方面的事。几十次的上书，汉文帝都没有听取，但感觉到他的才能特别，调他任中大夫。当时，太子刘启认为晁错的计谋策略不错，袁盎和众位有显耀功勋的大臣大多不喜欢晁错。

刘启（汉景帝）即位后，便任命晁错为内史。晁错多次请求单独谈论事情，汉景帝每次都听从了，对他的恩宠超过了九卿，法令也多有修改。丞相申屠嘉心中不满，但也没办法加以阻挠。内史府建在太上庙围墙里的空地上，门在东边，进出不方便，晁错便在南边另开了两扇门，开凿了太上庙的围墙。丞相申屠嘉听说后，十分生气，想趁这个过失奏报请求惩处晁错。晁错听说后，当夜请求单独见汉景帝，详细地向汉景帝奏报这件事情。丞相申屠嘉奏报事情时，借机报告晁错擅自开凿太上庙的墙作为大门，请求把晁错交给廷尉惩处。汉景帝说："他凿的不是庙墙，而是庙外空地中的围墙，没有严重到动用法令的地步。"丞相申屠嘉只好谢了罪。

退朝后，丞相申屠嘉生气地对长史说："我应该先处治了他再奏报皇上，他先行去报告，被这小子捉弄了，实在是大错。"丞相申屠嘉最终病发死去。晁错因此愈发显贵。

晁错被提拔为御史大夫，向汉景帝奏报诸侯的罪过，要求削夺他们的封地，收回在他们周围的郡地。报告给汉景帝后，汉景帝命令公卿、列侯和宗室在一起议论这件事，没有人敢提出诘难，唯独窦婴反对这件事。因此，窦婴和晁错产生了嫌隙。晁错修改的法令有三十章，诸侯都反对，憎恨晁错。晁错父亲听说了这件事后，从颍川赶过来，对晁错说："皇帝才即位，你掌握着权力，侵夺削弱诸侯的势力，离间人家的骨肉关系，人们都议论和怨恨你，这是为什么呢？"晁错说："本来就应该这样，否则的话，天子不会受到尊崇，国家也不能安宁。"晁错父亲说："刘家的天下安定了，而晁家却要有危险了。我离开你回家了！"他便服食毒药而死，临死前，他说："我不忍心看到灾祸连累到全家啊！"死后十几天，吴楚七国果然反叛，以诛杀晁错为名义。等窦婴、袁盎进言劝说后，汉景帝便下令在东市将穿着朝衣的晁错处斩。

【原文】

　　晁错已死，谒者仆射邓公为校尉，击吴楚军为将。还，上书言军事，谒见上。上问曰："道军所来，闻晁错死，吴楚罢不[①]？"邓公曰："吴王为反数十年矣，发怒削地，以诛错为名，其意非在错也。且臣恐天下之士噤口[②]，不敢复言也！"上曰："何哉？"邓公曰："夫晁错患诸侯强大不可制，故请削地以尊京师，万世之利也。计画始行，卒受大戮，内杜忠臣之口，外为诸侯报仇，臣窃为陛下不取也。"于是景帝默然良久，曰："公言善，吾亦恨之。"乃拜邓公为城阳中尉。

邓公，成固人也，多奇计③。建元中，上招贤良，公卿言邓公。时邓公免，起家④为九卿。一年，复谢病免归。其子章以修⑤黄老言显于诸公间。

【注释】

①不：此处是否的意思。
②嗫：闭口不作声。
③奇计：出人意料的妙计。
④起家：此处指由闲居在家起用。
⑤修：治。指学习研究。黄老言：指道家学说。黄老，指黄帝和老子。

【译文】

晁错死后，谒者仆射邓公担任校尉，在攻打吴楚叛军时出任将军。回来时，他上书报告情况，进见汉景帝。汉景帝问他说："你从军营中来，听说晁错死了之后，吴楚的军队退走没有？"邓公说："吴王准备谋反已经几十年了，因朝廷削减他们的地盘而发怒，便拿诛杀晁错作为起兵借口，他们的本意不在晁错。而且，我担心天下的士人们闭上嘴巴，不敢再有什么建议了。"汉景帝说："为什么呢？"邓公说："晁错担心诸侯的势力强大了不能控制，所以才请求削减他们的封地，以增强朝廷的权威，这是对万世有益的事情。可计划才开始实行，结果就遭到杀戮，对朝廷内部来说，是堵塞了忠臣的嘴，对朝廷外部来说，是替诸侯了却了仇怨，我私下以为您这样做不可取。"汉景帝沉默了好久，说："你说得对，我也后悔这件事。"汉景帝便任命邓公为城阳中尉。

邓公是成固人，有不少奇特的谋略。建元年间，朝廷招纳贤良之士，公卿们推荐邓公。当时，邓公免官在家，起用后担任九卿。一年之后，邓公再次称病辞职回到家中。他的儿子邓章由于钻研黄老学说，在大臣中间享有声名。

【编后语】

《袁盎晁错列传》是袁盎和晁错的合传。本书选取《袁盎晁错列传》中的晁错传，省略了袁盎传和"太史公曰"。阅读此篇，我们可以对汉初的"七国之乱"有一个基本的了解。

扁鹊仓公列传

【原文】

扁鹊者，勃海郡郑①人也，姓秦氏，名越人。少时为人舍长②。舍客长桑君过，扁鹊独奇之，常谨遇之。长桑君亦知扁鹊非常人也。出入十馀年，乃呼扁鹊私坐，间与语曰："我有禁方，年老，欲传与公，公毋泄。"扁鹊曰："敬诺。"乃出其怀中药予扁鹊："饮是以上池之水③，三十日当知物④矣。"乃悉取其禁方书尽与扁鹊。忽然不见，殆非人⑤也。扁鹊以其言饮药三十日，视见垣一方人。以此视病，尽见五藏症结，特以诊脉为名耳。为医或在齐，或在赵。在赵者名扁鹊。

当晋昭公时，诸大夫强而公族弱，赵简子为大夫，专国事。简子疾，五日不知人，大夫皆惧，于是召扁鹊。扁鹊入视病，出，董安于问扁鹊，扁鹊曰："血脉治也，而何怪！昔秦穆公尝如此，七日而寤。寤之日，告公孙支与子舆曰：'我之帝所甚乐⑥。吾所以久者，适有所学也。帝告我："晋国且大乱，五世不安⑦。其后将霸，未老而死。霸者之子且令而国男女无别。"'公孙支书而藏之，秦策于是出。夫献公之乱⑧，文公之霸，而襄公败秦师于殽而归纵淫，此子之所闻。今主君之病与之同，不出三日必间，间必有言也。"

居二日半，简子寤，语诸大夫曰："我之帝所甚乐，与百神游于钧天⑨，广乐九奏万舞，不类三代之乐，其声动心。有一熊欲援我，帝命我射之，中熊，熊死。有罴来，我又射之，中罴，罴死。帝甚喜，赐我二笥⑩，皆有副。吾见儿在帝侧，帝属我一翟犬，曰：'及而子之壮也以赐之。'帝告我：'晋国且世衰⑪，七世而亡。嬴姓将大败周人于范魁之西，而亦不能有也。'"董安于受言，书而藏之。以扁鹊言告简子，简子赐扁鹊田四万亩。

【注释】

①郑：此处"郑"当作"鄭"。

②舍长：供客人食宿馆舍的主管。

③上池之水：指草木的露水。

④知物：洞察事物。

⑤非人：意指不是一般人。

⑥帝所：天帝生活的地方。

⑦五世：五代，指晋献公、奚齐、卓子、晋惠公、晋怀公五代。

⑧献公之乱：指晋献公为立受宠的骊姬所生之子做太子而引发的内乱。

⑨钧天：天的中央。

⑩笥：装物品的方形竹器。

⑪世衰：指一代一代地衰弱。

【译文】

扁鹊是渤海郡郑人，姓秦，叫越人。年轻时，他做客馆的主管。有个叫长桑君的客人到客馆来时，只有扁鹊认为他非同凡响，非常恭敬地招待他。长桑君也意识到扁鹊不是普通人。长桑君在客馆出入十多年，有一天，他叫扁鹊和自己坐在一起，悄悄地对扁鹊说："我有秘藏的医方，我老了，想传给你，你不要泄露出去。"扁鹊说："好！"他从怀中拿出一包药给扁鹊说："用草木上的露水送服这种药，三十天后，你将能知晓许多事。"接着他又拿出全部的秘方给了扁鹊。忽然间，他就不见了，大概他不是凡人吧！扁鹊按照他说的服药三十天后，能看见墙另一边的人。因此，他诊视别人的疾病时，能看见病人五脏内所有的病症，只是他表面上还在为病人切脉而已。他有时在齐国行医，有时在赵国行医。在赵国时，他名叫扁鹊。

晋昭公时，大夫的势力强盛而国君的力量衰弱，赵简子是大夫，却独掌国事。赵简子病了，五天不省人事。大夫们都很忧惧，于是召来扁鹊。扁鹊入室诊视，出来后，大夫董安于向扁鹊询问病情，扁鹊说："他的血脉正常，你们何必惊怪！从前，秦穆公也曾出现这种情形，昏迷了七天才苏醒。醒来当天，秦穆公告诉公孙支和子舆说：'我到天帝那里非常快乐。我之所以去那么长时间，是因为碰上天帝要教我。天帝告诉我："晋国将要大乱，会五代不安定。之后，将有人成为霸主，称霸不久他就会死去。霸主的儿子将使你的国家男女淫乱"'。"公孙支把这些话记下，收藏起来。后来，秦国的史书才记载了此事。晋献公的混乱，晋文公的称霸，及晋襄公在崤山打败秦军后放纵淫乱，这些都是你所闻知的。现在你们国君的病和他相同，不出三天他就会痊愈，痊愈后，他必定也会说一些话。"

过了两天半，赵简子苏醒了，告诉众大夫，说："我到天帝那里非常快乐，与百神在钧天游玩，各种乐器奏着乐，跳着各种各样的舞蹈，不像上古三代时的乐舞，乐声动人心魄。有一只熊要抓我，天帝命令我射杀它，我射中了熊，熊死了。又有一只罴走过来，我又射它，又射中了，罴也死了。天帝非常高兴，赏赐我两个竹筒，里边都装有首饰。我看见我儿子在天帝身边，天帝把一只翟犬托付给我，并说：'等到你儿子长大成人时赐给他。'天帝告诉我说："晋国将会一代一代地衰微下去，过了七代就会灭亡。秦国人将在范魁的西边打败周人，但他们也不能拥有周的政权。"董安于听了这些话后，记录并收藏起来。董安于又把扁鹊的话告诉赵简子，赵简子赐给扁鹊四万亩田地。

【原文】

其后扁鹊过虢。虢太子死，扁鹊至虢宫门下，问中庶子喜方者曰："太子何病，国中治穰过于众事①？"中庶子曰："太子病血气不时②，交错而不得泄，暴发于外，则为中害③。精神不能止邪气，邪气畜积而不得泄，是以阳缓而阴急，故暴蹶④而死。"扁鹊曰："其死何如时？"曰："鸡鸣至今。"曰："收乎？"曰："未也，其死未能半日也。""言臣齐勃海秦越人也，家在于郑，未尝得望精光，侍谒于前也。闻太子不幸而死，臣能生之。"中庶子曰："先生得无诞⑤之乎？何以言太子可生也？臣闻上古之时，医有俞跗，治病不以汤液醴洒，镵石挢引⑥，案扤毒熨⑦，一拨⑧见病之应，因五藏之输，乃割皮解肌，诀脉结筋，搦髓脑，揲荒爪幕⑨，湔浣肠胃，漱涤五藏，练精易形⑩。先生之方能若是，则太子可生也；不能若是而欲生之，曾不可以告咳婴之儿⑪。"终日，扁鹊仰天叹曰："夫子之为方也，若以管窥天，以郄视文。越人之为方也，不待切脉、望色、听声、写形⑫，言病之所在。闻病之阳，论得其阴；闻病之阴，论得其阳。病应见于大表，不出千里，决者至众，不可曲止也⑬。子以吾言为不诚，试入诊太子，当闻其耳鸣而鼻张，循其两股以至于阴，当尚温也。"

中庶子闻扁鹊言，目眩然而不瞚⑭，舌挢然而不下⑮，乃以扁鹊言入报虢君。虢君闻之大惊，出见扁鹊于中阙，曰："窃闻高义之日久矣，然未尝得拜谒于前也。先生过小国，幸而举之，偏国寡臣幸甚。有先生则活，无先生则弃捐填沟壑⑯，长终而不得反。"言未卒，因嘘唏服臆，魂精泄横⑰，流涕长潸，忽忽承睑，悲不能自止，容貌变更。扁鹊曰："若太子病，所谓'尸蹶'⑱者也。夫以阳入阴中，动胃缠缘，中经维络⑲，别下于三焦、膀胱，是以阳脉下遂，阴脉上争，会气闭而不通，阴上而阳内行，下内鼓而不起，上外绝而不为使，上有绝阳之络，下有破阴之纽，破阴绝阳，色废脉乱，故形静如死状。太子未死也。夫以阳入阴支兰藏者生，以阴入阳支兰藏者死。凡此数事，皆五藏蹶中之时暴作也。良工⑳取之，拙者㉑疑殆。"

扁鹊乃使弟子子阳厉针砥石㉒，以取三阳五会。有间，太子苏。乃使子豹为五分之熨㉓，以八减之齐㉔和煮之，以更熨两胁下。太子起坐。更适阴阳，但服汤二旬而复故。故天下尽以扁鹊为能生死人。扁鹊曰："越人非能生死人㉕也，此自当生者，越人能使之起㉖耳。"

【注释】

①治：举行。穰：通禳，祛除邪恶的祭祀。

②不时：不按时，没规律。

③中害：此处指内脏受伤害。

④蹶：泛指突然昏倒，不省人事的病症。

⑤得无：莫不是，该不是。诞：放诞虚妄。

⑥镵石：镵，读chán，古时治病用的石针。挢引：指导引，古代的一种气功疗法。

⑦案抏：按摩。案，通"按"。抏，摇动。毒熨：用药物敷在患处后加热使药力透入体内的热敷疗法。

⑧拨：拨开衣服，此处指对病人进行诊视检查。应：反应，指疾病所在。

⑨揲荒：触动膏肓。揲，读shé，持，触动。荒，通"肓"，即膏肓。爪幕：用手疏理横膈膜。爪：通"抓"，用手指疏理。幕：通"膜"，指横膈膜。

⑩练精易形：修炼精气，改变容色。

⑪曾：简直。咳婴之儿：刚会笑的婴儿。咳，此处是婴儿的笑声。

⑫写形：审察病人体态神情外部症状。写，摹写，此处指审察。

⑬不可曲止：不能停在一个角度看问题。曲，这里指一隅之见。

⑭眩然：眼睛昏花的样子。瞚：眨眼的意思。

⑮舌挢然而不下：舌头翘起不能放下，形容说不出话的样子。

⑯弃捐填沟壑：此处指死的委婉说法。

⑰魂精泄横：精神散乱恍惚。

⑱尸蹶：古代病名，突然昏迷摔倒，其状如尸的病症。

⑲中经维络：经脉受损伤，络脉被阻塞。

⑳良工：此处指医术高明的医生。取：攻取，此处指治愈病患。

㉑拙者：此处指医术拙劣的医生。疑：疑惑，困惑。殆：危险。

㉒厉针砥石：磨砺针石。厉，通"砺"，磨砺的意思。砥，砥砺。

㉓五分之熨：用药热敷患处，使温热药气深入体内五分的疗法。

㉔八减之齐：指八减剂，古方名，已失传。齐，通"剂"。

㉕生死人：使死人复生。

㉖起：振作、振起，指活过来。

【译文】

后来扁鹊路经虢国。虢国太子刚死,扁鹊来到虢国王宫门前,问一位喜好医术的中庶子,说:"太子有什么病?为什么全国举行除邪去病的祭祀超过了其他事?"中庶子说:"太子患上了血气运行无规律的病,阴阳交错致使气血郁结不通,突然暴发,导致内脏受了伤害。他体内的正气不能制止邪气,邪气蓄积而不能发散,导致阳脉弛缓阴脉急迫,最终突然昏倒而死。"扁鹊问:"他什么时候死的?"中庶子回答:"鸡叫时。"扁鹊又问:"收殓了吗?"中庶子说:"还没有,他死了还不到半天呢。"扁鹊说:"请你禀告虢国公,我是渤海郡的秦越人,老家在郑地,过去未能仰望君王的神采,侍奉在他左右。现在听说太子死了,我能使他复活。"中庶子说:"您该不是胡说吧?为什么说太子可以复活呢?我听说上古时有个叫俞跗的医生,治病不用汤剂、药酒、镵针、砭石、导引、按摩、药熨等办法,一解开衣服诊视,就知道疾病所在,顺着五脏的输穴,割开皮肤,剖开肌肉疏通经脉,结扎筋腱,按治脑髓,触动膏肓,疏理横膈膜,清洗肠胃,洗涤五脏,修炼精气,改变神情气色。如果您的医术能如此,那么太子就能再生;如果不能做到,却想要使他再生,这话三岁小孩也不会相信。"扁鹊仰天长叹,说:"你说的那些治疗方法,就像从竹管中看天,从缝隙中看花纹一样。我用的治疗方法,不需切脉、望脸色、听声、观察体态神情,就能说出病因在什么地方。知道疾病外在的表现就能推知其内有的原因;知道疾病内在的原因就能推知其外在的表现。人体内的疾病会从体表反映出来。据此,我可诊断千里之外的病人。我决断的方法很多,不能只停留在一个角度看问题。你如果认为我说得不可靠,就请让我进去试着诊视太子,应会听到他耳内有声响,看到他的鼻翼在扇动,顺着他的两腿摸到阴部,那里应该还是温热的。"

中庶子听完扁鹊的话,双眼呆滞,眼不能眨,舌头翘着说不出话,就进去把扁鹊的话告诉了虢国公。虢国公听后十分惊讶,走出内廷,在宫廷的中门接见扁鹊,说:"久闻您的大名,只是没机会拜见您。这次您路经我们这个小国,希望您能救助我们,我这个偏远国家的君王真是太幸运了。有您在,就能救活我的儿子；没有您在，他就会死去，永远没有复活的可能。"话没说完，虢国公悲伤抽噎，气郁胸中，精神散乱恍惚，涕泪交流，泪珠滚落沾在睫毛上，悲哀得不能自已，连容貌都变了。扁鹊说："太子得的病，就是人们所说的'尸蹶'。那是因为阳气陷入阴脉，脉气缠绕冲动了胃，经脉受损，络脉被阻塞，分别下沉于三焦、膀胱，因此阳脉下坠，阴气上升，阴阳两气会聚，互相困塞，不能通畅阴气又逆而上行，阳气只好向内运行，于是阳气只能在下在内鼓动却不能上升，本应在上、在外的阳气被阻绝而不能引导阴气，在上隔绝了阳气的脉络，在下又破坏了阴气的筋纽，这样，阴气破坏、阳气隔绝，使人的面色衰败血脉混乱，所以身体会安静得像死了一样。太子实际没有死。因为阳入袭阴而阻绝脏气的能治愈，阴入袭阳而阻绝脏气的必死。这些情况，都会在五脏失调之时突然发作。高明的医生能治愈这种病，拙劣的医生会因困惑使病人危险。"

随后，扁鹊就叫他学生子阳磨砺针石，取穴百会下针。过了一会儿，太子苏醒了。扁鹊又让学生子豹准备能入体五分的药，再加上八减方的药剂混合煎煮，交替在两肋下熨敷。太子能坐起来了。扁鹊又进一步调和阴阳，太子仅仅吃了二十天汤剂身体就恢复如前了。所以，天下人都认为扁鹊能使死人复活。扁鹊却说："我并不能起死回生，他本就应该活下去，我能做的只是促使他恢复健康罢了。"

【原文】

扁鹊过齐，齐桓侯客之。入朝见，曰："君有疾在腠理①，不治将深。"桓侯曰："寡人无疾。"扁鹊出，桓侯谓左右曰："医之好利也，欲以不疾者为功②。"

后五日，扁鹊复见，曰："君有疾在血脉，不治恐深。"桓侯曰："寡人无疾。"扁鹊出，桓侯不悦。

后五日，扁鹊复见，曰："君有疾在肠胃间，不治将深。"桓侯不应。扁鹊出，桓侯不悦。

后五日，扁鹊复见，望见桓侯而退走③。桓侯使人问其故。扁鹊曰："疾之居腠理也，汤熨之所及也；在血脉，针石之所及也；其在肠胃，酒醪④之所及也；其在骨髓，虽司命⑤无奈之何。今在骨髓，臣是以无请也。"

后五日，桓侯体痛⑥，使人召扁鹊，扁鹊已逃去。桓侯遂死。

使圣人预知微，能使良医得蚤从事，则疾可已⑦，身可活也。人之所病，病疾多；而医之所病，病道⑧少。故病有六不治：骄恣不论于理，一不治也；轻身重财，二不治也；衣食不能适，三不治也；阴阳并⑨，藏气不定，四不治也；形羸不能服药，五不治也；信巫不信医，六不治也。有此一者，则重难治也。

扁鹊名闻天下。过邯郸，闻贵妇人，即为带下医⑩；过雒阳，闻周人爱老人，即为耳目痹医⑪；来入咸阳，闻秦人爱小儿，即为小儿医：随俗为变。秦太医令李醯自知伎不如扁鹊也，使人刺杀之。至今天下言脉者，由扁鹊也。

【注释】

①腠理：皮肤和脏腑的纹理，此处指皮肤和肌肉之间。

②不疾者：没有生病的人。

③退走：指转身而逃走。

④醪：浊酒，此处指药酒。

⑤司命：古代传说中掌管人生命的神。

⑥体痛：此处指身体得了重病。

⑦已：停止，此处指疾病的治愈。

⑧道：此指治病的方法。

⑨并：交合，此指错乱。

⑩带下医：妇科医生。

⑪痹：指风、寒、湿等侵犯肌体引起关节肌肉疼痛麻木的病症。

【译文】

扁鹊到了齐国，齐桓公把他当客人招待。他到朝廷拜见齐桓公说："您的皮肤和肌肉之间有小病，不治将会深入体内。"齐桓公说："我没有病。"扁鹊走出宫门后，齐桓公对身边的人说："医生喜爱功利，想治疗没病的人，并将这说成是自己的功绩。"

过了五天，扁鹊再去见齐桓公，说："您的病已在血脉里，不治恐怕会深入体内。"齐桓公说："我没有病。"扁鹊出去后，齐桓公不高兴。

过了五天，扁鹊又去见齐桓公，说："您的病已在肠胃间，不治将会更加深入体内。"齐桓公不肯答话。扁鹊出去后，齐桓公不高兴。

过了五天，扁鹊又来朝见齐桓公，只远远地一看就转身就跑走了。齐桓公派人问他缘故。扁鹊说："疾病在皮肉之间，汤剂和药熨的效力就能达到治病的目的；疾病在血脉中，靠针刺和砭石的效力就能达到治病的目的；疾病在肠胃中，药酒的效力就能达到治病的目的；疾病进入骨髓，就是掌管生命的神也无可奈何。现在，君王疾病已深入骨髓，因此我不再要求为他治病。"

过了五天后，齐桓公患了重病，派人召请扁鹊。扁鹊已逃离齐国。于是齐桓公就病死了。

假使圣人能预先知道没显露的病症，能够使好的医生及早诊治，那么疾病就能治好，性命就能保住。人们担忧的是疾病太多，医生忧虑的是治病方法太少。所以，有六种患病的情形不能医治：为人傲慢放纵不讲道理，是一不治；轻视身体看重钱财，是二不治；衣着饮食不能调节适当，是三不治；阴阳错乱，五脏功能紊乱，是四不治；形体羸弱，不能服药的，是五不治；迷信巫术而不相信医术的，是六不治。有这其中一种情形的，那就很难医治。

扁鹊名声传扬天下。到邯郸时，他闻知当地人尊重妇女，就做妇科医生；到洛阳时，闻知周人敬爱老人，就做专治耳聋眼花四肢痹痛的医生；到了咸阳后，闻知秦人喜爱孩子，就做治小孩疾病的儿科医生：他随着各地的习俗来变化自己的医治范围。秦国太医令李醯自知医术不如扁鹊，派人刺杀了扁鹊。直到现在，天下研究诊脉法的，都是从扁鹊那传下来的。

【编后语】

《史记》是非常了不起的。它不仅记载了大量历史，还记载了古代的科技成果等等。《扁鹊仓公列传》就是其典型代表。《扁鹊仓公列传》是《史记》最精彩同时又是最具有特色的篇章之一。本书精选了《扁鹊仓公列传》中的扁鹊传，省略了仓公传以及"太史公曰"。阅读此篇，我们可以对古代名医事迹以及秦汉以前医学成就有一个基本的了解和认识。

魏其武安侯列传

【原文】

魏其侯窦婴者,孝文后从兄子也。父世①观津人,喜宾客。孝文时,婴为吴相,病免。孝景初即位,为詹事。

梁孝王者,孝景弟也,其母窦太后爱之。梁孝王朝,因昆弟燕饮。是时上未立太子,酒酣②,从容言曰:"千秋之后③传梁王。"太后欢。窦婴引卮酒进上,曰:"天下者,高祖天下,父子相传,此汉之约也,上何以得擅传梁王!"太后由此憎窦婴。窦婴亦薄其官④,因病免⑤。太后除窦婴门籍⑥,不得入朝请⑦。

【注释】

①父世:父辈以上的世世代代。

②酒酣:喝酒喝得很尽兴。

③千秋之后:指死后。

④薄其官:轻视他的官位。

⑤因病免:借病辞官。

⑥除:取消。门籍:进出宫门的凭证。当时的官员进宫必须核对门籍。

⑦朝请:诸侯朝见天子,春天叫"朝",秋天称"请"。此处指每逢节日入宫觐见皇帝。

【译文】

魏其侯窦婴,是汉文帝皇后堂兄的儿子。他的父祖辈世代都是观津县人。窦婴喜欢结交宾客。汉文帝时，窦婴曾担任吴国相国，因为有病辞职。汉景帝刚刚即位时，他被任命为詹事。

梁孝王是汉景帝的弟弟，他的母亲窦太后疼爱他。梁孝王入朝觐见景帝时，汉景帝以哥哥的身份与梁孝王一起宴饮。当时，汉景帝还没有确立太子，酒兴正浓时，随便说了一声："我死之后，帝位传给梁王。"窦太后听后非常高兴。这时窦婴端起一杯酒进呈汉景帝，说："天下是高祖开创的天下，帝位应当父子相传，这是汉朝的制度，皇上凭什么要擅自传给梁王呢？"窦太后因此憎恶窦婴。窦婴也嫌自己官职太小，借口有病辞职。窦太后注销了窦婴进出皇宫大门的名籍，不准他再进宫朝见皇帝。

【原文】

孝景三年，吴、楚反，上察宗室诸窦毋如窦婴贤，乃召婴。婴入见，固辞谢病不足任①。太后亦惭。于是上曰："天下方有急，王孙宁可以让邪？"乃拜婴为大将军，赐金千斤。婴乃言袁盎、栾布诸名将贤士在家者进之②。所赐金，陈之廊庑下，军吏过，辄令财取为用，金无人家者。窦婴守荥阳，监齐、赵兵。七国兵已尽破，封婴为魏其侯。诸游士宾客争归魏其侯。孝景时每朝议大事③，条侯、魏其侯，诸列侯莫敢与亢礼④。

孝景四年，立栗太子，使魏其侯为太子傅⑤。孝景七年，栗太子废，魏其数争不能得⑥。魏其谢病，屏居蓝田南山之下数月，诸宾客辩士说之，莫能来⑦。梁人高遂乃说魏其曰："能富贵将军者，上也；能亲将军者，太后也。今将军傅太子，太子废而不能争；争不能得，又弗能死。自引谢病，拥赵女，屏闲处而不朝⑧。相提而论，是自明扬主上之过⑨。有如两宫螫将军，则妻子毋类矣⑩。"魏其侯然之，乃遂起，朝请如故。

桃侯免相，窦太后数言魏其侯。孝景帝曰："太后岂以为臣有爱，不相魏其？魏其者，沾沾自喜耳，多易⑪。难以为相，持重。"遂不用，用建陵侯卫绾为丞相。

【注释】

①固辞：坚决推辞。谢病：推托有病。不足任：此处指不能担当大任。

②在家：此处指免官家居。进之：把他们推荐给汉景帝。

③朝议：在朝廷上讨论。

④列侯：爵位名。亢礼：平起平坐，以平等礼相待。亢，通"抗"。

⑤太子傅：负责辅佐教导太子的官。

⑥数争：此处指多次为栗太子争辩。不能得：指无效果。

⑦莫能来：不能说服他回到京城来。

⑧屏闲处：退隐闲居。

⑨明扬主上之过：明显地张扬汉景帝的过失。

⑩毋类：此处指全家被杀。

⑪易：此处是草率轻浮的意思。

【译文】

汉景帝三年，吴、楚等国造反，汉景帝考察皇族和窦家诸人，发现没有谁像窦婴那样贤能，就召见了窦婴。窦婴入宫拜见汉景帝后，坚决推辞，借口有病，不能胜任在朝中任职。窦太后也感到惭愧。汉景帝说："天下正处于危难之时，王孙难道还要再推卸责任吗？"于是，汉景帝任命窦婴作大将军，赏赐给他黄金千斤。窦婴向汉景帝提及赋闲在家的袁盎、栾布等诸位名将贤士，并将他们举荐给汉景帝。汉景帝赏赐给他的黄金，窦婴将它们摆放在廊庑之下，手下的军官经过那里，就让他们酌量取用，所赏黄金，窦婴一点儿也没拿回家。窦婴率军驻守荥阳，密切注视齐国和赵国的战况。等到七国的叛军全部被击败后，汉景帝封窦婴为魏其侯。许多游士宾客争着归附窦婴。汉景帝每次朝廷讨论军政大事，众多列侯中没有人敢与条侯周亚夫、魏其侯窦婴平起平坐。

汉景帝四年，立栗太子后，汉景帝派窦婴担任太子的老师。汉景帝七年，栗太子被废黜，窦婴多次为栗太子争辩都没有结果。于是窦婴就推说有病，隐居在蓝田县南山下好几个月。许多宾客、辩士前来劝说他，但没人能够说服他返回京城。梁地人高遂于是来劝说窦婴，说："能使您富贵的是皇上，能使您成为朝廷亲信的是太后。现在，您担任太子的老师，太子被废黜而不能力谏，力谏没有成功又不能为他殉死。自己托病引退，拥抱赵国的美女而隐退闲居，不去参加朝会。我把这些情况相互对照起来看，发现这是您表明要张扬皇帝的过失。假如太后和皇上都恼恨您，那么您的妻子和儿子将会一个不剩地被杀掉。"窦婴认为他说得对，于是就动身回京，仍像过去一样去上朝了。

桃侯刘舍被罢免丞相职务后，窦太后多次提议让窦婴担任丞相。汉景帝说："太后难道认为我有所吝啬而不让魏其侯当丞相吗？魏其侯这个人，沾沾自喜，处事多草率轻浮，难以出任丞相，担当重任。"最终，汉景帝没有任用窦婴当丞相，而是任命建陵侯卫绾为丞相。

【编后语】

翻过《吴王濞列传》，就是列传第四十七《魏其武安侯列传》，这是窦婴、田蚡和灌夫三人的合传。他们之间的倾轧斗争是统治阶级内部矛盾的典型。本书精选了《魏其武安侯列传》中的魏其侯窦婴传，省略了武安侯田蚡传、灌夫传以及"太史公曰"。随其后的列传第四十八《韩长孺列传》因主角韩安国与田蚡有千丝万缕的关系，其列传的性质与本篇类似，因而也随着武安侯田蚡传被省略而省略。

李将军列传

【原文】

　　李将军广者,陇西成纪人也。其先曰李信,秦时为将,逐得燕太子丹者也。故槐里,徙成纪。广家世世受射。孝文帝十四年,匈奴大入萧关,而广以良家子①从军击胡,用善骑射,杀首虏多②,为汉中郎。广从弟李蔡亦为郎,皆为武骑常侍,秩八百石。尝从行,有所冲陷折关及格猛兽③,而文帝曰:"惜乎,子不遇时!如令子当高帝时,万户侯④岂足道哉!"

　　及孝景初立,广为陇西都尉,徙为骑郎将。吴楚军时,广为骁骑都尉,从太尉亚夫击吴楚军,取旗,显功名昌邑下。以梁王授广将军印,还,赏不行。徙为上谷太守,匈奴日以合战。典属国公孙昆邪为上泣曰:"李广才气,天下无双,自负其能,数与虏敌战,恐亡之。"于是乃徙为上郡太守。后广转为边郡太守,徙上郡。尝为陇西、北地、雁门、代郡、云中太守,皆以力战为名。

【注释】

①良家子:家世清白人家的子弟。
②杀首:斩杀敌人的首级。虏:俘虏。
③冲陷:冲锋陷阵。折关:抵御、拦阻,此处指抵挡敌人。
④万户侯:有万户封邑的侯爵。

【译文】

　　李广是陇西郡成纪县人。他先祖叫李信,在秦朝时任将军,就是追获了燕太子丹的那个将军。李广家原来在槐里县，后来迁到了成纪。李广家世代传习射箭之术。汉文帝十四年，匈奴人大举入侵萧关，李广以良家子弟的身份参军抗击匈奴，因为他善于骑射，斩杀俘获的敌人很多，被任为汉中郎。李广的堂弟李蔡也被任为中郎，他们两人又都任武骑常侍，年俸八百石。李广曾随从汉文帝出行，常有冲锋陷阵、突破险阻，以及格杀猛兽的表现，汉文帝说："可惜啊，你没遇到时机！如果你生在高祖时代，万户侯又算得了什么呢？"

到汉景帝即位时，李广任陇西都尉，又改任骑郎将。吴楚七国叛乱时，李广任骁骑都尉，随从太尉周亚夫率军反击吴楚叛军，李广夺取了敌人的军旗，在昌邑城下立功扬名。可由于梁孝王私自把将军印授给李广，回朝后，朝廷没有对李广进行封赏。汉景帝调他任上谷太守，匈奴每天都和他交战。典属国公孙昆邪对汉景帝哭着说："李广的才气天下无双，他仗恃自己有本领，屡次和敌人正面作战，我真怕会失去这员良将啊！"于是，汉景帝又调他任上郡太守。后来，李广转任边境各郡太守。他曾任陇西、北地、雁门、代郡、云中诸郡的太守，都以奋力与匈奴人作战而出名。

【原文】

匈奴大入上郡，天子使中贵人①从广勒习兵击匈奴。中贵人将骑数十纵，见匈奴三人，与战。三人还射，伤中贵人，杀其骑且尽。中贵人走广。广曰："是必射雕者也②。"广乃遂从百骑往驰三人。三人亡马步行，行数十里。广令其骑张左右翼，而广身自射彼三人者，杀其二人，生得一人，果匈奴射雕者也。已缚之上马，望匈奴有数千骑，见广，以为诱骑，皆惊，上山陈。广之百骑皆大恐，欲驰还走。广曰："吾去大军数十里，今如此以百骑走，匈奴追射我立尽。今我留，匈奴必以我为大军之诱，必不敢击我"。广令诸骑曰："前！"前未到匈奴陈二里所，止，令曰："皆下马解鞍！"其骑曰："虏多且近，即有急，奈何？"广曰："彼虏以我为走，今皆解鞍以示不走，用坚其意。"于是胡骑遂不敢击。有白马将出护其兵，李广上马，与十馀骑奔射杀胡白马将，而复还至其骑中，解鞍，令士皆纵马卧③。是时会暮，胡兵终怪之，不敢击。夜半时,胡兵亦以为汉有伏军于旁欲夜取之,胡皆引兵而去。平旦,李广乃归其大军。大军不知广所之,故弗从。

居久之,孝景崩,武帝立,左右以为广名将也,于是广以上郡太守为未央卫尉,而程不识亦为长乐卫尉。程不识故与李广俱以边太守将军屯④。及出击胡,而广行无部伍行陈,就善水草屯,舍止,人人自便,不击刀斗⑤以自卫,莫府省约文书籍事⑥,然亦远斥候⑦,未尝遇害。程不识正部曲⑧行伍营陈,击刀斗,士吏治军簿至明,军不得休息,然亦未尝遇害。不识曰:"李广军极简易,然虏卒犯之,无以禁也;而其士卒亦佚乐⑨,咸乐为之死。我军虽烦扰,然虏亦不得犯我。"是时汉边郡李广、程不识皆为名将,然匈奴畏李广之略,士卒亦多乐从李广而苦程不识。程不识孝景时以数直谏为太中大夫。为人廉,谨于文法⑩。

【注释】

①中贵人:官中受宠的人,此处指宦官。勒:受约束。

②射雕者:射雕的能手。

③纵马卧:把马放开,随意躺下。

④将军屯:此处指掌管军队的驻防。

⑤刀斗:指刁斗。铜制的军用锅,白天用它做饭,夜里敲它巡更。

⑥莫府:指幕府,莫,通"幕"。省约:简化。籍:考勤或记载功过之类的簿册。

⑦斥候:此处指侦察瞭望的士兵。

⑧部曲:古代军队编制,将军率领的军队,下有部,部下有曲,曲下有屯。行伍:古代军的基层编制,5人为伍,25人为行。营陈:通"营阵"。

⑨佚:通"逸",安逸、安闲的意思。

⑩文法:朝廷制定的条文法令。

【译文】

匈奴人大举入侵上郡后,汉景帝派来一名宦官跟随李广学习领兵抗击匈奴人。这位宦官带领几十名骑兵纵马驰骋，遇到三个匈奴人，就与他们交战。三个匈奴人回身放箭，射伤了宦官，宦官率领的那些骑兵也几乎被杀光了。宦官逃回到李广那里。李广说："这一定是匈奴的射雕能手。"李广于是就带上一百名骑兵前去追赶那三个匈奴人。这三个人没有马，徒步前行了几十里，李广命令他的骑兵左右散开，两翼包抄，他亲自去射杀那三个人，射死了两个，活捉了一个，一审问，他们果然是匈奴的射雕手。李广把他捆绑上马之后，远远望见几千名匈奴骑兵。他们看到李广，以为是诱敌骑兵，都很吃惊，跑上山去摆好阵势。李广的一百名骑兵也都大为惊恐，想回马飞奔逃跑。李广说："我们离开大军几十里，现在这样，凭我们这一百名骑兵逃跑，匈奴人就要来追击射杀，我们就会立刻被杀死的。现在，我们停留不走，匈奴人一定以为我们是大军派来的诱饵，必定不敢攻击我们。"李广向骑兵下令："前进！"李广率领骑兵向前进发，到了离匈奴人阵地还有大约两里的地方，才停下来，李广下令说："全体下马解下马鞍！"骑兵们说："敌人那么多，又离得近，如果有了紧急情况，怎么办？"李广说："那些敌人原以为我们会逃跑，现在我们都解下马鞍表示不逃，这样就能使他们更坚定地相信我们是诱敌之兵。"匈奴骑兵果然不敢攻击。有一名骑白马的匈奴将领出阵来整顿阵容，李广立即上马带着十几名骑兵飞奔过去射死了那骑白马的匈奴将领，之后，他们又回到自己的骑兵队里，解下马鞍，让士兵们放开马，随便躺卧。这时正值日暮黄昏，匈奴军始终觉得奇怪，不敢进攻。到了半夜，匈奴人又以为汉朝有伏兵在附近，想趁夜偷袭他们，于是匈奴将领就领兵撤离了。第二天早晨，李广才回到他的大军营中。大军不知道李广的去向，所以无法随后接应。

过了好几年，汉景帝去世，汉武帝即位，左右近臣都认为李广是名将，于是，李广由上郡太守调任未央宫的禁卫军长官，当时程不识担任长乐宫的禁卫军长官。程不识和李广从前都任边郡太守并兼管军队驻防。到出兵攻打匈奴时，李广的军队没有严格的队列和阵势，靠近水丰草茂的地方驻扎军队，驻扎下来之后人人自便，晚上也不打更自卫，简化各种文书簿册，但他远远地布置了哨兵，不曾遭到过危险。程不识对队伍的编制、行军队列、驻营阵势等要求很严格，夜里打更，文书军吏处理考绩等公文簿册要到天明，军队得不到休息，但也不曾遇到危险。程不识说："李广治兵简便易行，然而，敌人如果突然进犯，他就无法阻挡了。他的士卒倒也安逸快乐，都甘心为他拼死。我的军队虽然军务纷繁忙乱，但敌人也不敢侵犯我。"那时，汉朝边郡的李广、程不识都是名将，但匈奴人害怕李广的谋略，士兵也大多愿意跟随李广而以跟随程不识为苦差事。程不识在汉景帝时由于屡次直言进谏被封为太中大夫，为人清廉，谨守朝廷文书法令。

【原文】

后汉以马邑城诱单于，使大军伏马邑旁谷，而广为骁骑将军，领属护军将军①。是时单于觉之，去，汉军皆无功。其后四岁，广以卫尉为将军，出雁门击匈奴。匈奴兵多，破败广军，生得广。单于素闻广贤，令曰："得李广必生致之。"胡骑得广，广时伤病，置广两马间，络而盛卧广②。行十馀里，广详死，睨其旁有一胡儿骑善马，广暂腾而上胡儿马，因推堕儿，取其弓，鞭马南驰数十里，复得其馀军，因引而入塞。匈奴捕者骑数百追之，广行取胡儿弓，射杀追骑，以故得脱。于是至汉，汉下广吏③。吏当广所失亡多，为虏所生得，当斩，赎④为庶人。

顷之，家居数岁。广家与故颍阴侯孙屏野居蓝田南山中射猎⑤。尝夜从一骑出，从人田间饮。还至霸陵亭，霸陵尉醉，呵止广。广骑曰："故李将军。"尉曰："今将军尚不得夜行，何乃故也！"止广宿亭下。居无何⑥，匈奴人杀辽西太守，败韩将军。后韩将军徙右北平，死，于是天子乃召拜广为右北平太守。广即请霸陵尉与俱，至军而斩之。

【注释】

①领属：受统领节制。护军将军：此处指韩安国。
②络：用绳子编结的网兜。盛：放、装。
③下：交付。吏：此处指执法的官吏。
④赎：古代罪犯交纳财物可减免刑罚，称为"赎罪"或"赎刑"。庶

人:平民。

⑤颍阴侯孙:指颍阴侯灌婴的孙子灌强。屏野:退隐田野。屏,隐居。

⑥居无何:过了不久。

【译文】

后来,汉朝在马邑城引诱匈奴单于,派大军在马邑两旁的山谷中埋伏,李广任骁骑将军,受护军将军韩安国统领。当时,匈奴单于发觉了汉军的计谋,领兵撤回,汉军没有成功。四年以后,李广由未央卫尉被任为将军,率军出雁门关讨伐匈奴。匈奴兵多,打败了李广率领的军队,并生擒了李广。匈奴单于平时就听说李广有才能,下令说:"李广一定要活着送来。"匈奴骑兵俘虏了李广,当时,李广受伤生病,于是匈奴人就把李广放在两匹马中间,用绳编成网兜让他躺在里面。走了十多里,李广一直装死躺着不动,他斜眼看到旁边的一个匈奴少年骑着一匹好马,于是他突然一纵身跳上匈奴少年的马,趁势把少年推下去,夺了他的弓,打马向南飞驰数十里后,遇到了自己的残余部队,于是,李广带领他们返回关内。匈奴派了几百名骑兵来追赶他,李广一边逃一边拿起匈奴少年的弓射杀追来的骑兵,最终才能逃脱。李广回朝后,朝廷把李广交给执法官吏。执法官判决李广损失士卒众多,而他自己又被敌人活捉,应该斩首,李广用钱物赎了死罪,削职为民。

转眼间,李广在家已闲居数年。李广家和已故颍阴侯灌婴的孙子灌强一起在蓝田隐居,常一起到南山中打猎。曾在一天夜里,李广带着一名骑兵外出,跟别人一起在田野间饮酒。回来时,李广走到霸陵亭,霸陵尉喝醉了,大声呵斥李广,禁止他通行。李广的随从说:"这是前任李将军。"亭尉说:"现任将军尚且不许通行,何况是前任呢!"他便扣留了李广,让他停宿在霸陵亭下。没过多久,匈奴人入侵,杀死了辽西太守,打败了韩安国率领的军队。韩安国调任为右北平太守,死了,于是皇帝就召见李广,任他为右北平太守。李广便请求派霸陵尉一起赴任,到了军中,李广就把霸陵尉杀了。

【原文】

广居右北平，匈奴闻之，号曰"汉之飞将军"，避之，数岁，不敢入右北平。

广出猎，见草中石，以为虎而射之，中石没镞，视之，石也。因复更射之，终不能复入石矣。广所居郡闻有虎，尝自射之。及居右北平，射虎，虎腾伤广，广亦竟射杀之。

广廉，得赏赐辄分其麾下，饮食与士共之。终广之身，为二千石四十馀年①，家无馀财，终不言家产事。广为人长，猿臂，其善射亦天性也，虽其子孙他人学者，莫能及广。广讷口少言，与人居则画地为军陈，射阔狭以饮。专以射为戏，竟死。广之将兵，乏绝之处②，见水，士卒不尽饮，广不近水，士卒不尽食，广不尝食。宽缓不苛，士以此爱乐为用。其射，见敌急，非在数十步之内，度不中不发，发即应弦而倒。用此，其将兵数困辱，其射猛兽亦为所伤云。

居顷之，石建卒，于是上召广代建为郎中令。元朔六年，广复为后将军，从大将军军出定襄，击匈奴。诸将多中首虏率③，以功为侯者，而广军无功。后二岁，广以郎中令将四千骑出右北平，博望侯张骞将万骑与广俱，异道。行可数百里，匈奴左贤王将四万骑围广，广军士皆恐，广乃使其子敢往驰之。敢独与数十骑驰，直贯胡骑，出其左右而还，告广曰："胡虏易与耳④。"军士乃安。广为圜陈外向，胡急击之，矢下如雨。汉兵死者过半，汉矢且尽。广乃令士持满毋发，而广身自以大黄射其裨将⑤，杀数人，胡虏益解。会日暮，吏士皆无人色，而广意气自如，益治军。军中自是服其勇也。明日，复力战，而博望侯军亦至，匈奴军乃解去。汉军罢，弗能追。是时广军几没，罢归。汉法，博望侯留迟后期，当死，赎为庶人。广军功自如⑥，无赏。

【注释】

①为二千石：此处指做年俸二千石这一级的官。

②乏绝：此处指缺水断粮。

③首虏率：斩杀敌人首级和俘获敌人的数量规定。按照汉朝的制度，凡达到规定数量的人即可封侯。

④易与：容易对付。与：打交道。

⑤大黄：弩弓名，用兽角制成，色黄，体大，是当时射程最远的武器。

⑥军功自如：指功过相当。

【译文】

李广驻守右北平，匈奴人听说后，称他为"汉朝的飞将军"，躲避了他好几年，不敢入侵右北平。

李广外出打猎时，看见草丛里有一块石头，以为是老虎，他一箭射去，整个箭头都射进了石头，李广过去一看，才发现是石头。他接着重新再射，却始终不能再射进石头。李广在各郡驻守时，听说有老虎后，常常亲自去射杀它。到驻守右北平时，他有一次射虎，老虎跳起来咬伤他，最终他还是射死了老虎。

李广为官清廉，得到赏赐就分给他的部下，吃喝总与士兵在一起。李广一生，做了四十多年二千石俸禄的官，家中没有多余的财物，始终也不谈及家产的事。李广身材高大，两臂如猿，他善于射箭也是天赋，即便是他的子孙或外人向他学习，也没人能赶上他。李广语言迟钝，说话不多，与别人在一起就在地上画军阵，然后比射箭，按射程的远近疏密来决定罚谁喝酒。这个以射箭为消遣的习惯一直保持到他去世。李广带兵时，遇到缺粮断水的地方，见到水，士兵还没有完全喝到水，李广就不喝水；士兵还没有完全吃上饭，李广一口饭也不尝。李广对士兵宽厚和缓不苛刻，士兵因此爱戴他，乐于为他所用。李广射箭的方法是看见敌人逼近，如果不在数十步之内，估计射不中，就不发射；只要一发射，敌人立即随弓弦之声倒地。因此，他作战也多次被敌人弄得很狼狈，射猛兽也曾被猛兽所伤。

没过多久，石建死了，于是，汉武帝召见李广，让他接替石建任郎中令。元朔六年，李广又被任为后将军，跟随大将军卫青率领的军队从定襄出塞，征伐匈奴。在这次征战中，许多将领因斩杀敌人的首级符合规定数额，立功被封侯，唯独李广无功而返。过了两年，李广以郎中令的身份率领四千骑兵从右北平出塞，博望侯张骞率领一万骑兵与李广一同出征，分行两条路。行军约几百里，匈奴左贤王率领四万骑兵包围了李广。李广的士兵都很害怕，李广就派他儿子李敢骑马往匈奴军中奔驰。李敢独自和几十名骑兵跃马直穿匈奴骑兵阵，又从其左右两翼冲杀出来返回阵营，向李广报告，说："匈奴兵很容易对付啊！"士兵们这才安心。李广布成圆形兵阵，面向外，匈奴人猛攻，一时间箭如雨下。汉军死了一半多，箭也快用光了。于是李广就命令士兵拉满弓，不要放箭。李广亲自用大黄弩弓射匈奴副将，杀死了好几个，匈奴军才渐渐散开。这时天色已晚，军吏士兵都面无人色，可是李广却神态自然，更加精神抖擞地整顿军队。从此军中将士都很佩服他的勇敢。第二天，李广又奋力作战，这时博望侯张骞率领的军队也赶到了，匈奴军才解围退去。汉军非常疲惫，所以也无力追击。当时，李广军几乎全军覆没，只好收兵回朝。按汉朝法律，博望侯张骞行军迟缓，延误限期，应处死刑，张骞用钱赎罪，被降为平民。李广功过相抵，没有封赏，也没有惩罚。

【编后语】

司马迁一生对李广一家充满崇敬之情，甚至因为李家的事打抱不平而遭受宫刑。《李将军列传》在《史记》列传中排四十九，是司马迁的倾心之作，该篇能彰显司马迁写人物传记的杰出才能。本书精选《李将军列传》中李广英勇作战部分，省略了李广兵败自杀、李敢传、李陵传以及"太史公曰"。阅读此篇，我们可以看到一个活灵活现的"飞将军"形象。

卫将军骠骑列传

【原文】

大将军卫青者，平阳人也。其父郑季，为吏，给事平阳侯家①，与侯妾卫媪通，生青。

青同母兄卫长子，而姊卫子夫自平阳公主家得幸天子，故冒姓为卫氏。字仲卿。长子更字长君。长君母号为卫媪。媪长女卫孺，次女少儿，次女即子夫。后子夫男弟步广皆冒卫氏。

青为侯家人，少时归其父，其父使牧羊。先母之子皆奴畜之②，不以为兄弟数。青尝从入至甘泉居室③，有一钳徒④相青曰："贵人也，官至封侯。"青笑曰："人奴之生，得毋笞骂即足矣，安得封侯事乎！"

青壮，为侯家骑，从平阳主。建元二年春，青姊子夫得入宫幸上。皇后，堂邑大长公主女也，无子，妒。大长公主闻卫子夫幸，有身⑤，妒之，乃使人捕青。青时给事建章，未知名。大长公主执囚青，欲杀之。其友骑郎公孙敖与壮士往篡取之⑥，以故得不死。上闻，乃召青为建章监，侍中，及同母昆弟贵，赏赐数日间累千金。孺为太仆公孙贺妻。少儿故与陈掌通，上召贵掌⑦。公孙敖由此益贵。子夫为夫人。青为大中大夫。

【注释】

①给事：供职。平阳侯：指曹寿。

②先母：指郑季前夫人。奴畜之：把卫青当作奴仆来养育。

③甘泉：宫名。居室：此处指囚禁犯法官员和其家属的拘留所。

④徒：受钳刑的犯人。钳刑是用铁圈系颈的刑罪。相青：给卫青看相。

⑤有身：通"有娠"，身怀有孕的意思。

⑥篡取：抢夺的意思。

⑦贵掌：使陈掌显贵的意思。

【译文】

大将军卫青，是平阳人。他父亲郑季是个小官吏，在平阳侯家当差时，郑季和平阳侯的侍妾卫媪私通，生下了卫青。卫青的同母哥哥叫卫长子，而他姐姐卫子夫在平阳公主家中得到汉武帝的宠幸，因此他假称姓卫。卫青字仲卿。卫长子又改字长君。卫长君母亲叫卫媪。卫媪大女儿叫卫孺，二女儿叫卫少儿，三女儿就是卫子夫。卫子夫弟弟卫步广也冒姓卫。

卫青小时候随母在平阳侯家做仆人，年少时卫青回到他生父身边，他父亲让他放羊。郑氏嫡妻所生的儿子都将他视为奴仆，不以兄弟相待。卫青曾跟别人到甘泉宫的居室，有一个受钳刑的囚徒给他看相，对他说："您是一位贵人，官至封侯。"卫青笑着说："我是一个奴婢所生的孩子，只要能不受打骂就知足了，哪能想到封侯的事呢？"

长大之后，卫青充当平阳侯的家骑，侍候平阳公主。建元二年春，卫青姐姐卫子夫入宫受到汉武帝的宠幸。当时的皇后是堂邑大长公主的女儿，没有儿子，性情善于妒忌。大长公主听说卫子夫受到皇上宠幸，又怀孕了，非常妒忌她，于是就派人去捉卫青。卫青当时正在建章宫当差服役，还没什么名气。大长公主抓到卫青后，把他关押起来，想杀死他。卫青的朋友骑郎公孙敖和一些壮士将他抢夺回来，卫青才得以不死。汉武帝听说此事后，便任命卫青为建章宫监，在宫中侍候皇上，卫青的同母兄弟也都显贵起来，皇上对他们的赏赐在几天间就达千金之多。卫孺嫁给太仆公孙贺为妻子。卫少儿原来与陈掌私通。汉武帝召见陈掌，封他官做。公孙敖也因此更加显贵。卫子夫被封为夫人，卫青任大中大夫。

【原文】

元光五年，青为车骑将军，击匈奴，出上谷；太仆公孙贺为轻车将军，出云中；大中大夫公孙敖为骑将军，出代郡；卫尉李广为骁骑将军，出雁门：军各万骑。青至茏城，斩首虏数百①。骑将军敖亡七千骑；卫尉李广为虏所得，得脱归：皆当斩，赎为庶人。贺亦无功。

元朔元年春，卫夫人有男，立为皇后。其秋，青为车骑将军，出雁门，三万骑击匈奴，斩首虏数千人。明年，匈奴入杀辽西太守，虏略渔阳二千馀人，败韩将军军。汉令将军李息击之，出代；令车骑将军青出云中以西至高阙。遂略河南地，至于陇西，捕首虏数千，畜数十万，走②白羊、楼烦王。遂以河南地为朔方郡。以三千八百户封青为长平侯。青校尉苏建有功，以千一百户封建为平陵侯。使建筑朔方城。青校尉张次公有功，封为岸头侯。天子曰："匈奴逆天理，乱人伦，暴长虐老，以盗窃为务，行诈诸蛮夷，造谋藉兵③，数为边害，故兴师遣将，以征厥罪。《诗》不云乎，'薄伐猃狁，至于太原'，'出车彭彭，城彼朔方'④。今车骑将军青度西河至高阙，获首虏二千三百级，车辎畜产毕收为卤⑤，已封为列侯，遂西定河南地，按榆豀旧塞，绝梓领⑥，梁北河，讨蒲泥⑦，破符离，斩轻锐之卒，捕伏听者三千七十一级，执讯获丑⑧，驱马牛羊百有馀万，全甲兵而还，益封青三千户。"其明年，匈奴入杀代郡太守友⑨，入略雁门千馀人。其明年，匈奴大入代、定襄、上郡，杀略汉数千人。

【注释】

①斩首虏：斩杀敌人。虏，指匈奴。

②走：逃跑。此处指赶跑的意思。

③造谋：策划阴谋。藉兵：仗恃武力。

④猃狁：先秦对匈奴的称谓。城：筑城。朔方：北方。

⑤辎：辎重。卤：通"掳"，此处指缴获的战利品。

⑥绝：横过。梓领：通"梓岭"，山名。

⑦讨：征伐。蒲泥：部族的首领名。

⑧执讯：捉到间谍。获丑：通"馘丑"，割死敌左耳以计功。丑，对敌人的蔑称。

⑨友：此处指共友。

【译文】

元光五年，卫青出任车骑将军，率军进攻匈奴，出兵上谷；太仆公孙贺任轻车将军，出兵云中；大中大夫公孙敖任骑将军，出兵代郡；卫尉李广任骁骑将军，出兵雁门：各军都有上万骑兵。卫青率领的军队到达茏城，杀死俘获数百匈奴人。骑将军公孙敖损失了七千骑兵；卫尉李广被匈奴人活捉，幸而又跑回来了。公孙敖和李广按律都应斩首，他们出钱财赎罪，免为平民。公孙贺也没能建功。

元朔元年春，卫子夫生下了一个男孩，被立为皇后。这年秋，卫青任车骑将军，出兵雁门关，率三万骑兵进攻匈奴，斩杀俘获了数千匈奴人。第二年，匈奴军入侵，杀死了辽西太守，掠走了渔阳百姓两千多人，并击败韩安国率领的军队。汉武帝令将军李息率军抗击，自代出兵；令车骑将军卫青出兵云中，向西进攻高阙。卫青于是率军夺取了河套以南的土地，进军到陇西，斩杀俘获匈奴人数千名，夺得牲畜数十万头，赶走了匈奴白羊王和楼烦王。朝廷于是将黄河河套以南之地设置为朔方郡。并以三千八百户封卫青为长平侯。卫青部下的校尉苏建有功劳，汉武帝以一千一百户封苏建为平陵侯。并命苏建修建朔方城。卫青部下的校尉张次公也有功，被封为岸头侯。汉武帝说："匈奴人违背天理，混乱人伦，欺凌尊长，虐待老人，从事抢劫活动，欺诈它周边的部族，并设下计谋骗他们出兵，多次侵扰我朝边境，所以我们派兵遣将，来征讨他们。《诗经》上不是这样说吗，'讨伐猃狁，一直到太原'，'出动兵车浩浩荡荡，到遥远的北方筑城'。现在，车骑将军卫青渡西河到达高阙，斩获敌人两千三百人，敌人的车辆、粮秣、牲畜、器械悉数成为战利品。他已被封为列侯。他向西平定河套以南之地，巡视榆豁旧要塞，越过梓领，架桥北河

565

之上，讨伐蒲泥，击破符离，斩杀敌人的精锐士兵，捕获侦察兵三千零七十一人，审问俘虏，探知敌人所在加以捉获，捉获驱回一百余万头马牛羊，全军凯旋，因而加封卫青三千户食邑。"次年，匈奴人入境杀死代郡太守共友，又侵入雁门，掳掠一千多人。次年，匈奴人大举侵入代郡、定襄、上郡，屠杀掳掠了汉朝数千人。

【原文】

其明年，元朔之五年春，汉令车骑将军青将三万骑，出高阙；卫尉苏建为游击将军，左内史李沮为强弩将军，太仆公孙贺为骑将军，代相李蔡为轻车将军，皆领属车骑将军，俱出朔方；大行李息、岸头侯张次公为将军，出右北平：咸①击匈奴。匈奴右贤王当卫青等兵，以为汉兵不能至此，饮醉。汉兵夜至，围右贤王，右贤王惊，夜逃，独与其爱妾一人壮骑数百驰，溃围北去②。汉轻骑校尉郭成等逐数百里，不及，得右贤裨王十馀人，众男女万五千馀人，畜数十百万，于是引兵而还。

至塞，天子使使者持大将军印，即军中③拜车骑将军青为大将军，诸将皆以兵属大将军，大将军立号而归。天子曰："大将军青躬率戎士④，师大捷，获匈奴王十有馀人，益封青六千户。"而封青子伉为宜春侯，青子不疑为阴安侯，青子登为发干侯。青固谢曰："臣幸得待罪行间⑤，赖陛下神灵，军大捷，皆诸校尉力战之功也⑥。陛下幸已益封臣青。臣青子在襁褓中，未有勤劳，上幸列地封为三侯，非臣待罪行间所以劝士力战之意也。伉等三人何敢受封！"天子曰："我非忘诸校尉功也，今固且图之。"乃诏御史曰："护军⑦都尉公孙敖三从大将军击匈奴，常护军，傅校获王，以千五百户封敖为合骑侯。都尉韩说从大将军出窳浑⑧，至匈奴右贤王庭，为麾下搏战获王⑨，以千三百户封说为龙额⑩侯。骑将军公孙贺从大将军获王，以千三百户封贺为南窌⑪侯。轻车将军李蔡再从大将军获王，以千六百户封蔡为乐安侯。校尉李朔、校尉赵不虞、校尉公孙戎奴，各三从大将军获王，以千三百户封朔为涉轵侯，以千三百户封不虞为随成侯，以千三百户封戎奴为从平侯。将军李沮、李息及校尉豆如意有功，赐爵关内侯，食邑各三百户。"

其秋，匈奴入代，杀都尉朱英。

【注释】

①咸：全。

②溃围：冲出包围圈。

③即军中：就在军中。拜：授予官职。

④躬率：亲自率领。戎士：军队。

⑤待罪：当官供职的谦辞。行间：行伍之间，军队之中。

⑥力战：拼力奋战。

⑦护军：接应各军。

⑧窳浑：窳，读yǔ，窳浑，是古代的县名。

⑨获王：此处指捉到匈奴王。

⑩颅：通"额"。

⑪鄗：读jiào。

【译文】

第二年，也就是元朔五年春，汉武帝令车骑将军卫青率领三万骑兵，出兵高阙；卫尉苏建任游击将军，右内史李沮为强弩将军，太仆公孙贺为骑将军，代相李蔡为轻车将军，都归车骑将军卫青统一指挥，一起从朔方出兵；大行令李息、岸头侯张次公任将军，率军从右北平出发：共同进攻匈奴。匈奴右贤王部与卫青等人率领的军队正面遭遇，右贤王本以为汉军不能到达这里，因而喝醉了酒。汉军趁夜出击，包围了右贤王。右贤王大惊，乘夜而逃，只带了一个爱妾和数百精骑，突破重围，奔驰北去。汉朝派轻骑校尉郭成等追逐了数百里，没有追上，但俘获了右贤王属下的小王十多人，男女一万五千多人，牲畜几十乃至上百万，于是，卫青率军而还。

卫青回到边境时，汉武帝命使者捧着大将军印，在军中任命车骑将军卫青为大将军，诸将统率的军队都归属大将军卫青指挥，大将军卫青确立名号后，班师回朝。汉武帝说："大将军卫青亲自率领将士，出师大捷，俘获匈奴小王十多人，加封卫青食邑六千户。"汉武帝还封卫青的儿子卫伉为宜春侯，卫不疑为阴安侯，卫登为发干侯。卫青坚持辞谢说："我非常荣幸地担任军队的要职，依赖陛下的神武威灵，我军才得以大捷，这都是诸校尉奋力作战的功劳。我已蒙陛下的恩赐加封。我的儿子还在襁褓之中，没有任何功劳，就蒙陛下宠幸裂土而分为三侯，这有违我在军中勉励将士奋战的本意。卫伉等兄弟三人，岂敢受封。"汉武帝说："我并没有忘记诸位校尉的功劳，我现在正要封赏他们。"于是，汉武帝命令御史说："护军都尉公孙敖三次跟从大将军卫青率军进攻匈奴，经常接引诸军，率军俘获匈奴王，以一千五百户封公孙敖为合骑侯。都尉韩说跟随大将军卫青从㝩浑出兵，直达匈奴右贤王的王庭，逼近敌人，奋力击杀而擒获匈奴王，以食邑一千三百户封韩说为龙额侯。骑将军公孙贺跟随大将军卫青俘获匈奴王，以食邑一千三百户封公孙贺为南窌侯。轻车将军李蔡两次跟随大将军卫青出兵，并擒获匈奴王，以食邑一千六百户封李蔡为乐安侯。校尉李朔、校尉赵不虞、校尉公孙戎奴都曾三次跟从大将军卫青出兵而俘获匈奴王，以食邑一千三百户封李朔为涉轵侯，以食邑一千三百户封赵不虞为随成侯，以食邑一千三百户封公孙戎奴为从平侯。将军李沮、李息及校尉豆如意也立下功劳，赐爵关内侯，食邑各三百户。"

这年秋，匈奴人又攻入代郡，杀死了都尉朱英。

【原文】

其明年春，大将军青出定襄，合骑侯敖为中将军，太仆贺为左将军，翕侯赵信为前将军，卫尉苏建为右将军，郎中令李广为后将军，左内史李沮为强弩将军，咸属大将军，斩首数千级而还。月馀，悉复①出定襄击匈奴，斩首虏万馀人。右将军建、前将军信并军②三千馀骑，独逢单于兵，与战一日馀，汉兵且尽。前将军故胡人，降为翕侯，见急，匈奴诱之，遂将其馀骑可八百，奔降单于。右将军苏建尽亡其军，独以身得亡去，自归大将军。大将军问其罪正③闳、长史安、议郎周霸等："建当云何？"霸曰："自大将军出，未尝斩裨将。今建弃军，可斩以明将军之威。"闳、安曰："不然。兵法④'小敌之坚，大敌之禽也。'今建以数千当单于数万，力战一日馀，士尽，不敢有二心，自归。自归而斩之，是示后无反意也。不当斩。"大将军曰："青幸得以肺腑待罪行间，不患无威，而霸说我以明威⑤，甚失臣意。且使臣职虽当斩将，以臣之尊宠而不敢自擅专诛于境外，而具归天子，天子自裁之，于是以见为人臣不敢专权，不亦可乎？"军吏皆曰："善"。遂囚建诣行在所⑥。入塞罢兵。

是岁也，大将军姊子霍去病年十八，幸，为天子侍中。善骑射，再从大将军，受诏与壮士，为剽姚校尉，与轻勇骑八百直弃大军数百里赴利⑦，斩捕首虏过当⑧。于是天子曰："剽姚校尉去病斩首虏二千二十八级，及相国、当户，斩单于大父行籍若侯产，生捕季父罗姑比，再冠军，以千六百户封去病为冠军侯。上谷太守郝贤四从大将军，捕斩首虏二千馀人，以千一百户封贤为众利侯。"是岁，失两将军军，亡翕侯，军功不多，故大将军不益封。右将军建至，天子不诛，赦其罪，赎为庶人。

【注释】

①悉：全部。复：再次。

②并军：把军队合在一起。

③正：军正，军中的法官。

④兵法：此处指《孙子兵法》。

⑤说：劝说。明威：表明威信。

⑥诣：前往，到……去。行在所：天子巡行时所在之地。

⑦直弃：径直离开。赴利：奔向有利之处，以消灭敌人。

⑧过当：此处指杀伤敌军的数目超过了自己军队的伤亡数目。

【译文】

第二年春，大将军卫青率军从定襄出兵，合骑侯公孙敖任中将军，太仆公孙贺任左将军，翕侯赵信任前将军，卫尉苏建任右将军，郎中令李广任后将军，右内史李沮为强弩将军，他们都归属大将军指挥，斩杀敌人数千名而回。一个多月后，他们又再次从定襄出兵进击匈奴，斩杀了俘获匈奴一万余人。右将军苏建与前将军赵信合兵共三千多骑兵，与匈奴单于率领的大军相遇，交战了一天多，汉兵伤亡将尽。前将军赵信本是匈奴人，投降汉朝后被封为翕侯，见事情危急，匈奴人又引诱他，就率领剩下的近八百骑兵投降了单于。右将军苏建损失了他的所有军队，独自只身逃回到大将军卫青那儿。大将军卫青向军正闳、长史安、议郎周霸等人询问："应当如何处置苏建呢？"周霸说："自从大将军出兵以来，从未斩过副将。现在苏建抛弃了自己的军队，应将他斩首，以树立大将军的威严。"军正闳和长史安说："不行。《孙子兵法》上说：'人数少的军队即使再坚强，也终究要被强大的敌军所消灭。'现在，苏建以数千人对匈奴单于数万人，奋力作战一天多，士兵伤亡已尽，他不敢有二心独自返回。他独自返回而将他斩首，这等于告诉别人以后一旦兵败就投降，不要回来。苏建不应斩首。"大将军卫青说："我非常有幸以皇亲的身份在军中任要职，所以不担心没有威信，周霸劝我杀苏建以树立威信，这大失人臣应有的本分。即使我的职务允许斩杀部将，但以我位高受宠的身份还不敢在境外擅自专杀，我要把情况详细汇报给天子让天子亲自裁决，表明做人臣的不敢专权，这不是很好吗？"军中官吏都说："对。"于是，卫青将苏建囚禁起来，送到汉武帝所在的行宫。他们也领兵入塞休养。

这一年，大将军卫青的外甥霍去病十八岁了，受到汉武帝的宠幸，担任侍中。他擅长骑马射箭，两次跟随大将军卫青出征，奉汉武帝的诏命统领很多精锐的士兵，担任剽姚校尉，他率领八百名轻捷勇猛的骑兵，抛下大军数百里，去争取战功，斩杀捕获敌人的人数超过了自己损失的人数。于是，汉武帝说："剽姚校尉霍去病斩杀俘获敌人二千零二十八名，其中包括匈奴相国、当户，斩杀了匈奴单于祖父辈的籍若侯产，活捉匈奴单于的叔父罗姑比，两次勇冠全军，因而以食邑一千六百户封霍去病为冠军侯。上谷太守郝贤四次跟随大将军卫青出征，斩杀俘获敌人两千多人，以食邑一千一百户封郝贤为众利侯。"这一年，汉朝损失了两名将军统率的军队，又因为翕侯赵信投降了匈奴，军功不多，所以大将军卫青没能加封。右将军苏建回到朝廷，汉武帝没有诛杀他，赦免了他的死罪，让他出钱财赎罪为平民。

【原文】

大将军既还，赐千金。是时王夫人方幸于上，宁乘说大将军曰："将军所以功未甚多，身食万户①，三子皆为侯者，徒以皇后故也。今王夫人幸而宗族未富贵，愿将军奉所赐千金为王夫人亲寿②。"大将军乃以五百金为寿。天子闻之，问大将军，大将军以实言，上乃拜宁乘为东海都尉。

张骞从大将军，以尝使大夏，留匈奴中久，导军③，知善水草处，军得以无饥渴，因前使绝国功④，封骞博望侯。

冠军侯去病既侯三岁，元狩二年春，以冠军侯去病为骠骑将军，将万骑出陇西，有功。天子曰："骠骑将军率戎士逾乌盭，讨遫濮⑤，涉狐奴，历五王国，辎重人众慑慴者弗取⑥，冀获单于子。转战六日，过焉支山千有余里，合短兵⑦，杀折兰王，斩卢胡王，诛全甲，执浑邪王子及相国、都尉，首虏八千馀级，收休屠祭天金人⑧，益封去病二千户。"

【注释】

①食万户：享受万户封邑的赋税和物产。

②奉：通"捧"。亲：指父母。寿：祝寿。

③导军：为军队当向导。

④使：出使。绝国：极远的国家。

⑤遫濮：匈奴部族名。

⑥慑慴：畏惧而服从。弗取：不掠取。

⑦合短兵：以短兵器交战。合，会。

⑧祭天金人：匈奴人祭天时用的金制神像。

【译文】

大将军卫青回朝之后，汉武帝赐给他千金。当时王夫人正受到汉武帝的宠爱，甯乘劝大将军卫青，说："大将军之所以立功不多而食邑万户，三个儿子都受封为侯，只是因为皇后的原因。现在，王夫人受皇帝的宠幸而她的家庭还没富贵，希望大将军将皇帝所赐的千金拿出来为王夫人的父亲祝寿。"卫青于是拿出五百金给王夫人作寿礼。汉武帝听到这件事，询问卫青，卫青照实回答，汉武帝于是任命甯乘为东海都尉。

张骞跟随大将军卫青出征，因为他曾经出使过大夏，在匈奴停留过很久，所以卫青让他做军队的向导，他知道水源绿洲的位置，大军因此免于饥渴之苦，又因为他出使远方异域有功，汉武帝封他为博望侯。

冠军侯霍去病封侯三年后，元狩二年春，汉武帝任命冠军侯霍去病为骠骑将军，率一万骑兵自陇西出兵攻打匈奴，立有战功。天子说："骠骑将军率领将士翻越乌鏊山，讨伐遨濮，渡过狐奴河，转战五个匈奴部落，不掠夺畏服者的物资和百姓，只是希望擒获匈奴单于。他转战六天，越过焉支山一千多里，与敌人短兵相接，杀死匈奴折兰王，将卢胡王斩首，诛灭敌军，活捉浑邪王的王子和他的相国、都尉，斩首俘获八千余人，缴获休屠王祭天用的金人，加封霍去病两千户食邑。"

【原文】

其夏，骠骑将军与合骑侯敖俱出北地，异道①；博望侯张骞、郎中令李广俱出右北平，异道：皆击匈奴。郎中令将四千骑先至，博望侯将万骑在后。匈奴左贤王将数万骑围郎中令，郎中令与战二日，死者过半，所杀亦过当。博望侯至，匈奴兵引去。博望侯坐行留②，当斩，赎为庶人。而骠骑将军出北地，已遂深入，与合骑侯失道③，不相得，骠骑将军逾居延至祁连山，捕首虏甚多。天子曰："骠骑将军逾居延，遂过小月氏，攻祁连山，得酋涂王，以众降者二千五百人，斩首虏三万二百级，获五王，五王母，单于阏氏④、王子五十九人，相国、将军、当户、都尉六十三人，师大率减什三⑤，益封去病五千户。赐校尉从至小月氏爵左庶长。鹰击司马破奴再从骠骑将军斩遨濮王，捕稽沮王，千骑将得王、王母各一人，王子以下四十一人，捕虏三千三百三十人,前行捕虏千四百人,以千五百户封破奴为从骠侯。校尉句王高不识,从骠骑将军捕呼于屠王王子以下十一人,捕虏千七百六十八人,以千一百户封不识为宜冠侯。校尉仆多有功,封为煇渠侯。"合骑侯敖坐行留不与骠骑会,当斩,赎为庶人。诸宿将所将士马兵亦不如骠骑⑥,骠骑所将常选⑦,然亦敢深入,常与壮骑先其大军⑧,军亦有天幸,未尝困绝也。然而诸宿将常坐留落不遇⑨。由此骠骑日以亲贵,比大将军。

【注释】

①异道:指分道进军。

②坐:因犯……罪。行留:此处指贻误军机。

③失道:迷路。

④阏氏:匈奴单于的正妻。

⑤师:军队。大率:大抵。什三:十分之三。

⑥宿将:资深的将军们。将:率领。士马兵:战士、马匹、兵器。

⑦常选:经过挑选的精兵。

⑧先其大军:跑在大军的前面。

⑨坐:因为。留落:行动迟缓,落在后边。不遇:遇不到好战机的意思。

【译文】

这年夏天,骠骑将军霍去病与合骑侯公孙敖一同率军从北地出兵,兵分两路;博望侯张骞和郎中令李广一同率军自右北平出兵,他们也是分兵两路:各军同时进攻匈奴。郎中令李广率四千骑兵先到,博望侯张骞率一万骑兵落在了后面。匈奴左贤王率领数万骑兵包围了郎中令李广率领的军队,李广与他们激战两天,军队伤亡过半,但敌人损伤更多。博望侯张骞率领的军队到了,匈奴左贤王也率兵离开了。张骞因逗留延误军机,按律应当斩首,后赎罪为平民。霍去病率军自北地出兵后,已经深入匈奴境内,与合骑侯公孙敖率领的军队走岔了,两军无法联系,霍去病率军越过居延,到达祁连山,斩杀俘获的敌人很多。汉武帝说："骠骑将军率军越过居延河，经过小月支，进攻祁连山，擒获首涂王，敌人投降的有两千五百人，斩杀俘获敌军三万零二百人，擒获五个小王，五个王后，以及匈奴单于的后妃、王子共五十九人，相国、将军、当户、都尉六十三人，我军伤亡十分之三，加封霍去病食邑五千户。赐跟随霍去病到小月支的校尉左庶长的爵位。鹰击司马赵破奴两次随骠骑将军霍去病出征斩遫濮王，活捉稽沮王，部下千骑将擒获匈奴王、王后各一人，王子以下宗室成员四十一人，俘获敌人三千三百三十人，前行俘获一千四百人，以食邑一千五百户封司马赵破奴为从骠侯。校尉高不识，跟随霍去病擒获呼于屠王及王子以下宗室成员十一人，俘虏敌军一千七百六十八人，以食邑一千一百户封高不识为宜冠侯。校尉仆多立下战功，封煇渠侯。"合骑侯公孙敖犯没有与骠骑将军霍去病会合，延误军机之罪，应当处斩，但他交纳财物赎罪，免死罪而成平民。当时诸位老将所率领的兵马不如霍去病，霍去病所率领的兵马通常都是精锐部队，而他也敢深入敌境，时常和精锐骑兵冲锋在前，此外，他率领的军队也很幸运，从没碰到困境。然而，诸位老将经常犯延误军机之罪，或因遇不敌军劳而无功。因此霍去病越来越得到汉武帝的宠幸，地位与大将军卫青差不多。

【原文】

其秋，单于怒浑邪王居西方数为汉所破，亡数万人，以骠骑之兵也。单于怒，欲召诛浑邪王。浑邪王与休屠王等谋欲降汉，使人先要边①。是时大行李息将城河上②，得浑邪王使，即驰传以闻③。天子闻之，于是恐其以诈降而袭边，乃令骠骑将军将兵往迎之。骠骑既渡河，与浑邪王众相望。浑邪王裨将见汉军而多欲不降者，颇遁去。骠骑乃驰入与浑邪王相见，斩其欲亡者八千人，遂独遣浑邪王乘传先诣行在所，尽将其众渡河，降者数万，号称十万。既至长安，天子所以赏赐者数十巨万。封浑邪王万户，为漯阴侯。封其裨王呼毒尼为下摩侯，鹰庇为煇渠侯，禽梨为河綦侯，大当户铜离为常乐侯。于是天子嘉骠骑之功，曰："骠骑将军去病率师攻匈奴西域王浑邪，王及厥众萌咸相奔④,率以军粮接食,并将控弦万有馀人,诛獟駻⑤,获首虏八千馀级,降异国之王三十二人,战士不离伤,十万之众咸怀集服,仍与之劳,爰及河塞⑥,庶几无患,幸既永绥矣⑦。以千七百户益封骠骑将军。"减陇西、北地、上郡戍卒之半,以宽天下之繇。

居顷之,乃分徙降者边五郡故塞外,而皆在河南,因其故俗,为属国。其明年,匈奴入右北平、定襄,杀略汉千馀人。

其明年,天子与诸将议曰:"翕侯赵信为单于画计⑧,常以为汉兵不能度幕轻留⑨,今大发士卒,其势必得所欲。"是岁⑩元狩四年也。

【注释】

①使:派。要:通"邀",此处为迎接的意思。边:边境。
②将城河上:这里指李息率兵在黄河边筑城。
③驰:急奔。传:驿站,此指驿站备用的车驾。闻:传报朝廷知道。
④厥:其。众萌:通"众氓",民众,百姓。咸:皆。奔:投奔。
⑤獟駻:此处指不想归降的匈奴人。
⑥爰:于是。河塞:此处泛指黄河以北至塞外地区。
⑦幸:幸运、有幸。既:将。绥:安。
⑧画计:出谋划策。
⑨度:越过。幕:通"漠",沙漠。轻留:轻易滞留的意思。
⑩是岁:这年。

【译文】

这年秋天,匈奴单于怨恨浑邪王在匈奴西部多次被汉朝骠骑将军霍去病所率的军队击败,损失了数万人。匈奴单于发怒了,想要召浑邪王来,将其杀掉。匈奴浑邪王和休屠王等人密谋,想要投降汉朝,就派人先到边塞与汉朝联系。这时,大行李息率领军队在黄河边上筑城,遇到浑邪王的使者后,就立即派人乘驿车进京报告朝廷。汉武帝听到这个消息后,担心匈奴人以投降为名趁机袭击汉朝边境,便令霍去病率兵去迎接。霍去病率军渡过黄河后,与匈奴浑邪王率领的人马遥遥相望。浑邪王手下的副将看见汉军后，有很多不想投降的纷纷逃走。霍去病于是飞马奔入浑邪王率领的军中，与他相见，并斩杀想逃跑的八千人，霍去病又单独让浑邪王乘坐驿车，先行到汉武帝的行宫去觐见，他亲自率领所有人渡过黄河，投降的匈奴人有数万之众，号称十万。到长安后，天子赏赐投降者的财物达数十亿之多。汉武帝封浑邪王食邑一万户，为漯阴侯。封他的副王呼毒尼为下摩侯，鹰庇为辉渠侯，禽梨为河綦侯，大当户铜离为常乐侯。于是，汉武帝嘉奖霍去病的功劳，说："骠骑将军霍去病率军队进攻匈奴西部的浑邪王，浑邪王和他的部属都争相来投降，霍去病拿出军粮接济投降者，并率上万将士诛杀凶悍不肯投降的敌人，斩杀八千余人，招降敌国之王三十二人，而自己的将士没有损伤，十万敌众全部倾心归服，由于霍去病连续征战，河套以北和塞上之地几乎不再有边患，幸得以永安。为此以一千七百户加封霍去病。"汉武帝又下令减少陇西、北地、上郡的一半驻防军，以此减轻天下老百姓的徭役负担。

过了不久，汉武帝又下令将归降的匈奴人分别迁往边疆五郡的原塞外之地，依据他们原有风俗习惯生活，让他们作为汉朝的属国。第二年，匈奴人入侵右北平、定襄，杀死掠走一千多人。

又一年，汉武帝和诸将计议，说："翕侯赵信为单于出谋划策，常以为汉军不能远度大漠，且不能在沙漠久留，如果我们现在大举发兵，那么一定能达成我们的目的。"这年是元狩四年。

【原文】

元狩四年春，上令大将军青、骠骑将军去病将各五万骑，步兵转者踵军数十万①，而敢力战深入之士皆属骠骑。骠骑始为出定襄，当单于。捕虏言单于东②，乃更令骠骑出代郡，令大将军出定襄。郎中令为前将军，太仆为左将军，主爵赵食其为右将军，平阳侯襄为后将军，皆属大将军。兵即度幕，人马凡五万骑，与骠骑等咸击匈奴单于。赵信为单于谋曰："汉兵既度幕，人马罢，匈奴可坐收虏耳。"乃悉远北其辎重③，皆以精兵待幕北。而适值大将军军出塞千馀里，见单于兵陈而待，于是大将军令武刚车自环为营④，而纵五千骑往当匈奴。匈奴亦纵可万骑。会日且入，大风起，沙砾击面，两军不相见，汉益纵左右翼绕单于。单于视汉兵多，而士马尚强，战而匈奴不利，薄莫⑤，单于遂乘六骡，壮骑可数百，直冒汉围西北驰去。时已昏，汉匈奴相纷挐⑥，杀伤大当。汉军左校捕虏，言单于未昏而去，汉军因发轻骑夜追之，大将军军因随其后。匈奴兵亦散走。迟明，行二百馀里，不得单于，颇捕斩首虏万余级，遂至寘颜山赵信城，得匈奴积粟食军⑦。军留一日而还，悉烧其城馀粟以归。

大将军之与单于会也，而前将军广、右将军食其军别从东道，或失道，后击单于。大将军引还，过幕南⑧，乃得前将军、右将军。大将军欲使使归报⑨，令长史簿责⑩前将军广，广自杀。右将军至，下吏，赎为庶人。大将军军入塞，凡斩捕首虏万九千级。

是时匈奴众失单于十馀日，右谷蠡王闻之，自立为单于。单于后得其众，右王乃去单于之号。

【注释】

①转者：转运军需物资的人。踵：脚后跟。此指跟随其后。

②捕虏：捉到的俘虏。东：向东而去。

③悉：全部。远北：远远地运到北方。

④武刚车：有防护的军车。自环为营：自己排成环形阵营。

⑤薄莫：傍晚。莫，同"暮"。

⑥纷挐：混乱。这里是扭打的意思。

⑦食军：供粮给军队食用。

⑧引：领兵。幕南：漠南。

⑨使使：派使者。归报：回京向皇上报告。

⑩簿责：依文书上所列罪状审问。

【译文】

　　元狩四年春,汉武帝命大将军卫青、骠骑将军霍去病各率五万骑兵出击匈奴,还有数十万步兵和运送辎重的民夫,而那些敢深入敌境奋力作战的勇士都隶属霍去病统辖。霍去病本定于出兵定襄,直攻匈奴单于的王庭。后来捕获的俘虏说单于在东边,于是,汉武帝改命霍去病出兵代郡,命卫青出兵定襄。李广为前将军,公孙贺为左将军,赵食其为右将军,曹襄为后将军,诸将都隶属大将军卫青统领。这支部队共五万骑兵,与霍去病等人率领的军队约好共同夹击单于。赵信为单于献策说:"汉军既然深入大漠,必定人马疲劳,我们可以坐等时机,将他们俘获。"于是,单于下令将其辎重远远地运到北方,把全部精兵部署在沙漠北边等待汉军。这时,正好碰到卫青率领的部队出塞走了一千多里,见到单于率领军队列阵等待,卫青下令用武刚车围成一大圈做营垒,派出五千骑兵去抵挡匈奴军。单于派出了大约一万骑兵出战。这时,太阳正好将要落山,战场上刮起了大风,沙石直打人脸,两军相互看不见,卫青派出左右两翼的军队包围了单于。单于见汉军人马众多,且人强马壮,怕久战对匈奴军不利,到黄昏时分,单于乘着六匹骡子拉的车,率数百名精锐骑兵,直冲汉军的包围圈,并突破包围,向西北方向飞驰而去。天色已暗,汉匈两方的军队相互搏斗,双方死伤大致相当。汉军左校捕获的俘虏说单于在天色未黑时已然逃走,于是卫青派轻装骑兵乘夜追击,他本人亲自率军跟随其后。匈奴军四散而逃。天明时,汉军已追赶了二百多里,没有捉到单于,但斩杀捕获了一万多匈奴人,于是,卫青率军追到寘颜山的赵信城,缴获了匈奴储积的粮食供部队食用。大军停留了一天之后,卫青下令班师回朝,并将城中剩余的粮食全部烧光。

　　当卫青率军与匈奴单于会战时,前将军李广和右将军赵食其率军另从东路进军,他们迷路了,错过了攻击单于的机会。卫青率军回到漠南后,才碰到了李广和赵食其率领的军队。卫青准备派使者回朝报告情况,命长史拿着记功簿责问李广,李广自杀了。赵食其回朝后,被司法官审问,出财物赎罪后成为庶人。卫青率军入塞,共斩杀俘获一万九千人。

那时，匈奴部众十多天找不到单于了，右谷蠡王听到这一消息，就自立为单于。后来单于找到了他的部属，右谷蠡王不得不主动去掉了单于的称号。

【原文】

骠骑将军亦将五万骑，车重①与大将军军等，而无裨将。悉以李敢等为大校，当裨将，出代、右北平千馀里，直左方兵②，所斩捕功已多大将军。军既还，天子曰："骠骑将军去病率师，躬将所获荤粥之士③，约轻赍④，绝大幕，涉获章渠，以诛比车耆，转击左大将，斩获旗鼓，历涉离侯，济弓闾，获屯头王、韩王等三人，将军、相国、当户、都尉八十三人，封狼居胥山，禅于姑衍，登临翰海⑤。执卤获丑七万有四百四十三级，师率减什三，取食于敌，逴行殊远而粮不绝，以五千八百户益封骠骑将军。"

右北平太守路博德属骠骑将军，会与城，不失期，从至梼余山，斩首捕虏二千七百级，以千六百户封博德为符离侯。北地都尉邢山从骠骑将军获王，以千二百户封山为义阳侯。故归义⑥因淳王复陆支、楼专王伊即靬皆从骠骑将军有功，以千三百户封复陆支为壮侯，以千八百户封伊即靬为众利侯。从骠侯破奴、昌武侯安稽从骠骑有功，益封各三百户。校尉敢得旗鼓，为关内侯，食邑二百户。校尉自为⑦爵大庶长。军吏卒为官，赏赐甚多。而大将军不得益封，军吏卒皆无封侯者。

两军之出塞，塞阅⑧官及私马凡十四万匹。而复入塞者不满三万匹。乃益置大司马位，大将军、骠骑将军皆为大司马。定令⑨，令骠骑将军秩禄⑩与大将军等。自是之后，大将军青日退，而骠骑日益贵。举大将军故人门下多去⑪事骠骑，辄得官爵，唯任安不肯。

【注释】

①车重：此处指军需物资。
②直：通"值"，面对的意思。左方兵：此处指左贤王率领的军队。
③躬将：亲自率领。荤粥：此处指匈奴。

④约：捆束。轻赍：轻资，少量财物的意思。赍，通"资"。

⑤翰海：此处指大沙漠。

⑥归义：归附正义，此处指匈奴人投降汉朝。

⑦自为：人名，即徐自为。

⑧塞阅：指出塞时检阅军队。

⑨定令：确定法令。

⑩秩禄：官吏的品级与俸禄。

⑪举：全部。故人：老朋友。门下：指门客。去：离开。

【译文】

霍去病也率领五万骑兵，车辆辎重和卫青率领的军队相同，但没有副将。李敢当时是校尉，暂时当作副将使用，霍去病麾下的军队分别从代郡和右北平出兵，走了一千多里，遇到了匈奴左贤王率领的军队，霍去病率领的军队所斩杀俘虏的数量多于卫青的军队。回师后，汉武帝说："骠骑将军霍去病率领军队，亲自指挥所俘获的匈奴勇士，只带轻装度过大漠，涉河破获章渠，诛杀了比车耆王，转而攻击匈奴左大将，缴获了敌人的大量辎重，又率军翻越离侯山，渡过弓闾河，俘获了屯头王、韩王等三人，将军、相国、当户、都尉八十三人，他在狼居胥山上祭天，在姑衍山上祭地，登山眺望瀚海。捕获敌兵而知敌众所在，俘虏敌人七万余人，军队大约损失了十分之三，还能缴获敌人的粮食来供应自己的军队，故而深入遥远的敌境而军队的粮食供给不断，现以食邑五千八百户加封骠骑将军霍去病。"

右北平太守路博德隶属骠骑将军霍去病部，会师与城，没有延误军期，并跟从霍去病到达梼余山，斩杀俘获敌人两千七百名，现以食邑一千六百户封路博德为符离侯。北地都尉邢山跟从骠骑将军俘虏敌王，现以食邑一千两百户封邢山为义阳侯。原先归顺的匈奴因淳王复陆支、楼专王伊即靬都跟随骠骑将军立下了军功，现以食邑一千三百户封复陆支为壮侯，以食邑一千八百户封伊即靬为众利侯。从骠侯赵破奴、昌武侯赵安稽也很随骠骑将军立下战功，各加封食邑三百户。校尉李敢夺得敌人的旗鼓，封为关门侯，食邑二百户。校尉徐自为赐爵大庶长。军中的官吏士兵封官,得到的赏赐很多。但是,大将军卫青没有得到加封,他属下的军吏和士兵也没有封侯的。

卫青、霍去病两军出塞时,在塞上统计官马和私马共计十四万马匹,而得以回到塞上的不到三万。于是,朝廷增设了大司马的官职,大将军卫青和骠骑将军霍去病都任大司马。朝廷还制定法令,使骠骑将军霍去病的官阶和俸禄与大将军卫青相同。从此以后,大将军卫青的势力日益减退,而骠骑将军霍去病却日益尊贵。大将军卫青的老朋友和部下大多都离开了他转而投奔骠骑将军霍去病,都能得到了官爵,只有任安不肯离去。

【原文】

骠骑将军为人少言不泄①,有气敢任②。天子尝欲教之孙、吴兵法,对曰:"顾方略何如耳③,不至学古兵法。"天子为治第④,令骠骑视之,对曰:"匈奴未灭,无以家为也⑤。"由此上益重爱之。然少而侍中,贵,不省士⑥。其从军,天子为遣太官赍数十乘,既还,重车馀弃粱肉⑦,而士有饥者。其在塞外,卒乏粮,或不能自振,而骠骑尚穿域蹋鞠。事多此类。大将军为人仁善退让,以和柔自媚于上,然天下未有称也。

骠骑将军自四年军后三年,元狩六年而卒。天子悼之,发属国玄甲军⑧,陈自长安至茂陵,为冢象祁连山。谥之,并武与广地⑨曰景桓侯。子嬗代侯。嬗少,字子侯,上爱之,幸其壮而将之。居六岁,元封元年,嬗卒,谥哀侯。无子,绝,国除。

【注释】

①少言不泄:寡言少语,不泄露别人的话。

②有气敢任:有气魄,敢作敢当。

③顾:看。方略:战略、谋略。

④治第:建造府第。

⑤无以:不用。家为:为家,经营自家的事情。

⑥省士：不关心士卒。

⑦重车：装载军需品的车辆。粱：此处泛指粮食。

⑧发：调遣。属国：此处指边疆五郡。玄甲军：铁甲兵。

⑨并：合并。武与广地：勇武与扩大国土。

【译文】

霍去病为人沉默少言，不泄露别人的话语，但敢作敢当。汉武帝曾要教他孙子、吴起的兵法，他回答说："作战只用看自己的策略，不必学古代的兵法。"汉武帝替他建造府第后，让霍去病去看看造得如何。霍去病说："匈奴还未消灭，我无心考虑家务事。"因此，汉武帝更加厚爱他。然而，霍去病年少就任皇帝身边的侍中，尊贵惯了，所以他不懂得爱护士兵。他率兵出征时，汉武帝曾派遣太官赐给他数十车食物。班师回朝时，他嫌车辆太重，下令将剩下的粮食和肉都扔掉，导致有些士兵没有食物吃。霍去病在塞外时，士兵缺粮，有的人饿得站不起来，但他还让人修建踢鞠的游戏场地。这种事情很多。大将军卫青为人仁爱善良、谦虚退让，以宽和柔顺讨汉武帝的欢心，但天下人却没有称赞他的。

霍去病从元狩四年率军出征以后的第三年，也就是元狩六年去世。汉武帝非常悲痛，征发边疆属国的玄甲军列队从长安到茂陵，为他送殡，还仿照祁连山的样子给他修建了陵墓。汉武帝赐他谥号时，因他武勇和开疆拓土，合此两层意思称其为景恒侯。霍去病儿子霍嬗继承他的侯爵。霍嬗年幼，字子侯，汉武帝很喜爱他，希望他长大后也能成为将军。过了六年，也就是元封元年，霍嬗死了，谥号为哀侯。霍嬗没有儿子，因而绝了后嗣，封国也被取消。

【编后语】

李广家的生死荣辱都与匈奴相关联，司马迁遭受官刑也与匈奴有一定关联。在写了《李将军列传》后，司马迁还写了《匈奴列传》。但是，这不是重点，司马迁的重点是写抗击匈奴的大英雄卫青、霍去病。从汉朝立国到汉武帝初年，汉朝一直遭受强敌匈奴的威胁，处在被动防御之中，卫青、霍去病等人率军反击匈奴,痛打匈奴,取得了空前的胜利,使得汉朝进入了全面辉煌的时代。本书精选了《卫将军骠骑列传》中的卫青传和霍去病传,省略卫青儿子、与卫青一起征战的将领传以及"太史公曰"。

此后,我们精选时省略的还有《平津侯主父列传》《南越列传》《东越列传》《朝鲜列传》《西南夷列传》《司马相如列传》《淮南衡山列传》《循吏列传》《汲郑列传》《儒林列传》《酷吏列传》《大宛列传》《游侠列传》《佞幸列传》《滑稽列传》《日者列传》《龟策列传》和《货殖列传》。

太史公自序

【原文】

昔在颛顼，命南正重①以司天，北正黎②以司地。唐、虞之际，绍③重黎之后，使复典之，至于夏商，故重黎氏世序天地。其在周，程伯休甫其后也。当周宣王时，失其守而为司马氏。司马氏世典周史。惠、襄之间，司马氏去周适晋④。晋中军随会奔秦，而司马氏入少梁。

自司马氏去周适晋，分散，或在卫，或在赵，或在秦。其在卫者，相中山。在赵者，以传剑论显，蒯聩其后也。在秦者名错，与张仪争论，于是惠王使错将伐蜀，遂拔，因而守之。错孙靳，事武安君白起。而少梁更名曰夏阳。靳与武安君阬赵长平军，还而与之俱赐死杜邮，葬于华池。靳孙昌，昌为秦主铁官，当始皇之时。蒯聩玄孙卬为武信君将而徇朝歌。诸侯之相王⑤，王卬于殷。汉之伐楚，卬归汉，以其地为河内郡。

昌生无泽，无泽为汉市长。无泽生喜，喜为五大夫，卒，皆葬高门。喜生谈，谈为太史公。

【注释】

①南正：传说中的官名。重：人名。

②北正：传说中的官名。黎：人名。

③绍：继承。

④去：离开。适：到⋯⋯去。

⑤相王：相互尊称为王。

【译文】

过去，在颛顼帝的时代，颛顼帝任命重为南正掌管天文，命黎为北正掌管人事。尧、舜时代，他们继续任用重和黎的后人，让他们依旧主管天文地理，这种情形一直持续到了夏朝、商朝，所以，重氏和黎氏是累世司掌天地之事的。周朝的程伯休甫就是他们的后代。周宣王在位时，程伯休甫的后人才不再掌管天地人事，改任司马一职，遂以官为姓而形成了司马家族。司马家族世代主持记录整理周朝的史事。周惠王和周襄王在位期间，司马家族离开周都去了晋国。后来晋国的中军将随会逃奔秦国，司马家族也迁入了少梁。

自从司马家族离开周国逃去晋国，族人便分散了，有些族人居于卫国，有些族人居于赵国，有些族人居于秦国。在卫国的族人曾做过中山国国相。在赵国的族人曾因长于搏剑而著名，战国时的蒯聩就是他们的后代。居留秦国的司马错曾与张仪争论过，他主张代楚秦惠王派遣司马错率军伐蜀，最终，司马错攻下了蜀地，因而镇守该地。司马错的孙子司马靳事奉武安君白起。此时，少梁已改名为夏阳了。司马靳和武安君活埋了了长平战役后赵国的降卒，回国后与武安君一起被秦王赐死于杜邮，下葬在华池。司马靳的孙子名叫司马昌，他是秦国主管冶铁业的官员。蒯聩的玄孙司马印是武信君的部将，曾率军攻占了朝歌。此时，诸侯争相称王，项羽封司马印为殷王。刘邦征伐项羽时，司马印归降刘邦，其原有封地殷改称河内郡。

司马昌的儿子叫司马无泽，司马无泽在汉朝当过长安集市上的市长。司马无泽的儿子叫司马喜，司马喜曾封爵为五大夫，他们死后都安葬于高门。司马喜的儿子叫司马谈，司马谈是前任太史公。

【原文】

太史公学天官于唐都，受《易》于杨何，习道论^①于黄子。太史公仕于建元、元封之间，愍学者之不达其意而师悖^②，乃论六家之要指^③曰：

《易大传》："天下一致而百虑，同归而殊途。"夫阴阳、儒、墨、名、法、道德，此务为治者也，直所从言之异路，有省不省耳。尝窃观阴阳之术，大祥而众忌讳，使人拘而多所畏；然其序四时之大顺，不可失也。儒者博而寡要，劳而少功，是以其事难尽从；然其序君臣父子之礼，列夫妇长幼之别，不可易也。墨者俭而难遵，是以其事不可遍循；然其强本节用，不可废也。法家严而少恩；然其正君臣上下之分，不可改矣。名家使人俭而善失真；然其正名实，不可不察也。道家使人精神专一，动合无形，赡足万物。其为术也，因阴阳之大顺，采儒、墨之善，撮名、法之要，与时迁移，应物变化，立俗施事，无所不宜，指约而易操，事少而功多。儒者则不然，以为人主天下之仪表也，主倡而臣和，主先而臣随。如此则主劳而臣逸。至于大道之要，去健羡④，绌聪明，释此而任术。夫神大用则竭，形大劳则敝。形神骚动，欲与天地长久，非所闻也。

夫阴阳，四时、八位、十二度、二十四节各有教令⑤，顺之者昌，逆之者不死则亡。未必然也，故曰"使人拘而多畏"。夫春生夏长，秋收冬藏，此天道之大经也，弗顺则无以为天下纲纪，故曰"四时之大顺，不可失也"。

夫儒者以六艺为法。六艺经传以千万数，累世不能通其学，当年不能究其礼，故曰"博而寡要，劳而少功"。若夫列君臣父子之礼，序夫妇长幼之别，虽百家弗能易也。

墨者亦尚尧舜道，言其德行曰："堂高三尺，土阶三等，茅茨不翦，采椽不刮。食土簋，啜土刑，粝粱之食，藜藿之羹。夏日葛衣，冬日鹿裘。"其送死，桐棺三寸，举音不尽其哀。教丧礼，必以此为万民之率。使天下法若此，则尊卑无别也。夫世异时移，事业不必同，故曰"俭而难遵"。要曰强本节用，则人给家足之道也。此墨子之所长，虽百家弗能废也。

法家不别亲疏，不殊贵贱，一断于法，则亲亲尊尊之恩绝矣。可以行一时之计，而不可长用也，故曰"严而少恩"。若尊主卑臣，明分职不得相逾越，虽百家弗能改也。

名家苛察缴绕，使人不得反其意，专决于名而失人情，故曰"使人俭而善失真"。若夫控名责实⑥，参伍不失，此不可不察也。

道家无为，又曰无不为，其实易行，其辞难知。其术以虚无为本，以因循为用。无成埶，无常形⑦，故能究万物之情。不为物先，不为物后，故能为万物主。有法无法，因时为业；有度无度，因物与合。故曰"圣人不巧，时变是守。虚者道之常也，因者君之纲"也。群臣并至，使各自明也。其实中其声者谓之端，实不中其声者谓之窾。窾言不听，奸乃不生，贤不肖自分，白黑乃形。在所欲用耳，何事不成？乃合大道，混混冥冥。光耀天下，复反无名。凡人所生者神也，所托者形也。神大用则竭，形大劳则敝，形神离则死。死者不可复生，离者不可复反，故圣人重之。由是观之，神者生之本也，形者生之具也。不先定其神形，而曰"我有以治天下"，何由哉？

【注释】

①道论：道家的理论。

②愍：忧虑。其意：各家学说的要义。师悖：以悖为师，即各习师书，惑于所见，学得一些谬误。悖，惑，谬误。

③六家：指阴阳、儒、墨、名、法、道六个学派。要指：通"要旨"，指主要的思想。

④去健羡：意为舍弃刚强与贪欲。

⑤八位：指八卦的方位。十二度：指十二星次。教令：指各种宜忌的规定。

⑥控名责实：由名以求实，使名实相符。控，规制。责，求。名，概念。实，实际。

⑦常：规律、准则。因：因循。

【译文】

前任太史公司马谈曾师从唐都学习天文，师事杨何学习《周易》，师从黄子习学道家理论。司马谈任职为官于建元、元封年间，曾忧虑当时学者们不能通晓各家学说的要义，仅向自己的老师学习而惑于一家的偏见，于是便论述阴阳家、儒家、墨家、名家、法家和道家六家的要旨说：

《周易·系辞传》称："天下人目标一致而谋虑众多，最终归宿相同而道路殊异。"阴阳家、儒家、墨家、名家、法家、道家，都是极力想使天下大治的学派，只是他们所信从的理论不同，他们各自察知了一些问题，而对另一些问题却不甚明了。我曾私下观察分析过阴阳家的道术，他们把吉凶之兆看作重大事件因而忌讳众多，使人受拘束而畏惧之事过多，然而，他们主张依顺四时次序行事，却是不可忽视的。儒家学识广博，却不得要领，虽然辛劳但所得功效不多，因此他们主张的事难以完全信从，但他们倡导君臣父子之间的礼节，夫妇长幼之间的区别，却是不可以改易的。墨家过于节俭而难以遵从，因此他们提倡的事不能被普遍遵循，但他们强固本业节约用度，却是不可以废弃的。法家施政严峻而缺少恩惠，但他们正定君臣上下的名分，却是不可以改变的。名家使人拘泥于名相而容易失察真义，但他们辨正名实之间的关系，却是不可以不加省察的。道家使人精神专一，行动合于无形之大道，又令万物供给富足。他们建立道术，因袭阴阳家随顺四时秩序的学说，采撷儒家、墨家的长处，摄取名家、法家的要旨，随应时势而变迁移易，顺应事物而变化发展，无论是树立习俗还是施行事务，没有不适宜的。道家的旨趣简约，容易掌握操作，用力少而得到的功效多。儒家却不是这样，他们认为，君主是天下人的表率，天下事应该是君主倡导而臣下附和，君主先行而臣下追随，这样一来，就会是君主劳苦而臣下安逸。道家的要义是舍去刚健，不美慕荣利，罢黜聪明智慧，舍弃这些而任用道术。一个人的精神使用过度就会衰竭，身体太劳累就会疲敝。身体和精神不得安宁，却想与天地共长久，这样的事是我们所没听说过的。

阴阳家认为四时、八位、十二度、二十四节，各有不可触犯的禁忌，顺应它们的人就会昌盛，违逆的人不是败死就是衰亡。其实未必是这样，所以说"阴阳家使人受拘束而畏惧之事过多。"不过，阴阳家总结出万物春天萌生、夏天成长、秋天收获、冬天储藏，这是自然界的普遍规律，如果不随顺它，就无法拟定天下的纲纪。所以说："依顺四时的次序行事是不可违失的。"

儒家以《诗经》《尚书》《周易》《礼记》《乐经》《春秋》这六经为依据。这些书的原文和解释性著作以千万计数，绵延几代都不能通晓这门学问，一辈子也弄不清它的礼仪，所以说"儒家传人学识广博却不得要领，虽然辛劳但所得功效不多。"但是，如果说到他们推崇君臣父子之间的礼节，序次夫妇长幼之间的差别，却是百家都不能改易的。

墨家也崇尚唐尧和虞舜的道法，引述他们的道德品行："正堂仅高三尺，堂下的土阶不过三级，用茅草覆盖的屋顶不加修剪，采来的橡木不加刮削。吃饭用陶土做的簋，喝汤用陶土做的罐，吃粝、粱这种粗米做的饭，喝藜、藿之类的野菜做的羹汤。夏天穿葛布衣，冬天衣鹿皮裘。"墨家给死人送葬，用厚不过三寸的桐木为棺，号哭不过于哀恸。他们传教丧葬礼仪，以此作为万民的表率。假使天下人像这样取法行事，那么尊卑之间就没有差别了。时代不同时势迁移，所从事的事情就不一定相同。所以说"墨家过于节俭而难以遵从。"但是，墨家学说的要旨是强固本业节约用度，则是人有所给家庭富足的好办法。这是墨子学说的长处，是百家也不得废弃的。

法家不分别亲近疏远，不区分高贵低贱，遇事一概依法决断，那么爱亲人、尊尊长的恩谊就断绝了。统治者可以以此践行一时的计策，而不可以长久地施行，所以说"法家施政严厉而缺少恩惠。"但是，如果说到他们尊崇君主卑抑臣下，明确区别名分职守，使上下不能相互逾越，却是百家也不能改易的。

名家苛责细节纠缠不清，使人不能回归各自的真实情性，专门凭据名称决断，而丧失人情，所以说"名家使人拘泥于名相而容易失察真义。"但是，如果说到他们把握名称以推求实义，对三五之数错综复杂之事皆能调查明白，不发生谬误，这是不可以不加省察的。

道家提倡无为，又称无不为，他们的实际主张容易施行，但他们所用的文辞难于理解。他们的道术以虚无为根本，以顺应自然为实用准则。没有一成不变的态势，没有常存不失的形态，所以能推究万物的情理。不在万物之先妄动，不于万物之后凝滞，所以能成为万物的主宰。立法或不立法，都顺应时势而成事为业。所以说"圣人无机巧之心，只是随着时势变化而行事。虚无是道的规律，顺应是为君的纲要"。群臣全都齐集了，君主要让他们各自明了自己的职责。他们的实际和他们的名声相符合的就叫作实事求是，实际与他们的名声不相符的就叫作空有其名。君主不听信空话，奸邪就不会产生，贤人与不肖之人自然分明，白与黑就会显形。其要领就在于肯运用此法，那样有什么事会办不成呢？这样就符合于大道，混混沌沌，其光泽照耀天下，又反归于无名。使人得生的是精神，精神所依托的是身体。一个人的精神过度使用就会衰竭，身体太劳累就会疲敝。身体与精神分离人就会死亡。死人不能再生，身体精神分离不能再归返，所以圣人很重视此事。从这一点上看，精神是生命的根本，形体是生命的器具。不首先安定自己的精神和形体，而说"我有能力来治理天下"，那你经由什么途径呢？

【原文】

太史公既掌天官，不治民。有子曰迁。

迁生龙门，耕牧河山之阳。年十岁则诵古文①。二十而南游江、淮，上会稽，探禹穴，窥九疑，浮于沅、湘；北涉汶、泗，讲业②齐、鲁之都，观孔子之遗风，乡射③邹峄；厄困鄱、薛、彭城，过梁、楚以归。于是迁仕为郎中，奉使西征巴、蜀以南，南略邛、笮④、昆明，还报命。

是岁天子始建汉家之封，而太史公留滞周南，不得与从事，故发愤且卒。而子迁适使反，见父于河、洛之间。太史公执迁手而泣曰："余先周室之太史也。自上世尝显功名于虞夏，典天官事。后世中衰，绝于予乎？汝复为太史，则续吾祖矣。今天子接千岁之统，封泰山，而余不得从行，是命也夫，命也夫！余死，汝必为太史；为太史，无忘吾所欲论著矣。且夫孝始于事亲，中于事君，终于立身。扬名于后世，以显父母，此孝之大者。夫天下称诵周公，言其能论歌文武之德，宣周邵之风，达太王王季之思虑，爰及公刘，以尊后稷也。幽、厉之后，王道缺，礼乐衰，孔子修旧起废，论《诗》《书》，作《春秋》，则学者至今则之⑤。自获麟以来四百有馀岁，而诸侯相兼，史记放绝。今汉兴，海内一统，明主贤君忠臣死义之士⑥，余为太史而弗论载，废天下之史文，余甚惧焉，汝其念哉！"迁俯首流涕曰："小子不敏，请悉论先人所次旧闻⑦，弗敢阙⑧。"

【注释】

①古文：此处指用先秦古文字书写的古书。
②讲业：研讨学问。讲，研究、商讨。
③乡射：古代的射礼。
④笮：此处为地名。
⑤则之：以之为准则。
⑥死义：为义而死的人。
⑦次：按次序编列，排列。
⑧阙：遗漏。

【译文】

司马谈掌管天文，不治理民事。司马谈有个儿子叫作司马迁。

司马迁出生在龙门，早年在黄河以北龙门山之南耕田放牧。十岁时，司马迁就诵习古文经书。二十岁时，司马迁南下游历长江、淮河流域，曾经登上过会稽山，探寻过大禹的坟墓，考察过九嶷山，乘船到过沅水和湘水；又向北渡过汶水和泗水，于齐地和鲁地的大都会中讲学，领略过孔子的遗风，参加过邹县峄山的乡射之礼；在鄱县、薛县、彭城等地遭受困厄，最终经过梁地和楚地，回到了家乡。返乡后不久司马迁出仕为郎中，他奉皇帝的使命率军向西征伐巴蜀以南地区，向南经过了邛、笮、昆明等地，又返回朝廷复命。

这一年，汉武帝第一次去泰山举行汉朝的封禅大典，可是，太史公司马谈却因病滞留于洛阳，不能参与此事，心中愤懑导致病情加重生命垂危。而他儿子司马迁恰巧于此时完成了使命返归朝廷，在洛阳见到了父亲。司马谈握着司马迁的手，哭着说："我们的祖先是周朝太史。远祖就曾在虞舜、夏禹时代张显功名，主管有关天文的事。后代中途衰微，祖业将会断绝在我的手中吗？如果你再任太史令，就能接续我们祖先的事业了。现在皇帝承接千年大业，封禅泰山，而我却不能随行，这是命运使然，是命啊！我死后，你一定要担任太史令。你当了太史令，不要忘记我所要完成的论著。况且，行孝开始于侍奉双亲，中间体现于事奉君主，最终完成于安身立业，传扬好名声于后世，以此来显耀父母,这是最大的孝。天下人称赞颂扬周公,说他能够论述歌颂周文王、周武王的功德,宣扬周公、召公的风尚,阐述太王、王季的思想,并上推到公刘,这样来尊崇始祖后稷。周幽王、周厉王之后,王道残缺,礼乐衰微,孔子编修旧时的典籍,振兴被废弃的礼乐,述论《诗经》《尚书》,述作《春秋》,学者们到现在都以此为依据。自从鲁哀公西狩获麟以来,已经四百多年了,可是,诸侯们相互兼并,史书记载散失断绝。现在汉朝兴起,四海之内均是汉家的一统天下,那些圣明贤达的君主,忠直的臣子和死于道义的人士,我身为史官却没能论述记载,使天下的历史文书荒废,我对此很恐惧,你要牢记此事啊!"司马迁低下头流着眼泪说:"我虽然不聪敏,还是请允许我详尽论撰父祖们所依次编辑的旧史佚闻吧!我不敢有所阙略。"

【原文】

卒三岁而迁为太史令,䌷史记石室金匮之书①。五年而当太初元年,十一月甲子朔旦冬至,天历始改,建于明堂②,诸神受纪。

太史公曰:"先人③有言:'自周公卒五百岁而有孔子,孔子卒后至于今五百岁,有能绍明世,正《易传》,继《春秋》,本④《诗》《书》《礼》《乐》之际?'意在斯乎!意在斯乎!小子何敢让焉⑤。"

【注释】

①䌷:缀辑。石室金匮:都是国家收藏图书、档案的地方。
②明堂:古代帝王宣明政教的地方。
③先人:此处指司马谈。
④本:以……为本,以……为根据。
⑤让:辞让、推辞。

【译文】

司马谈去世三年后,司马迁做了太史令,开始大量阅读皇家图书馆档案处所收藏的图书档案。又过了五年，正当太初元年，这一年十一月初一是甲子日，凌晨冬至，汉武帝在明堂宣布自此时起汉朝改用太初历，并祭告诸神，受命著记。

司马迁说："先父司马谈曾说过这样的话：'自从周公去世后，经历了五百年有了孔子，孔子去世后，到现在又是五百年了，有谁能够写部著作来继承发扬古代圣人的事业，整理《易传》，接续《春秋》，推考《诗经》《尚书》《礼记》《乐经》的精义吗？'他的用意在这里吧！用意就在这里吧！我怎么敢辞让。"

【原文】

上大夫壶遂曰："昔孔子何为而作《春秋》哉？"太史公曰："余闻董生①曰：'周道衰废，孔子为鲁司寇，诸侯害之，大夫壅之。孔子知言之不用，道之不行也，是非二百四十二年之中②，以为天下仪表，贬天子，退诸侯，讨大夫，以达王事而已矣。'子曰：'我欲载之空言，不如见之于行事之深切著明也。'夫《春秋》，上明三王之道，下辨人事之纪，别嫌疑，明是非，定犹豫，善善恶恶，贤贤贱不肖，存亡国，继绝世，补敝起废，王道之大者也。《易》著天地阴阳四时五行，故长于变；《礼》经纪③人伦，故长于行；《书》记先王之事，故长于政；《诗》记山川谿谷禽兽草木牝牡雌雄，故长于风④；《乐》乐所以立，故长于和；《春秋》辩是非，故长于治人。是故《礼》以节人，《乐》以发和，《书》以道事，《诗》以达意，《易》以道化，《春秋》以道义。拨乱世反之正，莫近于《春秋》。《春秋》文成数万，其指数千，万物之散聚皆在《春秋》。《春秋》之中，弑君三十六，亡国五十二，诸侯奔走不得保其社稷者不可胜数。察其所以，皆失其本已。故《易》曰：'失之毫厘，差以千里'。故曰：'臣弑君，子弑父，非一旦一夕之故也，其渐久矣'。故有国者不可以不知《春秋》，前有谗而弗见，后有贼⑤而不知；为人臣者不可以不知《春秋》，守经事而不知其宜，遭变事而不知其权。为人君父而不通于《春秋》之义者，必蒙首恶之名；为人臣子而不通于《春秋》之义者，必陷篡弑之诛，死罪之名。其实皆以为善，为之不知其义,被之空言而不敢辞。夫不通礼义之旨,至于君不君⑥,臣不臣,父不父,子不子。夫君不君则犯⑦,臣不臣则诛,父不父则无道,子不子则不孝。此四行者,天下之大过也。以天下之大过予之,则受而弗敢辞。故《春秋》者,礼义之大宗也。夫礼禁未然之前,法施已然之后;法之所为用者易见,而礼之所为禁者难知。"

【注释】

①董生:此处指董仲舒。

②是非:以是为是,以非为非。二百四十二年:指《春秋》所记历史的时间。

③经纪:此处是安排、料理的意思。

④风:此处指风土人情。

⑤贼:杀人者。

⑥君不君:做国君的没有做国君的样子。

⑦犯:指被臣下所侵犯,所不尊重。

【译文】

这时上大夫壶遂问:"过去孔子为什么要撰写《春秋》呢?"司马迁回答说:"我听董仲舒说过:'周朝王道衰败废弛,孔子担任鲁国司寇,诸侯嫉害他,大夫排斥他。孔子知道自己的主张没有人采用,自己提倡的王道没有人施行,于是将自己对人和事的褒贬寄寓于《春秋》二百四十二年的历史记述中,想以此作为天下人的是非标准。孔子贬斥昏庸无道的天子,斥责胡作非为的诸侯,声讨祸国乱政的大夫,就是要达成王事而已。'孔子说:'我与其用空洞的说教记载我的主张,不如就历史事实论述我的学说,这样说理会更加深刻透彻、清楚明白。'《春秋》往上阐明三王的治道,往下辨别人事的纲纪,分别嫌疑,明断是非,论定难以取舍之事,赞美善事,憎恶恶行,尊重贤才,贬抑不才,存录已灭亡了的国家,记载了已断绝了的世系,补救衰敝之处,振兴废置之事,这是王道的要点啊!《周易》论著天地阴阳、四时五行,所以长于通变；《礼记》规范人与人之间的关系，所以长于正行；《尚书》记载先王的政事，所以长于论政；《诗经》记载山川谿谷、禽兽草木、牝牡雌雄，所以长于风教；《乐经》是定立音乐的依据，所以长于调和；《春秋》辨别是非，所以长于治理人事。因此可以说，《礼记》是用来节制人们的行为的，《乐经》是用来引发人的平和心气的，《尚书》是用来论述政事的，《诗经》是用来表达情意的，《周易》是用来述说阴阳四时的变化的，《春秋》是用来阐述道义标准的。一个国家要想拨乱反正，没有什么著作能像《春秋》那样有效。《春秋》经文不过数万字，但它蕴含的大义却有数千条，会盟、征伐等聚散之事都记述于《春秋》一书之中。《春秋》记载了被弑杀的君主三十六人，被灭亡的国家五十二个，诸侯出奔逃亡不能保有自己国家的，不能尽数。考察分析他们败亡的原因，都是因为他们丢失了为君为主的根本。所以《周易》说：'失之毫厘，差之千里'。所以说'臣下弑杀君主，儿子弑杀父亲，不是一朝一夕的原因造成的，它浸染发展的过程是很长久的。'所以掌管国家政权的人不可以不知道《春秋》，否则面前站着谗谀小人就会看不见，后面跟着乱臣贼子也会不知道；作为人臣的人不可以不知道《春秋》，否则守常办事就不知道该采取什么适宜的办法，遭遇突发事件也不知道该采用怎样的权宜之策。作为君主、父亲却不能通晓《春秋》大义，必定会蒙受带头做坏事的恶名；作为臣下、儿子却不通晓《春秋》大义，必定会陷入篡权弑上的法网而遭诛杀，留下死罪的恶名。其实他们都以为做的是自己该做的，却不知《春秋》之义，结果被人贬斥而不能辞脱罪名。不通晓礼义的要旨，造成做国君的没有做国君的样子，做臣下的没有做臣下的样子，做父亲的没有做父亲的样子，做儿子的没有做儿子的样子。如果做国君的没有做国君的样子，就会被臣民们冒犯；如果做臣下的没有做臣下的样子，就会被诛杀；如果做父亲的没有做父亲的样子，就会昏聩无道；如果做儿子的没有做儿子的样子，就会忤逆不孝。这四种行为是天下最大的过失。将天下最大的罪过加在他身上，他也就只能接受而不能辞脱。所以《春秋》这部书是礼义的根本所在。礼可以在坏事未发生之前就禁绝它，法是在坏事已发生之后才施行的；法的制裁作用是很容易看到的，而礼禁绝坏事的功效却难以被人知晓。"

【原文】

壶遂曰:"孔子之时,上无明君,下不得任用,故作《春秋》,垂①空文以断礼义,当一王之法。今夫子上遇明天子,下得守职,万事既具,咸各序其宜②,夫子所论,欲以何明?"

太史公曰:"唯唯,否否,不然。余闻之先人曰:'伏羲至纯厚,作《易》八卦。尧舜之盛,《尚书》载之,礼乐作焉。汤武之隆,诗人歌之。《春秋》采善贬恶,推三代之德,褒周室,非独刺讥而已也。'汉兴以来,至明天子,获符瑞③,封禅,改正朔④,易服色,受命于穆清⑤,泽流罔极⑥,海外殊俗,重译款塞⑦,请来献见者,不可胜道。臣下百官力诵圣德,犹不能宣尽其意。且士贤能而不用,有国者之耻;主上明圣而德不布闻,有司之过也。且余尝掌其官,废明圣盛德不载,灭功臣世家贤大夫之业不述,堕先人所言,罪莫大焉。余所谓述故事,整齐其世传,非所谓作也,而君比之于《春秋》,谬矣。"

【注释】

①垂:流传。

②咸:都,全。各序其宜:各得其所,井然有序。序,依次序排列。

③符瑞:祥瑞的征兆,吉兆。

④改正朔:修订历法。正,一年的开始。朔,一月的开始。正朔,即一年的第一天。

⑤穆清:指天。

⑥罔极:无边、无极。

⑦重译:经几重翻译。款塞:叩塞门。

【译文】

壶遂说:"孔子所处的时代,其上没有圣明的君主,其下贤人得不到任用,所以他述作《春秋》,留下空泛的史文来裁断礼义,以此当作统一的王法。现在,您在上遇到了贤明的天子,在下能够为官任职,万事已经具备,且全都各得其所宜,您的论著想要阐明什么呢?"

司马迁说:"您说得对,但我不是这个意思。我曾听先父司马谈这样说:'伏羲最为纯朴忠厚,创作了《周易》八卦。尧和舜的盛德,《尚书》进行了记载,礼乐就创制于那时。商汤王和周武王功业的隆盛,诗人们进行了歌颂。《春秋》赞美举善贬抑恶行,推崇三代时圣君的盛德,褒扬周朝王室,并不仅是讽刺讥诮而已。'汉朝建国以来,特别是当代英明的天子,曾获得祥瑞符兆,封禅泰山,改订历法,变易服饰的颜色,受命于天,恩泽流布无穷,海外不同风俗的部族,经过几道翻译前来叩关修好,请求来汉廷贡献礼物拜见汉朝天子的人,多得不能尽述。百官尽力歌颂圣德,还不能完全表达他们的心意。如果士人贤明能干却不被任用,那就是国君的耻辱;如果君主圣明,而他的德业却不能流布传扬,便是有关官员的过错。我曾经担任这样的官职,如果废置君主圣明的大德不予记载,埋没功臣、世家、贤能大夫的功业不予传述,忘却先父的遗言,那再没有比这更大的罪过了。我只是继续讲述旧事,整理那些世代传述的史事,并不是创作。您将此与《春秋》相比,那就错了。"

【原文】

于是论次^①其文。七年而太史公遭李陵之祸,幽于缧绁^②。乃喟然而叹曰:"是余之罪也夫!是余之罪也夫!身毁不用矣。"退而深惟曰:"夫《诗》《书》隐约者,欲遂其志之思也。昔西伯拘羑里,演《周易》;孔子厄陈蔡,作《春秋》;屈原放逐,著《离骚》;左丘失明,厥有《国语》;孙子膑脚,而论兵法;不韦迁蜀,世传《吕览》;韩非囚秦,《说难》《孤愤》;《诗》三百篇,大抵贤圣发愤之所为作也。此人皆意有所郁结,不得通其道也,故述往事,思来者。"于是卒述陶唐以来,至于麟止,自黄帝始。

维昔黄帝,法天则地。四圣^③遵序,各成法度;唐尧逊位,虞舜不台;厥美帝功,万世载之。作《五帝本纪》第一。

维禹之功,九州攸同,光唐虞际,德流苗裔;夏桀淫骄,乃放鸣条。作《夏本纪》第二。

维契作商④,爰及成汤;太甲居桐,德盛阿衡;武丁得说,乃称高宗;帝辛湛湎,诸侯不享。作《殷本纪》第三。

维弃作稷,德盛西伯;武王牧野,实抚天下;幽厉昏乱,既丧酆镐;陵迟至赧,洛邑不祀⑤。用《周本纪》第四。

维秦之先,伯翳佐禹;穆公思义,悼豪之旅;以人为殉,诗歌《黄鸟》;昭襄业帝。作《秦本纪》第五。

始皇既立,并兼六国,销锋铸鐻⑥,维偃干革,尊号称帝,矜武任力;二世受运,子婴降虏。作《始皇本纪》第六。

秦失其道,豪桀并扰;项梁业之,子羽接之;杀庆救赵,诸侯立之;诛婴背怀,天下非之。作《项羽本纪》第七。

子羽暴虐,汉行功德;愤发蜀汉,还定三秦;诛籍业帝,天下惟宁,改制易俗。作《高祖本纪》第八。

惠之早霣⑦,诸吕不台;崇强禄、产,诸侯谋之;杀隐幽友,大臣洞疑,遂及宗祸。作《吕太后本纪》第九。

汉既初兴,继嗣不明⑧,迎王践祚,天下归心;蠲除⑨肉刑,开通关梁,广恩博施,厥称太宗。作《孝文本纪》第十。

诸侯骄恣,吴首为乱,京师行诛,七国伏辜,天下翕然⑩,大安殷富。作《孝景本纪》第十一。

汉兴五世⑪,隆在建元,外攘夷狄,内修法度,封禅,改正朔,易服色。作《今上本纪》(《汉武帝纪》)第十二。

【注释】

①论次:按次序论述。

②缧绁:系犯人的绳索,此指牢狱。

③四圣:指颛顼、帝喾、尧、舜四位上古圣王。

④作商:建立商。契传为商的始祖,故云。

⑤不祀：不被祭祀。指周室宗庙断绝香火，喻亡国。

⑥锋：兵器。镆：古代悬挂钟的架子两旁的柱子。

⑦赟：读yǔn，赟，通"殒"，死亡。

⑧继嗣不明：指汉惠帝去世前后由吕后先后所立的几位继承人都不光明正大。

⑨蠲除：免除。

⑩翕然：安定的样子。

⑪五世：指汉高祖、汉惠帝、汉文帝、汉景帝、汉武帝五代皇帝。

【译文】

于是，司马迁开始论述和编次那些史文。七年后，司马迁因替李陵辩冤而遭遇惨祸，幽闭在牢狱，绳索加身。于是，他喟然悲叹说："这是我的罪过呀！这是我的罪过呀！身体被毁伤了，没有用了啊！"随后，他又深思道："《诗经》《尚书》的意旨隐微，文辞简约，是因为作者想借此表达他心中的思虑。过去，周文王被拘囚于羑里，推演出了《周易》；孔子被困厄在陈蔡之间，述作了《春秋》；屈原被放逐，著成了《离骚》；左丘双目失明，编撰了《国语》；孙子的双腿被处以膑刑，写成了《孙子兵法》；吕不韦被流放到蜀地，为世人留下了《吕览》；韩非子被囚禁于秦国，写下《说难》和《孤愤》；《诗经》三百多篇，大都是先贤先圣为抒发悲愤之情而创作的。这些人都是心中有某种郁闷积结，不能实现自己的理想，所以才追述往事、思虑未来。"这样，司马迁最终编述了自黄帝以来，到汉武帝获得麒麟那一年为止的史事，传闻的记述是从黄帝开始。

从前，黄帝依照天地的法则行事，颛顼、帝喾、尧、舜这四位圣人先后相继，各自为世人立下法度。唐尧让出帝位，虞舜谦逊不敢自居；这些帝王的美德丰功，万世传扬。作《五帝本纪》第一。

大禹治水的功业，使九州之人同享安乐，光辉普耀唐虞时期，恩德泽及后代子孙；但夏桀淫逸骄横，被放逐到鸣条。作《夏本纪》第二。

契是商人的始祖，世代相续至成汤；太甲迁居桐地，因国相伊尹盛德的感召而悔过；武丁得到傅说的辅佐，被尊称为高宗，但商纣王辛沉湎酒色，诸侯不再拥戴。作《殷本纪》第三。

弃创始种作谷物，西伯姬昌功德隆盛；周武王于牧野攻灭商纣王，安抚天下百姓；周幽王、周厉王昏庸迷乱，丧失了郢、镐两京；王室衰败传至周赧王，洛邑最终断绝了周室宗庙的祭祀。作《周本纪》第四。

秦的祖先伯翳，辅佐大禹有功；秦穆公思虑节义，祭悼覆灭于崤山的秦国将士；但是，因用人殉葬，国人作《黄鸟》之诗咏叹哀伤。传到秦昭襄王才奠定了秦的帝业。作《秦本纪》第五。

秦始皇即位，兼并了六国，他销毁兵器，成铸镰，希望停息干戈兵革，定尊号称始皇帝，耀武扬威，任行暴力；秦二世承受了国运，至子婴就投降做了俘虏。作《始皇本纪》第六。

秦朝丧失王道，豪杰纷纷造反；项梁的反秦大业，由项羽接续；项羽杀死庆子冠军，拯救了赵国，诸侯拥立他为统帅；但诛杀子婴、背叛楚怀王，天下人都认为他做得不对。作《项羽本纪》第七。

项羽残酷暴虐，刘邦建功行德；刘邦发愤于蜀汉之地，率军北还，平定三秦；诛灭项羽，奠定帝业，天下安宁，又改革制度，变易风俗。作《高祖本纪》第八。

汉惠帝早逝，外戚诸吕当权，不为百姓所喜欢；吕后重用吕禄和吕产，诸侯图谋铲除他们，吕后杀害赵隐王刘如意，囚禁赵幽王刘友，朝中大臣恐惧，最终导致吕氏宗族覆灭之祸。作《吕太后本纪》第九。

汉朝初建，汉惠帝死后帝位的继承人不光明正大，大臣们迎立代王刘恒即帝位，天下人心归向汉文帝；汉文帝废除肉刑，开通关卡，广泛地施行恩惠，死后被尊称为太宗。作《孝文本纪》第十。

诸侯骄横放肆，吴王刘濞首先叛乱，朝廷发兵征讨，七个封国内的叛乱者先后伏罪，天下和顺，太平富裕。作《孝景本纪》第十一。

汉朝兴建传国五代，最隆盛的时期是在汉武帝建元年间，对外排斥夷狄，对内修正法度，举行封禅大典，修订历法，变易服饰的颜色。作《今上本纪》（《汉武帝纪》）第十二。

【原文】

维三代尚矣，年纪不可考，盖取之谱牒旧闻①，本于兹，于是略推，作《三代世表》第一。

幽厉之后，周室衰微，诸侯专政，《春秋》有所不纪；而谱牒经略，五霸更盛衰，欲睹周世相先后之意，作《十二诸侯年表》第二。

春秋之后，陪臣②秉政，强国相王；以至于秦，卒并诸夏，灭封地，擅其号。作《六国年表》第三。

秦既暴虐，楚人发难，项氏遂乱，汉乃扶义征伐；八年之间，天下三嬗③，事繁变众，故详著《秦楚之际月表》第四。

汉兴已来，至于太初百年，诸侯废立分削，谱纪不明，有司靡踵，强弱之原云以世。作《汉兴已来诸侯年表》第五。

维高祖元功，辅臣股肱④，剖符而爵，泽流苗裔，忘其昭穆，或杀身陨国。作《高祖功臣侯者年表》第六。

惠景之间，维申功臣宗属爵邑⑤，作《惠景间侯者年表》第七。

北讨强胡，南诛劲越，征伐夷蛮，武功爰列。作《建元以来侯者年表》第八。

诸侯既强，七国为从⑥，子弟众多，无爵封邑，推恩⑦行义，其埶销弱⑧，德归京师⑨。作《王子侯者年表》第九。

国有贤相良将，民之师表也。维见汉兴以来将相名臣年表，贤者记其治，不贤者彰⑩其事。作《汉兴以来将相名臣年表》第十。

【注释】

①谱牒：记述氏族或宗族世系的书。

②陪臣：诸侯的大夫对天子自称陪臣。

③嬗：此处指变迁，更替。

④股肱：此处指辅佐君王得力的人。

⑤申：通"伸"，此处指扩增封爵的范围。

⑥从：通"纵"。

⑦推恩：指施恩惠于他人。

⑧销弱：削弱。销，通"消"。

⑨京师：此处指朝廷或天子。

⑩彰：使……明显。

【译文】

夏朝、商朝、周朝距今已很久远，准确的纪年已不能推考，只得取用传世的谱书牒册和以往的传说，并根据这些略加推算，作《三代世表》第一。

周幽王、周厉王之后，周王室衰微，诸侯各自为政，《春秋》对这段史实载述不全；而谱书牒册记载的诸侯经营方略，反映了春秋五霸更替和兴盛衰败的情况，为了考察周朝诸侯世系的先后关系，作《十二诸侯年表》第二。

春秋以后，诸侯国内由家臣执政，较强的诸侯国之君竞相称王；到了秦朝，最终兼并了中原各国，尽收六国封地，独揽始皇帝的尊号。作《六国年表》第三。

秦朝暴虐，楚地人陈胜首先起义，项羽自乱，刘邦匡扶正义，征战讨伐八年，其间天下三易其主，事情繁杂，变故众多。这些事详尽著述《秦楚之际月表》第四。

汉朝兴建以来，到了太初年间已有一百年，诸侯或废或立，封地或分割或削减，谱书记载不够清楚，有关官员无从接续此事，以向世人显示强弱变化的本原。作《汉兴已来诸侯年表》第五。

汉高祖刘邦创业时，有许多开国元勋和股肱辅臣，刘邦和他们剖分符节，又封赐给他们爵位，恩泽流布到他们的后代子孙，但他们的后代却废忘了宗法制度，有些人招致了杀身亡国的惨祸。作《高祖功臣侯者年表》第六。

汉惠帝至汉景帝年间，重新给功臣宗属封爵赐食邑，作《惠景间侯者年表》第七。

汉武帝向北征讨强悍的匈奴，向南诛灭强劲的越国，征战攻伐蛮夷，因武功而受封的人很多。作《建元以来侯者年表》第八。

诸侯已经强大，吴楚等七国联合叛乱，诸侯的子弟众多，除嫡长子外，都没有爵位和封邑，朝廷对他们广施恩惠遍行仁义，致使侯国势力被削弱，而得到爵位的诸侯子弟却将恩德归于朝廷。作《王子侯者年表》第九。

国家有贤相良将，他们是民众的师表。根据原有的汉兴以来将相名臣年表，对贤能的人就记载他的政绩，对不贤的人则披露他的劣迹。作《汉兴以来将相名臣年表》第十。

【原文】

维三代之礼，所损益各殊务，然要①以近情性，通王道，故礼因人质②为之节文，略协古今之变。作《礼书》第一。

乐者，所以移风易俗也。自《雅》《颂》声兴，则已好郑卫之音，郑卫之音所从来久矣。人情之所感，远俗则怀。比③《乐书》以述来古，作《乐书》第二。

非兵不强，非德不昌，黄帝、汤、武以兴，桀、纣、二世以崩，可不慎欤？《司马法》所从来尚矣，太公、孙、吴、王子能绍而明之，切近世，极人变。作《律书》第三。

律居阴而治阳，历居阳而治阴，律历更相治，间不容翲忽④。五家之文怫异⑤，维太初之元论。作《历书》第四。

星气之书，多杂机祥⑥，不经；推其文，考其应，不殊。比集论其行事，验于轨度以次，作《天官书》第五。

受命而王，封禅之符罕用，用则万灵罔不禋祀⑦。追本诸神名山大川礼，作《封禅书》第六。

维禹浚川，九州攸宁；爰及宣防，决渎通沟。作《河渠书》第七。

维币之行，以通农商；其极则玩巧，并兼兹殖⑧，争于机利，去本趋末⑨。作《平准书》以观事变，第八。

【注释】

①要：要领，关键。

②质：朴实无华。文：华美，有文采，与"质"相对。

③比：比照，仿效。

④翻忽：翻，即秒也，忽为一寸的万分之一，十忽为一秒。

⑤怫异：违背，违异。怫，通"悖"。

⑥禨祥：禨祥指祈神以求福去灾之事。

⑦禋祀：祭祀。禋，古代祭天的祭名。

⑧兹：通"滋"。殖：增长、增加。

⑨本：指农业。末：指商业、手工业等。

【译文】

　　夏朝、商朝、周朝的礼制，有时减少，有时增加，各不相同，然而都以切近人情，通达王道为要领，所以礼制会因为人们的质朴而减少，大体与古今时势的变化相一致。作《礼书》第一。

　　乐是用来变移风气改易习俗的。早在《雅》《颂》兴起之前，人们就已经喜好郑卫之声了，郑卫之声，流传很久。人的情绪会受到音乐的感染，远方殊俗的人也会因此而归附。于是，司马迁编辑《乐书》，以述说自古以来音乐的发展状况，作《乐书》第二。

　　没有兵力就不会强大，不施德政就不会昌盛。黄帝、商汤王、周武王因深明此理而兴盛，夏桀、商纣、秦二世因不谙此道而崩溃，对此能不慎重吗？《司马法》流传很久了，姜太公、孙子、吴子、王子成甫，能够继承并进一步阐明它，使它切合近世情况，极尽人事的变化。作《律书》第三。

　　乐律处于阴却可以整治阳，历法处于阳却可以整治阴，乐律与历法相互整治，其间不容许有丝毫差错。黄帝、颛顼、夏朝、商朝、周朝时期的历书文辞相悖违异，只有太初纪元的方法最为正确。作《历书》第四。

　　讲述星象气数的书，大多掺杂有吉凶祸福方面的内容，是没有根据的。推究那些文句，考察它们应验的情况，又往往的确相合。于是，司马迁齐集专家讨论有关星气方面的事情，并依据日月星辰运行的轨道缠度加以验证，作《天官书》第五。

承受天命而为帝王，很少举办封禅之类的吉瑞大典，如果举办，则所有神灵没有不受祭祀的。追溯祭祀诸神和祭拜名山大川的典礼，作《封禅书》第六。

大禹疏浚河川，九州得以安宁；治理江河的方法是或疏通河道或构筑堤防，开决水渠，贯通水沟。作《河渠书》第七。

货币的发行，是为了使农夫商人相互沟通；但物极必反，民众玩弄机巧，彼此兼并，以求增加钱财，为机会利益而争斗，舍弃农耕这一本业而趋向商贸这一末业。司马迁于是作《平准书》以观察世事的演变，这是书中的第八篇。

【原文】

太伯避历，江蛮是适；文武攸兴，古公王迹。阖庐弑僚，宾服荆楚①；夫差克齐，子胥鸱夷；信嚭亲越，吴国既灭。嘉伯之让，作《吴世家》第一。

申吕肖矣，尚父侧微，卒归西伯，文武是师；功冠群公，缪②权于幽；番番黄发，爰飨营丘③。不背柯盟，桓公以昌，九合诸侯，霸功显彰。田、阚争宠，姜姓解亡。嘉父之谋，作《齐太公世家》第二。

依之违之，周公绥之；愤发文德，天下和之；辅翼成王，诸侯宗周。隐桓之际，是独何哉？三桓争强④，鲁乃不昌。嘉旦《金縢》，作《周公世家》第三。

武王克纣，天下未协而崩。成王既幼，管蔡疑之，淮夷叛之，于是召公率德，安集王室，以宁东土。燕哙之禅，乃成祸乱。嘉《甘棠》之诗，作《燕世家》第四。

管蔡相武庚，将宁旧商；及旦摄政，二叔不飨；杀鲜放度，周公为盟；太姒十子，周以宗强。嘉仲悔过，作《管蔡世家》第五。

王后不绝，舜禹是说；维德休明⑤，苗裔蒙烈。百世享祀，爰周陈、杞，楚实灭之，齐田既起。舜何人哉？作《陈杞世家》第六。

收殷馀民，叔封始邑，申以商乱，《酒》《材》是告，及朔之生，卫顷不宁；南子恶蒯聩，子父易名。周德卑微，战国既强，卫以小弱，角独后亡。嘉彼《康诰》，作《卫世家》第七。

嗟箕子乎！嗟箕子乎！正言不用，乃反为奴。武庚既死，周封微子。襄公伤于泓，君子孰称。景公谦德，荧惑退行。剔成暴虐，宋乃灭亡。嘉微子问太师，作《宋世家》第八。

武王既崩，叔虞邑唐。君子讥名，卒灭武公。骊姬之爱，乱者五世；重耳不得意，乃能成霸。六卿专权⑥，晋国以秏。嘉文公锡珪鬯⑦，作《晋世家》第九。

重黎业之，吴回接之；殷之季世，粥子牒之。周用熊绎，熊渠是续。庄王之贤，乃复国陈；既赦郑伯，班师华元。怀王客死，兰咎屈原；好谀信谗，楚并于秦。嘉庄王之义，作《楚世家》第十。

少康之子，实宾南海，文身断发，鼋鳝⑧与处，既守封、禺，奉禹之祀。句践困彼⑨，乃用种、蠡。嘉句践夷蛮能修其德，灭强吴以尊周室，作《越王句践世家》第十一。

桓公之东，太史是庸。及侵周禾，王人是议。祭仲要盟，郑久不昌。子产之仁，绍世称贤。三晋侵伐，郑纳于韩。嘉厉公纳惠王，作《郑世家》第十二。

维骥騄耳，乃章造父⑩。赵夙事献，衰续厥绪。佐文尊王，卒为晋辅。襄子困辱，乃禽智伯。主父生缚，饿死探爵。王迁辟淫，良将是斥。嘉鞅讨周乱，作《赵世家》第十三。

毕万爵魏，卜人知之。及绛戮干，戎翟和之⑪。文侯慕义，子夏师之。惠王自矜，齐秦攻之。既疑信陵，诸侯罢之。卒亡大梁，王假厮之。嘉武佐晋文申霸道，作《魏世家》第十四。

韩厥阴德⑫，赵武攸兴。绍绝立废，晋人宗之。昭侯显列，申子庸之。疑非不信，秦人袭之。嘉厥辅晋匡周天子之赋，作《韩世家》第十五。

完子避难，适齐为援，阴施五世，齐人歌之。成子得政，田和为侯。

王建动心，乃迁于共。嘉威、宣能拨浊世而独宗周，作《田敬仲完世家》第十六。

周室既衰，诸侯恣行。仲尼悼礼废乐崩，追修经术，以达王道，匡乱世反之于正，见其文辞，为天下制仪法，垂六艺之统纪于后世。作《孔子世家》第十七。

桀、纣失其道而汤、武作，周失其道而《春秋》作。秦失其政，而陈涉发迹，诸侯作难，风起云蒸，卒亡秦族。天下之端，自涉发难。作《陈涉世家》第十八。

成皋之台，薄氏始基。诎意适代，厥崇诸窦⑬。栗姬偩贵，王氏乃遂。陈后太骄，卒尊子夫。嘉夫德若斯，作《外戚世家》第十九。

汉既谲谋，禽信于陈；越荆剽轻，乃封弟交为楚王，爰都彭城，以强淮泗，为汉宗藩。戊溺于邪，礼复绍之。嘉游辅祖，作《楚元王世家》第二十。

维祖师旅，刘贾是与；为布所袭，丧其荆吴。营陵激吕，乃王琅邪；怵午信齐，往而不归，遂西入关，遭立孝文，获复王燕。天下未集，贾、泽以族，为汉藩辅。作《荆燕世家》第二十一。

天下已平，亲属既寡；悼惠先壮⑭，实镇东土。哀王擅兴，发怒诸吕，驷钧暴戾，京师弗许。厉之内淫⑮，祸成主父。嘉肥股肱，作《齐悼惠王世家》第二十二。

楚人围我荥阳，相守三年；萧何镇抚山西，推计踵兵⑯，给粮食不绝，使百姓爱汉，不乐为楚。作《萧相国世家》第二十三。

与信定魏，破赵拔齐，遂弱楚人。续何相国，不变不革，黎庶攸宁。嘉参不伐功矜能，作《曹相国世家》第二十四。

运筹帷幄之中，制胜于无形，子房计谋其事，无知名，无勇功，图难于易，为大于细。作《留侯世家》第二十五。

六奇既用，诸侯宾从于汉；吕氏之事⑰，平为本谋，终安宗庙，定社稷。作《陈丞相世家》第二十六。

诸吕为从，谋弱京师，而勃反经合于权；吴楚之兵，亚夫驻于昌邑，以厄齐赵，而出委以梁。作《绛侯世家》第二十七。

七国叛逆，蕃屏京师，唯梁为扞⑱。偩爱矜功，几获于祸。嘉其能距吴楚，作《梁孝王世家》第二十八。

五宗既王，亲属洽和，诸侯大小为藩，爰得其宜，僭拟⑲之事稍衰贬矣。作《五宗世家》第二十九。

三子之王，文辞可观。作《三王世家》第三十。

【注释】

①宾服荆梦：使荆梦降服。宾服，归降，投降。

②缪：绸缪，紧缠密绕。此处指周密的意思。幽：暗。

③爰飨营丘：指受封于齐，建都营丘。飨，享有。

④三桓：指春秋后期掌握鲁国政权的三家贵族孟孙氏、叔孙氏、季孙氏，因其均为鲁桓公的后裔故称三桓。

⑤休明：美善清明。

⑥六卿：此处指赵、韩、魏、知、范、中行六卿。

⑦锡：通"赐"。珪：通"圭"。鬯：祭祀用的一种香酒。

⑧鳝：指鳝鱼。

⑨困彼：被别人所困。

⑩骥：千里马。騄耳：名马的名字。章：通"彰"。

⑪翟：通"狄"，指古代中原北部的部落。

⑫阴德：此处指韩厥保护赵氏孤儿那件事。

⑬崇诸窦：使诸窦氏高贵。

⑭先壮：先长大成人。

⑮内淫：亲属内部淫乱。

⑯推计：计算、登记。踵兵：后继部队。踵，跟随。

⑰吕氏之事：此处指消灭诸吕那件事。

⑱扞：抵御、保卫。

⑲僭拟：僭位而自拟于天子。僭，超越本分。拟，此处指比拟于天子。衰贬：衰减、减少。

【译文】

太伯为回避幼弟季历，以使他得以继位，便去了蛮夷之地；周文王周武王兴起，继承了古公亶父的王业。阖庐弑杀了吴王僚，降服了楚国；夫差战胜齐国，逼杀了伍子胥，并用马革制的袋子盛裹他的尸体；又听信大臣伯嚭的谗言而与越国亲善，吴国最终被越国攻灭。为了赞颂太伯让国的美德，作《吴世家》第一。

申、吕的后代衰弱，故姜子牙生而微贱，最终投归西伯侯，周文王、周武王都尊他为国师；姜子牙的功劳超过群臣，周密筹划了权谋策略。他皓首黄发，受封于齐之营丘。不背弃柯地的盟约，齐桓公以此而昌盛，曾经多次会合诸侯，成就霸业，功勋显赫。田恒与阚止争宠，姜姓齐国瓦解灭亡。为了赞美尚父姜子牙的谋略，作《齐太公世家》第二。

诸侯对周朝王室或依顺或违背，周公安抚他们；他努力发展文教德化，天下都响应附和；他又辅佐和保护周成王，使诸侯都尊崇周天子。鲁隐公、鲁桓公之际，鲁国非礼悖德的事相继发生。这是为什么呢？孟孙、叔孙、季孙三桓相互争斗，鲁国便不再昌盛。为赞美《尚书·金縢》中所记述的周公旦的嘉言懿行，作《周公世家》第三。

周武王攻灭商纣王，天下还未安宁，他便去世了。周成王年幼，管叔、蔡叔怀疑摄政的周公勾结淮夷乘机反叛，当时，召公坚持大义，安抚团结周朝王室成员，使周朝东部得以安宁。燕王哙禅位于其相子之，便酿成了祸乱。为赞美《甘棠》之诗，作《燕世家》第四。

管叔鲜和蔡叔度辅佐武庚，是为了安抚商朝遗民；等到周公旦摄政时，管、蔡不服，勾结武庚发动叛乱周公杀死管叔鲜，放逐蔡叔度，周公设盟以示忠于周成王，周文王的妃子太姒生了十个儿子，周朝凭借宗族繁盛而强大。为赞美蔡叔度的儿子蔡仲悔过自新，作《管蔡世家》第五。

圣王的后嗣延续不绝，舜、禹的在天之灵对此会感到欢悦；他们的功德美好清明，后代子孙得以蒙受荣光。历代享受祭祀，到了周朝，他们的后人分别被封于陈国、杞国。后来，陈国和杞国被楚国灭掉了，田陈氏作为舜的后裔兴起代齐。舜是多么伟大的人啊！作《陈杞世家》第六。

周朝收罗商朝的遗民，起初将康叔封于卫邑，为了向他阐明商朝乱政亡国的教训，周公写了《酒诰》和《梓材》。到卫公子朔出生后，卫国开始倾危不宁，卫灵公的夫人南子憎恶世子蒯聩，卫庄公、卫出公父子名分颠倒。周朝王室衰微，战国七雄强大，卫国国小势弱，国君角却在他国之后覆亡。赞美那《康诰》，作《卫世家》第七。

可叹箕子啊！可叹箕子啊！忠正的进言不被采用，反而做了奴仆。武庚死后，周朝封微子于宋国。宋襄公在泓水之战中受伤，君子中又有谁称扬他呢！宋景公有谦逊的美德，天星为之退行。剔成君暴虐无道，宋国便灭亡了。赞美微子先请教太师然后出走，作《宋世家》第八。

周武王去世后，叔虞被封于唐并建立都邑。君子讥讽晋穆侯给儿子们取名不恰当，后来晋文侯果真被曲沃秦武公攻灭。晋献公宠爱骊姬，造成了五代的祸乱，公子重耳起初不得志，最终成就了霸业。后来，六卿操揽大权，晋国因此衰亡。赞美晋文公勤王，被赐予圭玉和用黑黍酿制的甜酒，作《晋世家》第九。

重黎开创功业，吴回接续光大；殷朝末年，从鬻熊开始就有谱牒可考了。周朝任用熊绎，熊渠接续。楚庄王贤明，攻克陈国后又恢复了陈国的国号；郑伯诚心归服就赦免郑国，华元以实相告就撤走围宋国的军队。楚怀王客死秦国，子兰谗害屈原。由于楚王喜好阿谀，听信谗言，楚国最终被秦国吞并。赞美楚庄王的仁义，作《楚世家》第十。

少康的后代被封于僻远的南海，他们文身剪发，以捕鱼鳖为生，与水边各部族和谐相处，世代住守于封、禺二山，奉祀大禹。句践曾因守会稽，于是重用文种、范蠡。赞美句践身处蛮夷，还能勤修德义，最终攻灭强大的吴国而尊奉周王室，作《越王句践世家》第十一。

郑桓公东迁，是采用了周太史伯的建议。庄公强行收割成周天子的庄稼，周王和臣民对此议论纷纷。祭仲被宋国胁迫订盟，郑国便不再昌盛。子产推行仁政，后世称赞他贤明。三分晋国的韩国、赵国、魏国侵犯攻伐郑国，郑国最终被韩国吞并。赞美郑厉公接纳周惠王，作《郑世家》第十二。

只有骥、騄耳这样的良马才能表现出造父御马的技能。赵夙事奉晋献公，赵衰接续先人的事业，辅佐晋文公尊奉周天子，最终成为晋国的重要辅臣。赵襄子曾被围困而蒙受屈辱，遂擒灭了智伯。主父赵武灵王被臣子围困，捣雀窝抓小鸟充饥，最后被活活饿死。赵王迁乖僻淫乱，贬斥良将。赞美赵鞅讨平周王室的内乱，作《赵世家》第十三。

毕万被封于魏地，卜官预知他的后代必将昌盛。魏绛曾杀死扬干的御者以正军法，又与戎翟议和。魏文侯思慕礼义，拜子夏为师。魏惠王骄矜自夸，齐国、秦国遂攻伐之。魏安釐王怀疑信陵君，诸侯不再与魏国亲善。最终，魏国失去了国都大梁，魏王假被俘虏而成为养马的奴仆。赞美魏武子辅佐晋文公成就霸业，作《魏世家》第十四。

韩厥暗中积德行义，赵武才得以复兴赵氏。韩厥维系将要断绝的世系，重立已被废置了的祭祀，晋国人都尊崇他。韩昭侯显名于诸侯，重用申不害。韩王安怀疑韩非而不信任他，秦国人攻袭了韩国。赞美韩厥辅佐晋君，匡正周天子之赋，作《韩世家》第十五。

田完避难，去到齐国求援，暗中施恩揽民，五代相续，齐国人都歌颂田氏。田成子获得了齐国政权，到田和时最终成为齐侯。齐王建被奸言鼓动不战而降秦，遂被秦迁徙于共邑。赞美齐威王和齐宣王拯救乱世，独尊周室，作《田敬仲完世家》第十六。

周朝王室已经衰落，诸侯恣意行事。孔子痛惜礼仪废置乐制崩坏，乃退而修经术，以此宣扬王道，匡正乱世，使它返归太平。于是，孔子著书，为天下制定礼仪法度，给后世留下了《周易》《诗经》《尚书》《礼记》《乐经》《春秋》六艺的纲纪。作《孔子世家》第十七。

夏桀、商纣丧失王道，而商汤王、周武王兴起，周王室的无道引孔子作《春秋》。秦王丧失王道，而陈胜发动起义，诸侯造反，风起云涌，最终灭了秦国。天下的亡秦事端，起始于陈胜首先发难。作《陈涉世家》第十八。

河南宫成皋台是薄氏得宠的初基。窦姬被误遣到代地，反而使窦氏家族受到了尊崇。栗姬恃贵骄横，王氏便遂愿而成为皇后。陈皇后过于骄纵，最后卫子夫被尊为皇后。赞美卫子夫那样的懿德，作《外戚世家》第十九。

汉高祖刘邦施用诡谲的计谋,在陈县擒获了楚王韩信,越地、楚地的民俗剽悍轻狂,刘邦便封弟弟刘交做楚王,建都于彭城,以此加强对淮水、泗水流域的统治,成为汉朝宗室的屏藩。刘戊沉溺于邪念,刘礼又继承了先祖的家业。赞美楚元王刘交能够辅佐皇室,作《楚元王世家》第二十。

汉高祖刘邦兴兵时,刘贾参与其中。后来,刘贾被英布攻袭,丧失了他荆吴的封地。营陵侯刘泽,凭着游说感动了皇太后吕雉,被封为琅邪王;后来被祝午诱骗而轻信齐王,前往齐国却不得归还。刘泽便用计西奔入关,与诸将联合共立汉文帝,因功又被封为燕王。当天下还没安定时,刘贾、刘泽以族人的身份,成为汉室的藩王辅臣。作《荆燕世家》第二十一。

天下已经平定,皇室亲属不多;齐悼惠王年龄最大,镇守东部疆土。齐哀王擅自兴兵,愤怒地讨伐吕氏族人。他舅父驷钧粗暴乖戾,朝廷大臣遂不同意齐哀王即帝位。齐厉王的亲属内部淫乱,齐厉王自杀的大祸是主父偃胁逼促成的。赞美齐悼惠王刘肥所发挥的股肱辅臣的作用,作《齐悼惠王世家》第二十二。

楚霸王项羽的军队曾围困我军于荥阳,楚汉相持三年;萧何镇守安抚太行山以西之地,登记户口,输送兵员,供给粮食不断,并使老百姓爱戴刘邦,不愿为项羽出力。作《萧相国世家》第二十三。

曹参与韩信一同平定魏地,又击破赵军攻克齐地,这样便削弱了楚霸王项羽的势力。曹参后来接续萧何担任相国,"萧规曹随",制度作法无所变更,百姓得以安宁。赞美曹参不夸功不逞能,作《曹相国世家》第二十四。

在营幕之中筹划谋略,在无形之中克敌制胜,张良谋划这些大事,没有智巧的名声,没有勇猛的武功,从容易处着手解决难题,从细微处起步做成大事。作《留侯世家》第二十五。

陈平的六个奇巧的计谋都被采用,使得诸侯归服于刘邦;铲除诸吕的大事,陈平是最主要谋划者,最终安保宗庙,安定了国家。作《陈丞相世家》第二十六。

诸吕相互勾结,图谋削弱皇室。周勃的平乱方法虽违反常道却切合权宜。吴楚七国起兵叛乱,周亚夫驻军于昌邑,以此扼制齐赵的军队,而以梁国委付吴楚，绝其粮道，最终取胜。作《绛侯世家》第二十七。

吴楚等七国反叛，藩屏京师，只有梁国捍卫朝廷；但事后梁孝王凭恃窦太后的宠爱骄矜夸功，几乎招致杀身之祸。赞美他能抵御吴楚叛军，作《梁孝王世家》第二十八。

汉景帝五个后妃所生的皇子都受封为王，皇室亲属融洽和睦，诸侯无论大小都是王室的藩屏，各得其宜。僭位比拟皇帝的事，逐渐减少了。作《五宗世家》第二十九。

当今皇上（汉武帝）的三位皇子受封为王，有关的疏策文辞典雅，值得观赏。作《三王世家》第三十。

【原文】

末世争利，维彼奔义；让国饿死，天下称之。作《伯夷列传》第一。

晏子俭矣，夷吾则奢；齐桓以霸，景公以治。作《管晏列传》第二。

李耳无为自化，清净自正；韩非揣事情，循执理。作《老子韩非列传》第三。

自古王者而有《司马法》，穰苴能申明之。作《司马穰苴列传》第四。

非信廉仁勇不能传兵论剑，与道同符，内可以治身，外可以应变，君子比德焉。作《孙子吴起列传》第五。

维建遇谗，爰及子奢，尚既匡父，伍员奔吴。作《伍子胥列传》第六。

孔氏述文，弟子兴业，咸为师傅，崇仁厉义。作《仲尼弟子列传》第七。

鞅去卫适秦，能明其术，强霸孝公①，后世遵其法。作《商君列传》第八。

天下患衡秦毋餍②，而苏子能存诸侯，约从以抑贪强。作《苏秦列传》第九。

六国既从亲，而张仪能明其说，复散解诸侯。作《张仪列传》第十。

秦所以东攘雄诸侯，樗里③、甘茂之策。作《樗里甘茂列传》第十一。

苞河山，围大梁，使诸侯敛手④而事秦者，魏冉之功。作《穰侯列传》第十二。

南拔鄢郢，北摧长平，遂围邯郸，武安为率；破荆灭赵，王翦之计。作《白起王翦列传》第十三。

猎儒墨之遗文，明礼义之统纪，绝惠王利端，列往世兴衰。作《孟子荀卿列传》第十四。

好客喜士，士归于薛，为齐扞楚魏。作《孟尝君列传》第十五。

争冯亭以权，如楚以救邯郸之围，使其君复称于诸侯。作《平原君虞卿列传》第十六。

能以富贵下贫贱⑤，贤能诎于不肖，唯信陵君为能行之。作《魏公子列传》第十七。

以身徇君，遂脱强秦，使驰说之士南乡走楚者，黄歇之义。作《春申君列传》第十八。

能忍诟于魏齐，而信威于强秦。推贤让位，二子有之。作《范睢蔡泽列传》第十九。

率行其谋，连五国兵，为弱燕报强齐之雠，雪其先君之耻。作《乐毅列传》第二十。

能信意强秦，而屈体廉子，用徇其君，俱重于诸侯。作《廉颇蔺相如列传》第二十一。

湣王既失临菑而奔莒，唯田单用即墨破走骑劫⑥，遂存齐社稷。作《田单列传》第二十二。

能设诡说解患于围城，轻爵禄，乐肆志。作《鲁仲连邹阳列传》第二十三。

作辞以讽谏，连类以争义，《离骚》有之。作《屈原贾生列传》第二十四。

结子楚亲，使诸侯之士斐然⑦争入事秦。作《吕不韦列传》第二十五。

曹子匕首，鲁获其田，齐明其信；豫让义不为二心。作《刺客列传》第二十六。

能明其画，因时推秦，遂得意于海内，斯为谋首。作《李斯列传》第二十七。

为秦开地益众，北靡匈奴，据河为塞，因山为固，建榆中。作《蒙恬列传》第二十八。

填赵塞常山以广河内，弱楚权，明汉王之信于天下。作《张耳陈馀列传》第二十九。

收西河、上党之兵，从至彭城；越之侵掠梁地以苦项羽。作《魏豹彭越列传》第三十。

以淮南叛楚归汉，汉用得大司马殷，卒破子羽于垓下。作《黥布列传》第三十一。

楚人迫我京索，而信拔魏赵，定燕齐，使汉三分天下有其二，以灭项籍。作《淮阴侯列传》第三十二。

楚汉相距巩洛，而韩信为填颍川，卢绾绝籍粮饷。作《韩信卢绾列传》第三十三。

诸侯畔项王，唯齐连子羽城阳，汉得以间遂入彭城。作《田儋列传》第三十四。

攻城野战，获功归报，哙、商有力焉；非独鞭策[8]，又与之脱难。作《樊郦列传》第三十五。

汉既初定，文理未明，苍为主计，整齐度量，序律历。作《张丞相列传》第三十六。

结言通使[9]，约怀诸侯；诸侯咸亲，归汉为藩辅。作《郦生陆贾列传》第三十七。

欲详知秦楚之事，维周𮙑[10]常从高祖，平定诸侯。作《傅靳蒯成列传》第三十八。

徙强族，都关中，和约匈奴；明朝廷礼，次宗庙仪法。作《刘敬叔孙通列传》第三十九。

能摧刚作柔，卒为列臣；栾公不劫于埶而倍死[11]。作《季布栾布列传》第四十。

敢犯颜色,以达主义;不顾其身,为国家树长画⑫。作《袁盎晁错列传》第四十一。

守法不失大理,言古贤人,增主之明。作《张释之冯唐列传》第四十二。

敦厚慈孝,讷于言,敏于行,务在鞠躬,君子长者。作《万石张叔列传》第四十三。

守节切直,义足以言廉,行足以厉贤,任重权不可以非理挠⑬。作《田叔列传》第四十四。

扁鹊言医,为方者宗,守数精明;后世循序,弗能易也,而仓公可谓近之矣。作《扁鹊仓公列传》第四十五。

维仲之省,厥濞王吴,遭汉初定,以填抚江淮之间。作《吴王濞列传》第四十六。

吴楚为乱,宗属唯婴贤而喜士,士乡之,率师抗山东荥阳。作《魏其武安列传》第四十七。

智足以应近世之变,宽足用得人。作《韩长孺列传》第四十八。

勇于当敌,仁爱士卒,号令不烦,师徒乡之。作《李将军列传》第四十九。

自三代以来,匈奴常为中国患害;欲知强弱之时,设备征讨,作《匈奴列传》第五十。

直曲塞,广河南,破祁连,通西国⑭,靡北胡。作《卫将军骠骑列传》第五十一。

大臣宗室以侈靡相高⑮,唯弘用节衣食为百吏先。作《平津侯列传》第五十二。

汉既平中国,而佗能集杨越以保南藩,纳贡职。作《南越列传》第五十三。

吴之叛逆,瓯人斩濞,葆守封、禺为臣。作《东越列传》第五十四。

燕丹散乱辽间,满收其亡民,厥聚海东,以集真藩,葆塞为外臣。作《朝鲜列传》第五十五。

唐蒙使略通夜郎，而邛筰之君请为内臣受吏。作《西南夷列传》第五十六。

《子虚》之事，《大人》赋说，靡丽多夸，然其指风谏，归于无为。作《司马相如列传》第五十七。

黥布叛逆，子长国之，以填江淮之南，安剿楚庶民。作《淮南衡山列传》第五十八。

奉法循理之吏，不伐功矜能，百姓无称，亦无过行。作《循吏列传》第五十九。

正衣冠立于朝廷，而群臣莫敢言浮说，长孺矜焉；好荐人，称长者，庄有溉。作《汲郑列传》第六十。

自孔子卒，京师莫崇庠序，唯建元、元狩之间，文辞粲如也。作《儒林列传》第六十一。

民倍本多巧⑯，奸轨弄法，善人不能化，唯一切严削为能齐之。作《酷吏列传》第六十二。

汉既通使大夏，而西极远蛮，引领内乡，欲观中国。作《大宛列传》第六十三。

救人于厄，振人不赡，仁者有乎；不既信，不倍言，义者有取焉。作《游侠列传》第六十四。

夫事人君能说主耳目，和主颜色，而获亲近，非独色爱，能亦各有所长。作《佞幸列传》第六十五。

不流世俗，不争埶利，上下无所凝滞，人莫之害，以道之用。作《滑稽列传》第六十六。

齐、楚、秦、赵为日者⑰，各有俗所用。欲循观其大旨，作《日者列传》第六十七。

三王不同龟，四夷各异卜，然各以决吉凶。略窥其要，作《龟策列传》第六十八。

布衣匹夫之人，不害于政，不妨百姓，取与以时而息财富，智者有采焉。作《货殖列传》第六十九。

维我汉继五帝末流,接三代绝业。周道废,秦拨去古文,焚灭《诗》《书》,故明堂石室金匮玉版图籍散乱。于是汉兴,萧何次律令,韩信申军法,张苍为章程,叔孙通定礼仪,则文学彬彬稍进⑱,《诗》《书》往往间出矣。自曹参荐盖公言黄老,而贾生、晁错明申、商,公孙弘以儒显,百年之间,天下遗文古事靡不毕集太史公。太史公仍父子相续纂其职。曰:"於戏!余维先人尝掌斯事,显于唐虞,至于周,复典之,故司马氏世主天官。至于余乎,钦念哉!钦念哉!"罔罗⑲天下放失旧闻,王迹所兴,原始察终,见盛观衰,论考之行事。略推三代,录秦汉,上记轩辕,下至于兹,著十二本纪,既科条之矣。并时异世,年差不明,作十表。礼乐损益,律历改易,兵权山川鬼神,天人之际,承敝通变⑳,作八书。二十八宿环北辰,三十辐共一毂,运行无穷,辅拂股肱之臣配焉,忠信行道,以奉主上,作三十世家。扶义俶傥㉑,不令己失时,立功名于天下,作七十列传。凡百三十篇,五十二万六千五百字,为《太史公书》。序略,以拾遗补艺,成一家之言,厥协六经异传,整齐百家杂语,藏之名山,副在京师,俟后世圣人君子。第七十。

太史公曰:"余历述黄帝以来至太初而讫,百三十篇。"

【注释】

①霸孝公:使孝公强盛称霸。

②衡:通"横",指连横。毋餍:贪得无厌。毋,通"无"。餍,饱,满足。

③樗:读chū。

④敛手:束手、拱手。

⑤下贫贱:对贫贱者谦下。

⑥破走:打败并赶跑。走,逃跑,这里是使之逃跑。

⑦斐然:有文采的样子。此处有"纷纷然"之意。

⑧鞭策:马鞭子。此处指驱使、督促。

⑨结言:通过说辞结交。

⑩缧:读xiè。

⑪不劫于势：不被威势所屈。劫，威逼、胁迫。倍死：背叛死者。倍：通"背"，背叛。

⑫树长画：建立长远规划。画，筹划、谋划。

⑬以非理挠：用非理使之屈服。挠，通"桡"。弯曲，引申为屈服。

⑭西国：西域各地方政权。

⑮相高：相互比高低。

⑯倍本多巧：背离本业而多巧诈。

⑰日者：古时占候卜筮的人。

⑱彬彬：既有文采又有好品德。稍：逐渐。

⑲罔罗：从各方面收集、寻找。罔，通"网"，捕鱼之网。罗，捕鸟的网。

⑳承敝通变：趁着其衰败进行变革。承，通"乘"，趁着。敝，衰败。

㉑傲傥：卓越，不拘于俗。

【译文】

商朝末年，人们争权夺利，只有伯夷、叔齐趋赴仁义；他们互相推让国君的权位，最终饿死在首阳山，天下人都称颂他们。作《伯夷列传》第一。

晏子很俭朴，管仲却很奢侈；齐桓公因重用管仲而得称霸，齐景公因任用晏子而使齐国得到了治理。作《管晏列传》第二。

老子主张君主无为而使百姓自受教化，君主清静而令国民自归正途。韩非揣度事物的情理，主张遵循时势法理治国。作《老子韩非列传》第三。

自古以来的帝王都很重视《司马兵法》，田穰苴能够申述阐明它。作《司马穰苴列传》第四。

如果不是诚信、清廉、仁慈、勇敢的人，便不能传授兵法讲论剑术，兵法剑术与道相符，则内可以修身，外可以应变，君子认为这就是武德。作《孙子吴起列传》第五。

楚太子建遭遇谗言毁谤，其祸殃及伍奢。伍尚前往救父，伍员（伍子胥）逃奔吴国。作《伍子胥列传》第六。

孔子传述文籍，弟子们振兴他的事业，个个都成了师表，崇尚仁德，厉行礼义。作《仲尼弟子列传》第七。

商鞅离开卫国去到秦国，能阐明他的治国之术，使秦国强大，秦孝公称霸西戎，后世犹遵循他制定的法则。作《商君列传》第八。

天下诸侯都忧虑秦国的连横策略，秦王贪得无厌，而苏秦能使诸侯保存权位，相约合纵以抑制秦国的贪婪强横。作《苏秦列传》第九。

六国已经合纵相亲，而张仪能够阐明他的主张，又分散瓦解了诸侯。作《张仪列传》第十。

秦国之所以能够向东侵夺，称雄于诸侯，是由于樗里子和甘茂的策划。作《樗里甘茂列传》第十一。

攻取崤山、黄河一带的地区，围困魏都大梁，使诸侯束手而臣服秦王，是魏冉的功劳。作《穰侯列传》第十二。

向南攻克鄢郢，向北摧毁长平守军，并进一步围困邯郸，武安君白起是秦军统帅；攻破楚国，攻灭赵国，是王翦的计策。作《白起王翦列传》第十三。

涉猎了儒家、墨家留下的文论，明晰了礼义的系统纲要，拒绝了梁惠王言利的话头，陈述往世的兴盛衰亡。作《孟子荀卿列传》第十四。

喜好结交宾客文士，士人们归附薛公，为齐国抵御楚国、魏国。作《孟尝君列传》第十五。

以权宜之虑争得冯亭所献韩国上党之地，去楚国求援以解救邯郸之围，使他的君主得以重新闻名于诸侯。作《平原君虞卿列传》第十六。

能以富贵之身尊重贫贱之人，能以贤能之才礼待无才之人，只有信陵君能够这样做。作《魏公子列传》第十七。

用自己的生命护卫君主，使之逃脱强大的秦国，使游说的人士，南向趋赴楚国的，皆是黄歇的忠义所致。作《春申君列传》第十八。

能够在魏国、齐国忍受屈辱，却在强大的秦国树立威信。推举贤才，让出相位，范雎和蔡泽有这样的美德。作《范雎蔡泽列传》第十九。

施行谋略，联合五国的军队，为弱小的燕国报了与强大齐国结下的深仇，洗雪他先朝君主的耻辱。作《乐毅列传》第二十。

能在强横的秦王面前申明自己的意见，却又委屈自己忍让廉颇，来尽忠于他的君主，将相两人都受到了诸侯的尊重。作《廉颇蔺相如列传》第二十一。

齐湣王既已丢失临菑而逃奔莒邑，田单以即墨为基地，打败并驱逐燕将骑劫，保住了齐国社稷。作《田单列传》第二十二。

能施设诡谲的说辩，以解除邯郸之围，轻视爵位、利禄，以实现自己的志趣为乐。作《鲁仲连邹阳列传》第二十三。

创作诗赋辞章来讽刺谏诤，连属同类事物来伸张正义，《离骚》便有这样的功效。作《屈原贾生列传》第二十四。

结交亲近子楚，使各诸侯国中的贤士相随成风，争相进入秦国，事奉秦君。作《吕不韦列传》第二十五。

曹沫用匕首胁迫齐桓公订盟，鲁国得以收回失地，也使齐君借此表明了他的诚信；豫让为智伯行刺赵襄子，忠义没有二心。作《刺客列传》第二十六。

能阐明自己的谋划，顺应时势，推尊秦国，使秦国得逞其意于海内，李斯是筹谋定策的魁首。作《李斯列传》第二十七。

为秦国开拓疆土增加民众，于北部击败匈奴，凭据黄河修筑要塞，依傍山岭构筑固垒，建置榆中。作《蒙恬列传》第二十八。

镇守赵国，据保常山，以此拓广河内地区，削弱西楚霸王项羽的势力，在天下人面前彰明汉王刘邦的诚信。作《张耳陈馀列传》第二十九。

收取西河、上党的兵力，跟随刘邦攻至彭城；彭越侵夺梁地，以使腹背受敌。作《魏豹彭越列传》第三十。

以淮南之地反叛项羽归投刘邦，刘邦又利用他得到了西楚的大司马周殷，最终在垓下打败了项羽。作《黥布列传》第三十一。

楚军将汉军困逼于京、索之间，而韩信攻取了魏地、赵地，平定了燕地、齐地，使刘邦占有了天下的三分之二，以此消灭了项羽。作《淮阴侯列传》第三十二。

楚汉双方在巩洛一带对峙,而韩王信为刘邦镇守颍川,卢绾断绝了项羽大军的粮草军饷。作《韩信卢绾列传》第三十三。

诸侯叛离楚霸王项羽,齐王首先起兵,在城阳牵制项羽,刘邦得以乘间攻入彭城。作《田儋列传》第三十四。

攻夺城池,在野外作战,获得军功回报刘邦,樊哙、郦商有功于此,夏侯婴不仅为刘邦执鞭策马,任其驱遣,还多次帮其逃出险境。作《樊郦列传》第三十五。

汉朝刚刚建立,文治条理还不明确,张苍担任主计官,统一度量衡,序次律历。作《张丞相列传》第三十六。

以言辞结交他国,互通使节;约会怀柔诸侯,使诸侯都亲近刘邦,归投汉朝成为藩屏辅臣。作《郦生陆贾列传》第三十七。

要想详尽了解秦末和楚汉相争时的史事,只有周緤知之最详,他经常跟从在刘邦左右,平定诸侯。作《傅靳蒯成列传》第三十八。

建议迁徙豪族,定都关中,和亲结好匈奴。阐明朝廷礼仪,条列宗庙的仪则法度。作《刘敬叔孙通列传》第三十九。

能够摧折刚戾化作柔顺,最终成为汉朝的大臣;栾公不迫于威势,宁死不背旧主。作《季布栾布列传》第四十。

敢于冒犯天颜,以使君主的言行通达于义理;不顾念自身安危,为国家作长远谋划。作《袁盎晁错列传》第四十一。

遵守法度不违失根本事理,不阿从皇上意旨;讲述古代用人之道,增益君主的贤明。作《张释之冯唐列传》第四十二。

淳朴、宽厚、仁慈、孝顺,语言迟钝,行事机敏,致力于谦恭谨慎,堪称君子长者。作《万石张叔列传》第四十三。

坚守节操切近正直,守义足以称为清廉,行事足以激励贤能;担任重要职位,不能用非理的言行屈服他。作《田叔列传》第四十四。

扁鹊讲论医道,被懂得医术的人尊崇。他的医术精湛高明,后世遵循他的疗法,不能改易,只有仓公可说是接近扁鹊了。作《扁鹊仓公列传》第四十五。

刘仲被削夺王爵，他儿子刘濞被封为吴王，恰逢汉朝刚刚建立，便让他镇守安抚长江、淮河地区。作《吴王濞列传》第四十六。

吴楚七国犯上作乱，宗室亲属中只有窦婴贤能而喜欢结交士人，士人都归附他，率军驻守荥阳抵抗叛军。作《魏其武安列传》第四十七。

智谋足以应付近世的变故，宽厚足以用来收揽人才。作《韩长孺列传》第四十八。

勇于抗击敌军，仁慈爱护士卒；发号施令不烦琐，军卒部众衷心归附他。作《李将军列传》第四十九。

自古来，匈奴经常成为中原之国的祸患危害；要了解或强或弱的时势，常设武备，相机征讨。作《匈奴列传》第五十。

拓展整治边塞，扩大黄河以南的国土；攻破祁连山一带的敌寇，打通通往西域各地的道路，击溃北方的匈奴。作《卫将军骠骑列传》第五十一。

朝中大臣和宗室亲属，以奢侈豪华相互炫耀攀比，只有公孙弘节约衣食用度，是百官的表率。作《平津侯列传》第五十二。

汉朝已经平定了中原，而南越王赵佗能安集南越民众，以此保护南方藩属，向汉廷纳贡尽职。作《南越列传》第五十三。

吴国反叛，东瓯人斩杀了吴王刘濞，守卫封山、禺山，为汉朝的臣属。作《东越列传》第五十四。

燕太子丹的旧部逃散到辽东地区。卫满收容了这些逃亡的流民，屯聚海东，以此安集真藩等部，保守边塞，成为汉朝的外臣。作《朝鲜列传》第五十五。

唐蒙出使经略西南，通好夜郎，而邛、筰等地的君长请求成为汉朝的内臣，并愿意接受朝廷派来的官吏。作《西南夷列传》第五十六。

《子虚赋》咏事，《大人赋》令皇帝喜悦，文辞华丽，事多浮夸，然而赋的旨意在于讽喻劝谏，最终主张无为而治。作《司马相如列传》第五十七。

黥布叛乱身死，刘邦封少子刘长为淮南国王，来镇守长江、淮河以南地区，安抚剽悍的楚地民众。作《淮南衡山列传》第五十八。

奉守法令，遵循情理的官吏，不自夸有功，不自称贤能。百姓对他们没有什么称誉，他们也没有什么不对的行为。作《循吏列传》第五十九。

整理好衣冠端立于朝堂之上，而群臣中没有谁敢对他说虚妄不实的话，汲长孺很注重这些；喜好推荐贤人，被人称誉为长者，郑庄是一位有气节的君子。作《汲郑列传》第六十。

自从孔子去世以后，京城里没有什么人重视学校教育。只有武帝建元、元狩年间，文章辞赋之事绚烂兴盛。作《儒林列传》第六十一。

庶民背弃本业，增益巧诈行径，作奸犯科的人玩弄法令，善良的人不能感化他们，只有依法严惩打击，才是能够整肃他们的办法。作《酷吏列传》第六十二。

汉朝既已通使大夏，西方极远的部落都引颈内向，想瞻仰中原之国的风采。作《大宛列传》第六十三。

拯救别人于困厄之中，赈济他人于贫穷之时，仁慈者才有这样的行为；不丧失诚信，不违背诺言，于义有可取之处。作《游侠烈传》第六十四。

事奉君王，能使君主耳目愉悦，脸色温和，从而得以亲近君主，他们不仅是因有美色而受宠爱，论技能也是各有所长的。作《佞幸列传》第六十五。

不与世俗人等同流合污，不争夺权势利禄，上下没有什么阻碍，没有谁能伤害他们，这是因为他们善于运用"道"。作《滑稽列传》第六十六。

齐国、楚国、秦国、赵国等国进行占测时日吉凶的人，因其所处地域的风俗不同，而各有其用以卜筮占测的方法。想要通览他们的大略要旨，作《日者列传》第六十七。

夏朝、商朝、周朝君王占龟的办法不同，四方卜筮的方式有别，然而却都以占卜来决断吉凶祸福。粗略考察占卜的要义，作《龟策列传》第六十八。

普通的平民，不触犯国家的政令，也不妨碍百姓的生活，趋时贸易而增殖财富，这在智巧方面有可取之处。作《货殖列传》第六十九。

汉朝继承五帝的遗风，接续被中断了的三代大业。周朝末年王道衰废，秦朝废弃古代文籍，焚毁《诗经》《尚书》等古代典籍。因此，明堂、石室、金匮、玉版等处收藏的图书典籍散失损坏。汉朝开国后，萧何编订法律条令，韩信申明兵法，张苍拟订规章制度，叔孙通制定礼仪，于是品学兼优的文人学士逐渐获进用。《诗经》《尚书》等古籍也在各地断断续续地出现了。自从曹参推荐盖公讲论黄帝、老子的学说以后，贾谊、晁错也阐明了申不害、商鞅的学说，公孙弘因为通晓儒家学说而显贵。一百年之间，天下的遗文古事没有不齐集到太史公这里的，太史公父子相继承袭这一职务。

司马谈说："唉！我们的先祖曾经掌管这一事务，显名于唐虞时代，到了周朝，还主持此事，所以司马家族是世代主管天文星历方面事务的。难道要在我们这里断绝吗？你要好好记着啊！好好记着啊！于是司马迁收集天下散失的旧籍佚闻，就帝王兴起的事迹，追根溯源，考察结局，展现盛况，显示衰落过程，再依据事实进行论述考订。简略推究夏朝、商朝、周朝的事，记录秦朝、汉朝的史实，往上追溯到轩辕时期，往下则记到了现在，作了十二本纪，既已区分科别条举大纲了。或同时，或异世，年代先后不易明了，作了十表。礼、乐减损增益，律、历改换变易，兵法权谋，山川形势，鬼神祭祀，天人关系，承其敝通其变，作了八书。二十八宿列星环绕着北斗，三十根车辐齐集于车轴，运行不止。辅弼股肱大臣正与此相当，他们忠实守信，坚守臣道，以此事奉皇上，作三十世家。行义洒脱之士，不让自己失去时机，能立功扬名于天下，作七十列传。共计一百三十篇，五十二万六千五百字，名为《太史公书》。次序大略，以弥补缺漏，成为一家之言。协和六经的不同传注，整齐百家杂说，正本藏于名山，副本留在京师，留待后世圣人君子观览。第七十。"

司马迁说：我撰述从黄帝以来直到汉武帝太初年间的史事，共一百三十篇。

【编后语】

这是司马迁为《史记》写的序言，讲述了司马迁的家史，个人的经历以及遭遇，以及写作《史记》的缘由和目的。在这篇序言中，司马迁详细讲述了他写作每一篇本纪、表、书、世家和列传的缘由和目的，讲述了每一篇突出的特点以及其存在的社会意义和价值。不难看出，司马迁写作《史记》既肩负着社会使命，也肩负着光宗耀祖的使命。能写出如此辉煌的著作，将国与家完美结合，司马迁此举无论是在古代，还是在现代，都是非常值得称赞的。因而，我们阅读《史记》时，一定不能忽略这篇序言。正因为如此，在编撰本书时，便毫不犹豫地将此篇《太史公自序》全文摘录。